LETTRES

DE

L'ABBÉ LEBEUF

PUBLIÉES

PAR LA SOCIÉTÉ DES SCIENCES

HISTORIQUES ET NATURELLES DE L'YONNE

SOUS LA DIRECTION

DE MM. QUANTIN ET CHÉREST

VICE-PRÉSIDENTS DE LA SOCIÉTÉ.

TOME SECOND.

AUXERRE

G. PERRIQUET, IMPRIMEUR DE LA SOCIÉTÉ.

PARIS

DURAND, LIBRAIRE, RUE CUJAS, 9.

M DCCC LXVII.

LETTRES DE L'ABBÉ LEBEUF.

LETTRES
DE
L'ABBÉ LEBEUF

PUBLIÉES

PAR LA SOCIÉTÉ DES SCIENCES

HISTORIQUES ET NATURELLES DE L'YONNE

SOUS LA DIRECTION

DE MM. QUANTIN ET CHEREST

VICE-PRÉSIDENTS DE LA SOCIÉTÉ.

—

TOME SECOND.

AUXERRE

G. PERRIQUET, IMPRIMEUR DE LA SOCIÉTÉ

—

MDCCCLXVII.

PRÉFACE.

Nous avons, à la fin du premier volume de cette correspondance, laissé Lebeuf au début de sa carrière d'historien ; il n'a encore effleuré que l'histoire de son pays. Le zèle qui l'animait dans sa première jeunesse pour les questions religieuses, pour les réformes liturgiques, semblait devoir détourner son esprit des investigations de l'histoire en général. Cependant ses relations déjà étendues avec les savants de son temps, devaient, avec d'autres causes que nous connaîtrons plus tard, le faire sortir de ce cercle étroit où il se consumait.

Un des caractères principaux de la correspondance de Lebeuf, dans ce deuxième volume, c'est d'annoncer et de préparer, pour ainsi dire, les travaux dont il veut s'occuper et qu'il a l'intention de publier un jour dans un des nombreux recueils qu'il a enrichis si longtemps. Il est rare que nous n'ayons pas trouvé la preuve de cette assertion.

Il fait, en conséquence, appel à la bonne volonté de ses correspondants, les provoque à des recherches, à des vérifications. Il fait aussi mention de certains de ses travaux demeurés anonymes, qu'on retrouve notamment dans le *Mercure*[1].

Un autre caractère de sa correspondance c'est la multitude de sujets qu'effleure Lebeuf en passant, et la sagacité qu'il porte dans ses recherches. Tandis que Fenel jeune, par exemple, scrutant profondément un sujet, soulève quelquefois des hypothèses qui vont à l'absurde, Lebeuf, dans une courte réponse, perçant à jour le ballon gonflé de science et de raisonnements plus ou moins justes de son ami, ou ayant découvert autre part ce qu'il cherchait, arrive droit au vrai et coupe court aux développements de Fenel. Aussi c'est une singulière remarque que nous avons faite à nos dépens, qu'il faut beaucoup de notes pour éclairer les lettres de Lebeuf, tandis qu'il en faut très peu pour celles de ses correspondants.

Ses rapports avec les savants se développent à mesure que sa réputation grandit ; nous avons eu la bonne fortune de trouver dans les collections de la Bibliothèque impériale la suite de la correspondance de Lebeuf avec les Bouhier et les Prévost ; et nous voyons paraître, en outre, quelques nouvelles figures, telles que Dunod, Polluche, Maillard, Levesque de La Ravallière, les PP. Souciet et Du Sollier, un savant Avallonnais, Letors, dont les papiers ont été

---

1. Signalons encore, en passant, que ce fut Lebeuf qui provoqua, dès 1725, la publication du *Catalogue des manuscrits du royaume*. (Lettre à D. Lemerault, en 1744, Corresp., p. 501.)

malheureusement dispersés, et un autre savant Autunois, le chanoine Germain. Mais le fond de ce second volume est surtout puisé dans la précieuse correspondance des deux Fenel.

La mort du doyen Fenel, en 1727, interrompit brusquement la correspondance, mais elle donna lieu à des relations entre Lebeuf et Pascal Fenel, neveu du défunt, relations qui ne firent que s'étendre avec le temps et qui ont fourni, comme nous venons de le dire, la matière de la plus grande partie du deuxième volume que nous éditons. A cette occasion, Lebeuf parlait en ces termes graves et dignes du défunt : « Je perds un véritable ami, et j'y suis sensible plus que je ne puis l'exprimer ; mais je ne le suis pas moins à la perte publique de la ville de Sens, sa patrie, et à la vôtre particulière. Le premier jour vaquant qui s'est trouvé depuis que la nouvelle m'a été confirmée, j'ai célébré le saint sacrifice pour le repos de son âme, et je ne manquerai pas de le faire par la suite, en même temps que pour feu M. de La Chauvinière, qui décéda aussi dans la même saison, en 1724. »

Pieux souvenir, et dans lequel Lebeuf réunit cet autre ami qu'il vénérait à l'égal du doyen Fenel. C'est par les qualités du cœur que Lebeuf se révèle déjà dans sa correspondance et ce ne sera pas la seule fois que nous en serons témoins. Aussi, dans une lettre du 8 mars suivant, insiste-t-il auprès de Fenel pour obtenir sur son oncle une notice nécrologique qu'il destinait aux *Mémoires de littérature* du P. Desmolets où il écrivait alors : « Je voudrois, dit-il, dans la tristesse que j'ai de sa perte, vous marquer la consolation que j'aurois si je le voyois au plus tôt nommé dans les *Nouvelles littéraires*. »

Et quelques mois après[1] : « Comme je suis un de ceux qui, quand ils aiment une personne, l'aiment bien et non pour l'intérêt, je crois vous en donner une marque à l'égard de feu M. votre oncle, en vous demandant encore une fois une petite notice qu'on puisse mettre dans les *Nouvelles littéraires*. »

Jusqu'ici Lebeuf avait passé aux yeux de beaucoup de personnes pour un esprit lourd et diffus, chez lequel l'abondance et l'entassement des matériaux excluaient la clarté et permettaient difficilement au trait de se faire jour. Nous espérons que sa correspondance dissipera ces préjugés. Partout, en effet, on y sent de la sève et une netteté d'exposition admirable. La concision, la rapidité même qu'il met dans sa phrase en ôtent tout embarras; et s'il s'y mêle çà et là quelques négligences, on sent que l'auteur n'écrivait pas pour la postérité. La multiplicité de ses travaux l'écrasait : il n'avait pas le temps de se relire. Le trait, disons-nous, n'est point absent dans ses lettres, et au milieu d'une page d'érudition il trouve moyen de glisser un mot pour rire et de lancer au besoin une épigramme.

Ainsi, à propos de la composition des Bréviaires, en 1730[2],

---

[1]. Correspondance, 15 juin 1727, t. II, p. 30.
[2]. Correspondance, t. II, p. 93.

il disait : « Voir surtout un Jésuite faire un bréviaire, c'est comme si on voyoit un Chinois dresser une grammaire françoise : gens qui ne chantent jamais ne peuvent juger de la régularité de pièces d'offices, qui tirent leur dénomination de la manière dont elles sont modulées. »

Il s'égaye même un peu aux dépens d'une bonne vieille dame, Mᵐᵉ Crispo, chez laquelle il était allé, un jour, de la part de Fenel, et qui lui avait fait une foule de questions : « Si c'est la femme de M. Crispo, elle n'est pas trop ragoûtante ! » Parlant du fameux Coignard, imprimeur du Roi, il l'appelle « libraire à carrosse, et qui ne se donne pas pour des prunes ; » c'est-à-dire qu'étant dans une grande position, il faisait payer fort cher ses labeurs. A la nouvelle qu'on a vendu à Sens jusqu'à deux exemplaires de son *Histoire d'Auxerre*, il s'écrie : « La fureur est modeste, mais le prix aussi n'est pas fort attrayant, vingt-quatre francs les deux volumes ! »

En parlant du P. Poisson, il dit : « C'est un religieux comme il n'y en a guères, *rara avis in sylva !* » Les PP. Capucins sont aussi l'objet d'une plaisanterie à propos de réflexions d'un des leurs sur les comédiens[1].

Mais ce ne sont là que de légers écarts « pour se létifier, » comme il dit à Fenel, auquel il écrit un jour en signant : « Un des animaux de la crèche : Lebeuf. »

Un autre trait de son caractère, qui se révèle çà et là

---

1. Corresp., p. 401.

dans la correspondance, c'est la défiance, ou au moins une prudence poussée très loin. Il recommande plusieurs fois à Fenel de brûler ses lettres : « Si je me doutois que quelqu'un de mes compatriotes vît tout ce que je vous écris, je vous prierois de le brûler[1] ; » ou bien il ne les signe pas. Il lui recommande aussi « de se défier des rôdeurs que le besoin fait chercher des connoissances ; vous faites très bien d'être toujours sur la défiance[2]. » Mais la lettre où sa défiance se peint le plus drôlement, c'est celle à son parent Deschamps, d'Auxerre[3]. Il lui écrit caché dans une auberge de cette ville, où il est arrivé *incognito* de Paris. Il le prie de laisser la porte de l'allée de sa maison entr'ouverte, afin qu'en arrivant à la nuit il n'attende pas ; ou bien, s'il ne peut lui donner l'hospitalité, il ira le lendemain matin avant le jour. Sa crainte était extrême d'être vu par quelqu'un qui le reportât à ses confrères du Chapitre cathédral, avec lesquels il était très mal.

Et dans un autre endroit[4] : « Si je ne craignois d'être examiné par certains Jansénistes ici (à Paris), j'irois quelquefois saluer votre archevêque. » C'était Mgr Languet, archevêque de Sens, le redoutable adversaire des Jansénistes, vers lequel Lebeuf tournait depuis longtemps les

---

1. Corresp., p. 223.
2. Corresp., 1742, p. 365.
3. Corresp., 1739, p. 211.
4. Corresp., 1737, p. 216.

yeux, car il se sentait abandonné de son évêque, et jalousé et vilipendé par ses confrères du Chapitre d'Auxerre.

Mais cette disposition craintive et défiante n'était-elle pas justifiée par les déceptions que Lebeuf avait dès longtemps éprouvées dans ses espérances d'avenir? Depuis que ses succès dans les concours académiques à Soissons et à l'Académie des Inscriptions, avaient porté sur sa personne l'attention des savants, il avait voulu se fixer tout-à-fait à Paris[1] pour se consacrer aux travaux historiques qui étaient devenus l'objet exclusif de ses études, et il avait tout à fait abandonné ses opinions jansénistes.

Cela ne faisait pas le compte de ses confrères, qui voulaient l'obliger rigoureusement à la résidence, afin qu'il touchât légalement les fruits de sa prébende; ce qui était sans doute de droit strict : mais, comme lui disait Fenel, lui rapportant une conversation qu'il avait eue à son sujet avec l'archevêque de Sens[2] : « Mgr d'Auxerre se plaint fort de ce que vous ne résidez pas à votre bénéfice; je lui ai répondu (à l'archevêque), en un mot, que ce que vous faisiez à Paris, personne ne le pouvoit faire, et que ce que vous feriez à Auxerre, si vous y étiez, cinquante personnes le feroient bien à votre place. » Déjà, en 1737, l'évêque insistait pour qu'il revînt, et il lui avait répondu que, lorsqu'il y aurait dans son pays des bibliothèques comme à Paris, il lui

---

1. Dès 1727, il montre un vague désir de « rompre les liens qui l'ont attaché jusqu'ici à Auxerre. » (P. 28.)
2. Corresp., p. 320 et 375.

donnerait la préférence, mais que les livres l'arrêtaient dans cette ville. En 1740, nouvelles insistances de l'évêque et du Chapitre, qui augmentèrent encore en 1742[1]. Les choses, on le voit, en étaient arrivées à ce point que M. de Caylus lui-même, le protecteur-né de Lebeuf, l'avait abandonné et pesait de tout son pouvoir sur ses résolutions.

Aussi Lebeuf donna-t-il sa démission de sous-chantre de la cathédrale, en 1743. Il plaçait alors ses espérances sur Mgr de Sens, avec lequel, d'ailleurs, il avait toujours eu d'excellentes relations dès le temps que ce prélat était évêque de Soissons[2]. Et celui-ci avait de Lebeuf la plus haute opinion. Mais, malgré les démonstrations les plus bienveillantes de la part de Mgr Languet, on ne voit pas que par son appui Lebeuf ait pu obtenir du ministre ce à quoi il aspirait. C'était une place de garde du Trésor des Chartes qui était l'objet de tous ses désirs. Cette place était devenue vacante après la mort de Lancelot, son prédécesseur à l'Académie des Inscriptions, et il fit jouer tous les ressorts pour réussir : ce fut en vain que ses amis sollicitèrent pour lui auprès du cardinal Fleury. « Mais, dit-il[3], on le dit prévenu par des gens qui m'ont desservi pour raison de mon pays natal. » Le cardinal était cependant assez bien disposé en sa faveur, « mais, disait encore Lebeuf, il est accoutumé à donner le plus tard qu'il peut et à ne donner

---

1. Corresp., p. 379.
2. Corresp., p. 220, 222, 360.
3. Corresp., p. 207.

guère, surtout aux gens d'église. Aussi je ne m'attends pas à grand'chose [1]. »

Des soucis de famille étaient venus accroître les difficultés de la vie de Lebeuf. Il avait toujours été dans une situation médiocre de fortune, comme nous l'avons vu dans la Préface du premier volume de la correspondance. En 1728, il écrit à Prévost qu'il n'est pas resté à Paris : « J'y aurois perdu mon revenu, ce qu'il n'est pas nécessaire que je fasse, vu la rareté des espèces [2]; » ce revenu, c'était les fruits de sa prébende. En 1739, il n'était pas plus à son aise, et s'excuse auprès d'un Père bollandiste de ne pas avoir des copistes pour lui rendre service [3]. En 1744, il revient sur cette situation en écrivant à Fenel : « Si j'étois assez à mon aise pour avoir un copiste. » Nous voyons bien avec lui « un petit protégé, » nommé Adam, qui lit les chartes, etc. Mais qu'est-il devenu? La correspondance est muette sur ce sujet.

Et puis bientôt (1742), sa sœur tombe à sa charge avec son enfant. C'était elle, parmi ses proches, qu'il affectionnait davantage. Elle avait épousé le sieur Lebeuf, son cousin, capitaine de la milice bourgeoise à Joigny. Ce personnage, dont il est souvent question dans la correspondance, affichait des prétentions à l'érudition qui faisaient bien sourire l'abbé Lebeuf: on pense que la réputation de ce dernier

---

1. Corresp., 1740, p. 266.
2. Corresp., p. 53.
3. Corresp., p. 246.

avait excité sa vanité et qu'il voulut aussi être l'historien de sa ville. Lebeuf disait de lui, à la fin, « que la perte de sa cervelle venoit de ce qu'il s'étoit épuisé les esprits animaux pour composer son histoire de Joigny, etc [1]. » En 1740, l'archevêque de Sens avait bien voulu être le parrain de son fils [2], ce qui le transporta de joie ! Mais bientôt on vit éclater le dérangement de son esprit. Il accablait sa femme de mauvais traitements, à tel point qu'elle fut obligée de le quitter [3] après qu'il lui eût mangé tout son bien. Enfin le *Maillotin*, comme l'abbé Lebeuf appelait son beau-frère, fit tant d'extravagances, écrivant au Roi et au cardinal Fleury sur le gouvernement de l'État, voulant absolument voir le Roi, à Choisy, qu'il fût arrêté et conduit à Charenton [4], où il paraît être mort ; sa pauvre femme et son enfant tombèrent nécessairement à la charge de l'abbé Lebeuf.

Cette aggravation n'était pas faite pour rendre Lebeuf et son frère le curé plus riches. Aussi prie-t-il Fenel de parler à l'archevêque et de le prier de recommander son frère, pour obtenir de l'évêque d'Auxerre une cure meilleure que la sienne : « Car, dit-il, ce n'est pas pour faire bombance ou jouer, mais pour assister une veuve et un pupille. » En effet, sa pauvre sœur s'était retirée chez le curé de Venoy.

1. Corresp., p. 400.
2. Corresp., p. 265.
3. Corresp., p. 364.
4. Corresp., p. 377.

Au milieu de ces tribulations, l'abbé Lebeuf ne perdait pas de vue ses nombreux travaux historiques et archéologiques, et il employait pour les exécuter toutes les ressources que lui offraient abondamment les bibliothèques de Paris. Il n'épargnait pas non plus les voyages, et le détail de ses pérégrinations à travers les provinces de la France, conservé dans le cours de sa longue correspondance, explique comment il a pu parler avec tant d'exactitude, dans ses dissertations, de beaucoup de faits locaux, de batailles, d'emplacements d'enceintes antiques de villes, du tracé des voies romaines, des camps dits de César, etc. Il parlait *de visu* et non sur des ouï-dire ou d'après des livres, comme on le fait encore trop souvent aujourd'hui, même dans les lieux où ces choses ne devraient pas se produire.

Déjà, on l'a vu, dans le premier volume de sa correspondance, faire, en 1708[1], un long voyage dans la haute Champagne et la Lorraine. Il allait fréquemment à Paris, où ses relations avec les savants s'étendaient chaque jour davantage. En 1718, il visita pour la seconde fois la Normandie, que dès l'année 1707 il avait parcourue, lorsqu'il fut appelé à Lisieux pour la composition du chant du Bréviaire. Le volume que nous éditons contient sur les voyages de notre savant abbé des détails instructifs que nous allons résumer en quelques pages pour donner une idée de sa prodigieuse activité.

---

1. Corresp., p. 1.

En septembre 1728, il alla en Bourgogne, et en visita la capitale qu'il n'avait jamais vue [1]. Il fit alors connaissance du président Bouhier et d'autres savants. Il vit aussi l'ancienne Alise et ses fontaines minérales, donnant à entendre qu'il croyait bien y trouver l'Alise historique. L'année suivante, à la même époque, il poussa une pointe jusqu'à Lyon et à Vienne [2]. Au mois de juillet 1730, il fit un petit voyage dans le Berry [3]. Dans le même mois de l'année 1734, il écrit au président Bouhier qu'il n'ambitionne que deux choses en allant à Dijon : « ce seroit d'avoir la liberté de parcourir vos manuscrits et en faire des extraits durant trois ou quatre jours, et d'aller ensuite en faire autant à Cîteaux, mais il faut de bonnes recommandations chez MM. les Bernardins. L'exemple de ce que j'ai essuyé à Fontenay, il y a tantôt trois ans, me rend un peu plus froid à leur égard ; je tiendrai la parole que j'ai donnée de me moquer des religieux de cet affreux désert. » C'était à l'abbaye de Fontenay, près Montbard, que Lebeuf avait été mal reçu, et il en gardait rancune aux moines. Cependant peu après il apprit que les Pères rougissaient de leur conduite et sa colère passa ; il se contenta de traiter de bourru le procureur du couvent [4].

Mais au lieu d'aller à Dijon, Lebeuf changea de plan et

---

[1]. Corresp., t. II, p. 52.
[2]. Corresp., p. 54.
[3]. Corresp., p. 98.
[4]. Corresp., p. 111.

il se rendit, peu après, à Troyes pour voir les manuscrits de Pithou qui étaient chez les Oratoriens, et il revint par Avrolles, où il visita la voie romaine. Ce voyage lui fit rectifier l'emplacement d'*Eburobriga* qu'il avait mis à Saint-Florentin, et qu'il fixa alors à Avrolles [1]. En 1732, encore au mois de juillet, Lebeuf, allant à Paris, descendit du coche à Montereau, et « je m'en allai, dit-il, de mon pied à Melun, par le chemin des écoliers. » Il voulait visiter Champeaux où était une collégiale, et dont il avait oui parler « comme d'un lieu à musique. » Il adresse à Fenel, sur ce lieu et ses environs, une suite d'observations.

En 1735, à Pâques, il partit d'Auxerre pour Soissons, pour aller recevoir le prix qu'il avait gagné à l'un des concours de l'Académie, alors célèbre, de cette ville. Il renouvela le même voyage, par le même motif, en 1741.

En 1737, le P. Boucher, bénédictin, l'invite à venir à Vendôme, où il lui promet de curieux manuscrits et notamment un *pontifical* de Salzbourg, âgé de plus de neuf cents ans [2]. Ce voyage a été réalisé, car Lebeuf l'annonce à Fenel en disant « qu'il est allé faire une petite tournée chez quelques amis du voisinage. »

A Pâques, en 1739, il était à Chartres, et en admirait l'immense cathédrale [3]. C'était la seconde fois qu'il y allait et il ne disait pas qu'il n'y retournerait point. C'est à ce

---

1. Corresp., p. 117.
2. Corresp., p. 205.
3. Corresp., p. 252.

sujet qu'il parle en passant, à Fenel, de la description historique du diocèse de Paris, qu'il a entreprise « pour s'amuser, » ce qui lui fait traverser le pays en tous sens, « et il y a vu bien des curiosités. »

A la fin de décembre 1741, Lebeuf partit d'Auxerre et s'arrêta à Montereau, un vendredi au soir, et se mit en route à pied le lendemain pour La Chapelle-Gautier, où il arriva le samedi et coucha chez le curé [1]. Il continue ainsi à parcourir par un temps affreux le doyenné de Champeaux, et arrive à Boissy-Saint-Léger « un peu trempé de brouillard. Le 2 janvier, ajoute-t-il, je trouvai le chemin couvert de trois pouces de neige, ce qui recula ma marche. Cependant j'arrivai à Paris pour dîner [2]. »

Voilà certes un voyage exécuté dans de bien fâcheuses conditions, mais Lebeuf ne s'en plaint pas davantage. En 1743, à la fin de septembre, il annonce un autre voyage dans le Gâtinais : « Je mesurerai de mes pieds la voie militaire qui traverse ce pays ; je pars pour une quinzaine de jours ou environ, suivant le bon ou mauvais temps [3]. » Lebeuf fit en effet ce voyage, et il avait pour but de vérifier la route romaine de Sens à Orléans. Il alla même plus loin et visita Tours et Le Mans [4]. Il eut encore, dans un autre voyage dans le diocèse d'Orléans, une aventure désagréa-

1. Corresp., p. 359.
2. Corresp., p. 360.
3. Corresp., p. 425.
4. Lettre de Polluche, 1744.

ble par la réception impertinente que lui fit un curé. Il n'en revient pas et s'écrie : « En vérité, il faut que cet homme soit un fameux original[1] ! » Il nous apprend à ce propos la manière humoristique avec laquelle il voyageait : « Vous avez sçu, en général, que j'allois en campagne sans sçavoir le côté, et de bonne foi je ne le sçavois pas trop moi-même, néanmoins le beau temps m'a engagé à faire une plus longue course que je ne l'aurois cru[2]. » Un bon trait de caractère que le récit de cette excursion nous révèle, c'est que par précaution et ne voulant pas qu'on sût la durée de ses voyages, il ne la déclarait point à son portier, de sorte que des lettres qui lui étaient destinées lui furent renvoyées à Auxerre où on le croyait à tort.

En 1745, il retourna en Picardie, pays qu'il connaissait depuis longtemps. A Noyon il prit un bidet chez un curé de ses amis et alla à Saint-Quentin, à Cambrai et à Douai, « où l'on possède la châsse de saint Amé, qu'on croit dur comme fer avoir été archevêque de Sens[3]. » L'année suivante, pendant les vacances, Lebeuf visita en détail toute la Normandie « sans aucun danger, tant par eau que par terre, à pied ou à cheval ; » c'est dans ce voyage qu'il apprit aux chanoines de Bayeux où étaient les restes des anciens murs romains de leur cité.

Un des derniers grands voyages de Lebeuf, ce qu'il

---

1. Lettre à Polluche, 1744.
2. Corresp., p. 429.
3. Corresp., 19 novembre 1745.

appelle sa course automnale, fut celui qu'il fit au mois d'octobre 1751 [1] : il alla à Dijon, à Besançon, à Saint-Claude et à Genève. Fenel comptait apprendre bien des choses curieuses de ce voyage, et l'invitait instamment à s'arrêter à Sens en passant [2]. Il visita encore une fois Autun, au mois de septembre 1752 [3]. Mais, bientôt après, sa santé s'altéra, et il hésitait à répondre à l'invitation du pape Benoît XIV, qui, désirant connaître le savant auteur du Martyrologe Auxerrois, publié en 1751, l'avait fait prier, par le cardinal Passioneï, de venir à Rome. Lebeuf, qui avait tant voyagé dans sa vie, voulut encore se mettre en route, et il essaya d'abord d'aller jusqu'à Avignon, mais il ne put aller plus loin et s'en revint à Paris. A partir de ce temps (1754), c'en est fait de ces excursions savantes, si profitables à la science; l'âge venait, Lebeuf avait passé la soixantaine, et une attaque de paralysie qui affecta sa santé le rendit plus sédentaire.

Tout le monde n'avait pas l'humeur voyageuse de notre abbé, témoin le doyen Fenel qui, à cinquante ans, n'était pas venu de Sens à Auxerre [4], et son neveu pas davantage. Il faut lire, dans la correspondance, l'Odyssée de Pascal Fenel, que Lebeuf veut, presque malgré lui, amener à faire un voyage à Auxerre en 1744. Il connaissait l'humeur casanière de son ami « qu'il sçavoit n'être pas si facile à déter-

1. Lettre à Polluche, du 15 mars 1752.
2. Lettre du 31 octobre 1751.
3. Lettre du 27 mars 1754.
4. Corresp., p. 333 et suiv.

miner. » Toutefois, il avait absolument besoin de chartes renfermées dans un cabinet de sa maison, et il était impérieusement retenu à Paris pour la composition de son grand ouvrage des *Mémoires sur l'histoire ecclésiastique et civile d'Auxerre*. C'est alors qu'il essaye de séduire Fenel par l'attrait et la facilité du voyage : « Soit qu'il prenne le coche à Sens dans la nuit du dimanche au lundi, pour arriver à Auxerre le mardi dans l'après-midi, soit qu'il prenne une place dans une carriole, lui quatrième, au faubourg Saint-Pregts, etc. »

Fenel, ainsi sollicité, se détermine enfin à ce fameux voyage, et cela au milieu de décembre ; mais que de déceptions il allait éprouver ! D'abord les coffres remplis de papiers qu'il avait pour mission de visiter dans la maison de Lebeuf, habitée par M. Deschamps, son cousin, rue Notre-Dame, ne purent être ouverts avec la clef que Lebeuf avait envoyée, et Fenel ne voulut pas appeler un serrurier ; ensuite, l'un de ces coffres, tombant de haut, faillit même tuer les assistants. Fenel chercha longuement, au milieu des monceaux de papiers qui étaient dans le cabinet, les pièces qui pouvaient être utiles à Lebeuf, mais il eut peu de succès. Il repartit donc le mercredi, de fort mauvaise humeur, et pour comble de déplaisir, étant à Villeneuve-le-Roi, où l'on dînait, il tomba dans le coche du haut de l'escalier et faillit se tuer. Après cet accident, il arriva à Sens le vendredi, à onze heures, fatigué, éclopé, harrassé au-delà de tout ce qu'on peut dire.

On comprend la peine qu'éprouva Lebeuf en apprenant tout cela, et les excuses qu'il adresse à son ami. Mais cela ne réparait rien et Lebeuf se promit de profiter des fêtes de Noël pour aller lui-même à Auxerre.

La longue excursion que nous venons de faire avec notre savant abbé, nous a ouvert des perspectives sur tous les horizons où son œil plongeait. Partout il connaissait les savants, les choses et les lieux curieux. Aussi parle-t-il à coup sûr des objets dont il traite.

Dans ce deuxième volume, sa correspondance nous fait connaître intimement ses nombreux amis. C'est D. Germain, théologal d'Autun, dont il estimait l'esprit gallican, et qu'il consulte « sur saint Lazare et sur les saints de la France qui ont été enlevés du Bréviaire d'Autun [1]. » Il revient vivement à la charge, et plus d'une fois sur le même sujet, et traite en homme compétent les nombreuses questions hagiographiques qui ont, dans tous les temps, et même de nos jours, soulevé de graves discussions. Pour n'en citer qu'une, voici ce que Lebeuf dit de la Madeleine : « C'est de Vézelay que s'est étendu dans le reste de la France le culte de sainte Madeleine, du 22 juillet ; mais cela ne prouve pas qu'on y eût le corps, mais seulement qu'on croyoit l'y avoir [2]. » Lebeuf ne connaissait pas D. Germain, quoiqu'il eût déjà visité Autun, et il lui exprime ses sentiments :

---

[1]. Corresp., 1729, p. 75.
[2]. Corresp., p. 85.

« Véritablement, je ne manque pas d'envie de revoir Autun par rapport à vous que je suis gros de connoître. »

Dès 1731 [1], Lebeuf était en correspondance avec le président Bouhier, qui lui avait écrit au sujet de sa découverte d'une des inscriptions historiques romaines trouvées à Auxerre, et dont Lebeuf avait rendu compte dans le *Mercure*. Bouhier l'avait confirmé dans l'explication qu'il en avait donnée. Lebeuf lui parle dans une lettre [2] de la réponse qu'il préparait aux habitants de Joigny, au sujet des vignes d'Auxerre, et le savant président s'empresse de lui fournir des matériaux pour citer pertinemment les grands crûs de Dijon et de la Côte. Une autre fois [3] il décrit la voie romaine d'Auxerre à Avallon, et d'autres voies situées dans la Brie. Leurs relations continuent en 1734, au sujet de l'étude de manuscrits du Président que Lebeuf fit faire par un abbé Camus ; et ailleurs Lebeuf lui annonce déjà que son *Histoire des Evêques et des Comtes d'Auxerre* s'en va finissant. Il n'en était pourtant pas au terme, puisqu'elle ne parut qu'en 1743.

En 1736 [4], Lebeuf, après avoir remercié le président Bouhier d'un livre dont il lui a fait présent, l'entretient de ses projets d'obtenir à Paris un bénéfice qui lui permette de quitter Auxerre ; mais il craint qu'on ne l'ait desservi

---

1. Corresp., p. 108.
2. Corresp., p. 111.
3. Corresp., 116.
4. Corresp., p. 196.

auprès du cardinal-ministre. Dans toutes les circonstances il lui fait hommage de ses dissertations, et s'ouvre avec lui sur les questions mises au concours par l'Académie[1]. En 1738 il revient longuement sur son avenir, et il le remercie « des souhaits qu'il lui fait d'une meilleure fortune. » A ce sujet il entre en détail dans les difficultés qu'il éprouve à obtenir du succès, et s'épanche avec tristesse : « Je puis attester à la postérité par ma propre expérience, combien peu ceux qui sont en état de conférer des bénéfices ou des pensions aux gens qui cultivent les belles-lettres au XVIIIe siècle, ont été portés à le faire, et combien ils y ont été indifférents, puisqu'il faut user de tant de ressorts pour obtenir quelque chose. Matière pour les écrivains du siècle futur ! » Bouhier s'était ému à ce récit, et il avait envoyé à Lebeuf une lettre de recommandation pour le procureur-général J. de Fleury, au sujet de la place de garde du Trésor des Chartes qu'il sollicitait. Le procureur-général le reçut bien, mais lui donna de l'eau bénite de cour : Lebeuf savait d'avance que cette place était destinée à un parent du procureur-général.

En 1743, Lebeuf écrit encore au président et lui donne les nouvelles littéraires du jour[2]. C'était un ami qu'il perdit trois ans après.

Vient ensuite le P. Prévost, son vieux compatriote, avec lequel il entretint des relations jusqu'à la mort de ce dernier

---

1. Corresp., p. 242.
2. Corresp., p. 422, 445.

(1729). Cette correspondance affectueuse est remplie de détails sur la liturgie, sur les anciennes familles Auxerroises, etc [1].

Le P. Souciet, jésuite, savant épigraphiste et numismatiste, était aussi de ses amis, et il le consulte plus d'une fois sur des médailles et des inscriptions. Mais une correspondance suivie s'était surtout établie depuis longtemps entre l'abbé Lebeuf et les PP. Bollandistes d'Anvers [2]. Lebeuf ne pouvait demeurer étranger à l'œuvre des savants jésuites, et malgré son esprit gallican il n'en était pas moins bien accueilli. En 1734 [3], il écrit fort longuement au P. Du Sollier sur saint Martin de Brives, et sur d'autres saints. En 1739, décidé à quitter Auxerre, il cherche partout des amis et des protecteurs. Il rappelle alors à un des PP. Bollandistes [4] « que depuis vingt-cinq ans il a l'honneur d'être en relations avec eux et que, depuis ce temps, il n'a rien épargné, ni recherches, ni voyages pour l'éclaircissement des actes des saints qu'ils ont publiés. » Le P. Du Sollier lui écrivait, vers 1721, qu'il était le seul en France dans le clergé séculier, qui travaillât pour eux. Il demande donc des « illustres Bollandistes, » un certificat latin attestant tous ces faits. Il entremêle tout cela de remarques d'érudition hagiographique qui devaient fort intéresser son correspondant. Et comme il s'était passé plus

1. Corresp., p. 57.
2. Corresp., t. I, p. 166, 294.
3. Corresp., t. II, p. 147.
4. Corresp., p. 246.

de six mois sans que le P. bollandiste lui eût répondu, Lebeuf écrit au P. Cuipers, le 15 juillet 1739, et lui rappelle sa demande en lui envoyant le texte même du certificat qu'il sollicitait. C'est une des dernières lettres que nous ayons de Lebeuf aux Bollandistes. Elle montre dans quels termes de confiance il était avec eux. Et cette confiance dura ainsi jusqu'à la fin, car, en 1752, il continuait encore ses communications à l'un des Pères [1].

Fenel jeune, avons-nous dit, a été le correspondant le plus assidu de l'abbé Lebeuf, et c'est grâce à lui que nous connaissons intimement notre savant abbé, car, lui disait-il un jour [2] : « Vous ne devez pas douter que je ne garde précieusement toutes les lettres dont vous m'honorez. C'est un des plus rares ornements de mon cabinet. »

Jean-Baptiste-Pascal Fenel de Dargny [3], fils d'un avocat au Parlement, né à Paris, mourut dans cette ville le 19 décembre 1753, à l'âge de cinquante-deux ans. Il n'a jamais été que diacre, et il fut pourvu d'un canonicat dans la cathédrale de Sens, en 1718.

La figure de Fenel est aussi curieuse à connaître que celle de Lebeuf, bien qu'elle n'offre pas les mêmes traits de caractère. Autant celui-ci est vif et prompt, car, disait-il, « loin de moi les maximes qui vont au délai, » autant celui-

---

1. Corresp., p. 572.
2. Corresp., p. 267.
3. Il prenait le surnom de Dargny à cause d'une terre de ce nom appartenant à sa mère qui était de la maison de Franchière-Pascal, en Picardie.

là est long à se mettre à l'œuvre, n'est jamais satisfait de son travail et est obstiné dans ses idées. Sa santé délicate l'expose à de fréquentes maladies qui interrompent ses travaux. Quand il étudie un sujet, il l'embrasse sous tous ses aspects, le développe, le décrit sous toutes ses formes. Son érudition était tournée vers la partie technique et archéologique de l'antiquité classique plutôt que vers la partie historique proprement dite. A l'encontre de Lebeuf, qui connaissait si bien le moyen-âge et les détails de l'histoire des provinces de France, Fenel paraît s'être moins occupé de ces sujets. Il admire la science de Lebeuf dans l'archéologie chrétienne : « Vous qui vous connoissez si bien dans l'âge des fabriques, dit-il, à propos de remarques de Lebeuf sur l'âge de la cathédrale de Sens [1]. » Dans un endroit, Fenel l'appelle son cher maître, titre que Lebeuf ne veut point accepter ; ce qui amène entre les deux amis un débat plein de courtoisie [2].

Ses lettres sont « immenses » et sont de véritables dissertations ; nous regrettons de n'avoir pu les reproduire toutes. Ainsi celle du 8 juillet 1738 [3], sur la marche de Labiénus autour de Paris ; celles sur l'introduction de la soie en Europe, sur les itinéraires romains, sur la teinture de pourpre ; etc., dont nous n'avons donné que des extraits.

1. Corresp., p. 496.
2. Corresp., p. 467.
3. Corresp., p. 238.

Mais Fenel avait le défaut de ses qualités ; il ne terminait rien : « Je ne travaille pas vite, disait-il à Lebeuf [1], c'est-à-dire que, quoique je compose très vite et que j'aie une assez grande facilité, je ne veux rien laisser passer qui ne soit revu très exactement, ce qui me donne une peine extrême. » Et ailleurs, « je ne suis jamais content de ce que je fais ; l'idée que je m'en forme reste toujours au-dessus de l'exécution, quelque travaillée qu'elle soit, et je fais tant de recherches sur chaque point pour parvenir à une entière exactitude et à une parfaite évidence, que, quand ces recherches sont faites, je me trouve épuisé, je ne puis plus digérer et arranger ce cahos, et je laisse la matière informe, indigeste et confuse [2]. »

Lebeuf, qui le connaissait bien, le presse de se faire imprimer et lui disait : « Il y en a tant qui se font mouler et qui ne vous valent pas [3] ! » Mais Fenel ne se rendit guère aux sollicitations de son ami, et ses travaux manuscrits sur l'*Histoire des Archevêques de Sens,* pour lesquels il paraît avoir consacré beaucoup de veilles, sont perdus [4].

L'amitié de Fenel pour Lebeuf se révèle chaque jour davantage, à mesure que leur correspondance prend plus d'intimité. Et malgré son caractère irascible et peu sociable, il donne à son ami, dans toutes les occasions, des

---

[1]. Corresp., p. 365.
[2]. Lettre du 14 janvier 1736.
[3]. Corresp., p. 241.
[4]. Ces travaux sont différents de ceux de son oncle, qui sont à la Bibliothèque de Sens.

preuves de dévouement. En 1737, Lebeuf, qui cherchait à se faire bien venir de l'archevêque de Sens, rendait compte à Fenel d'une lettre fort aimable de ce prélat qui le qualifiait d'homme de grande réputation, et il ajoutait : « Si vous le voyez, tâchez de ménager l'occasion de dire qu'on devroit me retenir ici (à Paris) ; » et Fenel lui répond : « Je brûle du désir de vous rendre service, et en chercherai toujours les occasions [1]. » Ces occasions étaient de diverses sortes. Lebeuf, on vient de le voir, le sollicitait de s'employer auprès de l'archevêque tant pour lui que pour son frère, le curé de Venoy. Mais la correspondance ne demeure pas à des intérêts vulgaires entre les deux amis. Elle s'élève et touche à toutes sortes de questions historiques et archéologiques, et traite entr'autres choses de l'origine des cités de Sens, d'Auxerre et d'Orléans, etc. Nous en signalerons en détail un seul point seulement, celui relatif à d'Anville. Ce savant géographe, qui, de son cabinet d'où il n'est jamais sorti, au dire de l'abbé Lebeuf, connaissait si bien le monde ancien, publia, en 1744, ses *Eclaircissements géographiques sur l'ancienne Gaule*, dans lesquels il critiquait vivement l'opinion de Lebeuf sur *Genabum* des *Commentaires de César*, et plaçait ce lieu à Orléans, contrairement à l'opinion de Lebeuf qui le mettait à Gien. Fenel, qui avait lu ce livre, s'irrite de voir battre en brèche les théories de son ami, et lui écrit : « J'ai vu ici, en passant, un

---

[1]. Corresp., p. 208.

livre du sieur Bourguignon Danville (sans apostrophe)[1], géographe en dépit de la géométrie et de l'antiquité. Ce faquin qui a déjà voulu démentir et renverser tout ce que l'Académie des Sciences a trouvé sur la figure de la terre, et qui s'est fait moquer de tous les académiciens, vous attaque, Monsieur, et notamment sur *Genabum*,[2]..... »

On voit que Fenel n'y allait pas de main morte : il abondait donc dans le sens de Lebeuf qui, sentant avoir affaire à forte partie avec d'Anville, poussait Fenel à étudier les livres de ce dernier et à y porter la critique d'un homme spécial. « D'Anville, disait-il[3], qui a commencé ses études chez un maître à Chaillot, paroît aux autres géographes un peu fier et décisif. Il n'y aura pas de mal à le rabrouer. » Fenel ne se pressant pas d'agir, Lebeuf lui rappelle sa promesse[4] d'écrire contre d'Anville « en ce en quoi vous le trouverez répréhensible. » Et comme Fenel n'aboutit pas, Lebeuf commence sa défense par la critique de la position de *Cora*, que d'Anville plaçait à un lieu nommé Querre, près d'Arcy-sur-Cure, et que Lebeuf mettait à Cravan, sans plus de raisons.

---

[1]. D'Anville dans ses livres signe : D'ANVILLE, avec la particule, tandis que Lebeuf et Fenel la lui retranchent toujours dans leur correspondance. On doit croire que c'était avec raison, et que le grand géographe avait cédé à la mode du temps en s'adjugeant une orthographe qui donnait à son nom un air de noblesse qui a toujours été bien porté.

[2]. Corresp., p. 322.

[3]. Corresp., p. 32, septembre 1741.

[4]. Corresp., p. 362, février 1742.

Pour augmenter les arguments de sa défense au sujet de *Genabum*, Lebeuf cherche à bien connaître les voies romaines qui rayonnaient autour de la ville de Sens, l'antique *Agendicum*. Il sollicite Fenel de parcourir le Gâtinais pour s'assurer de la route où l'Itinéraire d'Antonin met *Belca*, *Canapum* et *Salioclitum*.

La correspondance au sujet de cette grosse question de *Genabum* nous révèle la noblesse de sentiments des deux amis. Lebeuf expliquait à Fenel la manière dont il avait composé sa dissertation et la date de cette pièce, et il ajoutait : « J'ai le dessein de ne pas trop m'entêter par rapport à l'*Itinéraire* qui est postérieur au siècle de César..... Je ne cherche pas à m'aveugler..... Je veux être de bonne foi [1]. » Sur quoi Fenel s'écrie : « Rien de mieux pensé, rien de plus sincère, rien de plus digne d'un grand homme de lettres et en même temps d'un honnête homme que les dispositions où vous êtes, de toujours reconnaître la vérité quand vous la découvrirez, et de ne pas vous aveugler en faveur de ce que vous avez une fois avancé [2]. »

Mais pendant que cette question de *Genabum* préoccupait nos savants, Lebeuf ne négligeait pas les concours académiques à Soissons et à Paris, où le succès couronnait ses travaux, et lui ouvrit bientôt les portes de l'Académie des Inscriptions. Une fois arrivé à l'Institut, Lebeuf pensa à y

---

1. Corresp., p. 295.
2. Corresp., p. 301.

faire entrer aussi son ami Fenel qui était déjà connu dans les concours académiques par les couronnes qu'il avait obtenues à l'Académie des Sciences, en 1740, et à celle de Soissons, en 1743. Fenel, qui avait attiré l'attention de plusieurs membres de l'Académie et notamment de Duclos, « qui a passé par ici, dit-il, et qui veut absolument que je devienne votre confrère et le sien [1], » Fenel annonce même que Falconnet, Sainte-Pallaye, Sallier et autres, lui sont favorables. A partir de ce moment (novembre 1743), Lebeuf approuve Fenel « de vouloir dire adieu à une ville (Sens) où l'on est si insensible à l'honneur que vous lui faites. Ils voudroient peut-être que vous en fussiez natif..... Ces docteurs, dont vous me parlez, sont peut-être étrangers à la ville ; car enfin il faut encore un peu excuser [2]. »

La correspondance est remplie, depuis ce moment, et en 1744, de détails sur les chances de la candidature de Fenel, sur les craintes que font naître certains candidats, sur l'esprit et l'humeur de certains académiciens. Enfin l'élection de Fenel a lieu et les amis sont réunis à Paris (1744). De ce jour la correspondance va diminuer peu à peu. Cependant comme Fenel habitait souvent à Sens, nous avons encore quelques lettres des années suivantes, où il y a de bonnes anecdotes sur quelques académiciens tels que Fréret que l'on appelait Saturne. Fenel, qui dès 1746 an-

[1]. Corresp., p. 433.
[2]. Corresp., p. 437.

nonçait qu'il avançait dans son travail sur l'*Histoire de Sens,* mourut sept ans après sans l'avoir terminée.

La correspondance de Lebeuf avec d'autres savants devient également plus rare, ou du moins nous n'en avons pas les éléments. Nous n'avons plus la ressource des grandes collections : ce n'est donc qu'avec un petit nombre de documents que nous avons continué d'alimenter notre publication jusqu'en 1754.

Telle est une lettre de Lebeuf au cardinal Passionei, du 9 mars 1750, dans laquelle il lui annonce l'envoi d'un semestre du Martyrologe Auxerrois, « dont les auteurs sont une petite congrégation qui se sont attachés à y mettre tout ce qui peut avoir rapport à l'église d'Auxerre. »

Une autre lettre à Polluche, d'Orléans, du 15 mars 1752, est remplie de nouvelles littéraires. Enfin, pour la dernière, nous donnons une lettre au prieur de Saint-Martin d'Autun, du 27 mars 1754, où Lebeuf traite de l'histoire de plusieurs saints peu connus de l'église d'Autun, terminant, pour ainsi dire, sa longue correspondance en étudiant les mêmes sujets qu'il avait dans sa jeunesse cultivés avec tant de goût et d'ardeur.

Nous finirons par une dernière remarque. Lebeuf, on l'a déjà vu dans la Préface du premier volume, est très sobre de réflexions sur ce qu'on appelle aujourd'hui la politique, sur les affaires publiques. Pendant la longue période que nous embrassons (1727-1754), sa correspondance et celle de ses nombreux amis sont dépourvues d'intérêt sous le rapport des événements généraux. Les doctrines philosophiques que vulgarise Voltaire et les encyclopédistes menacent la société civile et religieuse : ils ne paraissent pas s'en apercevoir. Louis XV se plonge dans les désordres les plus scandaleux, livré à ses maîtresses et abandonnant le gouvernement de la France au cardinal Fleury : il n'est jamais fait allusion à cette situation. C'est à peine si à propos des sollicitations qu'on fait pour lui, en 1734, auprès « de ceux dont dépendent les grâces, » Lebeuf ajoute en écrivant au président Bouhier : « Mais qu'attendre encore à l'ouverture d'une guerre qui va coûter des sommes immenses ? » Il faisait allusion à la guerre contre l'Autriche pour la défense de la Pologne [1].

Un jour Letors, en bon bourguignon, ne peut cacher son dépit, et à propos de la publication de l'*Histoire de Bourgogne* de D. Plancher, il écrit à Lebeuf que cet auteur a eu le chagrin d'avoir été obligé de refondre son ouvrage, « parce qu'il lui a été défendu de parler du royaume d'Arles, et de traiter nos ducs comme des souverains [2]. »

En 1742, Lebeuf nous fait connaître un trait de mœurs du temps : « Si on composoit un *Mercure* qui ne parlât que de la variété du coup de jeu, peut-être auroit-il plus de cours que l'autre dans les villes de province, car on joue partout [3]. »

1. Corresp., p. 152.
2. Corresp., 1737, p. 206.
3. Corresp., p. 390, décembre 1742.

Et plus loin, en 1743[1] : « On m'écrit d'Auxerre que l'argent commence à y être fort rare. Je crois qu'il en sera de même des autres villes par la suite. Les loteries et les tontines sont un admirable évacuatoire. On ne voit presque plus ici d'affiches de livres, mais bien des ventes de meubles, de tableaux, ventes d'équipages, de joyaux, ventes de livres et cabinets, ventes de maisons, ventes de fonds de terre, etc. *Quid hæc significant?* » Dans une lettre suivante il se fait là-dessus une réponse, c'est que s'il y a plus de ventes à Paris alors qu'en tout autre temps, cela peut venir de la mortalité. Et il ajoute : « On ne dit plus rien de la milice, cependant quelques-uns assurent qu'elle se tirera comme une loterie, aux Invalides[2]. »

En 1744[3] : « On commence ce matin les Quarante-Heures à Notre-Dame, pour la prospérité du voyage du Roi qui est, dit-on, à Cambrai. »

Mais voilà tout ce qui ressort de ces nombreuses lettres si animées, si remplies cependant.

Quelle fut la cause de ce silence? L'amour de la science n'avait pas dû éteindre, dans l'esprit d'hommes comme Lebeuf et Fenel, l'amour de la patrie : mais ils concentraient toute leur activité, toutes leurs pensées sur les chers objets de leurs études, laissant à d'autres les préoc-

1. Corresp., p. 405.
2. Corresp., p. 412.
3. Corresp., p. 486-487.

cupations politiques, les agitations de chaque jour et les intrigues de la cour. Leur lot n'était-il pas plus riche, et le résultat final n'est-il pas plus glorieux?

MAX. QUANTIN.

LETTRES

DE

L'ABBÉ LEBEUF.

---

145. — DE LEBEUF AU DOYEN FENEL.

Ce 17 janvier 1726.

Le départ des deux MM. les députés m'engage à vous renouveler mes respects. J'aurois bien voulu être de la bande, si la saison l'avoit permis, pour vous féliciter de vive voix sur vos générosités envers votre illustre Chapitre : d'autant plus qu'il y a six mois passés que je n'ai eu le bonheur de vous saluer. Mais nos Messieurs sont obligés de faire une assez grande dépense pour leur voyage, sans que je me mêle de l'augmenter. Je ne sais plus (à présent que voilà le bréviaire fait) quelle occasion pourra me procurer l'honneur de vous embrasser. Vous voilà parvenu à la fin de vos travaux. Missel et bréviaire, tout est couronné. Je ne croyois pas, il y a neuf ans, lorsque vous me fîtes la grâce de m'envoyer la conclusion par laquelle votre illustre corps avoit prié Mgr notre évêque de m'envoyer quelquefois à Sens pour travailler avec vous [1] ; je ne croyois pas, dis-je, et je ne l'aurois jamais

---

LETTRE 145. — Cette lettre et les six suivantes sont tirées de la collection de Fontaine.

1. Voir Correspondance, t. I, p. 103.

cru, que cet ouvrage dût sitôt être à l'usage de la cathédrale d'Auxerre. Il est au pouvoir de celui qui mène les cœurs comme il lui plait, de tourner en bien toutes les contradictions qu'il permet qu'on ressente pendant un temps.

Je ne voudrois pas finir cette lettre sans vous envoyer un Bref dressé selon le futur bréviaire. Je tâcherai d'en charger M. Leclerc ou M. Grasset. Vous verrez nos noms et nos réceptions ; je crois qu'on feroit bien chez vous de faire imprimer un semblable catalogue et d'y mettre hardiment le mot de *sancta*, puisque Paris, dont nous avons suivi le modèle, le met bien. Dans les Capitulaires de l'édition de M. Baluze [2], je trouve souvent *sancta metrop. Senon*. Souvenez-vous, Monsieur, que vous n'hésitâtes pas à vous en servir dans la lettre congratulatoire de votre Chapitre à Mgr l'archevêque d'Embrun, laquelle vous me fîtes la grâce de me montrer avant de la faire partir.

Depuis que le Chapitre d'ici a connu que je n'étois pas pour le relâchement des heures de commencer l'office, plusieurs de ceux qu'on suscitoit autrefois pour me faire la guerre sur mes prétendues nouveautés, ont pris confiance en ce que je leur dis. Dieu en soit loué ! Mgr notre évêque m'a aussi rendu justice, voyant que je n'avois agi que selon les lumières de tout ce qu'il y a de plus habile dans Paris. J'ai la lettre par laquelle il me remercie d'avoir contribué au Bréviaire et à sa réception unanime. Jamais je n'en avois reçu de plus gracieuse. Je vous mande ceci, sachant la part que vous y devez prendre sur le récit qu'il vous avoit fait en allant à Paris. Je vous souhaite toujours une augmentation de santé, et vous prie de me croire, avec un profond respect, etc.

2. *Capitularia regum Francorum, Stefanus Balusius Tutelensis collegit.* Paris, 1677, 2 vol. in-f°

146. — DE LEBEUF AU DOYEN FENEL.

9 mars 1726.

Je me suis bien aperçu, à l'ouverture de votre lettre, que l'on vous avoit donné des idées très fausses de moi, et qu'elles ont été au-delà de ce qu'il est permis de dire, selon la bonne morale. On vous a dit que M. le cardinal de Noailles avoit parlé à Mgr notre évêque touchant le projet qu'on formoit ici de se relâcher sur les heures de l'office. Cela est vrai jusque-là ; je le sçais de notre prélat même, qui me fit l'honneur de me l'écrire pour sçavoir si c'étoit moi qui l'avoit fait sçavoir à Son Éminence, ainsi qu'un chanoine d'ici le lui avoit mandé ; mais comme je lui ai protesté que ce n'est pas moi, et que je n'ai aucune part au compliment que Son Éminence lui fit, lui en ayant donné de bonnes preuves, il fut défait de cette prévention ; j'espère que vous voudrez bien en faire de même et me rendre justice. Il peut y avoir ici, sans miracle, des gens qui ont directement relation à l'archevêché de Paris : mais ce n'est pas moi, très certainement. Ainsi, lorsque vous assurez dans votre lettre *qu'il est certain que c'est par moi* que M. le cardinal a été informé de ce qui se passoit ici, vous me permettrez de vous dire que ces expressions sont sur un faux exposé, et en conséquence des discours qu'on a eu tout le temps de tenir sur mon compte. Pour rétablir mon honneur, permettez-moi de vous dire que je n'ai fait dans cette affaire que ce que j'ai fait dans toutes celles de conséquence qui se sont présentées depuis que je suis chanoine. J'ai consulté les sçavants de Saint-Germain-des-Prez, de Sainte-Geneviève et de l'Oratoire, et M. Bocquillot, mais avec modération, suivant mon caractère, sans user d'exagération, ni du style de gens qui crient au feu avant le temps, et aucune de ces personnes que j'ai consultées ne vont à l'archevêché de Paris. S'ils en ont parlé à quelqu'un, ce n'est pas à ma réquisition. D'ailleurs, il s'est pu faire que d'autres chanoines, qui ont des connoissances dans la Sorbonne, dont ils sont membres, aient aussi écrit à leurs amis : mais ce n'est pas par mon instigation. Ils ont leurs amis et moi les miens. Si on avoit eu la charité de faire toutes ces réflexions, on ne me soupçonneroit pas de ce dont je suis innocent. Mais comme on a pris des conjectures pour des certitudes, il se trouve qu'on m'a tellement dépeint à Sens, que j'y passe pour un esprit inquiet, tumultueux, brouillon. Voilà ce qu'on rapporte de Sens au retour du séjour qu'on y a fait; on m'y a fait mon procès sans m'écouter, on se donne gain de cause, et ensuite on répand cela dans la ville d'Auxerre. Rien n'est plus aisé; mais je ne sçais si cela est fort charitable. Je vois, au reste, bien clairement la vérité de ce que Mgr notre évêque m'a dit plus de dix fois : que les bonnes choses ont toujours des adversaires. Et qu'est-ce que je demande? Rien. Qu'on reste comme l'on est, et cela à votre exemple, puisque notre usage est tout conforme au vôtre. Pour rester tel qu'on est, il ne faut point de conclusion. L'adoucissement ne se peut faire que par un nouveau statut, et c'est pour le dresser qu'il est nécessaire de faire des brigues. Voilà, Monsieur, de quelle part elles se font ici, et non de la part de ceux qui sont pour le maintien de la discipline qu'on ne peut point énerver dans de petites choses sans tirer à conséquence pour de plus grandes.

La grâce donc et la justice que j'ai à vous demander, est de revenir de tous les faux portraits que l'on a eu tout le loisir de vous faire de moi, et de croire qu'il n'est que trop véritable qu'on veut conserver ici la discipline; ce qui m'a engagé de me munir du sentiment des mêmes sçavants dont Mgr l'évêque d'Auxerre a pris l'avis par mon moyen, dans l'affaire d'une collégiale qui vouloit changer de la même manière l'heure de ses offices, il y a quatre ans. Ce sont des gens graves et prudents, et aucun n'a été capable de me faire dire ce que je ne disois pas. A présent qu'on voit que le Chapitre ne peut plus me blâmer d'avoir travaillé à un nouveau bréviaire, on suscite d'autres choses pour m'inquiéter. Je vous laisse à penser si ceux-là qui les inventent peuvent passer pour fort tranquilles, et si ce n'est pas être du nombre de ceux qui ne sont jamais contents, que de vouloir détruire les effets de la belle économie de l'antiquité qui ont échappé jusqu'ici. On a bonne grâce à rapporter qu'à Sens on fait des risées de moi, et à répandre cela de main en main, et d'ajouter que la lettre que l'on m'a apportée de vous a été un mois sur votre bureau, où la moitié de la ville de Sens l'est venue lire, et qu'on y a vu ma leçon toute composée. Je suis persuadé, Monsieur, que vous avez trop de charité pour moi, pour m'avoir tourné en proverbe dans votre ville. Le Seigneur, au reste, sera ici ma consolation, si mes concitoyens me la refusent. Je me flatte d'avoir agi prudemment; j'ai consulté les plus habiles du royaume, voilà pour la troisième fois que je le dis. Outre cela, me voilà doublement assuré qu'à Sens on ne veut point changer les heures de l'office, malgré ce qu'on en avoit mandé à M. Carrouge. Je suis sûr, par la lecture de votre lettre et par moi-même, que l'usage actuel d'Auxerre est conforme à celui de Sens, soit pour l'entrée, soit pour la sortie de Matines. Nous commençons comme vous à 6 heures, à tous les jours de trois leçons; aux doubles mineurs, à 5 heures et demie; aux doubles majeurs, à 5 heures; aux fêtes supérieures, à 4 heures et demie ou à 4 heures, et à 3 heures et demie une fois ou deux. Comme vous, nous sortons à 7 heures ordinairement, ou bien à 5 heures trois quarts, aux solennels et grands doubles, à 6 heures et demie ou à 6 heures un quart à certains solennels, ou enfin à 6 heures, six ou sept fois l'an, quand il doit y avoir des processions le matin. Il n'y a que le seul jour de Pâques où l'on sort à 5 heures et demie, parce que la cérémonie des Trois-Maries a fait commencer à 3 heures (ce qui est trop tôt). C'est me faire parler de gaieté de cœur contre mon sentiment que de me faire dire (comme on a fait) que je ne suis pas d'avis de retarder Matines le jour de Pâques. C'est si fort mon sentiment que je l'ai fait mettre dans le Bref depuis six ou sept ans, par ces mots: *Circa ortum solis celebratur unum nocturnum*, etc., et, s'il eût dépendu de moi, la cérémonie des Trois Maries seroit ôtée il y a longtemps.

A l'égard de ce qu'on dit que j'ai écrit à Sens depuis que nos

Messieurs y étoient, je ne le désavoue pas. Je me suis adressé à M. Mouffle[1] pour savoir au vrai et au plus tôt s'il étoit vrai qu'on projetât à Sens à faire un nouveau règlement des heures des offices. Je n'en ai point fait un mystère, puisque je vous en donnois avis et à M. Leclerc. Vous avez pu sçavoir la réponse que M. Mouffle m'a faite, l'ordinaire suivant, de laquelle j'ai été très satisfait. Celle dont vous m'avez honoré confirme ce qu'il me mandoit, sçavoir qu'on est fort éloigné à Sens de donner dans le relâchement.

Comme on veut me rendre la victime de tout, à quelque prix que ce soit, il se trouve qu'on a encore écrit de Sens que M. Jannot[2] a déclaré que c'est moi qui lui ai dit de ne donner au diocèse d'Auxerre que quatre cents exemplaires. Je me vois donc obligé de prier M. Jannot de me marquer quand je lui ai dit cela, et si jamais il m'a cru suffisamment autorisé pour s'en rapporter à ce que je lui dirois et pour traiter avec lui. Peut-il produire aucun traité où mon nom paroisse? C'étoit à ceux qui ont signé le marché à mieux prendre leurs mesures, et à ne pas être deux ans à se déterminer, et à ne pas faire la sourde oreille durant les mois d'octobre 1723, novembre et décembre, puis janvier, février et mars 1724, pendant lesquels ils ne voulurent jamais donner de pouvoir pour faire tirer pour Auxerre, durant qu'on tiroit uniquement pour Sens, malgré tous mes efforts; et que M. Jannot ne voulut pas même changer un seul *iota* pour se conformer à Auxerre; j'ai les idées bien fraîches de tout cela parce que l'écrit me les rappelle.

Je ne vous fais tout ce détail, Monsieur, que parce que je sçais que votre bonté compâtira au peu d'équité et de justice qu'on me rend ici, parce qu'on ne me voit point donner dans la politique, ni dans l'amour des aises et du relâchement; et je suis certainement bien fondé à me roidir contre, voyant la précipitation avec laquelle on va continuer de chanter, si on recule l'heure de

---

[1]. Voyez sur M. Moufle la note 3 du t. I de la Correspondance. p. 53.
[2]. Jannot, imprimeur à Sens. Correspondance. t. I. p. 148.

matines à proportion de l'abréviation : c'est une chose immanquable et dont la conscience de tous ceux qui y donnent raison de loin ou de près sera chargée.

1726

    Vous me faites de l'honneur, Monsieur, plus que je ne mérite, lorsque vous me priez de venir présentement à Sens. Je vous assure qu'il ne tiendroit pas à moi, quand même on voudroit me regarder tel qu'on a voulu pieusement me dépeindre, parce que je sais que la politesse qu'on a chez vous pour tous les étrangers porte toujours à croire plus de bien que de mal, et que je serois en état de me justifier avec le même instrument dont on s'est servi pour me dénigrer, et réparer mon honneur et ma réputation. Mais M. Grasset étant venu à bout de ses fins, qui étoient de faire chanter le nouveau bréviaire dès le Carême, je me vois obligé malgré moi de tenir pied à but, tout roulant sur le sous-chantre dans le côté droit. Je dis que M. Grasset est venu à bout de ses fins; car, comme son dessein a toujours été de faire connoître le bréviaire du côté de la brièveté, il n'auroit pas été de son système de ne commencer qu'à Pâques avec vous, puisque tout est court alors dans toutes les églises. Il falloit donc présenter cette brièveté dans un temps qu'on regarde comme accablant, et où douze psaumes à matines faisoient peur certains jours. L'affaire est faite. Nous avons chanté aujourd'hui les premières vêpres du premier dimanche et complies comme dans le nouveau bréviaire, et nous allons continuer. Chacun tient en main le bréviaire de Sens rendu Auxerrois, et il paroit qu'on y prie Dieu de bon cœur. Pour moi, je trouvois qu'il eût été plus honnête de ne vous pas précéder. Mais, à présent, c'est le monde renversé. On ne vouloit pas de votre bréviaire en 1722, c'étoit encore un grand crime au mois de décembre 1723 d'en prononcer seulement le nom ; on méritoit par là d'être mis *extra synagogam, maranatha.* Maintenant on pétille de ne le pas chanter assez tôt; ne dût-on avoir que des feuilles volantes, il faut commencer avec le carême. Comme tout devient problématique, je crois qu'on y pourra aussi mettre ce procédé qui doit paroître tout singulier, lorsqu'on reprend les choses dès l'origine. Le Père Mabillon se sert du terme d'ἀδιαφορα en parlant des choses qu'on répute arbitraires en fait de discipline.

Au reste, Monsieur, si je prenois la liberté d'aller à Sens pour vous y renouveler mes respects, ce ne seroit pas pour y rester oisif. Je me suis aperçu dans ce que M. Grasset a copié ou fait copier à Sens du commun de M. Poisson, que je n'avois pas vu qu'il y a des endroits qui méritent révision. Je serois fâché qu'on m'imputât d'avoir approuvé purement et simplement certaines choses qui demandent d'être retouchées. Ce ne seroit pas pour tenter, à l'exemple de M. Grasset, une confraternité avec vous. Je sçais qu'il ne nous appartient pas d'avoir des vues si relevées : aussi a-t-il échoué comme il le méritoit, et il a été cause que Mgr notre évêque a reçu de Mgr l'archevêque, à ce sujet, une lettre qui lui ferme la bouche. Pour moi, j'en attends de vous une qui me consolera au milieu de toutes mes traverses. Ce n'est pas une petite consolation pour moi de voir que je suis venu à bout de procurer à notre église votre excellent bréviaire; mais un mot de votre part achèvera de détruire tous les nuages dont on a voulu obscurcir ma réputation. C'est la grâce qu'attend de vous celui qui est, avec un profond respect, etc.

---

147. — DE LEBEUF A JANNOT, LIBRAIRE-IMPRIMEUR DU ROI ET DE MONSEIGNEUR L'ARCHEVÊQUE, A SENS.

Auxerre, 10 mars 1726.

Si vous sçaviez, Monsieur, combien on se prévaut ici contre moi d'un mot que vous aurez peut-être lâché à la traverse en conversation, vous ne tarderiez pas à me rendre la justice qui m'est due. M. Grasset écrivit de chez vous, il y a environ trois semaines, que vous aviez dit que c'est moi qui suis la cause que le diocèse d'Auxerre n'a que quatre cents bréviaires[1]. Comme sa

---

1. Voyez dans le t. I de la Correspondance les différentes lettres de Lebeuf relatives à cette affaire du bréviaire.

lettre ne fut pas trop publique, on ne me jettoit point encore tout à fait la pierre ; mais à présent que ces Messieurs sont de retour, ils assurent qu'ils sçavent cela de vous, que vous l'avez dit (comme si c'étoit moi qui eût fait un traité avec vous), et pour que cela se répande davantage, cela a été dit à la chambre de la conférence. Ce n'est pas à moi, Monsieur, à décider si vous avez dit cela de moi ; mais c'est à moi à soutenir ma réputation et à empêcher qu'on ne me prenne pour un étourdi et un téméraire.

1726

Je ne sçais pas ce que vous entendez par : *être cause que le diocèse d'Auxerre n'a que quatre cents exemplaires de son Bréviaire*. Je vois seulement que, si vous l'avez dit, vous n'avez pas prévu le tort que cela me fait à présent qu'on donne à corps perdu dans ce bréviaire. Vous devez vous ressouvenir comment tout s'est passé, et que c'étoit s'exposer que de parler ici du bréviaire de Sens, au moins dans notre cathédrale ; que je ne songeois qu'aux collégiales et aux cures, et que sans mes soins personne ne vous auroit parlé d'Auxerre ; j'ai eu la prévoyance que votre bréviaire pourroit nous convenir un jour ; j'ai travaillé à notre propre en conséquence, sans vue d'aucun gain, laissant à Dieu à disposer du reste. Vous avez appréhendé d'en trop tirer ; il n'a tenu qu'à vous de tirer plus d'exemplaires pour Sens. Si vous ne l'avez pas fait, je n'en suis pas responsable.

Dès-là que, durant le mois d'octobre 1723, à commencer au milieu du mois, qui fut le temps qu'on tira la première feuille du commun, et pendant les huit mois suivans, on n'a tiré uniquement que selon l'usage de Sens, on ne peut pas dire que j'ai contribué en rien à restreindre le nombre des exemplaires pour Auxerre. Ce fut vers Pâques 1724 que la cathédrale donna son consentement, et d'autres que moi firent le marché en conséquence pour tout ce que vous tireriez par la suite. Ce sont eux qui l'ont signé et non pas moi. C'est à eux à reconnoître leur faute, ou d'avoir été trop lents, ou de n'avoir pas mis assez d'attention en traitant avec vous ; et ce n'est pas à moi à porter la folle enchère. Pourquoi ont-ils laissé écouler toute l'année 1723 et une bonne partie de 1724, sans me donner le pouvoir que je leur demandois? Qu'ils s'en prennent à eux-mêmes.

Je vois bien, Monsieur, qu'on a tellement disposé la suite de la conversation, qu'on vous aura fait parler à mon désavantage, malgré que vous en ayez eu, afin que moi, qui ai le plus essuyé de fatigues pour donner un nouveau bréviaire à Auxerre, je sois encore en tort, quoique j'en puisse dire.

Je mande à M. le doyen[1] ma surprise d'un tel procédé. Il pourra vous développer le malentendu qu'il y a encore là-dessous contre moi. Si notre diocèse est petit, je n'ai jamais dû dire qu'il fût grand, de crainte de vous donner de fausses idées et de vous causer du tort.

Si le clergé d'Auxerre a resté six mois dans l'inaction pendant que vous alliez toujours votre train, ce n'est pas ma faute. Convenez-en donc, Monsieur, et avouez que je ne mérite pas qu'on me jette le blâme si l'on n'a ici que quatre cents exemplaires.

Je vous laisse tout le loisir de me justifier : si vous le faites comme vous le devez, vous ferez une bonne œuvre, en contribuant à rétablir mon honneur.

J'attends de vous cette justice, étant, avec une parfaite considération, etc.

—

148. — DE LEBEUF AU DOYEN FENEL.

10 mars 1726.

Le bréviaire va son train. Nous avons encore chanté ce matin les matines à neuf psaumes, avec le reste et les antiennes, hymnes, etc., mais posément et comme aux doubles d'apôtres : on paroit content, sinon que quelques-uns voudroient qu'on allât

---

1. Le doyen Fenel. Voyez la lettre précédente.

plus vite, et qu'on commençât plus tard, comme à 5 heures et demie ou 6 heures. Car tous les dimanches nous commençons à 5 heures précises. Nous sommes sortis à 6 heures et demie et demi-quart. Les petites heures ont aussi bien ronflé. Il semble qu'on soit dans un autre monde. De tous les capitulaires, il n'y en a qu'un qui n'a pas encore pris son bréviaire, et qui veut conserver le vieux. M. Grasset perdra son latin avec celui-là.

Je vous prie de demander à M. Jannot à voir la lettre que je lui écris[1]. J'y fais un exposé pour me rendre justice sur la faute qu'on veut m'imputer, et dont je suis très innocent. On veut me mener *quasi bos ad victimam*.

149. — DE LEBEUF AU DOYEN FENEL.

9 avril 1726.

La lettre dont vous m'avez honoré m'a servi d'une vraie consolation, je peux vous l'assurer, quoi qu'il me paroisse que vous doutiez si j'avois raison de m'affliger. J'en avois certainement un grand sujet, et je ne suis pas encore revenu tout-à-fait du trouble où certaines paroles lâchées indiscrètement m'ont jeté : car il est constant qu'en quelque lieu, communauté ou maison que j'aille, si le bréviaire tombe en conversation, on me remet toujours devant le nez que c'est moi qui suis la cause que l'on n'en a que quatre cents pour le diocèse d'Auxerre.

Pour suivre vos avis, je reste, à l'extérieur, d'un grand tranquille ; je laisse à d'autres à me venger. En effet, plusieurs de mes confrères ont pour moi assez de charité pour détruire du mieux qu'ils peuvent ce faux bruit, qui ne tend qu'à me charger d'indiscrétion et d'imprudence, tandis que rien n'est plus faux, et que la faute vient de ceux-là même qui la rejettent sur moi.

1. Voyez ci-dessus la lettre n° 147.

Mais voilà une chose trop longtemps touchée. M. Jannot devroit bien raccommoder ce qu'il a gâté, et quoique ce ne soit pas qui compose la chambre qui doit le payer (*sic*), je ne suis pas moins en droit de demander qu'il ne me jette point sur le corps ce dont je suis innocent. Il doit, au contraire, reconnoître que sans moi le diocèse d'Auxerre, au lieu de quatre cents exemplaires, n'en n'auroit pas un.

Vous m'avez prié, Monsieur, de vous marquer ce qu'on trouveroit à redire dans la pratique en récitant votre bréviaire. C'est en effet dans l'usage actuel qu'on s'aperçoit de tout, jusqu'aux moindres minuties.

Généralement parlant, on convient que le bréviaire précédent, comparé avec le nouveau, n'est que du pain de son en comparaison du pain de froment : cependant, on y trouve encore quelques taches de son mêlées dans la plus pure farine. Ce sont ou des fautes d'impression, ou des défauts d'attention. Le jour de l'Annonciation, plusieurs ne manquent pas de relever le *Deus qui in beatæ M. V. utero*, et le verset du répons bref de prime, *Qui natus es in Maria V.* Si c'étoit moi qui eûs fait passer ces endroits comme tendant à favoriser l'hérésie, on n'eût pas manqué de grossir les objets, et de dire que je m'opposois au bréviaire, comme on a osé le dire lorsque je me suis déclaré contre le relâchement pour le lever du matin. Mais, heureusement, ce sont deux des premiers de la conférence qui ont paru mécontents de ce langage, quelques-uns soutenoient que c'étoient des fautes d'impression : moi, j'ai soutenu que cela étoit mis à dessein et avec raison, et puisque ce n'étoit pas la fête de Noël qu'on célébroit le 25 mars, il suffisoit de ne parler du mystère ce jour-là que d'une manière qui ne le dit pas tout-à-fait accompli ; et pour marque de cela, c'est que partout ailleurs le bréviaire a *Deus qui de B. M. V. utero*. A l'égard du verset *Qui natus es in Maria Virgine*, il y a une faute d'impression ; c'est dans la citation du verset de l'Evangile, on a mis *Matth.*, I. 16, au lieu de *Matth.*, I. 20. Ces deux endroits s'accordent fort bien avec le Sacramentaire de Saint-Grégoire, où il y a, au 25 mars, *Deus qui in Beata*;

pourquoi le P. Ménard[1] remarque que les plus anciens manuscrits ont ainsi, ce qui est, dit-il, bien dit : *Recte, nam in Matth. legitur quod natum est in ea.* Si bien que *natum* et *natus* veulent dire en ces endroits-là *conceptum*, *conceptus*.

1726

La fête passée, on n'en a plus parlé.

On continue toujours à chanter sans se dégoûter : au contraire, on montre une nouvelle avidité, et l'on est content de chanter plus posément. Les hymnes de Santeuil[2] qu'on chante actuellement nous enlèvent par leur onction jointe à la clarté : chacun sçait par cœur les deux chants de l'hymne *Functum laboribus*. Cette hymne nous fait songer sérieusement à notre dernière heure. Nos deux chants sont fort lugubres.

Je vais mettre sur un autre papier une partie des remarques qu'on a faites sur le bréviaire.

Mais avant de finir, je prendrai la liberté de vous marquer que je suis prié par le père du porteur de la présente lettre, qui est un de nos basses-contre, de vous recommander son fils qui va à Sens pour recevoir les quatre moindres, et peut-être, à ce qu'il dit, le sous-diaconat. Je ne suis pas garant de sa capacité; mais c'est un bon ecclésiastique qui a toujours été sage et assidu, pendant six ou sept ans qu'il a été chapelain dans notre église. Depuis un an ou deux, il est à Vézelay, dans le chapitre dont Mgr l'archevêque d'Embrun[3] est abbé. Il y possède une semi-prébende, dont il ne jouira du revenu que lorsqu'il sera prêtre. Il espère beaucoup de la charité de Mgr d'Embrun, son abbé, qu'on lui a dit devoir donner les Ordres à Sens, le Samedi-Saint. Il auroit peut-être été bon de rappeler qu'il avoit été archidiacre de Sens. Si vous pouvez aussi lui rendre quelque service, je vous en aurai obligation.

1. Dom Nicolas-Hugues Ménard, bénédictin, né à Paris en 1585, mort vers 1612. Il a publié, entre autres ouvrages, le *Sacramentaire* du pape saint Grégoire.
2. Santeuil, Jean, né à Paris le 12 mai 1630, mort à Lyon le 5 août 1697, chanoine de Saint-Victor. Il est auteur d'*Hymnes sacrées* latines, Paris, 1685, in-12, et d'autres poésies.
3. Pierre Guérin de Tencin, successivement archevêque d'Embrun et de Lyon, mort en 1758.

NOTE DE LEBEUF.

1726

Bien des ecclésiastiques d'Auxerre, chanoines et curés, n'ont pas été contents du capitule du dimanche de la Passion, par la différence qu'il y a d'accorder la demande de Jérémie, qui veut que Dieu se venge bientôt de ses ennemis, avec la demande de Jésus-Christ pour ses bourreaux : *Pater dimitte illis*. On auroit voulu un autre capitule.

On trouve une faute dans le canon d'aujourd'hui mardi de la Passion : *Quidem* pour *quidam*.

Il y a plusieurs canons du synode de Troyes, de 1459, dans le Carême. On ne sçait comment, après l'avoir appelé si souvent *Synode, ex Synodo*, il est appelé Concile le vendredi de devant la Passion. Je crois que c'est une faute d'attention. C'est un petit synode et non un concile.

Le même synode est mal attribué à l'an 1559, au jeudi de la première semaine de l'Avent ; s'il est vrai qu'il soit de 1459, il faut qu'il y ait faute de part ou d'autre.

On ne sçait ce que veut dire, au même jour, l'abrégé *loc.*, qui est dans la citation ; c'est sans doute *lib*.

Aux premières vêpres de Quasimodo, on a laissé mettre l'antienne *Omnes* du 6 en *g*. Jamais il n'y a eu de 6 en *g*. Apparemment c'est un 6 pour un 3 ; peut-être que cette faute n'est que pour Auxerre.

A-t-on remarqué chez vous qu'il y a un verset dans le psaume *Exaltabo te*, des premières vêpres du samedi, qui n'a point d'astérisque ?

Après le verset du neuvième répons du dimanche de la Passion, ℟ *dixerunt*, il faut ℟ *Judæi*.

Dans la troisième bénédiction, lorsqu'il y a deux évangiles, M. Grasset a laissé partout *permaneamus in spe fundati*. Certainement il y a, dans saint Paul aux Coll., *in fide*. Voilà deux fois de suite *in spe*. Est-ce de même chez vous ?

Il a aussi laissé mettre dans le *salve regina* : *post hoc auxilium*.

Je lui ai donné le mémoire des cartons pour votre exemplaire.

Nous avons remarqué que le ℞ *qui absconditus est*, du commun d'une Sainte-Femme, commence autrement dans les trois autres parties que dans la partie vernale. Je crois que la vernale a raison.

Il ne faut pas oublier de vous faire remarquer que M. Poisson a ajouté *et redemit nos* dans la quatrième antienne des vêpres du jeudi. Nous l'avons chanté ainsi la première semaine du Carême. Depuis ce temps-là on a raccommodé l'antienne, et on l'a ajustée au bréviaire.

Aussi bien pour le ton du *De profundis* au mercredi, qui est du 2 D, selon le chant de M. Poisson, nous l'avons mis en D pour nous conformer au bréviaire.

---

150. — DE LEBEUF AU DOYEN FENEL.

14 avril 1726.

Auxerre a recours à Sens en toutes sortes d'occasions. Sans vous encore, nous n'aurions pas de Saintes-Huiles de l'an 1726. C'est pourquoi M. Le Tellier[1], porteur de la présente lettre, va, en sa qualité d'aumônier de Mgr notre évêque, pour demander, comme fit l'an passé M. Foucher, ce qui est nécessaire pour notre petit diocèse. Je prendrai encore la liberté de vous marquer que l'on a expliqué les termes de M. Jannot sur le nombre d'exem-

---

1. Claude Le Tellier était un prêtre du diocèse de Paris. M. de Caylus le nomma d'abord son aumônier, puis en 1728, au mois de novembre, il lui conféra un canonicat dans son chapitre cathédral. Il est mort chanoine en 1773.

plaires, de manière à faire comprendre que, lorsque le dit sieur est venu ici faire le traité et le signer, il auroit promis de donner tant d'exemplaires qu'on voudroit; mais que moi, étant allé ensuite à Sens dans l'été suivant, ou à peu près, je lui ai dit de n'en tirer que quatre cents. Jugez, Monsieur, si j'ai raison de ne me pas plaindre qu'on me fasse passer pour un homme qui va m'ingérer à détruire les traités solennels que l'on fait, et qui m'arroge l'autorité de fixer les choses à ma fantaisie au-dessus de la Chambre du Clergé. C'est cependant ainsi que j'ai été dépeint; je ne dis pas par M. Jannot, mais en conséquence de ce qu'il a dit, quoiqu'il l'ait dit dans un autre sens, et d'une autre manière, et eu égard à d'autres circonstances. Dans le fonds, il auroit pu se passer de m'attirer ce revers, que j'ai eu autant de peine à raccommoder que s'il y avoit quarante ou cinquante ans que le traité eût été fait, et qu'on ne se souvînt pas de l'aversion déclarée qu'on avoit encore pour le bréviaire en 1723, au mois de décembre.

Comme vous demandez toujours ce que l'on remarque sur le bréviaire, je vous dirai, cette fois-ci, Monsieur, que je crois avoir découvert un passage mal appliqué à Notre-Seigneur, le Samedi-Saint, à laudes. C'est l'antienne *Consurgam*. Il y a quelque chose de cet endroit du prophète dans l'office des Morts, que nous savons déjà par cœur. C'est au troisième répons. La différence des applications m'a obligé de consulter quelques interprètes, et j'ai vu, sur la traduction qu'ils en donnoient, que l'on ne peut pas attribuer à Jésus-Christ ce qui ne convient qu'à la Judée dans l'affliction, dans les ténèbres de la captivité de Babylone. Si, cependant, quelque saint Père fameux a pris ce passage dans le sens que le bréviaire le détermine, j'avoue qu'on peut le laisser, quoique la confusion dont il s'agit ne tombe que sur Babylone, qui étoit l'ennemie de la Judée.

J'ai l'honneur d'être, etc.

P.-S. — J'ai remarqué dans le chant, à une antienne des vêpres du vendredi, que M. Poisson a oublié un *Domine*; c'est la quatrième antienne; quoique nous ayons déjà chanté cette antienne cinq fois, personne n'y prenoit garde; on ne peut guère y remédier sans la refondre entièrement.

Vous me permettrez de réitérer ici mes compliments à toute la Chambre bréviatique, et nommément à MM. Lasseré et Mahiet [2].

---

151. — DE LEBEUF AU DOYEN FENEL.

26 mai 1726.

Il vient de s'élever depuis quelques jours une traverse à l'exécution du chant de votre nouveau bréviaire, dont nous avons pris le chant du commun et du psautier, de même que nous avons pris les paroles. Depuis soixante ans, ou peut-être un peu plus, il s'étoit établi une coutume directement opposée à l'établissement de la connexion du chant des antiennes avec la finale de la psalmodie. Elle consistoit en ce que, lorsqu'une antienne avoit une longue finale, par exemple sur la première antienne de laudes, et que cette antienne se répétoit à prime, on changeoit la finale longue en une plus courte, et cela sans changer le commencement de l'antienne. Par exemple : *Si dominus regnavit* avoit été changé du 1 D., à prime on chantoit du 2 A. *in directum* [1], à la capucine, cela étoit plus tôt fait et moins fatiguant. Deux ou trois des nôtres ayant vu pratiquer la même finale aux petites heures qu'à laudes, depuis le nouveau bréviaire, en ont d'abord murmuré. On leur a allégué le bréviaire qui les lie, qui est leur règle, puisque leurs députés l'ont admis et que personne n'a réclamé contre ces lettres que depuis qu'on le chante. On leur a

---

2. Voir, sur le chanoine Lasseré, Correpondance t. I, 40. Mahiet, Pierre, né à Sens, était chanoine de l'autel de Notre-Dame et devint chanoine de cette ville en 1747. Il est mort en 1767.

1. Pour l'intelligence de ces lignes, qui représentent les divers modes de la musique grégorienne, suivant le système de l'abbé Chastelain et de Lebeuf, voyez le *Traité hist. et prat. du Plain-Chant*, p. 188 et suiv.

dit que votre église, qui étoit tombée dans le même abus que la nôtre, l'avoit bien réformé, et qu'ainsi nous ne nous devions pas croire dans l'ordre primitif, tandis que Sens a vu que c'étoit une nouveauté. On leur a produit nos vieux livres qui assignoient même quelquefois nos *I D* pour neuf psaumes de suite, et on leur a prouvé que le ton *in directum*, qui n'est pas un ton mais une récitation, n'a chez nous guère plus de 140 ans; que les députés l'ont ôté à votre exemple, comme bien d'autres rubriques de plus grande conséquence qu'on a réformées sur les plus anciens manuscrits, laissant là les modernes. Point du tout, ils s'opiniâtrent à rétablir (exprès par contradiction) ce que M. Poisson, de l'agrément de votre conférence, a ôté chez vous, et ce que nous avons ôté à votre imitation. Ils s'échauffent même si fort qu'on croit que nous serons obligés (de crainte que, s'ils ne franchissent cette barrière, ils ne viennent ensuite à d'autres articles du bréviaire), nous serons obligés, dis-je, de prier Mgr l'archevêque de leur parler sur le ton de leur métropolitain. Il ne faut que deux ou trois séditieux pour allumer un grand feu. On a chanté tranquillement pendant deux mois : au bout de ce temps, voici des orages inespérés qu'on veut faire tomber sur ce pauvre nouveau bréviaire.

Je fais ce que je puis, Monsieur, pour ménager ma barque de telle sorte que je puisse vous aller voir après l'Ascension, en conséquence de ce que le jeune clerc me rapporte de votre part sur les fêtes de Pâques. Mais je voudrois bien sçavoir auparavant si vous approuverez notre démarche, après que nous aurons pris les mesures convenables auprès de Mgr notre évêque. Je crois que chez vous tout s'est bien passé, et qu'à nones, par exemple, des dimanches et fériés paschales, sur l'antienne *Si complantati*, on n'entend pas les uns chanter du *I D*, les autres réciter *in directum* le même verset de psaume. Je pourrai vous raconter de vive voix ce qui pousse certains esprits à une contradiction si ouverte. On nous a dit qu'à Troyes ce fut la même chose ; mais il y a bien de la différence entre la manière dont notre bréviaire et ses dépendances ont été rédigés, et la manière de celui de Troyes, où l'on assure qu'il n'y eut qu'une seule personne qui faisoit tout³, au lieu qu'ici il y avoit douze députés du chapitre qui s'assembloient deux fois par semaine; et ainsi rien n'étoit caché. Un des opiniâtres s'est abstenu sur la fin; mais pourquoi le faisoit-il? Qui quitte la partie la perd.

Si vous avez vu le deuxième volume de la *Continuation des Mémoires de M. Salengre*, vous y aurez lu le Cas de conscience sur le bréviaire, dont je vous ai autrefois entretenu, et sur lesquels vos manuscrits me fournirent quelque chose.

On m'écrit de Paris que M. de Bayeux va adopter votre bréviaire pour son diocèse, comme aussi M. de Blois; que Mgr le cardinal de Noailles avoit été sollicité de faire de même, mais qu'il a refusé.

J'attendrai, Monsieur, un petit mot de réponse de votre part, et si Mgr l'archevêque est à Sens actuellement, vous me ferez plaisir si, ne pouvant pas écrire vous-même, par l'ordinaire qui passe chez vous jeudi prochain, vous pouviez emprunter la plume d'un ami.

---

152. — DE LEBEUF AU P. PRÉVOST.

26 mai 1726.

En faisant réponse à M. Aumont[1], votre confrère, prieur-curé de Bresle en Beauvoisis, touchant l'affaire qui fait ici tant de bruit, je joins à sa lettre ce petit mot pour vous assurer de nouveau de mes respects, et vous apprendre qu'aux chapitres géné-

---

3. Lebeuf fait allusion à la part considérable que prit Herluyson, chanoine de Troyes, à la composition du bréviaire de Troyes. Voyez la Correspondance, t. I.

LETTRE 152. — Publiée d'après le manuscrit de la bibliothèque Sainte-Geneviève, 3 F. 13.

1. Voyez, sur M. Aumont, Correspondance, t. I, p. 217.

raux du 2 mai, nous rétablimes les stations des églises sur lesquelles je vous avois écrit et qui avoit été indiscrètement ôté le Jeudi-Saint. Ainsi, il est inutile que vos Pères s'en formalisent. Je voudrois bien que l'on pût étouffer les rumeurs élevées ici dès la fin de janvier. Le laps de temps en viendra à bout, mais il faut que vos Messieurs envoyent ici de bonnes têtes, gens graves, et qui rétablissent quantité d'usages louables que les derniers venus ont ôtés. Surtout qu'ils prennent le bréviaire d'Auxerre, comme c'étoit le dessein de M. Collin, s'il fût resté [2].

Il y a au moins neuf mois que je n'ai reçu de vous aucun fragment littéraire.

Je trouvai hier, dans un catalogue de la Bibliothèque *Cordesiana*, page 107, un ouvrage de M. Amyot [3] qui m'est inconnu : *Oraison pour dire devant la Communion*. Auriez-vous cette prière? C'est apparemment une simple feuille volante.

Je suis, etc.

Si vous voyez Mme de La Chauvinière, dites-lui que le frère de M. notre nouveau trésorier [4] m'a rendu sa lettre et que je la salue. Il y a dans le second volume des Mémoires de Salengre deux pièces dont vous pouvez connoitre les auteurs. Quand paroîtra donc l'ouvrage du P. Lebrun?

2. Il s'agit de l'abbaye Saint-Père d'Auxerre où étaient les religieux de la congrégation de Sainte-Geneviève. M. Collin était un ancien prieur de Saint-Pierre, qui devint ensuite prieur de Saint-Eusèbe.

3. Lebeuf n'a pas éclairci cette question dans ses divers travaux historiques. Voy. sur les ouvrages d'Edme Amyot, doyen du chapitre d'Auxerre, *Mém. sur Auxerre*, t. IV, p. 419 ; et, sur l'évêque Amyot, le même ouvrage, t. I, p. 193.

4. En parlant du nouveau trésorier de l'église cathédrale d'Auxerre, Lebeuf veut sans doute désigner Florent Louis de Neufville, qui ne prit possession qu'un peu après le 10 décembre 1726 (et non 1729, comme on a imprimé par erreur dans les *Mémoires sur le diocèse d'Auxerre*, éd. in-4°, t. I, p. 774). Voyez *Recueil Frappier*, prise de possession de dignités et canonicats.

153. — DE LEBEUF AU P. PRÉVOST.

10 novembre 1726.

Je compte déjà un an (et un mois pour le par-dessus) depuis que je n'ai reçu aucune de vos lettres. Ainsi jugez si je suis bien fondé à m'ennuyer d'un si long silence. Je vous écris donc à dessein de vous porter à le rompre, ainsi qu'a fait ces jours derniers M. Prévost, Bernayen[1], dont le nom ne vous est pas inconnu, non plus que le visage. Il y avoit seize mois de bon compte que sa dernière lettre souffroit la poussière, lorsque j'en ai reçu une qui contenoit la célèbre déclaration[2]. Je me flatte qu'à son exemple vous me donnerez quelques signes de vie. Je ne sçais plus où nous en sommes de nos questions de part et d'autre. J'ai seulement quelque idée de vous avoir prié, lorsque vos tablettes seront suffisamment pleines pour vous engager d'aller à la Bibliothèque Colbertine, de ne pas oublier de voir au catalogue des monuments le mot *Bajocensis*, lequel catalogue alphabétique ne doit pas manquer de mettre *Bajocensis ecclesiæ*, ou *Bajocensis episcoporum catalogus*; et lorsque ce manuscrit vous aura été présenté, je vous prie de copier le nom et le rang des quinze ou seize premiers évêques, avec la qualité de saint à ceux qui l'auront, et de remarquer à quel évêque ce catalogue finit, pour juger de son âge.

M. Leclerc, notre confrère, a de quoi vous enrichir; il a lu et relu tous les registres baptismaux de nos paroisses. Je lui ai souvent demandé de vos nouvelles, mais toujours néant.

LETTRE 153. — Publiée d'après le manuscrit de la bibliothèque Sainte-Geneviève, 3 F. 13.

1. M. Prévost, curé de Bernay. Cpr. Correspondance, t. I, p. 200, note 5.
2. Il y eut en ces temps-là tant de déclarations contre ou pour la Bulle *Unigenitus* et contre les appelants, qu'on ne peut pas facilement reconnaître à laquelle se rapporte l'allusion que fait ici Lebeuf; on peut croire cependant qu'il s'agit d'une déclaration du conseil de conscience en 1724, qui enlevait aux parlements toute action sur les matières ecclésiastiques et qui frappait encore les appelants.

1726

Vous savez que Saint-Père, Saint-Eusèbe, et même de Notre-Dame-la-d'Hors, tous chantent le nouveau bréviaire; Dieu soit loué! Voilà bien des métamorphoses depuis un an. Mais je voudrois bien que vos Messieurs ne disent plus matines le soir, *sed quando hæc erunt?*

On m'a appris que le P. Toustain [3] demeure à présent à Chelles, et que c'est le P. Lobineau qui travaille au Glossaire [4]. D'où vient ce changement? On n'en dit point la cause.

Le curé de Saint-Loup vient de m'assurer que le P. de La Codre, prieur de Saint-Germain [5], à qui il a montré la Déclaration, n'en a pas paru surpris, et qu'il lui a dit qu'il y avoit des abbayes de Normandie où l'on avoit poussé les choses trop loin, comme d'obliger le curé à faire thuriféraire tel ou tel jour, etc.

M. Cordier, ci-devant prêtre de Saint-Étienne-du-Mont, oncle à la mode de Bretagne de notre futur trésorier [6], doit vous rendre cette lettre avec la somme de 3 livres dont je vous suis redevable depuis longtemps pour un livre sur l'hémine [7] et la brochure sur *Anière*. Pardonnez-moi ma négligence. J'y songeois de temps en temps, mais je n'avois pas d'occasion sûre. Comptez toujours sur moi en tout ce qui dépendra de mes faibles notions. Je me flatte que vous ne me refuserez point aussi le secours de vos lumières, ni celui de vos prières, non plus que la grâce de me croire, avec une estime toujours pleine de vénération, etc.

---

3. Voyez, sur D. Toustain, la correspondance, t. 1, p. 379, note 12.

4. D. Lobineau, né à Rennes en 1666, fit profession à l'âge de 17 ans. Il est auteur d'une histoire de Bretagne, en 2 vol. in-f°, 1707. Il n'est pas indiqué par M. Géraud, dans la *Bibl. de l'Ecole des chartes* (t. I, p. 507), parmi les bénédictins qui remplacèrent D. Toustain dans cette œuvre.

5. D. Gabriel Lacodre prêtre, religieux de la congrégation de Saint-Maur, fut élu, par les président et définiteurs du Chapitre général, prieur de l'abbaye de Saint-Germain, le 6 juin 1724. Il figure au nombre des appelants de la constitution, et provoqua sur ce sujet l'opposition unanime de ses religieux, le 10 avril 1727. Il cessa d'être prieur en 1729.

6. Voy. ci-dessus lettre 152, note 4.

7. Dissertation sur l'hémine de vin, etc., où l'on fait voir que cette mesure n'étoit que le demi-setier, par D. Claude Lancelot, Paris 1667, in-12. et 1688, in-8°.

Pourriez-vous me dire si parmi vos manuscrits vous avez des livres de chant sans clef, ni barres, ou avec un C pour clef, avec de petites notes comme pattes de mouche[8]. Je ramasse en chemin faisant des observations sur le chant grégorien. Les circonstances où le nouveau chant du bréviaire m'a mis m'y ont obligé, et je pourrai un jour en faire usage.

---

154. — DE LEBEUF A D. MARTENE.

Auxerre, 23 janvier 1727.

J'avois conçu que, dès-là que le commencement de notre ancien martyrologe vous manquoit, il devoit en être de même du nécrologe, parce que cette division d'un même ouvrage ne provenoit que de ce que les relieurs des manuscrits de la Bibliothèque Colbertine noient le mois de janvier et la moitié de février dans un volume différent de celui où est le reste de l'année.

C'est ce que j'insinuai au cher frère, votre neveu, dès le temps qu'il vous envoya les deux mois du martyrologe[1]. Je suis ravi d'avoir eu encore cette occasion de vous marquer l'honneur que je me fais de vous communiquer ce qui dépend de moi; et, puisque vous avez à présent tout le nécrologe avec le martyro-

---

8. Lebeuf veut parler de la musique écrite en neumes, et il semble craindre que son correspondant ignore la valeur des signes musicaux différents des notes ordinaires.

LETTRE 154. — Publiée d'après l'autographe, correspondance des Bénédictins français, 17680, f° 83, Bibliothèque impériale.

1. D. Martène a publié en 1729, dans le T. VI de son *Veterum scriptorum amplissima collectio*, le martyrologe de l'Église d'Auxerre; Lebeuf l'a ensuite donné dans le T. II de ses *Mémoires sur l'histoire ecclésiastique et civile d'Auxerre*, en faisant remarquer que D. Martène l'avait édité incomplètement. En comparant les deux documents on reconnaît entre eux des différences sensibles. Lebeuf a surtout publié le Nécrologe de l'église d'Auxerre, tandis que Martène a donné en outre les actes des Martyrologes généraux ou particuliers au diocèse d'Auxerre.

loge, je ne puis que vous exhorter, autant qu'il est en moi, de donner le tout au public. Je compte qu'en ce cas vous n'oublierez pas la remarque du partage de cet ouvrage en deux manuscrits. A l'égard du titre, comme il n'est que de moi, n'y ajoutez pas trop de foi, parce qu'après avoir examiné le manuscrit, j'ai découvert qu'il avoit été écrit plus anciennement que l'évêque Humbaud, et que son nom, qui est à la fin dans la matricule, a été mis en place du nom d'un autre évêque qui a été gratté.

Vous me feriez un plaisir très grand si, non content de me marquer que vous avez vu deux manuscrits, qui ont rapport au traité du chant que j'ai entrepris [2], l'un, dites-vous, d'Aurélien, moine de Moutier-Saint-Jean, et l'autre d'un nommé Bertrand, vous aviez la bonté de me faire sçavoir où sont les deux manuscrits [3]. A l'égard du premier, vous dites que l'ayant renvoyé vous ne voyez pas d'apparence d'en jouir une seconde fois. Pour ce qui est de celui de Bertrand, qui vivoit, dites-vous, il y a 700 ans, vous ne désespérez point qu'il ne vous tombe sous les mains, et vous me promettez de me faire la grâce de me l'envoyer. Pour vous éviter cette peine, et d'autant que ces ouvrages me serviroient davantage m'étant connus de bonne heure, je vous prie de vouloir bien me marquer dans quelles bibliothèques ils sont. C'est la grâce que vous demande celui qui est, avec beaucoup de respect, etc.

---

2. Lebeuf a publié, en 1741, son *Traité historique et pratique sur le chant ecclésiastique*, 1 vol. in-8°.

3. Aurélien, moine de Moutier-Saint-Jean au IX° siècle, a composé un *traité de musique*, dont le manuscrit se trouvait, avant 1769, à l'abbaye de Saint-Amand en Flandre. Dom Martène en a publié quelques fragments en 1724, dans le premier volume du *Veter. Script. amplissima collectio.* — Bertrand (Prudence) était moine de l'abbaye de Charoux, en Poitou, vers la fin du IX° siècle. Il a composé un poème latin sur la musique dont Lebeuf a, le premier, rendu compte (*Recueil des divers écrits*, t. II, p. 99). Le manuscrit de ce poème appartenait jadis à la Bibliothèque du Roi, et il est encore aujourd'hui conservé à la Bibliothèque Impériale.

155. — DE LEBEUF A FENEL, CHANOINE DE LA CATHÉDRALE DE SENS.

Auxerre, 18 février 1727.

Quoique le décès de M. le doyen votre oncle[1] nous ait été mandé fort tard, nous l'avons toujours appris, mes amis et moi, plus tôt que nous n'eussions voulu. Étant donc certain que Dieu en a disposé, je viens vous marquer, en mon particulier, la part que je prends à votre douleur d'avoir perdu un si bon parent, et un homme qui a fait tant d'honneur à votre nom. Il est vrai que je perds aussi un véritable ami, et j'y suis sensible plus que je ne puis l'exprimer; mais je ne le suis pas moins à la perte publique de la ville de Sens, sa patrie, et à la vôtre particulière. Le premier jour vaquant qui s'est trouvé depuis que la nouvelle m'a été confirmée, j'ai célébré le Saint-Sacrifice pour le repos de son âme, et je ne manquerai pas de le faire par la suite, en même temps que pour feu M. de La Chauvinière, qui décéda aussi dans la même saison, en 1724. Je vous prie de vouloir bien m'honorer toujours d'une petite place dans votre souvenir, et de me croire, avec une vénération singulière, Monsieur, etc.

P.-S. — Si M. de Beaumont est au pays, comme il se peut faire[2], je vous prie, Monsieur, de vouloir bien vous charger de lui marquer la part que je prends à son affliction, dont je prie le Seigneur de le consoler.

LETTRE 155. — Publiée d'après l'autographe de la collection de Fontaine. A partir de cette pièce les lettres adressées par Lebeuf à Fenel se rapportent exclusivement à Pascal Fenel, chanoine de la cathédrale de Sens.
1. Le doyen Fenel est mort le 8 février 1727 (voyez Compte de la fabrique de la cathédrale de Sens 1726-1727).
2. Louis-Girard Fenel de Beaumont, l'un des frères du doyen Fenel. Le doyen Fenel avait encore un autre frère, Charles-Nicolas Fenel de Luysant; un troisième, qui était mort avant la rédaction du testament, avait été avocat au Parlement.

156. — DE LEBEUF AU P. PRÉVOST.

26 février 1727.

Quelque fâché que vous paroissiez être contre moi, j'espère que vous ne trouverez point mauvais que je n'en croye rien, et que j'attribue ce silence de tantôt dix-huit mois à vos sérieuses occupations. Non-seulement j'ai eu l'honneur de vous écrire bien six ou sept fois depuis ce temps-là, mais aussi je vous ai fait faire mes compliments par plusieurs personnes. J'ai prié le P. Le Brun de sçavoir, s'il pouvoit, ce que vous avez contre moi; j'ai marqué au P. Le Corrayer de vous assurer de mes respects, je ne sais plus à quel saint me vouer [1]. Néanmoins, l'heureuse occasion de M. l'abbé Foucher, notre cher confrère, qui est bien aise d'avoir l'honneur de vous voir, m'engage à ne point marquer que j'aie aucune rancune contre vous. Dès l'autre voyage que M. Foucher fit à Paris, il y a trois ou quatre ans, il étoit gros de vous voir, et il alla pour cela à Sainte-Geneviève, mais il n'eut pas l'avantage de vous y trouver. C'est l'un de nos Messieurs qui a le plus contribué à la perfection du nouveau bréviaire, et qui étoit toujours pour le parti du bon goût. Vous pourrez vous en apercevoir dans l'entretien que vous aurez avec lui. Il est de longue main façonné dans ces sortes de matières, ayant travaillé autrefois à l'une des éditions des livres d'Orléans, sa patrie. Si vous trouvez quelque occasion, je vous prie de m'envoyer le cahier sur le chant que M. Herluyson vous a donné pour moi; accordez-moi aussi la grâce de me remettre dans vos tablettes et de croire que personne n'est avec plus de sincérité ni d'attachement que je suis, etc.

Lettre 156. — Publiée d'après le manuscrit de la bibliothèque Sainte-Geneviève, 3 F. 13.

1. Voyez sur les PP. Le Brun et Le Courrayer les notes de la Correspondance, t. I, p. 18 et 256.

157. — DE LEBEUF A FENEL, CHANOINE DE SENS.

8 mars 1727.

La part que j'ai toujours prise à tout ce qui regardoit feu M. votre oncle m'engage à ne le point oublier après sa mort, et, bien loin de cela, de m'en ressouvenir plus vivement; c'est par cette raison que je prends la liberté de vous écrire aujourd'hui pour vous marquer la consolation que j'aurois, dans la tristesse que j'ai de sa perte, si je le voyois au plus tôt nommé dans les Nouvelles littéraires. Vous avez dû voir que les *Mémoires de Littérature*, commencés il y a plus d'un an par le P. Desmolets, bibliothécaire de l'Oratoire, rue Saint-Honoré, à Paris, et qui paroissent depuis trois mois, prennent toujours de plus en plus, et que ce qu'on y a fait entrer de plus intéressant dans le premier volume de cette année, sont les nouvelles de cette sorte, où l'on parle des sçavants nouvellement décédés, de leurs écrits, de leur bibliothèque, etc. Je croirois donc, Monsieur, qu'il n'y auroit que vous dont on doit attendre l'éloge de M. votre oncle, s'il n'avoit été si universellement regretté qu'il l'a été dans votre ville; mais, quoique tous les habitants de Sens soient en état de faire sçavoir à Paris ce qui doit faire la matière de son éloge, personne, cependant, ne peut mieux dire que vous certaines circonstances touchant la littérature, comme par exemple ce qu'il a ramassé pour faire la vie de M. l'évêque d'Aleth [1], et bien d'autres faits intéressants pour le public. Un sçavant de mes amis m'écrit que ce seroit là une occasion de faire mention des principaux manuscrits de la bibliothèque de votre église, dont on lui est redevable [2]. Ce sçavant a peut-être inféré de ce que j'en ai dit dans un de mes derniers Mémoires, qu'il y en auroit un très grand

---

LETTRE 157. — Publiée d'après l'autographe, collection de Fontaine, ainsi que les nᵒˢ 158 et 159.
1. Voyez Correspondance, t. I, p. 268, note 13.
2. Voyez Correspondance, t. I, p. 38, note 5.

nombre; mais tout petit qu'il est, il n'est pas indifférent d'en parler. Je ne m'ingérerois cependant pas à rien mander là-dessus sans votre approbation. Il faudroit que MM. du Chapitre ne regardassent ce qu'ils ont à présent de manuscrits que comme un levain pour en faire venir d'autres, jusqu'à ce qu'ils en aient autant, par exemple, que l'église de Tours, dont le catalogue des manuscrits est imprimé dans un in-12 que j'ai vu autrefois.

Si un jour je rompois les liens qui m'ont attaché ici jusqu'à présent, je me ferois fort d'en trouver dans mes voyages, pourvu que MM. du Chapitre voulussent faire la dépense.

Si donc, Monsieur, vous, ou quelqu'un de vos parents ou amis vouloit se charger de réduire en une ou deux pages tout ce qu'il y a à dire sur M. votre oncle, par rapport à sa bibliothèque, ses manuscrits, ses soins pour la correction des livres ecclésiastiques de Sens, je ne doute point que le P. Desmolets ne fît entrer avec bien du plaisir ce fragment dans sa lettre de nouvelles littéraires.

Je ne sçais si vous aurez reçu les compliments de condoléance dont j'ai rendu porteur le R. P. Léauté de Sainte-Colombe, qui partit d'ici le lundi-gras. Il me promit d'être exact à rendre ma lettre. Peut-être aurois-je agi plus sûrement, si je m'étois servi de la voie publique, comme j'ose faire aujourd'hui. Je vous prie néanmoins de me pardonner la liberté dont j'use et de croire que je suis, etc.

---

158. — DE LEBEUF A FENEL.

Auxerre, 25 mai 1727.

J'étois bien persuadé que la perte que vous avez faite au mois de février devoit vous donner de l'occupation; mais je ne sçavois pas la seconde perte que vous avez faite depuis. Je vous assure que j'y prends toute la part que je dois, et parce que cette digne mère a mis au monde un fils aussi méritant que vous [1], et parceque j'ai eu l'honneur de la saluer une ou deux fois chez elle, avec feu M. de La Chauvinière. Je la joindrai donc dans mes faibles prières au *memento* de feu M. votre oncle.

J'accepte très volontiers l'offre que vous me faites de me fournir des mémoires touchant l'illustre défunt. Je crois que les mêmes que vous avez déjà donnés pour son épitaphe seront suffisants. Néanmoins, comme je ne sçais pas à quoi va tout ce qu'il a composé, il seroit bon que vous eussiez la bonté de me le marquer : par exemple touchant M. votre grand-oncle l'évêque d'Aleth, etc.

Je ne connois que ses mémoires sur la vie de vos archevêques [2]. Vous pourriez me marquer son véritable âge, ce qu'il a été avant que d'être doyen, etc., à peu près comme vous voyez que le dernier volume des *Mémoires de Salengre* traite l'article de M. Duhan, mort chanoine de Verdun.

Si vous avez à Sens ce dernier tome, vous y aurez vu un abrégé de la vie de M. Arnaud, autrefois évêque d'Angers. Comme M. l'évêque d'Aleth étoit d'une vertu également éminente, je vous exhorterois, si vous me le permettiez, à faire, ou à faire faire autant sur ce grand prélat ; il s'agit de huit ou dix feuilles. On avertiroit le public que c'est en attendant qu'on publie sa vie plus au long, avec ses lettres édifiantes, que j'ai l'idée d'avoir vues entre les mains de M. le doyen.

Je n'ose pas, Monsieur, vous parler de la surprise où j'ai été d'apprendre certains articles des dernières dispositions de votre parent [3] ; tout ce que je puis vous dire est que vous ayant toujours infiniment estimé, comme je le dois, et (si vous me per-

---

1. Mme Fenel était de la maison de Franchière-Pascal en Picardie.
2. Ces manuscrits sont conservés à la bibliothèque de la ville de Sens.
3. Le doyen Fenel, dans son testament du 21 janvier 1727, n'avait fait aucune disposition personnelle en faveur de son neveu, c'est ce qui étonne Lebeuf ; et ce qui le surprend encore davantage, c'est qu'il avait légué à M. Charles Lasseré, chanoine, son buffet de médailles romaines estimées 200 livres, et quelques ouvrages de numismatique. Lebeuf avait beaucoup aidé le doyen à former cette collection.

mettez de le dire), aimé, j'ai toujours cru travailler pour vous en travaillant pour lui : je le dis touchant ce qu'il seroit à souhaiter que la ville de Sens ait un plus grand nombre de personnes qu'elle n'en a de votre goût, de votre science, et possédant toutes les aimables qualités qui sont dans vous.

Vous aviez projeté quelque écrit sur les pétrifications : je ne me flatte point de voir sortir cela de votre plume, que vous n'ayiez fini les comptes de M. votre oncle. Vous sçavez à qui il faut adresser les mémoires. Il y a longtemps que j'ai fait fête à ces Messieurs [4] que vous leur enverriez là-dessus quelque chose de curieux ; ils s'y attendent et vous estiment au-delà de ce qu'on peut dire. Je n'ai fait en cela que rendre justice à une personne qui mériteroit d'être de l'Académie, et dont je suis en mon particulier, avec une respectueuse estime, etc.

P.-S. — M. Hédiart [5] m'a appris que le canonicat de feu M. votre oncle n'est pas rempli, et que M. le curé de Saint-Hilaire a remercié [6] ; on reste fort indéterminé. Si ce digne pasteur souhaite un poste où il y ait de quoi exercer son zèle sur l'article de la prédication, il y a notre théologale qui vaquera bientôt, où il aura de quoi travailler. Les autres s'en rebutent parce qu'elle est trop pénible. Il paroit, lui, d'une humeur bien différente. Il y a environ trente-cinq sermons par an.

---

159. — DE LEBEUF A FENEL.

15 juin 1727.

Comme je suis un de ceux qui, quand ils aiment une personne, l'aiment bien, et non pour l'intérêt, je crois vous en donner une

---

4. MM. de la Roque, rédacteurs du *Mercure de France*.
5. M. Savinien Hédiard, prêtre, fut successivement chanoine de St-Pierre, de St-Jean et de Notre-Dame en l'église de Sens. Il est mort en 1777 à l'âge de 87 ans.
6. M. Chesneau, qui devint chanoine de la cathédrale de Sens, en 1740.

marque à l'égard de feu M. votre oncle, en vous demandant encore une fois une petite notice qu'on puisse mettre dans les Nouvelles littéraires qui, comme vous sçavez, s'impriment dans les *Mémoires de Littérature*. L'auteur de ces mémoires est tout disposé à mettre ce que je lui ferai tenir. Je ne lui ferai pas remarquer que M. votre oncle étoit ami du P. Lelong, oratorien, son prédécesseur à Saint-Honoré. Lui-même l'a fait remarquer dans la vie de ce Père imprimée à la tête de sa grande Bibliothèque sacrée [1]. Mais je pourrai l'exhorter à faire remarquer cet endroit à ses lecteurs, aussi bien que l'endroit du premier Voyage littéraire du P. Martène, où ce bénédictin parle avantageusement du défunt [2].

Si vous connoissez quelque autre livre où il soit mention de lui, indiquez-moi le, je vous prie. Je ne tiens rien de M. votre oncle que les lettres qu'il a bien voulu m'écrire [3]. Mais il étoit digne de l'estime des sçavants par son application continuelle; et, quoiqu'il ait paru ne pas toujours assez connoître le mérite où il y en avoit, son exemple encourageoit à l'étude ceux qui y ont de l'aptitude.

---

1. Dans cette vie le P. Desmolet se contente de citer parmi les amis de P. Lelong les deux doyens successifs de l'église de Sens, c'est-à-dire Taffourcau et Fenel qu'il qualifie d'*illustrissimi*.
2. Voyez *Voyage littéraire de deux religieux bénédictins,* première partie, 1707, in-4°, p. 59. Le P. Martène y rend compte de sa visite à Sens: « le doyen Fenel et Monsieur Maçon lui firent beaucoup d'honnêtetez, et « lui communiquèrent de bonne grâce les remarques qu'ils avoient faites « sur les archevêques de Sens et sur les dignitez de la cathédrale. »
3. La collection de Fontaine renferme un certain nombre de lettres du doyen Fenel à Lebeuf, nous en avons donné des extraits dans le tome I de la Correspondance. (Voyez la Table).

160. — DE LEBEUF AU P. PRÉVOST.

14 novembre 1727.

Étant persuadé que vous n'avez plus besoin du cahier manuscrit sur saint Baudèle[1], à l'occasion duquel vous nous avez rendu service sur saint Romule, je vous prie de vouloir bien le prêter au R. P. Dom de Vic, de Saint-Germain-des-Prez[2].

Vous sçavez l'immense histoire du Languedoc qu'il a entreprise, ce manuscrit y ayant rapport, j'ai cru devoir lui en faire part.

J'aurois bien des choses à vous dire, si je n'appréhendois de vous interrompre. Vous pourrez toujours, quand il vous plaira, me favoriser de vos nouvelles. Vous n'en sçauriez dire si peu qu'elles ne me fassent toujours plaisir, venant de votre part.

J'avois chargé le dernier curé de Saint-Eusèbe[3] de vous marquer de vive voix mon empressement là-dessus. Je crois qu'il s'en sera acquitté. En tout cas, je saisis avec plaisir cette occasion de vous marquer que je ne mets point en oubli un ami et un compatriote tel que vous. Je vous demande la même grâce et celle de me croire, avec une estime singulière et pleine de vénération, etc.

LETTRE 160. — Bibliothèque impériale, coll. Languedoc, 181, f° 195, orig.
1. Voyez au sujet de ce manuscrit, et sur saint Baudèle et saint Romule, Correspondance t. I, p. 287, et le *Martyrologe* d'Auxerre au 27 mars et au 20 mai.
2. Vic (dom Claude de), né à Sorrèze, fit profession dans la congrégation de Saint-Maur, à l'âge de 17 ans, le 23 octobre 1687. Il a été le collaborateur actif de dom Vaissette dans la composition des deux premiers volumes de l'*Histoire générale du Languedoc*, à laquelle Lebeuf fait allusion.
3. M. Goby. Voyez Corresp. t. I. p. 200, note 3.

161. — DE LEBEUF A D. GERMAIN, CHANOINE THÉOLOGAL D'AUTUN.

Auxerre, 4 décembre 1727.

Je me flatte que vous ne trouverez pas mauvais que je prenne la liberté de vous écrire, après que j'ai reçu de M. Bocquillot des assurances que vous étiez disposé à recevoir favorablement tout ce que je vous manderois sur saint Lazare. Ce n'est point sur la personne de ce saint que j'ai des difficultés pour le présent. Il n'est point impossible que de Judée on vienne à Marseille; mais il faut des garants anciens pour ce voyage. Ce qui a excité la curiosité de bien des personnes depuis quelques mois, est ce qui excite aussi la mienne[1].

On dit qu'il y a, en quelques chapitres éloignés d'ici, des personnes qui, informées comme nous de ce qu'on a trouvé à Autun, ont cru que cela ne méritoit pas qu'on en fît un tel triomphe. Je n'ose, Monsieur, vous confier cette anecdote que dans la pensée où je suis que vous aimez sincèrement la vérité, ainsi que me le marque M. Bocquillot. On voudroit bien avoir communication de

---

LETTRE 161. — Cette lettre et toutes celles qui suivront, adressées à D. Germain par Lebeuf, ont été publiées par M. de Charmasse dans le Bulletin de la Société Éduenne, en 1864; les notes sont également pour la plupart de cet auteur. Les originaux ont été communiqués à M. de Charmasse par l'abbé de Burgat, qui appartient par sa mère à la famille de D. Germain.

1. La découverte des reliques de saint Lazare, faite à Autun le 21 juin 1727, avait diversement ému la curiosité des contemporains. Lebeuf, dans une lettre d'érudition, publiée dans le *Mercure* du mois de décembre suivant, avait émis des doutes sur la vérité de l'opinion qui faisait de saint Lazare d'Autun et de Marseille le saint Lazare de Béthanie. Il critiquait à ce sujet le mémoire publié par le Chapitre d'Autun. — Voyez, au sujet du culte de saint Lazare, les *Monuments inédits sur l'apostolat de sainte Marie-Madeleine*, etc., *et sur saint Lazare*, par M. l'abbé Faillon, 2 vol. in-8°, 1858. Cet écrivain prétend que le corps de saint Lazare fut transporté à Autun au IXe siècle, par les Bourguignons, pour le soustraire aux Sarrasins. — Voyez aussi un Mémoire de M. de Voucoux, aujourd'hui évêque d'Évreux, intitulé *Du Culte de Saint-Lazare à Autun*; Autun, 1856, in-8.

l'acte de la translation faite au xiie siècle [2], lequel acte est marqué avoir été lu en présence de toute l'assemblée, au mois de juin dernier. On n'a pas tort, ce me semble, de désirer que cette pièce soit produite. On assure qu'elle est plus importante que l'inscription, qui n'a peut-être été mise qu'après-coup. Ne soyez point, Monsieur, scandalisé de tous ces préjugés des critiques de Paris. Vous êtes plus en état qu'aucun de la ville d'Autun de juger sainement de ce qu'il falloit produire pour contenter la curiosité de tout un public, lorsqu'il s'agit d'un saint du 1er siècle. Plus on supprime de pièces entre le 1er siècle et le nôtre, et plus on se rend suspect. Il falloit donc, ce semble, faire imprimer cet acte de 1146 ou 1147. On verroit ce qu'il dit et s'il renvoie à d'autres actes antérieurs. Car il y a encore bien loin du xiie siècle au 1er.

Je ne crois pas, Monsieur, que l'on vous refuse cette communication, au cas que vous ne l'ayez pas déjà : mais si vous avez une copie de cet acte du xiie siècle, qu'on dit n'être pas trop conforme à l'inscription, quoique M. votre évêque [3] ait certifié cette conformité, pourrois-je espérer de vous d'en avoir une copie? Quelqu'un a ouï dire à Paris, où il y a de vos anciens bréviaires, qu'on y en lit quelque chose dans le mois d'octobre, mais on ajoute qu'il n'y a ni commencement ni fin : si ce qui a été lu solennellement l'été dernier est aussi informe, il y a lieu de se défier de plus d'un côté, car, dès le xiie siècle, on observoit des formalités : s'il s'agissoit du vi^e ou viie siècle, je ne demanderois qu'une inscription, un martyrologe, etc.; mais on commençoit à verbaliser dès le siècle de saint Bernard.

Vous pourrez, Monsieur, me dire ingénuement tout ce qu'il vous plaira sur votre relique, je ne suis pas homme à vous commettre avec votre corps [4]. Je serai réservé en tout ce que vous marquerez de tenir caché. Et si, par hasard, vous doutez de la réalité de mon écriture, vous pourrez demander au R. P. Prieur

---

2. Voir, sur cet acte, *les Monuments inédits de l'apostolat de Sainte-Marie-Madeleine*, etc., par l'abbé Faillon, t. II, p. 710 et suiv.
3. Antoine François de Blitersvick de Moncley (1721-1732).
4. Le chapitre d'Autun.

de Saint-Martin, ou à votre maître de musique 5, qu'ils vous montrent de mes lettres au cas qu'ils en aient conservé. Mais je forme ici des soupçons qui ne conviennent pas, après le récit que m'a fait M. Bocquillot de votre attachement aux bonnes choses. Je finirai donc en vous assurant, etc.

---

162. — DE LEBEUF A D. GERMAIN, CHANOINE THÉOLOGAL A AUTUN.

26 janvier 1728.

J'ay parfaitement reconnu, par la lecture de la dernière lettre dont vous venez de m'honorer, que vous ne vous êtes point représenté dans la première autre que vous n'êtes. Je trouve que vous conservez avec MM. d'Autun tous les égards imaginables, sauf les principales vérités qui sont celles de l'histoire de saint Lazare après sa résurrection. Vous avez grande raison de vouloir purger le bréviaire des fables qui y étoient sur cet article, et il n'y a que des personnes ou qui se glorifient de ne pas s'instruire, ou qui tiennent de près à certains religieux provençaux, qui peuvent imaginer de la vérité dans toute cette séquelle. Le pauvre Père Alexandre[1] s'est aussi rendu avocat d'une très pitoyable cause, lorsqu'il a voulu parler de toute la famille de Béthanie amenée en Provence. Un Provençal moins livré que lui à ses confrères pourra un jour s'exprimer autrement et faire voir le ridicule de toutes ses preuves. Vous êtes donc très louable, Monsieur, de rejeter les fables sur l'état de saint Lazare après sa résurrection. Je ne sçais si ce ne seroit pas ce qui devroit être à la tête de votre écrit, au lieu d'être à la fin. Il me semble qu'il est plus naturel de faire passer en premier lieu tout ce qui regarde les actions d'un saint, avant que d'en venir à son culte et à ses reliques.

---

5. Le maître de chapelle de la cathédrale d'Autun, appelé Nourrisson, avec qui Lebeuf entretenait une correspondance active.

LETTRE 162. — 1. *Selecta historiæ ecclesiasticæ*, par le P. Noël Alexandre, dominicain. Paris, 1714.

1728 Vous en userez cependant comme il vous plaira; mais vous avez pour MM. vos concitoyens une complaisance dont il y a apparence qu'ils ne vous sçauront pas même bon gré : c'est lorsque vous vous étendez à prouver qu'ils ont le corps de saint Lazare. Il me semble, sauf votre meilleur avis, qu'au lieu de destiner la seconde partie à prouver que les reliques de saint Lazare sont à Autun, vous devriez vous contenter de dire : « Deuxième partie où l'on expose les preuves dont on se sert pour assurer à l'église d'Autun la possession...; » vous contentant de les exposer, vous ne vous engagez pas à les faire valoir; au lieu que, si vous promettez de les faire valoir, vous vous obligez à faire abstraction des contradictions qui s'y trouvent, et dont vous me faites part. Je suis bien aise que vous m'ayez déjà appris quelque chose sur ce procès-verbal; entre autres qu'il est beaucoup postérieur à la cérémonie du XIIe siècle : en effet, on ne faisoit point encore tant de verbiages, mais aussi sa postériorité ne pourra-t-elle pas déroger à l'authenticité prétendue de l'inscription et ne pourra-t-on pas croire que l'inscription n'a été mise que dans le temps que ce long procès-verbal a été dressé?

Encore un coup, la fidélité demandoit que MM. d'Autun donnassent une copie figurée de l'inscription, comme on a fait ailleurs en de semblables découvertes.

Je croirois, avec d'autres personnes, que ces Verbaux si diffus auroient été dressés dans le temps de quelque ouverture du tombeau, soit pour en tirer la tête lorsqu'on voulut l'enchâsser, soit dans quelque autre occasion. Je ne sçavois pas le nom de *Révelasse* : apparemment que c'est le terme Autunois, pour dire *découverte, invention*; mais régulièrement on devroit l'écrire comme on écrit ailleurs *saint Jean Décolace* pour *décollation*; le *t* se rend plus naturellement en *c* qu'en une double *ss*. Ceci soit dit en passant, sans avoir aucune intention de vous faire des leçons d'orthographe. Il sera bon, en tout cas, d'avertir le public que ce terme est local.

Je n'ai garde, Monsieur, de ne pas approuver que vous ayez fait voir votre projet à votre prélat; mais je ne suis pas surpris qu'il n'en soit pas content. S'il étoit aussi facile de prouver d'où vous tenez vos reliques, quelles qu'elles soient, qu'il l'est que vous ne les tenez pas des Provençaux comme dépositaires du tombeau de l'ami de Jésus-Christ, la vérité pourroit se rendre palpable à Sa Grandeur et aux autres dont vous me parlez. Vous vous y prenez à merveille en épluchant comme vous faites leurs traditions et la variété qui s'y est trouvée.

Je ne sçais que penser d'Avallon : je n'en sçaurois tirer aucune réponse. Il est vrai que M. Bocquillot est fort infirme, mais j'ai toujours cru qu'il se feroit un plaisir de communiquer ce qu'il a écrit. Puisque M. Papillon est de votre connoissance, il ne seroit pas impossible qu'il ne pût faire trouver dans les registres du Parlement des mémoriaux du procès du chapitre d'Avallon contre Autun. Le R. P. Urbain Plancher, bénédictin, qui travaille à l'histoire de Bourgogne à Dijon, pourroit aussi vous en dire des nouvelles[2]. Faites-le aussi prier de vous dire le temps auquel il croit que le portail antérieur ou septentrional de Saint-Ladre a été construit[3]. J'ai idée qu'il y a des histoires et des fables sur saint Lazare qui y sont représentées. Il m'a paru plus vieux que l'église de Saint-Nazaire.

A l'égard du répons *Quam felix es*[4], soyez persuadé, Monsieur, que ce n'est pas par rapport au commencement que je le crois nouveau. Il faut bien se donner garde de croire qu'il soit plus ancien que l'office de saint Germain d'Auxerre. Ce n'est point certainement Auxerre qui en a pris le chant d'Autun, mais Autun

1728

---

2. D. Urbain Plancher, religieux bénédictin de Saint-Bénigne de Dijon, né à Chenus, près d'Angers, mort en 1760. Il publia les trois premiers volumes de l'Histoire de Bourgogne, 1739, in-f°; le quatrième, rédigé par dom Merle, parut après sa mort.

3. Le portail de l'église Saint-Lazare d'Avallon est de style roman, très-orné, du XII° siècle Les sculptures du tympan de la porte principale ont disparu, celles de la porte de droite sont très-mutilées.

4. Quam felix es Gallia, quam inclyta urbs Edua, dum excipis eximium amicum Dei Lazarum, incomparabilem thesaurum, inter cunctas opes tibi percommodum; hic te deffendet ab omnibus adversitatibus propriis meritis, et conferet plurima beneficiorum præmia.

d'Auxerre, soit médiatement, soit immédiatement : les paroles de votre répons sont toutes différentes de celles de notre neuvième répons de saint Germain, mais le chant en étant le même, quoique chant propre et d'un style différent de l'ordinaire, c'est une marque certaine qu'il a été imité sur notre dernier répons de saint Germain, *Gloriosus Domini Germanus*, que vous chantiez autrefois et que vous trouverez dans vos anciens livres. Vous me direz peut-être à cela que cet office propre de saint Germain n'est pas si ancien que je le crois. Je puis vous répondre qu'il étoit répandu dans la France dès le IXe siècle, et qu'on en trouve encore des manuscrits approchants de ce temps-là. Il étoit si ancien au Xe, qu'un de nos évêques nommé Guy, lequel décéda en 961, composa sur la même mélodie de cet office un office entier de saint Julien de Brioude, selon que le marquent les Gestes [5] au tome I de la Bibliothèque de manuscrits du P. Labbe, jésuite, page 446, et nous avons encore cet office de Saint-Julien où cette vraisemblance est très visible. J'infère donc de là que votre répons a été fait et noté d'abord dans un pays où l'on avoit l'office de saint Germain. Il ne s'agiroit plus que de voir si ce chant est bien placé sur les paroles, car s'il y a des jonctions où il faudroit des séparations, et des séparations là où il faudroit des liaisons, c'est une marque qu'il a été adapté par des ignorants, et par conséquent que l'on n'a pas commencé à le chanter dans des siècles où la science du chant fût fort cultivée. Je l'ai ouï chanter à Autun, mais comme je n'en sçavois pas les paroles, je ne pus juger si le cadre convenoit bien au tableau. Pour ce qui est du mot *Avalo*, il est substitué à *Edua* : on voit par le style de ce répons que l'auteur a d'abord eu en vue Autun, car *Avalo* n'a jamais rimé avec *Gallia*[6]. Je le croirois volontiers composé à Autun pour la fête de la réception des reliques de saint Lazare, qui étoit vraisemblablement celle du

---

5. Voyez l'ouvrage intitulé *Gesta Pontificum Autissiodor.*, publié de nouveau dans la *Bibliothèque historique de l'Yonne*, t. I, 1850.

6. Le répons chanté à Avallon commençait ainsi : *Quam felix es et pia Avalonis ecclesia.*

1ᵉʳ septembre. Le verset qui commence *In cujus exceptione* le dénote assez. Le verset de notre répons de saint Germain commence *In cujus transitu*, et la fête où nous le chantons s'appelle *Transitus sancti Germani*. Vous avez eu plusieurs Auxerrois évêques à Autun, peut-être que l'un d'eux auroit fait ajuster ce répons sur celui de saint Germain. Seroit-ce Norgaud[7], seroit-ce Étienne II, c'est ce que je ne puis déterminer. Étienne avoit été chanoine de notre cathédrale. J'ai lu quelque part que votre évêque Renaud de Maubernard a écrit sur ses prédécesseurs[8]. Son ouvrage, s'il est réel, pourroit vous servir à débrouiller quelque chose dans tout cela. Mais l'avantage qu'il paroît qu'on veut tirer à Autun de ce que ce répons se chante ailleurs me paroit bien faible. Il suffit que quelque particulier eût dévotion à un saint, il en fonde la fête : il est le maître de faire chanter pour de l'argent l'office qu'il veut. Il a été naturel de recourir à Autun pour avoir un office propre de saint Lazare, de même qu'on a recours au Mans pour avoir celui de saint Julien, évêque ; à Soissons, pour avoir celui de saint Médard ; à Reims, pour celui de saint Remi ; cela ne veut pas dire pour cela que, si ces offices contiennent des faits faux, les églises qui acceptent les fondations en doivent être garantes ni être censées les autoriser avec connoissance de cause. Telle est peut-être l'église de Verdun, si c'est de la cathédrale dont vous voulez parler : je soupçonne que c'est plutôt la collégiale de la Magdeleine, où il a été assez naturel d'établir avec distinction la fête de saint Lazare, qu'on regardoit comme son frère. Vous pourriez encore sçavoir par MM. de Saint-Syphorien si on ne fait pas l'office de saint Lazare à l'abbaye de la Magdeleine de Châteaudun, qui est de leur Congrégation[9]. J'ai lu quelque part qu'il y a un chapitre de la Magdeleine à Ruines,

---

7. Norgaud, évêque d'Autun, siégea depuis l'an 1059 jusqu'à l'an 1112. Étienne II, chanoine d'Auxerre comme Norgaud, fut évêque depuis 1171 jusqu'à 1188.

8. Cet évêque vivait au milieu du xivᵉ siècle. La *Gallia* ne fait aucune mention de l'ouvrage que Lebeuf lui attribue.

9. Prieuré de Saint-Symphorien d'Autun, de l'Ordre des chanoines réguliers de Sainte-Geneviève.

1728 au diocèse de Saint-Flour[10]; je trouve un office propre de saint Lazare dans le bréviaire de Langres de 1604, où il y a bien des choses du vôtre, mais non pas le *Quam felix es*, quoique le répons *O beate Lazare præsul egregie et martyr eximie* y soit. Si j'avois plus d'anciens livres que je n'en ai, je ne manquerois pas de vous en dire davantage. J'ajouterai encore ici que j'ai trouvé qu'il y a à Noyon en Picardie une paroisse de Saint-Lazare où l'évêque est tenu ou étoit tenu autrefois de prêcher le mercredi de la Pentecôte. Ce même saint est aussi l'un des patrons de l'abbaye de Saint-Nicolas d'Angers, fondée au xie siècle, ainsi que vous pourrez lire dans les *Annales d'Angers* de Jean Hiret[11], page 171, et une marque qu'on ne l'y croyoit que simple confesseur comme saint Joseph, saint Joachim, etc., etc., est que les trois patrons sont ainsi dénommés: *In honore sanctorum Nicolaï archipræsulis, Hieronymi presbyteri et Lazari dilecti, a præsule Andegavensis civitatis Huberto*. Il est vrai que je ne tire pas cela du titre original, mais il y a apparence que celui qui a fait ce précis de fondation a nommé ces saints conformément à la charte originale qu'il dit être de l'an 1020. Les bénédictins de Saint-Martin pourront vous dire à qui il seroit à propos d'écrire à Angers et ailleurs, pour savoir si l'on n'a point des reliques de saint Lazare. Pour ce qui est du diocèse d'Auxerre, je ne connois aucun endroit où il y en ait eu; on y voit, comme ailleurs, des chapelles fort récentes sous son nom, des maladreries, des léproseries, etc.

En essayant de me remettre à l'esprit l'endroit où j'ai lu des fables sur saint Lazare, je me suis ressouvenu que c'est dans un bréviaire écrit à l'usage d'un chanoine de Varzy[12] au diocèse d'Auxerre, vers l'an 1490 ou 1500. Tout à la fin de ce recueil de leçons de saints locaux, sont les leçons de saint Lazare qui commencent par l'interprétation de son nom et ensuite nomment son père Lyrus et sa mère Eucharia. Il y a, après cela, quelques traits

10. Ruines, arrondissement de Saint-Flour (Cantal).
11. Jean Hiret publia en 1609, à Angers, les *Antiquitez d'Anjou*, in-12, dont une seconde édition fut faite en 1618.
12. Varzy, arrondissement de Clamecy (Nièvre).

fabuleux mêlés aux Évangiles. Je crois que c'est ce que vous lisez au 1er septembre. Il y a ensuite un récit qu'on lui fait faire de tout ce qu'il avoit vu dans l'autre monde, des roues, des puits, des cavernes, des fleuves, des salles horribles. Après toutes ces fables, l'auteur le suppose venu à Marseille, où un tyran sous Domitien [est] envoyé pour le faire mourir. J'ai lu tout cela à Autun, et je ne doute pas que cela n'y ait été pris dans le temps qu'on copioit tout indifféremment. Après la neuvième leçon de ce saint, manquent plusieurs feuillets dans ce manuscrit; et il n'y reste qu'un seul feuillet où il y a des choses sur saint Lazare racontées d'une autre manière. C'est la suite d'une septième leçon; la page commence ainsi :

« Lazarus ab omnibus episcopus Massiliensis institutus est qui ab eodem die corpus suum afflixit, panem frumenti non edens, vinum non bibens. Lectus suus pro culcitra cinerem et cilicium habebat, pro coopertorio sacculum.

« ℟ O beate Lazare, præsul egregie et martyr eximie.

« Lectio VIII. — Post multum tempus crudelissimus imperator Fetinum prefectum ad torquendos Christianos Marsiliam destinavit. Et cum præsentatus fuisset B. Lazarus baculum aridum, super quem se apodiabat, in terra fixit et oratione facta floruit atque octo millia paganorum in Christum crediderunt. Tunc præses eum sacrificare nolentem fecit pectinibus ferreis laniari et loricam igneam carni ejus applicari.

« ℟ O beate Lazare, preciose martyr, pro nostro eorumque salute intercede. ℣ Astans preciose martyr in conspectu Dei, pro, etc. [13].

« Lectio IX. — Deinde cratem ferream fecit fieri et laceratum corpus ejus ibidem extendi atque carbones vivos subtus poni,

---

13. Voici le commencement de cette leçon telle qu'on la récitait à Autun pour la fête de la Révélace :

« Postremis autem temporibus, regnante Domiciano Cesare, tirannus sevire cepit crudeliter in Christi membra et mittens præfectis urbium destinavit Marsilie nuncios ut fideles cogerentur ad culturam idolorum. » *Lectionarium Æduense*, Ms. du XVe siècle.

1728 pice admixta; sed cum in hiis Deum laudaret, præses cum ad stipitem ligari fecit ita sexcentis viris sagittari. Sagittæ vero, per aerem volantes ipsum non tetigerunt. Tandem capite truncatur et infideles virtute passionis ejus fidem Christi suscipientes, eumdem honorifice sepelierunt.

« ℟ Dominus Jesus ante sex dies Paschæ venit Bethaniam ubi fuerat Lazarus mortuus, quem suscitavit a tumulo. ℣. Venerunt quoque multi Judeorum ut Lazarum viderent. Gloria. Dominus Jesus. Te Deum. ℣. Posuisti Domine.

« IN LAUDIBUS. *Ant.* Lazarus amicus. *Ant.* Domine si hic fuisses. *Ant.* Dixit Jesus : manifeste. *Ant.* Multi autem. *Ant.* Ad monumentum Lazari clamabat.

« *Capit.* Beatus vir qui.

« *Hymnus.*   Gaude gaudenter Edua
Quatriduanum possidens,
Pro quo plura miracula
Nobis fecit Omnipotens.

« Surgere fecit contractum
In anclias projectus,
Dentibus nervis strepitum
Offert statuale rectus. »

Je n'entends rien là dedans.

« Linguæ pedum ac manuum
Percussorum paralysi
Revertitur officium
Deprecanti Beatrici.

« Exclamat infans mortuus
Scamno se volens mitti.
Insano pessimo sensus
Redit Hugoni militi.

« Alter Hugo monoculus,
Post cæcus non immerito,
Est statim illuminatus
Se precibus....... 14. »

14. Cet office est celui qu'on faisait autrefois à l'occasion de la fête de la Révélace. Voici la fin de l'hymne que nous tirons d'un *Psalterium* et

Ici finit le manuscrit. Le reste a été déchiré. La perte n'est pas grande pour la poésie; mais peut-être y auroit-il quelques faits intéressants dans les autres strophes.

J'ai fait cet extrait, Monsieur, afin que vous examiniez si cela n'étoit pas dans vos bréviaires du xive siècle. Je remarque que le répons *Quam felix es*, n'est pas ici en neuvième répons. Il paroit que celui qui est ci-dessus est transporté de sa place. Seroit-ce d'Avallon que le chanoine de Varzy auroit tiré son office de saint Lazare? Mais l'hymne *Gaude gaudenter Edua* revient à la même pensée.

Je n'ai plus rien à ajouter, etc.

P.-S. — Si Mgr votre évêque est curieux ou dévôt envers les saintes Reliques, et qu'il soit homme à vouloir faire connoître aux siècles futurs qu'il est entré dans les pieux desseins de ceux qui cherchent à éclairer la vérité, il y auroit matière à exercer son zèle dans la visite d'un tombeau que j'ai vu à Saint-Sypho-rien, dans la nef du côté droit. On l'y appelle le tombeau de saint Franchi. On l'y croit archevêque de Sens [15]; et jamais à Sens on a ouï parler de ce nom. Jamais il n'a été dans aucune table épiscopale. Autre raison de douter est que l'oraison qu'on y dit à son office est celle de saint Franchi, solitaire en Nivernois, patron de plusieurs villages de ce nom, et que sa fête est le même jour que celle de ce saint Franchi, moine. Peut-être que si le prélat vouloit prendre la peine d'en faire l'ouverture, il découvriroit quelque chose. Il faudroit lui insinuer que c'est peut-être celui d'un de ses prédécesseurs appelé *Flavichonus* dans une vie

---

lectionarium Æduense, Ms. du xve siècle, conservé à la bibliothèque du grand Séminaire d'Autun, n° 135 :

> . . . . exposito
> Lingue, mens, cor et spiritus
> Nostrum Lazarum poscite
> Ut erga nos sit hic pius
> Qui manet in Trinitate.
>   Amen.

15. Voyez ci-après lettre du 3 septembre 1729, n° 173.

très ancienne de saint Eptade de Cervon, imprimée à la fin du tome II de la Bibliothèque du P. Labbe, et que du Saussay a mis sous son vrai nom *Flavionus*, au 23 août[16], qui est le jour auquel MM. de Saint-Syphorien font de saint Urscin de l'Auxerrois, dont ils ont un ossement[17].

Je ne veux pas oublier de vous dire que vous ne feriez pas mal d'écrire au P. dom Jean Thiroux d'Autun, ci-devant continuateur du *Gallia Christiana*, lequel est maintenant retiré à Corbigny[18]. Il a dû avoir sur Autun bien des Mémoires. Il en étoit à la province de Lyon lorsqu'il a quitté Paris.

Un de nos archidiacres, qui connoit tous les Sulpiciens, voudroit bien savoir le nom de ceux que vous dites travailler au bréviaire d'Autun.

---

163. — DE LEBEUF A D. GERMAIN.

17 mars 1728.

Pour ne vous point faire trop attendre, je vous envoie aussitôt l'original même qui m'est venu d'Avallon. J'ai cru qu'il n'étoit pas trop gros pour être enveloppé dans une lettre. Mon copiste s'est trouvé trop occupé pour que je lui fisse quitter ses entreprises. Vous aurez soin que cela ne se perde pas : peut-être serai-je bien aise d'y avoir recours au cas qu'il ne s'en fasse pas de copie à Paris où je l'ai envoyée à un de mes amis.

16. Le corps de saint Flavien, évêque d'Autun, était conservé dans l'église des bénédictins de Fécamp.

17. Voyez Correspondance, t. I, p. 11.

18. Arrondissement de Clamecy (Nièvre), où il y avait une abbaye de bénédictins sous le Vocable de saint Léonard. — D. Thiroux, né à Autun en 1663, fut l'objet de punitions rigoureuses pour avoir professé à Reims des opinions jansénistes outrées. Il fut détenu à la Bastille de 1703 à 1710. Envoyé ensuite à Corbigny, il y résida quelque temps, puis fut transféré à l'abbaye Saint-Germain d'Auxerre, où il mourut le 14 septembre 7131.

Je n'ai encore rien reçu de Dijon touchant votre saint Lazare : 1728
apparemment que M. Papillon attend quelque occasion.

Je suis toujours plus disposé à accorder à MM. d'Avallon un morceau de la tête, qu'à MM. d'Autun tout le reste du corps. L'un a été plus facile à obtenir et à transporter que l'autre.

A propos de votre église, dont vous me parlez amplement, ne sauroit-on pas de raison pour laquelle elle est tournée au midi, contre l'ordinaire de toutes les églises. Je voudrois encore savoir si quelqu'un n'auroit pas reconnu que les reliques de saint Lazare sont plutôt d'une femme que d'un homme. Si les deux clavicules sont presque droites et peu recourbées, c'est presque une marque infaillible que c'est le corps d'une femme. Les hommes ont les deux clavicules plus tortillées. Vous pourrez en parler à des médecins ou à des chirurgiens, mais il est peut-être trop tard, si les reliques sont renfermées sous le sceau.

Ce que vous m'apprenez du corps d'un saint enfant de 12 ans, conservé à Saint-Nazaire, ne me surprend pas : je suis persuadé qu'il y a eu plusieurs corps de martyrs dans cette vénérable église. Ce seroit un grand bonheur si quelqu'un n'avoit pas été pris pour saint Nazaire ou saint Celse[2]. Pour saint Flocelle, je l'avois aussi pris pour un enfant, mais ce que vous m'assurez être connu à Beaune m'en dissuade ; tout ce qu'on a dit du martyre de ce saint me paroît fabuleux. Je voudrois bien en avoir une légende plus diffuse que ce qu'on lit à Beaune, où il n'est nullement parlé de Normandie, qui est pourtant, selon moi, le lieu natal de ce saint[2]. J'avois prié qu'on fit consulter les légendaires de l'abbaye de Mézières, mais je n'en entends aucune nouvelle. Votre prélat me paroît bien facile.

L'exemple de ce qui a manqué d'être fait devroit bien faire

LETTRE 163. — 1. Saint Nazaire, et saint Celse, martyrs du premier siècle, morts à Milan le 1ᵉʳ juillet.

2. Lebeuf a fait figurer saint Flocelle dans le martyrologe du diocèse d'Auxerre, au 17 septembre, non comme étant né dans le diocèse d'Autun, mais bien comme originaire d'*Augustodurum*, ville détruite, située entre Coutances et Bayeux.

ouvrir les yeux sur ce qui a pu être fait dans les siècles précédents.

Je serois toujours curieux de sçavoir ce que dit la chronique de Hugues de Saint-Victor sur saint Lazare; nous ne l'avons point ici imprimée. Il faut qu'elle soit bien rare, ou qu'elle soit suspecte, si le célèbre P. Lelong ne l'a pas connue [3].

Le corps du saint enfant anonyme est-il entier? Est-ce un garçon ou une fille? J'en pourrois juger par les clavicules et par les os ischion s'ils sont très évasés.

Le P. Alexandre ne s'est point fait d'honneur dans bien des points de sa dissertation sur sainte Magdeleine et sur saint Lazare. Il me fait compassion lorsqu'il veut parler de cette inscription trouvée au XIIIe siècle, où est nommé un *Cidonius*.

On a vu ici, dans le *Mercure* de décembre, 1er volume, des remarques sur vos verbaux. Je suis surpris que vous ne m'en parliez pas. Est-ce que cela n'est pas venu jusqu'à vous? J'ai fait prêter ce volume à M. Bocquillot, en récompense de l'envoi de sa lettre ci-incluse. Si le commerce étoit plus facile entre Avallon et Autun, je le prierois de vous le faire tenir, ayant l'honneur d'être, avec bien du respect, etc.

---

164. — DE LEBEUF A D. GERMAIN.

Ce 7 juin 1728.

Je ne suis aucunement endormi sur l'article de vos contestations avec vos Messieurs : je n'ai point non plus fait de voyage, ainsi que l'a cru M. Nourrisson [1]; mais quelques affaires survenues m'ont empêché de vous faire réponse aussitôt que je l'aurois cru. Je n'appelle pas voyage lorsqu'on ne va qu'à quatre lieues de sa résidence.

---

3. La chronique de Saint-Victor est encore inédite. Voyez *Histoire littéraire de la France*, t. XII, et *Biographie Didot*, article Hugues de Saint-Victor.

1. Le maître de chapelle de la cathédrale d'Autun.

J'ai été passer reconnaissance à l'abbaye de Pontigny, où je n'avois pas été depuis plus de trois ans. Je n'y ai rien trouvé concernant votre saint, ni vos saintes Magdeleine. On y a le *Miroir historial* de Vincent de Beauvais, manuscrit, où se trouvent les mêmes contes que dans l'imprimé. Je me réserve pour un autre voyage que je crois pouvoir faire sur la fin de ce mois à Paris. Il est aussi temps que j'y aille passer reconnaissance, en étant absent depuis 1723 [2]. Mais je ne compte pas y faire long séjour. Si vous souhaitez, je pressentirai quelque imprimeur pour votre dissertation. Je ne sçais si c'est cela que vous voulez dire lorsque vous me parlez des mesures convenables pour la rendre publique. Les préliminaires sont de la présenter à Mgr le Garde des sceaux pour avoir un censeur. Cette voie est délicate à présent. Je ne sçais qui c'est qui a l'inspection sur la librairie. Si ce n'étoit pas un ouvrage si considérable, vous eussiez pu le faire entrer dans les *Mémoires de Littérature* que le P. Desmolets, bibliothécaire de l'Oratoire Saint-Honoré, publie de fois à autre, mais l'ouvrage est trop diffus pour espérer qu'il l'adopte, et quand il l'auroit adopté, je doute qu'il pût le faire paroître si tôt. Il a des pièces de ma façon depuis plus d'un an, et ne les a pas encore publiées. Il va presque à tour de rôle pour ne mécontenter personne. Cependant il est bon que votre écrit paroisse avant le bréviaire d'Autun. Si l'inspecteur de la librairie est du sentiment d'Estius [3] (comme cela peut être, car enfin M. Grandcolas en est quoique Sulpicien en bien des chefs) on pourra espérer d'avoir un censeur équitable. Je m'en informerai. Je trouve, Monsieur, votre plan assez juste à présent. Je ne doute pas que le dessein de chaque *numéro* ne soit rempli au gré du lecteur. Mais avez-vous remarqué qu'il y a eu de la variation chez les Orientaux sur le siége de l'épiscopat de Saint-Lazare? Le P. Mabillon a donné, dans son IVe siècle, l'itinéraire d'un moine françois qui rapporta,

---

2. Voyez t. I, p. 362, lettre du 28 juillet 1723.
3. Estius (Guillaume), théologien, né à Gorcum en Hollande, en 1542, mort en 1613. La méthode d'Estius dans ses ouvrages consistait à appuyer sa doctrine sur des passages de l'Ecriture et des Pères.

vers l'an 870, qu'on croyoit saint Lazare évêque d'Ephèse[4]. J'ai fait une note de cela dans mes observations à M. de la Roque[5].

Votre nombre douze sera sans doute celui où vous développerez tout ce que vous aurez pu savoir, mais que je présuppose par avance ne devoir convaincre personne. Ce ne sera pas votre faute. Vous entreprenez la cause de l'église d'Autun, vous ne sauriez l'appuyer que sur les fondements qu'on vous fournit. Si vous omettez quelque chose, cela engagera peut-être M. votre évêque à y faire faire un supplément ou une réplique. Dieu veuille qu'alors on n'évente point quelque an...[6]. Je vois bien que vous mettrez le lecteur en état de juger depuis quel temps précisément on a commencé à Autun à croire que les reliques qu'on avoit étoient de saint Lazare, ami de Jésus-Christ. Mais pourrez-vous nommer celui qui les aura apportées, et d'où il les aura eues? Je ne le crois pas. J'avois envie, comme vous, d'écrire à D. Thiroux, pour sçavoir son sentiment: mais j'ai fait attention qu'il est dans l'usage de ne répondre à personne par lettres (peut-être depuis ces fameuses affaires du temps passé[7]). Comme c'est moi qui vous ai porté à lui écrire, souffrez que je vous donne un deuxième conseil qui seroit de l'aller trouver à Corbigny lorsque vous irez à Avallon, ou que vous en reviendrez. Cela ne vous détournera de guère. Portez-lui votre ouvrage; il pourra vous aider de quelque chose, ou au moins écrire à D. Félix Hodin, son confrère, de vous indiquer votre nécessaire[8].

---

4. *Bernardi monachi Franci itinerarium factum in loca sancta, anno DCCCLXX.* Voici la phrase de cet itinéraire qui se rapporte à la lettre de Lebeuf: « In descensu illius montis (Oliveti) in quo est monasterium, cujus ecclesia sepulcrum monstrat Lazari : juxta quod est piscina ad aquilonem in qua, jussu Domini, lavit se ipse Lazarus ressuscitatus, qui dicitur postea extitisse episcopus in Epheso XL annis. »

5. Voyez lettre sur la découverte faite au mois de juin 1727, à Autun, du corps de saint Lazare, *Mercure* de décembre 1727, vol. 1.

6. *Sic* sur l'autographe. Peut-être *ânerie?*

7. La *fameuse affaire* à laquelle Lebeuf fait ici allusion est sans doute le séjour que D. Thiroux fit à la Bastille; voyez ci-dessus lettre n° 162, note 18.

8. Dom Félix Hodin, religieux bénédictin de la congrégation de Saint-

J'admire comme vous, Monsieur, de ce que M. Papillon ne m'envoie pas les verbaux que vous lui avez fait tenir, pour venir de là dans mes mains. Si vous aviez quelqu'un qui voulût les récrire et que je pusse les voir, ils me feroient peut-être venir des pensées qui ne seroient pas indifférentes. Vous dites qu'on les a publiés vers la fin du XIIIe siècle. *Publier* veut-il dire là *composer* ? Il n'y avoit point d'impression alors ; est-ce qu'on les tira d'un trésor pour en faire des copies qu'on envoya partout? Au lieu de *on publie*, j'aimerois mieux dire *on produit*, on fait *paroître*.

Au reste ce seroit une plaisante bévue, si au lieu du corps de saint Lazare, conservé dans le tombeau ou mausolée représentant votre église, ce n'étoit que le corps de l'évêque Gérard qui y fût, comme le marque clairement M. Saulnier[9], et qu'on eût confondu le corps de celui qui a apporté ou enchâssé des reliques d'un saint Lazare ou Nazar avec le saint Lazar ou Nazar même. J'ai fait faire quelques démarches auprès de MM. de Beaune pour avoir des lumières sur saint Flocelle[10]. L'on m'a écrit depuis peu que M. l'évêque d'Autun a permis d'ouvrir les châsses pour les visiter. On nomme aussi un saint Hernes que je ne connoissois pas et dont jamais je n'avois oui parler. J'ai relu à Pontigny une légende, manuscrit de six cents ans, très fabuleuse de ce saint[11]. Elle ne le fait pas Autunois; mais j'en conclus que ce saint a été apporté de la basse Normandie en Bourgogne, peut-être du temps des Normands.

Monsieur Nourrisson, votre maître de musique, vient aussi de m'écrire sur quelques points de chant; j'ose prendre la liberté de vous prier de l'en remercier, en attendant que je lui récrive.

Maur, contribua beaucoup à la rédaction des six premiers volumes du *Gallia christiana*.

9. *Autun Chrétien*, par Cl. Saulnier, Autun, Guillemin, 1686, in-4°, p. 29. Suivant le nécrologe d'Autun l'évêque Gérard avait été inhumé « *retro altaris sancti Johannis Evangelistæ.* » Voir *Cartulaire de l'Église d'Autun*, p. 332. D'ailleurs l'église et le tombeau ne furent élevés que plus de cent ans après la mort de l'évêque Gérard.

10. Cf. lettre ci-dessus du 17 mars 1728, note 2.

11. De saint Flocelle.

1728 Si vous avez, Monsieur, quelque personne qui puisse vous être utile dans Paris ou à moi-même, dans la quinzaine de jours que j'y passerai, ayez la bonté de ne pas tarder à me le faire sçavoir. Je porterai votre dernier plan avec moi. Si vous connoissez particulièrement quelque bibliothéquaire (sic) où il y eût des manuscrits à consulter, c'est où je crois qu'il y auroit le plus de fond à faire. J'ai autrefois vu à l'aise, sous M. Boivin, ceux de la bibliothèque du Roy; mais je ne songeois guère alors à saint Lazare ni à la Magdeleine. Ceux de la bibliothèque Colbertine vont être (dit-on) portés proche ceux du roy. Il ne sera plus si facile de les voir[12]. Il y en a peu de bien importants en Sorbonne. Pour ce qui est de Saint-Germain-des-Prés, je me flatte qu'on me fera voir tout ce que je voudrai, et peut-être aussi à Saint-Victor. Mais dans cette dernière il n'y a point de catalogue d'ouvrages manuscrits si exact ni si détaillé que dans les autres[13]. Il y a quelquefois des présidents ou conseillers ou grands seigneurs, qui ramassent des manuscrits qui ne viennent à la connoissance de personne.

Si vous avez vu les Mémoires de Trévoux du mois de mai dernier, vous y aurez reconnu l'ouvrage d'un écrivain bien muni de pièces qui regardent l'histoire de Bourgogne. A la page 814, il rectifie si bien le P. Anselme, que je crois que cet auteur est Bourguignon lui-même. Il faudroit le connoitre et sçavoir s'il n'a rien sur votre église[14]. Je viens de recevoir en finissant cette lettre

---

12. L'estimation de la bibliothèque de Colbert eut lieu en 1728. Le roi, sans avoir égard à l'appréciation des experts montant à 350,000 livres, donna cent mille écus au marquis de Seignelay, petit-fils de Colbert; et la réunion de la collection à la Bibliothèque royale eut lieu en 1732. Voyez *Essai historique sur la Bibliothèque du Roi*, par Le Prince, nouvelle édition, par L. Paris, 1856, p. 380 et suiv.

13. Il vient d'être publié une histoire de la Bibliothèque de l'abbaye de Saint-Victor de Paris, par A. Francklin, 1865, in-12, avec la liste des manuscrits de ce dépôt, aujourd'hui conservés à la Bibliothèque impériale.

14. Le nom de cet écrivain n'est pas plus connu aujourd'hui qu'au temps de Lebeuf. Le P. Sommervogel, dans sa *Table méthodique des Mémoires de Trévoux*, publiée en 1864, in-12, p. 132, attribue le Mémoire à un anonyme.

vos verbaux que M. Papillon m'a fait tenir par des Bénédictins. Sa lettre est du 8 mai et pleine d'excuses. Je vais vous en dire mon sentiment sur une autre feuille, après que je vous aurai assuré de nouveau du respect très sincère avec lequel je suis, etc.

1728

Lecture faite plusieurs fois de ce qu'on appelle verbaux, je conviens qu'il vaudroit mieux les appeler *verbiages*. Les six premières leçons en sont pleines, mais ce verbiage ne laisse pas d'être ancien. Je crois que l'auteur a écrit à la fin du XIIe siècle, quarante ou cinquante ans après l'événement. Je ne suis point de votre avis de croire qu'il avoit d'abord omis ce qui n'est pas dans vos bréviaires : ce sont plutôt les bréviaires qui n'ont pas pris la pièce en entier, afin d'avancer : je dis les premiers bréviaires qui devoient en dire plus que n'ont fait ceux des deux derniers siècles, et qui ont dû omettre le verbiage pour venir au fait. Je crois donc cette pièce sincère pour son temps : j'en ai bien vu du XIIe siècle qui sont de ce style. Il ne faut pas l'impugner de ce côté-là, ni du côté des mots de *minister*, de *Gautherius, Gaufridus, Augustodunensis*. Ce seroient de trop faibles raisonnements, qui ne concluroient rien ; on disoit souvent *minister* dans ces siècles-là. J'en ai des preuves dans les actes de personnes alors vivantes, comme aussi qu'on dédioit quelquefois des églises avant qu'elles fussent tout-à-fait achevées. La nôtre l'a été ainsi. Le vrai point d'attaque de toute l'affaire est l'impossibilité où l'on est de dire d'où est venu ce corps qui étoit à Saint-Nazaire, et le silence sur ce qui fut trouvé avec les ossements lorsqu'on les conservoit encore en cette église, car il n'y avoit ni inscription, ni plaque, ni titres. J'avois cru que l'inscription du cercueil de plomb auroit pu n'avoir été allongée que lorsqu'un de vos doyens fit enchâsser le chef, mais je vois que le sépulcre a pu n'être pas ouvert depuis le XIIe siècle pour en tirer des reliques, puisque le chef et le bras avoient été reportés à Saint-Nazaire dès l'an 1146. Je soupçonne cependant que ce tombeau a pu être ouvert secrètement dans le temps des grandes contestations avec MM. d'Avallon, et que c'est peut-être alors qu'on y a voulu mettre 1148 comme dans les manuscrits. Ce que ces verbaux disent sur la tête est excellent contre Autun. On y trouve en 1146 toute la tête : donc ce corps étoit d'un autre que de saint Lazare d'Avallon. Laissez-moi encore jusqu'à mon retour de Paris cette légende, et je vous ferai part alors des réflexions qui me seront venues.

Il faudroit encore sçavoir si la fête des calendes de septembre est originairement d'Autun, et si Marseille n'a fait que l'imiter. Je soupçonne que cette fête vient primitivement d'Autun. Il n'y a que l'antiquité des martyrologes et des calendriers qui en décidera.

165. — DE LEBEUF AU P. PRÉVOST.

26 septembre 1728.

J'ai reçu, je ne sçais plus par qui, un contrat de mariage duquel vous m'aviez parlé. Je ne sçais quel usage en faire. Vous aurez la bonté de me le faire scavoir. Il y avoit aussi quelques actes tirés du Cartulaire de Châtillon-sur-Seine, où j'ai été autrefois. Je reconnois que c'est le P. de La Chasse qui vous en a gratifié. Je vous suis très obligé d'avoir fait retomber sur moi l'effet de cette communication.

Depuis que j'ai eu l'honneur de vous voir, j'ai fait une course dans la Bourgogne. Semur s'est trouvé dans ma route, où j'ai vu votre maison, accompagné du P. Brancher, bénédictin de Joigny, demeurant à Moutiers-Saint-Jean. M. le prieur m'a fait déchiffrer quelques vieilles épitaphes qu'un religieux a copiées pour moi. Ils ne sçavent de qui ils ont une tête couronnée. Pour moi, je leur ai dit que c'est de saint Sigismond[1]. J'ai vu le ca-

---

LETTRE 165. — Cette lettre et les quatre suivantes sont empruntées au manuscrit de la bibliothèque Sainte-Geneviève, 3, F. 13.

1. Saint Sigismond, roi de Bourgogne, mort en 524.

mail rouge de M. le Prieur. Cet usage nous autorise dans nos soutanes violettes. J'ai vu aussi M. l'abbé Papillon[2], qui m'a paru bien cassé. Il m'a fait le plaisir de me produire vers M. le président Bouhier[3]. Il paroît d'une humeur prompte (j'entends l'abbé P.), il parle avec une vélocité inconcevable.

Il faudroit être auprès de vous pour vous faire un plus long narré.

---

166. — DE LEBEUF AU P. PRÉVOST.

5 novembre 1728.

Je crains plus que personne d'être accusé de négligence envers mes amis. Vous sçavez combien j'estime les lettres que vous me faites l'honneur de m'écrire, et combien j'ai été impatient d'en recevoir, mais ce qui me mortifie est de n'avoir pas toujours de quoi satisfaire votre curiosité. Vous m'obligez de convenir qu'en restant à Paris plus que je n'ai fait, je n'y aurois pas perdu mon temps, mais je vous dirai que j'y aurois perdu probablement mon revenu[1], ce qu'il n'est pas nécessaire que je fasse, vu la rareté des espèces. Je vous ai dit la manière dont je puis prendre dix jours à la fin d'un mois et dix jours au commencement d'un autre, sans perdre beaucoup. Ce sont les limites que je me suis prescrit (sic) dans mon dernier voyage de Paris, au lieu que dans celui de 1723 l'occasion de la bonne volonté de feu M. Boivin[2] me fit rester le mois de juillet entier à Paris. Je perdis mon mois quant au revenu, mais je m'en revins chargé de grand nombre de remarques que j'avois faites dans les manuscrits de la

---

2. Voyez, sur Papillon, Correspondance, t. 1, 243.
3. Ibid, p. 248.
Lettre 166. — 1. Lebeuf craignait que le Chapitre le privât des revenus de sa prébende, pendant son absence d'Auxerre.
2. M. Boivin, garde de la Bibliothèque du Roi.

1728 Bibliothèque du Roi. Je n'en suis pas fâché. On ne retrouve pas toujours des MM. Boivin. C'est par la même règle susdite que j'ai cousu le commencement de septembre avec quelques jours de la fin du mois d'août. Étant allé officier à Sacy[3], sur la route de Bourgogne, le jour de la Décollation saint Jean, j'ai poussé ma pointe tout de suite jusqu'à la capitale du Duché, que jamais je n'avois vue. Il étoit bon que j'eusse l'honneur de saluer M. le président Bouhier et d'autres savants, c'est ce que j'ai fait. Je ne m'en repens pas. J'ai passé au grand pèlerinage des galeux, sans oublier de bien visiter l'ancienne Alise, les fontaines minérales et la fontaine salée toute voisine[4], aussi bien que la patrie du fameux Saumaise[5], dont n'est pas fort éloignée la source de la Seine, qui étoit fort petite quand je l'ai vue.

Ce qui m'avoit fait accepter d'aller officier à Sacy, village dépendant des Templiers, ancienne église des XIIe et XIIIe siècles, est que le lendemain je projetois de voir les grottes d'Arcy que jamais je n'avois vues[6]. Mais la maladie de Monseigneur, qui devoit y être ce jour-là en faisant ses visites, fit remettre la partie à un autre temps. Sa Grandeur a été voir les grottes vers le milieu du mois dernier. Comme il fit alors un temps très mauvais, je fus privé de l'y accompagner, mais M. de Sainte-Pallaye[7], qui en est voisin, m'y ayant invité, j'y ai été le lendemain de Saint-Simon et suis revenu pour la Toussaint; c'est ce qui est en partie cause du délai que j'ai apporté à vous écrire.

---

3. Village du canton de Vermanton (Yonne), où est né le fameux Restif de la Bretonne.
4. Alise-Sainte-Reine, chef-lieu de canton du département de la Côte-d'Or, possède des eaux minérales, et était autrefois l'objet d'un grand pèlerinage pour la guérison des maladies de la peau.
5. Saumaise (Claude de), né à Semur le 15 avril 1588, mort à Spa, le 3 septembre 1653, savant critique, érudit et archéologue.
6. La Grotte d'Arcy est une des curiosités naturelles du département de l'Yonne. Elle a 876 mètres de longueur et se compose de neuf salles, remplies de concrétions calcaires formant des stalactites de formes variées. Voir *Statistique géologique du département de l'Yonne*, par Leymerie et Raulin, 1858, p 573.
7. Voyez Correspondance, t. I, 301, note 10.

Le papier dont je suis en peine de la destination est un contrat de mariage d'un Louis Merillon, couvreur, que vous m'avez envoyé avec des extraits du cartulaire de Châtillon-sur-Seine. Faut-il que je donne ce contrat à quelqu'un?

1728

Nous n'avons vu que trop tôt éclore le mandement noaillique [8], quoiqu'il ait paru huit jours plus tard que vous ne disiez. Nous ne faisons point ici de prières pour un dauphin, on ne nous en a point demandé, mais nous en continuons pour la santé du roi, qui consistent en une oraison dans toutes les messes, le tout sans aucun mandement. Vous pouvez bien croire que, s'il y en avoit eu, je vous en aurois fait tenir.

Notre prélat a officié à la Toussaint: il nous avoit fait présent, la veille, de son ornement, qui est un damas blanc à bordure d'or et d'argent. Il fut étrenné à la grande fête. Il est aussitôt reparti pour continuer ses visites épiscopales du côté de Varzy.

Je ne suis pas autrement curieux du martyrologe dont vous parlez, parce que je crois que c'est celui que j'ai vu chez un de nos amis, autrefois. Comme j'ai parcouru le nouveau Parisien, je l'estime davantage [9]. On pourra un jour le prendre, en ôtant le local de Paris et mettant de notre local en place. J'ai à moi le nouveau bréviaire de Nevers [10], il y a du bon, mais aussi il y a des choses, surtout des licences dans l'Écriture-Sainte, qu'on a raison d'improuver. Pour le calendrier, il ne vaut pas le nôtre. L'évêque a voulu qu'on y mît saint Yves de Chartres, à cause que lui évêque est docteur en droit canon, et que saint Yves en a fait une somme. On y a rétabli avec raison bien des saints du Nivernois, mais aussi on a retranché le fameux martyr saint Révérien, qui a un prieuré de son nom dans le diocèse de Nevers [11].

8. Lettre de M. de Noailles, archevêque de Paris, du 2 novembre 1728, adressée aux évêques de France, et contenant acceptation de la Bulle *Unigenitus*.

9. C'est l'ouvrage ayant pour titre: *Martyrologium parisiense... auctoritate de Noailles, Arch. Parisiensis*, Paris, 1727, in-4.

10. Le nouveau bréviaire de Nevers, publié en 1727, 4 vol. in-12. — Cpr. t. I, p. 417.

11. Saint Révérien, évêque, martyrisé vers 274, dans le lieu qui a reçu son nom, département de la Nièvre, canton de Corbigny.

1728   Est-ce à notre exemple? On n'en a pas mieux fait. L'évêque a apparemment ignoré que saint Vérain de Cavaillon étoit une fête de vœu public de toute la ville de Nevers. On l'a ôté tout à fait. Lisez M. Severt, dans ses *Archevêques de Lyon*, sur saint Vérain de Lyon. Vous trouverez comment le clergé et la ville de Nevers vinrent en procession à notre Saint-Vérain-des-Bois [12], ce qui fit cesser la peste qui désoloit la ville. A Gergeau [13], où je passai l'année dernière, le peuple s'imagine que ce sont les gens de Saint-Vérain-des-Bois qui leur ont enlevé leurs reliques de ce saint patron de la collégiale; mais cela est faux. Je chercherai les notes que vous avez autrefois faites sur notre calendrier, et je les trouverai, pourvu qu'elles ne soient pas dans les papiers de M. de La Chauvinière, restés à Paris. Sa veuve est en Touraine, au château de Reignac ou du Fau, d'où elle m'a écrit.

Ce que je pourrai vous fournir sur les Gontier se réduira à peu de chose [14], parce que j'ai autrefois donné à M. Dauvillars tout ce que j'avois trouvé; c'est lui qui a sans doute mis en état la généalogie que vous m'avez laissée. On y a fait entrer tout ce que j'avois fourni. On ne trouvera jamais de quoi remplir les lacunes sans deviner. M. l'abbé Leclerc, à qui j'ai fait vos compliments, ne peut rien dire qui remonte bien au-dessus du riche avocat Billard. Tout ce qu'il a pu m'en dire est que le riche avocat étoit fils d'un Claude Billard [15], aussi avocat, et d'une Marie Cochon. Pour ce qui est du père de ce Claude, il m'a paru en faire un mystère ou l'ignorer. Lorsqu'il ira à Paris, il vous fera voir toutes ses collections *ex registris baptismalibus*. Il m'a encore dit que Marie Cochon étoit fille d'un Germain Cochon, avocat. Je vois bien qu'il est plus sûr de remonter du côté des femmes que de l'autre côté. Vous me parlez des Maurice, jamais je n'ai lu ce nom en aucun de nos livres ou mémoriaux; j'ai trouvé des Mauricet ou Morisset, mais jamais de Maurice.

12. Saint-Vérain-des-Bois, village du canton de Neuvy-sur-Loire (Nièvre).
13. Jargeau, ville du département du Loiret.
14. Sur les Gontier, voir t. I, lettre 134.
15. Famille d'Auxerre qui au xviie siècle a fourni un maire, président du présidial, lequel a eu pendant longtemps une grande importance.

J'ai lu dans le nécrologe des Cordeliers [16] un Pierre Cochon, bailli de Saint-Germain, mort en 1512, le jour de carême-prenant, inhumé, chez ces religieux, devant la chapelle Notre-Dame-de-Pitié; et, en 1524, le 10 mai, inhumée au même endroit, Perrette de la Fontaine, veuve de M. Pierre Cochon, de la paroisse Saint-Regnobert; item, en 1532, le 28 mai, inhumé au même endroit, un Pierre, fils de Pierre Cochon; il étoit mort de la peste. En 1550, 3 janvier, un François Cochon, procureur, inhumé. En 1560, le 28 novembre, un Florent Cochon, licencié ès-lois, avocat, fils de Jean, inhumé sous Notre-Dame-de-Pitié. Vous pouvez encore consulter les procès-verbaux des coutumes d'Auxerre de 1507 et de 1562. Je crois qu'il y a des Cochons. En tous cas, quand même il n'y en auroit point, en voilà suffisamment pour votre provision d'hiver. Je crois que par ce que je viens de rapporter de Pierre et de sa femme Perrette de la Fontaine, ce sont là les familles auxquelles Hubert Susanneau dit, dans son *Apostrophe* de la ville d'Auxerre, à la fin d'Héric [17], que la sienne tenoit.

M. Gontier, le père, m'a prié, étant à Dijon, de lui réserver ce que je pourrois avoir glané de nouveau sur ceux qui ont porté son nom. C'est ce qui a été cause que je ne l'ai point encore ramassé. Il me dit qu'il passeroit à Auxerre pendant l'hiver. Il veut me faire faire connoissance avec M. de Clerembault, quoique je ne lui demande pas, parce que la science généalogique m'enleveroit bien du temps. M. de Sainte-Pallaye voudroit m'engager à une autre chose, le Père Le Brun à une autre. Je ne suis point *omnis homo*, mais j'ai l'honneur d'être, avec une estime au-delà de ce qu'on peut exprimer et avec beaucoup de vénération, etc.

1728

---

16. Le Nécrologe des Cordeliers contenait la liste des personnes marquantes de la ville inhumées dans leur cimetière, depuis le XVe siècle jusqu'à l'an 1700. Il en existe un extrait en la possession d'un des éditeurs.

17. Voyez le poëme d'Héric publié par D. Pesselière et intitulé : *Divi Germani quondam Altiss. episcopi vita*, Parisiis, 1543, in-8°, f° 70 verso. — Susanneau était, suivant Bayle, né à Soissons en 1514. — La biblio-

1728   *P. S.* Je me souviens qu'un de mes amis m'a fort prié de vous marquer que Saint-Eusèbe est la seule église de la ville en retard pour le chant du nouveau bréviaire. On ne dira pas que c'est faute de livre, lorsqu'on saura qu'on n'en suit pas le psautier. Par exemple, le dimanche, veille de la Toussaint, un pieux laïque fut choqué d'entendre chanter *Laudate Dominum omnes gentes*, au lieu d'*In exitu*.

---

167. — [DE LEBEUF AU P. PRÉVOST.]

(1728).

1728   .... Parlons maintenant un peu liturgie. Vous ne pouvez pas vous dispenser de vous intéresser à ce que nos livres soient le plus exacts que faire se pourra.

Il y a longtemps qu'on travaille à un rituel. On a eu des manuscrits récents et des imprimés. Je souhaite que le choix qu'on y a fait soit bon. Mgr l'évêque a été bien intentionné dans les commencements; mais depuis quelques mois il a commencé à se laisser empaumer par un Gascon assez connu. Vous sçavez que ce prélat peut faire un rituel indépendamment de son Chapitre; il y travaille donc ailleurs qu'à Auxerre. C'est à Régennes qu'étant de temps en temps, l'été dernier, on l'a composé. M. Leclerc, vicaire général, ci-devant secrétaire, et qui n'est nullement connoisseur, y a sa part. Mais la principale paroit venir du trésorier d'Appoigny, qui est M. Philopald, élève de Saint-Lazare[1]. Cet ex-lazariste maîtrise à présent dans les rites

thèque d'Auxerre possède un exemplaire de cette édition d'Héric, par D. Pesselière.

LETTRE 167 — Sur la provenance de cette lettre ou plutôt de ce fragment de lettre, ainsi que sur sa date approximative, voyez t. I. p. 416, note 36.

1. Philopald de la Haye (Antoine), supérieur du séminaire des Bons-Enfants de Paris et ensuite trésorier-curé d'Appoigny depuis 1727, est mort à Appoigny le 6 mars 1762, âgé de 88 ans. Voyez suite au *Nécrologe des Appelants*, t. 6.

qu'il n'a jamais sçus. Il n'est pas plus liturgiste que le commun des prêtres. Mais il a gagné l'oreille du prélat, et si on n'y prend garde, il va gâter le bon du missel, de même qu'il fait sur le rituel. Jugez de son grand discernement dans l'antiquité. Il fait mettre dans la cérémonie des enterrements que la tête des prêtres sera vers l'autel comme dans le romain moderne, et cela contre notre usage immémorial et encore existant. On lui a promis de lui faire voir la lettre du Père Mabillon sur cet article; je ne sçais si elle le fera changer, car il a été à Rome et cela suffit. Le cardinal Thomasi y avoit été et il y demeuroit aussi bien que le cardinal Bona, mais ils ne concluoient pas de ce qu'ils voyoient qu'on dût faire de même. Dans le baptême, on ôte le *Pater* de la cérémonie des soutiens des Catéchumènes et on le transporte après le baptême. Dans des bénédictions de cierges, on y fait voir l'ignorance où l'on est de la méprise des six ou sept derniers siècles, d'avoir pris *hoc incensum* dans l'oraison *Veniat* pour de l'encens. Il y auroit bien d'autres choses à vous faire remarquer si je ne craignois d'être trop long.

Pour le missel, on m'a déjà assuré que, dans l'ignorance où il est que le graduel est un répons, suivant l'ancien usage universel que Sens et Auxerre retiennent, il ôtoit le rapport qu'on avoit mis entre les versets de ces graduels et le corps desdits répons, graduels que nous répétons après le verset. Voilà déjà un des chefs-d'œuvre de ce nouveau liturgiste. Je n'en écris pas encore au Père Le Brun. Je vous prie de lui en faire part et de faire naître ensemble quelque occasion où vous puissiez vous expliquer en fait de liturgie, afin qu'on ne livre pas ainsi tout ce que nous avons de bon à la discrétion d'une personne qui n'a jamais étudié ces matières et qui est plus propre à d'autres choses qu'à celle-là. Comme il y a longtemps que vous n'avez écrit à M. Carouge, vous pourriez vous remettre dans l'esprit tout ce que vous avez de vieux à lui mander, et par un *post-scriptum* lui marquer que vous avez appris qu'un certain M. Philopald, ci-devant lazariste, faisoit des ouvrages liturgiques et qu'il vous dise si l'on ne pourroit pas en avoir communication; que le Père

1728

1728 Le Brun, qui travaille là-dessus, en est fort curieux et vous aussi, par le zèle que vous avez pour votre mère-église. Si vous ne voulez pas écrire à M. le chanoine de la cathédrale, écrivez au prieur de Chevannes[2] et marquez-lui, à la fin, les mêmes choses que ci-dessus, le priant de s'en informer à M. son frère ou à tel autre qu'il croira les avoir vus.

Feu M. de la Chauvinière blâma avec raison le changement que le missel de Sens de 1715 a introduit au second dimanche de l'Avent, où l'on ne voit que des objets effrayants et terrifiques au lieu de ceux de consolation que la venue de Jésus-Christ procure aux saintes âmes, soit le premier avénement, soit le second. M. de la Chauvinière a eu très grande raison. J'ai fait là-dessus une dissertation[3], afin qu'on n'y envisage l'évangile du jugement qu'autant qu'il représente Jésus-Christ rémunérateur, consolateur ; mais M. Philopald ne sera peut-être pas du goût de conserver l'antiquité. Il a des sectateurs qui donneront dans son sens, parce que quelquefois, étant prédicateurs, cela leur donnera occasion de faire servir pour ce jour un sermon du premier lundi de Carême ou du vingt-unième dimanche après la Pentecôte. C'est par de telles idées que le prieur de Dollot a gâté le bréviaire de Sens, en confondant les sujets.

168. — DE LEBEUF AU P. PRÉVOST.

Auxerre, 12 novembre 1728.

1728 Quoiqu'il n'y ait pas longtemps que j'aye eu l'honneur de vous écrire, on m'y oblige aujourd'hui pour sçavoir de vous une chose. Nous nous informons quelles peuvent être dans Paris les personnes qui soient en état de connoitre du chant ecclésiastique ; il

2. Nicolas Gobin, ci-devant prieur de Saint-Amatre et prieur de Chevannes depuis le 12 janvier 1729.
3. Voyez *Mercure de France*, février 1726, p. 218.

nous est revenu qu'un de vos Pères appelé le Père Oudinot, chantre de votre abbaye, est fort versé dans le plain-chant. Comme celui qui le mande ne s'y connoît point, on voudroit sçavoir de vous ce qui en est, sçavoir s'il est véritablement habile dans cette science et en quoi, si jamais il a composé du chant de quelques offices, s'il sait bien arguer les défauts qui y sont dans les livres, même dans les romains; s'il estime l'antiphonier de Paris, comme il doit l'être dans les antiennes et dans le corps des répons (je mets à part la tournure des versets des répons); s'il est dans le principe que votre méthode de faire tout carré est l'ancienne et la bonne (pour moi je n'en crois rien); s'il est adorateur des livres romains actuels où l'on ne trouve souvent que du chant insipide et mal gracieux ; s'il a lu ce que j'ai fait imprimer dans le *Mercure*, depuis quatre ans, sur cette science[1], et s'il l'appouve, les fautes d'impression mises à part. Je me suis expliqué surtout assez clairement dans les deux volumes du mois de juin dernier[2]. Vous voyez qu'en supposant ce Révérend Père habile dans le plain-chant, je ne fais pas consister cette habileté à le chanter imperturbablement tel que tous les chantres musiciens, mais à en sçavoir composer, à en sçavoir corriger, à en démontrer les défauts lorsqu'il y en a, etc.; à en goûter ce qui est coulant, élégant, gracieux, etc.

On m'apprit aussi hier que vous avez un nouveau connoisseur en médailles, qui vous est venu de Lyon. Je vous en fais mon compliment, il n'est pas venu les mains vides.

J'ai écrit au Père Le Brun par un Gillotin qui partit hier dans le coche, et je le presse fort de faire attention aux deux pages que j'espère que vous voudrez bien lui communiquer.

Je vous supplie instamment de ne me pas remettre à six mois

---

1. Voyez *Mercure de France* de septembre 1725, p. 1987, et années suivantes. Comparez le catalogue général des écrits de Lebeuf, publié en tête de la deuxième édition de ses *Mémoires sur l'histoire d'Auxerre*.

2. Ce Mémoire a pour titre: *Observations sur la composition du chant ecclésiastique de plusieurs nouveaux bréviaires*, Mercure de France, juin 1728, p. 1132 et 1300.

pour sçavoir ce que je vous demande du Père Oudinot. La raison est que si vous me le dépeignez comme un homme de bon goût et ayant les qualités ci-dessus, il sera un de ceux que nous prierons de parcourir quelques tomes de notre nouvel Antiphonier manuscrit qu'on relie à Paris, avant qu'on nous le renvoie.

Je suis, etc.

Je vous dirai pour nouvelle auxerroise que l'on a commencé hier à tenir la foire Saint-Martin dans les galeries du grand cimetière. On y tiendra de même toutes les autres foires. Les administrateurs en ont fait convenir par écrit les marchands forains[3]. Cela ne fait pas bien aise.

169. — DE LEBEUF AU P. PRÉVOST.

12 janvier 1729.

La conjoncture de la mort du cher et révérend Père Le Brun[1] m'oblige de vous écrire. Je suis bien aise de l'honneur que vous me faites d'avoir rompu le silence, mais je suis fâché de l'occasion qui vous y a déterminé. Il n'est pas défendu de s'attrister de la mort d'une personne que j'aimois et que je respectois autant que le Père Le Brun. Il m'écrivoit encore au mois de décembre dernier, en m'annonçant ce qu'il avoit reçu de Rome pour moi[2], qu'il alloit prendre des mesures efficaces pour m'attirer, après Pâques, à Paris. Je ne sçais pas s'il a entendu parler de sa mort. J'écris à madame de Laulne, son imprimeresse, que je la prie

---

3. Les galeries du grand cimetière sont des bâtiments qui règnent tout autour de la cour du Dépôt de Mendicité à Auxerre. Les administrateurs dont parle Lebeuf sont ceux de l'Hôtel-Dieu, alors établi en ce lieu. Il y a encore dans le bâtiment qui longe la rue Chante-Pinot beaucoup de dalles tumulaires de familles auxerroises.

1. Le P. Lebrun est mort le 6 janvier 1729. Voyez, sur ce savant liturgiste, Correspondance, passim, t. I, p. 18, note.

2. On ignore ce à quoi Lebeuf fait allusion ici.

de veiller à ce que ses papiers ne soient pas égarés ; je lui envoie même un mot pour M. Beslon qui est apparemment son neveu, que je vis chez lui l'été dernier, et je leur marque qu'il y en a même qui m'appartiennent, et j'en nomme quelques-uns qui me sont venus tout d'un coup à l'esprit. Je dis à madame de Laulne que vous étiez un de ses bons amis et des dépositaires de ses intentions. Si vous passiez devant sa porte, vous pourriez lui en parler, et en même temps, elle vous feroit peut-être part de ce que je lui écris. Je ne me souviens plus de l'adresse de M. l'abbé Bonardy, provençal, et son ami [3]. Celui-là pourroit encore veiller à la non distraction, étant un docteur de bon goût ; mais le Père Viger [4] ne se fera-t-il point livrer ce prodigieux amas de rites en manuscrit, de rituels pontificaux, manuels, etc. Si cela est, cela se trouvera en de bonnes mains, et j'en serai en repos. Je ne sçais si ce Père n'est point incommodé. Il y a longtemps que je lui ai écrit, et depuis la nouvelle année j'avois donné à leur frère portier de Saint-Honoré, nommé Rougeault, une lettre pour lui, parce qu'il avoit pris le coche ; mais la voiture étant restée, la lettre aura été mise à la poste. C'étoit au sujet du rituel d'Auxerre, dont M. Le Tellier, aumônier de Sa Grandeur, et nouvellement chanoine, lui porte les cahiers à revoir, aussi bien, dit-on, qu'à MM. l'abbé d'Asfeld et Rollin [5]. Je ne crois pas que ces deux derniers soient liturgistes. Je vous dirai en confidence que ce M. Philopald fait perdre patience à tous les connoisseurs [6].

1729

---

3. Bonardi, Jean-Baptiste, théologien docteur en Sorbonne, né à Aix, vers la fin du xviie siècle, et mort à Paris, en 1756.
4. Voyez, sur le P. Viger, Correspondance, t. I, p. 147, note 1.
5. L'abbé d'Asfeld (Jacques-Vincent Bidal), reçu docteur en Sorbonne en 1692, abbé de la Vieuville, fort opposé à la bulle *Unigenitus*. Il fut exilé à Villeneuve-le-Roi, où il demeura dans l'hôpital pendant près de huit ans ; il mourut à Paris, le 25 mai 1745, âgé de 82 ans. — Rollin (Charles) naquit à Paris, le 28 janvier 1661. Il fut seulement clerc tonsuré. Il fit d'excellentes humanités et devint successivement professeur, puis directeur de l'Université. Etant coadjuteur du collège de Beauvais, il fut expulsé de cette place comme suspect de jansénisme. Il mourut le 14 septembre 1741, âgé de 80 ans.
6. Voyez ci-dessus lettre n° 167, note 1re.

1729 Mgr l'évêque voyant que l'un de ses vicaires généraux, et quelquefois tous les deux, le suivent et l'écoutent, malgré les remontrances des preuves par écrit qu'on suggère sous main, a pris le parti d'envoyer toutes mes remarques critiques à Paris pour les confondre, et surtout cet ex-lazariste non lettré en genre de liturgie.

L'exemplaire que vous avez reçu du mandement étoit si informe qu'on y avoit encore laissé une grosse faute au haut de la 4ᵉ page, lisez : *la bénédiction* et non, comme avoit mis l'imprimeur, *la bonne disposition*.

A la première occasion, je vous enverrai un exemplaire de notre obituaire imprimé pour la présente année. Je vous remercie de m'avoir éclairci sur votre grand chant. Je suis très intimement et sincèrement, etc.

—

170. — DE LEBEUF AU R. P. SOUCIET, DE LA COMPAGNIE DE JÉSUS, BIBLIOTHÉCAIRE DU COLLÉGE LOUIS-LE-GRAND, A PARIS[1].

23 février 1729.

1729 L'honneur que j'ai eu de vous saluer l'été dernier, en vous priant de me faire voir un de vos manuscrits, me porte à prendre la liberté de m'adresser à vous au sujet d'un des points sur lesquels nous fimes rouler la conversation. Vous pouvez vous ressouvenir que je vous demandai si vous n'aviez pas, parmi vos manuscrits, d'anciens livres, où il y eût du chant noté à la manière des siècles qui ont précédé celui de Guy Arétin, et cela

---

LETTRE 170. — Publiée d'après l'autographe appartenant à la Société des Sciences de l'Yonne, à qui elle a été donnée par M. le comte de Bastard, lequel l'avait éditée dans le t. XI du bulletin de la même société. Autrefois nᵒ 382 du Catalogue des autographes de M. Parison, Paris, Laverdet, 1856, in-8ᵒ.

1. Voir sur le P. Souciet la Correspondance, t. 1, p. 242, note 9.

parce que, selon les occasions qui se présentent, je ramasse tout ce qui peut servir dans un traité sur l'origine et les progrès du chant ecclésiastique, que j'ai en vue de composer.

Cette matière a quelque liaison avec celle dans laquelle le R. P. Du Cerceau est très versé[2], et c'est pour cela que je vous prie de vouloir bien me faire sçavoir s'il seroit disposé à marquer son sentiment, touchant un article contesté dans certains lieux, où l'on ne connoit pas la capacité des musiciens gagés dans les Chapitres. Selon quelques personnes, la capacité de ces sortes de chantres est bornée, et ils ne peuvent être écoutés que jusqu'à un certain point. Mais le grand nombre présume que tout ce qui regarde le chant doit être de leur sphère et qu'ils en sont les arbitres souverains. Un aussi habile homme qu'est le R. P. Du Cerceau pourroit prononcer sur cette question, en lui exposant le pour et le contre. C'est à quoi, mon Révérend Père, je vous prie d'avoir la bonté de l'engager. Les *Mémoires de Trévoux* font connoitre de plus en plus l'étendue des connoissances du R. Père Du Cerceau. Le point de la difficulté qui ait agi entre lui et M. Burette[3] est un de ces articles où nos musiciens n'entendent rien. Qu'on leur parle de chant dorien ou phrygien, ils se regardent l'un l'autre. Pour moi, je vous dirai que j'ai eu la clef de ces différentes modulations, il y a près de trente ans, par l'explication que je me fis donner, étant encore tout jeune, de tous les termes employés dans la table des modes, à la fin des bréviaires de Paris. Après bien des réflexions faites, il m'a paru que l'Église n'a fait que réduire à son usage les différentes mélodies des païens, puisées dans la Grèce, et je ne doute pas que, si le R. P. Du Cerceau étoit comme nous dans l'exercice quotidien du

1729

---

2. Le P. Du Cerceau, religieux jésuite, né à Paris en 1670, mort en 1730. Il a publié plusieurs dissertations sur la musique des anciens, dans les *Mémoires de Trévoux*.

3. Burette, Pierre Jean, médecin et antiquaire, membre de l'académie des inscriptions et belles-lettres, né à Paris le 21 novembre 1665, mort le 19 mai 1747. Il a beaucoup étudié la musique des anciens et a publié le résultat de ses travaux dans les *Mémoires de l'Académie*.

chant grégorien, où il y a du chant antiphonique, chant responsoire en manière de rondeau, il ne reconnût quelquefois que les différents assemblages de chants qui sont usités dans l'Église ne puissent servir à développer le sens des passages obscurs de quelques anciens auteurs païens.

P. S. — Je souhaite que l'annonce que j'ai fait faire de la découverte des médailles, proche Brienon, et qu'on n'a imprimée que dans le *Mercure* de janvier dernier[4], puisse faire trouver quelques médailles du genre de celles que le R. P. Chamillard eut, il y a quatre ans, d'une autre découverte faite aussi dans nos quartiers. J'avois dit à un des merciers qui en ont acheté à la livre, d'aller trouver le Révérend Père vers la Toussaint; je ne sçais s'il l'a fait.

171. — DE LEBEUF AU P. PRÉVOST.

2 mars 1729.

Trouvez bon que je prenne encore la liberté de vous écrire au sujet de deux lignes que je viens de lire dans une lettre du Père Desmoletz, que j'ai reçue hier. Je ne diffère pas d'un moment, parce que cela est d'importance pour moi. « Je n'ai pas vu votre « manuscrit, me dit-il, depuis que je l'ai remis par votre ordre « au Père Prévost de Sainte-Geneviève. S'il passe entre les mains « du Père Viger[1], je ne vous réponds pas que vous le revoyiez, « à moins que la personne qui le lui prêtera n'ait soin de le lui

---

4. La trouvaille dont il s'agit consistait en 50 livres pesant de médailles de cuivre de Gallien, Victorin, Tetricus père et fils, Claude le Gothique, Posthume, quelques Quintilien et moins encore de Marius.

LETTRE 171. — Publiée d'après le manuscrit de la bibliothèque Sainte-Geneviève, 3 F 13.

1. Voir Correspondance, t. I, p. 147, note 1, sur le P. Vigier, et p. 256, note 5, sur le P. Le Courayer.

« redemander, quelques jours après. » Vous reconnoîtrez, mon Révérend Père, sans doute, que je veux parler d'un manuscrit in-folio, écrit de ma main, et qui contient cinq ou six gros cahiers, qui est une réfutation des principes de certaines personnes sur les rites, ceux principalement qui veulent qu'on s'assujétisse aux livres romains. Lorsque j'écrivis au Père Desmoletz de vous prêter ce manuscrit, le Père Corrayer étoit encore chez vous. Si, depuis ce temps-là, le Père Viger de Saint-Magloire l'a entre mains, j'ai lieu, après ce qu'en dit son confrère, d'en être très en peine, car je n'en ai point de copie. Et le Père Desmolets me fait la grâce d'estimer ce manuscrit et promet qu'il pourroit un jour être publié, lorsque les temps seront plus favorables. Ayez donc la bonté, mon Révérend Père, de voir le Père Viger ou d'y envoyer un mot de lettre, sans cependant compromettre le Père Desmolets, qui me parle comme il pense. Il me laisse à juger que le Père Viger est négligent à rendre, ou qu'il laisse perdre ce qu'on lui prête. Ces cahiers me coûtèrent du temps et de la peine à composer, je serois bien fâché qu'ils fussent perdus. Si vous les retrouvez, je vous prie de les renvoyer au Père Desmolets qui en prendra une copie, à ce qu'il me marque.

Je ne sçais pourquoi je n'ai pu avoir de nouvelles sur les mémoires du Père Le Brun. Madame de Laulne ne m'a point fait de réponse, ni le neveu du P. Le Brun non plus. Le Père Viger m'écrivant au sujet de la nouvelle, vers la fin de janvier [2], excuse son délai sur ce qu'il lui a fallu mettre du temps à arranger les papiers du Père Le Brun. Est-ce que le défunt les a laissés à l'Oratoire ? Vous m'écrivîtes après sa mort que c'étoit son neveu, ecclésiastique, qui héritoit de tout. Il doit s'y retrouver, dans ses

---

2. On ne possède plus cette lettre du P. Viger, mais le manuscrit français, supplément 2440 de la Bibliothèque impériale, en renferme plusieurs autres de 1727 et 1728, également adressées à Lebeuf. Elles sont intéressantes et concernent l'admission de plusieurs noms de saints de la province de Sens dans le martyrologe de Paris. Le P. Viger y discute notamment la qualification de sainte donnée à Théodechilde, fille de Clovis.

papiers, des cahiers que j'avois prêtés à M. de la Chauvinière et qui de lui ont passé parmi les siens; j'en ai indiqué trois ou quatre au neveu, entre autres la lettre pastorale que Jacques Amyot avoit composée pour mettre à la tête d'un missel auxerrois, écrite de sa main et qui n'a pas été imprimée, n'y ayant point eu d'édition de missel de son temps; les statuts de la cathédrale d'Avignon, etc. Je ne retirai rien autre de chez le Père Le Brun, parce que je ne le croyois pas si près de sa fin.

Je vous supplie, mon Révérend Père, de vouloir bien me donner par la poste les éclaircissements nécessaires sur tous ces chefs. J'attendrai votre réponse avec la dernière impatience.

Je vous souhaite une bonne santé et j'ai l'honneur d'être, etc.

---

172. — DE LEBEUF A M. MAILLARD, A PARIS.

Auxerre, 10 août 1729.

Vous m'avez témoigné le désir d'avoir quelques notions sur le très antique et glorieux sceptre d'or du roi Charlemagne. Je vais essayer de satisfaire votre curiosité d'après un auteur qui s'en est fort bien acquitté et dont j'ai la notice manuscrite entre les mains. Je regrette bien de ne pouvoir vous dire son nom.

Suivant cet auteur, ce sceptre, qui a toujours été conservé dans l'incomparable trésor de l'abbaye de Saint-Denis en France [1], est composé de trois pièces qui se démontent à vis depuis le bas. Il a cinq pieds neuf pouces de roi de longueur, dont les cinq

---

LETTRE 172. — Publiée d'après l'original appartenant à M. Michel Chasles, de l'Institut, et sur une copie adressée par M. Benoît.

1. Voyez le dessin de ce sceptre dans l'*Histoire de l'abbaye royale de Saint-Denis*, par Félibien, 1706, in-folio, pl. p. 542. Il y est ainsi décrit sommairement : « Sceptre d'or long de cinq pieds dix pouces. Sur le haut est un lys d'or émaillé où est représenté Charlemagne assis dans son trosne, avec ces mots gravés au-dessous : *Sanctus Karolus magnus. Italia. Roma. Gallia. Germania.* »

pieds s'étendent jusqu'à la très belle et très rare fleur-de-lis d'or épanouie et émaillée de blanc, qui en décore le sommet; ce sceptre ayant autour de sa grosseur environ trois pouces de circuit. Sur toute cette fleur-de-lis, composée de six feuilles, est artistement posé et arrêté le trône d'or de ce monarque, qui est carré et qui a, sous l'un et l'autre bras d'appui, un aigle et un lion. Dans ce superbe trône est assis majestueusement ce grand prince, représenté en ronde-bosse, portant une couronne impériale close par le haut, et ornée d'une très grosse perle orientale sur la clef et, pardevant, d'une fleur-de-lis de la forme de celle qui se voit en la galerie de son consistoire; il est d'un objet et d'un regard héroïques. Et, comme il semble d'âge plus que sexagénaire, ayant le nez un peu aquilin et la perruque assez pleine, vénérable et d'une longueur raisonnable, il a aussi la barbe longue et fourchue; sa personne couverte à l'antique d'un manteau impérial attaché sur l'épaule droite, avec une boucle composée d'une fleur-de-lis d'un assez haut relief. Cette boucle autorisant entièrement l'usage de la fleur-de-lis que nous voyons même avoir été employée pour ornement; tout le sceptre en sa longueur jusqu'à la pomme étant marqué de plusieurs grandes fleurs-de-lis d'une manière très antique. Il tient, au reste, un petit sceptre de la main droite, qui paroit avoir été rompu autrefois, et qu'en la place de l'ancien ornement, quel qu'il fût, on y a substitué une branche chargée de quelques fruits ou boutons entièrement inconnus. Il porte aussi dans la main gauche un monde chargé d'une croix. Au haut du sceptre, dans les neuf pouces restants de sa longueur, est contenue une pomme décorée de trois rondeurs égales enrichies, en séparations, de vingt-deux grosses perles, de rubis et de saphirs.

Dans la première rondeur de la pomme du sceptre est ciselée en basse-taille la figure et représentation de Charlemagne, pareillement assis et couronné, l'épée en la main droite et un monde dans la gauche. Derrière lui est l'écu de ses armes, mi-partie d'un aigle et d'une fleur-de-lis, attaché à un tronc d'arbre. Dans la seconde est un soldat portant en sa main un guidon chargé de

1729

mêmes armes, mi-partie d'un aigle et d'une fleur-de-lis, n'ayant fait graver le surplus de ce qui est dans cette rondeur et dans l'autre, comme n'étant pas de mon sujet.

Tout le sceptre avec sa pomme, sa fleur de lis émaillée d'un émail de parfaite blancheur, et Charlemagne dans son trône pesant ensemble cinq livres d'or, qui font, selon le prix de l'or en France, trois mille cinq cents livres. Au surplus, il y a en plusieurs endroits du sceptre vingt-deux perles et plusieurs saphirs et rubis restes d'un plus grand nombre.

Au reste, il est qualifié le sceptre Charlemagne, encore que le contenu au long de l'entablement du marche-pied de son trône y semble répugner, qui est : *Sanctus Carolus Magnus, Gallia, Italia, Germania* (ces mots étant distingués par de petites fleurs-de-lis). Mais il faut considérer qu'en effet le sceptre étoit le sien, vraisemblablement comme il le portoit de son vivant; mais que le trône et la statue furent appliqués depuis son décès, par l'un des trois empereurs françois qui lui succédèrent[2], sur la très belle fleur-de-lis entièrement ouverte et épanouie issante de la pomme du sceptre, pour se faire reconnoitre avoir succédé à l'empire si puissamment établi par son incomparable valeur, la différence de l'un et de l'autre ouvrage faisant juger de cette application de ce trône sur le sceptre faite depuis, et que, pour perpétuer la mémoire de ce grand monarque, ils le destinèrent pour être tenu par leurs successeurs le jour de leur couronnement, et leur servir d'heureux présage que leur règne seroit glorieux et triomphant jusqu'à la fin. La Gaule, l'Italie et l'Allemagne s'intéressant toutes trois, comme n'étant qu'une, en la participation de la gloire et en la reconnoissance et gratitude envers ce grand monarque, sont jointes en cette inscription en laquelle il est glorieusement qualifié Saint, bien qu'il ne fût encore lors reconnu, ni vénéré pour tel partout.

---

2. Lebeuf, avec sa sagacité ordinaire, avait bien reconnu que la statue qui surmonte ce sceptre ne pouvait être du temps de Charlemagne; quant à sa conjecture de l'âge réel de cette statue, elle est facile à vérifier puisque

Au surplus, cette jonction faite par Charlemagne de l'aigle avec le lis en sa devise et en son écu, se fit par lui pour éterniser la gloire de l'un et de l'autre, les unissant sans division ; car tout ainsi que l'aigle étoit estimé être l'oiseau du monarque des cieux, et qui même le représentoit entre les devises des Grecs et des Latins, lui servant de symbole, et qu'il demeura en cette qualité pour celui de l'empire et de souveraineté entre les Romains : aussi le lis étant dans l'Écriture-Sainte reconnu par la bouche divine de l'époux pour l'être lui-même, et, par une inspiration toute céleste reçue par les François pour symbole de leur future grandeur. Ce fut par un effet tout apparent de la Providence de Dieu que cette jonction de ces deux symboles fut la devise de l'union de l'Empire avec la France, et que ces deux aigles et les deux lions désignèrent les deux empires d'Orient et d'Occident, acquis par la valeur, vigueur et courage invincibles des François et Germains à ce brave empereur.

Voilà, Monsieur, cette description, daignez la recevoir, etc.

173. — DE LEBEUF A FENEL.

3 septembre 1729.

Ayant appris, il y a plus de deux mois, que vous travaillez solidement sur vos archevêques, je crois devoir vous faire remarquer une chose qui y a quelque rapport. Donnez-vous la peine d'ouvrir le premier *Voyage littéraire* de Dom Martène, vous y verrez, à la page 171, qu'il est montré dans l'église du prieuré Saint-Syphorien d'Autun, un tombeau d'un saint qu'on croit avoir été de vos archevêques. Vous direz qu'il n'y a guère d'ap-

---

le sceptre est conservé au Louvre, dans la collection du Musée des Souverains.

LETTRE 173. — Publiée, ainsi que les numéros 174 et 175, d'après les orinaux de la collection de Fontaine.

parence, et que l'on ne sçait où placer ce Francoveus. J'avoue l'embarras; mais comme vous voulez tout éclaircir, ne seroit-il pas bon, tandis que vous travaillez sérieusement, que l'on sçût à quoi s'en tenir, afin de ne rien laisser à examiner après nous. Seroit-il si difficile d'obtenir une ouverture du tombeau qui est à Autun? J'ai été, il y a cinq ans, sur les lieux, j'y ai vu, entre autres curiosités d'Autun, ce tombeau. Les religieux, qui sont de la congrégation de Sainte-Geneviève, n'ont aucuns titres ni aucune légende, ils font de saint Francis ou Franchet, deux fois l'an, du commun d'un confesseur, sçavoir, le 16 mars et le 30 décembre, mais sans légende. L'oraison est celle d'un bon saint moine du Nivernois, mort le 16 mai; je le reconnus, parce que je la sçavois par cœur, et qu'elle fait allusion au passage de ce saint par le feu. Cependant, le martyrologe manuscrit de la cathédrale que je consultai, et qui est d'une écriture de trois cents ans ou environ, met au xxx décembre *S. Francovei, confessoris atque pontificis ecclesiæ Senonensis translatio, a basilica S. Columbæ in monasterio S. Symphoriani.* Si Mgr l'évêque d'Autun vouloit bien faire ouvrir ce sépulcre, qui est tout à fait hors de terre, on pourroit y trouver ou quelque cédule ou quelque marbre qui apprendroit ou la vérité ou la méprise; car, si ce n'est pas un personnage qui ait été archevêque passager, ou purement élu, ce peut avoir été un corévêque [1].

J'ai quelque souvenir que les religieux de Saint-Syphorien me dirent qu'il y avoit des titres dans ce tombeau [2].

Seroit-ce un abbé de Senones au diocèse de Toul, ou de quelque

---

1. S. Franchis ou *Francoveus*, moine et martyr du viie siècle environ, ne figure point dans la *Gallia Christiana* au nombre des archevêques de Sens; et Lebeuf a fini par être fixé sur son identité en le plaçant au 16 mai dans son *Martyrologe du diocèse d'Auxerre* sous ce titre : *Apud Nivernensis, sancti Francovei monachi cujus nomine oppidulum etiamnunc vocatur.* — Saint-Franchis est un village du canton de Saint-Saulge (Nièvre).

2. Suivant D. Martène, le tombeau était en marbre et il portait dessus divers emblèmes tels que l'*Alpha* et l'*Oméga* dans un cercle à croix, des fleurs, des palmes et des oiseaux, etc.

église du titre de Sainte-Colombe? Il y a eu un célèbre monastère à Vienne en Dauphiné, sous le nom de Sainte-Colombe, dès le viie siècle, et il y avoit toujours à ces sortes de monastères de filles quelque saint personnage préposé.

En un mot, tâchez, Monsieur, de porter Mgr l'archevêque à prier Monsieur d'Autun de contribuer à lever vos doutes par une visite de l'intérieur du tombeau.

Ce que vous m'avez fait sçavoir sur votre évêque Berneredus[3], par M. Mahiet, peut s'accorder avec les vers d'Alcuin. Rien n'empêcheroit que Alcuin ne lui eût donné le nom de Samuel.

174. — DE LEBEUF A FENEL.

15 octobre 1729.

Le court séjour que fait ici M. Mahiet, par lequel je veux avoir l'honneur de vous faire réponse, ne me permet guère de vous alléguer grand nombre d'exemples au sujet des parchemins renfermés dans les tombeaux avec les ossements des morts.

M. Mahiet étant fort curieux, j'essaye de lui faire voir ce que nous avons d'ancien; cela joint à d'autres petites occupations accumulées par le voyage de Lyon et de Vienne, dont je suis de retour depuis trois jours, m'empêche de pouvoir consulter ce que je crois avoir lu sur la matière qui est agitée entre nous deux. Je me souviens seulement d'avoir remarqué, dans quelques-unes des chroniques du *Spicilége*, que l'on trouva dans la tête d'un saint dont le corps avoit été mis dans un tombeau, une cédule de parchemin effacée (ou presque effacée). Cette cédule avoit été mise dans l'une des narines de cette tête. Je chercherai en quel volume cela est rapporté. Il y a longtemps que j'ai lu cet article, c'est

---

3. Berneredus ou Berardus, archevêque de Sens, de 792 à 795.

pourquoi j'espère que vous me pardonnerez si je ne vous cote pas le volume ni la page. Toujours est-il vrai que depuis ce temps-là, en différentes lectures que j'ai faites, j'ai remarqué que l'on mettoit souvent des documents dans des tombeaux, lorsque ces tombeaux étoient en lieu sec, hors de terre, comme il y en a plusieurs en Italie : tel est le tombeau de saint Francoveus que j'ai vu sur la superficie du pavé d'une chapelle de St-Syphorien[1]. On peut le considérer comme une châsse d'une matière plus épaisse que celle d'ordinaire, et je ne vois pas ce qu'on risque de l'ouvrir. Ce n'est pas l'église de Sens, puisqu'elle peut se passer de lui. Si l'on reconnoit de la fourberie dans ce qu'on y trouvera, pour lors elle retombera sur ceux d'Autun, et elle sera un second exemple à joindre à celui du curé de Saint-Pierre-l'Étrier. Il suffiroit que Mgr l'évêque d'Autun fit cette visite simplement et sans volonté, et seulement pour confirmer ou infirmer la tradition qui existe aujourd'hui. Si vous ne croyez pas devoir en parler à Mgr l'archevêque, mandez-moi, je vous prie, si vous consentez que je lui suggère cette pensée comme de moi-même. Si en cela on ne rend pas service à l'église de Sens, on le rendra à l'Église catholique en général. Il est bon et utile de tout éclaircir.

Je ne me souviens pas que je vous aye mandé qu'on portoit plusieurs noms au IXe siècle, mais seulement qu'il y a eu alors, et dès le VIIe, des personnages à qui l'on donnoit différents noms et qui quelquefois pouvoient les avoir pris eux-mêmes, comme on fait encore de nos jours. Ces personnages de mérite étant en relation avec différents sçavants de ces temps-là, le style courant voulut que l'un appelât son ami Samuël, l'autre Nathanaël. Il n'est pas nécessaire d'avoir cinquante exemples pour cela ; il suffit d'en avoir quatre ou cinq indubitables, pour juger de ce qu'on trouveroit si tous les ouvrages des anciens subsistoient encore.

Le départ précipité de M. Mahiet, à l'heure que je finis cette lettre, m'empêche de vous marquer les raisons qui m'obligent à

---

[1]. Voyez la lettre ci-dessus du 3 septembre 1729.

croire qu'un des archevêques de Sens, contemporain d'Alcuin, a été appelé par lui du nom de Samuël ; ce sera pour une autre fois.

175. — DE LEBEUF A D. GERMAIN.

30 décembre 1729.

Les nouvelles que vous avez eu la bonté de m'envoyer de votre pays m'ont fait un vrai plaisir. Il n'y a personne, pour peu qu'on ait de zèle pour la vérité, qui ne soit indigné de voir les pitoyables ouvrages liturgiques qui sortent de la main de ceux qui ne s'y entendent nullement. Après la peinture du nouveau bréviaire d'Autun qui m'a été faite, je serois fort mortifié d'être Autunois et qu'on m'obligeât de le réciter. Je suis dans une véritable impatience de lire ce que me doit envoyer M. Papillon[1]. Mais quand sera-ce que je l'aurai ? C'est ce que je ne puis sçavoir. Le bénédictin, notre ami commun, a été obligé de sortir de Dijon pour aller à Ferrière, et je ne sache plus personne de Dijon qui soit en relation avec notre ville. J'en chercherai cependant quoique ce ne soit pas ici la bonne saison. C'est très mal fait d'avoir ôté du bréviaire les plus fameux saints de la France. Saint Denis, saint Germain[2] et tous les autres ne méritent pas seulement d'être rétablis pour la cathédrale, mais encore dans le diocèse.

Que seroit-ce donc si les églises venoient ainsi à ne prendre

---

LETTRE 175. — Publiée par M. de Charmasse dans le bulletin de la Société Éduenne de 1864. Les notes sont également de M. de Charmasse.

1. Il s'agit ici des observations de Germain sur le Bréviaire d'Autun, de 1728, que l'auteur avait communiquées à Papillon, et que celui-ci fit ensuite passer à Lebeuf.

2. Lebeuf avait été très sensible à la suppression du culte de saint Germain dans les nouveaux livres liturgiques du diocèse d'Autun. Il y revient souvent dans la suite de sa correspondance avec Germain, et il a même consigné l'expression de ses regrets dans le 1er volume de ses *Mémoires pour servir à l'histoire ecclésiastique et civile d'Auxerre* : « Ainsi, dit-il, étoit honoré alors, par les peuples d'un pays fort connu, celui dont, depuis peu,

que des saints étrangers et nouveaux en place des anciens de leurs voisins. Nous n'avons qu'à ôter saint Léger et mettre saint François de Borgia en sa place; saint Syphorien, et mettre saint Philippe Beniti. Est-ce donc que Autun est devenu un pays des Antipodes, nous auroit-on dit? Auxerre n'est pas davantage un pays d'Antipodes pour Autun que Autun l'est à l'égard d'Auxerre. Ce sont des diocèses contigus et on ne fera pas des saints les uns des autres. Où est donc l'esprit de discernement de ces messieurs? Vous avez bien raison, Monsieur, de vous élever contre un bréviaire qui fait de telles suppressions, et qui ôte les sermons de saint Augustin pour faire place à ceux d'un saint nouveau et obscur en comparaison du grand docteur. A la fin donc, on en viendroit à mettre aussi des homélies de l'apôtre des Indes et autres, et peut-être des prédicateurs vivants qui ont la réputation de sainteté. On a fort blâmé un nommé M. Jagan, eudiste en Normandie, d'avoir inséré dans le bréviaire de Lisieux, de 1704, trois ou quatre homélies du pape Clément XI, et, en effet, cet exemple n'a été suivi nulle part [3].

Je ne puis m'étendre beaucoup sur tout ce que vous blâmez, parce que vous ne m'en parlez qu'en général; j'espère vous en écrire plus long, lorsque j'aurai reçu les papiers de Dijon. L'*inconcusse* mérite certainement une magnifique réfutation [4]. Elle est bien entre vos mains; et de peur que je n'oublie encore la date du moine Bernard, qui peut vous faire plaisir, je vous dirai, sans aller plus loin, que l'opuscule de cet auteur, qu'on croit avoir vécu vers 870, est dans le second volume du IIIe Siècle bénédictin, page 523. Il en est aussi parlé p. 502. C'est à l'occasion du livre d'Adamnan *de Locis sanctis*, que Dom Mabillon a

---

on a ôté le nom de devant les yeux des prêtres du même pays, » p. 56, nouv. éd. Auxerre, 1848.

3. Clément XI n'était pape que depuis l'année 1700. — M. Jacques Jagan, prêtre, d'Ormenil en Caux, diocèse de Rouen, né en 1655, mort à Saint-Josse de Paris, le 14 septembre 1704.

4. Allusion à la tradition provençale relativement à saint Lazare, au sujet de laquelle les compilateurs du nouveau Bréviaire d'Autun avaient dit : *Quam traditionem inconcusse tenuit Eduensis ecclesia.*

inséré ce petit itinéraire dans ce volume-là où j'ai eu bien de la peine à le retrouver, ne me souvenant plus en quelle partie je l'avois vu[5].

1729

Si vous pouviez par la suite faire passer quelque exemplaire broché de ce mauvais bréviaire, peut-être trouverions-nous encore, tout en nous divertissant, de quoi grossir vos remarques. On renverroit ensuite cet ouvrage à celui à qui l'exemplaire appartiendroit. Il faut tout relever dans ces sortes d'ouvrages entrepris par des gens non versés dans la matière qu'ils ont voulu traiter.

A propos de Nuys et de saint Germain d'Auxerre, j'ai un vieux catalogue des reliques de la collégiale de Nuys[6], écrit il y a environ 90 ans, et parmi les reliques qu'on y possède est nommée la cuisse de saint Germain. Pourroit-on sçavoir si c'est de saint Germain d'Auxerre et si c'est véritablement un os fémur? Il y a aussi un bras de sainte Marie-Madeleine, selon le même catalogue. Si les deux bras sont entièrement en Provence, les uns ou les autres ont tort et sont mal fondés.

Vous me faites beaucoup d'honneur, Monsieur, en me croyant capable de prononcer définitivement sur vos ouvrages. Il faudroit des connoisseurs plus profonds que moi pour en parler savamment. D'ailleurs, Monsieur, dans une matière que vous avez recherchée à fond, et sur laquelle vous connoissez la délicatesse des Autunois, un étranger ne peut parler que par rapport à la forme et non quant au fonds que vous avez traité sans doute comme vous avez cru le devoir faire, vu les circonstances du temps. Il ne sera cependant pas inutile, si vous avez des preuves que vous n'osez produire, de les communiquer à quelque curieux éloigné, qui les feroit valoir dans un autre ouvrage.

Dans le temps que je mets fin à cette lettre, l'année 1730

---

5. *Adamnani abbatis Hiiensis libri tres, de locis sanctis, ex relatione Arculfi, episcopi Galli.*

6. Collégiale de Saint-Denys, fondée à Vergy en 1023, par Anselin, évêque de Paris, transférée à Nuits (Côte-d'Or) en 1609.

avance à grands pas, je vous la souhaite, Monsieur, comblée de toutes bénédictions et suivie d'une longue suite d'autres aussi heureuses, et je vous prie de me croire, avec beaucoup de respect, etc.

P. S. — J'avois prié, il y a longtemps, M. Nourisson, le maître de musique de votre église, de vouloir bien me noter sur un petit quart de papier les formules de psalmodie de la cathédrale d'Autun. Je ne vois rien venir : s'il étoit de votre grâce de l'en faire ressouvenir, je vous en serai très obligé. Il peut vous donner ce quart de papier que vous joindriez à votre première lettre.

Monsieur, depuis ma lettre écrite, quoique je vous aie déjà importuné au sujet des reliques de saint Germain, notre glorieux évêque, je ne puis m'empêcher de vous demander si vous connoitriez ce que c'est qu'une église assez longue, dans un fond, proche un étang, dans laquelle un jeune homme m'a assuré que le curé de Thoisy-la-Berchère[7], d'auprès de Saulieu, l'a mené autrefois. Il ne se souvient pas du nom, mais il croit que c'est entre ce Thoisy et Saulieu[8], à une lieue du premier et à deux du second. Je m'informe de cela à vous, parce qu'il dit qu'il vit, en ce lieu rustique et abandonné, une infinité de tombes et même des mausolées tout noirs de vétusté. J'appréhende qu'il ne se soit mal orienté, et que ce ne soit Bar-le-Régulier[9], où cependant jamais je n'ai été, mais j'en ai vu la montagne d'assez proche. Cette personne m'assure que le curé de Thoisy, si c'est toujours un nommé M. Adam, pourra enseigner comment s'appelle ce lieu, et si les sépultures valent la peine qu'on se détourne pour les aller voir.

7. Thoisy-la-Berchère, canton de Saulieu, Côte-d'Or.
8. Saulieu, arrondissement de Semur, Côte-d'Or.
9. Bar-le-Régulier, où était autrefois une église collégiale, canton d'Arnay-le-Duc.

176. — DE LEBEUF A D. GERMAIN.

Ce 7 février 1730.

Vous voulez, Monsieur, que je vous rende compte de ce que je pense sur les cahiers que M. Papillon m'a enfin envoyés par une occasion que je lui ai indiquée[1]. Je les ai lus dès le même jour que je les reçus; je trouvai qu'ils ne contiennent que deux articles que vous vous êtes proposé de discuter. En attendant que vous me fassiez la grâce de m'en communiquer la suite, j'aurai l'honneur de vous dire qu'en gros et en général je trouve vos sujets de plainte très bien fondés; mais aussi il me paroît que dans le premier article vous exigez le rétablissement de certains offices qu'on a bien fait d'ôter. Je ne sçais si vous avez jeté la vue sur un projet de calendrier, ou plutôt sur des observations faites il y a quelques années sur la manière de diriger les calendriers des nouveaux bréviaires; c'est dans l'un des premiers volumes de la continuation des Mémoires de littérature et d'histoire[2]. J'y ai fait valoir beaucoup cette pensée de Raoul de Tongres[3], que, comme à Rome on ne fait pas de nos saints locaux, qu'il ne faut pas non plus que nous fassions trop de leurs saints locaux. Pourquoi le calendrier romain est-il plein de certaines fêtes? C'est parce qu'on alloit faire l'office dans les églises de ces saints qui étoient à Rome ou dans la banlieue. Si un saint romain n'avoit pas d'église à Rome, on ne trouve pas sa fête dans

1730

---

1. Il s'agit ici des observations sur le bréviaire d'Autun, publié en 1728. Germain avait communiqué son manuscrit à Papillon qui l'envoya à l'abbé Lebeuf. C'est la matière de cette lettre.
2. *Lettre sur un calendrier ecclésiastique pour un nouveau Bréviaire, où l'on propose des règles sur cette matière*, Continuation des mémoires de littérature recueillis par le P. Desmolets, t. I, 1re partie, p. 320. Paris, 1726.
3. Raoul, doyen de Tongres, auteur d'un calendrier ecclésiastique. Il vivait au xive siècle.

le calendrier, parce qu'il n'y avoit pas de station. Le P. Fronto a assez bien débrouillé cela dans son calendrier[4]. Laissons donc faire à Rome grand fête des saints locaux de Rome, ou des saints d'Italie fameux à Rome par leurs reliques ou par leur église. Mais cela ne doit pas empêcher que l'église de Rome ne soit celle dont on doive avoir le plus de saints dans le calendrier, soit en mémoire, soit en simple : telle a été notre règle. Mais aussi avons-nous remis ces saints dans leur premier état, c'est-à-dire en simples, ou commémoration seulement, n'en ayant ni reliques ni église, et nous nous sommes donnés bien de garde d'ôter absolument aucun de ceux qui sont dans le canon. Ils y sont tous au moins en mémoire. Nous avons ôté tout à fait saint Marc, pape; saint Pontien, nous ne l'avons jamais eu; nous l'eussions encore ôté. Saint Hippolyte aussi bien que saint Processe et saint Martinien ont aussi été ôtés chez nous : mais non saint Crépin et saint Crépinien et saint Victor de Marseille, à cause qu'ils sont des fameux martyrs de France; mais, malgré tous nos retranchements, l'Eglise de Rome ne peut se plaindre, parce qu'après notre église, c'est celle dont nous célébrons le plus de saints anciens. Je dis de saints anciens, parce que tous les saints nouveaux du calendrier romain ne sont pas des saints romains. On auroit dû aussi retenir saint Denis chez vous à 9 leçons (on l'a ici à trois, faute de matière). Il faut sçavoir que c'est toujours par supposition qu'il est un saint du temps des Apôtres, qu'on en a eu grande idée dans les moyens et bas siècles. Le fondement de son aréopagitisme et de sa mission par les Apôtres étant donc fabuleux ou pour mieux dire, étant nul[5], il ne reste à ce saint sinon qu'il a été le martyr et que la ville où il a prêché est devenue peu à peu, par la suite, la capitale du royaume. Ce dernier

---

4. Fronton du Duc (Ducæus), jésuite.
5. Voyez l'opinion concordante des Bollandistes, *Acta Sanctorum*, d'octobre, t. II, au 3 de ce mois. Lebeuf a continué aussi, dans son martyrologe auxerrois, à distinguer le saint Denis de Paris, évêque et martyr à la fin du troisième siècle, du saint Denis, aréopagite, martyr du premier siècle.

point ne fait rien à la vie ni aux mérites du saint. Ce n'est point 1730
à cause de lui que Paris est capitale du royaume, mais parce que
les autres petits royaumes ayant été éteints, cette ville, que sa
situation avoit déjà rendue grande, a été choisie par les rois de
la troisième race. Nous nous sommes défaits facilement des préjugés
établis sur une idée fausse qu'on a eue de ce saint; de tous ceux
qui vinrent avec lui, nous n'avons jamais honoré que saint Marcial,
et encore n'étoit-il que mémoire jusqu'à ce qu'en conséquence
des écrits des Limousins, faits au xie siècle, on se laissa persuader
qu'il avoit été des 72 disciples : ainsi nous avons remis saint
Marcial à son 1er degré de mémoire, parce que son argumentation
étoit fondée sur des faussetés et que depuis il y eut apparence de
fondation. M. l'évêque[6] a consenti, à la prière des députés, de
supprimer toutes les dévotions mal appuyées. Nous avons donc
fait saint Denis simple, de double qu'il étoit, et mémoire de
l'aréopagiste au 3 octobre, jour auquel notre très ancien martyrologe le marquoit.

J'oubliois de dire que nous avons aussi retenu saint Saturnin
de Toulouse, en mémoire, tel qu'il a toujours été. Il y a apparence que c'étoit originairement celui de Rome qu'on avoit
intention d'honorer, mais on a bien fait de pencher plutôt pour
celui de France. Il falloit aussi conserver saint Fabien; c'est ce
que nous avons fait : mais, si vous n'avez jamais eu saint Gatien
ni saint Trophime, ni saint Paul[7], ni saint Austremoine, il n'est
point nécessaire de se plaindre qu'ils n'aient pas été introduits.
Je trouve que l'on n'auroit jamais dû appeler si fort par excel-
lence saint Denis, apôtre de la France : il est apôtre de la ville
qui depuis est devenue capitale; les saints de Lyon méritoient
mieux la qualité d'apôtres des Gaules. Vous parlez encore de saint
Eutrope : c'est un grand martyr dont nous n'avons jamais fait
plus que mémoire, nous l'y avons laissé. Si vous avez des raisons
particulières, vous devez le continuer à 3 leçons, mais non l'ôter

---

6. M. de Caylus.
7. Saint Paul, premier évêque de Narbonne.

1730 tout-à-fait. Sur saint Germain d'Auxerre, la matière est si ample qu'on ne trouve guère d'église qui ne le continue à 9 leçons. On voit bien quelle est la cause de sa destitution, j'en parlerai plus bas. C'est un patron de quantité d'églises de votre diocèse. Je sçais qu'il l'est de Vitteaux [8], endroit assez considérable. Je ne blâmerois point vos messieurs d'avoir introduit quelques-uns de vos saints dans le nouveau calendrier, si ce n'étoient que des saints qui fussent marqués dans d'anciens calendriers; mais je ne sçaurois leur pardonner leur chimérique saint Jean ni presque saint Raco, évêque d'une ville dont le nom ressembloit à celui d'Autun, et qui n'est aucunement Autunois que par l'apport de ses ossements. A l'égard des autres, comme un saint Léonce, un saint Pigmène, un saint Pragmace, etc., un simple mémoire suffisoit : je crois qu'il étoit de vos évêques dans votre diocèse comme ailleurs; la cathédrale et le diocèse en faisoient certains plus solennels que les autres; les monastères, comme celui de Saint-Syphorien et celui de Saint-Martin, faisoient des autres ; et si l'on avoit tous les manuscrits de ces abbayes, on y trouveroit sans doute ces saints dès là qu'ils sont dans des copies, quand même ce ne seroit que par addition, parce que ces additions sont au moins du VIIIe ou IXe siècle. Nous nous sommes réglés sur ces monuments si anciens pour rétablir certaines commémorations de nos saints locaux. Mais M. du Saussay [9] n'étoit point un auteur dont on dût emprunter les légendes : c'est un diseur de grands mots qui ne signifient rien, et qui pour grossir son martyrologe prenoit des saints partout sans rien examiner. Je désapprouve aussi très fort que sur son témoignage on ait renouvelé des traditions mal fondées, comme celle de saint Amateur [10]. C'est un conte que sa lettre au pape Silvère. Il n'est

---

8. Ar. de Semur (Côte-d'Or).
9. Auteur du martyrologe gallican.
André du Saussay, né à Paris en 1589, mort en 1675, évêque de Toul, auteur du *Martyrologium gallicanum*.
10. Pour conserver saint Amateur au nombre de ses évêques, l'église d'Autun possédait un témoignage plus certain et plus respectable que celui

pas sûr que saint Réverien fût évêque d'Autun ; il a pu être un évêque ambulant qui a prêché dans l'Autunois et le Nivernois ; car les commencements de l'église de Nevers sont encore plus mal fournis de suite d'évêques que celle d'Autun. Il falloit ne point donner de légende à saint Amateur ni le qualifier de premier évêque. Sur vos deux saints Procule il falloit être très réservé. A d'autres ce que dit du Saussay. Mais les additions au martyrologe de saint Jérôme suffisent pour rétablir un saint en mémoire, parce qu'il est probable que vos anciens monastères ont honoré ces saints, et peut-être aussi votre église dont les auteurs avoient vu les manuscrits ; au moins un ancien l'a marqué positivement. Vous me paroissez trop accorder en avouant ce que vous avouez sur saint Flocel : pour moi, je suis persuadé que c'est un étranger à tout votre diocèse et qu'il vient des Pays-Bas. Ses actes sont très nouveaux, et sont-ils si peu connus ou prisés, que ce saint n'est dans aucun martyrologe avant celui de Baronius : c'est un étranger dont les reliques ont été apportées à Beaune, car celles de saint Raco ont été apportées à Autun dont jamais il n'a été évêque[11]. Les auteurs du nouveau martyrologe de Paris sont de mon avis sur saint Raco. A l'égard de saint Flocel, ils paroissent n'avoir pas examiné le fait ; ils le donnent à Autun.

Je ne voudrois pas, Monsieur, que vous improuvassiez la sup-

---

de du Saussay : c'était son propre martyrologe du XIIIᵉ siècle, dans lequel on lit : « VIᵉ Kalendas Decembris. Augustoduno, sancti Amatoris episcopi. » (Bibl. Imp. Fonds latin, n° 9883). Le nécrologe de l'abbaye de Flavigny porte également : « VIᵉ Kal. Dec. Amatoris episcopi Augustodunensis. » (Labbe, Bib. nova Ms., t. I.) Saint Amateur est aussi cité dans les martyrologes de saint Jérôme et d'Usuard, ainsi que saint Réverien. Lebeuf paraît lui-même être revenu à une appréciation plus exacte, car ces deux saints sont mentionnés dans le martyrologe imprimé à Auxerre en 1751 et dont il fut un des principaux auteurs. Toutes ces observations s'appliquent aussi à saint Procule, dont le nom se trouve dans tous les martyrologes, même dans celui d'Auxerre, où il est mal à propos placé au 4 novembre. Quant à Procule II, l'Église d'Autun ne l'a jamais placé au nombre des saints.

11. Voir plus loin, sur saint Racho, la lettre n° 180.

pression des fêtes de sainte Marguerite et de sainte Barbe. Quoique votre cardinal Rolin [12] y eût dévotion, cela ne devoit pas faire loi pour votre diocèse. Si on a du scrupule chez vous, il n'y a qu'à changer dans votre chœur tout l'office qu'on en faisoit plénièrement en une messe entre primes et tierces, qu'on appelleroit la messe matitunale, comme les messes d'obit. On revient de toutes ces dévotions fondées sur des romans : la critique du cardinal n'étoit pas grande. C'étoit le mal de son temps. Pour sainte Apolline et sainte Geneviève, il falloit les conserver. Elles n'ont pas eu de fabulateurs pour historiens. Nous avons ôté ici sainte Barbe qui étoit double depuis 200 ans et sainte Marguerite aussi, mais qui n'étoit que simple. Au reste, si les auteurs disent que c'est en place de sainte Barbe et sainte Marguerite qu'ils ont mis sainte Ursule, sainte Thérèse, etc., ils ont grand tort : *incedunt* (quant à sainte Ursule) *in Scyllam, volentes vitare Charybdim*. Pour sainte Thérèse et sainte Claire et semblables, il falloit laisser aux couvents ces sortes de fêtes, et faire de la férie les jours auxquels on supprime des saints dont les actes sont fabuleux et d'autres jours même, et ne pas suivre l'exemple de ces moines qui mendient des saints de tous côtés, afin de ne pas faire de la férie qui leur impose un joug qu'ils ont de la peine à supporter. Si j'avois eu votre nouveau calendrier et que j'en fisse la comparaison avec votre ancien que j'ai, peut-être vous fournirois-je d'autres motifs d'improbation, sans vous jeter sur une sainte Marguerite ni une sainte Barbe qu'on supprime partout, ou qu'on réduit au plus en commémorations. A l'égard de tout ce que vous dites dans votre deuxième article sur saint Lazare, il n'y a rien que de bien relevé. Je voudrois seulement qu'en parlant de sainte Madeleine, vous insinuassiez que, quoiqu'à Vézelay on crût l'avoir, c'étoit cependant le corps de la sœur de saint Lazare appelée Marie. Il est vrai que c'est de Vézelay que

---

12. Jean Rolin, fils de Nicolas Rolin, chancelier de Bourgogne, et de Jeanne de la Lande, naquit à Autun, dont il fut élu évêque en 1436. Il mourut à Auxerre le 1ᵉʳ juillet 1483.

s'est étendu dans le reste de la France le culte de sainte Madeleine du 22 juillet; mais cela ne prouve pas qu'on y en eût le corps, mais seulement qu'on croyoit l'y avoir. Voyez ce que j'ai écrit là-dessus, *Mercure* de juin 1729, 1ᵉʳ volume [13]. Vous nommez quelquefois Honoré d'Autun; un savant de Paris me fit remarquer il y a 25 ans qu'on a toujours dit *Honorius* en françois ou en latin, aussi bien qu'en parlant des papes du même nom [14]. Il faut réserver le terme d'Honoré pour ceux qui s'appellent en latin *Honoratus*.

Je ne dirois non plus jamais maître-autel, mais toujours grand-autel : ce sont les sulpiciens, lazaristes et moines qui introduisent actuellement ce mot corrompu de maître-autel, *majus altare*. Excusez, je vous prie, la liberté que je prends de vous dire mon petit avis sur ces mots, touchant lesquels j'ai été repris par un célèbre étymologiste lorsque j'étudiois à Paris. J'ai été ravi que vous ayez remarqué ce que dit le calendrier publié au xᵉ tome du *Spicilége* : *Translatio sancti Nazari*. Je l'avois lu autrefois, mais je ne m'en souvenois plus. La bévue sans doute vient du changement d'une lettre en une autre. Les étymologistes vous donneront cent exemples de la lettre N changée en L parmi le vulgaire. Il me semble que M. Baillet n'est pas exact dans son langage (au 17 décembre), lorsqu'il parle de la méprise qui a pu arriver à ce sujet : il dit que Lazare a pu faire naître l'idée de Nazaire, tandis que c'est de Nazaire que, par méprise, on a fait Lazare.

En finissant cette lettre qui est bien mal écrite, ainsi que vous

---

13. « Examen de quelques manuscrits sur sainte Marie-Madeleine, où, « après avoir avoué qu'une partie des traditions provençales est plus « ancienne que M. de Launoy ne l'avoit cru, on revient à son sentiment et « l'on prouve que l'étendue du culte de cette sainte dans les églises de « France a dû venir directement de l'Orient ou de Vezelay en Nivernois, et « non pas de la Provence. » — *Mercure de France*, juin 1729, t. I, p. 1123, et t. II, p. 1268.

14. Lebeuf a publié une dissertation sur Honorius d'Autun, dans le 1ᵉʳ tome de l'ouvrage intitulé : « Recueil de divers écrits pour servir d'éclair-« cissements à l'Histoire de France, et de supplément à la Notice des « Gaules. » — Paris, Jacques Barrois, 1728, in-12.

le voyez et dont je vous fais excuse, j'apprends qu'avant-hier M. votre prélat[15] a passé par notre ville, allant à Paris. Va-t-il consulter les cartons qu'il faut mettre à son bréviaire? Si j'en avois un exemplaire, je pourrois vous fournir encore quelques sujets de quérimonie; mais je doute qu'à Autun on goûte tout ce que vous pourrez dire. Il faut mettre vos sujets de plainte en ordre et y intéresser tous les savants du royaume. On a bien imprimé dans les *Mémoires de Littérature* une critique du propre de saint Flour, pourquoi rejetteroit-on la vôtre en en prenant seulement la substance de crainte d'être trop long? Consultez-vous au reste là-dessus, car les prélats d'Embrun sont en état d'empêcher bien des choses et d'obtenir souvent certaines lettres qui ne font pas plaisir[16].

Je suis, etc.

Je ne sçais par quelle voie je vous renverrai vos cahiers.

Quelques embarras ayant fait oublier de mettre cette lettre à la poste depuis qu'elle est cachetée, je profite de ce délai involontaire pour vous marquer encore deux ou trois choses. Comme il y a apparence qu'on n'enferme pas sous clef le martyrologe manuscrit de votre église, que vous citez dans votre plan, pourriez-vous me faire le plaisir de le parcourir mieux que je n'ai fait, pour voir si tous vos anciens évêques saints y sont, au moins ceux qui sont dans d'autres martyrologes tels que l'Hiéronymique, Bède, Raban, etc.[17]. En janvier, saint Hégémoine, le 8; saint Racho, le 28; saint Agrippin, le 1er janvier; en mai, le 15 ou le 16, saint Rhétice; j'y ai vu saint Flavien le 15 juin, c'est le seul que j'ai remarqué; je ne doute pas que saint Sim-

---

15. Antoine-François Bliterswick de Moncley, évêque d'Autun, transféré à Besançon en 1732, mort en 1734.

16. Allusion au concile d'Embrun en 1727. Le cardinal de Tencin, archevêque d'Embrun, avait présidé ce concile. Ministre sous le gouvernement du cardinal de Fleury, il sévissait contre les Jansénistes et usait volontiers contre eux de ces lettres de cachet auxquelles Lebeuf fait allusion ici.

17. M. de Charmasse, en éditant ces lettres, a, en effet, indiqué que tous les noms de saints qui s'y trouvent figurent dans les manuscrits d'Autun.

plice n'y soit au 24 ou 25; en juillet, le 1er ou le 6, saint Léonce; en août, saint Euphrone, le 3; saint Cassien, le 4; saint Syagre, le 27; saint Flavien, le 23; en septembre, le 12, saint Event; saint Nectaire, le 13; en octobre, le 31, saint Pigmène, ou bien le 1er novembre; saint Procule, le 4, voir s'il est dit martyr; saint Pragmace, le 21 ou 22; pour saint Amateur, je ne doute pas qu'il n'y soit; en décembre enfin, saint Racho ou Raco. Les réviseurs de votre bréviaire y auront-ils rétabli la plupart des saints Évêques qui n'y sont pas? L'annonce qui me frappa le plus en parcourant ce martyrologe manuscrit, est celle qui se lit au 30 décembre, de la translation du corps d'un *saint Francoveus* qualifié archevêque de Sens [18]. On fait ordinairement les noms françois dessus le latin. Ici je crois que c'est le latin qui est venu après coup, et que c'est saint Flaviction, successeur de saint Euphrone, que le vulgaire aura appelé saint Franchi: on n'a jamais connu à Sens d'archevêque de ce nom. Mgr l'évêque devroit ouvrir le tombeau, tandis qu'il est en train: on verroit ce que c'est.

On m'a fait remarquer, ces jours-ci, que le procès des chapitres d'Autun et d'Avallon sur saint Lazare est de l'an 1482, et qu'il en est parlé dans l'auteur de l'*Autun Chrestien*, sur le chapitre d'Avallon [19].

---

[18]. IIIe kal. Jan. sancti Francovei confessoris atque pontificis ecclesie Senonensis translatio a basilica Sancte-Columbe in monasterium Sancti-Simphoriani. *Nec. Flaviniac.* — Le tombeau de saint Francovée est aujourd'hui conservé au Musée lapidaire d'Autun.

[19]. Voyez l'enquête faite en 1482 touchant le chef de saint Lazare conservé à Avallon, publiée par M. A. de Charmasse; Avallon, 1866, brochure in-8°. Ce document a été d'abord publié dans le *Bulletin de la Société des Etudes d'Avallon*.

177. — DE LEBEUF A D. GERMAIN.

Ce 30 juin 1730.

Il ne faut point que ce que vous écrit M. l'abbé Papillon vous empêche d'aller votre train sur Priscus de Lyon.

Vous avez bien raison de juger comme vous faites de Robert, auteur du premier *Gallia christiana* ; ce n'étoit qu'un coup d'essai, et c'est pour cela qu'il est plein de fautes. Il est cependant meilleur, en son genre, que Du Saussay, mais parce que ce chanoine a eu la bonté de mettre un S avant le nom de Priscus, il ne s'en suit aucunement qu'on doive le regarder comme saint. C'est de sa pure libéralité qu'il le canonise, aussi bien que plusieurs autres sur lesquels il étoit mal informé, tandis qu'il ne qualifie point du nom de saint d'autres qui sont véritablement regardés comme tels. Car quelle est la preuve de sainteté ? C'est la tradition de culte prouvée par des calendriers, martyrologes, autels, églises, vénération de reliques. Robert n'étoit pas informé de cela sur plusieurs évêques, et à cela point d'S, au lieu qu'à d'autres qui n'avoient ce titre que par honneur, il mit un S, ou de son cru, ou sur les mauvais mémoires qu'on lui fournissoit. S'il falloit arranger vos évêques suivant son catalogue, on feroit de beau pain (*sic*). Il n'y a qu'à voir quelle place il donne à saint Racho, le faisant vivre cent ans avant le temps auquel il vécut. Je dis cela dans la supposition qu'il fut Évêque d'Autun, car je suis persuadé qu'il ne l'a jamais été, non plus que saint Cagnoald n'a pas été évêque de Lyon, quoique Robert le mette parmi ceux de Lyon, au lieu de dire Laon, qui s'appeloit *Lugdunum* aussi bien que Lyon ; de même que Augt, *Augustodunum*, aussi bien qu'Autun.

L'autre auteur, appelé Severt[1], ne vaut pas mieux que

Lettre 177. — 1. Jacques Severt a publié, en 1628, une *Chronologia historica Archiep. Lugdunensium*, in-folio.

M. Robert; il a fait un in-folio sur les Archevêques de Lyon, où il y a bien des choses à réformer. Il a la prudence de taire tout ce que saint Grégoire de Tours a dit de ce Priscus, et ne rapporte que sa présidence aux conciles, dont il remplit cinq à six pages de verbiage. Son sixième paragraphe est intitulé en marge : *Prisci sanctitas et scientia.* Il y dit qu'il mourut vers le printemps, que saint Adon l'appelle saint; en parlant du concile de Lyon et de Mâcon, il fait remarquer qu'aucun des quatre évêques de ce concile n'est dans le martyrologe Romain, que saint Siagre.

Le septième et dernier paragraphe rapporte que l'évêque de Thabarie *in partibus*, commis pour visiter les tombeaux des évêques de Lyon, dit qu'étant à Saint-Nisier il vit : *Item in altari quodam subsequenti invenimus tumbam beati Prisci, prout per sequentes superpositas litteras in marmoreo lapide apparebat, suntque tales* :

> Hoc tumulata loco Prisci pia membra recumbunt
>   Qui retinet merito sidera celsa suo.
> Progenie clarus. . . . .
>
> . . . .
> Ædibus ad cœlum terris migravit ab imis
>   Junii et mensis cultus honoris habet [2].

J'avois lu tout cela dans cet ouvrage du théologal de Lyon, lorsque j'ai dressé le mémoire que je vous ai envoyé[3]. Aussi y ai-je répondu. Les épitaphes ne disent jamais de mal de personne, mais, sur le bien qu'elles en disent, on ne doit pas pour cela établir une fête. Le dernier vers qui parle du mois de juin est inintelligible. Peut-être étoit-ce son anniversaire qu'on faisoit au

---

2. Cette inscription est intégralement citée dans le IVᵉ vol. du *Gallia christiana*, édit. de 1728, col. 36.
3. M. de Charmasse a publié, dans le *Bulletin de la Société Éduenne*, à la suite des lettres de Lebeuf, le mémoire dont parle ce dernier et qui a pour titre : « Introduction d'un faux culte pour le nouveau Bréviaire « d'Autun, dans la personne de Priscus, évêque de Lyon. »

mois de juin, dans le temps que cette épitaphe fut rédigée ; car ce ne fut pas à Priscus seul qu'on en fit : on en apposa aussi aux autres, et dans le même style qui ressent le xe ou xie siècle. Remarquez que Severt ne dit point qu'on l'honore nulle part, ni qu'il soit dans aucun martyrologe ou calendrier. Aussi, après avoir qualifié de l'épithète de *Sanctus* au haut de ses marges tous ceux que l'église de Lyon regarde comme tels, venant à Priscus il ne se sert que du terme *Priscus* tout simplement. L'édition que j'ai vue de lui est de 1628. J'y ai lu quelque part que ce fût au xive siècle que l'évêque de Tabarie visita les tombeaux de Lyon. C'est dans le même Severt. Consultez un peu M. Baillet sur Optat de Milève, au 4 juin. Vous verrez l'usage que des modernes ont fait du titre honorifique de *Sanctus*.

Quant aux autres choses que vous me demandez, j'approuve fort votre dessein, dès là que vous êtes déjà connu par M. le C. de F.[4] Je crois qu'en ce temps-ci on pourra vous écouter favorablement, vu les risées auxquelles s'exposera votre Chapitre s'il adopte le Bréviaire tel qu'il est et sans corrections. Vous ferez aussi très bien d'envoyer à l'ancien supérieur un double de vos mémoires. Je ne sçai pas à qui le C. de F. pourra communiquer ces mémoires. Autrefois, il avoit grande confiance au Père Lebrun, de l'Oratoire, mais il est décédé. Peut-être en fera-t-il part à l'Assemblée des Ritz, de Paris, dont je connois un des membres qui est oratorien ; et si celui-là en a communication, je solliciterai fort auprès de lui que vous soyez exaucé. Je ne sçais si vous ne feriez pas bien de demander ces messieurs pour arbitres. L'oratorien en question, nommé le P. Viger, est de fort bon goût. Mais je ne réponds pas des autres, surtout si l'archevêque en a créé de nouveaux.

4. Le cardinal de Fleury.

178. — DE LEBEUF A D. GERMAIN.

. . . . . . 1730.

Vous m'accablez de louanges, Monsieur, au sujet du manuscrit que je vous ai envoyé[1]. Je ne sçai s'il est véritablement assez bien digéré pour mériter l'éloge que vous en faites. Mais, au reste, je vous ai laissé le maître d'en redresser absolument la tournure. Il y a certaines choses que je n'ai mis (sic) que par conjecture. Je croyois que l'on se levoit plus matin que vous ne faites aux jours de neuf leçons, et que le 31 juillet avoit été mis à trois[2] pour gagner une heure ou une demie heure de sommeil. C'est une honte qu'à neuf leçons comme sont vos doubles, on ne commence en été qu'à six heures. On sort donc de Laudes à près de huit heures, ou bien on court furieusement le galop. Chez nous, cela est mieux proportionné : on se lève depuis trois heures et demie jusqu'à six, qui est pour les seuls offices à trois leçons. Vous ferez fort bien, Monsieur, de rectifier ce que j'ai avancé : *ea falso supponentur*. C'est une bévue effroyable de ma part que d'avoir fait écrire Baronius[3] avant les Centuriateurs[4]. Je ne lis guère Baronius parce que je sçai combien il est fautif, et jamais je n'ai ouvert qu'une fois, à Paris, les Centuriateurs, il y a bien vingt-cinq ans. On ne les a pas ici ; je sçai bien qu'ils font passer saint Germain pour un sorcier ou un imposteur, et je m'étois mis dans l'esprit tout le contraire de la vérité. Je sçavois bien que l'un écrit pour contrecarrer l'autre, mais je mettois la charrue devant les bœufs. La faute eût été digne de risée. Il

1730

LETTRE 178. — 1. Il s'agit vraisemblablement de la vie de saint Germain d'Auxerre, qui fut publiée en 1743, dans le tome 1er des *Mémoires sur l'histoire ecclésiastique et civile d'Auxerre*, 2 vol. in-4°.
2. A trois leçons.
3. Baronius (César), membre de l'Oratoire et cardinal, né à Sora, en 1538, mort en 1607, auteur des *Annales ecclésiastiques*, etc.
4. Les Centuriateurs de Magdebourg, écrivains protestants.

n'est pas besoin que je vous prie de la corriger. Il n'en est pas de même du reste que j'ai vérifié sur des mémoires exacts que j'ai tirés moi-même des livres que nous avons ici, ou que j'ai transcrits à Paris. Si j'avois eu ici *ad manum* les Centuriateurs, j'aurois aussi voulu vérifier ce que je n'ai mis que de mémoire, mais le manquement de ce livre m'a fait pécher ; c'est dont je dis mon *meâ culpâ*. Je vous suis très obligé de toute la description que vous me faites du local de votre ville et du Chapitre, et même des *bons pères*[5]. Je croyois ces derniers plus en faveur chez vous qu'ils n'y sont. Un de vos chanoines étoit aux États de Bourgogne, il y a trois ans, avec un des nôtres qui étoit Alcade[6], on vint à parler de Bréviaire. Le vôtre dit au nôtre que vous aviez un excellent poëte dont les hymnes, toutes nouvelles, feroient honneur au bréviaire d'Autun. Notre Auxerrois pria l'Autunois de lui en dire quelques endroits ; il le fit et il se trouva que c'étoit Santeuil tout pur. L'Autunois fut un peu berné ; on lui dit qu'il y avoit soixante ans que ces hymnes-là, prétendues nouvelles à Autun, étoient faites, et qu'elles n'étoient pas singulières au bréviaire d'Autun, puisqu'on les avoit à Paris, Cluny, Orléans, Lisieux, Sens, Auxerre, Troyes, etc. Je connois quelques Cluniciens, mais non pas ce dom Claude duquel vous me parlez. C'est encore un bien qu'on l'ait écouté sur l'article de Santeuil[7].

Je ne sçais si vous trouverez à troquer votre Bréviaire de Sens 1702 pour un de 1726, même en donnant du retour. Car cette deuxième édition est toute différente de la première ; j'y ai eu quelque part à la vérité et je suis cause qu'on l'a adopté à Auxerre, *mutatu mutandis*[8]. L'édition de 1726 est aussi de plus gros caractère que la précédente.

5. **Les Jésuites.**
6. En Bourgogne, les Alcades étaient chargés d'examiner les comptes des Élus généraux qui avaient administré la province pendant l'intervalle des sessions.
7. D. Claude, prieur de Perrecy, auteur d'une partie des hymnes du Bréviaire publié à Autun, par M. de Moncley, en 1728.
8. Voyez Correspondance, *passim*, t. I.

On ne m'a point encore apporté aucun tome du Bréviaire d'Autun, quoique j'en aie demandé en trois endroits, proche Clamecy, à Château-Censoir et à Avallon. Heureusement, *malum non est sui diffusiorem*. Dieu soit loué, si c'est là le dernier mauvais Bréviaire qu'on fera. Mais il n'y a rien de bon à attendre tant qu'on agira par caprice et sans lumière sur ces sortes de matières. On veut renouveler partout les livres, et presque personne n'est au fait de raisonner sur ce qu'il convient de faire. Les uns voudroient ne rien changer du tout, les autres voudroient tout changer; on va ainsi en des extrémités opposées. J'ai toujours cru (depuis qu'un peu de fréquentation des Liturgistes, à présent décédés, et un peu de lecture des livres m'a mis au fait) qu'il falloit étudier les rits historiquement et non capricieusement, qu'il falloit soigneusement éviter de rien inventer, mais qu'il suffisoit de rappeler pour ces siècles de relâchement quelque chose de ce qui a été bien ordonné dans l'antiquité, et surtout n'y rien admettre qui fût contre la nature ou l'essence des choses. Et comme la connoissance de l'histoire du chant conduit à discerner ce qui est essentiel à une pièce de Bréviaire, d'avec ce qui n'est qu'accessoire et de fantaisie, voilà pourquoi tant de personnes se trompent dans les nouvelles combinaisons qu'elles inventent. Voir surtout un Jésuite faire un Bréviaire, c'est comme si on voyait un Chinois dresser une grammaire française. Gens qui ne chantent jamais ne peuvent juger de la régularité de pièces d'offices qui tirent leur dénomination de la manière dont elles sont modulées. J'ai voulu raisonner là-dessus avec des gros bonnets de l'ordre résidant *ès grosses villes*, et, quoiqu'ils sçussent la musique, le non usage les privoit de la faculté d'appliquer les choses à leur place et de connoître la différence d'un Répons d'avec une Antienne, un Trait, etc. Mais je m'éloigne dans la conversation.

Revenons, Monsieur, au Morvand où vous m'invitez gracieusement. Véritablement je ne manque pas d'envie de revoir Autun, par rapport à vous que je suis gros de connoître, mais je ne sçai si ce pourroit encore être la présente année 1730, parce que quelques engagements antérieurs obligent de suivre les dates. Je voudrois bien plus être tout-à-fait libre, et porter mon bénéfice partout : je vous fournirois bien d'autres choses que je n'ai fait. Je brûle d'envie de trouver, par le moyen des recherches, le secret de redresser mille choses que les derniers siècles ont dérangées en mettant la vérité dans l'oubli. Mais je n'ai pas encore trouvé celui de me délibérer moi-même du pays où je tiens, et où le principal bien est à présent fait, par le mouvement que je me suis donné depuis environ dix-neuf ans. Essayez de contribuer à me libérer de mes attachements, si cela dépendoit de vous, et accordez-moi la grâce de me croire, avec toute la sincérité, l'estime et la vénération possibles, etc.

P.-S. Notre missel s'en va finissant : mais la difficulté est d'avoir le privilége de l'imprimer[9]. Le nom d'Auxerre est odieux à la cour[10]. Le malheur des temps le veut. La postérité ne le pourra croire. En fera-t-on autant à Autun ? On pourroit alors y corriger, dans le calendrier, le défectueux du bréviaire. Sens l'a bien fait.

Vous avez dû reconnaître, Monsieur, par l'écrit que vous avez, que ce n'est pas dans la cathédrale d'Autun seulement qu'il faudroit rétablir l'office de saint Germain, mais encore dans tout le diocèse. Le prélat voudra-t-il y consentir ? C'est un soufflet qu'il donnera à ses réviseurs, mais ils le méritent bien. Je viens de jeter la vue sur la carte du Nivernois et du Morvan : je vois que Cussy, où vous me marquez que M. le théologal de Beaune est allé[11], tire un peu du côté du Nivernois. Il y a une abbaye de Prémontrés assez peu éloignée de là où je vous conseillerois d'aller faire un tour, c'est Bellevaux, au-delà de Château-Chinon[12]. Peut-être y trouverez-vous de quoi vous dédommager

---

9. L'autorisation, longtemps différée, ne fut accordée qu'en 1737.
10. Lebeuf fait allusion aux arrêts du Conseil privé, qui avaient plusieurs fois frappé les mandements de l'évêque de Caylus, et à diverses mesures prises contre le même prélat par le garde-des-sceaux.
11. Le théologal de Beaune, Jean Germain, frère de Bénigne Germain.
12. Bellevaux, commune de Limanton (Nièvre).

de la fatigue. Un Prémontré d'ici, nommé M. Mannier, m'assura, l'an passé, avant que d'y retourner, qu'il y a des manuscrits ; vous y trouverez peut-être quelque chose touchant l'Autunois et même par rapport à vos plans d'opposition au culte indub (*sic*) de saint Lazare. Ce Prémontré, ci-dessus nommé, dessert à présent une cure du voisinage de Bellevaux ; il m'avoit invité à y passer quand l'occasion se présenteroit ; mais quand ? je n'en sçay rien. Le bréviaire de M. Faynaud n'a été adopté par aucun évêque que je sache ; il y avoit aussi dedans beaucoup d'invention moderne. Je ne l'ai pas. J'en estime certains endroits, mais non la totalité.

1730

Je viens de recevoir, depuis ma lettre écrite, deux tomes du bréviaire (d'Autun), qui font la partie d'hiver et celle d'automne. Je trouve qu'il y a plus de critique à faire que vous ne m'en marquez. Une bévue entr'autres, du 31 août, m'a sauté aux yeux. Vos gens ont canonisé libéralement Prisque, évêque de Lyon, croyant qu'il suffit qu'un personnage soit appelé saint par un historien pour le mettre dans leur calendrier. Cet évêque n'a jamais été honoré, et une bonne marque, c'est qu'il n'est dans aucun martyrologe[13]. Autre bévue encore de l'avoir fait martyr[14]. Est-il possible qu'ils n'ayent pas eu l'esprit de voir que le saint Prisc que vous honorez le 31 août est le célèbre martyr de Capoue, l'un des anciens disciples de N. S., et que ce n'est que votre prétendu saint Lazare, introduit au 1er septembre, qui l'a chassé de ce jour pour le faire faire le jour précédent[15]. Dieu les bénisse. Lyon même ne fait et n'a jamais fait d'un saint

13. Lebeuf se trompe. Prisque, évêque de Lyon, est cité dans le martyrologe d'Adon, qui lui donne le titre de saint : les auteurs du *Gallia christiana* ont suivi ce sentiment. Il faut ajouter toutefois qu'il ne figure pas au martyrologe romain.

14. En effet, Prisque, évêque de Lyon, n'a pas souffert le martyre.

15. L'erreur dans laquelle sont tombés les compilateurs du Bréviaire de 1728 et qui est ici relevée par Lebeuf, est d'autant moins excusable qu'elle avait été évitée par leurs prédécesseurs. Les anciens livres liturgiques faisaient mémoire de saint Prisque au 31 août ; au xiiie sièle, le martyrologe le plaçait encore au 1er septembre, malgré la fête de saint Lazare :

« Kal. Sept. sancti Prisci martyris, qui fuit unus de antiquis Christi
« discipulis. »

1730 Prisc, évêque, et eux ils s'érigent en canoniseurs. Il faudra bien les draper là-dessus, et leur demander quelle révélation ils ont eue qu'il a tradition de culte et qu'il est martyr.

Pour commencer quelque chose de suivi, il me faudroit encore la partie d'été : je l'attends d'ailleurs. Mais comment avoir celle de printemps qui sert actuellement. Vous pourrez toujours, sans me nommer, les railler sur leur saint Prisque, de Lyon, pris pour celui de Capoue. Il y a de plaisantes réclames à certains Répons après le *Gloria*. Il faudra ramasser tous les petits pâtés : *Philibertus* au lieu de *Filibertus* ; *Gemmaticense* pour *Gemmeticense*, et cependant pas dans l'errata. Ils ont nommé Auxerre *Antissioder*, dans la légende de saint Eptade : j'ai aussi envie de nommer à leur exemple, Autun *Angustodunum*. Je ne sçay où est la vie de saint Eptade, je la vérifierois. Ils en font un abbé et mettent sa fête trois jours trop tard [16]. O la belle légende du 27 février ! qu'elle est scientifique ! on parle de trois martyrs morts dans une ville, et le nom de cette ville (qui est Alexandrie), est resté au bout de la plume. C'est une grande ville, dit-on, et puis c'est tout [17]. Il est fâcheux que vous ne puissiez vous entretenir avec personne de ces traits d'érudition.

Nota. Ne manquez pas, je vous prie, d'ajouter aux quatre fêtes que j'ai mises, que nous avons conservé des SS. d'Autun, madame Sainte-Reine, que j'ai oubliée dans le mémoire. Nous l'avons conservée, mais sans légende, au 7 septembre. J'ai lu des hymnes d'une grande platitude [18].

---

16. On voit, d'après un martyrologe du xiiie siècle propre à l'église d'Autun, que, dans le diocèse, la fête de saint Eptade a toujours été célébrée le 24 août. A Auxerre, on célébrait sa fête le 22 août. C'est cette différence qui motive la remarque de Lebeuf. Les auteurs du martyrologe d'Auxerre, au nombre desquels se trouvait aussi Lebeuf, ont placé aussi la fête de saint Symphorien au 23 août, d'après les calendriers auxerrois, tandis qu'à Autun et partout elle a toujours été faite le jour précédent.

17. Ces trois martyrs sont : saints Julien, Eunus et Besa, an 249 ou 250.

18. Sans doute il s'agit de certaines hymnes du nouveau Bréviaire d'Autun.

Je vous ai envoyé un bref d'Auxerre par la voie de M. Bonnin ; on m'en a aussi envoyé un d'Avallon, à l'usage d'Autun, de l'année présente.

---

179. — DE LEBEUF AU P. SOUCIET [1].

Auxerre, 14 juillet 1730.

Comme le possesseur de la médaille ci-jointe a été longtemps à se déterminer à me l'envoyer, c'est ce qui est cause de mon délai. Enfin, la voilà, et j'ai cru devoir me servir de la voie la plus sûre, qui est celle de la poste, parce qu'il auroit pu arriver que d'autres voies l'eussent fait perdre en chemin.

Je suis fâché de la peine que vous aurez de l'aller retirer vous-même. Mais M. le directeur de la poste m'a dit que c'étoit la coutume, et qu'il n'en coûtoit un peu plus que pour une lettre ordinaire. A l'égard des vingt-quatre livres que j'ai payez (sic) pour avoir cette médaille, vous auriez, s'il vous plaît, la bonté de les remettre à un grand jeune homme brun, mon compatriote, lequel aura l'honneur de vous aller trouver, muni d'une de mes lettres, qui lui donne pouvoir de recevoir pour moi cette somme de vos mains.

On m'a effrayé, dans le Berry d'où je suis de retour, en m'apprenant que le R. P. Chamillard l'aîné étoit dangereusement malade, et qu'on tenoit cela d'une de ses parentes. Je vous assure que j'y prends beaucoup de part. Ce seroit une vraie perte pour les amateurs de l'antiquité.

On a trouvé ces jours-ci, proche cette ville, en creusant pour

---

LETTRE 179. — L'autographe, déjà publié dans le *Bulletin de la Société des Sciences historiques de l'Yonne*, t. XI, p. 539, lui a été donné par M. de Bastard, qui l'avait acheté lui-même à la vente Parison, en 1856.
1. Voyez, sur le P. Souciet, Correspondance, t. I, p. 242, note 9.

faire un puits dans un jardin, où étoit un cimetière autrefois, parmi des tombeaux sans inscription, deux pièces qui se tenoient et qui sont d'argent, l'une est de Louis-le-Débonnaire, si je ne me trompe ; d'un côté, *HLVDOVVICVS IMP.* ; de l'autre, *CHRISTIANA RELIGIO*. Cette monnoie ne me paroît pas rare, mais la plus petite des deux a, d'un côté, autour du bord : ++ *CAP...EP.*, le milieu de l'inscription n'est guère lisible ; au revers, on lit facilement *Aquitania*, ainsi marqué dans le milieu de la pièce.

Comme nous n'avons pas ici le livre de M. Bouteroue[2], l'on ne peut sçavoir si cette dernière pièce y est, ni si elle est rare. J'ai bien recommandé au maître du jardin de ne s'en pas dessaisir, en attendant des nouvelles.

---

180. — DE LEBEUF A D. GERMAIN.

Ce 15 juillet 1730.

A mon retour d'un petit voyage que j'ai fait dans le Berry, je trouve deux de vos lettres, l'une datée du 28 juin, l'autre sans date, et je crois cette dernière postérieure. Le récit que vous me faites de ce qui s'est passé à l'occasion de votre bréviaire est très intéressant, et m'a fait beaucoup de plaisir. Vous m'apprenez que l'ouvrage va être mis sur la sellette. Je le plains, car les auteurs ne sont pas en partie capables d'en soutenir les fautes. Munissez-vous, je vous prie, du premier volume du *Mercure* de juin de la présente année, et vous y verrez comment on y a fait paroitre deux erreurs grossières du Bréviaire d'Autun, de manière cependant à ne choquer personne. Car le censeur des

---

2. Bouteroue (Claude), savant numismatiste, né au xviie siècle, mort en 1680. Lebeuf veut parler de son livre intitulé *Recherches curieuses sur les monnoies de France*, etc., 1 vol. in-f°, 1666.

matières ecclésiastiques du *Mercure*, qui est un docteur de
Sorbonne, a approuvé les deux pièces. La première vous apprendra à fond ce que c'est que l'*Augustodunum* d'Angleterre. La
deuxième, que c'est mal à propos qu'on a raisonné comme on
fait sur saint Flocel dans la légende[1]. On a tourné cette dernière
pièce en manière de rapport de procès touchant le lieu de la
mort et la sépulture de saint Flocel[2]. Cela pourra vous divertir.
Je suis bien aise que toute la France en soit informée en même
temps qu'on va mettre le pauvre bréviaire sur le tapis. Dans un
des *Mercure* précédents (je pense que c'est celui de mars), il est
parlé aussi, par occasion, de *Ragnacharius* ou Racho, évêque de
Bâle et d'Augt sur le Rhin. Votre M. Dubuisson a bien tort de
citer Jonas de Bobio pour lui[3]. Ce moine n'a pu prévoir qu'on
seroit assez étourdi pour confondre Augt avec Autun, aussi il
s'est contenté de dire *ecclesia Augustana*, en parlant du second
évêché que saint Racho gouverna conjointement avec celui de
Bâle. Pouvoit-il s'imaginer qu'il dût venir à l'esprit de qui que
ce soit qu'un même saint avoit gouverné en même temps deux
diocèses séparés par ceux de Langres et de Besançon ? Ainsi,
comme l'a remarqué Dom Mabillon, c'est Augt et Bâle, siéges
contigus, qui furent les deux églises de votre saint, disciple de
saint Eustase, de même que Noyon et Tournay, autres siéges
contigus, furent occupés en même temps par saint Achaire, autre
disciple de l'abbé de Luxeu et condisciple de saint Racho. Le
nouveau martyrologe de Paris a suivi ce sentiment, et fait saint

1730

LETTRE 180. — 1. Dans la légende du Bréviaire d'Autun.

2. Ces deux dissertations sont de Lebeuf. La première a pour titre :
« Mémoire sur les antiquités du Northumberland, en Angleterre, et particulièrement sur les évêques d'Augustald ; » la seconde : « Procès ecclésiastique à juger entre les Normands et les Bourguignons, sur saint Flocelle, martyr. »

3. Jonas, abbé de Bobbio, originaire d'Irlande, composa la vie de saint Colomban, dont il avait été le disciple. Il écrivit aussi celles de saint Attale et de saint Bertulfe, abbés de Bobbio, et celle de saint Eustase, abbé de Luxeuil. C'est à cette dernière qu'est empruntée la citation dont parle Lebeuf. L'abbé Dubuisson avait été un des compilateurs du nouveau Bréviaire d'Autun.

1730 Racho évêque de Bâle et d'Augt, *Augustæ Rauracorum*. Remarquez, s'il vous plaît, que ce saint n'a jamais eu de leçons dans vos bréviaires : c'est un fort soupçon qu'il n'a pas été dans vos anciennes listes. Dans Jonas, saint Omer est dit aussi évêque de Bologne[4] et de Térouanne, deux évêchés également contigus. Si vous avez un prieuré de son nom, c'est que son corps y a été apporté de Bâle ; et probablement en conséquence de la méprise de quelques moines qui, voyant dans quelques manuscrits de la vie de saint Eustase ou de saint Arige *Augustudunensis* pour *Augustana*, crurent bonnement que c'étoit un saint évêque d'Autun qui étoit allé mourir à Bâle, et qu'il falloit le faire revenir au pays. Il n'est nullement nécessaire d'aller mendier un saint d'Augt sur le Rhin, pour grossir votre catalogue d'évêques du VIIe siècle. Vous avez Léfaste, puis Auspice, qui a pu siéger depuis 615 jusque vers 630 ou 635, et ensuite Ferréol. Je n'ai encore pu voir la nouvelle *Gaule chrétienne* sur les évêques d'Autun. Je serois curieux de sçavoir quel parti on y a pris sur ce saint Racho, qu'il faut restituer au siége d'Augt qui n'est qu'à quelques lieues[5]. J'avoue que vous avez son corps, aussi bien que celui de saint Flocel, mais ils vous sont venus du pays où ces saints avoient demeuré et où ils sont morts. Généralement parlant, l'on a été trop facile chez vous à appliquer à Autun quantité de faits locaux étrangers, trompé par la ressemblance du nom d'*Augustodunum*. L'exemple d'*Augustaldunum* d'Angleterre est parlant et convaincant. On voit à Paris le *Mercure* depuis huit jours : vous devriez, ou le faire venir par le

---

4. Boulogne-sur-Mer.

5. Les auteurs du *Gallia christiana* sont très indécis au sujet de saint Racho. Si les compilateurs du Bréviaire que critique Lebeuf sont tombés dans l'erreur en confondant Ragnobertus, évêque d'Autun, avec Ragnacharius, évêque d'Augt, par la citation maladroite d'un passage de l'abbé de Bobbio, Lebeuf lui-même se trompe en voulant enlever à l'Église d'Autun un de ses plus grands évêques. *Ragnobertus, Augustudunensis ecclesiæ episcopus* souscrivit à un privilége donné, le 26 septembre 658, par Emmo, archevêque de Sens, en faveur du monastère de Sainte-Colombe. (*Ann. Ord. S. Benedicti*, t. I, p. 448.)

courrier, ou prier quelqu'un de détacher d'un exemplaire l'écrit qui est *à pag.* 1063 *ad pag.* 1073, et celui qui est *a pag.* 1122 *ad pag.* 1132. Vous excuserez quelques fautes d'impression qui s'y trouvent, comme *Buard* pour *Usuard*. Si on vous nomme des examinateurs de la Faculté et Maison de Sorbonne, je voudrois que M. Salmon, bibliothécaire, en fût [6]; il m'a paru de bon goût.

J'ai déjà fait un nouveau projet de calendrier, mais il y a bien des choses dans vos grands écrits que j'aurois voulu ôter ou retoucher.

Comme le prieuré de Percy ou Perrecy, en Charollois, n'est pas bien loin de chez vous, pourriez-vous m'apprendre si l'on y conserve toujours le corps d'un saint Ethère, évêque, ou Euthère, et quel jour on l'y honore [7].

Excusez si j'écris à la hâte, c'est pour vous tirer d'inquiétude et vous marquer, etc.

---

181. — DE LEBEUF A FENEL.

28 mai 1731.

L'attention que vous avez sur toutes les productions de la nature, et principalement sur les pétrifications, me fait présumer que vous agréerez quelques fragments de cristallisations que j'ai trouvés dans un rocher, en mon dernier voyage du mois d'avril dernier. J'y ai bien aperçu des nautiles et des coquillages pétrifiés, mais je n'ai pu les détacher du même rocher. Ce rocher est bien à douze ou quinze toises au-dessus de la rivière

---

6. Salmon (François), né à Paris, en 1676, mort en 1736. Érudit habile dans les langues anciennes. Il fut nommé bibliothécaire de la Sorbonne, dont il était docteur.

7. Perrecy-les-Forges, ancien prieuré de l'ordre de Cluny, canton de Toulon-sur-Arroux (Saône-et-Loire).

LETTRE 181. — L'original est conservé dans la collection de Fontaine.

d'Yonne, qui passe au bas, dans le comté d'Auxerre. Il est bon de vous avertir de ne pas imiter la curiosité que j'ai eue de vouloir goûter si ce cristal étoit salé. J'en ai rompu sous la dent et fait fondre proche la gencive. Je me suis senti les lèvres sèches pendant plus de huit jours et la langue toujours imprégnée d'un goût de saline [1].

Je suis persuadé, Monsieur, que vous auriez mis à la perfection l'ouvrage que vous avez entrepris sur les archevêques de Sens. J'aurois une grâce à vous demander, qui seroit de vouloir bien me faire sçavoir par M. Mahiet l'année (et le mois même, si faire se peut), que décéda Ansegise, votre archevêque, qui rendit les derniers devoirs à Wala, évêque d'Auxerre, son frère [2].

Nous n'entendons point parler qu'on découvre à Sens ni médailles, ni inscriptions. Ici nous trouvons de temps en temps quelques fragments d'antiquités, en remuant les vieux décombres de nos collines. La pierre la plus récemment trouvée contient une inscription de quatre pieds en long, dont il reste deux lignes qui portent ce qui suit, très bien gravé :

PRO SALVTE DOMINORVM
V. S.   L. M.
DEDICAVIT MODESTO ET PROBO COS [3].

Il y reste quelques marques que c'est le mémorial d'un taurobole ou d'un criobole. L'année de ce monument est certainement 228 de Jésus-Christ. Mais que signifient les quatre lettres initiales ? Le grand devineur est décédé. Vous pouvez dire que V. S., c'est : *Urbs Senonum* ; reste à sçavoir si c'est

---

1. Les cristaux que Lebeuf avait recueillis devaient être de sulfate d'alumine, substance qui a une saveur astringente.
2. Wala, évêque d'Auxerre, siégea depuis 873 jusqu'à 879.
3. Cette inscription fut trouvée à Auxerre, dans l'ancien cimetière chrétien, proche l'église Saint-Amatre. Ce bloc de pierre avait été creusé pour en faire un cercueil. Le prieur de Saint-Amatre le fit scier, et ne conserva que la partie de l'inscription. — Voyez le monument, au Musée lapidaire de la ville d'Auxerre.

rencontrer juste. J'ai écrit à un de mes amis de Paris que les
Domini de cette inscription étoient, selon moi, Alexandre
Sévère et son nouvel associé : Ovinius Camillus. Je ne sçay si
on aura goûté ma pensée. Qu'en pensez-vous ? Lampride n'y
est pas opposé. La médaille d'Otto cadre avec cela.

P.-S. Notre trouvaille du prétendu reste de taurobole est du
11 ou 12 de ce mois.

Il y a un curieux de pétrifications, résidant à Paris et de
mes amis, lequel avoit parlé de vous. Je ne sçay s'il ne prendra
pas la liberté de vous écrire à ce sujet, car il entreprend un
traité sur cette matière. Je lui ai envoyé des culs-de-lampes de
nos grottes d'Arcy, et des fragments de cristallisations semblables à celles ci-incluses.

---

132. — DE LEBEUF A D. GERMAIN [1].

(14 juillet 1731.)

Il y a très longtemps que j'étois en peine de sçavoir de vos
nouvelles et ce que devenoit le fameux Bréviaire d'Autun. Je
viens de l'apprendre de vous-même à mon retour de Paris. Vous
vous êtes fort étendu à me donner des marques de votre zèle
contre les anti-Gallicans, mais avec tout cela il est douloureux
de voir qu'il faut que vous succombiez ; ce qui me console après
vous est que vous donnez quelque espérance que vous aurez
bientôt un autre prélat. Ce n'est point l'usage, chez nous, que
l'évêque assiste aux chapitres généraux. Cela ôteroit la liberté.
Vous avez là une pratique bien gênante.

Je vous dirai que j'ai vu ici M. de Truchis [2]; il y passa le jour

---

LETTRE 132. — 1. Cette lettre paraît avoir été écrite en 1731.
2. Charles de Truchis, prêtre du diocèse d'Autun, docteur en Sorbonne,

de la Trinité et me fit l'honneur de me venir voir. C'est un homme sans façons, mais grand constitutionaire[3]. Il m'en donna des marques certaines, pacifiques cependant. Il a admirablement bien parlé de saint Lazare. Je crois que l'abbé Chéret, autre chanoine Chartrain, encore plus célèbre[4], en auroit encore dit davantage.

Vous me faites plaisir de m'apprendre qu'on a bien senti ce qui est au bas de la page 1045 du *Mercure* de mai[5] : j'aurois souhaité sçavoir ce qu'on en dit : aussi bien que [de] ce qui est imprimé sur saint Jean d'Augustald dans ceux de l'an passé, de saint Flocel et de saint Racho.

J'ai voulu avoir occasion de badiner en demandant promptement l'explication des quatre lettres de notre inscription : j'avois cependant un dessein que vous verrez éclore dans ma réponse à un curieux d'Orléans qui a envoyé une explication de *pro salute dominorum*[6]. Nous avons ici Gruter, mais nullement Sertorius. De quelle taille est ce livre ? que peut-il coûter ?

Le R. P. Prieur[7] a eu raison de vous dire que je lui ai écrit ; ce fut en conséquence d'une commission dont il me chargea m'ayant trouvé dans le Nivernois, au mois d'avril dernier. J'ai saisi l'occasion de lui recommander notre saint Germain. Il me fait réponse en ces termes : « J'aurois fort souhaité de vous « rendre la pareille dans ce que vous me marquez au sujet de

---

reçu chanoine de Chartres le 7 décembre 1711, archidiacre de Pinserais, puis sous-chantre le 23 janvier 1730, et supérieur de la Congrégation des sœurs de Saint-Paul de Chartres. Il donna sa démission de sa dignité de sous-chantre et de son canonicat en 1763.

3. Constitutionnaire ou partisan de la constitution *Unigenitus* ?
4. Nicolas Chéret, prêtre du diocèse de Paris, licencié en Sorbonne, reçu chanoine de Chartres le 11 octobre 1710, mort en 1739.
5. Il s'agit ici d'une lettre sur une inscription romaine découverte nouvellement à Auxerre, insérée dans le *Mercure* du mois de mai 1731. Voyez ci-dessus lettre n° 181.
6. M. Polluche, d'Orléans, qui combattit le sentiment de Lebeuf dans le *Mercure* du mois de juillet 1731.
7. Le prieur de Saint-Martin d'Autun.

« votre grand et très illustre patron, mais l'on m'a répondu que
« je m'étois présenté trop tard. Il en arrivera ce qui plaira au
« Seigneur. »

Je vous suis très obligé de ce que vous me marquez du nouveau *Gallia christiana*. J'ai cependant prévenu un peu ce que vous m'en envoyez par la compilation que j'ai faite à Corbigny, il y a trois mois, de ce qui regarde quelques-uns de vos évêques et Priscus de Lyon. J'ai même consulté depuis, étant à Paris, ce que les Bollandistes ont dit de *Priscus* : tout roule sur deux vers de son épitaphe dont la lecture est même incertaine. On dit qu'une personne a vu à Paris l'écrit que fit autrefois un sçavant qu'on avoit consulté sur le culte de cet évêque dont la date n'est pas plus ancienne à Lyon que le dernier Bréviaire[8]. Mais un endroit qui m'a plu davantage dans ce *Gallia christiana*, est la charte qui s'y trouve de la fondation d'une église collégiale du titre de Saint-Germain, par Aganon, évêque d'Autun au XIe siècle, [elle] m'a fait bien du plaisir. Elle est à la page 82 des preuves, au tome de votre province. Ayant demandé de vive voix, au P. Damoiseau, et sans trop insister, s'il connoissoit un Chapitre, existant ou éteint, du diocèse, qui ait nom *Planesia*, il me dit qu'il croyoit que c'étoit en Bourbonnois. Je me figure que ce Chapitre est maintenant réduit en prieuré simple et que ce peut être le prieuré de Saint-Germain-en-Brionnois, dont Saunier parle pages 107 et 156[9] : vous pourrez confronter cette chartre d'Aganon avec la carte du diocèse et avec vos historiens. Il falloit que ce *Planesia* fût voisin d'un bourg où saint Jean l'Évangéliste étoit patron, et qu'au même *Planesia* il y eût une église de Saint-Saturnin[10]. La carte met un bourg au-dessus de

---

8. Ci-dessus, lettre du 30 juin 1730, note 3.
9. La conjecture de l'abbé Lebeuf est juste. Il s'agissait, en effet, du prieuré de Saint-Germain-des-Bois, canton de la Clayette (Saône-et-Loire).
10. Le mot de *Planesia* s'applique non au prieuré de Saint-Germain, mais à celui de Saint-Sernin, situé dans une forêt appelée *Planesia*, aujourd'hui Planoise. Saint-Sernin-les-Bois, commune du canton de Montcenis (Saône-et-Loire).

1731 Charolles, à une lieue, au soleil deux heures [11]. *Droventicum*, où étoit une église de Saint-Martin, devoit être aussi du même canton : or, la carte met Dronvent à deux lieues de Charolles, à l'orient [12]. Il paroît que ce chapitre de Saint-Germain étoit là. Il faut s'assurer, à présent, si c'est saint Germain d'Auxerre qui en est le patron et non celui de Paris, parce que, si c'est celui d'Auxerre, nous avons beau à faire valoir le préambule de la charte d'Agnan. Viendra peut-être un évêque semblable à cet Aganon, et alors saint Germain rentrera dans ses droits [13]. Je vous prie de ne pas négliger cet article. Nous pourrons avoir occasion de faire paroître au jour ce préambule dans quelque écrit sur les tombeaux. Le nom de *Planesia* est-il éteint et changé en celui de Saint-Germain-des-Bois ?

Je fis observer à Dom Thiroux qu'il a omis un Ragnobert, évêque d'Autun au VIIe siècle ; il en convint. Je lui ai laissé une longue lettre d'observations que j'ai faites autrefois, et que j'avois égarée pour l'avoir prêtée à un ami.

Vous n'avez peut-être jamais vu la châsse de saint Lazare d'Avallon, avec toute l'attention que j'y ai portée : il y a une plaque d'argent où le *Miroir* de Vincent de Beauvais est cité. J'ai fait venir de Paris le passage : il y est dit, de Lazare de l'Évangile, qu'il a été martyrisé dans les Gaules, « cujus sepul-
« crum ostenditur in civitate Eduensi, in ecclesia cathedrali, ubi
« corpus ejus esse dicitur, et in villa Avalone caput ejus esse
« perhibetur. » Comment est-ce que vos docteurs morvandaux ne font pas sonner bien haut cette grave autorité ? L'autorité leur donne le corps, mais il leur ôte la tête : si donc ils montrent la tête et que cette tête soit du corps qu'ils ont, l'historien restant contre eux, l'on peut dire que le tout est d'un autre que celui dont la tête est à Avallon. C'est *lib.* 1, *part.* 3.

---

11. Lebeuf se trompe : c'était du prieuré de Bar-le-Régulier, canton de Liernais (Côte-d'Or), qu'il s'agissait.
12. Dromvent, commune de Verosvres (Saône-et-Loire).
13. C'est-à-dire dans les droits qu'il avait de figurer dans le Bréviaire d'Autun.

Je serois trop long à m'étendre ici pour vous prouver qu'il y a pareille erreur sur Honorius que sur saint Jean d'Augustald et sur saint Ragnachaire, où Racho d'Augt est de Bâle.

Remarquez que cet auteur ne dit pas : « Augustodun. in « Burgundia presbiter et scholasticus. »

Je ferai sçavoir à quelqu'un d'Avallon la singularité du dessein dont vous me parlez. Il faut avouer que le Morvan a de plaisants génies. Ne sommera-t-on pas aussi ceux de Nuits ? Je voudrois que ceux de *Planesia* subsistassent, et qu'on songeât pareillement à les inviter à la contribution.

Je vous remercie de tout le bien que vous m'apprenez de M. Dettey [14]. Je ne l'ai pas encore vu. Étant comme vous le dites, on peut le mettre en second avec vous.

Vous me permettrez, Monsieur, de finir ici en vous renouvellant les marques du respect sincère avec lequel j'ai honneur d'être, etc.

Le P. de Longueval, jésuite, fait un grand éloge de saint Germain d'Auxerre, dans une histoire ecclésiastique de France. Tout cela retournera à la confusion de…[15] En voici les termes. Il dit du saint qu'il fut « un des plus parfaits modèles de sain-« teté, un des plus ardents défenseurs de la foi, l'honneur et la « consolation de l'Église gallicane, » le fléau de l'hérésie, le père des peuples, le refuge de tous les malheureux. Tome I, page 457.

---

14. M. l'abbé Dettey, du diocèse d'Autun, devint archidiacre de Puysaie en 1749. Il est auteur d'une *Vie de M. de Caylus, évêque d'Auxerre*, 1765, 2 vol. in-8°. Il est mort en 1773.

15. *Sic.* A la confusion, sans doute, de ceux qui avaient supprimé l'office de saint Germain dans le nouveau Bréviaire d'Autun.

183. — DE LEBEUF AU PRÉSIDENT BOUHIER.

Auxerre, 17 juillet 1731.

Je suis sensible au-delà de ce que l'on peut dire à l'honneur que vous me faites de me parler de la découverte du monument dont il a été fait mention dans le *Mercure* de mai[1]. J'ai peut-être été un peu trop vite en besogne, en écrivant aux auteurs du *Mercure*, dès le lendemain que la pierre eût vu le jour : en attendant une plus ample instruction, je me contentai de jeter la vue sur les Mémoires de M. de Tillemont, à l'article d'Alexandre Sévère, et j'ai suivi son sentiment. Un antiquaire d'Orléans[2] a écrit, à ce que je viens d'apprendre, contre ma pensée, et il avance hardiment que tout ce que Lampride a dit de l'association d'Ovinius Camillus est une fable. J'avoue que, si Lampride étoit le premier et le seul qui en eût parlé, cette histoire pourroit passer pour douteuse, mais il produit ses garants plus anciens que lui ; aussi M. de Tillemont a-t-il cru le fait suffisamment autorisé. Ce même antiquaire, conséquemment à son principe, soutient que *pro salute dominorum* doit s'entendre d'Alexandre et de Mammée, sa mère. Je ne prétends point avancer comme une chose indubitable que cette pierre ait été gravée en mémoire d'un criobole ; je crois que, si cela étoit, l'inscription auroit été plus diffuse, quoiqu'à dire le vrai il paroit que nous n'avons pas tout et que quelques lignes pouvoient précéder. Je sçavois bien, Monsieur, que Gruter m'expliqueroit les V. S. L. M. Mais je négligeai de l'aller consulter à l'abbaye de Saint-Germain ; sçachant, d'ailleurs, que quelque chose que j'avançasse là-dessus après lui, quelque harduiniste auroit une autre idée[3]. Le doute

---

Lettre 183. — Publiée, ainsi que les numéros 184 et 185, d'après les autographes, Fonds Bouhier, Bibl. imp., 165 folios, 305 et 307.

1. Il s'agit de l'inscription romaine *Pro salute dominorum*, etc.
2. M. Polluche.
3. Lebeuf fait allusion aux partisans des doctrines du P. Hardouin, jésuite.

que j'ai feint m'a confirmé dans l'opinion que j'avois, que ces quatre lettres étoient du style ordinaire et qu'elles ne contenoient pas le nom du dédicateur, puisque c'est en partie ce qui m'a procuré l'honneur de votre lettre, et en même temps trois ou quatre réponses venues de différents endroits. J'espère répondre au curieux d'Orléans dont vous verrez la lettre dans le *Mercure*[4]. Si j'avois dit ici, à mes compatriotes, que V. S. L. M. signifie *votum solvit libenter merito*, ils m'auroient pris pour un extravagant ou pour un inventeur ; quelques-uns même ne vouloient pas croire que cette inscription fût ancienne, à cause que les caractères leur en paroissoient les mêmes que ceux qu'on emploie aujourd'hui ; et d'autres disoient que je l'avois fabriquée. L'imprimeur, au reste, est très infidèle à rendre les choses telles qu'on les lui présente ; car il a employé des U, et la pierre n'en contient point, il fait aussi certaines lettres plus grosses que les autres, contre la fidélité de la copie figurée qu'on lui avoit envoyée.

Puisque vous êtes curieux, Monsieur, de sçavoir ce que contenoit le morceau où il y a LVPERC., le voici tel qu'il est :

>   PATER.......
>   LVPERC...... (La pierre est mutilée à main gauche.)
>   ET CARAI... (CARAI pourroit être *CARAE*.)
>   LA COF......

On n'a rien découvert depuis le milieu du mois de mai, parce que les chaleurs qui sont survenues ont fait discontinuer le travail. Si par la suite on trouve quelque chose qui en vaille la peine, je ne manquerai pas de vous en donner avis.

Je n'ambitionnerois que deux choses, allant à Dijon : ce seroit d'avoir la liberté de parcourir vos manuscrits et en faire des extraits, durant trois ou quatre jours, et d'aller ensuite en faire autant à Cîteaux ; mais il faut de bonnes recommandations chez

---

savant antiquaire, qui a émis les opinions les plus étranges sur l'interprétation des inscriptions antiques.

4. *Mercure* de juillet 1731.

messieurs les Bernardins. L'exemple de ce que j'ai essuyé à Fontenay⁵, il y a tantôt trois ans, me rend un peu plus froid à leur égard ; je tiendrai la parole que j'ai donnée de me moquer des religieux de cet affreux désert; j'en aurai dans peu une belle occasion.

184. — DE LEBEUF AU PRÉSIDENT BOUHIER.

Auxerre, 7 août 1731.

Je vous ai un surcroît d'obligations de la peine que vous avez bien voulu prendre de me confirmer dans l'explication que j'ai donnée à l'inscription trouvée à Saint-Amatre-lès-Auxerre. Vous me permettrez de me servir des raisons que vous apportez, qui sont excellentes, et de les faire valoir contre le sieur Polluche, marchand d'Orléans, que j'ai appris être celui qui réfute mon explication. Les auteurs du *Mercure* me communiquèrent son écrit, à Paris, où j'étois dernièrement. Ils n'étoient pas dans le dessein de le publier que de mon agrément. Je leur ai dit que cet écrit ne me fesoit point de peine. Ainsi, je m'attends de le voir imprimé, peut-être dès ce soir. Ensuite de quoi je dresserai ma réponse. Elle pourra être sérieuse sur l'article de *Dominorum*, mais pour ce qui est des quatre lettres V. S. L. M., j'en badinerai de même que lui. Il a assez bien pris mon intention quant à cet article. Il faut profiter des occasions que nous fournissent les nouvelles découvertes, pour parler du P. Hardouin et de ses disciples, sans cependant imiter ceux de son ordre qui lui survivent.

J'en userai de même, Monsieur, à l'égard des Cisterciens de

---

5. Fontenay, abbaye de Bernardins, canton de Montbard (Côte-d'Or). Lebeuf avait été fort mal reçu par le procureur de ce monastère et il en gardait rancune.

l'endroit duquel j'ai eu l'honneur de vous parler[1]. J'ai appris, avant-hier, qu'ils rougissent de la faute qu'ils ont faite : un chanoine de notre église ayant eu occasion, depuis peu, de rester un mois aux environs de Sainte-Reine, a vu quelques-uns de ces Messieurs qui lui ont fait comprendre la chose tout autrement qu'elle n'a été, ce qui démontre qu'ils auroient de la peine à la reconnoître telle qu'elle étoit. Tant y a que le chanoine, quelque bien invité d'aller les voir, n'a pas voulu y aller de crainte que quelque bourru de procureur ne s'avisât de le congédier honnêtement, comme il me fit.

J'ai trouvé, Monsieur, très vraisemblables les explications que vous donnez à la pierre mutilée, trouvée au même lieu de Saint-Amatre. Vous me permettrez de la rendre publique au bout de la réponse que je ferai au sieur Polluche, qui est un homme qui se mêle de médailles, et de marquer qu'elles viennent de vous ; ce qui leur donnera un nouveau poids[2].

Nous travaillons actuellement à faire une réponse satyrique aux habitants de Joigny, au sujet des côteaux d'Auxerre. L'article dans lequel nous nous proposons d'apporter beaucoup d'exemples des côteaux de Bourgogne, est celui où le partisan des vins de Joigny (*Mercure*, février 1731), dit qu'il n'y a pas d'apparence que le vin d'Auxerre puisse être si bon que celui de Joigny, parce que l'exposition des vignes n'est pas si roide. On nous a parlé du clos Vougeot, près Cîteaux[3], qui fait du vin excellent, quoiqu'en pays plat, et de quelques autres ; s'il y en avoit proche Dijon, qui fussent dans le même cas, nous ne manquerions pas de les nommer, convaincus par l'expérience

---

LETTRE 184. — 1. Voir ci-dessus, lettre n° 183, note 5.

2. Voyez *Mercure* du mois d'août 1732, lettre apologétique qui donne aux vins d'Auxerre la préférence sur ceux de Joigny.

3. Le célèbre Clos Vougeot, commune de ce nom, arrondissement de Beaune (Côte-d'Or), appartenait autrefois à l'abbaye de Cîteaux ; il est composé de 40 hectares de vignes et fut cultivé par les moines dès le XII° siècle. Il appartient aujourd'hui à M. Ouvrard. Voyez *Hist. et Statistique de la vigne et des grands vins de la Côte-d'Or*, par Lavalle et Garnier. Dijon, 1854, in-8°, p. 105.

que ce n'est pas la roideur de la côte, mais le fond du sol ou le grain de terre qui fait l'essentiel dans la production du bon vin. Si la réponse de la ville d'Auxerre paroit au mois d'octobre, elle pourra vous réjouir, d'autant plus qu'on y fait parler Bacchus comme estimant la Bourgogne pour la première province de ses États, et ne donnant à la Champagne que le second rang.

---

185. — DE LEBEUF AU PRÉSIDENT BOUHIER.

Auxerre, 20 octobre 1731.

Vous vous serez aperçu, à la lecture du *Mercure* de septembre [1], que je me suis servi des connoissances qu'il vous a plu me donner touchant la situation des côtes de Dijon qui font le meilleur vin, et touchant le nom que l'on donne de vos côtés aux endroits de ces côtes où le vin est au superlatif. Vous aurez eu en même temps la bonté d'excuser plusieurs fautes d'impression, tant en ce qui regarde Dijon que dans le reste, dont la plus insupportable est lorsque l'imprimeur, au lieu de mettre *la vertu du jus*, met : *la vente du jus*. J'ai cru que ce qui avoit paru dans le *Mercure* de février dernier ne méritoit qu'une réponse dans le style dont je la donne ; je souhaite qu'elle vous ait fait plaisir.

Mais, Monsieur, pour passer à des matières plus sérieuses, j'aurai l'honneur de vous dire que j'ai pris la liberté de vous adresser la réfutation que j'ai faite du sentiment de M. Polluche d'Orléans, c'est-à-dire qu'à la tête du mémoire que j'ai envoyé aux auteurs du *Mercure* [2], j'ai mis qu'il vous étoit adressé, pour lui donner encore plus d'autorité. Il me paroit, Monsieur, que

---

LETTRE 185. — 1. Lebeuf y a publié une lettre intitulée *Voyage dans les États de Bacchus*.

2. Ce mémoire a pour titre : « Réponse aux remarques de M. Polluche sur « l'inscription trouvée à Auxerre, où l'on établit l'autorité de l'historien « Lampride. » — *Mercure* d'octobre 1731, p. 2,334.

vous me l'avez permis par vos lettres précédentes, et même que j'y fisse entrer toutes les pensées que vous avez eu la bonté de me communiquer. Comme je n'ai point de secrétaire, je n'ai pu faire une seconde copie de ce mémoire, je l'ai donc envoyé à M. de La Roque l'aîné, qui se connoît assez en genre de réplique et dans les antiquités profanes, et il m'a témoigné qu'il en est très content. Je voulois cependant faire un double de ma copie, pour avoir l'honneur de vous l'envoyer ; mais dans le temps que je revoyois mon original (sur la fidélité duquel je ne compte pas, parce que souvent en transcrivant je change), il s'est présenté une occasion d'aller à Troyes pour y visiter les manuscrits de M. Pithou [3], je m'en suis servi, et j'ai laissé en retard mon premier dessein. En quoi je vous supplie, Monsieur, de vouloir bien m'excuser. Je prierai M. de La Roque de suppléer à ce que je n'ai pu faire.

Je me souviens que vous m'avez fait la grâce de me dire, à Dijon, que les manuscrits qui vous faisoient le plus de plaisir étoient ceux des anciens poëtes du paganisme ; j'en ai trouvé à Troyes : ce sont, comme vous sçavez, les PP. de l'Oratoire qui sont dépositaires de ces monuments dans la bibliothèque de leur collége. J'y ai vu un Horace entier, du IXe ou Xe siècle, un Juvénal et Perse, d'environ le même temps. Comme je m'attachois à d'autres choses je n'ai pas laissé que de profiter, en tenant ces manuscrits, tous l'un après l'autre, car je n'y ai point trouvé de catalogue. J'y cherchois Nithard, mais il n'y est plus : on m'a dit qu'on tenoit des anciens que le P. Sirmond étoit venu autrefois prendre quelques-uns de ces manuscrits. N'auriez-vous point, Monsieur, cet historien en manuscrit ? Il n'est pas parmi les manuscrits du Roi. N'auriez-vous point aussi, en manuscrit, l'Itinéraire d'Æthicus, dit d'Antonin ? Pierre Pithou, étant curieux des livres de droit, a ramassé quelques anciens coutu-

---

3. Les manuscrits des Frères Pithou, légués à la ville de Troyes au XVIIe siècle, et conservés jusqu'à la Révolution chez les Pères de l'Oratoire, directeurs du collége de cette ville. Voyez sur P. Pithou, Correspondance, t. I, 241.

miers manuscrits de trois, quatre et cinq cents ans, comme Pierre des Fontaines, Philippe de Beaumanoir. Il m'a paru que la quantité des volumes manuscrits restants ne va guère qu'à cent quatre-vingt ou deux cents, au plus.

Vous me permettrez, Monsieur, qu'avant de finir cette lettre j'aie l'honneur de vous faire mon compliment sur l'élévation de M. l'abbé Bouhier à l'épiscopat; il étoit juste que la vaste province de Bourgogne eût un plus grand nombre d'évêques que celui de trois ou quatre, et le Roi ne pouvoit mieux choisir, Monsieur, que dans votre famille pour augmenter ce nombre [4].

Le nouveau bréviaire de Langres a enfin transpiré jusqu'ici; j'en ai lu et examiné la partie hyémale. Comme chacun peut abonder dans son sens, l'auteur s'est servi abondamment de cette licence. En fait, cependant, d'histoire, nous ne lui passerons jamais que les SS. Speusippe etc., aient été martyrisés dans les Gaules. Comme vous pouvez, Monsieur, connoître à merveille la manière dont le nouveau diocèse de Dijon va être gouverné, j'aurois à vous demander la grâce de me marquer si ce Bréviaire y aura lieu; il semble, par le calendrier, qu'à Langres on s'en flattoit : il y a des restrictions expresses pour Dijon, au sujet de la Saint-Étienne d'août, et de Saint-Bénigne. Et pourrait-on sçavoir quelle sera l'étendue de ce diocèse? Les hagiologistes ne sont point contents que l'auteur ait retranché quantité de saints Langrois et beaucoup de noms de l'ancien calendrier, et qu'en leur place il n'en ait introduit que deux, qui sont : saint Apruncule, évêque, saint Thier... et saint Frodulfe ou Frou. L'introduction de sainte Ursule choque quantité de sçavants. Ne pouvoit-on pas s'en passer dès là qu'elle n'étoit pas dans les derniers bréviaires de Langres? Je ne puis, en si peu d'espace, vous faire un plus grand détail : d'ailleurs la partie hyémale ne contient pas assez de légendes pour pouvoir s'y étendre beaucoup. Je crois que si le diocèse de Dijon étoit de quelque anti-

---

4. L'abbé Bouhier fut le premier évêque nommé au siége de Dijon, en 1731.

quité, il pourroit encore se fournir d'un bréviaire qui surpasseroit le Langrois en beauté et en régularité, quoique j'avoue que ce bréviaire est de bon goût.

186. — DE LEBEUF AU P. SOUCIET.

Auxerre, 26 octobre 1731.

[Il l'entretient d'une médaille d'or de Lucius Verus qui vient d'être trouvée près d'Auxerre. Il a fait chercher Nithard, manuscrit, à la bibliothèque du Roi, pour juger de l'édition de cet auteur, mais inutilement. Enfin on lui a écrit de Troyes qu'après la mort de MM. Pithou, dont l'un avoit publié cet historien, le P. Sirmond vint voir les manuscrits provenant de la succession et qu'il s'accommoda de quelques-uns... Il écrit au P. du Sollier, à Anvers, touchant saint Germain d'Auxerre, dont l'article est admirablement bien traité 1.]

187. — DE LEBEUF AU PRÉSIDENT BOUHIER.

Auxerre, 29 décembre 1731.

Je dois réponse à deux des lettres dont il vous a plu m'honorer. Vous me demandiez, dans la première, qui me fut rendue par

---

LETTRE 186. — Citée d'après le Catalogue des autographes de M. Parison. Paris, Laverdet, 1856, in-8°.

1. A cette lettre était jointe une note autographe de l'abbé Lebeuf, 2 p. in-4°. — Depuis que sa lettre pour Anvers est partie, il s'est bien ressouvenu d'un saint encore différent de tous ceux dont il parle au P. Dusollier. Détail sur ces saints.

1. Dans les *Bollandistes*, au 31 juillet.

1731	M. notre Doyen, si j'avois connoissance d'un certain texte d'Eginhard où il est fait mention en certains termes de l'inhumation de Charlemagne ; j'aurai l'honneur de vous dire que cet endroit ne m'est pas encore tombé sous les yeux [1] ; je n'aurois pas manqué de le joindre aux textes des anciens que j'ai sur les rits de la sépulture, si je l'avois rencontré. Il est d'autant plus formel qu'il marque expressément que ce qu'on fit étoit selon l'usage. Je ne crois pas, au reste, que ce *ligneum culmen*, dont l'historien parle, soit de ces ponticules dont il est parlé dans l'article 57 de la loi salique, n° 3. J'ai oublié de faire observer, dans la description que je fis, au mois de mai dernier, du tombeau trouvé à Saint-Amatre, dont l'un des côtés contenoit l'inscription de 228, que l'on voyoit encore dans le couvercle les marques de l'endroit où avoit été soutenu ce ponticule ; mais cela n'en valoit peut-être pas la peine.

Je n'ai point fait d'observation touchant les grands chemins de l'Empire, pour ce qui est de nos quartiers, sinon qu'entre Avallon et Auxerre on voit encore des restes de la levée qu'il y avoit dans ces anciens temps [2]. Ce qu'il y a de visible au-dessus d'Auxerre commence au midi d'Auxerre, à un petit quart de lieue au-dessus du faubourg Saint-Martin, proche un endroit appelé Broilon, et par corruption : Brellon [3], et va en droite ligne vers le village de Jussy [4] ; cela dure environ l'espace d'une lieue et enfin cela se perd, et peut-être que cela ne fut jamais continué. On retrouve cette levée au-dessus du village de

---

LETTRE 187. — 1. Voyez *Annales d'Eginhard*, collection des *Mémoires relatifs à l'Histoire de France*, par Guizot, t. III, p. 155. — Le *Ligneum culmen* dont parle Lebeuf était une arcade dorée, sur laquelle on mit l'image et l'épitaphe de l'empereur.

2. Voyez Pasumot, *Mémoires géographiques sur quelques antiquités de la Gaule*, Paris, 1765, in-12. ; et *Bulletin de la Société des Sciences historiques de l'Yonne*, 1864, *Mémoire sur les voies romaines du département de l'Yonne*, par MM. Quantin et Boucheron.

3. Brelon, lieu-dit à gauche de la route d'Auxerre à Coulanges, où s'élevaient les fourches patibulaires.

4. Jussy, village à 10 kilomètres au sud d'Auxerre, canton de Coulanges-les-Vineuses.

Sainte-Pallaye [5], à quatre lieues et demie d'Auxerre, entre la rivière d'Yonne et de Cure, et puis on la perd. Elle reparoît ensuite sur le territoire du village d'Arcy-sur-Cure et de Saint-Moré. Ayant ensuite disparu, on la retrouve aux environs de Sermiselles et du Vau.

1731

J'ai vu une autre levée de même espèce qui dure l'espace de quatre ou cinq lieues dans la Brie. Elle commence à une lieue au-delà de Bray-sur-Seine, vers le septentrion, et continue toujours en droite ligne vers le même côté du nord. Le village de Lésinnes est directement dessus. Je cessai de la voir vis-à-vis le bourg de Vaudoir, qui est à sa gauche, mais elle alloit encore plus loin. Les paysans disent qu'on l'appelle le *Chemin Perré* [6].

Depuis que j'ai fait réflexion que le village d'Avrolles, au couchant de Saint-Florentin, sur la rivière d'Armançon, s'appelloit autrefois Evrolles [7], j'ai abandonné la pensée que j'avois eue que Saint-Florentin pouvoit être l'*Eburobriga* de l'Itinéraire d'Antonin, quoique je l'aie marquée dans ma petite *histoire des guerres des Calvinistes*, à la page 122, et je crois maintenant que c'est plutôt cet Evrolles. Il y a déjà conformité dans le nom, et le chemin se trouve le même pour la distance d'Auxerre et de Troyes. J'ai été encore, l'été dernier, dans le village, en revenant de Troyes, et je trouve la route également praticable. Si vous croyez, Monsieur, que cette observation vaille la peine d'être communiquée au sçavant Hollandois qui travaille sur l'Itinéraire d'Ethicus [8], je vous prie de lui marquer que je n'avois

---

5. Sainte-Pallaye, Arcy, etc., villages du département de l'Yonne, au sud, dont le territoire est traversé par la voie romaine d'Agrippa.

6. La voie romaine dont parle Lebeuf est celle de Sens à Meaux; elle porte encore le nom du *Chemin Perré*. Lizinnes est un village du canton de Donnemarie, arrondissement de Provins, et Vaudoy est du canton de Rosoy-en-Brie.

7. Evrolles, aujourd'hui Avrolles, canton de Saint-Florentin (Yonne), traversé par la voie d'Agrippa. — Voyez encore le *Mémoire sur les voies romaines*, relaté note 2 ci-dessus.

8. Ethicus, écrivain géographe du IVe siècle après Jésus-Christ, est auteur d'un Itinéraire de l'empire romain, auquel on a donné son nom.

1731 qu'hasardé simplement ma pensée sur Saint-Florentin, à cause qu'on y passe aujourd'hui ; mais depuis que j'ai vu des changements de chemins romains (par exemple entre Lyon et Vienne le grand chemin étoit par Solaize, du temps des Romains ; aujourd'hui on laisse Solaize à droite, à la distance d'un quart de lieue et on passe par Saint-Saforin ; depuis que j'en ai été convaincu par mes propres yeux, je crois qu'il en a été de même entre Auxerre et Troyes. La levée entre Auxerre et Avallon prouve encore le même changement de route. Vous avez vu, Monsieur, comment j'ai redressé les mauvaises lectures qu'on avoit faites de l'inscription de la colonne milliaire de Solaize. C'est dans l'un des *Mercures* de la présente année (mars, p. 481).

Je ne pardonnerai point à l'auteur du bréviaire de Langres d'avoir introduit sainte Ursule, laquelle n'est point dans le bréviaire de 1604. En parcourant une fois les manuscrits liturgiques de la Sorbonne, avec le bibliothécaire, je lui fis remarquer qu'on y lisoit, au 21 octobre, non pas la fête de sainte Ursule, mais la *Dédicace de l'église du collège* ; ainsi ce pourroit bien être une méprise d'avoir regardé dans ces derniers temps sainte Ursule comme patronne, tandis que la solennité du 21 octobre n'est que parce que c'est l'anniversaire de l'ancienne dédicace. Je ne serois pas fâché d'avoir le nom des paroisses de la campagne qui composent le nouvel évêché de Dijon ; au reste, Monsieur, cela n'est aucunement pressé. Quelqu'un de Dijon devroit entreprendre une petite description topographique de ce nouveau diocèse et marquer les curiosités naturelles ou historiques de chaque village [9].

Je n'avois pas pris garde aux inscriptions que vous me citez de Gruter, qui sont en lettres initiales. Mais qui est-ce qui pourra s'assurer d'en avoir pris le sens ? Je vous suis très obligé de me les avoir indiquées.

J'ai écrit à M. de La Roque, touchant le projet de M. de Lur-

---

9. Ce travail a été fait par Courtépée, dans sa *Description du duché de Bourgogne*, Dijon, 1775-1785, 7 vol. in-8°.

beck, mais il ne m'a point encore fait de réponse ; en attendant qu'elle vienne, trouvez bon que je vous prie, Monsieur, de faire sçavoir à M. Bazin que j'ai reçu le livre où est contenue la cosmographie d'Ethicus, et que je le garderai le moins que je pourrai, n'en ayant besoin que pour ce qui regarde les Gaules. Je croyois que l'Itinéraire y seroit aussi joint, et c'est dont j'étois plus curieux.

J'ai l'honneur d'être, en finissant cette année, dans les sentiments qu'exige la vénération qu'on doit avoir pour un des Pères de la République littéraire. Il y a longtemps que j'en suis pénétré, et le renouvellement d'année n'est qu'une occasion d'exprimer de nouveau ce que je pense tous les jours.

Agréez donc, Monsieur, qu'en finissant je vous souhaite une plénitude d'années, et que je réitère les marques du profond respect avec lequel j'ai l'honneur d'être, etc.

—

188. — DE LEBEUF A M.....

......mars 1732.

En vous envoyant le *Mercure* de février, permettez que je vous propose quelques questions de curiosité, touchant des villages du pays Avallonnois.

Je souhaiterois que vous pussiez désigner quels sont les villages de ce pays, qui sont nommés dans des titres très anciens, qui sont imprimés en tout ou en partie, par exemple dans le testament de Widerad, abbé et fondateur de Flavigny. Voici quelques lieux qui sont attribués *pago Avalensi* :

CAPPÆ.

LETTRE 188. — Publiée d'après l'original appartenant à M. Droit, curé d'Island, et probablement adressée à une personne d'Autun.

1732

DEGANTIACUM. Il me paroit que Desangy est le lieu signifié par ce latin.

CASSIACUM. Y a-t-il quelque Chassy, ou Chessy, ou Chezy, ou Chissy ?

PALATIOLUM. Naturellement cela doit avoir rendu Palaiseau. Seroit-ce Taroiseau? Le changement du P en T est rare ; mais celui de L en R ne l'est pas.

Dans un autre titre de l'an 868, parmi les villages de votre Avallonnois, se trouvent :

NERINIACUS ;

ULTISIACUS.

Je crois en avoir aussi remarqué d'autres dans le Réomaüs du sieur Rouvier. Mais je ne retrouve plus mes extraits.

La vie de notre évêque Didier, au VIIe siècle, met *agrum Puniacum situm in pago Aval nse, juxta Castrum-Censurium.* Voyez que votre pays va jusqu'à Château-Censoir.

« Item in pago Avalense, agellum qui appellatur Piciacus. »

Voilà, Monsieur, de quoi exercer votre patience ; si vous avez l'énumération des hameaux des paroisses de votre comté, je ne doute pas que vous ne trouviez tous ces noms[1]. Car quelquefois un hameau est plus considérable que le lieu où est le clocher, et qui donne le nom.

C'est au reste à votre plus grand loisir que vous vous amuserez à ces sortes de recherches géographiques. Je n'en suis point pressé.

Si M. Germain[2] fait venir le *Mercure* de février, il y verra encore le Morvan désigné à la page 257[3]. C'est à l'occasion de la

---

1. Les noms de lieux dont Lebeuf demande l'explication ont été, et sont encore, pour la plupart, l'objet d'attributions contestées :
Cappa serait : Chappes, dans l'ancien bailliage de Saulieu (Côte-d'Or) ; — *Degantiacum*, *Cassiacum*, sont : Dissangis et Cussy-les-Forges ; — *Palatiolum*, *Neriniacus* et *Puniacum* sont encore inconnus ; — *Ultisiacus* et *Pisiacus* sont : Usy et Pisy. — Voyez le testament de Waré, abbé de Flavigny, dans le *Cartulaire général de l'Yonne*, t. II, p. 1.

2. Il s'agit ici de D. Germain, chanoine d'Autun.

3. Lebeuf, dans une lettre à M. Drouillère, chanoine de Notre-Dame

dévotion générale de tout le royaume, envers le saint pour lequel il a tant combattu. On dit communément que les Allemands et les Germains se tiennent par la main. Cette liaison intime n'a pas beaucoup passé dans certaine ville que vous connoissez, où il s'est trouvé Allemands et Germains[4]. Pardonnez-moi ce jeu de mots, vous entendez ce qu'il enveloppe.

---

189. — DE LEBEUF A FENEL.

27 juillet 1732.

Il est très juste de vous ôter d'inquiétude. M. de La Roque m'a fait sçavoir que le paquet dont je lui ai écrit n'étoit pas perdu, et comme je lui marquois que j'en avois trouvé l'auteur, et qu'il ne souhaitoit pas être connu, mais qu'il étoit dans la disposition d'abréger cette pièce, si elle étoit jugée trop longue, il me l'a fait tenir. Je l'ai lue avec bien du plaisir, j'attends une occasion favorable de vous l'envoyer. Il me paroit que vous pourriez retrancher les quatre premières pages et les réduire à une demie. M. de La Roque a joint son jugement et il vous est très avantageux, mais vous y voyez deux choses auxquelles il faut remédier. Tout ce que vous dites dans les quatre dernières pages est très curieux et très bien appliqué ; ce n'est pas là où se trouve la prolixité, mais dans la première moitié, où vous me

---

d'Auxerre, publiée dans le *Mercure* de février 1732, parle beaucoup de saint Germain, et fait ensuite allusion à un pays de France dont le territoire est peu fécond et où la misère est plus commune. On voit par sa lettre qu'il s'agit du Morvan.

4. Allusion aux luttes prolongées que D. Germain, chanoine d'Autun, a soutenues dans son pays contre l'évêque et contre les chanoines, ses confrères.

LETTRE 189. — Publiée d'après l'original, collection de Fontaine.

permettrez de dire que vous êtes trop diffus pour vouloir être trop méthodique, ce qui ennuie fort les lecteurs [1].

A l'égard de l'autre inconvénient, il est facile d'y remédier. Je viens de dresser un abrégé de quelques curiosités que j'ai remarquées dans le Beauvoisis ; j'y parle de mon passage à Ansac, de manière que je laisse une pierre d'attente pour votre pièce. En voilà autant qu'il en faut pour la faire venir *ad rem* et la rapprocher de la saison dans laquelle elle auroit dû paroître. Les quatre dernières pages à commencer par *Je dis*, contentez-vous d'y donner un petit préambule, et sur la fin n'y faites de changement qu'autant qu'il est besoin pour éviter les renvois aux quatres premières pages que je suppose retranchées ou réduites à très peu de chose.

Persuadé que vous vous faites un plaisir de recourir aux Mémoires de feu M. votre oncle, pour éclaircir les articles qu'on vous demande, je vous prie de vouloir bien y jeter la vue à l'occasion du lieu de Champeaux, où j'ai passé : en descendant je quittai le coche à Montereau et m'en allai de mon pied à Melun, par le chemin des écoliers. Je voulois renouveler une ancienne connoissance que j'avois à La Chapelle-Gautier. Mais, en chemin, j'appris la mort de cet ami-là, arrivée huit jours auparavant. Je tournai donc mes pas vers Champeaux dont j'avois ouï parler, *comme d'un lieu où il y a musique*. J'étois surpris de cette singularité dans un diocèse où la cathédrale n'emploie que le plain-chant. Mais l'éclaircissement qu'on me donna là-dessus m'étonna encore davantage, en ce qu'on me dit que Champeaux est du diocèse de Paris [2]. J'avois regardé exactement la carte du diocèse de Sens et je l'y trouvois compris,

---

1. Il s'agit ici d'un Mémoire de Fenel, sur l'Akousmate d'Ansacq, dont il sera encore parlé plus loin. — Voyez ci-après la note de Fenel, n° 6, et les lettres n°ˢ 191 et 193.

2. Champeaux était, en effet, du diocèse de Paris, seulement il était enclavé dans le diocèse de Sens. Lebeuf, dans son *Histoire du diocèse de Paris*, t. XV, publiée en 1758, raconte fort au long l'histoire de la collégiale de chanoines qui était établie en ce lieu, et montre qu'il avait fort éclairci les choses qui l'embarrassaient en 1732.

et même plusieurs villages à trois ou quatre lieues au-delà. J'ai depuis consulté la carte du diocèse de Paris qui exclut pareillement ce Champeaux et ne le désigne en aucune manière comme lui appartenant. Ou les cartes se trompent, ou les chanoines du lieu sont exempts de la juridiction de l'archevêque de Sens ; car ils chantent dans les livres de Paris et observent tous les rits parisiens. Il peut se faire qu'il y a des traités sur cela. Je n'osai interroger là-dessus ces MM. les chanoines, qui me parurent très réservés et le porter fort haut. Il est vrai que leur église, qui est très grande, est propre à proportion : cela sent Paris, mais toujours ce n'est qu'une collégiale. Je ne sçay s'ils ne se mettent point dans le rang des Saintes-Chapelles.

1732

Je viens de regarder le *Pouillé* de Sens, je n'y trouve aucunement Champeaux, ni Saint-Merry, qui est tout proche, ni Andreselles, ni Sussy-sur-Yeble, ni Yeble, ni Guisnes. Ainsi il pourroit se faire que ce seroit la carte qui seroit fautive et qu'il y auroit une langue de terre qui joindroit Champeaux au diocèse de Paris. Si Andreselles n'est pas de votre diocèse [3], c'est un pape de moins qu'il aura donné à l'Église. Quelques-uns disent que Martin IV, dit Simon de Brie, étoit natif de ce lieu ; d'autres disent qu'il étoit du pays de Bray en Touraine [4].

Mais tout ceci ne me touche point de si près qu'une certaine autre chose dont je voudrois vous prier : c'est de sçavoir si l'on n'auroit point d'actes de 1544, de votre officialité de Sens, signés comme j'en ai un qui me regarde. Ce fut Mᵉ François Maçon, vice-gérant de l'officialité de Sens, qui, étant à Auxerre, dans la salle du chapitre, y homologua un concordat fait avec un de mes prédécesseurs. Il dit qu'il fit écrire et signer ce traité *per fidelem curiæ nostræ Senonensis notarium publicum et practicum juratum*. Et ce greffier signe : Z. ABLON. Je vous

---

3. Andrezelles était une paroisse du diocèse de Paris, arrondissement de Melun (Seine-et-Marne).
4. Martin IV, élu pape en 1281, était originaire du château de Montpensier, en Touraine ; il s'appelait Simon de Brion et non de Brie.

demande si ce nom là a été connu à Sens, vers ces temps-là. On pourroit sçavoir des notaires, qui ont des minutes d'environ deux cents ans, s'il y en a d'un nommé Ablon [5]. Nos notaires d'ici ont, comme ceux de Paris, un catalogue des noms des notaires dont ils conservent l'étude et les minutes.

Excusez, Monsieur, la franchise et l'ingénuité avec lesquelles je vous ai écrit touchant votre ouvrage qui est d'ailleurs excellent [6]. Quand vous l'aurez abrégé, si vous me jugez propre à le faire tenir à M. de La Roque, je le ferai sans vous nommer. Vous ne manquerez pas d'occasions de Sens pour Auxerre.

---

190. — DE LEBEUF A FENEL.

7 septembre 1732.

Les occasions sûres sont assez rares.

J'avois préparé le paquet avant que d'avoir reçu votre lettre; mais inutilement. Depuis cette lettre reçue, je vous en dois de très humbles remerciements. Vous m'éclaircissez suffisamment sur Champeaux, etc.

Je vous prie toujours de songer si on trouvera un Ablon parmi les greffiers ou notaires de Sens : le hasard peut en faire rencontrer.

Aviez-vous connoissance avec un M. Adam, médecin à Paris, qui se méloit, comme vous, de ramasser des pétrifications. En m'écrivant de Rotterdam, où il est allé pour voir des sçavants, il me parle comme s'il vous avoit écrit et que vous fussiez en retard à son égard. Si cela est, vous êtes le maitre de lui écrire

---

5. Ce n'est qu'en 1740 que Fenel a fini par découvrir quelque chose sur les Ablon ; il promit à Lebeuf de lui en donner une notice. (Lettre du 2 janvier 1740.)

6. Fenel a mis en marge qu'il s'agissait d'une dissertation fort longue sur les *Raisons physiques de l'Akousmate d'Ansacq*, et qu'il avait envoyée au *Mercure*. Il l'a gardée sans y rien changer.

LETTRE 190. — Cette lettre et les suivantes jusqu'au n° 197 ont été tirées du recueil de Fontaine.

sur la matière qu'il a traitée en vous consultant. Il me marque que son adresse est en ladite ville de Hollande, chez M. Dumurié, dans le Haut-Straat : il prend le nom de Vallencourt. Il me paroît qu'il vous a invité à écrire sur les pétrifications, sur leurs causes, sur leur antiquité. Par les discours que j'ai eus quelquefois, à Paris, avec ce jeune médecin, il me paroît avoir des sentiments peu communs parmi les catholiques, sur la création, le déluge, etc.

J'ai cru devoir me servir de l'occasion d'un Bénédictin de l'une de vos maisons, nommé Dom Chaudot, pour vous envoyer votre écrit. Il peut vous le remettre médiatement, et ne vous pas voir, s'il ne vous trouve pas. S'il vous est rendu, comme je n'en doute pas, après les recommandations expresses que je lui fais, c'est à lui que vous en aurez obligation.

Je suis, etc.

Je renferme votre paquet dans un autre que j'adresse à un autre jeune prêtre bénédictin de mes amis, nommé Dom Henry, demeurant à Sainte-Colombe.

---

191. — DE LEBEUF A FENEL.

[9 juin 1733.]

Il vous sera sans doute revenu, par le canal de M. Mahiet, que j'étois dans le dessein de vous envoyer un prospectus de l'*Histoire de Bourgogne*[1], à vous, Monsieur, qui, par le moyen des Mémoires de feu M. votre oncle, pouvez fournir quelque chose à l'auteur. Mais lorsque j'écrivois cela à M. Mahiet, je ne prévoyois pas que le bénédictin resteroit si longtemps qu'il fait à

LETTRE 191. — Cette lettre n'est pas datée, mais Fenel y a inscrit la date du 9 juin 1733.

1. *Histoire générale et particulière de Bourgogne*, par D. Plancher. Voyez ci-dessus p. 37, note 2.

Dijon. Comme donc il est absent (les exemplaires qu'il avoit envoyés dans le temps de la tenue des États étant épuisés), je ne puis tenir si exactement ma parole, et je vous en fais mes excuses ; j'essayerai de trouver un expédient.

En attendant, je profite de l'occasion d'une personne de votre ville, pour me remettre dans votre cher souvenir, lequel m'est toujours très précieux. Et vous me permettrez de vous demander si donc vous avez condamné à rester dans l'obscurité votre écrit sur Ansac : car je suis surpris de n'en rien voir dans le *Mercure*. Je vous ai gardé le secret que vous m'avez demandé, mais je ne voudrois pas que l'on fût privé de vos observations ; je vous assure qu'il y en a de très curieuses. A propos du *Mercure*, le bon M. Capperon [3] est donc au bout de ses dissertations, puisqu'il ne s'étend maintenant qu'à nous donner une énumération de toutes les pétrifications et autres choses semblables qu'il possède. Je ne doute pas que vous ne soyez aussi riche que lui. J'en avois réservé à votre service que ce rusé médecin normand, appelé Adam, qui devoit vous écrire, m'a finement accrochées et emportées en Hollande, où il est à présent.

J'ai quelques questions historiques à vous proposer pour remplir cette lettre, et entretenir commerce avec une personne qui se plait si fort à éclairer les doutes. Connoitriez-vous, dans votre voisinage, un lieu appelé *Menrora*, et un autre nommé *Erdona*. Je tire le premier d'un Usuard de Luxeu, rapporté par les Bollandistes, en juillet, à l'occasion de saint Sidroine, « in pago « Senonico S. Sidronii martyris, fratris S. Beatæ virginis Menrora « vico quiescentis. » Je crois que « quiescentis » se rapporte à sainte Béate. Ils ne disent pas de quel âge est ce manuscrit. Un autre, que j'ai vu à Saint-Benoît-sur-Loire, et qui est du xe siècle, contient, par addition du xiie, une magnifique annonce de vos Saints du 31 décembre, et par apostille il est dit de sainte Colombe qu'elle souffrit le martyre « in villa quæ vocatur « Erdona. » Je vous laisse à débrouiller ce qui regarde sainte

---

2. Voyez ci-dessus lettre de Lebeuf, n° 188.

Colombe [4]. A l'égard de sainte Béate, je conjecture qu'il y a quelques fautes de copiste et que la première lettre de *Menrora* est mise pour *M*, et *Enrora* pour *Ebrola*. En effet, j'ai vu à Evroles ou Avroles, le tombeau vide de sainte Béate, qui y passe pour être sœur de saint Sidroine [5].

1733

Je ne pense pas que *Merderellum*, que j'ai fait mettre dans le nouveau Glossaire, aussi bien que tous les mots barbares de vos statuts, soit un nom propre de lieu. Ainsi, je passe promptement sur le rapport de ce mot, avec *Erdona* ou *Erdora*, et avec *Menrora*.

Les noms ont été furieusement corrompus dans les derniers siècles. Croiriez-vous que la cure, dont M. Poisson est curé, devroit être écrite *Maxingy*? Devinez un peu de quel mot latin ce nom est dérivé? Vous seriez surpris si je vous le disois. Cette terre a appartenu autrefois à l'évêché d'Auxerre : aussi saint Germain en est-il patron.

Quel canton votre église a-t-elle dans la forêt d'Othe? Je trouve dans les biens de Pontigny, qui consistent dans des terres entières, situées dans le triangle formé par Troyes, Sens et Saint-Florentin, qu'il y avoit une forêt appelée *forêt de Saint-Étienne*, aux environs de laquelle des seigneurs de Villemor avoient du bien; mais je trouve aussi qu'elle s'étendoit vers Chéux et Jaulges, qui sont à l'extrémité de votre diocèse, tirant vers Tonnerre. Déjà il est sûr que cette dénomination de *Saint-Étienne* ne peut pas venir de notre église, qui n'a jamais eu de bien par là, qui soit de ma connoissance [7].

---

3. Voyez *Correspondance*, t. I, p. 419, note 4.

4. Erdona est un lieu détruit, situé à la Fontaine d'Azon, commune de Saint-Clément-lès-Sens. Sainte Colombe, vierge du second siècle, souffrit le martyre dans cet endroit. Il y existe toujours un pèlerinage très fréquenté.

5. Menrora est, en effet, mis pour *Evrola*, Avrolles, commune du canton de Saint-Florentin (Yonne), où était conservé le tombeau de sainte Béate (IIIe siècle), dans une chapelle bâtie sur le bord du chemin de Joigny à Troyes.

6. Marsangis est dérivé du latin *Maximiacus*. Voyez ci-après, lettre 193.

7. Le Chapitre de Sens possédait, au XVIIIe siècle, les bois de Rajeuse,

J'ai vu autrefois la table d'or de votre église. Je ne me ressouviens plus s'il y a des médailles d'or des empereurs païens Il me semble que j'y en ai vu, à moins que je ne confonde l'or de cette table avec celui de la châsse de saint Rémy, de Reims, où sûrement j'en ai vu [8].

Pour nouvelles ecclésiastiques, je ne vous apprendrai pas la troisième lettre de notre prélat au vôtre : cela est déjà ancien [9]. Mais ce qui n'est pas vieux est une ordonnance de Mgr l'évêque d'Auxerre, contre les Jésuites, laquelle fut lue hier au prône de toutes les messes paroissiales, au sujet de ce qu'ils détournoient leurs écoliers du devoir paroissial, et leur inspiroient de vive voix et par écrit, dans les thèmes, l'esprit de schisme ou de ligue. Ils ont ici pour recteur un de leur gros bonnets, auteur de l'*Histoire du Prédestinianisme* et de celle du *Baïanisme* [10].

---

192. — DE LEBEUF A FENEL.

Ce 11 juin 1733.

J'ai oublié dans ma lettre d'avant-hier, qui doit vous être remise par une dame de votre pays, à ce que l'on m'a dit, de

---

dans la forêt d'Othe. Quant à la forêt de Saint-Étienne, également dans celle d'Othe, elle occupait le territoire compris autour de Bœurs, canton de Cerisiers, et elle appartenait en partie, au XII° siècle, à l'abbaye de Pontigny, et en partie au seigneur de Villemaur. Elle a changé de nom ou a été défrichée.

8. La *Table d'or* de la cathédrale de Sens était le retable du grand autel. Elle fut portée à la Monnaie, à Paris, sous Louis XV, et fondue. Voyez ci-après lettre du 6 septembre 1740. Voyez encore sur la Table d'or, *Description historique de l'église métropolitaine de Saint-Étienne de Sens*, par Tarbé, Sens, 1841, in-8°, p. 123.

9. Lebeuf fait allusion à la réponse de M. de Caylus, évêque d'Auxerre, à son métropolitain, qui avait lancé contre lui un écrit intitulé : *Lettre de plusieurs chanoines, curés, etc., du diocèse d'Auxerre*. Voyez *Vie de M. de Caylus*, t. II, p. 349.

10. L'évêque rendit, le 25 avril 1733, une ordonnance qui défendait aux Jésuites de faire dans leur collége ni cathéchismes, ni instructions. Le recteur du collége était alors le P. Duchesne, professeur de philosophie, dont les ouvrages contre les Jansénistes eurent une certaine réputation. Il mourut, à Dijon, en 1755.

vous demander une chose à laquelle votre réponse ne doit guère coûter. C'est ce que vous entendez dans votre compagnie par *Feci*[1], et si ce terme est encore d'usage.

Le porteur de la présente, qui est un bénédictin dijonnois de mes amis, se chargera volontiers de cette réponse, et si lors de son départ vous étiez assez libre pour répondre aux autres articles de la lettre du 10[2], vous feriez d'une pierre deux coups. Je deviens toujours plus habile lorsque je lis ce qui vient de vous. Ce n'est point par compliment que je le dis, soyez persuadé que personne ne peut être pénétré d'une estime plus respectueuse, etc.

---

193. — DE LEBEUF A FENEL.

Ce 16 juillet 1733.

Il ne se peut rien de plus obligeant que tout ce que vous avez eu la bonté de m'écrire. Je ne sçaurois mieux vous marquer combien j'y suis sensible, qu'en continuant d'entretenir un commerce littéraire avec vous, et pour cela obtenir de vous grâce, si quelquefois je m'étendrai en certaines excursions qui ne sont pas selon les règles du style épistolaire.

Pour commencer par ce qui se trouve dès la seconde page de votre obligeante lettre, il n'est pas que M. votre oncle ou Bureteau, le Célestin, dont il y a des Mémoires dans votre bibliothèque capitulaire[1], n'eussent examiné d'où peut venir le

---

LETTRE 192. — 1. Le *Feci* du Chapitre de Sens est une manière de parler pour annoncer, dans les Chapitres généraux, qu'un chanoine a fait ou n'a pas fait le stage auquel il était tenu dans l'année. En marge de son nom est le mot *Feci* dans les registres des délibérations.
2. Cette lettre n'a pu être retrouvée.
LETTRE 193. — 1. Voyez, sur Bureteau, Correspondance, t. I, p. 74.

proverbe de *Sens en Bourgogne* ou *Sens sans Bourgogne*, qui se prononcent de même et s'écrivent différemment [2]. Un de mes amis m'a envoyé une copie du roman de Girard de Roussillon, qui paroit du XIIIe siècle [3], où je lis ces quatre vers :

> Si tu Girart voulois pour un pou d'avarice,
> Éloigner de l'amour l'en tenroit à grand vice.
> Vous avez les deux sœurs, la comté est échoite,
> De *Sens, qu'est en Bourgogne,* c'est moult très belle échoitte.

J'insisterai encore auprès de M. de La Roque au sujet des excellentes remarques que vous aviez rédigées touchant les bruits prétendus aériens. J'ai rêvé à un moyen de renouer encore cette affaire. Je le prierai de publier une petite lettre d'observations qui vous sera adressée *tacito nomine*.

Les Mémoires du P. Desmolez ne sont pas tombés. C'est Simart qui est un peu indolent, et qui, manquant de relations dans les pays étrangers, n'y fait pas transporter ces Mémoires. Il doit pourtant paroitre, dans deux ou trois mois, un volume où sera ma dissertation sur la *Bataille de Fontenoy*, que je me suis engagé de donner il y a dix ans.

M. Capperon avoit fait un Mémoire plus étendu de ses *Curiosités*, mais les auteurs du *Mercure* ont voulu l'abréger. Ce naturaliste est fort âgé.

---

[2]. Il résulte du texte cité un peu plus loin par Lebeuf qu'au moyen âge on disait : *Sens en Bourgogne*, peut-être en souvenir de la possession que les ducs de Bourgogne avaient eue du comté de Sens, au Xe siècle. Fenel se sert toujours de cette locution sur l'adresse de ses lettres. Mais comme, après tout, la ville de Sens avait été, depuis cette époque, annexée au domaine royal, il était beaucoup plus naturel de dire : *Sens, hors Bourgogne*, ou *Sens* tout court. C'est ce qu'on exprimait par un jeu de mots : *Sens sans Bourgogne*. Il parait même que ce jeu de mots était assez usité, car nous avons sous les yeux une lettre d'un sieur Lebrun à M. Aublet, à Sens, à la date de 1737, qui porte pour adresse : *Sens sans Bourgogne*. De là aussi un proverbe auquel Lebeuf fait allusion, mais dont nous ne connaissons pas l'origine précise.

[3]. Le fameux roman ou l'épopée de Gérard de Roussillon, qui représente la lutte de la féodalité naissante contre la royauté et Charles le Chauve, a été publié récemment à Lyon par M. de Terrebasse, 1856, 1 vol. in-8° ; à Paris, par M. Fr. Michel, la même année, et à Dijon, par M. Mignard, en 1858.

Comme je ne fais que d'arriver d'une petite tournée que j'ai faite à Paris, je n'ai pas encore remis à mon esprit tout ce que j'y ai vu qui pourroit servir à découvrir quelque chose dans les épaisses ténèbres qui couvrent vos premiers siècles. Il me tombe cependant, à ce moment, sous les yeux, une annonce de votre saint Loup, tirée d'un martyrologe manuscrit de la reine de Suède, et que les Bollandistes ont publié dans le dernier volume de juin. Il y a ainsi : « Kal. septembris, in villa Erdona in « Appollia in Galliis, Senonas civitate, depositio B. Lupi Ep. « Conf. » Ce martyrologe pouvoit venir aussi de Saint-Benoît-sur-Loire. Il semble que *villa Erdona* soit le terrain qui est au septentrion de votre ville[4]. Il pouvoit y avoir là un village avant que Sens chrétien, aujourd'hui fermé de murs, existât ; car je m'imagine que Sens païen, ou *Agendicum*, a été vers Saint-Paul. Je suis bien fâché de n'avoir pu aller vous saluer, en revenant, mais la compagnie ne vouloit point attendre, et quand on a échappé une voiture pour quatre ou cinq, on ne retrouve pas aisément l'occasion. D'ailleurs il faisoit trop chaud pour continuer mon chemin à pied. Il me semble que de dedans la carriole j'aperçus des fragments de tombeaux de pierre au haut de la montagne de Rosoy[5], où l'on agrandit le chemin.

Il n'est pas nécessaire de vous étendre à me désabuser sur vos légendes de saint Savinien et de sainte Colombe. Je les crois refaites au IXe siècle, ou plus tard même, sur des ouï-dire ; et ce que vous pensez touchant la malice de ceux qui ont détruit les anciens documents est suffisamment appuyé.

Massangi[6] a dû être écrit MASSENGY ou MAXINGY, et d'abord *Maximiac*. Cette dernière prononciation seroit celle qui auroit été usitée en Auvergne ou en Limousin, si le village y eût été situé ; elle découvre sensiblement l'origine du nom qui étoit en latin : *Maximiacus*. Il y a une infinité d'exemples de la con-

4. Voyez ci-dessus, lettre du 9 juin 1733, note 4.
5. Rosoy est un village sur la route de Sens à Villeneuve-le-Roi, à 8 kilomètres de cette dernière ville.
6. C'est aujourd'hui Marsangis, canton de Villeneuve-le-Roi (Yonne).

version de l'*i* en *j*, et ensuite en *g*. C'est ainsi que de *Potamius*, on a fait Pouange; de *Memmius*, Menge; de *Serviens*, Sergent. Voyez Ménage ou Valois, *in Notitia Galliarum*. J'ai appris à M. Poisson cette étymologie de son village, je ne sçai s'il en a conçu la naturalité. C'est une terre du domaine épiscopal d'Auxerre, laquelle fut léguée à l'Église par saint Tétrique, évêque, mort au commencement du viiie siècle. « Maximiacum « in pago Senonico, cum app. suis. » L'évêque avoit encore quelque chose à Rousson, au xiiie siècle [7].

Je vous remercie de tout ce que vous m'apprenez de circonstancié touchant la forêt d'Othe [8]. Ce qui a dû la rendre plus célèbre dans l'Histoire du royaume est le palais royal de Màlay, sur lequel vous savez que j'ai écrit dans le *Mercure*, il y a quatre ou cinq ans [9].

Je voulois sçavoir quelque chose par rapport à votre table d'or. Mais l'auteur de la future *Histoire de l'Orfévrerie* m'a appris lui-même qu'il ne parleroit pas, dans son livre, de toutes les anciennes pièces d'orfévrerie répandues en province, parce que cela le conduiroit à l'infini. Il veut se borner à un in-4°. C'est un orfèvre lettré, dont on a déjà des ouvrages, et Sénonois, puisqu'il est natif d'Hervy-le-Châtel. Il se bornera à ce qui regarde l'orfévrerie par rapport à Paris. Mais puisque nous sommes sur cette table, vous ne serez pas fâché d'apprendre que je lus, en 1727, étant à Saint-Benoît-sur-Loire, dans le manuscrit qui vient de votre église, ces mots, au 6 mai : « Bernelinus « et Bernuinus habuerunt nomen, qui vultum Salvatoris qui est « in ecclesia S. Stephani Sennensis ecclesiæ fecerunt. » Cela peut

---

7. Rousson, village voisin de Marsangis.
8. La forêt d'Othe occupe une vaste étendue de territoire, sur les arrondissements de Sens et de Joigny, dans l'est du département de l'Yonne.
9. Màlay-le-Roi est un lieu du canton de Sens. Lebeuf s'en est occupé plusieurs fois : d'abord dans une note du *Mercure* du mois de janvier 1725, puis dans le *Mercure* de février 1730, enfin en 1738, dans le t. I du *Recueil des divers écrits*, et enfin dans le t. II des *Dissertations sur l'histoire ecclésiastique, etc., de Paris*.

s'entendre de votre table ou d'un crucifix à l'entrée du chœur. Il y a tout de suite : « Richoius habuit nomen qui tillum S. Ste-« phani Sennensis ecclesiæ plantaverit, et fuit vice-dominus « ipsius ecclesiæ. » C'est sans doute un tilleul sous lequel on s'assembloit devant l'église. Tout cela est d'une écriture du xe siècle.

Vous m'avez donné une explication du *Fici* de vos livres de comptes, qui est très satisfaisante : je vous en suis très obligé ; comme aussi de l'invitation que vous me faites de courrir *in stadio* [11]; je pourrois bien l'entreprendre, mais sans espérance de réussir : c'est ce qui me dégoûte.

J'ai l'honneur, etc.

Je vous recommande toujours le greffier Ablon, s'il se trouve par hasard à la fin de quelque acte de vers les années 1535, 1540, 1545 ou 1550.

Je vous prie de vouloir bien m'envoyer, à votre loisir, le nom de vos évêques, selon le temps qu'ils ont siégé, sous le règne de Charlemagne et de Louis le Débonnaire, et combien d'années ils ont siégé chacun. Taveau est fort court là-dessus et n'étend pas assez sa critique. Je suis embarrassé touchant Jérémie, que la vie de notre évêque Angelelme met avoir présidé à son élection. Le P. Lecointe, à l'an 815, est d'un avis contraire, et veut que ce soit Magnus. Comment nos écrivains de l'an 880 ou environ pouvoient-ils ignorer et se méprendre sur un fait si récent ?

Je suis bien aise d'allonger encore cette lettre pour vous exhorter à parcourir le roman de Girart de Rossillon, que je vous ai cité ci-dessus, et que vous avez dans la bibliothèque capitulaire [12]. C'est un manuscrit qui est sans couverture. Vous y

---

11. Lebeuf fait allusion au concours ouvert par l'Académie des Inscriptions, pour le prix à décerner par elle, en 1734, pour le meilleur ouvrage sur l'état des sciences dans l'étendue de la monarchie française sous Charlemagne. Mais il ne dit pas le fonds de sa pensée, car son travail était déjà fort avancé alors.

12. Ce manuscrit de Gérard de Roussillon, après avoir été conservé dans la bibliothèque du Chapitre de Sens, jusqu'à la Révolution, est passé dans la bibliothèque de l'École centrale de l'Yonne, et a été ensuite emporté

verrez la guerre qu'eut ce seigneur contre Charles le Chauve, au sujet du comté de Sens. Vous y verrez, parmi ses fondations, environ trois ou quatre cents vers avant la fin, celle d'un prieuré appelé Sixte, qui est dit situé au-dessous de Sens, et où il dit que son armée s'étoit assemblée en un lieu près de Pont.

Si le romancier n'a pas inventé ce nom pour faire son vers, je trouve que le nom de Sixte pourroit convenir à quelque endroit qui seroit à six mille ou environ trois lieues de Sens, et ce lieu pourroit avoir pris le nom de Sixte, de son éloignement de la ville principale [13]; de même qu'il y a à trois lieues et demie de Vienne, en Dauphiné, un endroit appelé Septime pour la même raison.

J'ajouterai à cette lettre « per modum appendicis » (vous le sçavez peut-être), que j'ai lu dans le quatrième volume de l'*Amplissime collection du P. Martène*, que Bernerad, archevêque de Sens, étoit abbé d'Esternach [14] (*Epternacum*), en 777.

194. — DE LEBEUF A FENEL.

[1733.]

Il y a longtemps, Monsieur, que je vous prépare une lettre. Vous le verrez par la date. Elle contient plusieurs choses que je me flatte vous devoir agréer. Depuis la clôture de cette lettre, il m'est encore venu des difficultés à vous proposer, mais j'en ai laissé plusieurs disparoître de ma mémoire.

par Prunelle, commissaire du Gouvernement à l'École de médecine de Montpellier.
13. Sixte, autrefois prieuré et dépendance de l'abbaye de Vézelay, à laquelle il avait été donné au IXe siècle, par Gérard de Roussillon, est aujourd'hui une ferme de la commune de Pont-sur-Yonne (Yonne).
14. L'abbaye d'Esternach était située dans le grand-duché du Luxembourg, sur le Sour.

J'ai consulté le P. Lecointe[1] sur vos archevêques du règne de Charlemagne. Il renvoie à Taveau, et il ne rend pas plus sçavant. J'ai cependant conclu probablement que l'évêque de Sens, qu'Alcuin a nommé Samuel, pourroit être Bernerad, qui a été abbé d'Epternach; mais si Alcuin a vécu jusqu'en 815, comme je crois que quelques-uns le soutiennent, il peut bien avoir eu en vue Magnus ou Magnon. Vous avez lu dans le catalogue des auteurs du *Glossaire de du Cange* qu'un certain Magnon a dédié à un roi Charles un livre *De notis juris*. Je ne sçai qu'entendre par *notæ juris*[2].

Comme je vous crois physicien, autant que naturaliste, il m'est venu le dessein de vous demander si vous entendriez quelque chose à la fonte des cloches et à la structure qu'on leur donne pour leur faire avoir un son plus grave ou plus aigu. Il y a dans une cloche, le dessus qui est le cerveau, le milieu ou le flanc de la cloche et le bord, qui est le bas ou le plus matériel. Un fondeur nous a confirmé ici ce que j'avois déjà ouï dire: qu'en tournant une cloche sans dessus dessous, et limant le flanc en dedans l'épaisseur d'un écu de trois livres, plus ou moins, on lui abaissoit le son. Auriez-vous jamais vu faire cette expérience? Au moins voyons-nous que les verres longs, les moins épais, ont le son plus bas ou plus grave que ceux qui sont épais. Si la limure produisoit cet effet, nous voudrions un jour faire l'opération sur une de nos cloches, qui pèse sept à huit mille. Mais il nous faut l'assurance et le témoignage de gens experts, ou l'expérience pratiquée sur de petites cloches. Car on peut là-dessus argumenter *a minore ad majus*.

Connoîtriez-vous, Monsieur, quelqu'un de la Société des Arts établie à Paris depuis trois ou quatre ans? Le sujet dont je vous parle paroît être de sa compétence.

1733

LETTRE 194. — 1. Le P. Lecointe, oratorien, né à Troyes en 1611, est auteur des *Annales ecclésiastiques de France*, ouvrage où il est parlé des archevêques de Sens.
2. La *Gallia* mentionnant des travaux sur le droit, de l'archevêque Magnon, le qualifie de *in juris scientia peritissimus*. C'est à Charlemagne que Magnon dédia ses *Notæ juris*.

1733

Il n'y a point de fondeur de cloches habitué, dans notre ville, mais j'ai ouï dire qu'il y en avoit un à Sens, nommé Capitain.

195. — DE LEBEUF A FENEL.

Ce 10 décembre 1733.

1733

Il est bien tard, je l'avoue, de répondre à la lettre obligeante que vous avez eu la bonté de m'écrire par un de nos jeunes confrères. Sa date est du 4 septembre et je n'y fais honneur que le 10 décembre ! Je suis *in reatu* : j'avoue ma faute, vous me la pardonnerez s'il vous plait. Notre député du Clergé doit vous remettre celle-ci ; c'est un de nos confrères prêtre, natif d'une petite ville qui vous a donné un grand archevêque, Hugues de Toucy [1]. Mais sans tant m'arrêter à ce qui est étranger à notre commerce littéraire, je commencerai par vous remercier de toutes les recherches que vous avez pris la peine de faire au sujet de nos cloches [2]. Il ne tiendra pas à moi qu'on n'en profite, mais les temps n'y paroissent guère propres. Don gratuit, *guerre, pièce de canon*, sur laquelle on comptoit qui pourra bien disparoître, etc.

Puisque ma découverte sur *villa Erdona* vous plaît, vous ne rejetterez point la première demande que je vais vous faire. Un de mes amis, fort âgé, qui travaille sur *la Croix*, pour couronner par de saintes pensées la carrière qu'il s'attend de finir dans peu, me demande si j'ai connoissance d'une sainte sénonoise ainsi annoncée dans l'*Usuard des Bollandistes*, t. VI, *junii*. « In terri- « torio Senonico, S. Benedictæ virginis cruci appensæ. »

Avez-vous connoissance de ce martyre ? On ne dit rien de semblable de sainte Béate, honorée à Avrolles. J'y ai vu son tombeau

---

Lettre 195. — 1. Hugues de Toucy a siégé depuis 1142 jusqu'à 1164.
2. Lebeuf parle d'un projet de fonte de cloches de la cathédrale d'Auxerre, dont il était alors question.

vide. On l'y croit morte en paix ; cependant depuis peu on a mis dans son office *passione*, au lieu de *solennitate*.

Votre sainte Béate, d'auprès de Sens, est dite avoir eu la tête coupée, dans vos anciens bréviaires. Sur quoi donc fonder ce crucifiement d'une fille ?

Je vous suis très obligé des époques que vous m'avez données de l'épiscopat de vos évêques de la fin du VIIIe et du commencement du IXe siècle ; je les crois justes. Je pense que Bernerad a été sûrement celui à qui Alcuin a dédié sa *Vie de saint Willebrod*[3], il a eu aussi son nom de patriarche comme les autres de ce temps-là, qui étoient en relation avec les grands hommes. Mais ce nom ne se tiroit point des qualités corporelles, comme celui de quelques autres, c'étoit un nom de grand-prêtre : et il faisoit allusion à sa dignité d'archevêque.

C'est dans Taveau que j'ai lu *Bacerna* en parlant de Wenilon. Vous voulez qu'on dise *Baierna*. Pourquoi ne seroit-ce pas l'un de nos deux Bacernes, à cinq lieues d'Auxerre, sur la route de Vezelay et d'Avallon ? Il y en a un dont le roi est seigneur en partie[4].

On lit dans la *Nouvelle histoire de saint Filibert de Tournus*[5] un diplôme de Charles le Chauve, donné *in vetere domo*. J'avois toujours cru que ce *vetus domus* étoit aux environs de Rouen, comme le dit Héric d'Auxerre, auteur contemporain. L'écrivain de Tournus a mis en marge de l'acte : « Ce lieu est dans l'Or-« léanois. » J'ai consulté la carte et j'ai connu qu'il n'y a pas d'autre endroit voisin d'Orléans, qui puisse avoir été appelé *Vetus domus*, que *Vieille-Maison*, qui est la dernière paroisse de votre diocèse, à l'entrée de la forêt d'Orléans. Je me doute bien qu'il

---

3. Voyez ci-dessus p. 73, note 3.
4. Bazarne, commune du canton de Vermanton (Yonne). Il n'y a jamais eu deux villages de Bazarne, mais Lebeuf veut dire que cette terre se divisait jadis en deux seigneuries : Bazarne en Vermanton, qui appartenait au Roi, et Bazarne proprement dit, fief de la maison de Toucy, etc.
5. Voir l'étude spéciale de Lebeuf sur cet ouvrage, *Mercure* d'avril 1734, p. 670.

n'y a pas d'église du titre de Saint-Germain d'Auxerre, puisque le pouiller de feu M. votre oncle n'en parle pas. Or, il devroit y en avoir une si ce village étoit le *vetus domus* d'Héric. Au moins informez-vous, je vous prie, si le roi est seigneur de ce lieu, ou s'il l'a été [6].

N'avez-vous pas bien ri, quand vous avez vu, dans le *Mercure* de septembre : *Li chanteor de Sens* [7]. Voilà une occasion telle qu'il l'auroit fallu à feu M. Blénon, pour faire un bel écrit [8]. A propos de chant, je voudrois bien sçavoir en quoi consistoit le *Discantus* qu'on chantoit encore chez vous en 1725, sur les hymnes de l'Avent. N'étoit-il qu'à un simple accord?

Autre point de curiosité. J'ai trouvé dans des extraits que j'ai faits de vos nécrologes ou obituaires manuscrits, au *V Kal. Februarii*, un « Regnaudus de Sigliniaco archidiac. Melodun. » Comme nous avons eu un évêque nommé Regnault de Seignelay ou de Saligny, je voudrois sçavoir s'il ne seroit pas le même. Notre évêque vivoit au XIIIe siècle, et vos nécrologes sont aussi de ce temps-là. Mais s'il étoit évêque, cette qualité épiscopale ne seroit-elle pas marquée? Ordinairement on marquoit la qualité supérieure, à moins qu'on eût abdiqué. Je vous prie de voir ce que dit M. votre oncle de cet archidiacre de Melun. Le temps auquel il le fixera me déterminera à joindre la qualité d'archidiacre à notre évêque ou non [9].

Est-il vrai, Monsieur, que votre prélat se connoit en chant, ou

---

6. Lebeuf avait déjà écrit dans le *Mercure* d'octobre 1733, p. 2136, une lettre sur l'opinion de M. Clérot, avocat au Parlement de Rouen, relativement à l'ancien Palais royal, appelé : *Vetera domus,* et que ce dernier plaçait au Vieux-Rouen, à une lieue d'Aumale. Lebeuf supposait qu'il devait être au Vieux-Manoir ou à Cailly, diocèse de Rouen.

7. Voyez *Mercure* de septembre 1733, p. 1975, une lettre de Lebeuf touchant un ancien vocabulaire des villes de France; et une seconde lettre sur l'origine du proverbe : *Li chanteor de Sens*, *Mercure* de février 1734, p. 210.

8. Voyez, sur Blénon, Correspondance, t. I, p. 24, note 4.

9. Le doyen Fenel ne dit rien de particulier sur cet archidiacre, sinon que l'obituaire de la cloîtrerie le nomme *de Saligniaco*. Lebeuf ne paraît pas avoir cru qu'il fût le même que Renaud de Saligny, évêque d'Auxerre, au XIIIe siècle.

au moins qu'il l'aime ? Je sçais bien que dans le commencement qu'il fut à Soissons, il écrivit contre le système de M. de Vert sur les cérémonies ; mais je ne sçai qui c'est qui m'a dit qu'il aimoit le chant. Où en est donc, à présent, l'impression de votre *Graduel* ou de votre *Antiphonier ?* Il paroît depuis peu un *Missel* nouveau de l'ordre de Cluny. Quelques-uns ne le trouvent pas tel qu'ils l'espéroient 10.

Il a paru cette année une *Vie de M. Pavillon*, en abrégé, dans un *voyage d'Aleth*, par Dom Lancelot, jadis moine de Saint-Cyran 11. Quand paroîtra celle de M. votre grand'oncle, son successeur ?

Qu'est-ce que le « vinum de Baysia » et « vinum de Bosco « rotundo » de vos statuts ? Pourquoi du vin à la mesure d'Auxerre, à certaine distribution, ou destination marquée dans les mêmes statuts ?

Je ne sçai pourquoi MM. de La Roque n'ont pas saisi l'occasion que je leur ai fournie de parler des bruits d'Ansac. Il y a dans le Ier tome de la *Bibliothèque des manuscrits du P. Labbe*, une chronique qui parle de bruits assez semblables, entendus au xe siècle : « Demones ad imitationem caprarum balantes nocte « auditi sunt. » Je me souviens que vous parlez d'exhalaisons de dessous terre qui pourroient avoir accusé ces bruits. L'auteur des *Lettres philosophiques*, dont on donne un extrait dans le *Journal des Sçavants*, d'octobre 1733, prétend que les magiciens peuvent causer des tremblements de terre par le moyen de ces exhalaisons.

Vous me parlez de Massolac et de Dormeil. Vous vous ressou-

10. Le *Missel de l'ordre de Cluny*, in-f°, a paru, en effet, en 1733.
11. D. Lancelot, religieux de l'ordre de Saint-Benoît, au xviie siècle, avait composé la *Relation d'un voyage fait à Aleth*, en 1667, qui fut publié en un volume in-12, en 1733. C'est le panégyrique de M. Pavillon, évêque de cette ville. La vie du grand oncle de Fenel, que demande Lebeuf, est celle de M. Taffoureau de Fontaine, qui n'a pas été publiée. Il y a dans le *Catalogue Fenel*, aux Archives de l'Yonne, un éloge de M. Taffoureau, dans lequel il est dépeint comme un saint « et comme un homme digne des premiers siècles de l'Église. » *Conf.* t. 1, p. 268, note 13.

viendrez, sans doute, que j'ai fait une dissertation expresse sur chacun de ces deux endroits de votre diocèse [12]. Je ne sçai si les auteurs du *Nouveau Glossaire latin* auront suivi mon sentiment, qui reconnoît Màlay-le-Roi pour l'ancien *Mansolac*[13]. Nous verrons la liste des palais royaux au commencement du cinquième volume.

Dom Claude de Vic, qui n'est pas encore parti pour Rome, m'écrit que le 2me volume de l'*Histoire du Languedoc*, à laquelle il a part, a été présenté ces jours derniers au roi. M. le président Bouhier, de Dijon, m'écrit une autre nouvelle littéraire toute fraîche : c'est que l'illustre marquis Scipion Maffei [14], qui est à Paris depuis dix mois, vient d'y faire imprimer vingt-cinq sçavantes lettres sur différentes antiquités, sous ce titre : *Gallicæ antiquitates quædam selectæ*. Il y en a inséré une de la façon de ce sçavant magistrat, qui est l'explication d'une très ancienne inscription conservée par Aristote.

Connoîtriez-vous quelque endroit où l'on auroit promené dans les rues, par dérision, des statues du paganisme, comme un Mars, etc.

Vous êtes sans doute informé du nouveau projet du *Bibliotheca Bibliothecarum* du P. de Montfaucon [15] ; j'ai cherché partout Nithard manuscrit, et il vient de m'apprendre qu'il n'est qu'à Rome, au Vatican. C'étoit par rapport à ma dissertation [16] sur la

---

12. Voyez ci-dessus, lettre du 16 juillet 1733, note 9.
13. Massolac figure, en effet, au t. V du *Glossaire* de Ducange, comme palais royal.
14. Maffei, célèbre archéologue né à Vérone en 1675, mort en 1755.
15. Bernard de Montfaucon, né en 1655, au château de Soulage, moine bénédictin, célèbre antiquaire, mort en 1741. Il a publié, en 1733, la *Bibliotheca Bibliothecarum*, en 2 vol. in-f°.
16. Lebeuf s'était déjà préoccupé de l'emplacement de la bataille de Fontenoy, et en avait fait l'objet d'une note dans son *Histoire de la Prise d'Auxerre par les Huguenots*, publiée en 1723 ; mais il n'avait alors sous les yeux qu'un texte défectueux de Nithard, publié par Duchêne. Plus tard, il eut occasion de faire vérifier sur le manuscrit du Vatican la forme exacte des noms de lieux. Mais malheureusement il ne revint jamais d'une façon bien nette sur l'idée première qu'il avait mal à propos conçue.
— Voir, sur le véritable emplacement de la bataille de Fontenoy, la disserta-

Bataille de Fontenoy, donnée dans nos quartiers, que j'ai envoyé, il y a longtemps, au bureau du P. Desmolets 17.

196. — DE LEBEUF A FENEL.

Après le 10 décembre 1733.

En vous envoyant toutes mes petites remarques littéraires, je vous prie de ne pas oublier le sieur Ablon, jadis greffier de votre officialité, en 1545, et années voisines. Ce nom étoit autrefois à Joigny, où j'ai connu un vieillard appelé Savinien Ablon. Peut-être tiroit-il son nom du village d'Ablon, proche Paris, de même que je vois une infinité de gens qui portent des noms locaux, tout simplement sans le DE, qui sent la seigneurie ou le style capucinal.

Je vous prie de répondre par M. Arrault, notre député, à l'article *Discantus*, qui se chantoit sur *vox clara*, et à l'article du goût de Mgr votre prélat, sur le chant, et de me marquer s'il a quelquefois témoigné du dégoût de certains de vos chants; et si ces mots : *Li chanteor de Sens*, ont excité la plume de quelques Sénonois, pour en donner l'origine [1]. J'attendrai pour le reste votre commodité.

NOTE DE LEBEUF A FENEL [1733. ?].

Je voulois, Monsieur, faire usage des quatre lignes que vous m'avez citées du titre de l'archevêché, où il est fait mention de

tion de M. Challe, président de la Société des sciences de l'Yonne, dans l'*Annuaire de l'Yonne* de 1861.

17. Le P. Desmolets n'a pas publié la dissertation en question, mais elle figure dans le *Recueil des divers écrits pour servir d'éclaircissements à l'Histoire de France*, t. I, 1738, in-12.

LETTRE 196. — 1. Voyez ci-après, au 29 décembre 1733, une lettre de Lebeuf en forme de dissertation, publiée dans le *Mercure* de février 1734,

la perte des diplômes anciens, mais comme votre saint Gombert y est dit contemporain de Charlemagne, je me suis trouvé embarrassé. Robert, dans sa *Gaule chrétienne*, le place, en effet, sous ce roi. Mais M. Chastelain, en son martyrologe, le place au VIIe siècle, et le calendrier de votre missel (qui est la seule chronologie moderne que j'aie de chez vous), le fait mourir vers 675. Apparemment qu'on a consulté les *Siècles bénédictins* pour avancer ainsi cette mort. Ainsi voyez-en les preuves. J'écris ceci avant que d'y avoir recours, car ils ne sont qu'à Saint-Germain. S'il est bien prouvé que saint Gombert est mort au VIIe siècle [2], il en résultera que la charte dont vous m'avez parlé est fausse, à moins que vous n'ayez eu un second Gombert. N'allons pas si vite en besogne, de crainte d'être obligé de chanter la palinodie.

M. votre oncle avoit-il remarqué que dans Duchêne, *Historia Gallica*, t. II, parmi les épitres de Frotaire de Toul, il y en a où il est fait mention de Sens, sçavoir: la quinzième et la seizième?

N'auriez-vous point eu une dépendance de votre église, Saint ...... (*lacune*) dite « Causiaca ou Cosiaca, » cela se peut dire en langage vulgaire: « Coucy ou Chezy? »

Connoîtriez-vous le « Bazerna villa, » dont il est parlé dans *Taveau*, p. 36, au sujet de Wenilon [3]?

---

p. 210, sur le *Déchant*, ou l'office à plusieurs parties dans l'église de Sens, et sur le proverbe: *Li chanteor de Sens*.

2. La *Gallia*, t. XII, place au VIIIe siècle un Guntbertus, archevêque de Sens, en émettant même des doutes sur cette attribution, et en faisant remarquer qu'il est distinct de saint Gundebert, évêque du VIIe siècle.

3. Le texte de Nithard, cité par Taveau et par D. Bouquet, t. VII, 582, concerne l'accusation de trahison portée par Charles-le-Chauve contre l'archevêque de Sens, Wenilon. Il ne contient pas le mot *Bazerna*, mais bien *Baierna* : « Cui scripto Wenilo apud Baiernam villam propria manu « subscripsit. »

197. — DE LEBEUF A FENEL[1].

Auxerre, 29 décembre 1733.

Vous avez peut-être cru, Monsieur, que je ne parlois pas sérieusement lorsque je vous ai demandé, par ma dernière lettre, ce qu'on pensoit à Sens, touchant la dénomination qu'un certain manuscrit de Saint-Germain-des-Prés, imprimé dans le *Mercure* de septembre, donne à votre ville. Je n'ai eu nulle envie de vous surprendre, lorsque je me suis informé de vous si cette épithète : *Li chanteor de Sens*, n'avoit réveillé l'attention de personne. Supposé que l'auteur indiqué dans le *Mercure* dise la vérité, et que la liste des proverbes courant anciennement en France, soit du temps de Philippe le Bel ou environ, il s'ensuivra seulement, par rapport à la ville de Sens, qu'elle étoit alors distinguée par un endroit honorable, et pendant que d'autres villes étoient renommées, je ne sçai de quelle manière la vôtre, qui avoit le chant en affection ou qui étoit peuplée de chantres, se faisoit considérer de ce côté-là. Vous êtes convenu, en me faisant réponse, que le chant a été autrefois cultivé chez vous plus que médiocrement; les preuves que vous en apportez sont : 1° la mesure que battoit le préchantre, en certaines occasions ; 2° l'usage ancien où le même préchantre étoit de *baller*, en sorte qu'on disoit : *à tel jour le préchantre balle* ; 3° la coutume de vos dignités de venir à la neume du grand répons, vis-à-vis le

---

LETTRE 197. — 1. Lettre publiée dans le *Mercure* de février 1734, avec quelques variantes. — On remarquera dans cette longue pièce l'absence complète de notes, qui sont ordinairement nécessaires pour éclairer le texte de la Correspondance de Lebeuf. Il y a, de ce fait, une explication qui fait voir toute la différence des lettres intimes du savant abbé avec ses lettres destinées au public : celles-ci sont amplement détaillées et tout y est clair et expliqué, tandis que celles-là sont succinctes, pleines d'allusions et écrites pour des gens qui comprenaient à demi mot l'objet dont on les entretenait, objet qui est resté souvent pour nous plein d'obscurité.

bas-chœur. Vous avez très grande raison : ces preuves sont des indices assez forts, mais je puis vous dire, de plus, qu'il falloit que le chant fût dans votre ville en très singulière recommandation, puisque l'archevêque se faisoit un devoir de chanter lui-même le célèbre répons *Aspiciens*, qui est le premier des Nocturnes de l'Avent : c'est ce que j'ai lu dans l'un des monuments de votre église, et j'en conclus qu'il falloit qu'alors la science du chant fût très florissante parmi vous ; cependant, pour que cet attachement au chant eût fait naître le proverbe en question, je pense qu'il faut encore quelque chose de plus fort ; je me flatte de l'avoir trouvé : c'est que votre église a été apparemment l'une des premières qui aient admis le *Déchant*, qui étoit la musique du xiie siècle et des suivants.

Le *Credo* que je vous ai fait voir noté à deux parties, dans un des missels du xiiie siècle conservés chez vous, en est une preuve manifeste, car, si la profession de foi étoit récitée musicalement, comment ne l'étoient pas les autres parties de l'office ! Le Déchant, *Discantus*, fit donc grande fortune dans l'église de Sens, et de là probablement il s'étendit dans les églises suffragantes. Galvanei, dominicain italien, qui mourut en 1297, dit de Charlemagne, dans son *Manipulus florum*, t. xi, *Scriptorum italicorum*, p. 601 : « Tres scolas pro Gregoriano officio addis-
« cendo ultra montes instituit ; primam posuit Metis, secundam
« Senonis, tertiam Aurelianis. » Je pense que cet auteur n'a écrit ceci que parce qu'au xiiie siècle on le croyoit ainsi, et qu'on n'attribuoit point alors à d'autre qu'à Charlemagne l'émulation qui régnoit dans le chant à Sens et à Orléans ; je ne sçai pas en quel temps votre Chapitre a congédié les musiciens, mais je sçai bien qu'on y chantoit encore ce déchant, ou musique ancienne, sur les O de Noël, en 1553. Ce fut cette année-là que notre Chapitre, tenant à honneur de se régler sur le vôtre, conclut en ces termes : « Le.... seizième décembre, insuper Domini volentes
« insequi vestigia ecclesiæ metropolitanæ Senonensis, et plera-
« rumque aliarum cathedralium hujus regni, concluserunt et
« ordinaverunt quod, dum decantabuntur illæ novem solemnes

« antiphonæ ad Magnificat quæ incipiunt per O, ante novem dies
« precedentes festum Nativitatis Salvatoris D. N. J. C., qualibet
« earum antiphonarum cantabitur bis, videlicet in principio, et
« in fine dicti cantici magnificat in musicalibus sive discantu, et
« cum organis; et tunc ad aquilam deferantur duæ cruces
« argenteæ cum duabus tædis accensis, ad majorem jubilationem
« et divini cultus augmentationem. » Si votre Chapitre fut des
premiers à admettre l'organisation du chant grégorien, c'est-à-
dire à permettre qu'on fît des accords sur ce chant, il fut aussi
des premiers à rejeter cet usage : non pas que ces accords
blessassent l'oreille, mais parce qu'on sentit peut-être quelques
inconvénients de la part de ceux qui l'exécutoient; je crois que
votre église a très prudemment fait de prévenir le temps des
raffinements où nous sommes à présent, temps auquel la musique
voudroit débusquer le plain-chant.

Les musiciens, en général, et ceux qui leur sont affiliés par
quelque endroit, comme par exemple seroit un chanoine qui
sçait un peu toucher du clavecin ou chanter sa partie de musique, font des raisonnements si pitoyables, en fait de plain-chant,
et molestent si fort cette science, que tout est à craindre pour les
églises où ils sont écoutés.

Je présume (quoique votre nouveau bréviaire n'en dise rien),
que vous aurez conservé l'ancien usage de chanter dans votre
chœur, le jour de la Saint-Étienne, le psaume alleluiatique:
Laudate 148, dans un des modes qui sont différents du système
grégorien, un mode psalmodique dont la dominante est la corde
finale même de l'antienne. A l'égard de la semaine de Pâques, je
suis assuré que vous chantez, comme nous, aux petites heures,
sur une corde élevée d'un ton seulement au-dessus de la corde
finale de l'antienne, conformément aux anciens livres de l'une et
de l'autre église.

Ces modes sont l'écueil de tous les musiciens : ils n'y entendent rien, tous tant qu'ils sont; et, en effet, si la science de
quelques-uns ne va pas jusqu'à connoître seulement le détail du
système grégorien, comment pourroient-ils pénétrer dans les

systèmes de chant qui sont plus anciens, et reconnoître dans nos offices ce qui en est émané? Continuez, Monsieur, à conserver des vestiges de ces anciens modes. Il ne dépendra pas de nous qu'on en fasse de même ici, non plus qu'à Tours et à Langres, dont les livres contiennent des restes de cet ancien système usité dans les Gaules avant le siècle de Charlemagne.

Qui conservera donc toutes les variétés de chant, si ce n'est les églises cathédrales, dont le clergé est nombreux? Il n'y a de contradiction à attendre là-dessus que de la part de ceux qui n'y comprennent rien, et qui ne sont en état d'y rien comprendre; il y a aussi certaines autres variétés dans le chant de l'office divin que l'on supprime quelquefois sans assez d'attention pour aller au plus court, sous prétexte que les paroles ne sont pas tirées de l'Écriture-Sainte. Mais ce que j'ai à leur opposer passeroit les bornes d'une simple lettre; je n'ai garde de m'étendre là-dessus lorsque ce sont des chanoines qui raisonnent ainsi, je les fais ressouvenir de cette belle parole de l'auteur du livre de la *Coutume d'adorer Dieu debout* : « Qu'une église cathédrale doit être la dépositaire et la conservatrice de tout ce qui est négligé dans les petites églises, et que c'est dans son sein qu'on doit retrouver l'antiquité qui périt presque partout ailleurs, par le manquement du clergé, ou faute de zèle pour sa conservation. » Je vous le cite de mémoire.

J'ai lu avec bien de la satisfaction l'éloge que fait de votre église le sieur de Moléon, dans son *Voyage liturgique*, aux pages 162 et 163, tant sur la séparation de toutes les heures de l'office, que sur le reste. Ce livre, imprimé en 1718, mérite d'avoir sa place dans la bibliothèque du Chapitre. L'auteur, rapportant sur quel pied il a vu célébrer l'office de Primes, lorsqu'il passa par Sens, vers l'an 1697 : Primes, dit-il, est de toutes les petites heures l'office qui est le mieux chanté à Sens. Ils ont retenu l'ancien office de Primes. Le dimanche, ils disent le *Magna prima* ou les grandes Primes, qui, outre les notes, contient les six psaumes qu'on distribue à Primes chaque jour de la semaine.

Si vos nouveaux bréviaires ont un peu abrégé le nombre des psaumes, ils n'ont rien diminué de la noblesse avec laquelle vous chantez Primes les dimanches. Tous les étrangers qui en sont témoins en sont édifiés, comme aussi de la majesté et gravité avec laquelle on en chante l'antienne.

Pour le coup on peut dire : *Li chanteor de Sens*. Cet exemple est à proposer aux églises de la province, qui toutes ont eu, comme vous, le *Magna prima* des dimanches, et dans quelques-unes desquelles on est prêt à se relâcher sur ce qui en tient lieu; il mérite encore mieux d'être imité que celui de la musique sur les O de Noël, que nous avons prises de vous ; et ce que vous pratiquez est plus canonique que ne l'est la démarche de ceux qui sollicitent et pressent pour qu'on chante ces Primes dominicales à la manière des jours ouvriers. M. Joly, chantre de Notre-Dame de Paris [2], a fort bien remarqué dans son traité *De horis canonicis*, p. 40, que l'office de Primes a été établi pour honorer spécialement la Sainte-Trinité, et c'est sans doute le fondement sur lequel est appuyée la sage pratique de votre église. Je finirai en vous marquant que vous vous êtes trompé lorsque vous m'avez cru auteur de la réponse qui est dans le *Mercure* de novembre, à la question proposée dans celui de juin, touchant l'autorité des musiciens en fait de plain-chant. Je ne suis point auteur de cette réponse. Le style seul pourroit vous en convaincre si vous y faites attention. Je ne me flatte point d'écrire si bien que cet auteur. Peut-être que le temps vous le fera connoître.

---

198. — DE LEBEUF AU PÈRE DU SOLLIER, A ANVERS.

Ce 3 janvier 1734.

Je n'ai point négligé les saints sur lesquels vous souhaitez d'être informé ; mais, pour le présent, je ne puis m'étendre que sur saint Martin, de Brives, touchant lequel on m'a envoyé ce qui suit, en attendant qu'on me fasse tenir sa légende :

2. Voyez Correspondance, t. I, p. 235, une note sur Cl. Joly.
LETTRE 198. — Publiée d'après le *Bulletin des études historiques et archives du diocèse de Sens et Auxerre*, mars 1866, p. 105.

1734   Saint Martin étoit, dit-on, natif d'Espagne; on assure même qu'il étoit prince, qu'au milieu d'une cour païenne il confessa le christianisme; mais, qu'appréhendant les tentatives, il quitta le pays, et qu'après plusieurs courses, qu'on fait même étendre jusqu'en Italie, il arriva dans le Périgord et s'y arrêta dans un lieu appelé Savignac, et y contracta liaison avec un saint prêtre, nommé Laurent. On fait ensuite arriver Martin à Brives : il y annonce la foi, prêche contre les idoles. Le peuple, irrité de ses discours, le lapide, et un d'entre eux lui coupe la tête. Le prêtre Laurent, son ami, prend soin d'inhumer son corps[1].

On ne m'en mande point davantage touchant sa vie; on s'étend davantage sur son culte. Vous sçavez ce qu'en dit M. Valois dans sa notice. On ajoute à cela que son corps repose encore dans la collégiale de son nom; que le crâne et une partie de la mâchoire sont dans une châsse magnifique, qu'on croit avoir été faite par saint Éloi[2].

Il y a encore une autre relique de ce saint, c'est son manteau qui demeure incorruptible, quoique les linges ou étoffes dans lesquels on l'enveloppe prennent fin. Un chapelain dit *vestis* en général.

On dit, à Brives, que l'empereur Valentinien, incertain du succès d'un combat qu'il devoit livrer à ses ennemis, se voua à ce saint Martin, et qu'ayant remporté la victoire il envoya à l'église de ce saint un calice d'argent. On le montre même encore.

Ceci me paroît sujet à caution.

On marque aussi que Rorice, évêque de Limoges, donne des éloges à ce saint Martin. Vous pouvez voir ce qui en est dit dans ses lettres que je n'ai point *ad manum*[3]. Ce saint Martin a sa fête dans le diocèse de Sarlat, avec légende propre et office semi-double. Ceci est tiré du même mémoire.

1. Saint Martin, de Brives-la-Gaillarde (Corrèze), était disciple de saint Martin, de Tours. Il vivait au ve siècle, et sa mort est au 7 décembre. — Voyez A. de Valois, *Notitia Galliarum*, au mot *Briva-Curretia*.

2. Il y avait, à Brives, une église collégiale sous le vocable de Saint-Martin. Le chef de ce saint y était conservé dans un buste en argent émaillé qu'on attribuait à saint Éloi. — Voyez Ch. de Linas, les *Œuvres de saint Éloi*, 1864, p. 47.

3. Les lettres de Rorice sont dans Canisius. *Antiquæ lectiones*, t. v.

M. Chastelain, dans ses *Notes marginales*, ne fait ce saint que simple confesseur. Il dit de la châsse *non a sancto Eligio*, et le reste qui se lit dans M. Valois. Il ajoute aussi qu'à Brives on anticipe le jeûne au 8 d'août, afin de ne pas jeûner le jour de la Saint-Martin. C'est aussi ce que l'on m'écrit de ce pays-là.

Si l'on me mande quelque chose de nouveau touchant le saint Nicolas Appleine [4], je vous en ferai part.

J'ai écrit à Tournus pour sçavoir quelque chose sur les saints Amour et Viatre; lorsque la réponse sera venue, je ne perdrai point de temps pour vous en faire sçavoir le contenu [5].

Je souhaiterois bien que votre Usuard [6] fût dans cette ville; mais on n'y possède que celui de l'édition de Saint-Germain des Prés, qui est sec et stérile. Une note quelquefois sert d'occasion à faire une recherche, et la recherche peut procurer une découverte.

Vous m'avez flatté de quelque chose à la fin de votre dernière lettre, en date du 22 août dernier. Je ne mérite rien, mais je ne serois pas fâché d'être plus au fait que je ne suis de vous rendre service, soit par la disette de livres, soit par mon éloignement de Paris, comme aussi d'avoir de plus en plus occasion de vous marquer mon dévouement entier, etc.

4. Nicolas Appleine, chanoine de la collégiale de Prémery (Nièvre), vivait au temps de Louis XI. Il est mort en odeur de sainteté, en 1466. Voyez sur Nicolas Appleine une lettre de Lebeuf au P. du Sollier, *Mercure* de juillet 1732, p. 1471.

5. *L'Histoire de l'abbaye Saint-Filibert et de la ville de Tournus*, de Pierre Juenin, 1733, in-4°, ne fait aucune mention des saints Amour et Viatre. Chastelain les mentionne au 9 août, comme martyrs en Franche-Comté. Mais les auteurs des *Acta sanctorum*, relatant au même jour les noms de ces martyrs, d'après le Martyrologe de Paris de 1727 qui les fait vivre au v° siècle, en Séquanie, paraissent douter de l'exactitude de cette attribution, et déclarent n'avoir, à leur sujet, aucune certitude.

6. L'Usuard dont il est question dans ce passage est le martyrologe dû à l'auteur de ce nom qui vivait dans le ix° siècle, et qui fut religieux de Saint-Germain-des-Prés. Le P. du Sollier avait publié une édition du Martyrologe d'Usuard, in-f°, 1714. D. Bouillard, bénédictin, en donna une autre édition, 1718, in-4°, sur le manuscrit conservé à Saint-Germain-des-Prés.

199. — DE LEBEUF AU PRÉSIDENT BOUHIER.

Auxerre, 28 mars 1734.

1734

Vous avez eu la bonté de m'offrir vos manuscrits et de permettre que l'ecclésiastique de Langres, originaire de Dijon, que j'enverrois pour en voir un de ma part, auroit toute liberté de feuilleter et examiner ce manuscrit. J'use du pouvoir que vous avez eu la bonté de me donner; et comme il part d'ici pour Langres, en passant par Dijon, et remportant avec lui tout le chant du nouveau bréviaire de Langres[1], que nous avons fait ensemble, je lui ai dit d'avoir l'honneur de vous faire la révérence et de vous présenter cette lettre, par laquelle je vous prie de lui permettre d'examiner ce manuscrit de manière qu'il puisse m'en rendre compte, en cas qu'il lui soit facile d'en lire les abréviations. Au moins, Monsieur, s'il y a du chant noté il y lira couramment et sans hésiter, et c'est ce que je souhaite sçavoir par rapport au chant de l'antiquité que la nouvelle musique obscurcit de jour en jour. Ce volume est in-f°, fol. C., p. 23, n° 54. Telle est l'indication que m'en a envoyée autrefois un ami de M. Papillon.

Le bruit avoit couru, Monsieur, que ce sçavant Dijonnois faisoit enfin imprimer son volume des *Écrivains de Bourgogne*, à Paris. Je n'ai pu obtenir là-dessus aucun éclaircissement de la grande ville; mais il ne perd rien pour avoir attendu, et sans doute que les Pères Rivet et autres bénédictins, qui donnent l'*Histoire littéraire de la France*, découvriront des écrivains dont il pourra enrichir sa liste[2]. J'ai été bien aise de lire, dans leur

---

LETTRE 199. — Publiée d'après l'original fonds Bouhier, Bibliothèque impériale, n° 165/4, f° 313.

1. Le *Bréviaire de Langres* avait été publié par ordre de l'évêque, P. de Pardaillan; Dijon, 1731, 4 vol. in-8°.

2. D. Rivet a commencé à publier l'*Histoire littéraire* en 1733, tandis que l'ouvrage de Papillon n'a paru qu'en 1742, et après sa mort. La publication en est due, comme nous avons déjà eu l'occasion de le dire, aux soins du chanoine Joly.

prem   volume, la découverte qu'ils y font d'un écrivain Autunois : *De laudibus Domini*, qui est imprimé dans le *Supplément de la bibliothèque des Pères*, de l'édition de Lyon [3]. Cela pourra dédommager l'église d'Autun d'un écrivain que je lui ôte et que le monde lui a attribué jusqu'à présent, excepté les premiers biographes [4].

Comme M. Camus m'a paru de bonne volonté [5], je l'ai encore prié de prendre, avec votre permission, la notice de deux autres manuscrits de même espèce, qui sont : l'un, in-4º E, p. 51, nº 51 ; l'autre, in-8º F, p. 67, nº 14.

200. — DE LEBEUF AU PRÉSIDENT BOUHIER.

Auxerre, 3 juin 1734.

Je ne différerai pas d'un ordinaire à vous marquer combien je suis sensible à l'honneur que vous me faites de me complimenter au sujet du prix fondé l'année dernière [1]. Il est vrai que ces Messieurs de l'Académie me l'ont adjugé. Mais peut-être étoit-ce parce que nous n'étions pas un grand nombre de concurrents. Vous en jugerez, Monsieur, par la pièce même que j'aurai l'honneur de vous envoyer lorsqu'elle sera imprimée, ce que j'espère devoir se faire avant la fin de l'été.

---

3. Cet auteur autunois du IVe siècle est demeuré anonyme aussi bien pour D. Rivet que pour les auteurs de la *Bibl. des Pères*. Voyez *Histoire littéraire de la France*, t. I, 2e partie, p. 95, et *Max. Bibliothecæ veterum patrum supplementum*, t. XXVII, p. 517.

4. L'écrivain que Lebeuf a retranché du catalogue des auteurs autunois est un prêtre du XIIe siècle, nommé Honorius, qui était d'Augsbourg.

5. Camus, prêtre de Langres, chanoine de la Sainte-Chapelle de Dijon, versé dans la science du chant ecclésiastique. — Voyez lettre du 7 janvier 1741.

Lettre 209. — Publiée d'après l'original fonds Bouhier, Bibliothèque impériale, nº 1654, fº 315.

1. Lebeuf obtint alors le prix de l'Académie pour son premier mémoire sur l'*État des sciences depuis Charlemagne jusqu'au roi Robert*.

1734

Vous me faites, Monsieur, un souhait très gracieux en conséquence de cet événement. Je vous avouerai qu'un grand nombre de Messieurs de l'Académie des belles-lettres se trouvent dans les mêmes sentiments que vous. Je vous l'avoue, à ma confusion, parce que je n'ai pas le mérite d'être dans un tel corps, je ne reconnois en moi qu'une envie sérieuse de travailler, mais je n'ose répondre du succès de mes travaux. L'unique embarras est de trouver à Paris un poste qui me tînt lieu de mon bénéfice, et c'est ce qu'un homme d'église ne rencontre pas aisément, portant surtout avec lui le nom d'un diocèse qui n'est pas bien venu chez tout le monde [2].

De bons amis que j'ai s'emploient pour me faire connoître à ceux dont dépendent les grâces : mais qu'attendre encore à l'ouverture d'une guerre qui va causer des dépenses immenses [3] ?

Le sieur Camus, prêtre de Langres, connoisseur en chant, m'a envoyé, Monsieur, la notice de trois de vos manuscrits en chant que je lui avois indiqués, mais comme il étoit pressé de retourner à la ville d'où il étoit envoyé, il ne m'a pas dit un seul mot de celui dont vous me faites la grâce de me parler dans votre lettre du 3 avril, lequel vous me dites avoir acquis à Châlons. Apparemment qu'il en a trouvé le chant trop récent et peut-être peu curieux. Le titre de la Confrérie des *Sept Allégresses* est assez particulier. J'ai compris par ce que cet ecclésiastique m'a mandé touchant votre manuscrit C. 54, que les sept premiers feuillets mériteroient d'être transcrits et rendus publics, parce qu'ils contiennent les principes du chant, sur lesquels il y a quelquefois des contestations à essuyer de la part des musiciens modernes, qui ne sont pas au fait de cette érudition.

Mon *Histoire des Évêques et des Comtes de cette ville*, c'est-à-dire l'histoire tant ecclésiastique que civile de ce pays, s'en va

---

2. A cause de sa réputation de janséniste.
3. Lebeuf fait allusion à la guerre déclarée, en 1734, à l'Autriche, pour la défense de la Pologne.

finissante. Elle pourra composer 2 vol. in-4°; je ne sçai pas encore quelles mesures prendre pour l'impression. Il n'y a que les pièces justificatives qui m'arrêtent, n'ayant presque pas le loisir de les transcrire ; outre cela, quelques-uns voudroient que j'en misse grand nombre, d'autres sont d'un sentiment opposé et je souscris à ces derniers[4]. Je ne refuse pas la bonne volonté de M. De Fay. L'*Histoire de Tournus* est en très beaux caractères : le tout dépendra des conventions, mais il est encore trop tôt pour parler de tout cela.

---

201. — DE LEBEUF A FENEL.

Auxerre, 31 juillet 1734.

Notre feste de Saint-Germain nous procure souvent des occasions pour Sens ; j'embrasse celle de deux religieux bénédictins, d'autant plus volontiers pour me renouveller dans votre souvenir, que j'ai avec cela trois ou quatre questions à vous proposer.

1° En récrivant la vie de je ne sçai lequel de nos évêques, il s'est présenté le nom d'un de vos anciens archidiacres. J'ai lu Jean de Vailly, mais je doute de la bonté de ma lecture, et je pense qu'il faudroit peut-être lire : Jean de Nailly, parce que vous avez proche Sens un petit village de ce nom. En consultant

---

4. Lebeuf paraît avoir, et avec raison, changé d'avis, car le deuxième volume de ses *Mémoires sur l'histoire d'Auxerre*, renferme un grand nombre de textes précieux pour l'histoire, et dont beaucoup des originaux ont disparu. L'*Histoire de l'abbaye de Saint-Filibert et de la ville de Tournus*, fut publiée à Dijon, en 1733, chez Antoine De Fay, imprimeur des États, et est en effet très belle. Elle semble avoir inspiré Lebeuf dans le plan de son ouvrage sur Auxerre.

LETTRE 200 à 204. — Publiées d'après les originaux, collection de Fontaine.

1734 le catalogue des archidiacres, dressé par M. votre oncle, vous pourrez voir si j'ai raison[1].

2° Vous avez parmi ses manuscrits une chronique de Vezelay de Hugues le Poitevin[2]. Il y a à la tête de ce volume une petite chronique anonyme où sont chiffrées toutes les années depuis Jésus-Christ : il y a à côté quelques faits assez curieux en certaines années. En voici un que je vous prie d'y regarder, et me faire sçavoir s'il est dans les mêmes termes. Le Père Labbe, t. 1, *Bibliothèque manuscrite*, p. 395, le rapporte à l'an 926. Une copie figurée que j'ai de cette chronique, à trois colonnes, semble le rapporter à l'an 925 ; le P. Daniel le place à cette année-là. Voici le texte :

« Bellum in monte CALLAU, ubi Garnerius comes cecidit »

Je voudrois sçavoir s'il y a ainsi : « Callau, » et non « Callo » ou « Calo, » ou bien « Chalo » ou « Calaun, » comme je crois qu'ont quelques-unes de vos chroniques. Le débrouillement de ce nom propre doit vous intéresser, parce qu'il s'agit là d'un de vos comtes de Sens[3]. Le Père Daniel a traduit hardiment : « Chaumont. » Seroit-ce votre Chaumont proche Villeneuve-la-Guiard? Je ne le puis croire, car c'est bien loin de la Bourgogne. Il faut chercher ce « mont Callau » de nos côtés. Au reste, je vous prie de me dire si vous connoissez quelque village qui ait un nom approchant. Votre Taveau, page 50, sur l'évêque Wautier II, en fait un « Calomons, » en un seul mot. Pour moi je crois que c'est quelque endroit appelé Chalò ou Chalau[4].

3° Un auteur du siècle dernier traduit le « Villam Dordincam

---

1. Le Catalogue des archidiacres de Sens porte bien, à l'an 1450, le nom de Jean de Vailly, et non de Nailly. (Arch. de l'Yonne).
2. Voyez sur ce manuscrit, ci-dessus page 133, note 12.
3. Le texte original est bien, en effet, celui que donne Lebeuf.
4. Lebeuf, dans le *Mercure* de février 1735, a publié une dissertation adressée à Fenel, sur cette bataille de Mont-Chalau, qu'il place à 3 heures d'Avallon, au sud, à la même distance de Vézelay, et non loin de Quarré. Voyez, en outre, un Mémoire de M. l'abbé Henry, curé de Quarré, sur cette même bataille, *Bulletin de la Société des sciences de l'Yonne*, t. XI.

ou Dordigam, » de vos chroniques Sénonoises, où mourut, en 956, Hugues le Grand, père de Hugues-Capet, par Villeneuve-la-Dondague, proche Sens. Je vous ai quelquefois ouï parler de ce village. Mais paroît-il avoir été autrefois considérable ? On croit communément que c'est Dourdan, vers Chartres, que vos chroniques désignent. Y a-t-il eu un ancien château à Villeneuve-la-Dondague ? Ne seroit-ce point plutôt Dordives, proche Ferrières [5] ?

4° C'est ici une question hagiologique. Êtes-vous bien persuadé que vous possédez dans votre trésor une côte de saint Martin de Tours, ou autre ossement de ce saint ? Les chanoines de cette église collégiale écrivoient, en 1317, aux chanoines de Saint-Martin de Liége, leurs confrères, que le corps de ce saint évêque étoit encore entier, et qu'il ne s'en étoit fait encore jusque-là aucune distraction. C'est ce qui fit qu'ils refusèrent de leur en envoyer, comme ils en avoient demandé. Voyez cette lettre, t. I, *Ampliss. collect. Martène.*

5° Voici un article du *Dictionnaire universel de la France*, imprimé en 1726, sur lequel je ne suis tombé que depuis quelques jours, t. I, col. 683.

« CHAILLY, dans le Gâtinois, diocèse de Sens, élection de
« Melun [6]. Le seigneur de Chailly a droit d'entrer dans le Chapitre
« de l'église collégiale de Melun, l'épée au côté, l'aumusse sur
« le bras, et d'y occuper la première place parmi les chanoines,
« soit aux hautes ou basses stalles, avec la faculté d'entonner
« une antienne. »

Il me paroît de l'obscurité dans cet article, « entrer dans le Chapitre. » Est-ce entrer dans le chœur ? ou bien entonne-t-on des antiennes dans le Chapitre ? C'est sûrement une faute d'impression. Mais le fond du fait est-il véritable ? C'est ce que je

---

M. Henry prétend que la bataille a eu lieu sur le versant de la colline où est bâti Quarré, à l'ouest, dans un lieu appelé le Champ-Cullan.

5. Dordives, canton de Souppes (Seine-et-Marne).
6. Chailly-en-Bière, commune de l'arrondissement de Melun (Seine-et-Marne).

voudrois sçavoir, et quelle antienne on annonce à ce laïque? C'est apparemment le *De fructu* de Noël⁷.

Vous me taxerez, Monsieur, de grand importun et qui ne sçauroit laisser le monde en repos. Je reçois cette qualification de plus d'un endroit, mais il faut s'en prendre à la diversité qu'on trouve parmi les écrivains, ou à l'obscurité qu'ils laissent après eux. Des cinq articles sur lesquels j'ai l'honneur de vous écrire, il n'y en a que deux qui pressent un peu plus, sçavoir: le deuxième et le troisième : « Mont Callaux et Dordiga, » le reste sera à votre loisir.

En même temps que vous aurez la bonté de me faire réponse par la poste, je vous prie de me donner des nouvelles de M. Poisson. Il a couru icy un bruit qu'il avoit ordre de venir passer quelque temps au Séminaire. Donnez-moi, de grâce, quelque éclaircissement sur cette nouvelle⁸.

---

202. — DE LEBEUF A FENEL.

17 août 1734.

Quoique les deux questions que vous me faites l'honneur de me proposer puissent ne pas requérir célérité, cependant je

---

7. Voyez *Mercure de France* du mois de mai 1727, p. 921, une dissertation de Lebeuf sur différents sujets et notamment sur les *De fructu* d'Auvergne. Cette cérémonie, qui prend son nom du premier mot de l'antienne *De fructu* des fêtes de Noël et qui se célébrait dans les églises, consistait en ceci : « Le chapier ou porte-chape du côté du chœur se munit, au commencement de vêpres, d'un bouquet ; puis, après avoir annoncé l'antienne *De fructu* à l'ecclésiastique à qui il le doit, il se rend devant la personne à qui il a destiné le *De fructu*, et qui est, pour la première fois, le premier du Chapitre, et le jour suivant, le premier de la ville ; puis, lorsque le chœur chante l'antienne *De fructu ventris*, etc., le Chapitre présente son bouquet au personnage, ce qui veut dire que le soir le Chapitre ira souper chez lui. »

8. Ce bruit n'était pas sans fondement, et il arriva plus tard un plus grand désagrément à Poisson, qui était un chaud janséniste. Il fut exilé

tâche de me prêter à la célérité avec laquelle vous demandez la réponse.

Si vous voulez que le prénom de *Vespillio* soit un nom de baptême et même un nom de saint, je ne vois que saint Éméric, du 4 novembre, selon le martyrologe romain, qui ait pu fournir ce nom. A une lettre près, c'est le même nom. Ce saint Éméric vivoit au xie siècle. Mais il peut aussi se faire qu'*Americus* ne soit là qu'un nom de la même espèce que ceux de *Palamèdes*, *Scipion*, *Almaric*, etc., qui sont dans certaines familles, et, qui s'y perpétuent seulement par respect pour les ancêtres qui l'ont porté. M. Chastelain ne connoit aucun saint Americ dans son *Martyrologe universel*, ni même de saint Aymeric.

Quant à votre seconde question, l'abrégé dont vous me parlez de Baronius a été fait apparemment par un ignorant qui a francisé, comme il a jugé à propos, les noms propres. M. de Valois a fait dans sa *Notice des Gaules*, à la lettre S, sur le mot *Syriacus-Pons*, un article particulier où il déclare que c'est Pont-sur-Yonne, fondé sur la distance de Sens de sept milles [1]. Il n'apporte là-dessus aucun autre témoignage que celui de la vie de saint Loup. Ce *Pons-Syriacus* est cependant nommé encore ailleurs : mais d'où lui vient ce nom ?

C'est ce qui n'est pas facile à deviner. Si l'on disait Pont-Chéry, comme on dit Michery (qui n'en est pas loin), on verroit quelque rapport. Peut-être l'a-t-on dit autrefois. Votre abréviateur a apparemment lu *Portus Laudunensium*, pour traduire, comme il le fait : *Port du Laonnois*. Mais quel rapport y a-t-il

hors du diocèse de Sens, par lettre de cachet du 1er décembre 1741. — Voyez Correspondance, t. I, p. 338, note 2.

LETTRE 202. — 1. L'opinion de Valois, au sujet de *Pons-Syriacus*, a toujours paru vraie, et les hypothèses de Lebeuf ne l'infirment en rien. Le surnom de *Syriacus*, dont l'origine est inconnue, se trouve déjà mentionné dans une *Vie de saint Loup de Sens*, du vi[e] siècle, et on le trouve encore attribué, à n'en pas douter, à Pont-sur-Yonne, petite ville de l'arrondissement de Sens, dans une bulle de 1163, adressée au Chapitre de Sens (*Cart. de l'Yonne*, t. I, p. 153).

entre *Pertus Laudunensium* et *Pons Syriacus* ? Je n'en vois aucun. Le *Pons Syriacus* n'auroit-il point été autrement appelé *Pons Dominicus* ? Encore *Syriacus* ne peut pas représenter la même idée que *Dominicus* ; il faudroit : *Cyriacus*.

Mais puisque vous êtes tombé sur cette petite ville, il faut que je vous avertisse de consulter un des manuscrits de votre bibliothèque. C'est le roman de Girard de Roussillon. Vous devez l'avoir, car je l'ai vu et tenu : c'est un volume in-8° ou in-12 non relié [2]. J'ai parcouru une copie de l'exemplaire de M. le président Bouhier, et je l'ai examinée d'assez près pour y apercevoir certaine mention de votre ville. C'est vers la fin. On y lit ce vers :

« Girard est dedans Sens, ma très noble cité… »

Et plus bas :

« Cils deux ost assemblirent environ Tierce et Sexte,
« En un lieu près de Pont, que l'on appelle Sixte. »

La rime de *Sexte* avec *Sixte* est à peu près comme celle de *miséricorde* avec *hallebarde*.

Un peu plus bas :

« De séjourner à Sixte, sachiez n'est pas grand cure. »

Sur la fin du roman on lit les fondations que Girard et Berthe, sa femme, firent, au nombre de douze, parmi lesquelles est nommé *Sixte*, prieuré dit situé au-dessous de Sens, et où ledit Girard est dit avoir déconfit Charles le Chauve, pour la sixième fois.

Tout ce que vous me dites sur Villeneuve-la-Dondagne étoit bon à sçavoir afin de me détourner d'ajouter foi au manuscrit récent qui l'assigne pour le lieu de la mort d'Hugues le Grand. Vous tenez cette terre apparemment de Tristan de Salazar [3].

Nous n'avons pas en cette ville l'Histoire de M. l'abbé Dubos.

---

2. Voyez lettre du 16 juillet 1733.
3. La donation de la terre de Villeneuve-la-Dondagre, petite commune du canton de Chéroy (Yonne), a, en effet, eu lieu par l'archevêque F. de Sallazar, à son Chapitre, suivant son testament du 19 juin 1517.

Nous ne la connoissons que par les extraits qui en sont dans le *Journal des Sçavants.* Mais quoique vous l'estimiez très fort, et qu'elle soit, en effet, estimable, ne pourroit-il pas se faire que l'on fût assez fondé à croire qu'il a donné un peu dans la conjecture, comme quand il dit qu'au lieu de *Valentina urbis rura* il faut apparemment *Aureliana urbis rura.* Et l'explication qu'il donne au texte de Grégoire de Tours est-elle bien naturelle ? Il semble que les journalistes, dans le premier extrait qu'ils en donnent, ne goûtent pas trop son nouveau système[4].

Ce n'est pas une règle bien sûre, que tous les auteurs des manuscrits s'attachassent à mettre des lettres capitales aux noms propres. On a mille exemples de noms où ils n'en ont pas mis. Si le vôtre n'en a pas mis à *Callau*, il devoit donc en mettre à *Monte*. Je suis surpris que vous me marquiez que Flodoard mette *in monte Chalo*[5]. J'ai cette chronique de l'édition de Pithou, in-8° 1588, et j'y lis : « Ragenoldus cum suis Normannis Burgundiam depopulabatur cum quo Warnerius et Manasses comites, Ansegisus et Gozcelinus præsules, congressi apud Montem-Calaun Nordmannorum plusquam DCCC sternunt. » Le même Frodoard, à l'an 921, pour signifier la ville de Laon, dit « mons Lauduni, episcopus Montis-Lauduni. » Cet exemple peut servir à prouver qu'il faut chercher un Chalau ou Chalo, et non pas *Montchal* ni *Chaumont.*

Il me semble qu'il seroit bon que nos historiens modernes fussent entrés dans un plus grand détail et qu'ils eussent suivi de plus près Frodoard et les autres; car en voulant les abréger, tout abrégés qu'ils sont déjà, on les rend plus obscurs.

Avez-vous remarqué, Monsieur, que la chronique de Vézelay, ci-dessus citée, porte dans l'imprimé du P. Labbe, à l'an 929,

---

4. L'abbé Dubos venait de publier son ouvrage intitulé : *Histoire critique de l'établissement de la monarchie françoise dans les Gaules.* Son système historique, qui fut fort critiqué, notamment par Montesquieu, repose sur cette opinion, que la prise de possession des Gaules par les Francs fut un établissement pacifique et non une conquête.

5. Voyez ci-dessus, lettre du 31 juillet 1734, note 4.

une guerre *in pago Senonico*, mais avec la précaution de faire remarquer qu'ailleurs on lit : *Lemovico*. Frodoard [6], qui met ce fait à 930, parle clairement de l'Aquitaine, et met *in pago Lemovicino*. Vis-à-vis DCCCCXXVIIII : Karolus obiit Perronam. Rodulfus rex....

Vis-à-vis DCCCCXXX : et fuit anno septimo regni sui in pago Lemovico ; — bellum fecit cum Normannis et vicit.

En finissant cette lettre je reçois une lettre d'un jeune homme, clerc tonsuré, étudiant à Paris, et natif dudit Paris ; comme il a coutume de venir en vacance chez moi, je lui écris qu'en passant à Sens il ait l'honneur de vous voir, tout pèlerin qu'il sera, pour vous demander vos ordres ou vos lettres pour moi.

Il pourra passer chez vous, vers le 26 du courant, si tant est que sa chère mère qui vient d'être veuve le laisse partir.

Si vous avez quelque botte à lui passer en grec ou en belle latinité, il sera en état de vous faire raison, sortant de l'un des meilleurs colléges, qui est le Plessis-Sorbonne.

Je viens d'apprendre, d'un de mes amis de Paris, qu'on a achevé d'imprimer mon écrit sur l'*État des sciences sous Charlemagne*, et qu'on le distribue.

Si le nombre des exemplaires qu'on m'envoie est abondant, j'en ferai ample effusion dans Sens, etc., et sinon, je n'y en enverrai qu'un ou deux exemplaires. On est dans des temps misérables pour l'impression des livres.

—

203. — DE LEBEUF A FENEL.

29 septembre 1734.

Une occasion non espérée d'un Auxerrois demeurant à Sens me fait passer pardessus l'embarras des vendanges pour vous remercier de votre amplissime lettre, venue par la voie de M. Le

---

6. Voyez Duchesne, *Historiæ Franc. Script.*, II. 598.

Roy, et datée du 29 août. Elle contient trop de choses pour que je puisse vous satisfaire à présent sur tout. Il n'y a pour le présent que l'intelligence du *Monte Chalo* ou *Monte Callau*, ou *Kalo-Monte*, qui me presse le plus. Approuveriez-vous que je plaçasse cette bataille à quatre lieues de Vézelay, et autant d'Avallon, sur la montagne du village de Chalau ou Chalaux [1]. Les anciens appeloient ce canton-là Bourgogne.

D'ailleurs, ce qui me fait incliner c'est la ressemblance de ce nom, et que Quarré-les-Tombes est tout proche : j'appelle ainsi l'éloignement d'une lieue et demie. Or, de tout temps, on a cru à Quarré qu'il s'étoit donné une bataille aux environs ; on parloit de Sarrazins ; mais c'est un nom qui convenoit bien aux Normands. Votre comte Garnier a été de ceux qui étrenèrent les tombeaux de Quarré [2]. Il y a deux ans qu'on y trouva cinq tombeaux, sous un vieux orme, et il y avoit un des corps qui avoit le crâne fendu.

S'il y eut plusieurs milliers de chrétiens sur le carreau, et huit cents païens seulement, les tombeaux de Quarré durent servir plutôt au grand nombre qu'au petit. Vous sçavez qu'on y trouve de ces tombeaux à milliers, en ce même lieu de Quarré.

On a dû vous remettre, à l'une de vos maisons de Bénédictins, un exemplaire de ma dissertation. Vous y verrez le dénouement de ce que je vous mandois l'an passé sur votre Bernerad. Je voudrois en avoir un plus grand nombre pour en répandre davantage dans votre ville.

Lettre 203. — 1. Voyez ci-dessus, lettre 201, note 4.
2. Voyez ci-dessus, lettre 201, note 4.

204. — DE LEBEUF A FENEL.

3 novembre 1734.

Vous m'avez fait, sur les noms personnels, une proposition qui demanderoit un homme moins ignorant que moi, pour en donner la solution : vous avez tellement chargé vos demandes, que je crois que la matière que vous proposez mériteroit d'être agitée dans une séance d'académie. Je vous dirai, en général, que je suis de votre avis, et que c'est s'abuser que de croire que les protestants ne prennent que des noms de l'Ancien Testament.

Ils ne s'attachent pas plus à cela que les catholiques se sont attachés, dans les premiers et les moyens siècles, à porter des noms de saints déjà *immartyrologisés*. Chacun sçait qu'on nommoit de quel nom on vouloit les enfants au baptême, quoiqu'on regardât comme très louable de leur donner des noms des apôtres, des martyrs, etc. La plupart des noms que vous me proposez n'ont jamais été portés par des saints, et quand même quelques-uns auroient été portés par des personnes depuis sanctifiées, l'on n'a pas songé à les tirer d'eux en les donnant.

Il y en a plusieurs teutoniques qui signifient quelque chose en allemand. On s'est contenté de leur donner une terminaison latine, excepté à *Gottlieb*, qui me paroit pur germain en tout. Voilà le nom de Dieu à la tête. Je ne sçai pas ce que signifie *lieb*[1]. *Herman*, *Humfrid*, *Berthold*, sont des noms assez communs pour avoir été portés par des saints. Au reste c'est une chose inconnue que l'origine et le fondement des noms qui sont injurieux, et qui expriment un vice ou un animal, et je ne croy pas que jamais on puisse découvrir la cause d'*injuriosus*, ni de *contumeliosus*. Mais pour *canis* et *asinus*, c'étoient des sobriquets qu'on donnoit à cause de quelque ressemblance ou pro-

---

LETTRE 204. — 1. Lieb, en allemand, signifie *Amour*.

chaine ou éloignée, soit entre les traits du visage, soit entre les qualités des personnes, comme la sagacité, la simplicité. Macrobe étoit plus près que nous du temps de l'origine des noms romains ; il en dit quelque chose : *Saturnalionum*, lib. I, cap. 6. On y voit que le surnom d'Asina venoit d'une ânesse chargée d'argent, que Cornélius avoit fait paroître pour caution et gage de son acquisition. L'histoire de la truye de Tremellius est encore plus plaisante. Sur ce pied je me console du nom de *beuf* que je porte, s'il vient d'une pareille source que l'ânesse de Cornélius. Je vous dirai cependant que je ne crois pas que j'aie dû séparer mon nom en deux, parce que mes ancêtres, dont j'ai des signatures du xv⁰ siècle et suivants, et même mon père signoit : LEBEUF, *uno tenore*, comme si son nom fût venu ou de *Leuboveus*, ainsi qu'il est dans Saint-Grégoire de Tours, *In mirac. S. Martini* ou de *Leobodus*, car le *bodus* du teutonique latinisé se rend par *beuf* dans notre langue. C'est ainsi qu'on dit à Angers saint Maimbeuf, en latin *Magnobodus* ; *Elbeuf*, en Normandie, se dit *Albodum*, originairement.

Me conseilleriez-vous de revenir à notre ancienne manière de signer, qu'un cousin-germain que j'ai, secrétaire du Roi, à Paris, a retenue dans toutes les expéditions. Mon nom seroit plus agréable dans la latinité teutonique que dans le principe de sa dérivation du gros animal bovin.

J'ai vu et tenu bien des manuscrits en ma vie, mais je n'ai pu songer à ce que vous me proposez aujourd'hui, touchant l'Évangile éternel[2]. Si le Roman de la Rose fait mention de ce livre, comme débité de son temps à Paris, il doit en être échappé

---

2. L'*Évangile éternel*, ce livre introuvable selon M. Renan, était attribué, dans le moyen-âge, à divers auteurs : à Guillaume de Saint-Amour, à Jean de Parme, général des Franciscains, et surtout à Joachim de Flore, abbé Calabrais, de l'ordre de Citeaux, au xiii⁰ siècle. On donnait le nom d'*Évangile éternel* à la réunion des principaux ouvrages de ce dernier, qui contenaient une doctrine annonçant une transformation du Christianisme et un dernier état de l'humanité. (Voyez *Revue des Deux-Mondes*, t. LXIV, 1ᵉʳ juillet 1866.)

quelque exemplaire. J'y ferai désormais plus d'attention, aussi bien qu'au Recueil des propositions condamnées par le bon Jacobin, archevêque de Cantorbéry. J'ai heureusement un Pierre Lombard, à la fin duquel sont les erreurs dont vous m'avez parlé, *cg) currit* (sic). Mon édition a cela même d'avantageux, que l'année y est. Elle est de Lyon, 1525, chez Vincent de *Portonariis*, *in vico mercuriali*, gothique, grand in-8°.

A propos du nom de Gottlieb, il faut que je vous raconte ce que m'a dit une personne qui a demeuré en Hollande. Ils y ont des armes parlantes comme en France. Ce catholique fut fort surpris de voir à une porte, sur le drap sépulcral, dans l'écu de l'armoirie, un saint-ciboire semblable à ceux de nos églises. On lui dit que la famille s'appelle *Godin* ou *Gottin*, et que le ciboire était les armoiries que cette famille avoit prises avant l'apostasie de la catholicité. *Godin* voulant dire dans ces Pays-Bas *Dieu dedans*, DEUS INTRA.

J'attends maintenant votre réponse sur le chanoine honoraire de Melun, le prieuré de Sixte, reliques saint Martin, etc.

Croyez-vous que la capitale du pays de Sens ait été où elle est, autrefois ? Ne trouve-t-on pas des restes de bâtiments vers votre *Mote Ciar* [3] ? et du pavé à la mosaïque ?

Je suis toujours en peine de sçavoir si le cuisinier de Saint-Germain a laissé pour vous, à Saint-Pierre-le-Vif, vers le 13 septembre, un paquet qui contenoit ma dissertation. J'en adresse aujourd'hui un deuxième exemplaire à M. Mahiet, pour la Bibliothèque. C'est à vous à retirer le vôtre.

J'ai lu, dans quelque extrait, que l'abbé Dubos ajoute foi à l'histoire de la Sainte-Ampoule, pour le baptême de Clovis. Et un jésuite écrivain, en 1679, la regardoit comme très suspecte : c'est le P. Jourdan [4].

---

3. La Motte du Ciar était une vaste construction romaine, située sur le bord de la Vanne, dans le quartier extérieur de Saint-Paul, près Sens.

4. Le P. Jourdan (Adrien), né en Normandie, vers 1617, mort en 1692. Il est auteur d'une *Histoire de France*, 3 vol. in-4°, 1679, dans laquelle il exprime l'opinion dont parle Lebeuf.

205. — DU PRÉSIDENT BOUHIER A LEBEUF.

Dijon, 3 décembre 1734.

[Il a lu sa dissertation, insérée dans le deuxième volume du *Mercure* de décembre 1733, sur LES BAINS DE TOUL ET LES VALENTINES DE METZ [1].] — «... Si vous aviez interrogé quelque
« officier ou même quelque homme du monde, sur ce dernier
« point, vous auriez appris que ce n'est point une coutume par-
« ticulière au pays Messin mais une chose que j'ai vue usitée
« presque partout dans les parties de plaisir entre les hommes
« et les femmes, quoique depuis quelque temps on ne la pra-
« tique plus que rarement. »

---

206. — DE LEBEUF A FENEL.

Auxerre, 7 janvier 1735.

La sensibilité dont je suis à l'égard des compliments qu'il vous a plu me faire au sujet de la nouvelle année, par M. Mahiet [1],

---

LETTRE 205. — Publiée d'après l'original, Bibliothèque impériale, fonds Bouhier, n° 165/4.
1. T. II, p. 2833. Les *Valentines* étaient une coutume singulière qui se pratiquait en bien des pays. Les jeunes filles et les jeunes garçons, en nombre égal, se réunissaient la veille de la fête de Saint-Valentin, qui tombe le 14 février. Chacun écrivait son nom, ou un nom emprunté sur un petit billet. On tirait ensuite au sort ; les filles prenant les billets des garçons et réciproquement. Les garçons portaient leurs billets sur le cœur ou sur la manche pendant plusieurs jours ; ils donnaient aux Valentines des fêtes et des présents, et souvent il se préparait dans les fêtes des mariages imprévus. Cet usage s'est perpétué en Angleterre, où chaque année, au 14 février, il s'échange entre les jeunes gens et les jeunes filles plusieurs millions de lettres appelées *Valentines*.
LETTRE 206. — Publiée d'après l'original, Collection de Fontaine.
1. M. Pierre Mahiet, chanoine de Sens, à l'autel Notre-Dame, et grand-

me porte à vous récrire par le même canal pour vous en remercier le plus tôt qu'il m'est possible, et vous marquer les souhaits que je fais pour votre bonne santé et votre infatigabilité à persécuter toutes les singularités curieuses des livres les plus rares.

Je ne crois pas pouvoir, dans un si petit volume qu'est cette lettre-ci, répondre suffisamment à tous les chefs de votre grande et magnifique lettre du 22 novembre dernier.

J'aurai l'honneur de vous renvoyer, pour ce qui est du sault de la lune, à une dissertation de ma façon, qui est dans le *Mercure* de février 1728, à la page 269 : vous y verrez du curieux et du risible.

Je commence à me remettre, suivant votre conseil, à signer mon nom comme je le signois dans ma jeunesse ; quoique par là je mets fin à l'allusion que mon curé baptismal fit une fois sur mon nom, et le jour de Saint-Thomas d'Aquin, qu'il m'avoit conféré le baptême [2].

Je songe souvent à votre *Agendicum* ou *Agedincum*. Il n'y a cependant que les Tables de Peutinger qui portent à croire qu'il étoit aux environs de votre ville de Sens ; mais ces Tables sont un monument bien mal en ordre. Je les ai encore vues à mon dernier voyage. Que penseriez-vous si je disois que votre Agendic pouvoit être où est Saint-Martin du Tertre, ou bien sur la montagne vers Maillot, ou, au pis aller, dans quelque marais des Màlay ? Les Gaulois aimoient ou les montagnes, ou les îles, ou les pays marécageux [3].

Quelqu'un m'a dit, dans mon dernier voyage, que le curé

---

chanoine depuis 1747. Il était bibliothécaire du Chapitre de Sens, et fort érudit. Lebeuf, qui était de ses amis, en parle plusieurs fois dans ses lettres. Il est mort en 1747.

2. Cependant on ne remarque dans aucune des lettres qui précèdent ou qui suivent celle-ci, rien de changé dans la manière de signer de Lebeuf. Il signe ainsi : LE BEUF. Mais, après 1738, il signa toujours LEBEUF, sans capitale à *Beuf*. Jamais nous n'avons vu d'*œ* dans son nom.

3. Ces trois lieux sont des communes des environs de Sens. Saint-Martin-du-Tertre est sur la montagne qui domine l'Yonne, à l'ouest de Sens, tandis que **Malay** et **Maillot** sont sur le bord de la Vanne, au sud-est.

d'Ansacq étoit mort depuis peu. Je n'aurois pas ajouté une foi bien forte à son narré, si je n'avois entendu moi-même les paysans m'en parler, avec une ingénuité picarde au-dessus de toute suspicion.

1735

Je ne prétendrai jamais que les Normands païens aient été inhumés dans les tombeaux du magasin de Quarré, mais seulement quelques principaux des chrétiens, car il y eut plus de chrétiens que de païens occis, selon certaines chroniques.

L'un des corps qu'on a trouvés meurtris à la tête dans un de ces tombeaux, sous un orme de trois ou quatre cents ans, étoit peut-être celui de votre comte Garnier. Ces tombeaux ont été tirés d'une carrière appelée Charrotal, proche Coutarnou, à environ deux lieues d'Avallon, vers le nord-est[4]. Il ne faut pas songer à une ville existante, en ces pays-là, avant le temps de César. Il peut y en avoir eu une Gauloise dans le Morvan, mais les tombeaux de pierre n'ont jamais été d'usage chez les premiers Gaulois : j'entends parler de sarcofages en forme d'auge. Ils brûloient leurs morts et les mettoient dans quelque creux de pierre ou de bois.

Je ne doute pas que M. l'abbé Dubos ne soit excellent en général : mais il peut avoir mis à côté en certains faits, par l'envie de toujours faire quadrer tout à son système. Je n'ai remarqué que deux fautes dans le premier volume, que j'ai lu rapidement, comme de faire archevêque de Bourges le Sulpice, auteur de la *Vie de saint Martin*, et de placer l'auteur de la *Vie de saint Éloi* dans l'Aquitaine.

On ne peut guère exprimer dans une lettre ce que c'étoit qu'*organare cantum*[5].

Cependant imaginez-vous deux chantres au banc des choristes

---

4. La carrière de Champ-Rotard et les carrières de Coutarnoult sont très renommées par la qualité de leurs pierres.
5. *Organare cantum* ou *déchanter*, c'est, dans le langage du xviii° siècle, introduire l'harmonie dans le plain-chant. Voyez à cet égard le *Traité historique et pratique du plain-chant* de Lebeuf, et surtout l'*Histoire de l'harmonie au moyen-âge* de M. de Coussemaker.

et que l'un entonne :

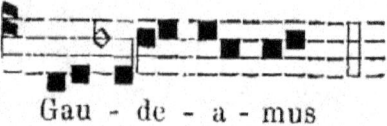

Gau - de - a - mus

Et l'autre en même temps :

Gau - de - a - mus

Voilà ce que j'ai entendu faire à Autun, en 1724. Je ne doute pas qu'on ne le fît aussi chez nous autrefois. J'en ai des preuves. Remarquez que sur *mus* il y a une différence entre les deux chantres, mais une différence qui est à la tierce, et qui chatouille l'oreille dans le moment qu'elle dure. Nos cadences périélèses d'intonation et de tous les versets de répons de Paris sont un reste de cette mélodie.

P.-S. — M. Mahiet doit trouver, sous le cachet de sa lettre, trois ou quatre petites médailles rongées, de la nature dont on vient d'en trouver sur un coteau d'un de nos faubourgs, dans une fosse de vigne, entre deux tuiles antiques.

Il y en a de mieux conservées, mais elles ne pouvoient pas être cachées sous un cachet. Il y a de ces fragments ronds et menus comme des mouches de demoiselles. On diroit des têtes de clou usées. Quelques-unes paroissent n'avoir été marquées que d'un côté. D'autres paroissent coupées comme par un instrument semblable à celui dont on coupe du pain à chanter. Tetricus, Claude, Quintillus, paroissent avoir pris part dans ces médaillonelles.

Je me suis ressouvenu que feu M. votre oncle me montra une inscription incrustée, me dit-il, dans vos murs, où il y avoit un E à l'envers, de cette sorte ꓱ. C'est peut-être celle dont vous me parlez.

207. — DE FENEL A LEBEUF.

2 mars 1735.

[Fenel n'est pas de l'avis de Lebeuf sur l'ancienne situation d'*Agendicum*, qui n'étoit plus une ville Gauloise, mais une ville devenue Romaine, ville qui (si elle a eu une situation sauvage et barbare sous les Celtes), a dû changer de lieu et de lit, et en prendre un plus humain et plus commode sous ses vainqueurs. — Il entre dans de longs détails sur le bourg Saint-Maurice, sur l'inscription de CARCER CÆSARIS [1], « qui étoit sur l'entrée d'un bâtiment placé à l'extrémité du pont de l'Yonne, et détruit depuis trente ans. » — Description et explication de la cérémonie du préchantre de la cathédrale de Sens, qui se promène en *ballant* dans l'église. — Inscription reproduite d'après Driot, et trouvée, en 1618, près de la porte de Saint-Rémy de Sens :

Æ. PRISCI NAMENTI JULINO
II. E. T.

---

208. — DE LEBEUF AU PRÉSIDENT BOUHIER.

Auxerre, 26 mars 1735.

J'ai l'honneur de vous envoyer le Dictionnaire Caraïbe qu'un Auxerrois fit imprimer autrefois à ses dépens, ainsi que vous

---

LETTRE 207. — Analysée d'après l'autographe qui appartient à la collection de Fontaine.

A partir de cette date, les réponses du chanoine Fenel sont ordinairement jointes aux lettres de Lebeuf. Nous en donnerons les passages les plus remarquables.

1. Cette inscription était placée sur la tour d'un hôtel appelé l'*Hôtel de Voisines*, rue Saint-Didier, à Sens. Au xviie siècle, cette tour existait encore. (Tarbé, *Histoire de Sens*, 134.)

LETTRE 208. — Publiée d'après l'original fonds Bouhier, Bibliothèque impériale, n° 165, f° 317.

verrez par l'épître dédicatoire, car ce M. Leclerc étoit de notre ville¹. Je ne sçai...... M. De Fay, qui est un libraire riche, devroit en entreprendre la réimpression. On peut tout au plus en trouver quelques exemplaires dans les grosses bibliothèques de Paris. La personne qui s'en dessaisit ne sçauroit se résoudre à demander de l'argent : mais livre curieux pour livre curieux. Si c'étoit pour procurer une seconde édition du catéchisme Caraïbe qu'on demande cet exemplaire, en ce cas elle ne demanderoit qu'un exemplaire de cette seconde édition, contente d'avoir contribué à la bonne œuvre. En lisant ce livre pour la dernière fois, je viens de trouver, à la page 410 et 411, que l'auteur étoit de Viteaux...

P.-S. daté du 3 avril. — Envoi de six exemplaires de sa dissertation à remettre à Mme Hermille, libraire, avec un placard, et deux pour l'abbé Papillon.

Il a prié M. Dunod, de Besançon, de lui chercher quelque vieux antiphonier de Besançon, manuscrit et noté. — « Il est inutile de vous marquer, Monsieur, que je ne trouve pas ici le *Journal de Trévoux* (1706), auquel vous me renvoyez. Mais j'écrirai à un de mes amis d'Autun, qu'il s'informe si l'antiquité dont vous me parlez y subsiste toujours. C'est M. Germain, théologal, le seul chanoine qui ait du goût dans ce pays-là, et que feu M. de Besançon a un peu traversé lorsqu'il étoit à Autun².

« Je mets ici sur un petit billet séparé une anecdote qui me regarde, je vous prie de le brûler après en avoir pris lecture.

« Ce que la dame Hermille pourra tirer des exemplaires n'est pas pour moi, mais pour M. Guérin, libraire de Paris, qui a fait

---

1. Le *Dictionnaire Caraïbe français*, par le P. Raymond Breton, fut imprimé à Auxerre, en 1665, 1 vol. in-8°, aux frais de M. Leclerc de La Forêt, pieux et savant Auxerrois. Ce livre est toujours rare.
2. Voyez sur D. Germain, théologal d'Autun, la Correspondance ci-dessus.

l'impression à ses frais et dépens. — Je crois qu'il vend chaque exemplaire, à Paris, douze sols³. »

209. — DE LEBEUF A LÉVESQUE DE LA RAVALIÈRE¹,
A PARIS.

Auxerre, 9 avril 1735.

La part que vous avez bien voulu prendre à ce qui me regardoit m'a dicté de continuer à vous informer de ce qui se passe. Messieurs de l'Académie de Soissons ont fait sçavoir au directeur de la poste d'Auxerre, qu'il eût à rendre à la même personne à laquelle il avoit remis un récépissé de leur secrétaire, de la dissertation venue par la voie de la poste, dont la sentence est : *Commune est*, etc., et qui l'a choisie pour son adresse, de rendre, dis-je, à cette personne une lettre. J'ai reçu cette lettre et je l'ai trouvée de M. Debecque, secrétaire perpétuel, qui prie l'inconnu d'envoyer sa procuration ou de venir lui-même à Soissons, pour recevoir la médaille, le lendemain de Quasimodo². Cette nouvelle, à laquelle je ne m'attendois plus, m'oblige de prendre le dernier parti et d'y aller ; et j'espère partir mercredi prochain, 13 de ce

---

3. Lebeuf parle ici de sa *Dissertation sur l'état des sciences depuis Charlemagne*.

LETTRE 209. — Publiée d'après l'original communiqué à M. A. Benoit, conseiller à la Cour impériale, par M. Michel Chasles, membre de l'Institut.

Nota. — Lebeuf écrivait le même jour au président Bouhier, et presque dans les mêmes termes. (Voyez Président Bouhier, Bibl. imp., n° 165, p. 319.)

1. Levesque de la Ravalière (Pierre-Alex.), né à Troyes, le 6 janvier 1697, mort le 4 février 1762. Il est auteur de travaux philologiques et aussi d'une *Histoire des Comtes de Champagne,* demeurée manuscrite.

2. Le prix qu'obtint alors Lebeuf était la récompense de sa *Dissertation sur l'état des anciens habitants du pays Soissonnois*, qui fut publiée la même année, en 1 vol. in-12.

1735 mois³. Je voudrois, Monsieur, qu'il y eût quelque chose en ce pays-là pour votre service. Mais il est impossible que je puisse avoir de vos nouvelles avant mon départ, qui est fixé au jour susdit, ne pouvant différer plus tard à cause de l'éloignement.

Je compte passer par Paris à mon retour de Soissons, et sçavoir qui aura remporté le prix de l'Académie des Belles-lettres, pour lequel je n'ai pas écrit. Je m'attends que c'est quelque géographe⁴.

---

210. — DE LEBEUF A FENEL.

Pâques, 1735 (10 avril).

1735 Je renferme ce petit mot dans une réponse que je fais à M. Mahiet, touchant le bréviaire de Bourges. Comme il m'a appris que vous me destiniez une longue lettre, j'ai l'honneur de vous écrire que j'irai moi-même la prendre chez vous, mercredi soir, ou jeudi matin, en poussant plus loin : et je vous dirai alors confidemment le sujet de mon voyage¹. Il est assez connu et public ici, mais ce n'est pas moi qui l'ai dit. C'est notre maître de la poste qui l'a prêché partout ; il m'en a déjà coûté plusieurs ports de lettres de compliments, et ces messieurs y gagnent.

---

3. Ce voyage ne fut pas, dans ses suites, sans quelques déboires pour Lebeuf, car, s'étant absenté d'Auxerre au-delà des délais réglementaires, le Chapitre le priva de ses droits aux revenus éventuels de sa prébende pour l'année. Cela lui parut dur et il le fit comprendre au Chapitre en répondant à ses compliments : « d'autant, dit-il, que la cause m'avoit paru et, à « beaucoup d'autres personnes, bien favorable, et assez singulière pour « surmonter la rigueur de la discipline. » — Voyez *Mémoires sur l'Histoire d'Auxerre*, t. II, p. 337, 2ᵉ édition.

4. Le sujet du prix proposé en 1735 était : *Jusque où les anciens avoient poussé leurs connoissances géographiques au temps d'Alexandre le Grand*. Il fut remporté par M. Nicolaï d'Arles.

LETTRE 210. — Publiée ainsi que les lettres nᵒˢ 211 à 213 d'après les originaux de la coll. de Fontaine.

1. Lebeuf fait allusion à son projet de voyage à Soissons, pour aller recevoir le prix décerné par l'Académie de Soissons. Voyez ci-dessus, lettre du 9 avril 1735.

Je suis réjoui que les lettres que je prends la liberté de vous écrire par le ministère du *Mercure* vous soient agréables. Je crois en avoir encore quelques-unes pour vous dans mes portefeuilles. Elles viendront au jour dans leur temps. Vous verrez dans le *Mercure* de mars celle que j'ai écrite au nouvel auteur de l'*Histoire Séquanoise*. On ne peut rien de plus frais, car à peine l'histoire est elle-connue par les journaux [2].

Je ne sçai si je vous ai mandé que, depuis que je vous ai vu, il s'est trouvé ici une cache de médailles des plus petites que vous ayez jamais vu (*sic*). Elles me paroissent du IIIe siècle, mais je crois que par dedans il y en a des rois gaulois ou autres barbares; si je puis, je les porterai sur moi. Au moins je veux vous en montrer, et aux curieux de Paris.

J'ai déjà sondé là-dessus M. le président Bouhier, M. Genebrier[3], de Paris, le P. Souciet, « et concordantia testimonia non erant. » Si ce n'étoit que j'en ai fait mention à termes couverts dans un écrit où je ne voulois pas être connu, j'aurois déjà fait annoncer la découverte de ce millier de médailles dans le *Mercure*.

Voilà, Monsieur, tout ce que le temps me permet de vous mander en cette bonne fête :

IN HOC FESTO SANCTISSIMO

SIT LAUS ET JUBILATIO

BENEDIC. DOMINO, ETC.

---

2. L'ouvrage auquel Lebeuf fait allusion est l'*Histoire des Séquanois*, etc., par J. Dunod, Paris, 1735, in-4°. Lebeuf a écrit à ce sujet une lettre dans le *Mercure* de mars 1735.

3. Voyez, sur Genébrier, la Correspondance, t. I, p. 354, note 5.

211. — DE FENEL A LEBEUF.

3 juin 1735.

1735 [Fenel reproche à Lebeuf, d'un ton aigre-doux, de ne point s'être arrêté à Sens, à son retour du Soissonnois, où il est allé recueillir des lauriers et une belle médaille d'or. — Il lit l'*Histoire critique* de l'abbé Dubos, et il y trouve bien des fautes, des conjectures trop hardies et puisées dans son imagination. — La forêt Litane étoit située en Italie, et non dans la Gaule.]

212. — DE LEBEUF A FENEL.

Paris, 13 juin 1735.

1735 Calmez, je vous prie, votre colère, au cas que vous en ayez conçu contre moi de ce que je ne vous ai pas été voir en passant par Sens, et regardez promptement au bas de cette lettre de quel lieu j'ai l'honneur de vous écrire. Non, je n'ai pas eu celui de vous voir, parce que je suis resté à Paris ; il y a un peu plus d'un mois que l'on m'a angarié (*sic*), au sujet du chant et du nouveau bréviaire, à l'impression duquel on travaille à force[1]. Vous conclurez aisément, de là, que j'ai fait quelque divorce avec la littérature ; cependant par ci, par là, je jette encore la vue sur quelques ouvrages de ce genre, afin de revenir à nouveaux frais sur la liturgie et sur le chant, par le moyen de la variété. Et, bien plus, je vous dirai que je suis habitant d'un lieu que vous avez hanté autrefois, car je suis manant du cloître[2]. Un certain quidam

---

LETTRE 212. — 1. Lebeuf a concouru à la composition de l'*Antiphonier parisien*, publié en 1736, en 5 vol. in-8°.
2. Il habitait alors au Cloître Notre-Dame.

m'a même fait le plaisir de me faire voir, pour me désennuyer, le *Diaire* de feu M. l'abbé Chastelain, dans lequel j'ai trouvé souvent le nom de M. Fenel, son hôte. Je me ressouviens du surnom de Dargny, et qu'il y a eu un ou deux Fenel, ou que le même y a demeuré à deux reprises. J'ai surtout été frappé de lire que l'auteur du *Diaire*, en marquant tout ce qui se passoit chez lui, ait fait un nota de votre première communion, si toutefois c'est vous qui l'avez faite à Saint-Jean-le-Rond, à l'âge de 10 ans, le 8 avril 1706. [3] Voilà ce que ma mémoire a fait l'effort de retenir en considération du nom que vous portez.

Ne croyez-pas, Monsieur, que je trouve vos lettres trop longues, nullement ; elles sont encore trop courtes, parce que j'y trouve toujours à apprendre ; j'ai lu avec grandissime plaisir votre dernière et votre pénultième. Vous n'êtes capable d'écrire que de bonnes choses : et, s'il y en a d'incertaines ou douteuses, vous les donnez comme telles. Ne soyez pas en peine de vos pensées touchant le *Ballage* ou *Ballation* [4], je ne suis pas prest à écrire sur cette matière, et je ne vous citeray pas, au cas que j'écrivisse là-dessus.

Ma dissertation du Soissonnois n'est pas encore imprimée ; on m'a dit à Soissons qu'elle le seroit, mais je ne sçais pas si on me donnera un tel nombre d'exemplaires, que je puisse en répandre comme j'ai fait de celle de l'*État des sciences*. En tout cas, il y en aura pour Sens, et je ne doute pas que Mgr de Laubrières n'y en envoie [5]. Je ne sçavois pas que je fusse connu de M. d'Hesselin [6]. Son nom est nouveau pour moi : mais comme il est originaire et peut-être natif du Soissonnois, il a raison de s'intéresser pour ce

---

3. Fenel met en marge : « C'est moi, mais j'avois alors 11 ans et 9 mois juste. »

4. Voyez, dans le Glossaire de Du Cange, la signification des mots *Ballage* et *Ballation*, qui désignaient une marche ou procession dans l'église.

5. Mgr de Laubrières était évêque de Soissons.

6. M. d'Hesselin d'Hauteville (Charles-François), était en effet du Soissonnais. Il avait accompagné Mgr Languet dans le diocèse de Sens, en qualité de grand-vicaire, et il fut successivement archidiacre et doyen du Chapitre. Il mourut en 1771.

pays-là. Je lui seray très obligé s'il peut me procurer la connoissance de ce curé dont vous me parlez sans le nommer. J'en connois un du pays Tardenois, nommé M. Nonnon, curé de Seringes, qui m'avoit fourni quelques mémoires de son voisinage. Ne seroit-ce point lui? Il est vrai que j'ai un peu combattu ce pays-là à diverses reprises, et je le connois assez pour pouvoir en dire quelque chose, mais je suis de ceux qui ne se lassent point d'apprendre. Priez donc M. d'Hesselin de vous décliner le nom et la cure du curé en question, et, s'il est nécessaire, ajoutez-y mes compliments.

Je me suis douté que la forêt Litane étoit en Italie. Je l'appelle « une forêt des Gaulois, » sans désigner en quelle province elle étoit, et cela à l'occasion de Litanobriga, qui n'étoit pas loin de Soissons, selon l'Itinéraire dit d'Antonin, dont il paroit une nouvelle édition.

Vous me faites plaisir de me parler du livre de M. l'abbé Dubos. Vous n'en portez plus le même jugement que l'an passé. J'en lis de temps en temps des lambeaux, et je ne sçai encore qu'en dire. Puisque vous avez examiné le premier volume, venez, je vous prie, à présent, au deuxième, et marquez-moi si vous croyez sérieusement qu'il ait raison de combattre, comme il fait, le système du P. Daniel. Les PP. Jésuites diront que non; mais ce n'est pas d'après eux que vous parlerez. Vous êtes en état, plus que personne, d'approfondir par vous-même. Si j'avois le premier tome, je vous indiquerois la page où je crois qu'il se trompe, en parlant de *Gallia ulterior* de la chronique de Prosper. Regardez le bas des pages et vous y verrez l'endroit, c'est le passage de cette chronique, à l'endroit de Tibaton, qui attire celui de la vie de saint Éloi.

Autant que je me souviens du contenu de votre pénultième lettre, vous m'y parlez des arches du pont qui sont sous les maisons de l'île Saint-Maurice [7], vous devriez vérifier le fait, car

---

[7] L'île de Saint-Maurice, placée en face la ville de Sens, est formée par un bras de l'Yonne, qui l'entoure. Un faubourg populeux existe en cet endroit.

on a souvent bâti en arcades pour la solidité seulement, et sans que ce soit pour y faire passage ou à l'eau ou aux hommes. Ces sortes d'édifices en arcades même pleines sont fort communs dans les édifices sous la deuxième race. Je n'ai nulle dévotion à votre inscription de *Carcer Cæsaris*. Je crois que c'est quelque magistrat des derniers siècles qui aura fait mettre ces deux mots au lieu de Prison royale, comme il y a sur la porte de celle d'Auxerre.

La nouvelle édition de l'*Itinéraire d'Antonin*, par Wesselingius, n'apprend rien sur « Agedincum ou Agredicum. » Je l'aurois cru plus instructive. C'est un recueil de notes de Surita, de celles de Simler, et ensuite l'éditeur y joint les siennes, ou bien il n'en donne pas.

Supposé que vous ne vouliez pas encore entamer le deuxième tome de M. Dubos, permettez toujours que je vous demande si vous êtes persuadé du système du P. Daniel, touchant les rois de devant Clovis, qu'ils n'ont point eu de terrain stable ni fixe dans les Gaules. Il me semble que le P. Daniel ne fait nulle mention de l'objection qu'on lui peut faire, et que D. Montfaucon lui fait réellement, de l'endroit de la *Vie de sainte Geneviève*, publiée par Bollandus, où il est dit que Childeric régnoit à Paris ou dans le voisinage. C'est au commencement de ses *Antiquités de la Monarchie* [1].

Vous pouvez, Monsieur, rassurer Messieurs vos confrères de ma connoissance, à mon sujet, et leur certifier que je ne suis pas encore repassé par Sens. Je ne sçais si vous avez toujours, aux environs de la Magdelène, M. votre oncle que j'ai été voir une fois du vivant de M. le Doyen. J'ai trouvé une fois, dans Notre-Dame, un de Messieurs vos confrères, qui m'a reconnu le premier : c'en est un qui vous vient de Meaux, si je ne me trompe. Les prélats sont ici en grand nombre, je ne connois que celui de Soissons et celui de Bourges qui va donner un missel.

---

1. *Monuments de la Monarchie française*, 1729 à 1733, 5 vol in.f°.

213. — DE LEBEUF A FENEL.

Paris, 7 octobre 1735.

Trouvez bon, je vous prie, qu'après que j'ai fait mes efforts pour trouver quelque occasion sûre de vous envoyer la lettre ci-incluse [1], je vous la fasse tenir par la voie coûteuse. C'est un chanoine de Chartres, qui, justement indigné contre des titres fabriqués à plaisir dont il a eu communication, voudroit faire provision de preuves de leur fausseté. Ces titres sortent de la boutique de gens que bien vous pouvez vous figurer, non à Chartres, mais dans le diocèse. Je crois que, comme il y est fait mention d'un de vos évêques, vous serez en état d'en dire quelque chose pour ou contre. Donnez-nous au moins une preuve que vos archevêques n'ont appelé que depuis deux cents ans, ou environ, leur maison : Palais épiscopal ou archiépiscopal. Ce sera toujours un os à ronger, en attendant [2].

Je suis bien fâché de m'y être pris si tard en allant voir M. votre oncle; je ne l'ai pas trouvé chez M. Duhamel, parce qu'il étoit déjà parti. C'est ma faute d'avoir tant différé à chercher la porte de M. Duhamel.

Je compte vous envoyer un exemplaire de ma dissertation Soissonnoise ; mais un peu de patience. Je n'en ai pas si fort à ma dévotion, que j'en ai eu de ma première dissertation. Je présume que Mgr l'évêque de Soissons en aura fait tenir à son prédécesseur. Il n'est pas que Messieurs de sa cour ne puissent en parler. Sondez un peu le guai (sic), et voyez ce qu'on dira de l'auteur. Soyez mon Vinemand.

---

1. La lettre dont il s'agit traite de l'origine de la dîme et discute l'exemption accordée aux biens des moines, etc.

2. Le nom de *Palais* a été donné bien antérieurement à la demeure des archevêques de Sens. — Voyez notamment le *Cartulaire de l'Yonne*, t. II, p. 286. an 1176.

Voyez-vous les petites brochures qui paroissent toutes les semaines? Le *pour* et le *contre* d'un ex-bénédictin? Les *Observations sur les écrits des modernes*, d'un abbé des Fontaines 4 ? Ce dernier a fait connoître au public un écrit de trois lettres ensemble, à l'occasion des nouveaux bréviaires. Il y a du *pour* et du *contre* tous les nouveaux ouvrages : surtout du *contre* le bréviaire ecclésiastique, et quelques lardons contre celui de Bourges.

La continuation des *Mémoires de Littérature* est toujours suspendue et le sera tant que le sieur Simart sera en captivité 5. Les *Bollandistes* viennent de publier le deuxième tome d'août, il contient les 5 à 12 août. En le feuilletant, j'ai oublié d'y voir si vos SS. Félice et Félicissime du xie siècle y sont.

Vous avez sans doute vu de petites brochures de vers burlesques, intitulées : *Ververt (sic) ou le Perroquet de Nevers*, aussi bien que le *Carême impromptu* et le *Lutrin vivant* : elles ne paroissent que depuis un mois environ ; on les dit d'un jésuite nommé G 6... Mais on assure que Vertvert n'étant qu'une ironie des manières de nos mères de la Visitation, le jeune poète a été renvoyé de sa Compagnie. A l'égard du *Lutrin vivant*, j'en ai lu quelque chose de cela en prose, dans la description du Chapitre de Menigouste en Poitou 7, ouvrage d'un musicien qui étoit sorti mécontent de cette pauvre collégiale. Il y a déjà ici du vin nouveau des environs de Paris ; les vignes y sont assez belles.

Comme l'on est en vacances, il n'y a point de nouveaux ouvrages affichés ; mais à la Saint-Martin nous verrons tous les murs parler latin ou françois.

4. L'abbé Desfontaines, né à Rouen, en 1685, et mort le 16 décembre 1745 ; critique ardent, auteur de nombreux travaux publiés dans le *Journal des Savants*, et autres recueils.
5. Simart était l'imprimeur des *Mémoires de littérature*.
6. Gresset, né à Amiens, en 1709, mort en 1777. Poète renommé, il entra jeune dans l'ordre des Jésuites et en fut renvoyé avant d'avoir prononcé ses vœux, après la publication de *Vert-Vert*.
7. L'église collégiale de Saint-Jean-Baptiste de Menigouste, diocèse de Poitiers, située dans la commune de ce nom, arrondissement de Parthenay (Deux-Sèvres).

214. — DE LEBEUF AU PRÉSIDENT BOUHIER.

Paris, 11 octobre 1735.

[Remerciments de l'envoi de son portrait ; il a vu M. de Boze. — Il n'a pas de nouvelles de M. Dunod. — Envoi de sa dissertation sur le Soissonnais qui ne fait que paraître.] — « J'ai été tenté d'écrire pour le prix de Soissons, de 1736. Il y a l'article de l'espèce et de l'étendue de l'autorité d'Égidius et de Syagrius dans le Soissonnois, qui m'arrête. C'est une matière de droit ; quelqu'un a-t-il écrit là-dessus ? »

---

215. — DE FENEL A LEBEUF.

21 octobre 1735.

[Il lui annonce la découverte d'objets antiques à Sens.] — « En démolissant une demi-lune, élevée en 1590, à la porte Commune ou de Saint-Pregts, sur une partie de l'emplacement d'un Hôtel-Dieu, fondé par Garnier du Pré (lequel touchant aux murs de la ville avoit été détruit quand on creusa les fossés de la ville, pendant la captivité du roi Jean), on trouva d'abord, le 7 septembre, peinte sur le mur d'un reste d'arcade, cette inscription :

L'AN MV^c IIII^{xx} X...
CE LIEU A ÉTÉ DÉMOLI
PENDANT LES GUERRES CIVILES
MEUES ENTRE MESSIEURS LES PRINCES
CATHOLIQUES ET LES ÉRÉTIQUES.

LETTRE 214. — Cette analyse est publiée d'après l'original de la Bibliothèque impériale, fonds Bouhier, n° 16514, f° 321.
LETTRE 215. — Publiée, ainsi que le n° 216, d'après la collection de Fontaine.

Puis, le 29 septembre, en ôtant la terre qui étoit le long du mur de la ville, on trouva deux inscriptions antiques, en lettres capitales romaines ; la première contenant ces mots :

S. VESTAE. M.

Elle a été donnée à Mgr l'Archevêque par MM. du Corps municipal[1].

Sur la seconde, on ne lit que les lettres S R I.

[Fenel signale ensuite un bas-relief représentant une déesse, trouvé dans un mur démoli par M. Lhermitte de Champbertrand, lieutenant-général de Sens. Le personnage est depuis la ceinture jusqu'en haut, il élève le bras droit, qui est nu, vers sa tête ; l'extrémité du bras et la main manquent. — Description des murs de la ville : — « Le soubassement en grosses pierres de taille ; au-dessus un mur construit en petites pierres carrées, rangées par assises égales et très régulières. Ces petites pierres sont interrompues par trois rangs de briques dont on voit les vestiges dans tout le pourtour des murs. » — Hypothèse sur l'emplacement primitif d'*Agendicum*, « qui s'étendoit le long de l'eau, depuis la Motte du Ciarre jusqu'aux Capucins ; en sorte que sa figure étoit celle d'un cercle coupé par la moitié, le quai, depuis la Motte jusques aux Capucins, en faisoit le diamètre, et la figure circulaire des anciens murs alloit jusques à l'endroit où est aujourd'hui la cathédrale. Dans la décadence de l'empire romain, on trouva que cette situation de la ville la rendoit d'une difficile garde à cause de la trop grande étendue de ses murs, et on la renferma entre les deux bras de la Vanne, qui lui devoient servir de fossés naturels, etc. On employa pour la construction des nouveaux murs tous les débris des anciens temples païens. »

[Fenel cite ensuite divers actes où le titre donné à la demeure des archevêques de Sens est celui d'Hôtel et non de Palais, et notamment les lettres-patentes du roi Jean, du 14 mai 1356, octroyant à l'archevêque de Sens toute justice temporelle dans sa maison archiépiscopale de Sens [2].]

1. Cette inscription est perdue depuis longtemps.
2. Voyez Archives de l'Yonne, G. 522, la charte de 1356.

« L'abbé Desfontaines avoit en quelque sorte présidé à la reconstitution du *Journal des Sçavants*, en 1724, mais il en fut bientôt expulsé pour ses réflexions malignes et mordantes. C'est d'ailleurs un homme d'une réputation perdue. »

216. — DE LEBEUF A FENEL.

Paris, 31 octobre 1735.

Je ne sçaurois vous exprimer assez la joie que j'ai eue en recevant les nouvelles que vous m'avez apprises de la découverte de vos inscriptions. Je me suis mis aussitôt à faire un précis de votre lettre, et je l'ai porté le lendemain à M. de La Roque, auteur du *Mercure*, croyant que cela pourroit entrer dans le *Mercure* d'octobre, et paroitre chez vous à la Saint-Martin, mais il m'a assuré qu'il étoit trop tard, et que ce seroit pour le mois d'après[1]. Ces sortes de nouvelles d'antiquités lui font un très grand plaisir. J'ai tourné l'écrit en forme d'extrait d'une lettre venue de Sens, dans laquelle je vous nomme deux fois, et cela est bien juste. J'ai parlé au P. de Montfaucon de votre explication : de lui-même il ne m'en avoit pas donné d'autres. Ainsi c'est « sacrum Vestæ matri. » Gruter rapporte une grande inscription où Vesta est aussi dite *mère*. Le mot « matri » y est en entier.

Je ne me suis attaché qu'à parler de cette inscription et des découvertes qu'on fait chez vous de restes d'architecture. Je remets à une autre fois à parler de la seconde, où il y a S. R. I. Vous ne m'expliquez pas assez, en effet, ce que c'est que cette pierre, ni s'il y a un point après chaque lettre, et si ces trois

---

LETTRE 216. — 1. Voyez, pour toute cette lettre, celle de Fenel à Lebeuf, du 21 octobre 1735. Voyez aussi *Mercure* de décembre suivant, une lettre sur une inscription de la déesse Vesta, et *Mercure* de février 1736, une lettre sur deux inscriptions nouvellement découvertes à Sens, ces deux dernières lettres dues à **Lebeuf**.

lettres tiennent tout le travers ou le milieu d'une pierre, et si cette pierre est ouvragée. Vous avez aussi oublié, Monsieur, de marquer de quelle carrière on croit que sont les pierres de vos restes d'édifices romains. Cela n'est pas inutile à sçavoir. Le P. de Montfaucon, ayant regardé dans son répertoire, a cru que S. R. I., vouloit dire : « sacrum regina Junoni. » Il n'y a rien dans Gruter de semblable. Des quinze inscriptions qu'il apporte, où Junon est qualifiée reine, il n'y en a qu'une où *Regina* soit devant : c'est toujours après Junon que le titre de reine se trouve. Je verrai Sertorius, on est ici à la source.

J'espère qu'à la fin vous découvrirez où étoit l'ancien Sens païen, et même aussi *Agendicum*. Il faudroit persuader à Mgr votre évêque d'acheter les dissertations du P. Chamillard, jésuite, de 1711. Il y en a une où vous verriez comme il raisonne sur le quartier des Chrétiens de Fréjus et d'Autun.

Je me suis ressouvenu de vous écrire vitement cette lettre, afin que vous puissiez lui en parler ces fêtes, qu'il passera probablement à Sens. Ces dissertations, in-4°, fort minces, coûtent cent sous.

Je suis certain que Mgr votre archevêque est en état de parler de ma dissertation sur le Soissonnois. Glissez-lui en quelque chose. Il y a une inscription Soissonnoise, du *Voyage Germanique* du P. Mabillon, dont j'ai fait mention en cet écrit : je l'ai vue, elle a des points triangulaires comme la vôtre.

—

217. — DE LEBEUF A DUNOD, AVOCAT EN PARLEMENT ET PROFESSEUR ROYAL EN L'UNIVERSITÉ DE BESANÇON.

Paris, 26 novembre 1735.

Il n'appartient pas aux petits ruisseaux de se comparer aux gros fleuves. C'est cependant ce que j'ose faire en vous priant

LETTRE 217. — Publiée d'après l'original appartenant à M. de Contréglise, à Besançon.

d'accepter ma petite dissertation sur le Soissonnois, pour l'excellent in-4° [1] que le correspondant de M. De Fay m'a remis il y a quelque temps. Je sens la disproportion, et c'est pour cet effet que je vous prie d'agréer mes très humbles remerciments au cas qu'ils puissent tenir lieu de quelque chose auprès de vous.

Du moins ne doutez point de leur sincérité, non plus que du parfait dévouement avec lequel j'ai l'honneur d'être, etc.

218. — DE LEBEUF A FENEL.

14 décembre 1735.

[Il l'informe que son inscription ne sera publiée que dans le *Mercure* du mois de décembre.] — « M. de La Roque l'aîné a changé quelques petits mots à votre style et au mien, et a jugé à propos d'ajouter une observation sur des inscriptions de la ville d'Arles, que Mgr l'archevêque d'Arles a fait placer dans son palais épiscopal. La ressemblance des deux faits y a donné occasion.

« Avez-vous jamais vu une antiquité qu'on dit être à Melun, à la pointe orientale de l'île, du côté du nord-est? On dit que c'est un reste de temple des païens. »

219. — DE LEBEUF A FENEL.

Paris, 23 décembre 1735.

J'ai eu l'honneur de voir et de saluer M. de Luisant [1] dans son appartement, et nous avons raisonné ensemble sur votre inscrip-

---

1. L'ouvrage de Dunod, que l'imprimeur De Fay avait remis à Lebeuf, est son *Histoire des Séquanois*, 1 vol. in-4°, publié en 1735. Voyez ci-dessus lettre de Lebeuf à Fenel, Pâques 1735.

LETTRES 218 à 223. — Publiées d'après les originaux, collection de Fontaine.

1. M. Charles-Nicolas Fenel de Luysant, avocat au Parlement, oncle du chanoine Fenel.

tion ² et sur moult autres choses. Je profite de l'occasion du paquet qu'il vous envoie pour vous faire tenir un exemplaire de ma dissertation Soissonnoise. Lorsque vous l'aurez lue, vous aurez la bonté de m'en dire votre avis. Je ne sçais si dans ma dernière je vous ai fait part qu'un écrivain, soi donnant pour déchiffreur du vieux celtique, a combattu le sentiment où je suis avec tous les sçavants, que *dunum* signifioit chez nos Gaulois *éminence* ou *montagne*. Je ne tarderai pas à publier ma réponse dès que ses objections paroîtront ³.

Vous avez promis de donner des remarques sur les sentiments de l'abbé Dubos. J'ai hésité sur son système du *Traité avec les Romains*, en attendant que vous communiquassiez vos observations. Suivez-vous le P. Daniel, quant au fond, touchant Clovis ? Ou si vous vous contentez de représenter Childéric autrement que pour officier des Romains ?

Mandez-moi quand vos premières remarques paroîtront : je n'ai pas le loisir d'en faire. Le chant m'occupe à l'excès mais cela ne durera pas toujours.

J'ai l'honneur de vous souhaiter par avance une bonne et heureuse année, et de vous renouveler les sentiments de respect avec lesquels je suis, etc.

---

2. Voyez ci-dessus, lettre du 21 octobre 1735, n° 215.
3. Cet écrivain était D. Toussaint Duplessis, bénédictin. Lebeuf lui adressa plusieurs lettres au sujet de la signification du mot *Dunum* chez les Gaulois. Voyez *Mercure* de janvier, de mai et de juin 1736. Le *Bulletin de la Société des sciences de l'Yonne*, t. XIII, p. 117, contient l'extrait d'une lettre de D. Duplessis, du 9 mars 1736, sur l'objet du débat : « L'abbé Lebeuf lui a fait une réponse dans le dernier *Mercure*. Il y a quinze jours qu'il a envoyé sa réplique à M. de La Roque... En cas que M. Lebeuf ne se croie point vaincu, il lui destine une troisième lettre, et puis plus : car après tout il faut en finir. »

220. — DE FENEL A LEBEUF.

14 janvier 1736.

[Il le félicite sur sa belle dissertation Soissonnaise[1]. Mais il trouve à redire (car il n'est pas un flatteur, mais un ami), sur la quantité de notes qui paraissent rompre en bien des endroits le fil du discours.] — « Mais voici bien autre chose... On a donné des combats de gladiateurs à Sens, autrefois, et nous n'en sçavons rien ; il y a eu des prêtres d'Auguste, à Sens, et nous l'ignorions. Il y avoit encore bien d'autres choses plus belles que celles-là, que nous ne sçavons pas, ni que nous ne sçaurons jamais ; mais nos petits-neveux en sçauront peut-être quelque chose, pourvu qu'on renverse la ville de fond en comble pour en retourner toutes les pierres ; c'est le seul moyen que je sache pour faire l'histoire ancienne de cette ville : mais ce moyen est un peu tragique. » — [Il lui envoie la copie d'une inscription incomplète trouvée le 4 janvier 1736, dans le mur de ville de Sens, à gauche de la porte Commune, aujourd'hui la porte Dauphine[2].]

HONORATO	M AE	MILIO NOBILI
VG MVNERA	FLA	MINI AVGMVNE
VS HONORIB	RAR	OMNIB. HONORIB.

Cette pierre était coupée en deux parties, séparées dans le mur par une autre pierre lisse.

Lettre 220. — 1. Lebeuf avait adressé sa dissertation à plusieurs de ses correspondants et notamment à Fenel, au président Bouhier, et aussi à M. Guenois, de Bourges. Voyez Bibliothèque impériale, manuscrits français, supplément 2440, n° 16.
2. Ce monument n'existe plus au Musée lapidaire de Sens.

221. — DE LEBEUF A FENEL.

Paris, 6 février 1736.

Je voudrois bien avoir plus de loisir que je n'en ai pour répondre amplement aux lettres dont il vous a plu m'honorer, lesquelles sont déjà en grand nombre et remplies d'érudition ; mais je suis, comme vous sçavez, occupé à moduler[1] ; je n'ai que quelques heures de l'après-souper assez à moi, desquelles je puis disposer en faveur de mes amis et de la lecture. C'est dans ces petits intervalles que j'ai ruminé et rédigé une réponse au P. Duplessis, laquelle vous verrez dans le *Mercure* de janvier[2]. J'y avois employé, avant la réception de votre pénultième lettre, quelques-unes des raisons dont vous me parlez : je vous remercie de tout ce que vous me dites de gracieux sur cela. Par avance, s'il y a quelques fautes d'impression dans cette pièce qui aura neuf ou dix pages, je vous prie de les excuser.

A propos du *Mercure*, je vais vous apprendre un événement qui va vous surprendre agréablement. Comme je fus informé que votre prélat étoit à Paris le mois dernier, je pensai que l'offre ou présentation des dissertations du P. Chamillard[3] étoit pour moi une occasion de lui aller rendre mes devoirs, et le remercier de ce qu'il a eu la bonté de vous dire à mon sujet.

J'y ai été il y a quelques jours, et je les lui ai présentées en feuilles in-4° bien enveloppées, avec les taille-douces ; cela m'avoit coûté quatre livres à bien marchander. Il reçut ce présent fort gracieusement, car je n'osai lui rien dire de ce

---

LETTRE 221. — 1. Lebeuf était occupé alors à composer le chant du bréviaire du diocèse de Paris.
2. Réponse aux observations du P. Duplessis, touchant la signification du mot *Dun* ou *Dom* chez les Celtes.
3. Voyez, sur le P. Chamillard, Correspondance, t. I, p. 241, note 5.

que vous m'aviez marqué. Seulement lorsqu'il sera de retour et qu'il vous prêtera cet ouvrage, vous pourrez lui dire qu'il est très rare et très cher, comme c'est la vérité. Je lui fis sentir le premier, mais je ne touchai rien sur le reste. Il est bon qu'il ne croie pas que c'est une brochure de quinze ou vingt sous. Comme il me demanda où étoit l'endroit qui parloit du changement de situation des villes, je le lui montrai et il le lut. Nous parlâmes d'inscriptions. Je lui montrai celles que vous avez trouvées au mois de janvier, il n'en avoit pas ouï parler. Je lui dis que je ferois placer dans le *Mercure* la plus considérable, avec quelques-unes de vos observations. Là-dessus il me dit « qu'il avoit été bien surpris de ce qu'étant dernièrement à la cour, c'étoit le Roi lui-même qui lui avoit appris que le *Mercure* de décembre faisoit mention de lui, à l'occasion de l'inscription de Vesta. » Nous n'entrâmes pas dans d'autres détails. Il y avoit là un officier de Sens, et un des membres de l'Université, qui furent témoins de tout cet entretien. Je vous prie de ne point dire à personne que j'ai rendu cette visite ; cela pourroit parvenir aux oreilles d'un autre prélat que vous sçavez[4]. Car il faut être circonspect en ces temps-ci, quoi qu'il ne fût brin mention de théologie dans toute notre conversation.

Tout ce que vous m'aviez mandé sur les différentes carrières est très curieux ; sur le banc coquillart, etc. Mais je vous prie de faire une réflexion et de penser s'il étoit fort commode de faire venir de Paris des pierres à Sens ? Ne seroit-ce pas plutôt des pays hauts que seroient venues ces pierres, par le canal de la rivière. Vous direz que par la même raison on auroit pu faire venir aussi par le bateau, des démolitions : il n'y a rien d'impossible là-dedans, il est plus commode aux voitures chargées de descendre que de remonter. Je pense toujours que votre ville de Sens, romaine païenne, a été vers l'embouchure naturelle de la Vanne dans l'Yonne, et que c'est de ce côté-là qu'étoient les monuments en plus grand nombre. Peut-être est-ce aussi pour

---

4. L'évêque d'Auxerre, Mgr de Caylus.

la même raison qu'on en trouve davantage dans vos murs méridionaux de Sens chrétien : ils étoient tout à portée. On démolit, on désincrusta votre tour de Ciar, etc., comme on a fait ailleurs. On voit encore à Auxerre de ces anciennes tours qui n'ont plus que les os [5].

Je m'attends quasi que le P. Duplessis reviendra à la charge et m'opposera *Melodunum*, qui dès le temps de César étoit une île, et par conséquent un lieu bas. Je pourrai alors examiner si tous les manuscrits ont *Melodunum*, et s'il n'y a point de fourrures dans « l'id est oppidum in insula Sequanæ. » Cela me sent pouvoir avoir passé de la marge dans le texte. Mais quand même César auroit écrit *Melodunum*, et qu'il fût sûr qu'il n'y a pas de fourrure, je me tirerois encore assez d'affaire ; M. Lancelot a écrit que Tours, appelé « Cesarodunum, » devoit être ailleurs qu'en pays plat, comme il est aujourd'hui. Pour moi, je laisserai Melun dans l'île de la Seine, mais je ferai faire attention qu'une île étant une éminence sur l'eau, a pu avoir le nom de *Dunum*, quoique terre plate elle est éminence par rapport à la superficie unie de la rivière. Je crois même que *Melodunum* pourroit signifier : montagne dans l'eau, éminence dans l'eau. Je soupçonne que *Mel*, signifioit, chez les Celtes, un lieu aquatique, un amas d'eau, un endroit entouré d'eau. Je n'en tire point la preuve de *Meldi*, quoique je le pusse, Meaux étant presque une île de la Marne, mais d'un exemple qui m'est connu dans le diocèse d'Auxerre, c'est que le lieu le plus fertile en étangs et où sont les plus vastes de notre pays de Puisaye, s'appelle originairement : MELEREDUNUM.

Il est ainsi nommé dans les monuments des VIIIe et IXe siècles. De là le célèbre monastère *Meleredense*, dit aujourd'hui simplement Moutiers, à une lieue du célèbre Treigny [6]. Que pensez-vous

---

5. Il n'existe plus que la **tour dite de Saint-Pancrace**, et qui est au bas de la cité et de la rue dite Sous-Murs.

6. Moutiers, commune du canton de Saint-Sauveur (Yonne), où existent encore quelques vestiges de l'ancien monastère dit *Meleredense*. Lebeuf.

de cette idée? Un de Messieurs les Académiciens trouve que j'ai raison et que le mot de *Moüiller*, *moüil* peut bien en venir. Il faudroit voir si les lieux qui ont le nom de Meilleraye sont fort aquatiques.

Je dois porter aujourd'hui à M. de La Roque, le précis que j'ai fait de vos remarques sur *M. Æmilius* 7. Il y en a qui ne sont pas également fondées. Je les passe sous silence. D. de Montfaucon a un peu varié sur cette inscription que je lui ai montrée deux fois. Il m'a dit la deuxième fois que l'R, d'après *Munera*, pouvoit signifier *Recepit* ou *Recepta*; il me parut surpris du mot *Munerarius*. Je ne le trouve pas dans les tables de Gruter, il est dans Ducange, qui ne cite point Suétone.

J'ai été rue d'Anjou, voir M. Fenel. Je ne le trouvai, ni lui, ni Mme son épouse; il doit connoitre mon nom : mon cousin, de même nom que moi, étant l'un des secrétaires du roi, qui expédient le plus d'actes, provisions, grâces, etc.

Comme j'avois fini ma lettre, je viens de recevoir votre troisième du 1er de ce mois, je n'ai pu que la lire : une autre fois je vous ferai part de mes réflexions. En attendant, j'ai l'honneur d'être, etc.

—

222. — DE FENEL A LEBEUF.

17 mars 1736.

[Il se plaint de la manière inexacte dont on a publié, dans le *Mercure* de février, les inscriptions qu'il a communiquées. —

---

en qualifiant Treigny de célèbre, fait allusion à l'arrestation de M. Terrasson, oratorien, curé de Treigny, qui venait d'avoir lieu le 27 octobre 1735, en vertu d'une lettre de cachet. Il était accusé de favoriser les convulsionnaires.

7. Voyez ci-dessus l'inscription rapportée dans la lettre n° 220.

Critique un Mémoire sur la géographie des Gaules, publié par M. Maillart, dans le même numéro du *Mercure*. — Les pierres où sont gravées les inscriptions Sénonaises sont tirées des environs de Paris. Il n'y a pas deux avis là-dessus parmi les architectes, maçons, etc. — Il critique quelques points de la dissertation sur le Soissonnais, et déclare qu'il faut rejeter comme une fable que les Druides se servaient de caractères grecs.] — « Les Druides n'avoient aucuns biens propres en tant que Druides ; et leurs biens ne sont pas passés à l'Église chrétienne, car Tibère et Claude détruisirent leur religion ; et *interim* leurs biens avoient été vendus au profit du fisc. » — « Au sujet des prêtres païens, je persiste en ma thèse, qu'ils n'avoient aucun revenu en tant que prêtres, sinon quelques honneurs et repas publics. »

---

223. — DE LEBEUF A FENEL.

[19 mars 1736.]

Quoique je ne manque pas ici d'occupations, je ne différerai pas cependant à répondre à l'honneur de vos deux dernières lettres. Je commence par celle du jour d'avant-hier, d'autant que j'ai la tête actuellement peu farcie d'antiquailles.

Il seroit aisé de redresser dans l'*errata* la citation de *Serm. Epicteti*, l. 1, cap. XIX. J'ai consulté votre lettre du 1ᵉʳ janvier. Il y a l. XIX, bien marqué. Les autres fautes d'impression sont peu de chose, et l'on ne prend pas garde de si près que vous le pensez à tout ce qui s'imprime en fait d'inscriptions[1]. Je ne vois pas non plus que je puisse faire grand usage des fragments que

---

LETTRE n° 223. — Elle est sans date, mais doit être, d'après son texte, placée au 19 mars 1736, puisqu'elle répond à une lettre de Fenel, datée de deux jours avant, ou du 17 du même mois. Voyez ci-dessus, Fenel à Lebeuf, lettre n° 220.

1. Voir la lettre de Lebeuf sur les inscriptions rapportées ci-dessus lettre n° 220, *Mercure* de février 1736.

vous m'avez communiqués. Dom de Montfaucon méprise tout ce qui n'est pas considérable. M. de La Roque y perd son latin. Pour moi, j'approuve fort vos conjectures, mais je doute que le mot d'oτo soit complet. Ne seroit-ce point la fin d'un mot. Je ne vois guère de mots finissant par oτo au nominatif[2]. Il peut cependant y en avoir; ce peut être aussi la fin d'un ablatif. Cela n'empêcheroit pas que ces deux fragments n'eussent du rapport avec le *sacrum Vestæ matri*. Il y avoit à Auxerre beaucoup d'inscriptions ainsi mutilées, mais on les a négligées. Ce que vous dites à l'occasion du bout de mot nivci a quelque probabilité; mais on n'oseroit produire au public un mot si sec et si obscur. Attendons toujours la rencontre de quelque chose qui nous développe ce qui est caché. Je ne trouverois pas mauvais qu'on eût dit: *Agennicum*.

Revenons à votre dernière lettre. M. Maillart m'adresse des lettres que souvent je ne connois que par l'impression. Il y en a où je suis de son avis, et d'autres où je reste neutre. Je ne goûte pas, par exemple, ce qu'il dit de *Coning* par rapport aux noms de nos rois qui commencent par un c. Je ne me souviens pas d'avoir lu qu'il ait placé les *Lexovii* outre la Loire; mais je me souviens de ce qu'il a dit sur *Meldi* et je crois qu'il a raison. L'édition de Scaliger n'est pas la meilleure qu'on ait de César; celle de Davis, qui est de 1713, est plus exacte, quoique non exempte de fautes.

Cette édition porte *Naves quæ in Meldis factæ erant*, comme les autres éditions, et les éditeurs ne remarquent point que cela manque dans les manuscrits. Cela me donne occasion d'y voir s'il y a *Melodunum*, et je l'y trouve même avec une note contre Scaliger. *Mele* étoit le nom d'un canton marécageux vers Saint-Bertin et Saint-Omer. Malbranc que vous méprisez[3], et qui avoit entrée dans toutes les archives des Pays-Bas, nous a fait connoître

---

2. Il s'agit de fragments d'inscriptions dont Fenel avait adressé copie.
3. Malberancq est un historien né à Saint-Omer en 1580, et mort en 1653. Il a publié un livre intitulé : *De Morinis et Morinorum rebus*, 3 vol. in-4°, 1639.

ce canton par le nom d'un ruisseau appelé encore *Meld* ou *Mold*. M. Maillart a tous les anciens géographes dont vous parlez ; il les consulte, mais il ne veut pas suivre en tout M. de Valois ; je n'y suis point non plus entièrement dévoué. Nous nous proposons, par exemple, de nous en éloigner sur *Noviodunum Heduorum*, qu'il croit être Nevers. Le journaliste de Verdun, qui a pris ma défense à mon insçu, nous a fait naître la pensée de rechercher ce *Noviodunum* même au-dessus de Decize. Vous vous fondez fort sur Scaliger touchant *Melodunum*. Davis dit de lui : « Metiosedum « perperam receperat ; » et plus bas : « Gracissime allucinatus « est, et ausu temerario Metiosedum ter substituit ubi omnes « codices Mss Melodunum recte exhibebant. » Ainsi, Monsieur, j'ai donc raison de prévenir l'objection sur *Melodunum* Et pourquoi n'auroit-on pas dit : éminence dans l'eau, pour dire une île, de même qu'on a appelé *Tumba* le mont Saint-Michel. Les monts et îles sont comme des tombeaux : *Tumuli*. Vous êtes en état de trouver vous-même d'où j'ai pu prendre le nom d'*Etia* que je donne à Melun. Faites attention au commencement du poëme d'Abbon de Saint-Germain, sur le siége de Paris. Au reste, jusqu'à ce que j'aie vérifié les manuscrits de César sur *Melodunum*, je parlerai en hésitant, quoique Davis me soit un suffisant appui.

Je crois que la langue des Liguriens ne différoit qu'accidentellement de la celtique, que je regarde comme étendue jusque dans le Milanez, par nos colonies gauloises. Gosselin, dans son livre *de Veteribus Gallis* [4], a entendu, des Gaulois, ce passage de Pline. J'ai aussi lu quelque part que dans l'armée d'Annibal il y avoit eu un interprète pour faire entendre aux Carthaginois ce que leur mandèrent les Gaulois qui demeuroient sur le Pô. Je pense que c'est Polybe qui le dit. Ce que vous dites du bruit d'Ambron est réjouissant.

1736

---

4. Gosselin (Antoine), né près d'Amiens, mort à Caen, en 1645. Il a publié un livre ayant pour titre : *Historia Gallorum veterum*, 1636, in-4°. C'est le même ouvrage que cite Lebeuf.

Vous apportez ensuite une solution qui me plait, qui est que les langues celtique et teutone étoient la même dans leur principe ; je le crois ainsi, parce que ces peuples étoient voisins et qu'ils passèrent souvent les uns chez les autres. Mais notre antagoniste veut peut-être dire que ça été en langue des Germains. . . . . (*déchiré*) que les Francs, les Cattes, et autres connus depuis le IIIe siècle, que *dun* a signifié *montagne*.

Je regarde votre trouvaille de *Munerarius* singulière. J'ai parcouru le The. . . . . (*déchiré*) au moins les tables, sans y trouver ce nom. Il resteroit. . . . . (*déchiré*) Fabretti.

Venons aux remarques que vous faites sur ma dissertation Soissonnoise [5]. C'est une mauvaise construction, à la page 6, que ce qui y est touchant les lettres grecques. Je crois que les Romains disoient *Souvessiones* : mais c'est sur quoi on ne peut faire une démonstration en forme. Quelques sçavants des moyens siècles ont dit *Vesona* pour *Soissons*. Voyez Pascase Radbert.

Il est faux que le diocèse de Sens touche à celui de Soissons : la croix des quatre évêques est ailleurs.

Page 46, il faut 59 ou 69, pour accorder les manuscrits qui varient dans un x.

Je sçai que la montagne de Noyan est creuse sous la terre, par les habitants du lieu qui sont entrés dans les carrières dont on a tiré les pierres.

Ce que vous dites sur le prétendu glossème, dans le texte de César, est encore combattu par l'édition de Davis, qui dit: « Cùm « omnes libri vulgatam lectionem exhibeant mihi omnino vide- « tur retinenda. » Il rejette seulement le mot corrompu *Græcus*, et retient *Græcis*. J'ai envie de donner au *Mercure* la figure d'une petite pièce que j'ai cru Gauloise. Un académicien a cru y lire en caractères grecs mal formés : *Grapita* ou *Grapeta* ; on y voit comme la figure d'un port avec une ancre. MM. de La Roque, qui sont de Marseille, verront si cela a pu venir de chez eux ou de *Portus Ictius*. C'est cette pièce dont je parle page 70. Je n'ajoute

---

5. Voyez lettre 220 de Fenel à Lebeuf.

aucune foi à Chyndonax [6], mais croyez-vous qu'il faille rejeter les *Bitucus* et *Biturius* ?

Sur les biens des Druides, remarquez, page 102, que j'hésite. Je ne parle qu'après Dormay, historien de Soissons [7]. J'aurois pu citer Sauval en note. Il dit la même chose des Druides de Paris. Il croit que leurs biens servirent par la suite à acheter l'église Saint-Pierre et Saint-Paul.

Pour *Beccoq*, j'avoue que j'aurois dû admettre les deux dernières lettres, mais Suétone a peut-être omis le c qui suffiroit, parce que le peuple ne le prononçoit pas, non plus qu'il ne le prononce pas aujourd'hui : les paysans disent un co.

Depuis ceci écrit j'ai consulté l'édition de Gruter, de 1707 [8]. Elle est plus ample que la première : j'y ai trouvé, page 333, n° 5, cette inscription trouvée *Riburgi ad Targeste in Istria*, à présent à Venise :

CONSTANTIUS MUNERARIUS GLADIATORIBUS SUIS PROPTER
FAVOREM MUNERIS MUNUS SEPULCRUM DEDIT DECORATO
RETIARIO, QUI PEREMIT CÆRULEUM ET PEREMPTUS
DECIDIT, AMBOS EXTINCXIT, RUDIS UTROSQUE
PROTEGIT ROGUS.

DECORATUS SECUTOR PUGNAS VIIII.
VALERAE UXSORI DOLORE PRIVUM RELIQUIT.

Vous trouvez ici de quoi confirmer votre pensée. C'est à vous à voir si les fragments qu'on a trouvés et qu'on trouvera chez

---

6. Le nom de Chindonax est connu par un livre singulier du médecin Genebaud, de Dijon, membre de l'Académie des inscriptions, et intitulé : *Le Réveil de Chindonax, prince des Vacies Druides*, Dijon, 1631, in-4°.

7. Dormay (Claude), chanoine de Saint-Jean-des-Vignes, a publié une *histoire de la ville de Soissons*, etc, 1663-64, 2 volumes in-4°.

8. Gruter, *Inscriptiones antiquæ totius orbis romani*, Amsterdam 1707, 4 in-f°.

vous feront un sens qui reviendra à l'explication de quelque combat, ou à l'épitaphe de quelque gladiateur.

Il ne me reste plus qu'à vous témoigner, etc.

---

224. — DE LEBEUF AU PRÉSIDENT BOUHIER[1].

[1736, vers le mois d'avril.]

Il ne m'app[artient] pas de donner à l'ouvrage dont vous m'avez f[ait] présent la louange qu'il mérite[2], ni le...... dont il est enrichi. Je ne suis pas assez bon humaniste, ni critique, pour juger de la bonté des sçavantes notes dont il est enrichi. Je me borne à vous marquer mes très h[umbles] remerciments d'un présent si honorable[3]. Je voudrois, de mon côté, avoir quelque ouvrage qui pût vous estre offert, mais je suis touj[ours] dans l'embarras du nouv[eau] brév[iaire] de Paris, et cela durera encore quelque temps. Cela n'empêche pas cepend[ant] que de temps à autre je ne cultive l'étude de l'antiquité. Le P. Duplessis m'a encore obligé de lui répondre par l'attaque

---

LETTRE 224. — Publiée d'après un brouillon de la lettre qui appartient à la Société des sciences historiques et naturelles de l'Yonne, à qui M. le comte Léon de Bastard l'a donnée. — Une première publication de ce document a été faite par M. de Bastard, dans le *Bulletin de la Société des Sciences*, t. XI. Les mots y sont souvent abrégés.

1. La preuve de la destination de cette lettre au président Bouhier se voit dans le corps de la pièce.

2. Les points indiquent les passages que nous n'avons pas pu lire. Les mots restitués sont placés entre crochets.

3. Le président Bouhier avait probablement envoyé à Lebeuf une pièce intitulée : *J. Buherii epistola ad P. Burmannum scripta, die XXX oct. 1733*, impr. vol. VII, p. 254, des *Miscellaneæ observationes criticæ in auctores veteres et recentiores*, Amsterdam, 1736. Cette lettre contient l'explication ou la correction de plusieurs endroits de la Satyre de Sulpicia, imprimée par Burman, en 1731, dans son livre des *Poetæ latini minores*.

qu'il m'a livrée dans le *Mercure* de mars ; ma rép[onse] paroîtra dans celui d'avril ; elle est imprimée de ces jours-ci [4].

C'est le P. Biet [5], génovéfain, abbé régulier de Saint-Léger de Soissons, qui a remporté le prix de cette Académie, pour cette année. On écrit qu'une pièce, dont je connois l'auteur [6], en a si fort approché que, s'il y eût eu deux prix, elle eût eu le second. Elles seront imprimées toutes les deux dans le cours de cette année, et on verra quelle est celle qui renferme le plus de recherches.

J'ai été informé que en imp[ortunant], M. de N[oailles] ob-[tenoit] p[our] m[oi] q[uelque] ch[ose] de la Cour. Mes adv[er-saires] compatr[iotes] m'y ont dépeint, il y a trop long[temps], de couleurs qui ne leur coûtent rien [7]. On parle de me donner une pension sur le clergé de Paris ; je ne crois pas qu'elle soit assez forte pour me fixer à P[aris], je voudrois trouver l'expédient de q[uelque] bénéf[ice] simple pour mes deux bénéf[ices] d'A[uxerre], mais les permutants sont rares à trouver. Comme vous êtes des pr[emiers] p[résidents] [8] de M. l'évêque de Dijon [9], qui est maintenant abbé dans notre ville [10], ce sera, Monsieur, une occ[asion] de me f[aire] conn[oître] à sa G[randeur]. Je ne me mêle que de lettres et non de th[éologie]. Quelques-uns opp[osent] que M. H [11]... ne m'ait dess[ervi] auprès du car-d[inal]-ministre. Connoissez-vous cet académicien ? Il m'avoit

---

4. Ci-dessus, voyez lettre du 23 décembre 1735, note 3.

5. Voyez la lettre ci-après, du 7 septembre 1736, note 1.

6. La pièce dont l'abbé Lebeuf dit connaître l'auteur n'est autre que son propre ouvrage, intitulé : *Dissertation où l'on fixe l'époque de l'établissement des Francs dans les Gaules*, etc., Paris, J.-B. de l'Espine, 1736, in-12.

7. Voyez ci-après, lettre du 24 juin 1737, n° 232.

8. Voyez, sur Jean Bouhier, la Correspondance, t. I, p. 341, note 4.

9. L'évêque de Dijon, par déclaration du roi, du 18 mars 1732, avait été nommé premier conseiller d'honneur au Parlement de Bourgogne.

10. Jean Bouhier, évêque de Dijon, en 1725, et abbé de Saint-Germain d'Auxerre.

11. Le président Hénault, auteur de l'*Abrégé chronologique de l'Histoire de France*, membre de l'Académie française et de l'Académie des inscriptions.

fait offre de service, mais la q[uestion] est de sçavoir s'il parloit franc. Il y a de ces Messieurs de Notre - Dame qui, étant abbés, ont des prieurés à donner, d'autres des chapelles, mais chacun a ses parents ou amis. On s'emb[arrasse] peu des gens de lettres.

Je m'occupe à ramasser de quoi écrire sur le prix de l'Académie des Belles-lettres, pour 1737, c'est-à-dire sur l'*État des sciences depuis la mort de Charlemagne, jusque. . . . . . . (sic)* [12].

Ma diss[ertation] ne peut devenir curieuse et inter[essante], qu'autant que j'y citerai des faits qui ne seront guères connus, que j'y f[erai] connoi[tre], et des ouvrages qui n'ont point encore été imprimés. Vous sçavez, Monsieur, ... vous en avez des auteurs du règne de Ch[arles] le Ch[auve] et des rois suivants, surtout du xe siècle, où ils ont été plus rares. J'en ai découv[ert] ici quelques-uns, mais cela ne me suffiroit pas ; je me propose de parler de toutes les sciences et arts libéraux ; j'ai trop de choses sur la musique de ces temps-là, c'étoit alors une science fameuse. Mais je n'ai presque rien sur la médecine, par exemple, ni le droit civil, ni la géographie.

A ce sujet, Monsieur, je vous prie de me faire part de votre avis, touchant une faute rem[arquée], que je crois être dans le P. Mabillon, *Annales bénédictines*, t. III, p. 126, et que M. Fleury a adoptée dans son histoire. Ils nous font, tous les deux, un auteur de l'Eugraphius, qui est nommé dans la septième lettre de Gerbert. Pour moi, il me paroit qu'Eugraphius ne signifie là qu'un bon écrivain, et que cela signifie qu'on prenne un bon écrivain et qu'on récrive les livres des abbayes d'Orbais et de Saint-Bale. Peut-être faut-il lire *prescribat* au lieu de *prescribantur*. Je ne connois pas d'auteur appelé Eugraphius. Gerbert, qui étoit un sçavant hérissé de grec, a voulu se servir de ce mot

---

[12]. Le sujet du prix proposé, pour l'année 1737, par l'Académie des inscriptions et belles-lettres, était : « L'état des sciences en France depuis la « mort de Charlemagne, jusqu'à celle du roi Robert. » Voir *Mémoires de l'Académie des inscriptions et belles-lettres*, t. XII, p. 3. La dissertation de l'abbé Lebeuf se trouve dans son *Recueil de divers écrits pour servir d'éclaircissements à l'Histoire de France*, etc., t. I, Paris, Jacques Barrois fils, 1738, 2 vol. in-12.

extraordinaire pour signifier sa pensée à un autre sçavant comme lui.

[Les doutes du sçavant abbé, au sujet d'Eugraphius, sont encore reproduits dans quelques lignes tracées par lui sur une petite bande de papier, qui est jointe à la pièce précédente.]

« La lettre de Gerbert met *Eugraphius recep*. . . . . sans dire sur quoi cet Eugr[aphius] avoit travaillé. On est accoutumé à le prendre pour un comm[entateur] de Térence, et j'ai suivi ce parti comme les autres, cepend[an]t je doute de la réalité de cet auteur. En effet, Gisbert, dans ses *Obser[vations]*, in-8°, 1670, le fait vivre du temps même de Gerbert. Fabricius, en sa *Bibli[othèque] latine*, copie cette époque sans y rien changer. Tous les comm[entateurs] de Térence, que j'ai vus avec le nom de cet auteur, sont récents et sujets à caution. J'ai examiné celui de la Bibli[othèque] du roi et celui de la bibli[othèque] Colbert. J'espère avoir quelque lumière sur celui qui est en Ang[leterre]. En attendant, j'ai conjecturé que Gerbert auroit pu avoir intention, dans sa lettre à Airard, de ne lui conseiller autre chose que de se pourvoir d'un habile écrivain, d'*Eugraphius*, pour corriger Pline et transcrire les livres conservés... En ce cas, Eugraphius ne seroit pas un nom propre, à moins qu'on ne veuille bien que ce soit quelque habile commentateur, tel que pouvoit être Loup de Ferrières ou Rémi, qui se seroient cachés sous ce nom. — Si je me suis un peu étendu dans cette dissertation, c'est parce que j'ai cru qu'il convenoit de rapp[eler] ég[alement] le mal comme le bien, afin de donner une idée juste de l'état des sciences. Il étoit difficile d'être court en voulant exécuter ce projet. Je prie les lecteurs de suppléer aux traits historiques qui ne sont point arrivés à ma connoissance, et de penser que, ne voulant pas faire un livre, mais une dissertation, j'ai pris. . . . . . (*sic*) »

225. — DE LEBEUF AU PRÉSIDENT BOUHIER.

Paris, 7 septembre 1736.

1736

Vous devez recevoir ces jours-ci une brochure que j'ai l'honneur de vous présenter dans l'instant même qu'elle sort de dessous la presse : c'est un recueil de dissertations que l'Académie de Soissons, fille de l'Académie françoise, a jugé digne de voir le jour à la suite de celle qu'elle a couronnée[1]. La première est de votre serviteur, ainsi qu'il vous apparoîtra par le nom qui y est marqué. J'ai cru ne devoir point rougir de me voir descendre d'un degré, après avoir été, l'an passé, élevé sur le pinacle. Les armes sont journalières ; aujourd'hui on est victorieux et demain vaincu. Peut-être me releverai-je une autre année. Au moins n'aurai-je plus pour adversaire l'illustre abbé de Saint-Léger[2], puisqu'outre le prix qu'il a reçu il a été admis au nombre des académiciens. Je ne dissimulerai cependant pas que j'ai vu des connoisseurs, qui ne sont d'aucune académie, lesquels ne sont ni tout à fait contents de son style, ni charmés de la longueur de son écrit. Pour moi, j'avois mesuré le mien sur l'espace d'une heure de lecture, et il n'est que de trois ou quatre pages plus long que celui de l'an passé. Quelques latinistes frais-moulus ne m'ont pas paru non plus extrêmement satisfaits du latin de M. Ribauld[3]......... Je n'ajouterai pas au système de

---

LETTRE 225. — Cette lettre et la suivante sont publiées d'après l'original, fonds Bouhier, Bibliothèque impériale, n° 1651/4, f° 323 et 325.

1. La dissertation couronnée par l'Académie, en 1736, était de René Biet, savant antiquaire, abbé de Saint-Léger de Soissons ; elle fut publiée sous le titre de *Dissertation sur la véritable époque de l'établissement fixe des Francs dans les Gaules*, Paris, D. Lespine, 1736, in-12. Le mémoire composé par Lebeuf sur le même sujet et de la même date a été publié dans le même vol., p. 253.

2. Voyez la note ci-dessus.

3. M. Ribauld, de Gannat, en Bourbonnais, dit de Rochefort et de la Chapelle, auteur de plusieurs travaux historiques, avait rédigé sa disserta-

chacun de ces deux Messieurs. Vous êtes, Monsieur, plus en état
que personne de décider lequel a le mieux fixé le commencement
du véritable établissement des Francs dans les Gaules. Quant à
moi, je distingue fort entre *exister, entrer dans un tel lieu, et
être établi dans ce lieu.*

J'aurois bien souhaité, Monsieur, que le catalogue de vos
manuscrits eût été imprimé dans la collection de semblables
catalogues que Dom de Montfaucon fait imprimer .... Il va
faire un voyage de trois semaines et revenir, à Paris, à la fin du
mois ! Que ne puis-je aller jusqu'à Dijon !

226. — DE LEBEUF AU PRÉSIDENT BOUHIER.

Paris, 3 novembre 1736.

[Il répond pour M. de La Roque malade, au sujet de médailles.
— Il demande son avis sur les trois dissertations Soissonnaises,
qu'il a dû avoir lues. — Il regrette de n'avoir pu pousser jusqu'à
Dijon ; il n'a été que jusqu'à Chablis.]

227. — DE LEBEUF A FENEL.

Paris, 10 février 1737.

Vous avez bien raison de me priver de vos sçavantes lettres,
parce que je ne leur fais pas tout l'honneur qu'elles méritent ;

---

tion en latin, sous le titre de : *Dissertatio de tempore quo Franci sedem
fecerunt in Galliis.* Cette dissertation fut publiée à la suite des précédentes, p. 370. Voyez *Catalogue des imprimés*, Bibliothèque impériale, L. a 4, n° 19.

4. Dans la *Bibliotheca bibliothecarum manuscriptorum nova*, 1739, 2 vol. in-f°.

LETTRE 227. — Publiée d'après l'original tiré de la collection de Fontaine.

mais ne croyez pas, cependant, que le délai que je fais de me servir de tout ce qu'elles contiennent de sçavant, soit par mépris ou par indifférence. J'attends toujours les moments que je puisse respirer. Vous vous serez même aperçu, par les *Mercures*, que je ne leur fournissois pas tant de pièces que les années précédentes, faute de temps.

Quoique vous soyez propre à tout, je regrette, Monsieur, que vous ayez accepté de vous charger des affaires temporelles de votre Chapitre. Les belles-lettres étoient votre fait plus que le mien, et vous étiez en état de suivre de fort près l'illustre M. Sevin [1]. Mais ce n'est pas à moi à vous faire des observations là-dessus. Je n'ai l'honneur de vous écrire que pour vous demander la continuation de votre amitié.

Comme cependant je ne finis guère de lettres sans y glisser quelque chose qui puisse dédommager le lecteur du temps que je lui fais perdre, je vous ferai part d'une remarque de ma façon concernant Décentius. On croit que ce fut à Sens qu'il se fit mourir, et on pense ainsi, en lisant *Senonis* dans *Eutrope*. J'ai voulu éclaircir ce passage de cet historien. Il y a sept manuscrits de lui à la Bibliothèque du roi. *Senonis* ne se trouve que dans les nouveaux ; dans l'un des plus anciens, qui est de cinq à six cents ans, il y a *Decennius* et non *Senonis*. On croit que c'est la lecture génuine ; dans un autre il y a *Hensenonis*, ce qui tient un peu de *Decennius*. Il est d'autant plus vraisemblable qu'il faut lire *Decennius* ou *Decentius*, qu'il étoit nécessaire que l'historien nommât le frère de Magnance qui se tua, puisqu'il en avoit encore un autre. Qu'en pensez-vous ?

Comme le plus grand nombre des cités romaines que j'ai vues étoient carrées, et qu'Orléans l'étoit aussi, suivant la description imprimée l'an passé, page 18 [2], je suis porté à croire que Sens

---

1. Sevin, membre de l'Académie des inscriptions, né à Villeneuve-le Roi (Yonne), en 1682, mort à Paris en 1741. Il fut nommé, en 1737, garde des manuscrits de la Bibliothèque du roi.
2. *Description de la ville et des environs d'Orléans*, par D. Duplessis, Orléans, 1736, in-4°.

l'a aussi été. Je pense donc que les deux longueurs de vos murs, dont l'une fait face au midi, l'autre au nord, sont dans leur ancien état ; mais je conjecture que la face occidentale a été arrondie ; je ne me souviens plus si la face orientale a aussi l'air ovale. On verroit bien par les fondements ce qui en est : mais qui fera cette recherche, si on ne trouve pas, dans les deux faces d'orient et d'occident, les bandes de briques, comme j'en ai vu près la porte Saint-Pregtz : c'est une marque de ce que je dis.

J'ai écrit pour prouver que les Annales de Saint-Bertin, depuis 830 jusqu'en 860, sont de Prudence, de Troyes. Vous verrez cela en son temps [3].

Avez-vous vu le *Trévoux*, février ? On s'y est déclaré pour moi, sur le *Dunum*, contre le P. Duplessis. Cela est traité fort jovialement [4].

Si je vous croyois douter que saint Louis soit né à Poissy, je vous dirois aussi que j'ai écrit pour établir que c'est une chose douteuse [5].

228. — DE PIERRE BOUCHER A LEBEUF.

Vendôme, 3 mars 1737.

[Il l'engage à venir à Vendôme [1], il trouvera sur sa route l'abbaye de Coulombs (B. M. de Coulombis) [2] ; à Chartres, l'abbaye de B. M. de Josaphat *extrà muros*, et de Saint-Pierre, et celle

---

3. Voyez lettre touchant le doute proposé au sujet des *Annales connues sous le nom de Saint-Bertin*, *Mercure* de mai 1737, p. 837.
4. *Mémoires de Trévoux*, de février 1737, p. 270. — Voyez, à ce sujet, la lettre du 23 décembre 1735 ci-dessus, n° 219.
5. Voyez *Mercure* de mars 1737, p. 412.
LETTRE 228. — Publiée d'après l'original, Bibliothèque impériale, manuscrits français, supplément 2440, n° 13.
1. Vendôme, ville chef-lieu d'arrondissement du département de Loir-et-Cher.
2. L'abbaye de Coulombs, près de Nogent-le-Roi, fondée vers l'an 930.

1737 de Bonneval (S. Florentius Bonæ-Vallis). — A Vendôme, les manuscrits sont curieux ; on y conserve un pontifical de Salzbourg, de plus de 900 ans, où le P. Mabillon a écrit de sa main : *optimæ notæ codex*. — [Il l'engage à se trouver à Vendôme le vendredi après le 4ᵉ dimanche de Carême] « pour être témoin de notre belle cérémonie du Lazare, où on délivre, au pied de notre grand autel, un criminel condamné à mort, qui y est présenté par le lieutenant criminel, et qui porte un cierge du poids de trente-trois livres. C'est l'effet d'un vœu de Louis de Bourbon, prince de Vendôme, qu'il fit en Angleterre, où il avoit été conduit prisonnier après la triste journée d'Azincourt [3]. »

229. — DE FENEL A LEBEUF.

15 mai 1737.

1737 [Il le prie de charger M. Maillart, très célèbre avocat, de lui donner un homme pour s'occuper de son affaire à Arras. Il s'agit du revenu d'une chapelle qu'il possède et qu'on refuse de payer à son fermier. — Discussion sur Decentius et le lieu de sa mort. — « A l'égard des anciens murs de Sens, j'ai vu les rangs de briques tout autour de son enceinte. J'irai bientôt examiner de près l'ancienne porte Formau [1], en dehors. C'étoit autrefois une porte fortifiée, *porta firma*. Elle est bouchée maintenant et sert à introduire l'eau de l'aqueduc. » — [Dissertation sur l'origine de

---

Celle de Joseph fut fondée en 1147 ; celle de Saint-Pierre, ou Saint-Père de Chartres, remontait à une haute antiquité. L'abbaye de Bonneval datait de l'an 841 ou 842. Elles étaient toutes de l'ordre de Saint-Benoît.

3. Louis de Bourbon, comte de Vendôme, depuis l'an 1412, fait prisonnier en 1415, à la bataille d'Azincourt, fut conduit captif à la tour de Londres, où il demeura jusqu'en 1426. Voyez dans l'*Art de vérifier les dates*, in-f°, t. II, p. 819, le détail du vœu du comte, qui est plus complet qu'ici.

Lettre 229. — Publiée d'après l'original, collection de Fontaine.

1. La porte Formau à Sens, ouverte depuis 1804, est sur la route de Villeneuve-l'Archevêque.

la teinture de la pourpre. — Fenel ne partage pas l'opinion de M. de Jussieu (*Mercure* de décembre 1736), sur la rénovation du secret de la teinture de pourpre, et que la pourpre ne pouvait teindre que des matières végétales comme le coton, tandis qu'au contraire les matières animales, et notamment la laine, étaient susceptibles de la couleur de pourpre. — Il autorise Lebeuf à publier sa lettre dans le *Mercure*, mais sans le nommer, parce que sa critique pourrait déplaire à quelqu'un, etc.]

230. — DE LEBEUF A FENEL.

Paris, 26 mai 1737.

[Il n'a pas eu le temps de répondre à sa dernière lettre; il était allé faire une petite tournée chez quelques amis du voisinage. — Il l'informe que M. Maillart se chargera de son affaire à Arras.] — « C'est lui qui a écrit sur la coutume d'Artois et il fait actuellement réimprimer cet ouvrage, augmenté d'un manuscrit du XIIIe siècle. La demeure de M. Maillart est rue des Quatre-Vents (faubourg Saint-Germain), Hôtel des Dauphins. » — [Il le remercie de ses observations sur Decentius, et croit, comme lui, qu'on ne sait pas où il est mort.] — « Je proposerai aux auteurs du *Mercure* l'autre article. Il faudra voir s'ils voudront ménager si strictement la personne que vous avez en vue[1]. Vos observations sont excellentes; vous êtes un homme universel.

« Pour moi, je me mêle toujours de quelques historiettes. Cette fois-ci ça été sur l'origine de l'église de Soissons; je ne l'ai pas fait remonter assez haut, au gré de Mgr l'évêque, ce qui ne m'a cependant point nui. Vous verrez cela cet été. »

LETTRE 230. — Publiée d'après l'original, collection de Fontaine.
1. Letors, lieutenant criminel, à Avallon. — Voyez, ci-après, la lettre de Lebeuf à Letors, du 26 juillet 1737.

231. — DE LETORS A LEBEUF [1].

5 juin 1737.

[Il lui a envoyé son écrit sur les chemins romains. M. Papillon se plaint du P. Nicéron [2], qui lui a fait des emprunts sans le citer.] « Je lui ai bien recommandé de citer M. Papillon pour Vallambert [3], le catalogue de ses ouvrages m'ayant été fourni par M. Papillon.

« J'ai vu Dom Plancher qui va faire imprimer les deux premiers volumes de son *Histoire de Bourgogne*, mais comme il y a beaucoup de planches, elle ne peut paroître que dans dix-huit mois ; il a eu le chagrin d'avoir été obligé de refondre son ouvrage, parce qu'il lui a été défendu de parler du royaume d'Arles [4], et de traiter nos ducs comme des souverains. »

LETTRE 231. — Publiée d'après l'original, fonds Bouhier, Bibliothèque impériale, manuscrits français, supplément 2440, n° 63.

1. Letors (Henri-Hubert), né à Avallon ; successivement avocat en 1724, et lieutenant criminel dans cette ville, est mort en 1774, à 70 ans. Il est auteur de plusieurs Mémoires ou Dissertations historiques. Voyez ci-après, lettre du 29 octobre 1740.

2. Nicéron (Jean-Pierre), né à Paris, le 11 mars 1685, mort le 8 juillet 1738. L'ouvrage dans lequel il a reproduit les recherches de Papillon a pour titre : *Mémoires pour servir à l'histoire des hommes illustres*, etc.

3. Vallambert (Simon de), né à Avallon, au xvi° siècle, savant médecin de la duchesse de Savoie, en 1558. A publié un grand nombre d'ouvrages littéraires, de médecine, et autres.

4. C'est dans le chapitre intitulé : *Dissertation sur l'étendue du second royaume de Provence*, dit le *royaume de Boson* [ou *d'Arles*], *formé des débris de l'ancien royaume de Bourgogne*. (Hist. de Bourgogne, tome Ier, p. 463-470.

232. — DE LEBEUF A FENEL.

Paris, 24 juin 1737.

[Il lui annonce qu'il demeure toujours à Saint-Denis de la Châtre. — M. Maillart lui a appris le nom de la personne d'Arras qui fera des démarches à Paris pour son affaire : c'est M. l'abbé Gallot[1], fils et frère d'un conseiller d'Arras, et qui demeure au collége Dainville[2]. — M. Maillart lui conseille de mettre l'affaire de son bénéfice « en train. »] — « Il faut que je vous confie ici un petit secret. On agit vers Mgr le cardinal[3] pour m'obtenir quelque chose qui m'arrête ici : mais on le dit prévenu par des gens qui m'ont desservi par raison de mon pays natal. J'ai eu, ces jours-ci, occasion d'écrire à M. votre prélat, au sujet de quelques chagrins qu'on cause, à Joigny, à mon beau-frère, depuis qu'il fit mettre dans le *Mercure* la *Relation de la réception de Mgr l'archevêque en la ville de Joigny*, et le prélat me répond d'une manière très polie, s'excusant sur son retard, disant qu'il me seroit venu voir à Paris sans l'affaire du mariage de sa nièce ; que, si je passe par Sens, allant à Auxerre, je passe chez lui ; qu'il ira à Joigny et consolera mon beau-frère ; puis, des traits de dévotion. Il m'a toujours fort gracieusé dans ses lettres, et surtout en celle-ci, où il me traite d'homme de grande réputation. Me conseilleriez-vous de lui écrire pour lui insinuer qu'un mot de sa part, ou par écrit, ou de vive voix, à Mgr le

---

LETTRE 232. Publiée, ainsi que les n°ˢ 233 à 236, d'après les originaux, collection de Fontaine.

1. M. l'abbé Gallot, ou plutôt Galhault, devint chanoine d'Arras, et fut membre de la Société littéraire de cette ville. Il est auteur de *Mémoires pour servir à l'histoire ecclésiastique d'Arras*, manuscrits conservés en 1768, dans les registres de la Société littéraire d'Arras. (8592, P. Lelong.)
2. Le collége de Dainville, fondé en 1380 à Paris, était entre la rue des Cordeliers et la rue Pierre-Sarrazin.
3. Le cardinal de Fleury.

cardinal ministre, feroit merveille ; que j'ai toujours eu envie de quitter Auxerre, dès il y a vingt ans, mais que l'infirmité de mon père et la caducité de ma mère m'obligèrent de rester, et qu'étant dans le pays j'ai cru devoir me conformer, par esprit de paix, à ce qui paroissoit le plus autorisé dans le pays ; que transplanté ici, je n'ai presque plus de relations dans le pays, etc....

« Si vous le voyez, tâchez de ménager l'occasion de dire qu'on devroit me retenir ici, et que Sa Grandeur pourroit dire un petit mot de favorable. Je lui enverrai ma deuxième dissertation Soissonnoise, comme j'ai fait la première, dont il m'a remercié.

« Il m'est venu une pensée sur l'idée de M. Maillart : c'est que je crois qu'un étranger comme vous sera plus hardi à poursuivre le fermier de l'évêque en lui refusant, que non pas un homme du pays, surtout d'Arras. Mais M. Maillart m'a aussi dit qu'il faisoit plus cher plaider à Arras qu'à Paris, et que ces gens-là seroient capables de vous faire dépenser vingt années de votre revenu. Faites vos réflexions. — Brûlez ce billet. »

233. — DE FENEL A LEBEUF.

Sens, 28 juin 1737.

..... Je brûle du désir de vous rendre service, et en chercherai toujours les occasions. Mgr notre archevêque n'est pas ici, sans quoi j'aurois déjà hasardé ma recommandation en votre faveur, pour peu qu'elle puisse valoir, et je me serois même fait instruire de la manière dont il faut s'y prendre pour cela, par gens qui l'approchent. Je le ferai à son retour, qui sera le 8 ou le 10 du mois prochain. A l'égard de la lettre que vous vous proposez de lui écrire, elle ne peut faire qu'un très bon effet, mais je vous avertis en ami et en homme qui prend véritablement vos intérêts, que si vous parlez des affaires du temps (comme vous paroissez en avoir quelque dessein) il faudra vous expliquer clairement et sans ambiguité, d'une manière dont ledit prélat ait lieu d'être satisfait, sinon tout ce que vous pourrez dire tournera contre vous. C'est pourquoi il seroit bon qu'ayant entrepris de parler pour vous, vous me fissiez savoir précisément votre situation : si vous avez appelé, si vous avez abandonné votre appel, etc. Le tout non pas afin de savoir votre secret, Monsieur, mais afin d'être en état de répondre à ce qu'on me demandera.

234. — DE LEBEUF A FENEL[1].

Fin juin 1737.

[Il l'informe que c'est le sieur Fontaine, agent de l'évêque d'Arras, qui souleva toutes les difficultés sur son affaire d'Arras. — Il lui parle avec éloges de M. l'abbé Galhaut. — M. Maillart, qui a 75 ans, est fort occupé : il fait rebâtir une partie de sa maison et il a reçu agréablement l'honoraire que Fenel lui a envoyé.] — « Je vois qu'il faut agir avec une extrême circonspection avec la personne qualifiée dont je vous ai parlé[2]. Rien ne presse, nous pourrons aviser la chose une autre fois. » |

235. — DE FENEL A LEBEUF.

Sens, 5 juillet 1737.

Je n'ai su qu'hier, par le *Mercure* de juin, que vous avez remporté le prix de Soissons ; je n'avois pas pénétré le sens de votre lettre là-dessus[1]. Je vous en fais mon compliment de ré-

---

Lettre 234. — 1. Cette lettre roule presque entièrement sur le procès que Fenel soutenait à Arras pour son bénéfice. Comp. lettres n°⁸ 229, 230, 232 et 247.
2. L'archevêque de Sens.
Lettre 235. — 1. Voyez le dernier paragraphe de la lettre de Lebeuf, du 26 mai 1737.

jouissance et y prends toute la part possible. Vous gagnerez tous les prix que vous voudrez. A propos, vous ne m'avez pas dit si le seigneur *Mercure* a goûté mon *Essai sur la pourpre*. Je ne parlerai pas au grand seigneur que vous savez, sinon en termes généraux, à l'occasion de votre parent de Joigny², et je tâcherai de sçavoir à cette occasion ce qu'il pense sur votre compte, que je vous rapporterai fidèlement.

---

236. — DE LEBEUF A M. LETORS, LIEUTENANT CRIMINEL
A AVALLON.

Paris, 26 juillet 1737.

Votre inquiétude est mal fondée touchant votre dissertation sur *Vellaunodunum*. Elle est dans le premier volume de juin¹. Je ne me souviens pas si vous m'aviez dit d'en demander un exemplaire pour vous : je ne l'ai pas fait de crainte de rebuter ces Messieurs, que je vois n'être pas grands donneurs qu'envers les auteurs déjà connus par de plus amples ouvrages. Si cependant vous le voulez, j'en demanderai : ils en concluront qu'il faudra aussi vous donner celui où sera votre pièce sur les *Grands chemins*, que je pense devoir aussi être bientôt imprimé. On a reçu de Sens un écrit anonyme², où l'on dit que tout homme non

---

2. Ce parent n'était autre que Lebeuf, capitaine de la milice, à Joigny, dont l'abbé Lebeuf a déjà parlé dans sa lettre du 24 juin 1736, et qui sera souvent, dans le cours de la correspondance, l'objet des préoccupations de ce dernier, à raison de ses excentricités.
LETTRE 236. — Publiée d'après l'original appartenant à feu M. Laureau, directeur du Petit-Séminaire, à Auxerre. Elle a déjà été publiée, en autographie, dans les *Mémoires sur l'histoire ecclésiastique et civile d'Auxerre*, t. II, p. 486.
1. Voyez *Mercure* de juin 1737.
2. Lebeuf parle ici d'un article critique, dû à Fenel, et qui fut également publié dans le *Mercure* de 1737. — Fenel, dans une lettre à Lebeuf, de la fin de juillet 1737, réfute le sentiment de Letors qui, dans le *Mercure* du

prévenu doit reconnoître dans ces expressions de César qu'il avoit passé par Sens, et qu'il en partit après y avoir laissé deux légions et tout le bagage, que selon vous il auroit dû marquer qu'il étoit parti du lieu de l'assemblée des légions, après avoir envoyé à Sens les susdites deux légions, etc. 2° Il est faux (dit l'anonyme), que César eût été à Rome peu avant cette guerre, *il n'alla que dans ce que nous appelons Lombardie.* S'il eût été à Rome, c'étoit fait de lui.

3° Vous expliquez très mal, dit-il, les cinq heures d'été pendant lesquelles un soldat romain faisoit *gradu militari* vingt mille pas, selon Végèce. Les heures d'été étoient plus longues, chez les Romains, que les heures d'hiver. Ainsi dans les Gaules elles avoient près de quatre vingts minutes ; celles d'hiver, par conséquent, n'en avoient pas soixante.

Consentez-vous qu'on imprime ces petites remarques ? Voyez ce que vous y répondrez. Les auteurs sont sujets à être attaqués. Vous avez votre réponse toute prête qui est à la fin de votre ouvrage. J'oubliois de vous dire que l'anonyme improuve aussi que vous traitiez si fort l'*Itinéraire* comme un ouvrage défiguré et altéré. Il a beau, dit-il, à l'être en certains endroits, on peut en tirer des lumières certaines. Et il finit en disant que parler comme cela, c'est « récuser les juges devant lesquels on est sûr de perdre sa cause. »

— Avez-vous quelque chose de singulier sur un canton de Nivernois, dit le pays des Amognes [3] ? J'ai quelque chose là-dessus, mais je suis loin de mes papiers.

Je veux commencer par un volume de dissertations non encore imprimées, pour pressentir le public, après quoi je verrai pour les anciennes.

1er juin, avait prétendu que César était passé par Avallon, pour aller à *Vellaunodunum*.

3. Le pays des Amognes fait aujourd'hui partie du département de la Nièvre. Letors, dans une lettre du 15 septembre 1737 (Manuscrits français, supplément 2440), a adressé des renseignements à Lebeuf sur ce sujet. Ce dernier a publié, sur les Amognes, une dissertation spéciale dans le t. Ier, p. 23, du *Recueil de divers écrits*. 1738.

1737

Dans les *Centuries de Chartres*, de Guichenon[1], il y en a une du roi Robert, en faveur du monastère de Fructuare. « Actum Avaloni, anno incarnationis Dni. MXXIII, regnante Roberto XXXVII. » Je crois que vous connoissez cela.

Les Amognes sont des villages au nord ou nord-est de Nevers.

237. — DE LEBEUF A FENEL.

26 août 1737.

1737

Ne voulant pas manquer l'occasion du départ de M. de Luisant[1], que j'ai presque oublié, je vous fais à la hâte ces trois mots, pour vous prier d'accepter un des trois exemplaires de ma dissertation[2], l'autre est pour M. Mahiet ou pour la bibliothèque du Chapitre. Celui qui est coupé est pour Mgr l'archevêque. Il auroit convenu d'y mettre une couverture de papier marbré. Si vous en avez, je vous prie de l'y mettre, je suis trop pressé pour ce faire. J'écrirai à Sa Grandeur par la poste, pour la prévenir sur cet envoi. Il semble qu'ayant été évêque de Soissons, je lui dois cet hommage.

P.-S. Je viens de mettre une couverture telle quelle à l'exemplaire de Monseigneur.

---

1. Guichenon, savant généalogiste, né en 1607, mort en 1664, a publié, entre autres ouvrages, la *Bibliotheca Sebusiana seu variarum chartarum diplomatum centuria II*. Lyon, 1660, in-4°, où se trouve le document dont parle Lebeuf.

Lettre 237. — Publiée d'après l'original, collection de Fontaine.

1. M. Fenel de Luysant, oncle du chanoine.

2. Lebeuf envoyait sa dissertation sur *l'Époque de l'établissement de la religion chrétienne dans le Soissonnois*, etc., 1737, in-12.

238. — DE FENEL A LEBEUF.

4 septembre 1737.

[Il lui accuse réception de trois exemplaires « de sa belle dissertation soissonnoise, » et en a présenté à Mgr l'archevêque l'exemplaire qui lui était destiné. Le prélat l'a reçu avec empressement et l'a assuré qu'il le lirait avec grand plaisir].
— « Mais, je crois qu'il faudra bientôt que l'Académie de Soissons agisse avec vous comme celle de Bordeaux a fait avec le fameux M. Dortous de Mairan, maintenant un des plus illustres membres de l'Académie des sciences[1]. C'est qu'après qu'il eût remporté trois prix, on le pria de ne plus concourir, etc.

« Mais au fond ce sera votre faute, car aussi pourquoi êtes-vous si habile, que personne ne peut se mesurer avec vous? »

---

239. — DE LETORS A LEBEUF.

Avallon, 27 août 1737.

..... « Je n'entends pas dire que mon écrit sur *Genabum* ait paru[1]. »

Il se plaint que l'abbé Lebeuf ne lui parle pas de ses travaux

---

Lettre 238. — Publiée d'après l'original, collection de Fontaine.

1. Dortous de Mairan, né à Béziers, en 1678, mort en 1771. Savant physicien, auteur de nombreux travaux sur la physique, etc.

Lettre 239. — Publiée d'après l'original, Manuscrits français, supplément 2440, n° 66, Bibliothèque impériale.

1. Letors avait envoyé au *Mercure* une lettre sur *Vellaunodunum* qu'il plaçait à Avallon, et sur *Genabum* qu'il mettait à Gien. Elle a paru dans le t. 1ᵉʳ de juin, p. 1051, et a provoqué une réponse de M. Maillart, *Mercure* de septembre 1737. Letors répliqua dans le numéro de décembre suivant.

1737 de lui (Lebeuf). — « .... Je ne sçais si on sait à Paris le détail divertissant de la mission de Dijon : on y a ri, on y a pleuré, il y a eu des scènes de dévotion qui ont amusé la populace ; des processions où des femmes portoient le dais du Saint-Sacrement. »

240. — DE LEBEUF AU PRÉSIDENT BOUHIER.

Auxerre, 29 août 1737.

1737 [Envoi de sa dernière dissertation sur le Soissonnais, brochée ; elle n'est pas assez considérable pour être reliée seule]. — « ...... Je compte donner plusieurs nouvelles dissertations en un ou deux petits volumes. Elles sont nouvelles parce qu'elles n'ont pas encore paru, mais il y en a dont la composition est ancienne.

« N'auriez-vous pas, Monsieur, parmi vos manuscrits, de cartulaire ou nécrologe qui pût servir à donner une notice des villages du diocèse de Paris ? J'ai entrepris de faire cette collection par manière d'amusement, hors le temps que je ne donne pas au chant. »

241. — DE BILLATTE A LEBEUF.

De Provins (à l'Hôtel-Dieu), 6 novembre 1737.

1737 [Sur saint Ours, évêque de Troyes. — Il prépare une histoire abrégée de la *Fondation des religieux hospitaliers de Saint-*

Lettre 240. — Publiée d'après l'original, Bibliothèque impériale, fonds Bouhier, n° 165 4, f° 327.
Lettre 241. — Publiée d'après l'original, Bibliothèque impériale, supplément français, 2440, n° 8.

Bernard de Monjoux [1]. — « Je ne doute pas que vous n'ayez lu le fameux ouvrage de M. de Montgeron, sur les *Miracles* [2], et que vous n'ayez été bien content, entre autres choses, de la manière dont il réfute Mgr l'archevêque de Sens. Dieu veuille s'en servir pour la conversion de plusieurs. J'aurai l'honneur de vous dire, à cette occasion, qu'un de mes amis voudroit sçavoir s'il y auroit moyen de distribuer dans vos cantons environ une centaine d'exemplaires de l'*Épître dédicatoire au Roi*, imprimée in-4°, à douze sous la pièce. J'attends là-dessus une prompte réponse, selon laquelle on prendra ses mesures pour faire le voyage d'Auxerre ou pour en trouver le débit ailleurs. »

242. — DE LEBEUF A FENEL.

Paris, 24 décembre 1737.

Je suis bien fâché de ce que le temps ne me permet pas d'écrire plus souvent à une personne auprès de laquelle il y a tant à apprendre ; j'ai toujours lu vos lettres avec bien de la joie à cause de l'érudition dont vous les parsemiez. Il est fâcheux

---

1. Billatte (Nicolas), né à Rethel. Il était chanoine régulier hospitalier de l'Hôtel-Dieu de Provins. Ses opinions jansénistes, ardentes et prononcées, le firent exiler par lettre de cachet, en 1743, à l'abbaye de Dilo, canton de Cerisiers (Yonne). Il y mourut misérablement en 1748. Voyez lettre du 5 juin 1745. La collection d'où cette lettre est tirée, contient encore deux autres lettres de Billatte à Lebeuf, l'une du 8 avril 1738, où il le prie de faire une dissertation sur la Congrégation des chanoines réguliers et hospitaliers de Montjoux, que le P. Hélyot et le P. Du Molinet avaient passés sous silence ; l'autre, du 13 du même mois, contenant envoi d'un Mémoire sur l'hôpital de Montjoux.

2. Montgeron (Louis-Bazile-Carré de), né à Paris, en 1686, mort à Valence le 12 mars 1754. Il fut mêlé à toutes les querelles jansénistes, et publia, en 1737, le fameux ouvrage intitulé : *La vérité des Miracles opérés par l'intercession du diacre Pâris*, ce qui lui valut d'être envoyé à la Bastille.

LETTRE 242. — Publiée, ainsi que les n°s 243 à 247, d'après les originaux, collection de Fontaine.

que votre procès d'Arras ait suspendu vos études. Je tombe insensiblement sur cette corde pour en venir à M. l'abbé Galhault, que je voulus saluer dernièrement pour avoir de vos nouvelles. Le portier me dit qu'il étoit à Arras pour plus d'un an. Aussitôt je pensai que cela étoit bon pour vous qui aviez besoin d'une personne sur les lieux, qui sollicitât fort vos intérêts. Je ne l'ai pas vu avant son départ, depuis le jour qu'il me fit l'honneur de m'inviter à l'ouverture de votre pâté, laquelle se fit avant la Toussaint, à laquelle cérémonie nous bûmes fort et longtemps à votre santé, avec d'aimables Messieurs du collége de Dainville. Lorsque vous écrirez à M. Galhault, ayez la bonté de lui faire mes compliments.

J'ai deux choses à vous demander, après que je vous aurai souhaité bonne réussite dans toutes vos entreprises, l'année prochaine, qui est que vous ayez la bonté de me remettre encore à l'esprit de Mgr votre prélat, si l'occasion s'en présente, je sçai qu'il ne me veut pas de mal. Étant, cet automne, à Fontainebleau, je voulus lui rendre mes profonds respects, mais Sa Grandeur étoit en ville. Si je sçavois n'être pas examiné par certains jans.[1], j'irois quelquefois le saluer ici, chez lui. J'ai vu la communauté de dames de M. son frère, et l'ordre admirable qui s'y observe[2]. Il me revient que mon évêque veut absolument que je revienne; pour moi j'ai déjà fait faire réponse que, lorsqu'il y auroit dans mon pays des bibliothèques comme à Paris, je lui donnerois la préférence, mais que les livres m'arrêtent ici, et m'en font goûter le séjour pendant que je fais le nouveau chant et que j'en conduis l'impression[3].

Si Mgr d'Auxerre dit les gros mots, ne me conseillez-vous pas, en ce cas, de supplier mon métropolitain, de qui je suis connu pour autre que pour un théologien, de faire dire sous main un

---

1. Il n'y a dans la lettre que *Jans.*, le mot Janséniste est abrégé.
2. Languet (Jean-Baptiste), frère de Mgr Languet, archevêque de Sens, né à Dijon, en 1675, était curé de la paroisse Saint-Sulpice de Paris.
3. Lebeuf parle ici de l'Antiphonier du diocèse de Paris.

petit mot à ceux qui approchent de Son Éminence⁴ ? Votre avis me sera très utile. Quant à Mgr l'archevêque de Paris⁵, il paroit hors d'état d'agir, chacun s'aperçoit qu'il est très âgé.

Je voulois, en second lieu, vous demander votre avis sur la position d'*Agendicum*. En posant que c'est Sens, il ne faut pas prendre cela à la rigueur. Je raisonne d'*Agendicum* et de *Senones*, comme j'ai fait de *Noviodunum* et d'*Augusta Suessionum*. *Noviodunum* étoit la montagne à demi lieue de la rivière d'Aisne, sur laquelle étoit cette ville, dont le nom est resté à Noyon. Les Gaulois se transplantèrent dans la plaine, sur le bord de la rivière, et jouirent de toute cette plaine pour leurs maisons écartées les unes des autres : mais cette seconde demeure, dite *Augusta Suessionum*, suivit ensuite le sort de la religion, et l'endroit où étoient cantonnés les chrétiens, vers l'an 320-350, devint la ville. A Auxerre, de même, *Vellaunodunum* étoit la ville Gauloise, sur une montagne à demi lieue du lieu où est Auxerre. Les Gaulois, subjugués par les Romains, descendirent dans la plaine, sur le bord du ruisseau où s'est conservé le nom de Vallan, dans un hameau et dans ce ruisseau⁶. Leur nouvelle ville fut nommée *Autricum* : elle n'étoit pas fermée de murs vers l'an 260. Cet *Autricum* cessa peu à peu d'être habité lorsque la foi prit racine, parce que les chrétiens se retirèrent à mi-côte et s'y fermèrent, après la paix de l'Église, des matériaux provenant en partie des temples et statues démolies, et alors on dit : *Autissiodorum*. Voilà trois stations que je fais tenir à Soissons et à Auxerre. Je crois qu'il en a été de même à Sens, et que, *Agendicum* étant déserté, les *Senones* furent bâtis dans la plaine,

1737

---

4. Le cardinal Fleury.
5. L'archevêque de Paris, Mgr de Vintimille. — Voyez ci-après lettre du 30 décembre 1738, note 3.
6. L'opinion qu'émet ici Lebeuf sur les emplacements successifs de la ville d'Auxerre ne peut se soutenir aujourd'hui. Il est constant que le premier emplacement occupé par la ville fut dans la vallée, au sud de la ville actuelle, et que c'est lors des premières invasions des Barbares que les Romains construisirent l'enceinte de la cité, sur la montagne. Rien n'indique l'existence d'un troisième emplacement.

vers Saint-Paul, vers le chemin de Saint-Pregs et la plaine qui est à droite, allant à Rosoy [7]. Vous sçavez que la Motte-Ciar y reste encore. Mais la prédication de l'Évangile fit séparer les habitants, et les chrétiens s'assemblèrent au nord, où ils ont été depuis fermés de murs construits des démolitions des bâtiments et temples païens. Mais où étoit d'abord *Agendicum*? C'est ce que je cherche. Étoit-il sur une montagne? Il n'y a pas de *dunum* dans ce mot. Étoit-il vers Malay, vers Maillot, ou vers Saint-Bond vers Paron? Si vous demandiez le nom des cantons et climats des environs de votre ville, peut-être y découvririez-vous quelque nom qui y auroit rapport. Je n'ai pu voir ce que dit Herickius sur cette étymologie. Ne reviendroit-elle point d'*Argendicum* ou *Argenticum*, comme *Argentaria*, *Argentoratum*? En ce cas, nous aurions *Arg*, qui en Lombard ancien signifie : *terra iners*, *inutilis*; il y en a ce me semble beaucoup vers Saint-Bond ou vers Saint-Martin [8]. Si c'est d'*Auga* ou *Haia*, petits bois, haie, c'est à vous à déterminer. Pour ce qui est d'*Etinc*, ou *Dinc*, ou *Endic*, je m'y perds. Tâchez de découvrir ce Fréret celtique. [9]

243. — DE FENEL A LEBEUF.

Sens, 31 décembre 1737.

..... J'ai chargé un des meilleurs amis de notre prélat de lui mander qu'il savoit de bonne part que vous souhaitiez, Monsieur, être de ses amis, et qu'il mande si cela lui agréera. Que, de surplus, votre évêque semble vouloir vous molester.

[Critique de l'opinion de Lebeuf sur les trois stations des villes

---

7. Rosoy, petit village à 6 kil. de Sens sur la route de Villeneuve-le-Roi.
8. Saint-Bond et Saint-Martin : le premier, chapelle : le second, village à l'ouest, au-dessus de Sens, sur la rive gauche de l'Yonne.
9. Lebeuf fait allusion ici à la profonde érudition et à la sagacité de Fréret, membre de l'Académie des inscriptions, célèbre par ses travaux sur l'histoire ancienne, la chronologie, etc. Fréret, né en 1688, est mort en 1749.

Gauloises [1].] — « Il n'est rien moins que certain qu'on les mit toujours dans les lieux montagneux ; au contraire, je vois positivement dans César qu'ils affectoient de bâtir leurs maisons proche les rivières et les forêts pour éviter les chaleurs..... Je ne puis accorder que *Vellaunodunum* soit proche Auxerre, et votre nom de Vallan, qui est votre plus forte preuve, ne me paroit signifier autre chose, sinon qu'il y a eu autrefois un bourg d'un nom semblable à celui des *Vellauni* ou *habitants du Velay*.

« ..... Je conviens qu'il semble que le sol de Sens s'étendoit autrefois vers Saint-Paul, mais il le semble seulement, et les preuves en sont minces ; la Motte du Ciare me paroit avoir été une forteresse pour boucher le passage de la rivière d'Yonne, et pour brider la navigation. L'enceinte dont on voit les vestiges est très peu considérable, et paroit néanmoins avoir eu deux murs, ce qui indique une espèce de fort et non pas une ville..... Le peu de ruines et de marques d'antiquités trouvées dans ce quartier (et qui se réduisent à quelques pavés d'une brique singulière et un petit canal), ne prouvent absolument quoi que ce soit...

« Je mettrois les commencements de Sens dans l'île Saint-Maurice, à l'exemple de Paris, de Melun, et peut-être de plusieurs autres villes Gauloises, et ensuite on bâtit vers la porte d'Yonne, sur le bord de l'eau.

« ..... Il m'est venu en pensée qu'il faudroit appliquer l'étude de l'antiquité à quelque chose de bien plus utile que ce que l'on a fait jusqu'à présent. De quoi nous sert, à parler proprement, de savoir les mœurs des Romains et des Grecs, leurs habits, leurs noms, etc. Tout cela par soi-même est vain, et purement pour amuser des gens oisifs ; cependant des gens de beaucoup d'esprit se sont consacrés à cette étude, et il en faut tirer du profit. Je songe donc qu'on le pourroit tirer ce profit par le moyen d'une comparaison très exacte qu'on feroit de tout ce qui nous est resté de l'antiquité : mœurs, génie, gouvernements, lois, habillements, etc., avec ce que nous avons aujourd'hui.

LETTRE 243. — 1. Voyez lettre de Lebeuf, du 24 décembre 1737.

« Par ce moyen on seroit à même de juger quels avantages le changement étonnant qui est arrivé presque en tout, depuis 15 à 1600 ans, a procuré au genre humain. Cette comparaison exacte, outre le plaisir extrême qui en viendroit, nous apprendroit quels sont les arts vraiment utiles et qu'on doit promouvoir et favoriser, etc. »

---

244. — DE FENEL A LEBEUF.

Sens, 8 janvier 1738.

[Relation de la réponse de l'archevêque de Sens en faveur de Lebeuf.] — « Il dit donc que vous lui êtes connu, Monsieur, de réputation, pour le nom que vous vous êtes fait parmi les savants, et qu'il fait de vous le cas qu'il doit. Il ajoute qu'il souhaite fort être de vos amis ; ce sont ses termes ; que, du surplus, comme vous êtes à Paris, vous le verrez sans doute, et que vous lui direz alors ce en quoi il peut vous être utile, ce qu'il souhaite de tout son cœur ; mais qu'il doute qu'il le puisse, au cas que l'évêque et le Chapitre soient réunis ensemble contre vous, ce qui rendroit alors la chose difficile, etc. »

[Fenel engage vivement Lebeuf à aller voir l'archevêque et à lui exposer les sortes de peines qu'on lui fait, etc.]

---

245. — DE LEBEUF A FENEL.

20 janvier 1738.

Que vous avez de bontés pour moi, pour vous intéresser comme vous le faites à ce qui me regarde ! Véritablement je suis dans la confusion de vous avoir causé de l'inquiétude[1], mais j'aurai

---

LETTRE 245. — 1. Fenel, ne recevant pas de réponse à ses deux lettres des 31 décembre 1737 et 8 janvier 1738, avait de nouveau écrit à Lebeuf.

l'honneur de vous dire que, si j'ai différé à vous écrire, ce n'est pas pour aucune des raisons que vous soupçonnez, mais parce qu'il ne convenoit pas que je fusse plus tôt voir la personne que vous sçavez², que le jour d'hier. Il y a eu dans son quartier des solennités qui ne sont pas venues à votre connoissance, outre la fête patronale qu'il a fallu aussi célébrer. J'y ai donc été, et j'ai été fort bien reçu. Nous avons raisonné sur le sujet de mon absence. Sa Grandeur a dit que j'étois dans le cas du canon *pro utilitate Ecclesiæ*. Il a voulu sçavoir combien je devois encore être occupé ici : là-dessus je lui ai dit, le reste de l'année. Il m'a parlé de mon beau-frère de Joigny. Il m'a appris qu'il alloit faire imprimer votre Antiphonier. En effet, j'en ai vu des cahiers sur une table. Je n'ai pas osé lui offrir mes services pour veiller à l'impression, ou pour la révision du chant. Vous voyez bien que cette dernière proposition ne conviendroit pas dans ma bouche. Il faudroit que cela lui fût suggéré. Il m'a demandé ensuite si j'étois A..... Je lui ai dit que oui, mais non R³..... C'est un obstacle de moins, m'a-t-il dit ; je me suis expliqué sur tout cela d'une manière dont il m'a paru content. Il m'a invité à le venir revoir. Il entrevoit qu'il me faudroit quelque chose pour me fixer ici, car je lui ai dit que je n'avois accepté l'emploi où je suis, que dans le dessein de me détacher de ma patrie où l'on manque de secours pour étudier. Après m'avoir entretenu de mes dissertations, j'ai cru devoir prendre congé en le remerciant de ses bontés, et nous avons aussi parlé de vous d'une manière qui ne peut vous déplaire. Si vous croyez que je puisse vous rendre le service pour votre chant, faites suggérer cela à Sa Grandeur, vous pouvez en parler à M. le préchantre⁴, que j'honore très fort, et que je remercie de ce qu'il a bien voulu faire.

1738

---

le 17 janvier, pour lui exprimer son inquiétude de son long silence, et le prier de lui en donner l'explication.

2. Lebeuf fait allusion à Mgr Languet, archevêque de Sens.

3. *Appelant*, mais non *réappelant*.

4. M. Yves Morice, du diocèse de Saint-Brieuc, chanoine de Sens depuis 1711, et préchantre depuis 1727. Il est mort le 16 juin 1767.

1738

Je suis assez de votre sentiment sur la position d'*Agedincum* ; et quand vous m'auriez contredit, croiriez-vous que cela pût refroidir l'ardeur de l'estime que j'ai conçue de vos lumières ? Je n'ai jamais essayé de faire une règle générale sur la position des villes ; j'en place dans des péninsules, comme étoit *Agendic* ou *Agedinc*, j'en mets sur des montagnes, dans des îles, dans des marais. J'ai prouvé quelque part qu'*Eti* ou *Eten* signifioit une île chez les Gaulois. Voyez ma première dissertation Soissonnoise, page 16.

M. Maillart, à qui j'ai fait vos compliments, dit qu'il vous fait les siens, et qu'à l'égard de vos papiers il a tout donné à M. Galhaut. Soyez donc tranquille là-dessus.

P.-S. J'ai toujours oublié de vous demander si le bon M. Servignien étoit toujours dans son humeur contrariante [5].

Le R. P. Rouiller, jésuite, me fait excuse, dans *Trévoux*, d'avoir imprimé une pièce de lui, qu'il convient ne valoir rien [6].

J'ai été voir, à Montmartre, ce qu'on a découvert la semaine dernière. C'est un bâtiment du IIIe ou IVe siècle. Je pourrai vous adresser un mot là-dessus dans le *Mercure* [7], car j'ai trouvé que Frodoard en parle dans sa chronique.

NOTE JOINTE A LA LETTRE DE LEBEUF.

[Du 20 janvier 1738.]

1738

Je dois vous faire part de quelques particularités que vous ignorez par rapport à...... Ce n'est pas d'aujourd'hui que je suis en relation avec Sa Grandeur [8]. Je pris la liberté de lui écrire

---

5. Voyez sur Servinien, Correspondance, t. Ier, p. 125, note 1, et ci-après lettre n° 246, où Fenel annonce la mort de Servinien.

6. Le P. Rouillé, Jésuite, l'un des rédacteurs des *Mémoires de Trévoux*, né à Tours le 11 janvier 1681, mort à Paris en 1740.

7. Voyez *Lettre sur un ancien édifice romain, nouvellement reconnu à Montmartre*, janvier 1738, p. 428.

8. Mgr Languet.

dès 1714, au sujet de son livre contre M. de Vert[9], et il me fit une réponse très gracieuse, toute de sa main.

Vers 1725 ou 1726, je lui écrivis encore au sujet d'un archidiacre de Soissons, fait évêque d'Auxerre au xᵉ siècle[10], afin qu'on cherchât dans les archives. J'eus aussi une réponse très satisfaisante.

Je lui ai toujours écrit en lui envoyant mes trois dissertations de 1734, 1735 et 1737, et toujours il a été exact à me faire réponse, et à me remercier avec bien des éloges. Ainsi vous voyez que tout cadre avec ce qu'il a mandé.

Dans ma lettre de 1725 et 1734, j'ai insisté que la théologie n'avoit jamais eu grand attrait pour moi, mais l'histoire, la critique et les antiquités, la liturgie, le chant.

Si je me doutois que quelqu'un de mes compatriotes vît tout ce que je vous écris, je vous prierois de le brûler.

---

246. — DE FENEL A LEBEUF.

5 février 1738.

[Il répond à la proposition de recommander Lebeuf pour travailler à l'impression de l'Antiphonier de Sens, qu'on ne peut pas faire imprimer cet ouvrage, mais bien le Processionnel.] — « Il semble qu'on (l'archevêque) ne vous l'a pas montré en vain... »

« Le bon M. Servignien ne contrariera plus personne, car il est mort dès le mois de mai dernier[1]. Il a, je crois, légué tous ses ouvrages musicaux à la Bibliothèque du Chapitre, et je crois à quelque autre son ouvrage sur l'Antiphonier, car il y avoit beaucoup travaillé. C'étoit un bon homme, et fort honnête homme, mais peu savant et éclairé. »

---

9. L'ouvrage avait pour titre : *Traité du véritable esprit de l'Église dans l'usage des cérémonies*, etc., Paris, 1714, in-12.
10. L'évêque Gérau, qui siégea de 909 à 914.
Lettre 246. — 1. Voyez lettre de Lebeuf, du 20 janvier 1738.

1738

[Il le remercie de la promesse de son Mémoire sur les Antiquités de Montmartre.] — « Que de choses la terre, que nous foulons aux pieds, renferme-t-elle dans son sein ! Il doit y avoir des inscriptions, des ruines, des statues, des médailles, etc. Mais n'y auroit-il point aussi des livres ? Voilà une des idées les plus extraordinaires qui soit venue à l'esprit d'un homme, vous m'allez dire. Mais ces livres ne seroient-ils pas pourris en terre, à l'humidité et au relan ? Ouy, si ces livres eussent été à l'air et proche des choses humides; mais s'ils ont été mis dans des vases de terre exactement fermés, ou dans des vases de cuivre, tels que ceux où les anciens mettoient leurs actes de vente ou d'achat, pourquoi ne se seroient-ils pas conservés ? »

[Il cite, à l'appui de cette opinion, la trouvaille, dans un tonneau de terre, à Jéricho, d'une certaine version d'une partie de l'Ancien Testament, qu'Origène a mis dans ses *Octaples* : un *Properce*, etc.]

247. — DE LEBEUF A FENEL.

24 février 1738.

1738

Je sens que j'ai fait un oubli de conséquence pour vous, en négligeant de retourner promptement chez M. Maillart. Je l'ai vu avant-hier votre lettre en main, il m'a dit que la clause de l'amende envers la Pauvreté, c'est-à-dire l'Hôpital, étoit très commune dans les baux d'Artois ; que vous êtes le maître de faire le bien des pauvres ou de laisser votre fermier sans punition. Je crois que vous pensiez déjà de même et vous n'apprenez rien de nouveau, sinon l'explication du mot Pauvreté et le fréquent usage de l'aumône envers ces Pauvretés.

Vous avez raison de regarder comme extraordinaire la pensée qui vous est venue touchant la possibilité de trouver des livres dans terre. Je la regarde comme telle, mais non comme impossible dans les rencontres. Je ne vois seulement aucune apparence que le terrain de Montmartre soit propre à cette conservation. Les chercheurs ont recommencé leur fouille et ils trouvent auprès de leur vieux bâtiment un terrain glaizeux blanc, comme du côté qui regarde Paris : ainsi il y a apparence que toute la montagne de Montmartre est un fond de plâtre. Ma lettre à votre seigneurie est imprimée en date du 20 janvier[1], mais ce *Mercure* ne se répandra guère que vers le 22 ou 24 du courant ; si cela étoit à recommencer, j'y ajouterois encore quelque chose par esprit prophétique, car on a découvert depuis trois jours un conduit entre deux murs bien cimentés. Ce conduit étoit plein de décombres et c'étoit sans doute l'eau de la fontaine de Buë, qui est trente pas plus haut, laquelle passoit par là, puisqu'on y a trouvé un bout de tuyau de plomb qui servoit à faire entrer dans l'édifice une partie de cette eau.

Pour ma récréation j'ai déterré, dans Paris, les ferrailleurs, je les ai vus chez eux. L'oculiste est une espèce de dragon ou soldat rouge, qui a beaucoup voyagé, lequel cherchoit des simples sous Montmartre, et fut fort surpris, il y a environ deux mois, de trouver dans les ruines une mandragore[2]. Il l'a trouvée, la racine vraie et femelle, et me l'a fait voir. Il me parut que c'est en cherchant cette racine qu'il a pu trouver quelques médailles, et qu'en ayant parlé au sieur Marquetal, c'est l'homme normand, son ami, cela est parvenu ensuite à ceux qui avoient lu ma dissertation de 1736, où je parle de la tempête arrivée en 944, à Montmartre, car j'ai vu clairement que le bon oculiste et le Normand n'étoient pas des liseurs *ex professo*. Ainsi, je puis avoir occasionné ce qu'on a répondu sur les démons vus alors en ce lieu. Mais c'est un nommé de La Bretonnière, qu'ils m'ont dit

---

LETTRE 247. — 1. Lettre au sujet d'une antiquité reconnue depuis peu à Montmartre (*Mercure* de janvier 1738, p. 47.) — Voyez aussi un *Mémoire sur un ancien édifice découvert à Montmartre*, dans le *Recueil des dissertations sur l'histoire de Paris*, 1740, t. 1er, p. 140.

2. La mandragore est une plante de la famille des Solanées, à laquelle on attribuait, au moyen-âge, des vertus extraordinaires. — Voyez ci-dessous lettre de Fenel à Lebeuf, du 25 mars 1738.

avoir fait mettre dans la *Gazette de Hollande* les faussetés que vous y avez vu (*sic*), pour se moquer de ces deux messieurs, qui n'ont pas voulu l'associer à leur recherche.

J'ai vu chez le Normand un morceau d'albâtre sur lequel est une couche de mastic couleur de cendre, et des morceaux de creusets soi-disant. Il m'a dit qu'il a aussi trouvé un fragment d'inscription, où il y avoit ELLAE, elle est mutilée devant et derrière. La cinquième lettre est selon lui un E ou un N, je croirois que c'est plutôt un E, et que c'est la fin d'un génitif ou datif, comme Petron ELLAE. Ayant souhaité la voir, il m'a dit qu'elle étoit au dépôt, chez Mme l'abbesse de Montmartre. L'oculiste m'a montré un bout inférieur de l'os fémur d'un homme, à ce qu'il dit, mais j'en doute à cause de sa grosseur. Il croit que ce seroit d'un homme qui auroit été écrasé en ce lieu; il se trompe s'il n'y a que cet os-là; il m'a dit, depuis, qu'on en a trouvé hier un grand nombre. Je voudrois sçavoir comment on disoit anciennement Clignancourt, car c'est tout auprès. Je vois bien *Curtis* à la fin de ce mot; mais *Clignen* ou *Clignan* n'est pas facile à tirer de l'obscurité.

Vous sçaurez que *Bur*, en belgique et saxon, signifie : *Pons scaturigo*. Cela prouve que le nom de la fontaine de Montmartre est bien ancien. Nos Celtes étoient aussi forts pour les monosyllabes.

Le sieur Dubois, que j'ai trouvé aujourd'hui 9, dans une maison, m'a dit qu'hier ils trouvèrent beaucoup d'albâtre de travers et perpendiculairement dans les ruines, et que sur un morceau il y a ANNANIVS; il a peut-être voulu dire ANINIVS, ou ANICIVS, ou ANNIVS. Quoi qu'il en soit, si on s'avise d'écrire un jour sur tout cela, ce mot fera rire par rapport à Montmartre, pays des ânes.

Un autre m'a dit depuis qu'il y a AMAVS. Des connaisseurs enfin me disent qu'il faut que le dit Dubois nous en fasse accroire sur sa mandragore, qu'il pouvoit l'avoir apportée d'Orient où il a été. Je l'ai touchée, elle m'a paru assez fraîche. Au reste, je ne m'y connois pas.

J'ai toujours attendu à vous envoyer ce griffonnage que j'eusse pu aller voir Mme l'abbesse de Montmartre, pour juger des fragments ci-dessus. Je les ai vus : sur le premier, qui est sur de l'albâtre, reste une dernière ligne en beaux caractères romains, avec ces seules lettres, le reste étant mutilé : ELLAA. Ces lettres ont un pouce et demi de haut. L'autre morceau, long de neuf pouces, qui paroit de marbre, est un morceau isolé de tous cotés, excepté à droite :

1738

```
V M A V
LEVTHA CI
```

Il semble que dans la deuxième ligne ce soit le nom de *Leuticia civitas*; je vous laisse à deviner, vous qui avez si bien conjecturé sur celle de vos murs. Cette dernière inscription est de caractères du Bas-Empire, comme du ve ou vi^e siècle. Les lettres sont plus petites que dans la précédente et plus maigres [3]. On trouve dans ce lieu des tuileaux recourbés qui ont un trou au milieu à passer le pouce ; item grand nombre de cols de bouteilles [4] qui n'ont jamais été joints à un corps de bouteille.

Il y a eu un canal venant de la fontaine. J'ai songé au culte de Diane qui peut avoir duré longtemps, à Montmartre comme ailleurs. J'oubliois de vous dire que j'ai aussi vu quantité de pièces de terre plates, ouvragées comme en dentelles ou en cercles entrelacés. Cela pouvoit suppléer à la mosaïque.

P.-S. Je ne sçais si je vous ai marqué que je demeure maintenant rue Saint-Jacques, chez le sieur Bussière, perruquier, proche Saint-Yves, attenant M. Coignard, chez qui on imprime le Graduel dont j'accélère l'impression.

---

3. Cette inscription est reproduite dans le Mémoire publié par Lebeuf sur Montmartre et cité note 1 ci-dessus.
4. Comme les cols ou douilles de bouteilles dont je parle dans ma lettre imprimée, paroissent n'avoir jamais été liés à un corps de bouteille, un artiste m'a dit que cela pouvoit avoir servi à faire passer l'air dans les fourneaux. (*Note de Lebeuf.*)

248 — DU P. VIGER[1] A LEBEUF.

Auxerre, 5 mars 1738.

[Le Martyrologe de Paris en est à l'R. — L'ouvrage pourra paraître à Pâques.] — « Je vois, par la légende de saint Caradeu, que vous m'avez envoyée, que vous aviez très grande raison de penser que ce saint est très différent de celui du 13 avril, chez Bollandus et chez M. Chastellain[2]. Je suis bien aise d'avoir lu cette pièce : il s'en faut bien que je la croie originale et que j'en voulusse garantir tout le détail ; il se peut faire néanmoins qu'elle ait été écrite sur quelques mémoires anciens ou sur quelques traditions[3]... »

249. — DE FENEL A LEBEUF.

Ce 25 mars 1738.

[Il critique encore l'opinion de Letors, d'Avallon, qui veut faire de cette dernière ville *Vellaunodunum*[1]. — Définit ce qu'est la mandragore, espèce de plante naturelle, appelée par Pythagore *Anthropomorphon*, parce qu'elle représente grossièrement les parties inférieures du corps humain ; vertus fécondantes de cette plante ; son histoire chez les Hébreux et chez les Romains. — Observations sur une maison de riche gallo-romain, trouvée à Montmartre, à propos du Mémoire de Lebeuf publié sur ce sujet

---

LETTRE 248. — Publiée d'après l'original, Manuscrits supplément français, 2440, n° 104, Bibliothèque impériale.

1. Voyez, sur le P. Viger, et non Vigier, Correspondance, t. Ier, p. 147, note 1.
2. Voyez, sur saint Caradeu, Correspondance, t. Ier, p. 192, note 2.
3. Cette lettre, fort longue, est entièrement consacrée à saint Caradeu.

LETTRE 249. — Publiée ainsi que le n° 250 d'après l'original, collection de Fontaine.

1. Voyez, ci-dessus, lettres n°s 236 et 239.

dans le *Mercure* de janvier précédent. — Sur le mot de *Virgæ*, qui veut dire de la pourpre en celtique, et d'où est venu le nom de *Vergobret*, donné au chef des Autunois, soit le magistrat qui porte la pourpre.]

[Nouvelles de l'archevêque de Sens, Mgr Languet, qui a lu un tome des *Dissertations* de Lebeuf, et qui en parle avec les plus grands éloges.] — « Disant que vous étiez un des plus sçavants hommes qu'il connût. Il fut aussi parlé du recours que vous aviez eu à lui contre les peines qu'on vous faisoit sur votre résidence[2], et me dit que celui qui vous les faisoit molestoit tout le monde, et qu'on s'en plaignoit de toutes parts.

« A l'égard de la question que vous me faites, je n'en sçais rien que par ce que m'en a dit un de mes parents qui a été présent lorsqu'on a fait son lit, un soir après souper; il m'a dit qu'il couchoit (l'archevêque) sur une espèce de paillasse, et cela dès 1732, ou environ; depuis ce temps-là cela m'a été confirmé à l'occasion de la maladie qu'il eut à la fin de 1736, et qui pensa l'emporter. On m'assura alors, comme le tenant de sa propre bouche, que dès sa jeunesse il avoit eu quelques attaques de gravelle et qu'il avoit alors commencé à coucher sur la dure; et que ce qu'il avoit alors fait par principe de santé, il l'avoit ensuite continué par mortification. Je n'en say pas davantage. Il conste, au reste, qu'il se lève très matin, qu'il dort peu, et qu'il est très laborieux et toujours à travailler.

« J'ai lu avec un plaisir infini vos deux tomes de *Dissertations*; je ne veux pas vous flatter, mais je ne puis m'empêcher de vous dire que j'ai été étonné et comme enthousiasmé de l'étendue des recherches et de l'érudition qui y est. J'en dirois davantage à un autre.

« Vous m'avez fait entièrement changer de sentiment sur le *Genabum*[3] : ce n'est pas peu, car je suis un peu obstiné. »

---

2. La résidence de Lebeuf à Auxerre comme chanoine.
3. Dans le commencement de sa lettre, Fenel affirmait l'identité de Genabum et d'Orléans. Il a biffé ce passage.

250. — DE LEBEUF A FENEL.

30 mars 1738.

Je vous croy exempt de ports de lettres ou au moins que vos lettres, lorsqu'elles regardent même indirectement votre église, ne roulent point sur votre compte. C'est ce qui me rend plus hardi pour revenir à la charge, non pas pour vous parler des antiquités de Montmartre, qui ne se trouvent pas telles qu'on les souhaiteroit, mais pour m'entretenir de quelques articles qui regardent votre église.

Je vous dirai donc, Monsieur, que sçachant que votre illustre prélat partoit demain pour s'en retourner, j'ai été le voir, non les mains vides, mais avec deux petits volumes. L'ayant vu quinze jours auparavant, il m'avoit déclaré qu'il faisoit travailler à un processionnel, par M. Delacroix, maître de la Sainte-Chapelle, et que pour cela il avoit acheté un Antiphonier de Paris qui lui avoit coûté vingt-sept livres. Je lui dis que ce n'étoit qu'un tiers de mon ouvrage, l'Antiphonier plenier étant de 3 volumes in-f°. Le prix de soixante livres l'effraya: je le rassurai, et lui dis qu'il y avoit une édition en 6 volumes in-12, qui ne coûtoit que dix-huit livres, tous reliés ; sur le champ il me dit de la lui acheter et me compta trois écus qu'il voulût que je prisse.

Je lui dis donc que j'espérois avoir bientôt l'honneur de lui en présenter d'autres de ma façon plus intéressants, et pour lesquels je ne débourserois rien. Ce matin donc je les lui ai offerts. C'est un recueil de dissertations, dont je crois vous avoir déjà parlé ; la plupart sont sur des points géographiques[1]. Mais sur quoi écrire en ces temps-ci? J'en aurois bien sur les rites, mais on est gêné. Vous y verrez cependant des morceaux variés et qui

---

LETTRE 250. — 1. *Recueil de divers écrits pour servir d'éclaircissement à l'Histoire de France*, etc., Paris, 1738, 2 vol. in-12.

traitent de bien des choses, telles que ma dissertation sur l'*État des sciences*. J'ai fait la table du premier volume un peu à la hâte, la deuxième est mieux faite; vous y verrez indiqué ce que je dis de Sens et du Sénonois.

Ou si vous voulez prendre la peine de demander à l'emprunter à Monseigneur, je pense qu'il ne vous le refusera pas, car il me dit qu'il en feroit la lecture en son voyage, et je crois que passé cela il n'y pensera plus guère. Il trouva à l'ouverture le titre de la dissertation qui ôte à la France Honorius d'Autun [2]; sur quoi il m'a dit en riant : « Ah! le méchant homme qui nous enlève un grand auteur! » Voilà ces critiques. Je lui ai dis que je m'excusois dans ma dissertation, et que je donnois en place un saint Victrice, à Rouen, qu'on ne connoissoit pas pour auteur, et que j'attribuois à Raymon ou Remi d'Auxerre tout ce qu'on croyoit être d'Aymon d'Halberstad. Il est venu à parler de missels, graduels, et à cette occasion il a touché une corde que MM. de Saint-Sulpice avoient touchée dès le temps que M. de Harlay avoit donné un bréviaire avec remarques, duquel le chancelier de Paris répondit alors, par un écrit imprimé, qu'il ne connoît pas apparemment [3].

Ces messieurs étoient fâchés qu'on se servit du terme d'*Annunciatio Domini* ou *Dominicæ*, votre prélat m'a paru les suivre en cela et veut qu'on mette : *Annunt. B. Mariæ*. Il me paroit qu'il se trompe. J'ai de vos très anciens manuscrits où il y a : *Annunciatio Dominica*; et de même dans une infinité d'autres. Si quelque antisulpicien (dont Paris ne manque point) s'avise de faire des recherches là-dessus, il aura de quoi opprimer ceux qui avanceroient qu'on a toujours dit : *Annunt. B. Mariæ*. Au reste, ce que je vous en dis est pour vous marquer, entre vous et moi, que votre digne archevêque, quoique très sçavant, n'est pas toujours

---

2. Lebeuf y démontre que l'écrivain du nom d'Honorius est allemand et non français, et qu'il a vécu au XII° siècle.

3. Voyez *Recueil de divers écrits*, t. II, et *Mercure de France*, de mars 1737, lettre à D. Rivet sur un manuscrit de saint Victrice, évêque de Rouen.

assez critique, parce qu'il n'approfondit pas ses recherches. Il croit aussi que ce n'est que de nos jours qu'on a commencé à dire, le 25 mars, la préface *Quia per incarnati*. Il n'est pas mieux fondé. Je ne crois pas qu'il veuille faire un procès pour cela aux missels de sa province ; il seroit mal fondé. Si l'on parloit de cela devant vous, vous pouvez déclarer ce que je vous marque sans me citer. Si les préjugés sont écoutés, il faudra brûler tous les manuscrits et toutes les anciennes éditions qui se trouveront déposer en faveur de ce qui est contraire à l'usage romain. Il ne suffit pas de lire le *Sacramentaire de St. Grégoire*, il y a bien d'autres volumes à consulter ; *Thomasius* surtout, en ses 3 ou 4 volumes. Ces dévotions qui ne sont pas toutes fondées sur une tradition universelle, me font ressouvenir de ce bon prêtre allemand, qui aimoit tant à voir partout le nom de *B. Mariæ*, que faisant l'*Elenchus* des fêtes de Notre-Dame, il n'oublia pas pour aller d'ordre après « conceptio B. Mariæ, « Nativitas B. Mariæ, circumcisio B. Mariæ, prætentatio B. « Mariæ. » Admirez comme le bonhomme alloit de suite !

Pourrois-je vous demander en confidence une chose : quelqu'un m'a fait comprendre que (*mot biffé*) 4, dont je viens de vous parler, menoit une vie très dure ; si cela est, je l'en respecte encore davantage.

Si vous écrivez à Arras, je vous prie de parler de mon livre à M. l'abbé Galhault, afin qu'il en fasse acheter, car le libraire m'a dit qu'il y en envoie au libraire Barbier. Lorsque le prix sera un peu rabaissé, et que je pourrai parler plus hardiment à Barois[5], je pense qu'il m'en accordera plus qu'il n'a fait ; je ne puis en donner à qui je voudrois, à vous entre autres pour le présent, dont je vous fais mes excuses.

Je vous [prie] d'effacer de cette lettre ce que vous jugerez à

---

4. Mgr Languet, archevêque de Sens. — Voyez, ci-dessus, lettre de Fenel à Lebeuf, du 25 mars 1738.

5. J. Barois fils, libraire à Paris, était l'éditeur du *Recueil des divers écrits* de Lebeuf.

propos quand vous l'aurez lue, pour la raison que vous sçavez. Une lettre peut se perdre⁶.

---

251. — DE LEBEUF AU PRÉSIDENT BOUHIER.

Paris, 22 mai 1738.

[Il est inquiet de savoir si son ouvrage qu'il lui a envoyé est parvenu, et il lui demande sa protection auprès du chancelier et du procureur général... On n'a rien à lui dire sur les affaires du temps ; il a été fort circonspect sur tout cela. Le temps de sa commission pour les deux livres de chant finira avec l'année...]

252-253. — DE LETORS A LEBEUF.

Avallon, 25 mai 1738.

.... Je vous prie, toutes les fois qu'il paroîtra quelque chose de votre façon, de me le procurer au prix.

Avallon, 31 mai 1738.

Un poète de ce pays-ci, ou pour mieux dire qui y demeure, m'a prié de faire mettre ces hymnes dans le *Mercure*¹ ; vous connoîtrez peut-être son nom parce qu'on chante d'autres hymnes de sa façon à Saint-Cosme, à Paris, imprimées en 1728, avec la permission de M. de Noailles. Si elles sont bonnes, il est à propos que ces morceaux ne soient pas perdus ; je vous prie de

---

6. Les mots biffés sont celui d'archevêque et les synonymes.
LETTRE 251. — Cette lettre, de 8 pages in-4°, doit appartenir à la Bibliothèque impériale ; elle portait le n° 383 du Catalogue Parison.
LETTRES 252-253. — Publiées d'après les originaux, Bibliothèque impériale, supplément français, n° 2440 bis.
1. Ces hymnes ne paraissent pas avoir été publiées dans le *Mercure*.

1738

vouloir bien vous y intéresser. C'est à vous que j'ai l'obligation d'être nommé dans l'éloge de M. Papillon ². Je suis fâché que M. Bocquillot n'y ait pas été rappelé.

254. — DE LEBEUF A FENEL.

1ᵉʳ juin 1738.

1738

Je profite avec bien du plaisir de l'occasion de M. Lesire, votre diocésain, qui s'en retourne de ses études jusqu'aux environs de Saint-Florentin, pour vous marquer, quoique un peu tard, que j'ai reçu l'ample lettre dont vous m'avez honoré, et que je la trouve icy à mon retour de Soissons, il y a près d'un mois et demi. Comme il ne s'est rien présenté de pressé à vous écrire, j'ai attendu jusqu'à présent à vous remercier des compliments très abondants, desquels vous m'avez honoré au sujet de mes deux derniers volumes¹ que vous avez pris la peine de parcourir. Pour moi je me crois en droit de vous remercier des lumières que vous me fournissez dans vos lettres. Elles sont toujours si concises qu'il n'y en a aucune où l'on ne trouve à profiter en tout genre. L'érudition ne vous coûte rien ; vous la semez avec profusion ; loin de m'en plaindre, vous sçavez que j'en sais profiter. Je vous remercie, Monsieur, de la bonté que vous avez eue de faire mention de moi à l'abbé Galhault. Je ne puis entrer dans les détails du contenu de votre lettre, que je joins aux précédentes pour en faire un précieux in-4° de mélanges², parce que le porteur est actuellement chez moi, où il peut vous dire qu'il m'a trouvé environné de paperasses.

2. Voir Bibl. française, t. 30, partie 2, p. 377.
LETTRE 254. — 1. Ses deux volumes de *Recueil de divers écrits sur l'Histoire de France*.
2. Si Lebeuf réunissait de son côté les lettres de Fenel, on a vu, dans la préface du t. 1ᵉʳ de la Correspondance, p. 8, que Fenel en agissait de même pour les lettres de son ami. Mais comment ces lettres de Fenel

On a commencé ce jourd'hui, à Notre-Dame et en plusieurs paroisses, le chant du nouveau Graduel.

Nouvelle littéraire : c'est la mort de M. de La Barre, qui faisoit le *Journal de Verdun*[3]. Ce sçavant de Tournay, avec lequel j'ai autrefois étudié dans la communauté de Lisieux, d'où sort M. Lesire, a gagné une pleurésie qui l'a conduit au tombeau le jour de la Pentecôte. Il est fort regretté de ses confrères et de l'Académie des belles-lettres.

Je vois de temps en temps M. Sevin[4], il veut me faire travailler sur quelques manuscrits : j'en vis hier un bien précieux entre les mains du P. Souciet, c'est le Frédégaire en lettres capitales. J'aurois voulu qu'on l'eût donné tel qu'il est : par exemple la plupart des I y sont en E *ordene soledato*.

Je vous rapporte tout ce qui me vient dans l'esprit, excusez mon peu d'ordre. Vous verrez dans deux morceaux consécutifs quelque chose sur saint Edme[5], qui sera assez singulier. Votre Bréviaire et le nôtre se sont trompés, après Baillet et Chastelain, en marquant sa mort à l'an 1241, il faut 1240 ; vous lirez cela dans son temps.

P.-S. Trouve-t-on quelquefois votre Bréviaire de 1726, d'hasard, à bon compte, c'est-à-dire au tiers ou moitié de sa valeur quand il est neuf ? On m'a prié de m'en informer.

Vous verrez, dans le *Mercure* de mai, mes réflexions sur la lettre de l'anonyme de Lyon, touchant la fontaine de Buc[6]. J'ai trouvé dans l'*Histoire naturelle du Languedoc*, qui est en même temps histoire littéraire, de M. Astruc, de quoi confirmer mes

---

sont-elles revenues à Sens entre les mains de M. Garsement de Fontaine, pour être réunies avec celles auxquelles elles servaient de réponse ? C'est ce que nous ignorons.

3. Voyez, sur de la Barre, Corresp., t. Ier, p. 316, note 14.
4. Voyez, sur Sevin, la lettre du 10 février 1737, note 1.
5. Voyez *Mercure de France*, de mars 1738, lettre sur l'Ordre religieux dont a été saint Edme.
6. Voyez *Mercure* de mai 1738, p. 907, réponse à l'anonyme de Lyon touchant l'explication d'un nom usité parmi le vulgaire de Montmartre.

premières pensées. On m'a assuré que c'est un avocat plaidant pour le Chapitre de Lyon, qui avoit avancé que Lavenderia étoit une femme qui avoit son revenu à certaines distributions, et qui cependant n'étoit pas bénéficière, et que l'on rit fort dans le temps de la méprise.

―

255. — DE LEBEUF A FENEL.

Paris, 29 juin 1738.

Je suis fâché que, quoique rien ne presse et que vous n'exigiez de moi aucun service, vous vous donniez la peine d'écrire d'immenses lettres et en affranchissiez encore le port; et pendant qu'il se présente d'heureuses occasions telles que celle de M. Hédiard[1], vous ne m'honorez d'aucune lettre. Je me suis servi de l'occasion du retour d'un Sénonois de Villemer, qui devoit vous saluer à Sens, pour vous écrire; il a bien mal fait s'il ne vous a pas remis ma lettre il y a eu trois semaines. Je compte que M. Hédiard sera plus exact. Il m'a appris qu'on rétablit chez vous le faux-bourdon et le contrepoint; je vous en fais mon compliment. Mais si l'on en revient jusqu'à la musique à répétitions, on retombera tôt ou tard dans les anciens inconvénients qui ont fait congédier les musiciens de votre église. Voilà une occasion de rétablir le contrepoint et *Déchant* à vos hymnes de l'Avent, qu'on avoit mal fait d'abolir. Sans doute que vous commencerez par là.

Je suis bien aise de vous demander votre avis touchant l'endroit de César sur le siége de Lutèce par Labiénus. Un des lieutenants généraux de l'armée du roi a fait attention à ma remarque sur *Metiosedum*[2], et m'a félicité de ce que je le place

LETTRE 255. — 1. Voyez, sur Hédiard, lettre n° 158, note 3.
2. Voir sur *Metiosedum* une dissertation de Lebeuf, dans son *Recueil de divers écrits*, etc., t. II, p. 142, où il conclut que ce lieu, depuis dit *Josedum*, d'où a été formé le nom de Josay, devait être une forteresse

au-dessus de Paris, mais il m'a fait faire une attention qui est que je l'éloigne encore trop de Lutèce. Il dit que c'est l'endroit où Labiénus remonta pour passer la Seine, dès la première fois, et qu'il est ridicule de lui faire faire dix lieues pour la passer. Si cela est, Scaliger a eu raison de suivre les manuscrits où le nom de *Melodunum* ne paroit pas, car il y en a, et j'en ai cité. Mais j'ai pensé qu'il faut sur ce principe regarder « l'id est « oppidum Senonum in insula Sequanæ positum ut paulo ante « Lutetiam diximus, » comme une glose de quelque interprète qui a passé de la marge ou de l'entre-ligne dans le texte.

Quelque professeur du IXe siècle, qui ne sçavoit où placer ce *Metiosedum*, nous a fourré cette glose, croyant faire merveille. J'ai aussi songé que Labiénus voulut user de ruse pour passer à l'autre rivage en cette occasion. Il décampa d'auprès de Paris, la nuit et en silence. Auroit-il eu ces précautions si ç'avoit été pour venir à Melun? Observez encore le *rei novitate* à l'égard des habitants de ce *Metiosedum*. Remarquez que cette petite ville est prise avant qu'on en refasse le pont. M. de Chastellux[3] croit que *Metiosedum* ou *Mediosedum* n'étoit guère qu'à une lieue de Paris, vers l'embouchure de la Marne. Je pourrois encore l'écrire *Maidiosedum*, et je crois que c'est la manière qui approcheroit plus du celtique, où *Maid* signifie : bon, fertile. Pour *Josed*, *Tosed* ou *Gosed*, il reste à deviner ce que cela signifioit. Frodoard, dans sa Chronique, à l'an 923, me fournit un passage qui me servira, et son *Jesed* du pays de Paris, où il y avoit une église de Saint-Pierre, me fait tomber directement sur Ivry, qui est vis-à-vis Conflans, et dont l'église est du titre de Saint-Pierre. Je vous propose tout cela pour avoir votre jugement. A votre

Gauloise, située sur le côté gauche de la rivière de Seine; et c'est cette forteresse qui depuis a communiqué son nom à tout le canton dit le pays de Josas.

3. Guillaume-Antoine, comte de Chastellux, de l'illustre famille Bourguignonne de ce nom, né le 20 octobre 1683, et mort à Perpignan le 12, et non le 13 avril 1742. Il aimait beaucoup les recherches historiques, et a composé un travail généalogique sur sa famille, appelé le *Livre noir*, lequel est conservé au château de Chastellux.

loisir, cependant, je n'en suis pas pressé. Les habitants d'Ivry, dont je viens, m'ont dit qu'ils tiennent de leurs ancêtres que l'endroit où ils sont étoit marais, et je n'ai pas de peine à le croire. Je pense que *Mediosed* étoit le nom qu'on donnoit à la plaine vers la rivière, et *Josed* le nom du haut et de ce qui s'étendoit sur terre ferme. Je me propose de rédiger par écrit mes idées, tandis qu'elles sont fraîches, sauf à les réformer selon vos avis.

256. — DE FENEL A LEBEUF.

Sens en Bourgogne, 8 juillet 1738.

[Longue lettre en réponse aux lettres de Lebeuf des 1er et 29 juin, et contenant une dissertation sur la marche de Labiénus autour de Paris. (Lebeuf met en marge : J'avois pensé avant lui assez comme lui.)

[Fenel félicite Lebeuf de son nouveau succès à l'Académie de Soissons.] — « Je ne suis pas prêt à achever ce que j'ai commencé sur les archevêques de Sens, qui est très différent de ce que mon oncle avoit recueilli sur le même sujet[1], et où il manquoit de l'ordre et de la critique, etc.; quoique d'ailleurs son travail me soit très utile; mais je ne suis ni secouru, ni encouragé dans ce travail, qui, d'ailleurs, est obscur et rebutant. »

LETTRE 256. — 1. Voyez, Bibliothèque de Sens, le Recueil manuscrit du doyen Fenel, concernant l'histoire des archevêques de cette ville.

257. — DE LEBEUF A LÉVESQUE DE LA RAVALLIÈRE.

Paris, 29 septembre 1738.

Je suis charmé de tous vos raisonnements ; j'ai lu votre écrit trois fois[1]. J'y ai mis en marge deux petits mots : l'un pour applaudir à votre pensée, l'autre pour vous faire corriger un endroit, à la page 17. Je voudrois aussi que vous ne vous engageassiez point à soutenir qu'*utrum* signifie *comment*. Si vous pouviez différer à répondre sur la question de fait, jusqu'à ce qu'on pût avoir de Saint-Bertin des nouvelles du manuscrit, et même aussi de Hauville, ce ne seroit peut-être que mieux. Vous avez un adversaire qui ne se paye pas de *peut-être*[2]. J'appréhende qu'il n'y ait eu quelques ratures à l'an 849. On lit en marge : *Desunt aliquæ*. Que laisse à penser ce manquement.

Vous m'avez demandé quelques raisonnements nouveaux. Je n'ai rien à ajouter à tout ce que vous dites, avant que les manuscrits soient examinés. Mais, indépendamment de cela, vous pouvez marquer que je suis en état de fournir encore de nouvelles preuves que saint Prudence est auteur de la troisième partie des *Annales*, et Hincmar de la quatrième[3].

J'ai lu jusqu'à trois fois ces deux morceaux, malgré mon rhume, et je commence à rédiger mes épreuves, en faveur de la pensée de Mgr Fleury et la vôtre.

Je vous remercie de vos trois brochures, et je suis, etc.

LETTRE 257. — Publiée d'après l'original. Bibliothèque impériale, collection Champagne, t. CXXXXII, f° 59.

1. Lebeuf veut parler de l'ouvrage intitulé : *Doute proposé sur les auteurs des Annales de Saint-Bertin*, publié en 1736, in-12.

2. C'est Lebeuf lui-même qui a publié dans le *Mercure* de mai 1737, p. 837, une *Lettre touchant le doute proposé au sujet des auteurs des Annales connues sous le nom de Saint-Bertin*. Il est aussi l'auteur d'une « Notice raisonnée d'un manuscrit des Annales de Saint-Bertin, que Duchesne n'a pas connu, » publiée dans les Mém. de l'Académie des Inscriptions en 1745, t. XVIII.

3. Voyez encore, à ce sujet, *Dissertation sur l'Histoire de France*, etc., par Lebeuf, 1739, t. 1er, p. 432.

1733 J'espère faire une telle analyse des deux Annales, que M. B[4]... sera forcé intérieurement d'avouer que votre pensée et la mienne fournissent beaucoup pour la défense du saint ; mais extérieurement il ne changera pas : il est une espèce d'hommes de ce caractère.

258. — DE LEBEUF A FENEL.

21 octobre 1738.

1738 J'ai l'honneur de vous écrire à l'occasion du retour de mon beau-frère à Joigny, et de vous présenter par ses mains un exemplaire de ma dernière dissertation Soissonnoise [1]. J'ai un peu différé, mais j'attendois une occasion favorable. Mon beau-frère sera ravi d'avoir l'honneur de vous faire la révérence.

Permettez que je vous demande dans celle-ci si vous sçauriez comment on dit Montarlot en latin. C'est une paroisse proche Moret ; je crois bien que le pouillé et les bas titres mettent *de Montarloto* ou *de Monte-Arloto*. J'ai une pensée sur l'*Arelaus* de Frédégaire ou de son continuateur, car sûrement ce ne peut être l'*Arelaunus* des environs de l'abbaye de Saint-Vandrille [2]. Je ne sçais si ma conjecture vous plaira. Si je ne suis pas assez heureux sur celle-là, j'espère que lorsque vous verrez un jour comment je suis venu à bout de déterrer les *Diablintes* [3] des anciens

---

4. Dom Bouquet, qui a publié les Annales de Saint-Bertin dans les tomes V et suivants du *Recueil des historiens de France*.

LETTRE 258. — Publiée d'après l'original, collection de Fontaine.

1. *Dissertation sur l'époque de l'établissement de la religion chrétienne dans le Soissonnois*, etc., Paris, 1737, in-12.

2. Voyez, sur la détermination de ce lieu, *Recherches sur la position de plusieurs lieux mentionnés dans Frédégaire*, dans les Dissertations sur l'histoire de Paris, etc. 1739, t. Ier, p. 338.

3. Voyez, sur les *Diablintes*, un article de Lebeuf, dans le *Journal de Verdun*, février 1741 ; ce peuple est cité dans le troisième livre des *Commentaires de César*, et d'Anville le place dans le Maine.

auteurs, vous pardonnerez les mouvements que me causent mes recherches. Quand est-ce que vous nous donnerez donc les Mémoires de feu M. Fenel sur vos archevêques? Je n'ai guère le temps de polir ce que j'ai ramassé sur nos évêques et sur nos comtes, mais je pourrai le donner sous le titre de *Mémoires*. Il faut contenter ceux qui attendent de moi que je n'écrirai pas toujours sur les pays étrangers, sans songer à ma patrie.

Je n'ai pu approfondir mon Gesedis [3], dont je suis bien fâché. Je vous en écrirai par M. Hédiard, cet été.

Il paroît, depuis quinze jours, deux tomes in-folio du P. de Montfaucon, dignes d'entrer dans la bibliothèque du Chapitre de Sens. Ce sont les catalogues de tous les manuscrits d'Italie et de France, avec un peu de ceux d'Espagne, d'Allemagne et d'Angleterre [4]. On auroit pu rendre cet ouvrage moins chargé de fautes d'impression, mais il faut excuser la vieillesse de l'auteur; l'ouvrage n'est pas dans sa dernière perfection mais il sera très utile. Je m'en suis déjà servi avantageusement. Si l'on veut fournir de Sens un catalogue des manuscrits de votre bibliothèque, il entrera dans un supplément. Briasson, libraire, me l'a dit. Depuis que Monseigneur d'Arras nous a quitté, vous ne songez plus à Paris. Je crois, en effet, que vos occupations capitulaires sont assez grandes. Je vous exhorte malgré icelles à vous faire imprimer. Il y en a tant qui se font mouler et qui ne vous valent pas!

—

259. — DE LEBEUF AU PRÉSIDENT BOUHIER.

Paris, 30 décembre 1738.

Je vous prie d'excuser le retard qui s'est trouvé dans l'envoi de ma dernière dissertation de Soissons. Ce retard ne vous a pas

---

3. Voyez sur *Gesedis*, *Jesed*, lettre du 29 juin 1739, ci-après p. 249.
4. Montfaucon a publié, en 2 vol. in-f°, la *Bibliotheca bibliothecarum manusc. nova*, 1739.
LETTRE 259. — Publiée d'après l'original, Bibliothèque impériale, fonds Bouhier, n° 165|4, f° 329.

empêché d'y applaudir quoique je sois indigne des louanges que vous voulez bien me donner. Je voudrois bien que par la suite je les puisse mériter avec plus de fondement; mais quant à Soissons, la mort vient de nous enlever le bon prélat [1] qui tiroit de son fond le prix de la médaille, chaque année, et qui faisoit le reste des dépenses nécessaires pour donner de l'éclat à l'Académie de Soissons. Comme il n'y a point de fondation, et que ce prélat a laissé des enfants, il n'y a pas d'apparence que cela se continue; je doute même que le prix de 1739, quoique affiché dès l'an passé, soit distribué. Le prélat est mort trois mois trop tôt.

Quant au prix de l'Académie des belles-lettres, on vient de donner un thème si diffus que cela rebute. Comment restreindre en une heure de temps la peinture de l'état des sciences depuis la mort du roi Robert jusqu'à celle de Philippe le Bel? Il y a un espace de trois siècles. Je ne sçais à quoi l'on a pensé à donner plus de siècles à parcourir, à mesure qu'on se rapproche de notre temps. Il me semble que ç'auroit dû être le contraire. C'étoit bien assez si l'on eût donné à traiter depuis la mort du roi Robert jusqu'à celle de Louis le Gros ou de Louis le Jeune, tout au plus. Il y auroit de quoi faire un gros in-4°, à quiconque voudroit traiter chaque science durant les trois siècles assignés [2].

Je m'aperçois, Monsieur, que j'avance imperceptiblement dans cette lettre sans m'acquitter du devoir du temps, qui exige que je vous marque les vœux que je fais au ciel pour la conservation de votre santé. Agréez, s'il vous plaît, ce peu de mots qui sont très sincères de ma part, en vous remerciant des souhaits que

---

1. M. Lefèvre de Laubrière, évêque de Soissons, qui mourut le 25 décembre 1738, à l'âge de 51 ans. Il avait été conseiller laïque au Parlement de Paris, et sa fille, Jeanne-Henriette, avait épousé le marquis de Champignelle.

2. La difficulté du travail dont se plaint Lebeuf, pour remplir le programme donné par l'Académie, ne l'a pas empêché de gagner le prix en 1740. Voyez le Mémoire publié dans le t. II des *Dissertations sur l'histoire ecclésiastique et civile de Paris*, etc., Paris, 1741, in-12.

vous me faites d'une meilleure fortune. Mgr le chancelier et M. le procureur général ont pu parler ou écrire à Mgr l'archevêque, je n'en doute aucunement, mais il y a des Provençaux, et surtout un qui est le maître de tout, et comme Mgr l'archevêque, attendu son grand âge [3], ne se ressouvient pas trop de la situation des choses, si la personne en question ne le lui remet, tout tombe en oubli. Or, c'est ce qu'elle ne fera pas tant que la Provence et la famille produira (sic) des sujets à placer.

Je tente aussi une autre voie, mais qui est également lente. Mais pour en revenir à celle de l'archevêché, comme il ne convient pas à des souverains magistrats du royaume et de Paris, de parler à des officiers d'évêques, je voudrois m'ouvrir franchement là-dessus à M. de Mazaugues, qui est de leur pays [4], et au cas que vous lui écriviez, si vous pouviez, Monsieur, lui insinuer qu'il vous est revenu qu'il y a un grand obstacle à me trouver aucun poste convenable, en ce qu'il y a un jeune abbé secrétaire qui fait donner tous ces postes à ses compatriotes, cela pourroit peut-être l'engager à lui dire quelque mot favorable à mon sujet.

Au moins la disproportion ne seroit pas si grande, et l'avis d'un magistrat de leur pays pourroit faire plus d'impression que celui d'un autre. Je laisse le tout, Monsieur, à votre prudence. Le proverbe ne se vérifie que trop, que *Bon droit a besoin d'aide*. Je puis attester à la postérité, par ma propre expérience, combien peu ceux qui sont en état de conférer des bénéfices ou des pensions aux gens qui cultivent les belles-lettres, au xviiie siècle, ont été portés à le faire, et combien ils y ont été indifférents, puisqu'il faut user de tant de ressorts pour obtenir quelque chose. Matière pour les écrivains des siècles futurs !

3. Mgr de Vintimille, archevêque de Paris, était alors le doyen des évêques de France, étant monté sur le siège pontifical de Marseille, en 1692, et sur celui de Paris, en 1729.

4. Le président de Mazaugues (Henri-Joseph) né en 1684, mort président au parlement de Provence en 1743. Il recueillit de son père les fameux manuscrits de Peirese. Ses relations avec Ducange et les P. P. Montfaucon, Lelong, etc., le montrent comme un grand érudit. (Rouard, *notice sur la Bibliothèque d'Aix*.)

1738

Je vous fais, Monsieur, de très humbles excuses de ce que je m'étends là-dessus si au long. Heureux si je ne me suis point écarté, en cela, des sentiments du très profond respect avec lequel j'ai l'honneur, etc.

260. — DE LEBEUF A M. DESCHAMPS, A AUXERRE.

Ce mardi, 17 du courant, à 7 heures du soir, [vers 1739] 1.

Lisez en secret cette lettre.

1739

J'arrive de Joigny à ce moment, et je ne fais que passer par Auxerre *incognito*, pour aller de là à Venoy régler quelques affaires 2. J'ai besoin de passer dans la chambre haute et le cabinet, la journée de demain, pour y prendre quelques papiers, et y mettre à part quelques livres 3. C'est ce que je vous prie de me permettre.

Si vous aviez un lit à me donner dès ce soir, sans vous déranger, ni sans vous incommoder, je me rendrois chez vous à peu près dans l'heure que tout le monde est retiré, ne voulant point être vu, et je vous prierois de laisser ouverte ou entr'ouverte la porte de votre allée. Si vous n'avez point de lit, je ne me rendrai chez vous que demain matin à six heures, avant le jour, vous suppliant de ne pas me laisser frapper longtemps à la porte.

J'attendrai l'honneur de votre réponse par le présent porteur, qui est neveu du sieur Gautier, ci-devant aubergiste, rue Saint-Siméon 4, d'où je vous écris. Je vous demande en grâce

---

LETTRE 260. — Publiée d'après l'original, collection Lescuyer, à Auxerre.

1. Nous donnons à cette lettttre la date de 1739 environ, d'après l'ensemble de la Correspondance.

2. Venoy, paroisse à 6 kilomètres d'Auxerre, était desservie alors par l'abbé André-Prix Lebeuf, frère de notre auteur.

3. Voyez sur ce que renfermait cette partie de la maison de Lebeuf, une lettre de Lebeuf à Fenel, du 18 décembre 1741.

4. La rue Saint-Siméon, à Auxerre, située à l'entrée de la route de Paris, était alors occupée par plusieurs auberges où descendaient les voyageurs venant de cette dernière ville.

dé ne dire mon arrivée absolument à qui que ce soit, pour raisons⁵.

Je salue ma cousine, votre épouse.

---

261. — DE LEBEUF AU P. ...... ¹.

Paris, 4 janvier 1739.

Sur le parti que vous me marquâtes avoir pris, au sujet de saint Rigomer, du 24 août², de n'en faire qu'un seul avec saint Richmir, du.... janvier, j'ai cru que je devois en rester là, et que c'étoit apparemment moi qui me trompois en le croyant différent. J'ai eu ici une infinité d'affaires depuis ce temps-là ; ce n'est que depuis que j'ai un peu de relâche que je suis venu à relire la légende dans deux manuscrits de Paris, et le jugement que le P. Lecointe a porté de la distinction de ces deux saints. C'est peut-être maintenant trop tard que j'insiste à vous les faire distinguer. J'en apporterai les preuves, s'il le faut, par la comparaison des deux vies. Mais, en attendant, je vous prie de jeter la vue sur le testament de saint Bertran, évêque du Mans. Dès-là que cet acte fait mention d'une église d'un saint Richomer, et qu'il est beaucoup antérieur à l'évêque Aglibert, il faut que ce saint Richomer soit, par conséquent, différent de celui qui ne vécut que sous le pontificat de cet Aglibert.

Si j'étois à Auxerre, je verrois ce qu'en dit le vieux bréviaire

---

5. Lebeuf ne voulait pas que ses confrères du Chapitre sussent qu'il était venu à Auxerre.

LETTRE 261. — Publiée d'après le *Bulletin de l'histoire et des archives diocésaines de Sens et d'Auxerre*, mars 1866, p. 107, et collationnée sur l'autographe.

1. Cette lettre, dont l'original est conservé chez les PP. Jésuites de Bruxelles, a été adressée à l'un des Pères continuateurs de l'œuvre de Bollandus, qui doit être le P. Cuypers. Voir lettre du 15 juillet 1739.

2. Saint Rigomer, prêtre et confesseur, à Souligné-sous-Vallon, près du Mans, vivoit au milieu du vi⁵ siècle. — Voyez *Bollandistes*, au 24 août.

de Maillezais[3], que j'ai parmi mes livres ; car son corps y a été transféré. On y fait aussi de sainte Ténestine. On n'a pu retrouver ce livre que j'avois demandé pour vous faire plaisir. Mon absence a tout dérangé chez moi. M. Chastelain met cette sainte au 26 août. Je crois vous avoir envoyé le fragment qui la regarde, tiré de la vie de saint Rigomer, du 24.

Je suis fâché de n'être pas assez à mon aise pour avoir des copistes, je vous ferois transcrire bien des choses qui me passent par les mains. J'avois prié, dès il y a bien quatorze ou quinze ans, le R. P. Du Sollier d'écrire à ceux de vos Pères qui ont du crédit à la cour de France, de me faire obtenir quelque chose. Il ne refusa point de le faire ; je fus ensuite distrait de cette poursuite. Maintenant que je connois mieux que jamais les bibliothèques de Paris, je serois en état de tirer bien des choses des ténèbres. Il m'a passé un exemplaire d'une vie primitive de saint Ouen, composée au VIIIe siècle, et d'une écriture du IXe, dont j'aurois conféré les variantes avec celle que vous m'auriez envoyée; mais comment suivre toutes ces choses, si pour vivre il faut se mêler d'un autre genre de littérature ? Je m'en rapporte à vous.

Pour vous exempter d'en rien écrire, soit au P. Souciet, soit à d'autres, j'aurois un autre expédient à vous proposer, mon Révérend Père, et au R. P. Du Sollier, et à vos autres illustres associés, qui seroit de vouloir bien m'envoyer, dans une lettre, un certificat latin, comme depuis vingt-cinq ans ou environ j'ai l'honneur d'être en relation avec vous (car j'ai des lettres du R. P. Janning (de 1714); et que, depuis ce temps, je n'ai rien épargné, ni recherches, ni voyages, pour l'éclaircissement des Actes des Saints que vous avez publiés. Le R. P. Du Sollier m'écrivoit, vers 1721, que j'étois le seul en France, dans le clergé séculier, qui travaillât pour vous. Vous voyez, mon Révérend Père, à quoi se réduit la substance du témoignage que je vous demande par écrit. Plus tôt vous pourrez me l'envoyer, et plus tôt

---

3. Sainte Ténestine, vierge, existait également au milieu du VIe siècle. Elle fut la première religieuse de l'abbaye du Pré, qui était à la porte du Mans.

je le ferai valoir. Mettez-le sur un petit carré de papier, et priez
le R. P. Du Sollier de le signer, comme aussi vos autres confrères que je salue, et à qui je souhaite une bonne santé pour étrennes.

Ceux qui voudront contribuer à l'avancement de votre ouvrage, se verront par là piqués de me faire plaisir et de me donner les facilités. Si le R. P. Daubenton[4], confesseur du roi d'Espagne, dont j'étois petit-neveu, eût vécu plus longtemps, je l'eusse intéressé dans ma cause. Ni vous, ni feu le R. P. Venderbœch, ne m'avez pas répondu si vous aviez trouvé le jour d'une sainte Fuscinule, entre la Saint-Barthélemy et la Saint-Augustin. C'étoit pour vous parler ensuite d'un fragment de la légende que j'ai trouvé. Dom Martène vient de donner le sixième tome des *Annales Bénédictines*, où, par occasion, il rappelle l'histoire de l'abbaye de Morienneval, au diocèse de Soissons, et une Vie de saint Annobert, évêque de Séez[5], du 16 mai, que vous n'avez pas connue, dont le corps est dans ce monastère, où j'ai vu sa châsse. Il y a aussi une Vie de saint Himer[6], du diocèse de Bâle. J'avois prié le P. Souciet de confronter les fragments d'un manuscrit de la vie de saint Lizier de Conserans[7], que j'avois tiré de l'abbaye de Noysac, avec l'édition du P. Labbe. Il a égaré ma feuille. Je ne sçais aussi s'il vous a fait part de la découverte que je crois avoir faite de la première église bâtie en l'honneur de saint Louis. Ce n'est point celle des Jacobins d'Evreux, comme on l'avoit cru; mais celle du village de Garches, proche Saint-Cloud, à deux lieues de Paris. J'ai inséré cela nouvellement dans une pièce du *Mercure*[8].

---

4. Guillaume Daubenton, Père jésuite, né à Auxerre, le 21 octobre 1648. Il est mort confesseur du roi d'Espagne, le 7 août 1723. — Voyez Lebeuf, *Mémoires sur l'histoire ecclésiastique et civile d'Auxerre*, t. IV, p. 423.
5. Saint Annobert, évêque de Séez, vivait au VIIe siècle. Il souscrivit concile de Rouen de l'an 689.
6. A Susinghen, près de Bâle. Saint Himer vivait au VIIIe siècle.
7. Saint Lizier ou saint Licar, évêque de Conserans, au VIe siècle.
8. Voyez *Mercure* d'août 1738, p. 1746.

262. — DE LEBEUF A M. DESCHAMPS A AUXERRE.

Paris, 13 mars 1739.

Je ne sçais si vous aurez arrêté, avec M. de Pontagny [1], les réparations de ce que le vent a cassé à ma cuisine. Je vous prie de les faire faire au meilleur marché qu'il se pourra. Les maisons coûtent prodigieusement et l'on n'en retire pas grand'chose. Je crois qu'il aura eu pardevers lui un état des meubles et pièces de lit qui sont restées dans mes chambres; si vous en avez un double, je vous prie de me l'envoyer.

M. Beauvais, curé de Druye [2], m'a écrit, sans marquer ce que sont devenus mes lits de plume, mes coussins ou oreillers, etc. Il est sûr qu'il n'a pas enfermé cela dans le cabinet, ni dans la cloison. Au reste, je ne suis pas pressé de cet état. Il me suffira que vous le joigniez au livre couvert de veau, intitulé : *Martyrologe*, dont je vous prierois de faire un paquet dans quelque morceau de mauvaise tapisserie, pour me l'envoyer par quelque bateau. Ce sont des occasions que la cousine, votre épouse, peut avoir quelquefois. J'ai reçu ce que vous aviez adressé à M. Hérissant, dont le port a été d'un écu, ce qui est un peu fort. A l'égard des trois autres volumes, conservez-les, je vous prie, jusqu'à ce que je vous fasse sçavoir de me les envoyer.

Je vous souhaite, et à toute votre chère famille, une bonne santé, étant sincèrement et avec bien de la reconnaissance, etc.

LETTRE 262. — Publiée d'après l'original, collection Lescuyer, à Auxerre.
1. M. Robinet de Pontagny était subdélégué de l'Intendant de Bourgogne, à Auxerre, et habitait la maison de Lebeuf.
2. M. Beauvais, chanoine de Notre-Dame de la Cité d'Auxerre, curé de Druyes, depuis 1738 jusqu'à sa mort le 30 mars 1760.

263. — DE LEBEUF A FENEL.

Ce 22 mars 1739.

N'ayant à vous entretenir que de nos antiquités, je n'ai pas cru qu'il fût nécessaire de prendre la voie de la poste. J'ai reçu, au mois de janvier, la lettre que vous avez eu la bonté de m'écrire l'an dernier, durant le dernier semestre; j'ai toujours attendu à vous parler de *Metiosedum*, parce que je voulois m'entendre avec M. le comte de Chastelux[1], et lui faire part de ce que vous me dites. Je n'ai pu le trouver de l'année. Au reste, je ne lui lirai pas ce que vous marquez touchant la Marne, que vous croyez avoir pu changer de lit. Il n'y a aucune apparence à cela. Je soupçonne toujours que *Gesedum* ou *Josedum* de la Chronique de Frodoard est Ivry ou Villeneuve-le-Roi-lez-Ablon ou Ivry-sur-Seine, une lieue plus bas que Corbeil, le tout à cause que saint Pierre en est le patron, comme le dit Frodoard.

J'ai vu plusieurs fois M. le président de Mazaugues, et il m'a parlé fort honorablement de vous. M. Mahiet aura-t-il enregistré dans son catalogue les différents ouvrages qui sont dans un même volume manuscrit, cela se doit pour l'exactitude. Avez-vous fait achat du deuxième tome du P. de Montfaucon pour la bibliothèque? Ils sont terriblement chers. Revenons à vos antiquités. Je vous avois parlé de Mont-Arlost dans ma précédente. Ce n'est qu'un mauvais petit village, mais je crois le nom ancien, et je le crois l'*Arelaus* de Frédégaire. Ce lieu devoit être peu loin de la Seine, à l'entrée d'un pays de chasse et à une distance non

---

Lettre 263. — Publiée, ainsi que le numéro 264, d'après les originaux de la collection de Fontaine.
1. Voyez ci-dessus, note 2, lettre du 29 juin 1738.
2. Le deuxième tome de l'ouvrage intitulé, *Bibliotheca bibliothecarum manusc. nova.*, in-f°.

exorbitante d'Orléans. Je pense que la montagne extraordinaire et presque isolée qui n'est séparée de ce village que par un bout de l'étang de Moret, est ce qui lui a donné le nom, depuis qu'on s'est avisé de la nommer la montagne d'*Entre-ains, inter amnes*, et, par corruption, la montagne d'Estrains. La forêt de Bière devoit s'étendre partout. Le nom de Villecerf l'indique assez ; quant à celui d'*Entre-ains*, c'est que ce mont est entre la rivière de Ravanne et le Loüain. On a donc écrit Montarlot pour Montarlau, comme on écrit Andelot pour Andelau. Je soupçonne que ce lieu d'*Arelaus* a pour racine le même celtique que la ville d'Arles.

Vous direz peut-être que je rêve : mais je vais encore vous donner un lieu nommé dans Grégoire de Tours : c'est le *Rossontensis*, contrée qu'on a cru en Beauvoisis. Pour moi, je suis d'avis que c'est Rousson[3], plus ancien, comme vous le sçavez, que Villeneuve-le-Roi qui n'est que du XIIe siècle. Ce territoire convenoit fort à Gontran : c'est proche Maxaingy.

On voudroit bien déterrer ce qu'étoit le *Clanum* d'entre *Agredincum* de l'Itinéraire et Troyes, mais les distances sont si grandes de ces deux villes, qu'il falloit ou qu'*Agredincum* ne fût pas Sens, ou que le chemin de l'une à l'autre ville fût un chevron brisé ∧, à quoi il n'y a pas d'apparence[4].

Voit-on, à Sens, les feuilles de l'abbé Desfontaines ? Elles sont toujours ici fort courues[5].

Si on donnoit un supplément à la *Bibliotheca Bibliothecarum*

---

3. Lebeuf se trompe. Rousson, près Villeneuve-le-Roi (Yonne), n'a rien de commun avec le *Rossotensis* de Grégoire de Tours. Maxaingy est, Marsangis petit village voisin de Rousson.

4. *Clanum* a été, depuis Lebeuf, l'objet de bien des dissertations, sans qu'on ait pu se mettre d'accord sur sa véritable situation. On pense généralement que Vulaines, village du département de l'Aube, voisin de Villeneuve-l'Archevêque, arrondissement de Sens, sur la voie romaine, est le *Clanum* de l'Itinéraire. — Voyez *Mémoire sur les voies romaines du département de l'Yonne,* par MM. Quantin et Boucheron, 1864, in-8°.

5. Voyez, sur l'abbé Desfontaines et ses feuilles, la note de la lettre du 7 octobre 1735.

Mss. de Dom de Montfaucon, on compte que vous voudriez bien faire fournir une copie de votre catalogue.

Voilà, Monsieur, tout ce que ma mémoire me fournit pour le présent à vous mander.

---

264. — DE LEBEUF A FENEL.

17 avril 1739.

J'ai appris par M. Mahiet, qui m'a fait l'honneur de me venir voir, et votre indisposition et votre parfaite guérison. Il seroit trop tard de s'attrister du premier article, je viens vous marquer ma joie du second. Je n'ai pu parler d'antiquités Sénonoises avec M. Mahiet, autant que je l'aurois souhaité. D'ailleurs je ne sçais s'il est au fait autant que vous là-dessus.

Je lui ai fait lire, sur ma table, une liste des vieux poëtes du royaume sous François Ier, que je ferai mettre dans le *Mercure*, suivant que je m'y suis engagé par ma lettre du 26 février que vous avez pu lire. (*Mercure* de mars.)

Voici un de ces quatrains :

> Maistre Jehan d'Ivry de Beauvois
> De composer scet moult de voix ;
> A Sens y a maistre Calabre
> Qui rithme en branche et en labre.

Si vous avez quelque chose qui fasse connoître ce poëte Sénonois *Calabre*, contemporain de notre Grognet, vous pourrez me l'envoyer, je le ferai mettre au *Mercure*. M. de Sainte-Pallaye, à qui j'ai fait voir cette liste de Grognet, en a trouvé dix ou douze qui lui sont inconnus [1].

Lisant dernièrement dans d'anciens manuscrits sur les guerres

---

LETTRE 264. — 1. Voyez *Mercure* de juin 1739, *Catalogue de plusieurs anciens poëtes français*, etc., publié par Lebeuf.

de la religion, je trouvai que Villemanoche² étoit un nom de dérision : c'est dans une plainte de la France sous Charles IX (qui est imprimée).

Voici, dit-elle, en parlant des. . . . . . (je ne sçais si ce sont les huguenots ou les catholiques) :

VOICI MES ROYTELETS DE QUARREAU :
LES COUSINS DE VILLEMANOCHE, COMPAGNONS DE
DENIS LE GALLOIS,
NEVEUX DU LÉGAT DU PALAIS.

Tout ceci soit écrit pour vous faire sourire un moment. Une petite dilatation de rate contribue à la santé.

Je n'ai encore pu saluer qu'une fois Mme votre sœur ; je me propose d'y retourner. On parle d'établir une Société littéraire à Arras. Le *Mercure* en doit parler ³.

NOTE FAISANT SUITE A LA LETTRE DE LEBEUF.

J'ai vu le beau mandement de Mgr l'archevêque, sur la mort de Mgr de Waterford ⁴ ; M. Mahiet me l'a laissé.

J'oubliois de vous dire que Raoul de Prelles, en son *Exposition de la cité de Dieu*, pour Charles V, met le *Metiosedum* à Villejuif, en quoi j'ai pensé à peu près comme lui, et non pas à Meudon, comme a fait le sieur Sanson ; cela entre dans mon idée du Josas.

Vous dirai-je encore, pour vous létifier, que j'étois à Pâques dans l'église de Chartres. Ah! que vous devriez bien venir visiter cette église : quel immense vaisseau en comparaison de nos petits Auxerre, Troyes et Nevers, et même Sens !

C'est pour la deuxième fois de ma vie que j'ai visité cette ville. . . . . . Je ne dis pas que je n'y retournerai point. Ayant entrepris, pour m'amuser, une description historique du diocèse

---

2. Villemanoche est une commune du département de l'Yonne, canton de Pont-sur-Yonne.

3. Lebeuf a annoncé cette création dans le *Mercure* de juin 1739.

4. Voir, sur M. de Waterford, Correspondance, t. I, p. 20, note 3.

de Paris, j'ai des raisons de le traverser en tout sens ; je l'ai traversé déjà différemment, en allant et en revenant, j'ai vu bien des curiosités.

Votre *Pagus Stampensis* mordoit de ce côté-là. — Il y a à Chartres une bibliothèque du Chapitre qui a bien trois cents manuscrits ; il y en a trois ou quatre en lettres onciales [5]. J'ai trouvé en cette ville le même genre de petites pierres pour bâtir qu'à Joigny. Toutes pierres à fusil. Un aqueduc ancien, mais aucuns vestiges des anciens murs romains. La rareté des pierres a été apparemment cause qu'on les a détruits, peut-être pour bâtir la cathédrale.

---

265. — DE LEBEUF AU P. GUILLAUME CUYPERS [1], A ANVERS.

Paris, 15 juillet 1739.

Je souhaiterois fort être plus à portée de recevoir de vos nouvelles. Je prendrois plus souvent la liberté de vous écrire. Je le fais aujourd'hui pour vous marquer que je suis depuis longtemps en peine de ne pas entendre parler du R. P. Du Sollier, ni de vous, au sujet d'une grâce que je vous demandois [2]. Elle n'étoit pas difficile à accorder, et vous le pouvez encore aussi bien que lui. Je ne crois pas avoir besoin d'intercesseur pour l'obtenir de vous. Je ne demande qu'en forme de certificat ou attestation ce que le R. P. Du Sollier m'a fait l'honneur de m'écrire souvent, et que vous avez dit en partie en quelques

---

5. Les manuscrits, en lettres onciales, présentent une écriture à contours arrondis, et qui se distingue de la capitale par la forme des lettres A, D, E. etc. Ils sont fort anciens.

LETTRE 265. — Publiée d'après le *Bulletin de l'histoire et des archives diocésaines de Sens et d'Auxerre,* mars 1866, p. 109, et collationnée sur l'autographe.

1. Le P. Cuypers (Guillaume) né à Anvers le 1er mai 1686, admis chez les Pères Jésuites à Malines en 1704. Il travailla aux *Acta Sanctorum,* tomes III de juillet et jusqu'au VI d'août. Il est mort en 1741.

2. Voyez ci-dessus lettre du 4 janvier 1739, p. 246.

endroits de vos ouvrages. Que peut-il vous coûter de marquer sur un morceau de papier ce qui suit, en latin, ou comme il vous plaira :

« Nous, soussignés, certifions que depuis vingt-cinq ans ou environ, M. Jean Lebeuf, prêtre, chanoine et souchantre de l'église d'Auxerre, est en relation avec nous au sujet de la continuation du Recueil du P. Bollandus, et qu'il nous a fourni non-seulement ce qui regarde l'église d'Auxerre et les églises voisines, en ce qui étoit de sa connoissance, mais encore plusieurs autres notices sur différents saints de la France, et que, pour cette raison, nous souhaiterions qu'il fût en état de continuer ses recherches pour l'avancement de notre ouvrage, soit dans les bibliothèques de Paris, soit dans les autres du royaume de France, en foi de quoi nous avons signé la présente attestation.

« A Anvers, le. . . . . . . »

Si le P. Du Sollier peut signer, il me fera un très grand plaisir. Si je puis, en effet, achever de me détacher de ma patrie où je n'ai plus rien à rechercher, et être assez libre pour voyager, vous verrez combien je pourrai faire de remarques utiles pour votre ouvrage.

J'ai remis au P. Souciet un cahier qui regarde le corps de saint Optat, évêque d'Auxerre[3], dont vous devez parler au 31 août. Sa vie ne fournira pas un quart de vos pages, mais la discussion de son culte et de ses reliques y suppléera. J'avois lu quelque part que votre P. Labbe a écrit que le corps de ce saint est à Vierzon, en Berry. Je voulus être instruit du fait, et j'eus des extraits du Cartulaire de Vierzon qui le marquent. Sur cela, je fis ajouter ces circonstances, en 1726, à la légende de notre nouveau bréviaire qui étoit trop courte. Un jeune bénédictin crut devoir attaquer notre légende[4]. Il m'écrivit là-dessus, et ce sont les remarques sur sa lettre que je vous offre. Il est

---

2. Voyez sur saint Optat, évêque d'Auxerre, qui a siégé de 530 à 532, Correspondance t. I, 250.
4. Le jeune bénédictin auquel Lebeuf fait allusion est J. Bretagne.

vrai que j'ai prié le P. Souciet de les faire transcrire pour vous les envoyer, et cela parce que je crains que cela ne s'égare dans sa chambre, comme le cahier imprimé sur ma difficulté au sujet du lieu de la naissance de saint Louis, qu'il n'a pu retrouver. Cependant, en considération de vos bontés pour moi, tant futures que passées, je lui dirai de vous envoyer le tout en original : la lettre du bénédictin d'Auxerre, celle du prieur de Vierzon et mon écrit. Lorsque vous aurez fait copier le tout, je vous prie de le renvoyer au R. P. Souciet, en lui recommandant de mettre cela en un lieu où il puisse facilement le retrouver pour me le rendre.

Je suis dans une vraie impatience de voir votre quatrième tome d'août, que le *Journal de Verdun* a marqué se débiter dès maintenant chez de Bure l'aîné. Ce de Bure m'a dit qu'il ne l'aura que dans un mois. Je crois vous avoir envoyé quelque chose sur un saint Flaive [5], patron du village d'Ermont, dans la vallée de Montmorency, proche Paris ; à l'égard du deuxième patron de Piscop [6], je me souviens très bien de vous avoir envoyé sa légende. Je vous avois offert quelque chose sur une sainte religieuse de Vienne, nommée Fuscine ou Fuscinule ; vous ne m'avez rien répondu là-dessus. Le jour est maintenant passé. Quant à sainte Ténestine [7], on ne pouvoit détacher sa légende de celle de saint Rigomer où elle est renfermée. Comme donc vous me marquâtes que vous étiez disposé à suivre le sentiment de M. Chastelain, qui assuroit que saint Rigomer et saint Ricmir sont le même, je ne crus pas devoir vous faire de plus grandes instances. Ce qui m'a réjoui dans votre *Synopsis*, est que maintenant vous le distinguez de saint Ricmir. J'ai aussi embrassé ce

---

5. Saint Flaive, patron d'Ermont, au doyenné de Montmorency, près Paris, était évêque de Rouen au vi[e] siècle. — Voyez l'*Histoire du diocèse de Paris*, t. III, p. 418, où Lebeuf expose curieusement la biographie de ce saint personnage qui a été confondu avec saint Flavit de Marcilly, diocèse de Troyes.
6. Piscop, canton d'Écouen (Seine-et-Oise).
7. Voyez ci-dessus, lettre du 4 janvier 1739, note 2.

parti à la fin d'une dissertation que j'ai faite sur la géographie du Maine, laquelle paraîtra dans peu [8], et où j'ai inséré, à la fin, la légende du saint en question. On a suivi le même sentiment dans le nouveau bréviaire de Séez, à ma remontrance; car, sans moi, on alloit confondre les deux saints en un, conformément à M. Chastelain. J'avois fait demander à Maillezais l'ancienne légende; il a été impossible de rien obtenir. Vous devriez emprunter ou acheter ce nouveau bréviaire de Séez. Il est fort curieux en fait de légendes.

Je ne sçais pas les nouvelles découvertes que vous avez faites sur ce saint Rigomer, mais je ne puis vous céler la pensée que j'ai que saint Romaize, confesseur, honoré au Bourgdieu, en Berry, pourroit bien être saint Rigomer du Maine. Si ce saint a pu être appelé saint Remi et saint Rimé, comme j'en ai la preuve, il a pu être également appelé Romaize. C'est comme le nom de saint Georges et celui de saint Baudèle qui sont transformés en quantité de manières. Quant à sainte Ténestine, si son article n'est pas encore imprimé au 26 août, vous pouvez ajouter à ce que vous en direz qu'il y a à Corbigny, en Nivernois, diocèse d'Autun, dans l'abbaye de Saint-Léonard, un ossement de sainte Ténestine, qui vient de l'abbaye de Saint-Benoît-sur-Loire. Je l'ai vu en 1731.

Par rapport à *sanctus Agilus* du 30 août [9], j'ai lu dans un manuscrit du XIIIe siècle, conservé dans l'église de Villevallier, diocèse de Sens, au 9 juillet : « Relevatio corporis santi Agili, « abbatis, IX lectiones, » et au 30 août : « Agili, abbatis, « memoria. »

J'attendrai encore de vos nouvelles, souhaitant au R. P. Du Sollier une meilleure santé, et à vous, aussi bien qu'à votre collègue, des forces infatigables, étant de vous tous, avec bien du respect, etc.

---

8. Voyez, *Dissertation sur l'histoire ecclésiastique et civile de Paris*, etc., par Lebeuf, f° 739, in-12, t. 1er, des *Observations historiques et géographiques sur le pays du Maine*.

9. Saint Agilus, abbé de Rebais, chef-lieu de canton de Seine-et-Marne,

P.-S. — J'avois commencé une collation de la vie de saint Lizier de Conserans [10], imprimée chez le P. Labbe (*Bibliothèque manuscrite*), avec un manuscrit très ancien qui est à Paris, et j'en avois fait part au P. Souciet. Il m'a dit vous l'avoir envoyé.

1739

Les occupations dudit R. P. Souciet ne lui auront peut-être pas non plus permis de vous avertir de la découverte que j'ai faite d'un ouvrage de saint Victrice, évêque de Rouen, imprimé l'an dernier [11], à l'occasion duquel j'ai dit quelque chose sur saint Théodule de Sion ou d'Octodure, qui peut s'allier à ce que vous avez écrit sur ce saint.

J'ai grande envie de voir ce nouveau saint du Nivernois, appelé Sigfridus, que vous annoncez dans le *Synopsis*. Il m'est absolument inconnu; je n'ai aucun souvenir que le Bréviaire de Nevers en fasse mention [12]. Nous voyons de temps en temps, dans le *Mercure*, des Essais d'une histoire des évêques de Nevers. Ce Sigfroid n'a pas paru. Dom Dolé, clunicien, qui avoit écrit sur les mêmes évêques, est d'avis de distinguer saint Eulale ou Eulade, d'avec saint Eolade, après les anciens martyrologes de Nevers. Le premier étoit, dit-il, mort en 516, le 25 août, fut inhumé à Saint-Étienne, et saint Eolade vivoit en 561. Il assure, dans sa lettre, que le premier qui les ait confondus est Claude Bredeau, avocat à Nevers sur la fin du xviᵉ siècle, qui fit graver sur le tombeau de saint Eulade quatre vers dans lesquels il l'appelle *Eoladus*. L'anonyme du *Mercure* de décembre 1738 blâme l'auteur du nouveau Bréviaire de Nevers d'avoir confondu Eulalius, évêque, avec Eoladius.

---

vers l'an 650. — Voyez *Bollandistes*, du 30 août. Villevallier, commune du canton de Saint-Julien-du-Sault (Yonne).

10. Voyez Labbe, t. II, p. 588, *Vita S. Licerii Conserannæ civitatis...... episcopi et confessoris*.

11. Voyez dans le *Recueil de divers écrits sur l'histoire de France*, par Lebeuf, un article touchant l'histoire de S. Victrice, intitulé *S. Victrici Rotomagensis episcopi, de laude sanctorum*.

12. Ce Sigfridus ne figure, en effet, ni dans le bréviaire de Nevers, de 1727, ni dans les *Mémoires sur l'histoire du département de la Nièvre*, par Née de La Rochelle, 3 vol. in-8°.

266. — DE M. MOUSSARD, CHANOINE SCHOLASTIQUE ET OFFICIAL DE BAYEUX, A LEBEUF.

Bayeux, 16 août 1739.

[Il a travaillé au Bréviaire de Bayeux, à la demande expresse de l'évêque.] — « Je peux vous assurer que je ne me suis point mêlé du chant et des tons... je n'en sçais pas même l'A, B, C. »

[Il n'est pour rien dans la composition de l'Antiphonier, il a seulement écrit quelques lettres à M. Huby, pour traiter de l'impression de l'Antiphonier avec M. Coignard[1].] — « Pour venir maintenant à certains points de fait sur lesquels je peux vous rendre quelque compte, il me paroît, Monsieur, que vous vous plaignez d'abord qu'on vous a fait donner des avis, les uns par M. Coignard, les autres par M. l'abbé Hugon, et toujours de vive voix, sans dire même de quelle part ils viennent, et qu'il se trouve que ces avis contredisent les premiers mémoires anonymes qu'on vous a confiés. »

[Envoi de l'extrait de la correspondance échangée à ce sujet.] — On ne peut mieux faire que de charger M. Lebeuf de la lecture des épreuves. — M. Coignard écrit le 6 janvier 1739 : « Je suis toujours persuadé qu'on pourroit éviter les frais d'un député en convenant pour une modique somme avec M. Lebeuf, qui a conduit tous nos livres de Paris[2] ; il veilleroit à la correction et à l'ordre de l'ouvrage. »

[Lebeuf n'avait été chargé que de lire les épreuves, il avait modifié.] — « On s'est aperçu ici, par les feuilles que l'on a reçues, que vous avez changé presque en entier plusieurs antiennes et même quelques répons.

« A Bayeux on en a été mécontent..... sur ce pied on s'est

LETTRE 266. — Publiée d'après l'original, Bibliothèque impériale, manuscrits français, supplément 2440, n° 60.

1. Coignard, imprimeur à Paris, fils et petit-fils d'imprimeurs renommés. Il devint secrétaire du roi.

2. C'est-à-dire la publication des livres de l'église de Paris, depuis 1736.

déterminé à vous demander en grâce de vouloir bien laisser les antiennes et les répons tels qu'ils se trouvent dans le manuscrit, sans se départir néanmoins de la prière qu'on vous a faite d'abord, de rectifier les fautes que le copiste auroit pu faire en plaçant par exemple une brève pour une longue, etc.

« Il s'agit uniquement d'une commission que vous avez bien voulu accepter, et vous sçavez que, dans toute commission, les conditions dépendent de celui qui la donne, et après l'acceptation de celui qui veut bien la recevoir. Je ne vois pas qu'il y ait le moindre coup de fleuret à donner, et encore moins de se proposer de faire usage de ce qui nous aura été confié pour déshonorer ceux de qui nous aurons accepté la commission. »

—

267. — DE D. GERMAIN A LEBEUF.

Autun, 16 août 1739.

[Il lui enverra son discours préliminaire sur l'*Histoire d'Autun*, à laquelle il travaille depuis longtemps, pour sçavoir s'il est digne de paroître dans le *Mercure*[1].] — « Je vais écrire à différents archiprêtres, car nous en avons vingt-six, pour sçavoir le nombre des cures qui sont sous l'invocation du grand saint Germain. J'ai appris que celles d'Anost, dans le Morvan, et de Neuvy, dans le Bourbonnois, le reconnaissent pour leur patron[2]. J'enverrai le tout à M. le lieutenant criminel d'Avallon [Letors]. M. notre doyen est très bien disposé à le rétablir s'il avoit assez de crédit pour cela. Il est arrivé dans le temps que les esprits sont divisés par le schisme qui dure depuis plus de quatre ans et qui ne

---

LETTRE 267. — Publiée d'après l'original, Bibliothèque impériale, manuscrits français, supplément 2440, n° 42.

1. Ce travail n'a paru dans le *Mercure* qu'au mois de février 1746, p. 1, sous le titre de *Discours qui contient un jugement sur les historiens d'Autun, par un chanoine de l'église de la même ville*.
2. Anost, village à six lieues d'Autun, et Neuvy, canton de Bourbon-Lancy (Saône-et-Loire).

s'éteindra que par l'arrêt du Conseil qui nous rendra la paix dont nous avons un si grand besoin[3]. »

---

268. — DE LEBEUF A M. DESCHAMPS-COCHOIS, EMPLOYÉ DANS LES AFFAIRES DU ROI, A AUXERRE.

[Vers le mois d'octobre 1739.]

Je crois bien que vous avez reçu la lettre que je vous écrivis au mois de juillet dernier, pour vous prier de m'envoyer une copie de l'état des meubles qu'on a laissés dans ma maison que vous occupez. Il faut que vos occupations, que je sçais être continuelles, vous ayent empêché de me donner cette satisfaction. En tout cas, pour vous décharger d'une partie de ce qui vous avoit été laissé, et qui tapissoit ci-devant ma chambre d'en bas où vous couchez, je vous prie de vouloir bien faire un paquet de ces quatre ou cinq pièces de tapisserie à Bergame d'oiseaux, c'est-à-dire de les envelopper toutes dans une toile et de les faire mettre au coche d'eau. J'ai cru ne devoir pas refuser à une personne de ma connoissance le plaisir de les lui prêter ou de l'en accommoder, selon l'état où elles seront. Je me flatte que vous voudrez bien avoir cette bonté.

Un des chanoines mes confrères a un meuble à moi depuis 1735; je lui écrirai pour vous le remettre. Les choses vieillissant n'en vont pas mieux.

J'ose vous recommander un peu de diligence dans l'envoi dont je vous prie. Je ne sçais si vous serez bien aise de voir un écclésiastique qui va au pays acheter du vin argent comptant, mais

---

3. L'évêque Gaspard de La Valette contestait au chapitre l'exercice de certains priviléges; il s'ensuivit un procès qui dura longtemps, et ne se termina qu'en 1747.

Lettre 268. — Publiée d'après l'original, collection de M. Lescuyer, avocat à Auxerre, ainsi que les lettres 269, 270.

qui ne le veut pas bien cher. Je lui dirai de vous voir. Il ne lui en faut pas beaucoup. La rentrée des classes de théologie m'oblige de vous demander l'accélération de l'envoi dudit paquet à l'adresse de celui qui est avec sincérité, etc.

---

269. — DE LEBEUF A M. DESCHAMPS A AUXERRE.

Paris, 27 novembre 1739.

Je ne sçavois pas, Monsieur et cher cousin, que c'étoit mes tapisseries de Bergame à oiseaux qui étoient tendues dans ma chambre basse. J'avois cru que c'étoient des tapisseries à vous. Enfin M. Lalouat me l'a certifié *de visu*, et m'a apporté la lettre de M. de Pontagny qui me le marque. Aussi il s'est écoulé un mois entier entre ma demande et la réponse, depuis ce temps-là, ai-je dit, mon ami et moi sommes entre quatre murailles toutes nues, parce qu'il vous a plu croire que ce n'étoit pas pour moi. Il est vrai que je ne vous le marquai pas clairement. On est sujet à divulguer dans notre ville des nouvelles sans fondement, et vous en eussiez conclu, quoique légèrement, que je ne veux pas revenir, jugez quel carillon ensuite dans une compagnie que vous sçavez[1]. Ainsi vous avez trop pris la chose à la lettre, mais aussi en votre faveur.

Permettez que je vous dise que ces sortes de tapisseries, (si vous m'obligez d'en acheter de neuves), coûtent ici quatre livres vingt sols l'aune. M. Lalouat me les acheta trois livres cinq sols ou trois livres dix sols ; je vous les laisserai à quelques sols meilleur marché, si vous les voulez, en considération de ce que la fumée de votre foyer les a ternies, car ce n'est pas le mien. Pendant trois ou quatre ans qu'elles ont été dans ma chambre basse, on n'y a fait du feu qu'au premier jour de l'an.

LETTRE 269. — 1. Le Chapitre cathédral d'Auxerre.

Au moins si vous n'en voulez pas, ou envoyez-moi les, ou étant en chambres garnies pour ainsi dire, augmentez mon loyer à proportion, aussi bien on me mande qu'il est encore temps, et qu'il n'y a pas de bail par cent.

Si vous ne les estimez que ce que vous voudrez, ou que ce que voudront vos priseurs, il vaut autant les jeter au feu, puisque vous avez persuadé à M. de Pontagny qu'elles ne valent rien, et qu'il me l'écrive.

Ecrivez-moi donc vos intentions sans attendre un mois; mon frère doit m'écrire la semaine prochaine. Servez-vous de l'occasion et ne m'en croyez pas moins sincèrement, etc.

---

270. — DE LEBEUF A M. DESCHAMPS A AUXERRE.

Paris, 28 novembre 1739.

J'ai reçu, dans son temps (un ordinaire cependant plus tard), le paquet de livres, etc., qui étoit pour moi à l'adresse de M. Hérissant. Je vous en remercie de tout mon cœur. Je vous prie de vouloir bien faire un paquet des trois volumes in-folio que je vous ai laissé (*sic*), qui font un dictionnaire géographique, et d'y joindre un martyrologe in-4° relié que je vous ai aussi laissé, et de faire partir ce paquet sans faute jeudi prochain 30 du courant, à l'adresse de M. Mercier, libraire, rue Saint-Jacques, à Paris, A l'égard de l'enveloppe, un mauvais bout de tapisserie, ou bien un vieux chiffon de toile que je renverrai s'il le faut. On a besoin ici incessamment de ces quatre volumes.

Je vous souhaite, et à la cousine, bonne santé, et suis de toute la sincérité de l'âme, etc.

P.-S. — Vous pouvez attacher à ces livres le nombre de meubles que vous avez à moi en vos chambres; soit lits, matelas, oreillers, etc. M. Beauvais, curé, ne m'a point marqué qu'est devenu mon lit et toutes ses dépendances; j'avois deux lits de plume, doubles grands oreillers, etc. Je n'ai rien vu de tout cela dans mes chambres; cela pourroit être en bas dans vos cabinets. Mes tapisseries Bergame à oiseaux ne me sont pas non plus tombées sous la vue.

---

271. — DE FENEL A LEBEUF.

Sens, 2 janvier 1740.

[Il s'excuse de son long silence qui datait, en effet, du 8 juillet 1738. Mais il a eu une assez mauvaise santé et il a été tracassé d'affaires et ne savait plus l'adresse de Lebeuf. — Il lui annonce qu'il a enfin trouvé, dans les archives du Chapitre, des actes sur les Ablon[1]. — En réponse à l'observation de Lebeuf sur les distances trop grandes, données par les Itinéraires, entre *Agendicum* et Troyes, Fenel réplique:] « On suppose faussement le mille romain trop long et nos lieues trop courtes, c'est-à-dire qu'on suppose le mille romain de 833 toises 1/3, et nos lieues de 2800 pas géométriques, ou de 2083 toises 1/3, au lieu que réellement, selon Astruc, le mille romain n'a que 754 toises et nos lieues moyennes 2450, d'où il suit que les 31,850 toises, qui sont entre Sens et Troyes, valent 42,000 et 1/4, selon Astruc, et 41,000 1/2, selon Cassini. »

[Il ne connait rien du poète Calabre; ce nom est celui d'un notaire qui a existé autrefois à Sens.]

LETTRE 271. — Publiée d'après l'original, collection de Fontaine.
1. Voyez lettre de Lebeuf à Fenel, du 27 juillet 1732, note 5.

272. — DE LEBEUF A FENEL.

14 janvier 1740.

J'étois dans le dessein de vous écrire dès le temps de l'Avent, j'ai ensuite différé jusqu'à Noël, afin de réunir dans ma lettre ce que je comptois avoir l'honneur de vous dire, avec les compliments de la nouvelle année. Insensiblement les visites m'ont fait perdre de vue mon premier dessein, et, à ma honte, je me suis trouvé prévenu par votre lettre. Je l'ai lue avec un extrême plaisir, et j'ai aperçu que, loin de me mettre en oubli, vous conservez précieusement mes lettres pour répondre aux articles qui vous avoient échappé.

Permettez, Monsieur, qu'après que je vous aurai souhaité une année exempte de fièvre et de maux de tête (car je crois que ce sont vos infirmités les plus ordinaires) et comblée de biens à proportion de l'expulsion des maux, je vous fasse ressouvenir que vous avez reporté avec vous, à Sens, la lettre que vous m'aviez redemandée sur la pourpre, etc... Je la conservois encore plus précieusement que ne le méritent les miennes et toutes les autres que je reçois de différents endroits, et m'en voilà frustré.

Quoique ce soit votre bien, ne puis-je pas vous en demander la restitution? Je vous prie d'y faire attention [1].

Ce que j'avois à vous mander, au mois de décembre, est que je portai, le jour de la Conception, au séminaire de Saint-Esprit, un exemplaire de mon nouveau livre [2], pour Mgr votre archevêque; M. votre théologal devoit partir le lendemain et en être le porteur. On m'a dit, depuis, que le livre étoit resté à Paris, et

---

LETTRE 272. — 1. La lettre ou dissertation sur la Pourpre, composée par Fenel, se trouve dans la collection de Fontaine. — Voyez, à ce sujet, lettre du 3 février 1740.

2. Son ouvrage ayant pour titre: *Dissertations sur l'histoire ecclésiastique et civile de Paris*, etc., Paris 1739, in-12. t. 1er.

que le prélat n'a pu le recevoir que le 4 ou le 5 de ce mois. Je vois par là que cet exemplaire n'est plus à votre portée, contre mon intention, car, l'envoyant à Sens, je marquois, dans ma lettre à Mgr l'archevêque, que je le priois de vous le communiquer. Les journaux n'en ont encore rien dit : cela viendra dans son temps.

Souvenez-vous toujours, je vous prie, qu'Ablon étoit greffier de l'officialité de Sens, en 1545 ou 1546 [3].

Pour *Agredincum*, je suis persuadé que je l'ai écrit ainsi parce que je l'ai trouvé quelque part.

J'ai aussi reçu visite de M. l'abbé Galhault. C'est un personnage très aimable : je lui parlerai de ce que vous me marquez, en lui rendant ma visite.

Je n'ai jamais vu nulle part le *Riobe* dont vous me parlez, ou si je l'ai vu, je l'ai oublié [4].

Mon beau-frère de Joigny, que bien connoissez, m'a écrit une lettre transportée de joie. Je veux vous faire part de cela : ma sœur est accouchée d'un fils vers le 4 du mois dernier : il a eu agrément de Mgr l'archevêque de lui donner son nom. Ce prélat, plein de bonté, est décidé à être le parrain d'un petit Joseph-Zacharie Lebeuf. Voilà la nouvelle.

Vous verrez, dans le *Mercure*, une pièce de lui sur les *Pairs de Joigny*, dont je ne veux pas être le garant [5]; vous verrez aussi l'annonce de mon nouveau livre et de la future histoire d'Auxerre [6]. J'ai cru cette annonce bien placée dans un temps où notre évêque et nos capitulants se disposent à « nullum non movere lapidem, » pour presser mon retour. J'en dois prévenir le Samuel de votre église [7]. Je n'ai pu encore le trouver. Au retour je me propose de dire le bonjour à madame votre sœur.

3. Voyez ci-dessus p. 124.
4. Voyez ci-après lettre du 6 septembre 1740, n° 276.
5. « Lettre de M. Lebeuf, capitaine de la milice bourgeoise à Joigny, à M. Lévesque de la Ravalière au sujet des Pairs de Champagne; » *Mercure* de décembre 1739, t. I.
6. Les *Mémoires sur l'histoire ecclésiastique et civile d'Auxerre*, 2 vol. in-4°, qui ont paru en 1743.
7. L'archevêque de Sens.

273. — DE LEBEUF AU PRÉSIDENT BOUHIER.

Paris (au collége de Cambray), 24 janvier 1740.

[On attend ce que le *Mercure* et l'abbé Desfontaines diront de l'*Histoire de Bourgogne*. — La *Coutume d'Artois*, de M. Maillart, doit paraitre très prochainement.]

Il me revient de plusieurs endroits que Son Éminence Mgr le cardinal de Fleury est assez bien disposé en ma faveur. Je suis témoin de la bonne réception qu'il a faite à mon dernier ouvrage. Mais il est accoutumé à donner le plus tard qu'il peut, et à ne donner guère, surtout aux gens d'église. Aussi je ne m'attends pas à grand'chose.

Comme je suis dans le dessein de donner une notice de tout le diocèse de Paris[1], je vous prie de voir si vous n'auriez rien dans vos manuscrits qui y eût rapport. Je m'arrête seulement aux bourgs et villages qui ont été jusqu'ici dans l'oubli, et dont nous ne connoissons que ce que M. de Valois en a ramassé sans sortir de chez lui, dans sa *Notice des Gaules*. Vous verrez mon plan imprimé dans le *Mercure de France*, tome II de décembre 1735, qui va paroitre.

[Il travaille à l'édition qu'on donne du Dictionnaire de La Martinière, mais] « je réserve tout ce que j'ai sur le diocèse de Paris, pour mon ouvrage particulier. J'ai aussi annoncé, dans le premier volume du *Mercure* de décembre, ma future édition de l'*Histoire de nos Évêques* ; je vous supplie, Monsieur, de me faire sçavoir ce que vous pensez de cet ouvrage sur le prospectus que

---

LETTRE 273. — Publiée d'après l'original, fonds Bouhier, Bibliothèque impériale, n° 165/4, f° 331.

1. L'ouvrage de Lebeuf a pour titre : *Histoire de la ville et de tout le diocèse de Paris*, 1754-1758, 15 vol. in-12. Une nouvelle édition, publiée par M. Cocheris, a commencé à paraître il y a quelques années.

j'en donne. Je n'ai pas encore trouvé de libraire à cause des pièces qui sont beaucoup à changer ².

« ..... J'oubliois, Monsieur, de vous parler d'un projet de Dictionnaire d'antiquités grecques et latines, commencé par feu M. de La Barre. On en a chargé un jeune homme de mes amis qui demeure avec moi, et on lui fournit les livres. Louis Guérin et Coignard ont traité avec lui. L'ouvrage sera en françois ³. »

---

274. — DE FENEL A LEBEUF.

3 février 1740.

..... Vous ne devez pas douter que je ne garde précieusement toutes les lettres dont vous m'honorez. C'est un des plus rares ornements de mon cabinet, et je les mets au-dessus des plus belles estampes et des livres les plus rares, puisqu'enfin, outre leur prix et leur érudition profonde, ce sont des effets qu'on ne peut acquérir avec de l'argent, et que je ne dois uniquement qu'à la seule amitié dont vous voulez bien me gratifier.

[Il lui renvoie ses deux lettres sur la pourpre des anciens. — Lui rappelle qu'il n'a pas répondu à ses remarques sur la distance de Sens à Troyes.]

---

2. *Mémoires sur l'histoire ecclésiastique et civile d'Auxerre*, Paris, 1743, 2 vol. in-4°.

3. Ce dictionnaire ne paraît pas avoir été publié ; du moins il ne figure pas au nombre des ouvrages attribués à de La Barre, dans les Dictionnaires bibliographiques.

LETTRE 274. — Publiée d'après l'original, collection de Fontaine.

275. — DE LETORS A LEBEUF.

(Extraits [de lettres).

Avallon, 8 juin 1740.

1740 ...... Vous devez trouver dans quelque temps une petite pièce de moi dans le *Mercure*, concernant ce qui s'est passé dans notre ville du temps de la Ligue, autant que je puis conjecturer; j'espère qu'on l'y insérera[1].

[Envoi d'une inscription trouvée à Avallon.]

J'ai un écrit tout prêt sur les limites du *Pagus Avalensis*, avec les noms latins de plusieurs de nos villages, et un petit détail de ce qu'il y a de remarquable. Il y a longtemps que vous m'en aviez donné l'idée et je la vais mettre à exécution par la voie du *Mercure* qui s'en chargera, à ce que je pense, puisqu'il paroît qu'on souhaite ces sortes d'éclaircissements.

26 septembre 1740.

1740 [Il demande à Lebeuf son *Histoire d'Auxerre*] — « Je vous prie aussi, Monsieur, d'avoir soin de mon écrit sur la Ligue, et de suivre votre dessein pour faire paroître ce petit écrit, puisque MM. du *Mercure* ne veulent pas le recevoir. »

...... L'ouvrage de Martin Dupin, doyen de notre collégiale, est à la Bibliothèque du roi[2]; il est intitulé, à ce que je crois : *Mémoires sur l'histoire de la ville d'Autun*. Cela me fait soupçonner que les manuscrits de notre collégiale, que les anciens chanoines ont vendus, pourroient bien être à la Bibliothèque du roi. Pourriez-vous avoir le loisir de sçavoir cela ?

LETTRE 275. — Publiée, avec les suivantes, par extrait, d'après les originaux, Bibliothèque impériale, manuscrits supplément français 2440, n° 75 à 78.

1. Voyez, plus bas, la lettre du 30 décembre 1740.
2. Martin Dupin, doyen de la collégiale d'Avallon, mort le 7 octobre 1572. Papillon, dans sa *Bibl. des auteurs de Bourgogne*, déclare ne pas connaître cet ouvrage.

Il est étonnant que la *librairie* ou les manuscrits de cette église (collégiale d'Avallon), aient été vendus dans le dernier siècle. Une bible de cette librairie est dans l'abbaye de Saint-Victor de Paris, et le martyrologe dans celle du Roi [3].

29 octobre 1740.

[Même objet que la lettre du 26 septembre 1740].

...... Mon écrit sur les troubles de la Ligue a-t-il paru dans la place que vous lui destiniez? Je voudrois pouvoir avoir le volume où il sera, et les *Mercures* où j'ai inséré mes petites pièces, sçavoir : mon écrit sur les *Jugements des modernes*, sur *Brocariaca*, sur *Vellaunodunum*, et sur les *Chemins romains*...... et celui de la *Réponse à M. Maillart* [4].

Dites-moi donc, s'il vous plaît, sur quoi est fondée la délicatesse du censeur du *Mercure*, de ne pas admettre mon écrit sur la Ligue et ce qui peut émouvoir?

30 décembre 1740.

J'ai l'honneur de vous envoyer mon écrit sur les *Guerres civiles*, que je vous prie de faire insérer dans les *Mémoires de Condé* [5] ou dans le *Mercure*; je ne vois pas qu'il y ait rien qui puisse révolter un censeur, que son excessive timidité. Vous trouverez aussi une lettre que je prends la liberté de vous adresser sur la relique de saint Lazare ; je vous prie de trouver bon que je vous la présente, et de la prendre sous votre protection..... J'ai encore une histoire de la fondation de notre collégiale.

3. Voyez Courtépée, *Description du duché de Bourgogne*, édition de 1848, t. III, p. 604. Voir Bibliothèque impériale, 5187, A. *Martyrologium et obituarium ecclesiæ beatorum Mariæ et Lazari Avalonensis*. Il en existe une copie à la bibliothèque d'Auxerre, *Collection de Bastard*.

4. La *Bibliothèque historique de la France*, à l'article Letors, ne mentionne ni ce *Mémoire sur la Ligue*, ni celui sur le *Pagus Avalensis*. Quant aux autres travaux dont parle Letors, ils ont été publiés dans le *Mercure*. — Voyez *Bibl. hist.*, article Letors. Letors est mort en 1774, à l'âge de 70 ans. Ses papiers ont été dispersés ou vendus à vil prix.

5. Les *Mémoires de Condé*, in-4°, 1743, 5 vol. avec 2 vol. de supplément. C'est un recueil passionné, publié par Lenglet-Dufresnoy, et dirigé contre les Guise et les Jésuites. La pièce de Letors n'y a pas trouvé place.

276. — DE LEBEUF A FENEL.

6 septembre 1740.

Vous me traiterez de franc négligent d'avoir tant tardé à renouer avec vous le commerce littéraire, et vous n'aurez pas tort ; mais il vaut mieux avouer sa faute que persister à la soutenir opiniâtrement.

De votre dernière lettre, ce qui m'a le plus frappé, est ce Riobe que vous avez remarqué dans les *Tables théodosiennes*. Sanson a cru que c'étoit Provins. Pour moi, je pense qu'il a dû être sur la chaussée romaine qui va de Bray du côté de La Celle-en-Brie [1]. J'ai vu cette chaussée et je l'ai suivie à Saint-Just, Châteaubleau, puis je l'ai perdue pour venir à Vaudoué. Mais que ferons-nous de *Clanum*, entre Sens et Troyes? Où le placerons-nous [2] ?

J'ai vu et salué Mgr votre prélat ; il favorise fort le dessein que j'aurois de faire réimprimer correctement les Pouillés des diocèses. Il faudroit, lorsque vous le verrez, le prier de faire copier celui de Sens que M. votre oncle a écrit de sa main, où les noms des paroisses doivent être exacts, et où il y a le nom des SS. Patrons. Il m'a fait voir la moitié de la carte de son diocèse, tirée à Sens. J'ai remarqué qu'il s'exprime ainsi sur les

---

LETTRE 276. — Publiée, ainsi que le n° 277, d'après les originaux, collection de Fontaine.

1. La voie dont parle ici Lebeuf est celle de Sens à Meaux, par Jaulne, Peugny, Lizinnes, Orby, etc. — Voyez ci-dessus, p. 117.

2. Clanum doit être placé, suivant certains auteurs, à Vulaines, petit village du département de l'Aube, limitrophe de l'Yonne, et près de Villeneuve-l'Archevêque ; suivant d'autres, il serait représenté aujourd'hui par Villemaur, bourg de l'Aube, un peu plus éloigné de Villeneuve. — Voyez, à cet égard, *Mémoires sur les voies romaines dans le département de l'Yonne*, par MM. Quantin et Boucheron, *Bulletin de la Société des sciences de l'Yonne*, 1864.

deux Malay : Malay ou Malay-le-Vicomte, Grand-Malay ou Malay-le-Roi.

C'est tout le contraire de ce que marque l'ancienne carte de votre diocèse dans les deux feuilles qui la composent, et que j'ai suivie dans mes dissertations de 1738, premier volume, où j'ai appellé le Malay plus voisin de Sens : Grand-Maslay ou Maslay-le-Vicomte; et l'autre, Petit-Maslay ou Maslay-le-Roi. Ne pourroit-on pas sçavoir qu'est-ce qui a tort [3]? La lettre de M. Lereste, votre lieutenant, étoit conforme à l'ancienne carte. C'est aussi dans l'ancienne qu'auprès de Rousson il y a Roussonneau, qui paroît un diminutif. Dans la nouvelle j'ai lu Roussemeau [4]: je ne sçais si c'est une faute. Comme j'ai fait de Rousson le chef-lieu de l'ancien canton Rossontois du traité d'Andelau du VIe siècle, chez Grégoire de Tours, j'ai cru que ce lieu avoit été assez considérable pour avoir des diminutifs. La fondation de Villeneuve-le-Roi a rendu tous ces lieux de vrais villages qui ne se relèveront jamais [5].

Comme le nom de Sens ne me tombe pas de l'esprit malgré mon long silence, je vous ferai part de ce que j'ai remarqué par hasard. Par exemple, il y a dans le Maine un lieu dit, il y a mille ans, *Curtis Senonis*. Je sçais que dans le Berry et ailleurs certains villages ont aussi le nom de Sens.

Parcourant un nécrologe du prieuré Saint-Éloi, des Barnabites, j'y vis, en mars, écrit vers l'an 1300 : MESSE DU SAINT ESPRIT « pro magistro Johanne de Plesseio, precentore S. Stephani « Senonensis [6]. » Mais une histoire bien singulière fut celle que

---

3. Lebeuf a raison. Mâlay-le-Vicomte est représenté par Mâlay-le-Grand et Mâlay-le-Roi par Mâlay-le-Petit. Ce sont deux communes du canton nord de Sens.
4. Roussemeau, ancienne commanderie de l'ordre de Saint-Jean de Jérusalem, aujourd'hui hameau, commune de Marsangy (Yonne).
5. Villeneuve-le-Roi, ville chef-lieu de canton du département de l'Yonne, fondée par Louis-le-Jeune vers 1163. Lebeuf a placé mal à propos à Rousson le chef-lieu de canton de Rossontois. Ce petit village du canton de Villeneuve-le-Roi n'a jamais eu aucune importance.
6. Jean Du Plessis était préchantre du Chapitre de Sens, en 1327. On ne connaît pas l'époque de sa mort.

j'ai trouvée manuscrite, chez les Carmes-Déchaux : « Miraculum « B Mariæ de tribus canonicis : ex libro miraculorum B. Mariæ. « Senonis in Francia, in ecclesia B. prot. Stephani fuerunt tres « canonici, quorum cor unum et anima una. » Ils se convertirent, et l'un alla demeurer en Palestine. Ces histoires sont sans date. Il n'y a rien d'intéressant dans ce qu'elles contiennent.

Il n'y a pas jusqu'aux affiches des rues où je ne remarque le nom de Sens. J'ai vu votre M. Desfossés, affiché pour le sermon de Saint-Fiacre.

Sçauriez-vous l'origine de votre église Saint-Benoit? Y a-t-il eu de ses reliques ? Est-elle monacale ou l'a-t-elle été[7] ? On ne voit point d'où vient ce nom à celle de Paris. Il est très vraisemblable que par Benoit on entendoit Dieu, la Sainte-Trinité, ou le Messie. *Benedictus qui venit* : Benoît-Dieu, disaient nos pères. C'est encore la Trinité qui est la première fête de l'église Saint-Benoît.

Bollandus se réimprime à Venise, votre prélat le fait venir ; j'en ai vu deux tomes chez lui. Je voudrois qu'on en tirât les vies des Saints de France, qu'on les imprimât seules, en deux ou trois volumes, et qu'on finit promptement les quatre mois qui restent à faire.

Vous connoissez les *Tables théodosiennes ?* En avez-vous grande idée? Comment pourroit-on se servir d'une géographie où tout paroit confondu ? Imaginez un peu quelque chose làdessus.

Je tâcherai de me servir de vos sçavantes observations sur la longueur des milles anciens. Voit-on de Sens à Bray un reste de levée? Pour moi, qui ai fait le chemin, je n'y en ai point aperçu[8].

---

7. L'église de Saint-Benoît de Sens appartenait à l'abbaye Sainte-Colombe de cette ville dès l'an 1142. Elle était en titre de paroisse, et sous le vocable même de saint Benoît, patriarche des moines d'Occident. — Voyez *Archives de l'Yonne*, H 1 : Bulle du pape Innocent II, an 1142, et, ci-après, la réponse de Fenel à Lebeuf.

8. Voyez ci-dessus, p. 128, note 8.

Avant que Mme votre sœur partît pour sa campagne, je l'ai saluée chez elle. Je ne sçais si elle est de retour.

M. l'abbé Galhault, que j'ai salué par rencontre dans les rues, m'a dit qu'il étoit pour longtemps à Paris. Je ne sçais s'il lui seroit venu quelque dignité dans son collége de Dainville ou ailleurs.

J'ai passé, hier, chez M. votre oncle, au Cloître. On m'a dit qu'il n'y demeuroit plus depuis six mois, mais rue de la Calendre ; qu'au reste il étoit maintenant à Sens. Cela posé, ne voyant point de Sénonois, je vais prendre la liberté de mettre cette lettre à la poste. Je voudrois pouvoir vous régaler d'un plus grand nombre de nouvelles. On a vu ce soir, dimanche, 4 septembre, l'entrée de l'ambassadeur de Venise.

Une nouvelle qui sera sans doute mise quelque part est que le P. Coiffrel mourut, hier dimanche, à sept heures du matin, un mois après M. Accault. C'est, vous le sçavez, le desservant de Saint-Médard [9].

Je voudrois vous pouvoir enrichir de nouvelles plus intéressantes. Il va paroître une topographie du pays de Caux, par Dom Duplessis, bénédictin de Saint-Germain.

L'assemblée du clergé fait demain sa clôture.

Ma lettre ne sera que de rapsodies, et par conséquent fort inepte à vous être présentée. J'ai commencé par excuses et je finirai de même. Mais, en finissant, je vous dirai qu'en feuilletant les portefeuilles de M. Dupuy [10], j'ai lu dans un de ces volumes, copie d'une visite faite, en 1537, de votre Table d'or [11]. Un

---

9. Le P. Coeffrel (Jacques), curé de Saint-Médard de Paris, de la Congrégation de Sainte-Geneviève, est mort à 47 ans. Il était un adversaire déclaré des Jansénistes, et avait été placé là par l'archevêque de Paris, pour tenir en échec les zélateurs du bienheureux diacre Pâris. Les *Nouvelles ecclésiastiques*, du 21 novembre 1740, font un étrange récit de la maladie du P. Coeffrel, et donnent à entendre que sa mort fut une punition du ciel !

10. Les manuscrits de la collection Dupuy, à la Bibliothèque impériale.

11. Voyez ci-dessus p. 128, note 8.

nommé Claude Dasnières vint à Sens, en conséquence d'un ordre du roi, donné à Moulins, et il demanda à visiter cette table. Il la vit et il trouva que ce n'étoit pas si grande merveille qu'on avoit dit au roi. Ainsi s'anéantit le dessein qu'on avoit eu de vous l'enlever pour les pressants besoins de l'État, comme on en avoit eu un semblable douze ou quinze ans auparavant, sur le balustre d'argent donné par Louis XI à Saint-Martin de Tours.

Je viens d'apprendre que le quatrième volume des *Singularités historiques* du P. Liron, bénédictin, paroit [12].

Je finis tout de bon, faute de papier, et suis avec bien du respect, etc

---

277. — DE FENEL A LEBEUF.

8 septembre 1740.

Riobe ne peut être sur une chaussée qui aille de Bray à La Celle-en-Brie, car Bray est une ville très nouvelle. Le pont sur la Seine, qui est aujourd'hui à Bray, étoit autrefois à Jaune, où aboutissoit un ancien chemin de Sens...... Provins est aussi une ville nouvelle, bâtie par les Comtes de Champagne. *Clonum* est peut-être Molinons ou plutôt Villemaur [1].

Le Pouillé de mon oncle est en la possession du Chapitre, et dans le cabinet particulier de la bibliothèque capitulaire. J'ai aussi, moi, en mon particulier, le Pouillé qu'on appelle de M. Amette, que je vous prêterai quand vous voudrez. Ce n'est pas pour me faire valoir, mais je ne ferois pas cette offre à un autre, attendu la grande valeur de ce travail. [Suivent des détails sur les Pouillés de Sens [2].]

12. Liron D. Jean, né le 11 novembre 1665, à Chartres, mort le 9 février 1749, au Mans, bénédictin de la congrégation de Saint-Maur. Il est auteur de l'ouvrage curieux intitulé : *Singularités historiques et littéraires*, etc., 4 in-12, 1734-1740.

LETTRE 277. — 1. Voyez lettre du 6 septembre 1740, note 2.

2. Voyez à la bibliothèque d'Auxerre le Pouillé manuscrit, in-f°, n° 111.

[Rectification des noms de Malay, mal placés sur la carte du diocèse. — Roussemeau est également mal écrit Roussonneau. — L'église Saint-Benoît a pour patron le patriarche des moines d'Occident : on ne peut s'y tromper. On assure que le terrain où cette église et ses environs sont situés, étoit autrefois le refuge de l'abbaye Sainte-Colombe, à Sens, comme l'abbaye Saint-Paul a été le refuge de l'abbaye de Dilo. — Il doit visiter les environs de Sens pour y reconnaître les traces des trois chemins romains qui y aboutissaient, afin de constater à quel endroit de la rivière ils aboutissaient précisément, « car ça dû être en cet endroit que le pont étoit, et par conséquent l'*Agendicum* romain, je dis le romain, car l'*Agendicum* gaulois a peut-être été un peu différent du romain : mais c'est une chose qu'il est impossible de sçavoir à présent. Au reste, par le rapport qu'on m'a fait, le chemin romain qui alloit à Orléans, alloit gagner une descente de montagne pour venir à Sens, qu'on appelle *Rue Chièvre* (prononcez *ru-Chièvre*), et qui est vis-à-vis le pont de Sens, et il est à observer que Sens étant ombragé de ce côté-là par des côteaux fort roides, il faut que l'ancien chemin ait gagné une des ouvertures faites dans ces côteaux, et qui, comme il y en a une (ou deux) qui a été faite par les ordres et aux dépens de M. de Salazar[3], il est évident que le chemin ancien a dû passer par une des anciennes ouvertures, et ainsi il semble que cela détermine à dire que le pont étoit autrefois à peu près au même endroit où il est aujourd'hui. L'aqueduc qu'on suit dans le commencement du faubourg Saint-Savinien est encore une preuve qui semble mettre la ville d'*Agendicum* à peu près où est Sens aujourd'hui.

Feins[4], village à deux lieues de Châtillon-sur-Loing, est-il

---

et Archives de la Préfecture, G. 226, in-4°, le Pouillé dû à M. Amette, secrétaire de l'archevêque de la Hoguette.

3. Archevêque de Sens, à la fin du XVᵉ siècle.

4. Fains, canton de Briare (Loiret). C'était le *Fines* de la Table théodosienne, sur le point d'entre *Genabum* et *Aquæ-Segestæ*, et marqué XV.

Fines, et un des lieux nommés dans les Itinéraires, et servant de limites entre les Sénonois et les Carnutes ? »

---

278. — DE LEBEUF A D. GERMAIN.

Paris, ce 16 septembre 1740.

Il est venu, il y a bien un mois et demi ou deux mois, un ecclésiastique qui m'a fait l'honneur de me donner de vos nouvelles. Il vouloit essayer de réussir mieux que je n'ai pu faire à vous trouver ce que vous désirez à la Bibliothèque du roi ; ce n'est pas chose aisée. J'avois déjà cherché dans le Catalogue des manuscrits du Roi et de Colbert, imprimé par les soins du P. de Montfaucon, il n'y a rien sur Autun ni sur *Edva*. Ces deux mots ne sont pas même à la table. J'ai ici, dans ma chambre, le P. Lelong qui n'instruit pas mieux.

Seulement, à son indication, j'ai été voir, chez M. le procureur-général, le volume 667 des *Collections de M Dupuy*, et j'y ai trouvé bien une vingtaine de feuilles qui contiennent différentes antiquités de votre ville, dont plusieurs sont dites venir de M. Mugnier[1]. Outre tous vos édifices encore subsistants, il y a une Pallas de bronze, deux Mercures de bronze, serpent de bronze, clefs, bracelets, bagues, épitaphes et inscriptions, dont je n'ai pris que celle-ci :

D. M. VOLUSIUS SENONEUS.
(Pierre joignant l'église Saint-Amant.)

Voyez, Monsieur, si ce recueil peut vous servir, je l'indiquerai à votre correspondant que je n'ai pas revu, dont j'ignore

---

LETTRE 278. — Publiée d'après M. de Charmasse, *Bulletin de la Société éduenne*.

1. L'historien des *Comtes d'Autun*. Le manuscrit dont parle Lebeuf existe aujourd'hui à la Bibliothèque impériale.

le nom et la demeure en cette ville, n'ayant retenu de ce qu'il m'a dit, sinon qu'il est d'un village proche Lucenay-l'Évêque ².

Si vous aviez voulu, votre projet sur Autun seroit depuis longtemps dans le *Mercure* ³.

Consentez-y donc, ou si vous l'avez refait, envoyez-le moi. On y met beaucoup de pièces qui ne valent pas les vôtres.

Quoique vous soyez sans doute bien occupé, je prends néanmoins encore la liberté de vous presser sur le catalogue des églises du nom de Saint-Germain, dans votre diocèse. J'ai devant moi le Pouillé d'Autun, imprimé avec les autres, en 1648, in-4°, mais il n'y a aucuns noms de saints, et tous les noms y sont de travers. Ce que je demande peut se sçavoir en parcourant les visites épiscopales ou archidiaconales, ou bien au secrétariat de l'évêché, car on ne confère aucune cure qu'on ne la qualifie du nom du saint patron, dans les provisions. Je suis bien venu à bout d'avoir celles du diocèse de Besançon, où j'en ai trouvé dix-huit toutes nommées par leur nom : c'est ce qui me fait espérer de réussir dans celui d'Autun. Si j'avois ce nombre en temps convenable, je l'aurois marqué en général dans une note, au bas de l'endroit de l'Histoire de saint Germain, où je fais mention de l'étendue de son culte ⁴. Ce que j'en dis cependant, c'est sans vous gêner.

Sçauriez-vous si les ossements de saint Flocel, conservés à Beaune, sont d'un enfant ou d'un corps fait ? Depuis que j'ai trouvé ici un vieux bréviaire de Beaune, gothique, imprimé à Genève en 1517, il m'est venu quelques pensées nouvelles sur ce saint. Puisque Beaune a toujours un Propre, n'y auroit-on pas conservé les deux saint Germain, du 31 juillet et 2 octobre, qui y sont dits, au Calendrier de 1517: « Duplex ex fundatione. »

Quelqu'un m'a dit ici que le sieur Levasseur, gentilhomme,

---

2. Lucenay-l'Évêque, arrondissement d'Autun.
3. Il s'agit probablement du travail de D. Germain, intitulé : *Discours sur les historiens d'Autun*. (*Mercure* de février 1746, p. 1.)
4. Voyez *Mémoires sur l'histoire d'Auxerre*, in-4°, t. Ier, p. 70.

1740 maitre de musique chez vous, y a joué de ses tours comme ailleurs.

279. — DE LEBEUF A FENEL.

23 septembre [1740].

1740 Vous ferez très bien de tâcher à découvrir le reste de vos chemins militaires; de là dépendent bien des choses. J'avois cru Bray un peu ancien, au moins son nom est celtique. Comment se dit Jaunes en latin[1]? La route dont je vous ai parlé, et qui est sûrement de ces anciennes voies militaires, mais non des plus larges, commence à une petite demi-lieue de Bray, vers le nord-est et s'étend ensuite vers le nord; je l'ai vue et tenue. Bray ne peut-il pas avoir été quelque chose avant qu'on le fortifiât? Après tout, je n'empêche que Jaunes n'ait la prérogative si la route y aboutit. J'accepte cette offre que vous avez la bonté de me faire du prêt du Pouillé de M. Amette[2]. Les SS. Patrons y sont-ils? car je suis aussi aise de les connoître que les Patrons collateurs. Je ne suis pas bien pressé de cela; mais si vous vouliez envoyer ici, par quelque occasion, la refonte des anciennes cartes de votre diocèse, on en profiteroit à l'instant, puis je vous les renverrois.

Je ne sçais si Roussemeau n'est pas un fief ou ferme, qui est entre Rousson et Marsangy, différent de Roussonneau[3].

J'ai trouvé depuis peu, parmi un recueil d'inscriptions d'Autun, celle-ci qui doit vous faire plaisir[4]:

LETTRE 279. — Publiée d'après l'original, collection de Fontaine.
1. Jaulne, village du canton de Bray (Seine-et-Marne), se dit en latin : *Jaulna*.
2. Voyez, sur ce Pouillé, la lettre ci-dessus n° 277.
3. Il n'y a pas de fief ni de ferme du nom de Roussonneau.
4. Voyez ci-dessus, p. 276,

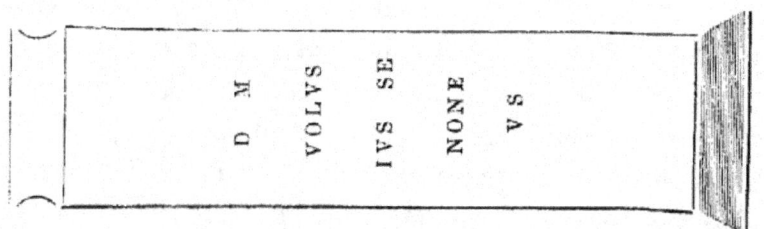

Je ne sçai si c'est Senoneus ou Senone votum solvit.

Il y a en France plusieurs villages appelés Sens : j'en connois un près Sancerre, en Berry. Il y a aussi des Senantes célèbres ; vous avez Senan près Joigny.

J'ai fourni aussi plusieurs articles pour le Dictionnaire de La Martinière[5]. On ne m'a parlé de l'abbé de La Val. Je ne le connois pas : quel homme est-ce ? Auxerre étoit imprimé lorsque j'ai été averti de contribuer. Dès-là que saint Benoît, de Sens, est le patriarche des moines, adieu mes conjectures de ce côté-là.

On a réimprimé les *Bollandistes* à Venise[6]. Il auroit fallu faire autre chose : entreprendre cela en France et n'y mettre que les saints du royaume, puis continuer les saints de France des quatre mois qui restent. Si deux ou trois personnes se mettoient sur le point de colliger pour ces quatre mois, on pourroit les prévenir, et donner cela dans quatre ou cinq ans. Si vous étiez ici, avec moi, ce seroit une entreprise qui vous conviendroit.

Comment ne vous est-il pas venu dans l'esprit d'examiner si les cartes théodosiennes ne sont pas faites selon les règles d'une certaine optique ?

Je vous sçais bon gré d'entreprendre de donner l'histoire de Sens, comme vous me le faites comprendre par un article de votre lettre.

Il y a quantité de lieux nommés Fins (Fines), parce que

---

5. Le *Grand Dictionnaire géographique, historique et critique*, par M. Bruzen de La Martinière, Dijon, 1739-1741, 6 vol. in-f°. Les notices sont fort érudites, et celles sur Auxerre, Avallon, Joigny, Sens, Tonnerre, etc., sont très développées.

6. *Acta Sanctorum*, Venise, 1734, et suiv.

c'étoit, en effet, autrefois les endroits où se terminoit l'étendue d'un territoire. Fines est aussi entre le Soissonnois et le Rémois. Il y a aussi un Fins entre Langres et Autun. Mais je ne sçais si votre Fins seroit celui de la Table de Peutinger ; il paroit trop éloigné d'Orléans, et ne se pas rapporter aux milles[7].

Je ne sçais point quel homme peut être le curieux anonyme dont vous me parlez. Je ne me soucie pas trop de le voir. Ce personnage peut être dans le besoin, et s'il vient ici, il peut augmenter le nombre de ceux dont on se défie, surtout en ce temps de cherté où l'on entre.

Il y a dans le Poitou, proche Châtellerault et le Vieux-Poitiers, un village appelé Senon[8]. Au VIIe siècle, on disoit en latin : *Sanno* (Vie de saint Léger, à la fin). On vient de m'écrire de ce pays-là, que M. Le Nain, intendant, fait ramasser des matériaux pour la notice de ce même pays[9].

On vient de me consulter sur la tour de ce Vieux-Poitiers que je n'ai jamais vue ; on m'en fait la description.

L'akousmate dont vous me parlez est fort singulier, mais le fait est-il bien avéré ?... N'est-ce point quelque oiseau qui se plaignoit ainsi ? Comme ma lettre n'est pas si remplie de nouvelles littéraires que vous pourriez le souhaiter, je joins ici un arrêt d'hier qui vous prouvera combien on va ici à l'épargne depuis quelque temps. En effet, le pain y vaut quatre sols, et le mollet supprimé, valloit cinq sols. On dit aussi qu'on va défendre de vendre de la poudre ; cependant elle vaut douze sous la livre. Il y eut hier une révolte à Bicêtre : tous les gens enfermés s'entendirent à tout démolir dans leurs cahutes et chambres, on accourut, et il y eut batterie La garde y est venue : on en a mis un grand nombre aux cachots, et actuellement, peut-être, on

---

7. Voyez sur Fains, lettre de Lebeuf du 8 septembre 1740, n° 4.
8. Aujourd'hui Cenon, arrondissement de Châtelleraut (Vienne).
9. On ne connaît de M. Le Nain, intendant du Poitou, qu'un *Mémoire instructif sur les pépinières et les vers à soie, à établir dans le Poitou* ; Poitiers, 1742, in-12.

leur fait perdre le goût du pain, c'est-à-dire qu'il y a pendaison pour faire peur aux autres. Cela vient, dit-on, de ce qu'au lieu d'une livre de pain par jour, on les réduisoit à demie livre, leur donnant du riz en place de l'autre demie livre.

Si vous me faites le plaisir de m'envoyer les cartes corrigées avec soin, qu'elles soient bien empaquetées.

P.-S. — Je suis si pressé, que, n'ayant pas de feu, je cachette familièrement cette épître, quand même cela devroit lui attirer les dents des souris, qui sont friandes de pains à cacheter.

Vous qui êtes universel, et par conséquent physicien, comment se peut-il faire que dans un œuf de poule on trouve un autre petit œuf comme un œuf de perdrix, avec sa coque, et le jaune dedans? C'est ce que j'ai vu il y a aujourd'hui huit jours.

---

280. — DE LEBEUF A FENEL.

28 octobre 1740.

J'attendois une occasion de vous écrire. La déclaration, enregistrée d'aujourd'hui, que je vous envoie m'y engage, parce que je sens qu'elle vous fera plaisir [1]. Il y a un mois que vous m'avez fait l'honneur de m'envoyer vos deux cartes [2]; je les ai reçues. J'ai cru qu'elles contiendroient plus de corrections. J'aurois mieux aimé le nom des saints patrons des cures que le revenu. Au reste, je vous en remercie, et j'aurai soin de vous les renvoyer saines et sauves. Je ne vous ai parlé des règles d'optique par rapport aux Tables de Peutinger, que parce que un Anglois, dont j'ai vu la lettre manuscrite, y renvoie et prétend qu'en regar-

---

LETTRE 280. — 1. La pièce que Lebeuf envoyait était une déclaration du roi, du 26 octobre 1740, sur les blés.
2. Les cartes du diocèse de Sens.

dant ces Tables par un petit trou, fait au haut d'un papier, on aperçoit tout à sa place. Je n'ai pas encore essayé cela, faute de trouver ces Tables. Cela m'a fait penser au cylindre. Voyez si cette machine remettroit le tout en son deu (sic). Je vous laisse cette expérience. Donnez-moi, je vous prie, des nouvelles de vos grands chemins. Je m'informerai aujourd'hui de ce que c'est que l'Ibled de La Val. Il y a aussi un Ibled du Gourné, qui se met sur les rangs en fait de géographie [3]. Je loue fort vos remarques sur les anciens milliaires ; je n'ai cependant pas encore beaucoup approfondi cela. Le sieur d'Anville, géographe, va donner quelque chose sur les grands chemins de l'Empire en France. Il me réfutera sur ce que j'ai dit de *Genabum* [4], je m'y attends bien. Je n'ai pas prétendu réformer ce qu'avoit écrit M. Lancelot, puisque j'ai marqué que j'ai écrit avant lui. Je dirai, pour me justifier, que je persiste à croire que Gien représente l'ancien *Genabum* de César, mais que ce port étant détruit et brûlé, fut transporté plus bas, où depuis l'on a bâti Orléans, et que c'est pour cela que les chemins romains y aboutissent ; qu'au reste je n'ai publié ma pièce que..... de 1726 ou 1727, que pour combattre les fausses raisons des Orléanois et non pas celles qui leur sont favorables.

Je crois, comme vous, que tous les Fins ou Feins font *Fines*, mais les diocèses ont quelquefois un peu empiété. Il paroit deux tomes in-4°, sur le *Pays de Caux*, *les Roumois et le Vexin* ; on dit cet ouvrage du P. Duplessis, religieux de Meaux [5], quoiqu'il réfute quelquefois cet historien.

---

3. Iblé de Gourné (l'abbé), géographe, né à Dieppe le 23 février 1702, mort vers 1770. Il avait publié déjà, en 1737, une *Dissertation sur le choix des cartes de géographie*, in-12.

4. Voyez *Éclaircissements géographiques sur l'ancienne Gaule*, par M. d'Anville, Paris, 1741, in-12, pages 167 et suivantes, la dissertation sur *Genabum*, placé à Orléans.

5. D. Toussaint Duplessis, né à Paris, en 1689, mort en 1767. Il est auteur de savants Mémoires d'érudition historique. L'ouvrage dont parle Lebeuf est qualifié dans les biographies générales sous le titre de *Description géographique et historique de la Haute-Normandie*.

Vos légendaires de Sens n'auroient-ils point la *Vie de saint Thomas de Cantorbéry*, par Jean de Sarisbéry, laquelle commence : « Igitur B. Thomas natus est ex legitimo matrimonio et « honestis parentibus, patre Gilberto. Je viens de la lire, toute longue qu'elle est, elle m'a paru meilleure que toutes les autres. Elle n'a pas encore été imprimée. On y lit que ce saint avoit étudié le droit à Auxerre. Il y a bien des particularités.

En feuilletant la collection des épitaphes manuscrites de Paris, j'ai trouvé, à Sainte-Catherine-de-la-Couture, noble homme Étienne de Bray, conseiller et maitre des comptes, chanoine de Sens, mort le 10 septembre 1424 ; à Saint-Cosme, Nicole de Bèze, seigneur de Celle et Chalonne, en Donziois, archidiacre d'Étampes en l'église de Sens, conseiller au Parlement, mort le 29 novembre 1532 [6].

Excusez mon griffonnage, le froid en est cause.

P.-S. — Je vous suis très obligé de vos attentions pour mon beau-frère.

1740

---

281. — DE FENEL A LEBEUF.

Sens, 6 décembre 1740.

[Longue lettre. — Fenel le félicite, de tout son cœur, de son succès à l'Académie des belles-lettres [1] « et je vous le jure, en vérité, sans jalousie, car je voudrois de mon côté contribuer à voir votre renommée plus grande, et que cela pût vous procurer un établissement fixe et durable à Paris. »

1740

---

6. Nicolas de Bèze était oncle du fameux Théodore de Bèze. Voyez le *Catalogue des dignités, chanoines, etc., de l'église de Sens*, par Fenel, archives de l'Yonne. Suivant le *Menagiana*, éd. La Monnoye, Nicolas de Bèze s'avisa de mettre à l'épitaphe de son oncle des vers grecs de sa façon, où il y a des fautes d'écolier.

LETTRE 281. — 1. Lebeuf venait d'être élu membre de l'Académie des Inscriptions, après la mort de Lancelot.

1740

Je suis persuadé que les noms en *ay* viennent de quelque mot latin en *æum*, comme l'abbaye d'Ainay, à Lyon, vient d'*Athenæum*, et non pas d'*Athenacum*. Je crois encore que les noms en *gny* ou *ny* ne viennent pas d'une origine qui ait pour terminaison *niacum*, mais plutôt *natium* ou *niatium*. Ainsi, Seignelay (qu'on écrivoit autrefois Saillenay, selon une remarque qui est dans le dernier *Mercure*, et que je soupçonne fort être de vous)[2], devoit être autrefois *Solinnatium* et non pas *Saligniacum*. Ce n'est pas que je veuille dire qu'on n'a jamais dit ce dernier mot : je ne dis pas cela, mais je dis que l'ancien mot (le plus ancien) a dû être *Solinnatium*, d'où s'est formé Sallenay ou Saillenay, que des ignorants ont ensuite latinisé bêtement en disant : *Saligniacum*, car il faut faire une grande attention que souvent nos mots vulgaires ne viennent pas des mots latins barbares et corrompus qu'on trouve dans certains actes, mais au contraire que ces mots barbares sont des versions latines faites sur les vieux mots gaulois ou thudesques, ainsi : *fauteuil*, ne vient pas de *faldistorium* ; mais, au contraire, celui-ci vient d'une latinisation perverse (passez-moi ce mot), de *feldestouil*, siége de camp, qui est l'original, d'où vient aussi notre mot françois *fauteuil*. *Bled* ne vient pas de *bladum*, ni *pinte* de *pitina*, ni *chopine* de *cheopina*, mais, au contraire, les mots latins en question viennent du Gaulois qui y répond. *Parlamentum* est le mot forgé sur le vulgaire : *Parlement*, lequel est une abréviation de *parabolamentum*, formé de *parabolare*, qui vient lui-même de *parabola*, comme on en a des preuves dans la tapisserie de Guillaume-le-Conquérant. Revenons à nos mots de villages. Ceriziers est bien dit *Carariæ*; mais Vulaines, dont il y a trois lieux dans le diocèse de Sens qui ont le même nom,

---

2. C'est avec raison que Fenel soupçonnait que l'abbé Lebeuf était l'auteur d'une lettre du *Mercure* d'octobre 1740, p. 2203, intitulée : « Lettre écrite à M. D. L. R., au sujet de celle qui est datée de Joigny, le 1ᵉʳ mars, touchant un manuscrit de poésies pieuses, composées il y a environ cent cinquante ans. » Dans cette lettre on attaque l'auteur de cette pièce du 1ᵉʳ mars, qui n'est autre que Lebeuf, capitaine de milice de Joigny, qui se donnait des airs d'érudition et écrivait au *Mercure* pour lui

est *Clanum*, et non pas *Vulainiæ* ou *Vulennæ*. Voilà la réponse à votre question sur le *Clanum* entre Sens et Troyes[3] ; il est à moitié chemin, et le nom de Vulaines doit venir d'une source commune dans le Gaulois, puisque ce nom se trouve si souvent et que ce n'est pas un nom de saint ni de situation locale. Soignes est bien *Siconiæ*, et Soignolles : *Siconiolæ* ; mais Ausson n'est pas *Aussonum*, mais bien *Pagus Alsonis*. Chéu est bien *Caducum* ; Dixmont est *Decemmontes*, et non pas *de Dimone*, Courtaoust, *Curtis augusta*. Bonnard a été dit de *Bono horto* ou de *Bonorto*, selon une charte de Guillaume *Albimanus*, que vous avez vue ; mais avant ce siècle-là, n'étoit-ce pas *Bonarditum*, corrompu de *Banditrum*, de la Table de Peutinger? Les distances y sont assez justes. Neuvy-Sautour est, selon moi, *Noviacum saturnium vel novus vicus Saturnini*. Aillant, selon moi, *Allianum*, et non pas *Aillantum* ; et, effectivement, Egliny ou Egleny, est dit *in valle Alliana*. Louême est *Laudemium* ; Verlain est *Vellanum*. Si ce n'étoit pas un lieu bas, j'y chercherois peut-être le *Vellaunodunum*. Vieuxpou est très ridiculement dit de *Veteri pediculo*, c'est de *Veteri podio*. Montereau est impertinemment dit *Musterolum in fulco Yonæ* ; c'est *Monasteriolum*, et autrefois *Condate Senonum*, selon de Valois. Beton-Bazoches sera *Betonis Basilica* ; Courchamp, *curia Campestris* ; Courtacon, « *curia Hakonis* ; Courtevrout, *curia Everoldi* ; Cucharmoy, *curia* « *carpineti*. » Everly sera *Evellaunum*. Savim est *Sabinæ*. Vieux-Maisons est visiblement *Veteres domos*, comme on voit dans la Grèce, à présent, tant de *Palæo castro*. Champsenay n'est pas de *Campo senecto*, mais *Campus salictarius*. [Suit une page de définitions semblables.]

Je finis cette ennuyeuse kirielle par deux étymologies qui vous toucheront, Monsieur. J'ai appris de vous que sainte Colombe a

signaler un prétendu écrivain de Joigny nommé Ourry. L'abbé Lebeuf, tout en concédant que cet Ourry est champenois, critique singulièrement les appréciations qu'en fait son beau-frère. On comprend qu'il ait gardé l'anonyme. Cette pièce n'est pas signalée dans les divers Catalogues des œuvres de l'abbé Lebeuf.

3. Voyez lettre de Lebeuf du 6 septembre 1740, n° 276.

souffert *in villa Erdona*, et l'on dit ici que c'est à un endroit que l'on nomme la Fontaine d'Azon, qui est derrière Sainte-Colombe, où il y a une très petite et très ancienne chapelle ; les anciens titres portent *Daron*, et c'est le reste du nom de la villa *Erdona*, d'où l'on a tiré d'Arona, d'Erdona, Dardona, Darona Saint Loup a été inhumé proche Sainte-Colombe *in Appollia* ; c'est de vous que je le tiens ; le reste de ce nom est dans la ferme du *Popelin*, qui étoit autrefois une Maladrerie *ad popelinum* ; on a dit ce nom par corruption d'Appollia, Appollianum, Pollianum, Poplianum, Poplinum, Poplin. Qu'en dites-vous [4] ? Vous rirez peut-être ? Mais parlons de quelque chose de plus intéressant. Votre dissertation sur *Francia* m'a charmé [5], il y a des remarques toutes neuves et des choses uniques ; il me paroit certain et démontré que *Neustrie* et *Austrasie* ne veulent pas dire des pays distingués par leur position à l'occident et à l'orient. Un *Mercure* avoit dit que cela vouloit plutôt dire des pays situés au nord et au midi l'un de l'autre. Je trouvai cela singulier, mais cela n'est pas vrai. Mgr l'archevêque a objecté que les deux significations que vous donnez à Neptrich et à Westrich ne sont pas au fond assez diverses l'une de l'autre pour former des dénominations distinctes (il veut parler de ces deux significations *regnum præcipuum, regnum dignissimum*) Cela m'a paru digne d'attention, mais la remarque pourroit être vraie sans que pour cela votre sentiment fût faux dans son principe.

…On assure qu'il y a un reste de chemin romain entre Courtenay et Triguerre, mais je ne say que faire de ce dernier nom-là, il est bien baroque et point du tout romain : qu'en dites-vous [6] ?

---

4. Les chartes les plus anciennes présentent la forme *Popelinum*, pour le Popelin. Il est difficile de remonter plus haut que l'an 1163, pour trouver le nom de ce lieu. Et les hypothèses de Fenel restent sans vérification possible. (Voyez, *Cartul. gén. de l'Yonne*, 1860, t. II, p. 161.)

5. Voyez *Journal de Verdun*, décembre 1740, p. 416, *Dissertation où l'on recherche depuis quel temps le nom de France a été en usage*.

6. Triguière, village du canton de Châteaurenard (Loiret). Le chemin dont parle Fenel est la voie de Sens à Gien. Voyez, sur Triguière pris pour le *Vellaunodunum* de César, un mémoire de M. Petit, juge de paix à Château-Renard : Orléans, 1865, in-8°.

Y auroit-il dans ce nom une corruption de quelque terme dans lequel le génitif *aquarum* auroit entré autrefois. Bray a une racine celtique, mais je vous assure qu'il est nouveau, au moins pour son agrandissement. Jaune est, dans les titres du Chapitre de Sens (seigneur et patron du lieu), qui ne sont guère anciens, *Jauna* ou *Jaulna*; peut-être est-ce une corruption de quelque terme celtique d'où nous avons tiré notre couleur jaune. Ce sera un mot comme *Jaluna* ou *Jalana*. J'ai pris une note de votre ancien chemin dont je prétends bien faire la vérification, c'est-à-dire que je veux le suivre, non pas pour vous critiquer, mais pour savoir d'où il venoit et où il alloit. Dans l'inscription que vous m'avez envoyée [7], *Senoneus* est un adjectif, ou *Ethnicon* (pour me servir du terme du grammairien Étienne de Byzance), c'est-à-dire un nom de peuple. En effet, le *Votum solvit* ne revient pas aux dieux mânes qui commencent l'inscription. On ne faisoit pas de vœux à ces dieux mânes, que je sache; ainsi il n'y a pas lieu d'interpréter les lettres v. s., par ces deux mots-là.

[Il se ferait un grand plaisir de travailler avec Lebeuf à donner un extrait des SS. de France des huit premiers mois des *Bollandistes*, puis un recueil des SS. de France pour les quatre derniers mois. Mais cela entraineroit de grands frais et son déplacement.] — « Il ne faudroit pas espérer que dans cette entreprise mon Chapitre me tint présent. Ils ne sont pas assez amateurs de lettres et de sciences pour cela. »

... Il paroit que, par rapport à la situation de *Genabum*, vous craignez beaucoup de vous commettre avec M. Lancelot. Vous avez sans doute vos raisons : ce monsieur est homme d'un rare mérite assurément. Mais il n'a pas examiné la chose autant que vous, et, après tout, la république des lettres est un pays libre où il est permis d'agir avec une honnête liberté, quand on ne choque ni la religion, ni les lois, ni le gouvernement; excepté ces trois points, on peut soutenir tout ce qu'on veut dans les sciences, et l'on peut attaquer les sentiments des plus grands

---

7. Voyez, ci-dessus, lettre du 23 septembre 1740, note 1.

hommes : ainsi je ne vois pas trop la raison de votre grand ménagement à cet égard ; il semble que vous lâchez pied, non pas par de nouvelles raisons qui vous aient fait changer de sentiment, mais parce que M. Lancelot a écrit le contraire. Il est vrai qu'il y avoit un chemin romain de Sens à Orléans, mais cela ne prouve rien : il y a eu aussi un autre chemin de Sens à Gien, comme je le crois certain. Après tout, vous me ferez grand plaisir de m'instruire de vos motifs dans cette occasion, car, comme je songe à me produire dans la république des lettres, il est bon que je sache de quelle manière il faut s'y comporter avec ces messieurs-là. Il semble qu'il est permis de les réfuter avec modération et respect, puisqu'ils se réfutent les uns les autres, car leurs livres donnés au nom de l'Académie même sont pleins de dissertations contradictoires : M. de Pouilly a été réfuté par M. Sallier, sur la certitude ou l'incertitude des premiers siècles de Rome[8] ; il y en a mille autres exemples ; pourquoi donc ne pas accorder à d'autres la permission qu'ils s'accordent entre eux ? n'est-ce pas à cause qu'il y a quelque règlement de l'Académie relatif à cela, qui regarde les étrangers. Je vous prie de m'instruire à fonds là-dessus, Monsieur.

... J'ai ici un manuscrit contenant des *pensées chrétiennes et des réflexions sur le seul nécessaire* ; ce livre a été donné à feu mon grand'oncle Taffoureau, évêque d'Alet, par le fameux abbé de La Trappe, Bouthillier de Rancé, qui lui a dit en même temps que cet ouvrage étoit de lui-même. Je me suis enquis si cela avoit été imprimé ; on m'a assuré que non[9]. Je voudrois bien sçavo r si cela seroit bien reçu du public. J'y pourrois joindre un ancien symbole de la foi chrétienne qui commence par *Credimus*, qui est de beaucoup plus long que le symbole attribué à saint

8. M. de Pouilly avait publié, en 1722, dans les *Mémoires de l'Académie des inscriptions*, une *Dissertation sur l'incertitude des quatre premiers siècles de Rome*, à laquelle M. Sallier répondit dans le même volume.

9. Rancé (Armand-Jean Le Bouthillier de), né à Paris, le 9 janvier 1626, mort à Soligny-la-Trappe, près Mortagne, le 27 octobre 1700. Il fut le réformateur de l'abbaye de La Trappe. L'ouvrage dont parle Fenel n'est pas mentionné dans les biographies du célèbre abbé.

Athanase. On y entre dans un détail étonnant contre les subterfuges des Ariens, des semi-Ariens, etc., et à la fin il y a cinq ou six lignes sur la présence réelle, ce qui montre que ce symbole, fait dans le fort des disputes ariennes, a été augmenté après l'hérésie de Béranger. Ce symbole se chantoit (ou se lisoit) à Sens, le dernier dimanche après la Pentecôte qui est intitulé : *Le cinquième Dimanche avant Noël*, dans un homéliaire manuscrit que nous avons ici à la bibliothèque du Chapitre. Que dites-vous de tout cela ?

Connoissez-vous la danse ecclésiastique qui se pratiquoit autrefois, ici, le jour de Pâques, au soir, et qu'on nommoit la Cazzole [10] ? elle se faisoit autour du puits du Cloître, et les premiers du Chapitre (l'archevêque à la tête) avoient chacun à conduire par la main un des enfants de chœur.

En revoyant les lettres que vous avez écrites à mon oncle, j'ai trouvé une belle inscription que vous avez découverte à Auxerre [11], mais je n'en vois pas aisément la construction. Quelqu'un l'a-t-il expliquée comme il faut ?..... On est ici dans un pays où les lettres ne sont pas cultivées, et où l'on manque de livres nécessaires.

---

282. — DE LEBEUF A FENEL.

14 décembre 1740.

Permettez que dans cet enveloppe de l'Édit, qui se délivre aujourd'hui, je vous avertisse que j'ai laissé chez Mme votre sœur, que je n'ai pas trouvée, un exemplaire de ma *Dissertation*

---

10. La *Cazzole* ou *Carrole* était une sorte de danse ou de marche cadencée, qui avait lieu dans les cloîtres de certaines églises, et notamment à Sens, le jour de Pâques. (Voyez, Glossaire de Ducange, au mot *Carola*.

11. Nous n'avons pas retrouvé la lettre du doyen Fenel, dont il est fait mention ici, ni l'inscription dont parle Fenel, mais c'est probablement celle de la *Déesse Yonne*.

1740 *sur l'état des sciences jusqu'à la mort du roi Philippe le Bel*[1]. Je souhaite qu'elle vous l'envoie au plus tôt Elle fait partie d'un volume entier que je compte envoyer à Mgr l'archevêque, quand il sera achevé. J'ai cru devoir la donner à MM. les Académiciens, en sollicitant la place de M. Lancelot à cette Académie, que j'ai obtenue, et où je fus introduit hier. Comme ils sont les seuls qui l'aient, le public aura un carton à la page 17, où je me suis trompé, me fiant trop à Du Boulay, t. II, p. 116[2].

J'attendois de vos nouvelles par M. votre oncle, et je suis, en attendant, toujours, etc.

283. — DE FENEL A LEBEUF.

18 décembre 1740.

1740 Je ne puis vous exprimer la joie que j'ai ressentie quand j'ai appris, par votre lettre du 14, que vous étiez entré à l'Académie des belles-lettres, à la place de M. Lancelot; il y a longtemps que cela vous étoit dû, et que tous les gens de lettres le souhaitoient et l'attendoient : vous aviez fait vos preuves, Monsieur, depuis longues années; ainsi, on doit regarder cela plutôt comme une récompense des travaux que vous avez déjà entrepris et accomplis, que comme un encouragement pour vous en faire commencer de nouveaux. L'Académie se fait honneur en agrégeant à son corps un tel sujet; et la postérité verra avec autant de plaisir que vos contemporains que l'on ait connu votre mérite. On a dit de feu M. Chastelain, chanoine de Notre-Dame[1],

---

LETTRE 282. — 1. Ce Mémoire considérable, qui a remporté le prix à l'Academie des inscriptions, en 1740, a été publié dans le t. II des *Dissertations sur l'histoire ecclésiastique et civile de Paris*, etc., 1741.

2. Du Boulay (César-Egasse), né à Saint-Ellier, au commencement du XVIIe siècle, mort le 16 octobre 1678, recteur de l'Université de Paris, dont il écrivit l'histoire en latin, en 6 vol. in-folio.

LETTRE 283. — 1. Voyez, sur Chastelain, Correspondance, t. I.

que vous avez fort fréquenté : « Castellanum sæculum suum non intellexit ; » on ne dira pas de même de vous. Je souhaite présentement que ceci soit un degré pour monter *ad altiorem*. Il ne vous peut jamais arriver autant de bien que je vous en désire et que vous en êtes digne. Je vous le dis avec la plus grande sincérité et dans toute l'affection de mon cœur.

Ma sœur m'a mandé le beau présent que vous voulez bien me faire [2], Monsieur, je vous en rends mille actions de grâce, mais je ne l'ai pas encore. Vous savez sans doute que le commerce est rompu par le débordement des eaux et les chemins détestables ; c'est par la même raison que vous n'avez pas encore reçu la lettre de quinze pages que j'ai déjà finie il y a quelques jours, pour vous être rendue par mon oncle, M. de Luisant, car il ne peut pas partir, et je sçais quand ce pourra être.

[Il lui parle ensuite d'un des objets de sa lettre : qu'il concourt à l'Académie des belles-lettres pour le prix qui sera distribué à Pâques ; qu'il ne savait pas qu'il allait être un de ses juges et que cependant le règlement défend de se faire connaître aux Académiciens. — Il lui annonce que l'archevêque, en partant pour Paris dans un carrosse à six chevaux, l'a fortement engagé, au nom de son clergé, d'aller passer l'été prochain et le suivant à Paris, pour y achever et y porter à sa perfection l'histoire de Sens ; il compte sur ses lumières, etc.]

284. — DE LEBEUF A FENEL.

6-8 janvier 1741.

Quelque envie que j'aie de vous faire une lettre aussi longue que celle dont vous venez de m'honorer, je ne puis vous pro-

---

2. La dissertation sur *l'État des sciences jusqu'à la mort du roi Philippe le Bel*, que Lebeuf lui annonçait dans sa lettre du 14 décembre précédent.

1741 mettre d'y correspondre. En tout cas je commence, et pour suivre votre méthode, je vais parcourir toutes vos pages consécutivement[1]. Je ne vous enverrai pas cette fois-ci d'arrêt, quoiqu'il en paroisse deux : l'un sur les gâteaux qu'on défend de faire cette année aux Rois, l'autre sur les pauvres au sujet de leur nourriture.

J'accepterai, avec bien du plaisir, la communication de votre Pouillé, tant pour les noms des SS. Patrons, que, etc. Je ne fais pas de fonds sur le latin des noms de lieu, j'en ai vu déjà dans le Pouillé qui font pitié. Il ne peut pas se faire que dans le grand nombre que vous venez de baptiser, vous n'ayez quelquefois bien rencontré : cependant je ne suis pas de votre avis sur les noms en *ny* ou *ly*, comme *Joigny*, *Poilly*. Je soutiens qu'ils viennent de la terminaison *iacus* ou *iacum*, on est sûr de *Joviniacum*. *Pauliacum* est dans des auteurs de huit ou neuf cents ans. Guerchy, *Warchiacum*, dans Héric ; Merry, *Matriacum* ou *Madriacum*, tout cela de votre diocèse et de vos côtés.

La description du diocèse d'Auxerre, faite vers 590 par saint Aunaire, notre évêque, oncle de votre saint Loup, achèvera de vous persuader. Ces noms viennent ou d'une chose naturelle, comme pays de bois, pays de sources, ou du possesseur. De ces derniers sont : *Joviniacum*, *Pauliacum*, qui sont comme qui auroit dit : terrain de Jovin, terrain de Paul ; ce qui revient à Gondrecourt : *Gundulfi-Curtis* ; Rouville : *Rodulfi-Villa*.

Ce que vous me dites, page 4, de votre fontaine d'Azon et sur le Poplin méritera d'être dans une note de votre histoire sénonoise, en ajoutant que vous ne le donnez que comme une conjecture.

Je sçais bien que *Regnum dignissimum* reviendroit assez à *Præcipua sedes regni*, mais aussi je n'ai pas dit ce qu'on me fait dire, et je me suis contenté d'insinuer que si *Austre rich* ne signifie pas *Regnum dignissimi seu antiquioris fratrum*, ce qui

---

Lettre 284. — 1. Conf. avec la lettre du 6 décembre 1740, pour les nombreux détails qui vont suivre et auxquels celle-ci répond.

est bien différent de *Regnum præcipuum*, ou *Præcipua sedes regni*; ce mot *Austrasie* viendroit de *Regnum castris magis munitum*. Un de mes confrères n'a pas goûté la preuve que je tire d'une lettre d'Eginhard. Si vous avez cet auteur, je vous prie de lire cette lettre où vous verrez quelle platitude c'eût été dans son style, si par *Neptitas* il eût voulu dire : Je vous prie, vous, mon neveu. Si Eginhard n'a pas forgé un mot latin sur la racine teutonique *Nempt*, il a pu le fabriquer sur celle de *Nembd*, *judicium* ou *judex*; le tour de la phrase semble le demander.

Il n'a encore rien transpiré ici touchant les dissertations académiques. Sçavez-vous qu'on peut les écrire de sa propre main, quand même l'écriture seroit connue? J'en ai vu deux entre les mains d'une personne, mais je n'ai pas connu votre écriture. Il y en a une dont chaque page n'est écrite qu'à moitié, le reste est en blanc, seroit-ce la vôtre? Je souhaite que le sort puisse tomber sur vous et que vous vous mettiez au plus tôt en état de venir ici, où bien des gens ne vous valent pas. Pourquoi avez-vous tant tardé?

Votre remarque sur le manuscrit d'Ammien est parfaitement bonne [2]; c'est un auteur dont les manuscrits sont très rares. Cela me fait souvenir que j'en avois commencé une sur l'endroit où Eutrope [3] parle d'un empereur tué *apud Senonas*, où les manuscrits varient : je crois vous en avoir écrit en 1737 ou 1738.

Je ne crois pas que *Fins* soit mal dit *Fines*, quand même il ne seroit pas celui de l'*Itinéraire* : il y avoit des lieux de ce nom outre ceux des routes militaires; *Feinges* seroit l'altération de ce nom. Vous ne serez parfaitement en état de juger de l'Itinéraire dans le Sénonois qu'en suivant les routes; pour moi, je suis averti que celles qui aboutissent à Orléans sont assez conservées, et qu'il n'en est pas de même de celles de Gien.

---

2. Ammien-Marcelin, historien romain qui vivait au iv⁰ siècle. Son histoire a été publiée notamment par Valois, Paris, 1681.

3. Eutrope, historien romain qui vivait au iv⁰ siècle de l'ère chrétienne. Il est auteur d'une histoire romaine publiée d'abord à Rome en 1471, in-4⁰, et rééditée en 1532, etc.

1741   D'ailleurs, je ne me suis jamais engagé à prouver que Gien ait été ville sous la domination des Romains; ils détruisirent le *Genabum* et le rebâtirent où est Orléans.

Triguerre est un nom assez baroque; je crois qu'il est en latin dans la vie latine de la B. Alpay ou Alpaïde de Cudot, qui en étoit native[3], ou au moins il y est en françois. Je viens d'y regarder, il n'y est pas (au moins au commencement), mais j'ai marqué qu'on m'y a dit, en 1723, que les paysans de Cudot la disoient native de Triguerre. Cependant sa Vie marque qu'elle étoit de Cudot même. Si l'on a, à Sens, la nouvelle édition du Dictionnaire de La Martinière, voyez l'article Cudot que j'y ai fait mettre.

Page 7, détrompez-vous sur Châtel-Sansoy, on ne l'écrit pas ainsi, mais : Châtel-Censoir[4], comme il est dans les titres des xiie et xiiie siècles, et dans les latins de huit à neuf cents ans : *Castrum-Censurii*. Cette terre relève en partie de l'évêque d'Auxerre. On croit, avec assez de fondement, qu'elle a appartenu à la famille de notre évêque Censurius ou Censorius, à qui Sidoine a écrit une de ses lettres. (Voyez le Bréviaire d'Auxerre, 10 juin, et *Notitia Gall.*)

Je suis ravi que vous approuviez ma pensée sur l'abrégé et la continuation des *Bollandistes*. Si l'abrégé n'est pas faisable parce qu'il seroit trop gros, au moins on pourroit les prévenir dans la publication d'un grand nombre de Vies, qu'ils ne donneront probablement que vers l'an 1800. Pourquoi attendre si longtemps[5].

Je vous remercie de la note que vous me donnez sur un œuf trouvé dans un autre.

Quant à ma dissertation sur *Genabum*, je l'aurois réservée

---

3. Voyez sur la B. Alpaïs, Correspondance t. I, 372.
4. Bourg du canton de Vézelay (Yonne).
5. Cette prévision de la longue durée qu'aurait la publication de l'œuvre des Bollandistes s'est réalisée : car, la Révolution ayant interrompu l'entreprise au 8 octobre, les nouveaux Bollandistes de Bruxelles ne l'ont reprise qu'en 1852. Depuis cette époque, sept volumes ont paru, et le dernier s'arrête au 26 octobre. — Voyez ci-dessus lettre n° 279.

pour mon histoire d'Auxerre, si ce n'étoit que quelques Académiciens qui l'avoient vue, dirent qu'ayant écrit avant M. Lancelot, y détruisant par de bonnes raisons plusieurs des fausses raisons des Orléanois concernant le *Genabum* de César, elle méritoit d'être publiée, sauf à revoir si le *Canapum* de l'Itinéraire devoit être où est Orléans, ou bien dans une route vers le Gâtinois. Je l'ai donc donnée là-dessus, mais dans le dessein de ne me pas trop entêter par rapport à l'Itinéraire qui est postérieur au siècle de César. Si, en effet, on voit plusieurs levées aboutir à Orléans, et aucune à Gien, c'est un préjugé en sa faveur. Or, je ne cherche pas à m'aveugler. Je n'ai rien à craindre de M. Lancelot, quand même il vivroit, mais je veux être de bonne foi : les routes militaires me détermineront pour les lieux où on les trouvera. Dépêchez-vous donc de voir celles du Gâtinois, celle de Sceaux, de Beaune. J'ai parlé d'une découverte de médailles faite à Sceaux, au XIIIe siècle, dans ma dissertation que vous devez recevoir si vous ne l'avez déjà [6].

Dom Duplessis vient de publier, en deux tomes, une *Description du pays de Caux et de Vexin*, où, pour donner plus de force à sa pensée sur *Dunum*, il feint d'être un écrivain différent de celui de l'*Histoire de Meaux* [7].

Si j'étois assez à mon aise pour avoir un copiste, j'aurois déjà fait transcrire la Vie de saint Thomas de Cantorbéry.

Je ne me souviens plus à quelle occasion je vous ai parlé de Nicole de Besze, mais je sçais que le fief dont ce nom est venu est peu éloigné d'un bourg du diocèse d'Auxerre, nommé Coulanges-sur-Yonne. Il est de la paroisse de Crin, au diocèse d'Auxerre [8].

---

6. Voyez, « Dissertation où l'on prouve que *Vellaunodunum* étoit Auxerre, et que *Genabum* étoit aux environs de Gien, » dans le *Recueil de divers écrits pour servir à l'éclaircissement de l'histoire de France*, Paris, 1738, t. I.
7. Voyez ci-dessus, lettre du 28 octobre 1740, et la note 5.
8. Bèze, aujourd'hui château et hameau, commune de Lucy-sur-Yonne, canton de Coulanges-sur-Yonne (Yonne).

1741

Je n'ai pas mis la dissertation sur *Massolacum*, dans ma liste de ce que j'ai fourni au *Mercure*, parce que je l'ai réimprimée dans un de mes tomes de chez Barrois, 1738. Ce que j'ai écrit sur les *Sermons de Maurice de Sully* étant dans un de ces tomes, par la même raison, n'a pas dû être dans ce catalogue, étant dans deux volumes qui renferment plusieurs pièces de ma façon 9.

Je pense que le symbole dont vous me parlez se trouve parmi les œuvres de saint Fulgence. Assurez-vous-en. Quant à l'ouvrage du bon abbé de La Trappe, il ne sera guère du goût que des personnes pieuses. Il faudroit le faire lire à quelque habile prédicateur.

Le cinquième dimanche devant Noël étoit amphibie pour ainsi dire. L'Évangile et l'Épître, avec l'Oraison, étoient de l'Avent, le reste, de la Trinité, dont tous les dimanches font la fête. Vers le XIIIe siècle vous vous avisâtes de transporter l'Épître et l'Évangile de la venue du Messie au samedi suivant; ce qu'Auxerre, ni Lyon, n'ont pas fait. On y est resté dans l'ancien usage. (*Dom. V. ante. Nat. dom.*)

Ce que vous me marquez sur les six mille pas de Paris à Saint-Denis aura sa place en temps et lieu. Votre carte est curieuse. Comprend-elle tout le diocèse de Paris?

J'ignorois votre danse de la Cazzole. Si les titres latins en parlent, cela seroit bon pour un supplément au Glossaire. Ou plutôt faites-le passer dans le *Mercure*, car aussi bien vous ne m'y verrez plus guère 10.

Je ne me remets pas ce que j'ai voulu dire par la fourberie

---

9. Voyez *Recueil de divers écrits pour servir d'éclaircissement à l'histoire de France*, etc., Paris, 1738, 2 vol. in-12.

10. Lebeuf a, en effet, cessé de travailler au *Mercure* à partir de la fin de 1742; et déjà, en 1741, il n'y donna qu'une seule pièce. On verra plus loin, dans une lettre qu'il adresse à Fenel, au mois de mai de cette même année, que la cause de cette cessation de communications avec cette revue venait de ce que l'Académie, dont Lebeuf était nouvellement membre, paraissait désireuse de le voir réserver ses travaux pour ses propres Mémoires.

du curé de Saint-Pierre de l'Étrier. Je sçais seulement que c'est une paroisse du faubourg d'Autun [11].

Quant à ce que vous dites sur le « Memento Dne David » sans « truffe defructus deposuit, » j'ai mis tout cela dans le *Mercure*, les endroits mêmes que vous citez [12].

Notre inscription d'Auxerre a sûrement DEAE [13], ainsi *Icauni* est au datif, de même qu'à Autun on a lu DEAE *Bibracti*. C'étoit un autel dédié à la rivière d'Yonne. Dom Montfaucon est de cet avis, et je crois qu'il a raison, et que nos anciens ont pu dire : *Icaunes, Icaunis, Icauni.*

Pour finir cette page, je vous dirai encore un mot au sujet de la nécessité qu'il y auroit de parcourir une partie du Gâtinois pour s'assurer de la route où l'Itinéraire met : *Belca* ou *Belex*, *Canapum, Salioclitum* [14]. Car quoiqu'il y ait des routes qui aboutissent à Orléans, il n'est pas dit qu'il ne faut reconnoître dans l'Itinéraire que les lieux auprès desquels il se trouve des levées ou chaussées. Quoique l'Itinéraire marque une route d'*Agendicum* à Troyes, par *Clanum*, trouve-t-on une levée entre Sens et Troyes ; de même entre Auxerre et Troyes, on n'en voit point, quoique l'Itinéraire y marque une route par *Eburobriga*, que je crois avoir été un passage ou pont près Saint-Florentin [15].

Afin donc de ne pas abandonner mes précédentes idées sur l'explication de l'Itinéraire d'Antonin, par laquelle je soupçonnois que *Belca* étoit Boui ou Montbouy, et *Canapum* quelque lieu voisin de Châteaulandon [16], il sera bon de sonder s'il n'y a pas eu de route le long du Loing. Le théâtre de Montbouy me le

11. Voir à ce sujet une allusion dans la lettre du 15 octobre 1729, p. 74.
12. Voyez *Mercure* du mois de février 1726, p. 218.
13. Voyez, Correspondance, t. I, p. 241 et note 6, au sujet de cette inscription.
14. Selon d'Anville, *Belca* serait Bouzy, canton de Château-Neuf-sur-Loire ; *Saliocleta*, Saclas, canton de Merville (Seine-et-Oise).
15. *Eburobriga*, Avrolles, station sur la voie romaine d'Agrippa, canton de Saint-Florentin (Yonne). Lebeuf ne paraît pas avoir connu, du moins jusqu'ici, la voie d'Agrippa par Auxerre, Héry et Avrolles. Voyez ci-dessus, p. 117.
16. Château-Landon, petite ville du département de Seine-et-Marne.

fait croire. On a trouvé, il y a douze ou treize ans, à un village à l'occident de Montargis, une petite chambre sous terre, pavée de marqueterie. Souppes passe chez Morin [17] pour très ancien. Je le croirois maintenant plutôt le *Canapum* de l'Itinéraire que non pas *Chenou*. Car je suis persuadé que ce Souppes est le *Cappæ* de la 125me lettre de Loup de Ferrières [18], dont la prise méditée par les Normands lui fit si peur, qu'il songea à se réfugier à Aix-en-Othe. Si je rencontre bien pour ce qui est de *Belca* et *Canapum*, *Salioclitum* pourra être Chailly, Galy ou Saly, villages voisins. Je croirois qu'il faut partager *Salioclitum* en deux, comme : *Met-iosedum*, *Med-iolanum*. Dans *Salioclitum* la première syllabe a, je crois, signifié ROCHER en celtique ; ainsi ce mot en entier signifie peut-être : TERRE A ROCHERS, PAYS A ROCHERS. Le terrain de Chailly en est plein. Mais il faut que les distances quadrent avec ces noms de lieu. Wezeling ne nous apprend rien là-dessus. On peut donner encore une édition plus parfaite que celle qu'il a donnée de l'Itinéraire [19]. Je ne vous conseille pas de l'acheter au prix que l'on veut vous le vendre. Vous trouverez sans doute plus d'analogie entre *Salioclitum* et Chailly ou Saily, qu'entre Saclas et *Salioclitum*. Je sçais bien qu'il y a, à ce qu'on dit, une levée à Saclas, mais je voudrois l'avoir vue. Pourquoi n'en reste-t-il pas auprès de Paris s'il y en a eu autrefois ? Je croirois donc qu'il n'y en a pas eu, et que ce n'est pas une règle générale qu'on ne doive reconnoître pour routes de l'Itinéraire d'Antonin que celles dont on voit des vestiges par les restes de levée. Je crois, par la même raison, qu'il y a eu des levées

---

17. D. Morin, religieux bénédictin, mort à l'abbaye de Ferrières, en 1630. Il est auteur d'une *Histoire générale des pays de Gastinois, Sénonois*, etc., Paris, 1630, in-4°.

18. Lebeuf se trompe ici : *Cappæ* doit être Chappes, canton de Bar-sur-Seine (Aube). Voir lettre de Loup, abbé de Ferrières en Gâtinais, de 841 vers 862, à Folcricus, évêque de Troyes, dans Duchesne, *Historiæ Francorum scriptores*, t. II, p. 787. — Aix-en-Othe, chef-lieu de canton du même département de l'Aube.

19. Wesseling (Pierre), savant allemand, né le 7 janvier 1692, mort le 9 novembre 1764, a publié, en 1735, une édition de l'*Itinéraire d'Antonin*, qui a conservé de la réputation, quoiqu'en dise Lebeuf.

faites depuis la confection de cet Itinéraire, et il pourroit se faire que plusieurs de celles qui paroissent sortir d'Orléans sont (*sic*) de ce nombre.

Mais voilà assez de verbiage pour en venir enfin au souhait de la nouvelle année, que je demande pour vous très heureuse et comblée de bienfaits. Je souhaite que vous y soyez couronné en ma présence. Vous le mériteriez mieux que celui qui est avec bien du respect, etc.

---

285. — DE LEBEUF AU PRÉSIDENT BOUHIER.

Paris, 7 janvier 1741.

Je suis dans une extrême confusion de voir que vous ayez eu la bonté de me prévenir, en cette saison, de compliments respectifs. L'Académie des belles-lettres m'a valu cet honneur, et je regarde comme une chose très précieuse le souvenir que vous avez bien voulu avoir de moi en cette occasion. Il faudroit, Monsieur, que j'eusse une partie de vos lumières pour mériter d'être dans une Société qui se distingue par une si profonde connoissance des antiquités grecque et romaine. Mais, me bornant à notre France, et n'en connoissant toutefois l'histoire que par lambeaux et selon les occasions qui se présentent, j'ai bien des raisons pour me regarder inférieur aux autres.

Les souhaits que [vous] avez la bonté de me faire, Monsieur, pour quelque chose de plus fructueux, sont très flatteurs. Je ne m'éloigne pas d'en désirer l'accomplissement, car je voudrois bien me faire un peu secourir ici, étant déjà quinquagénaire et ne pouvant tout écrire par moi-même. Si vous avez quelqu'un qui puisse agir ou parler pour moi à M. le comte de Maurepas et

---

LETTRE 285. — Publiée d'après l'original, Bibliothèque impériale, fonds Bouhier, 165, f° 333.

à M. le procureur général[1], outre ceux que j'ai employés, cela ne sera pas hors de saison, pour l'une des charges de Garde du trésor des chartes qu'avoit M. Lancelot.

Vous avez pu sçavoir, Monsieur, par quelqu'un de l'évêché, que j'ai proposé au clergé de France une nouvelle rédaction du Pouillé, où fussent comprises les sept ou huit provinces méridionales dont le Pouillé n'a jamais été donné. On doit avoir, au secrétariat de Dijon, l'état de ce que je demande; mais les copistes de bonne volonté sont très rares.

Il y a, Monsieur, un chanoine de la Sainte-Chapelle [2], nommé Camus, de ma connoissance, qui auroit eu quelque pensée de feuilleter votre catalogue de manuscrits, mais apparemment que ses occupations canoniales non prévues l'en ont détourné. Je crois que c'est un des chanoines reçus l'an passé ou en 1739. Il a été vicaire à Langres, et musicien dans sa jeunesse. Si la bonne envie de travailler utilement pour le public lui revenoit, je vous prierois de vouloir bien lui faire donner les facilités convenables.

---

286. — DE FENEL A LEBEUF.

Sens, 2 février 1741.

[Il a été malade et n'a pu répondre à sa « belle et sçavante lettre du 8 janvier. » [Il reconnait que Lebeuf a raison de maintenir que les terminaisons en *ny* ou en *ly* viennent de noms terminés en *iacus* ou *iacum*, il y a huit ou neuf cents ans. — Il adopte son opinion sur le mot *Neptitas*, d'un passage

---

1. M. le comte de Maurepas, né à Versailles, le 9 juillet 1701, y mourut le 21 novembre 1781; il avait été ministre d'État sous Louis XV et Louis XVI. — M. Joly de Fleury, procureur général au Parlement.
2. De Dijon.

d'Eginharta. — Il parle de la dissertation sur le peuple de Janus, qu'il a envoyée à l'Académie, et persiste à croire que la porte de Janus, qu'on fermait à Rome durant la paix et qu'on ouvrait durant la guerre, était originairement une porte de ville et non de temple. — On n'a pas à Sens le Dictionnaire de La Martinière ; il serait curieux de le voir pour connaître « comment il a traité Sens, et l'usage qu'il a fait de mes remarques. »

« Rien de mieux pensé, rien de plus sincère, rien de plus digne d'un grand homme de lettres et en même temps d'un honnête homme, que les dispositions où vous êtes de toujours reconnoître la vérité quand vous la découvrirez, et de ne pas vous aveugler en faveur de ce que vous avez une fois avancé.... Je compte passer plus de trois mois à Paris, peut-être cinq ou six ; ce ne sera jamais trop longtemps à mon gré. Je sens le besoin que j'ai de bons livres et de la conversation des sçavants tels que vous, Monsieur. »

287. — DE LEBEUF A FENEL.

Lettre reçue par Fenel le 9 mars 1741.

Je n'ai pas cru devoir interrompre vos occupations quotidiennes que je ne pusse avoir l'honneur de vous entretenir un peu à mon tour de la pièce sur laquelle vous vous êtes fort étendu dans votre dernière lettre [1]. Je dis un peu, car je ne l'ai pas vue et je ne la connois que par ce que vous m'en marquez. Vous sçavez que la Compagnie, à la séance d'après la saint André, députe des Commissaires pour lire les dissertations ; je n'étois pas encore alors du Corps, et quand j'en aurois été, je n'aurois pas été nommé, ou quand je l'aurois été, je m'en serois

---

LETTRE 287. — 1. Son Mémoire sur le *Temple de Janus*, adressé à l'Académie des Inscriptions.

défendu, n'étant pas dans mon genre. Depuis quelques jours on sçait à qui le prix est adjugé. Votre pièce a concouru avec plusieurs autres ; on ne l'a pas rebutée comme vous l'avez appréhendé, mais il y en a eu une qui s'est trouvée meilleure : et devinez de qui elle est? c'est celle d'un Italien. Je n'ai pas retenu son nom. Mais je soupçonne que c'est le même professeur de l'Université de Padoue, qui est celui de 1739, sur l'entrée des Consuls [2] ; et probablement si vous êtes à Paris le mardi d'après Quasimodo, comme M{{me}} votre sœur me le fait espérer, vous verrez l'ambassadeur de Venise recevoir le prix par procuration, comme il reçut l'autre. Puisque vous me le permettez, je suggérerai à M. l'abbé Sevin de demander la dissertation qui est à votre devise, afin qu'il en juge et qu'il vous en parle : c'est un parfait connoisseur et non pas moi. Il n'a pas été du nombre des Commissaires. On n'a pas encore lu dans nos assemblées la dissertation du seigneur Italien. On m'a dit qu'elle était écrite en français.

M. Sevin vous attend pour vous donner toute liberté dans la Bibliothèque du roi. Je mets en réserve ce que je trouve pour votre dessein. Mais je ne sçais pas si pendant le cours de l'été je ne serai pas obligé d'aller faire une tournée en province, et par conséquent de vous laisser.

Je reviens à votre dissertation. Ce que vous m'en rapportez me paroit d'une saine et singulière critique ; mais comme ces Messieurs sont plus près de Rome que nous, ils peuvent profiter des découvertes journalières et les plus récentes.

Ne pourriez-vous pas apporter en venant la carte des environs de Paris. Vous verrez que je les ai dans mon petit appartement de huit façons différentes appliquées sur le mur, cela m'est nécessaire.

---

2. Lebeuf se trompait sur le nom du lauréat ; il croyait que c'était M. Pontedéra, professeur à l'Université de Padoue, qui obtint le prix en 1739, tandis que c'était l'abbé Venuti, vicaire général de Saint-Jean de Latran, dans l'abbaye de Clérac, et membre des Académies de Cortone et Della Crusca.

Je pense que votre soupçon sur *Cazole* pour *Carole* est bien fondé[3], mais approuverez-vous aussi qu'on ait dit *Carole* pour *Coraule*? C'est mon sentiment.

Il faut que je vous dise maintenant un mot sur différentes découvertes dont j'ai eu communication. On m'a écrit de Lyon, sur des inscriptions sépulcrales du ve siècle nouvellement découvertes au même lieu où est celle dont j'ai tâché de donner l'explication dans le *Mercure* de juillet dernier 1740, p. 1516. Celui qui m'écrit de Lyon me marque que je n'ai pas eu raison d'entendre cette inscription de deux corps différents d'hommes, puisqu'il n'y en avoit qu'un dans le tombeau.

Pour vous dispenser de recourir au *Mercure*, voici les paroles de l'inscription :

« Flavius Fleri..... ex tribunis, qui vixit annos octocinta et
« septim militari ann. tricenta et novem positu est ad sanctos et
« Probatus annorum decim et octo. Hæc commemora.... Sancta
« in ecclesia Lucdunensi. »

J'avois cru que Flavius et Probatus étoient deux personnes, je sauvois par là l'explication qui est embarrassante ; mais n'y ayant eu qu'un seul corps dans le tombeau, il faut rapporter Probatus à Flavius. Or, c'est ce que je ne sçais comment faire, je ne sçais quel sens lui donner. Veut-on dire qu'il y a dix-huit ans qu'il est en purgatoire, c'est-à-dire qu'il est mort depuis la position de cette épitaphe ? Cela seroit ridicule. Si *Probatus* étoit après *militari* et avant *positus*, on pourroit y trouver du sens. Mais je ne vois nullement clair depuis l'avis que j'ai eu. Auroit-on retiré un des corps autrefois pour le canoniser ? Rêvez un peu à cela en vous chauffant. Le P. Hardouin n'auroit pas resté court, il auroit imaginé huit mots dans Probatus.

Autre découverte en Picardie, proche Roye, vers le couchant

---

3. Fenel, dans sa lettre du 2 février 1741, disait : Ronsard et Amyot ont dit : *Carole* et *Charole*, et je soupçonne qu'à Sens, où l'on met des *s* pour des *r*, et des *r* pour des *s*, on aura prononcé *Cazole* pour *Carole*. Voyez encore ci-dessus, p. 289.

1741 au village de Folies⁴. En sondant un mur de l'église qui menaçoit ruine, on a trouvé des souterrains à trente pieds dans terre, tirés au cordeau et taillés dans la craie. Ce sont des galeries avec une vingtaine de chambrettes carrées. (Peut-être y en a-t-il davantage que les décombrements cachent.) On croit que c'étoit des lieux pratiqués exprès pour se cacher du temps des Vandales, Huns ou Normands; qu'en pensez-vous⁵? C'est un chanoine d'Amiens qui écrit ainsi. On m'a dit depuis qu'il y en a aussi à Hiermont, dans le Ponthieu, près Saint-Riquier.

---

288. — DE FENEL A LEBEUF.

Sens, 18-22 mars 1741.

1741 [Il remercie Lebeuf des renseignements qu'il lui a adressés sur le concours de l'Académie, où a figuré sa pièce sur le *Temple de Janus*. Il approuve son étymologie de *Carole*, tirée de *Coraule* ou *Choraule*. — Il pense au sujet de l'inscription de Lyon qu'il ne s'agit que d'un seul homme inhumé. « Puisque vous voulez absolument avoir mon avis, le voici : Attendez-vous toujours, quand vous verrez que je vous parle de moi-même, à quelque chose de nouveau et de singulier, et souvenez-vous, s'il vous plait, que c'est assez des conjectures que je ne garantis pas, et

---

4. Folies, canton de Roye (Somme).
5. Voyez « sur l'origine des souterrains-refuges qui existent en grand nombre dans les départements de la Somme, du Pas-de-Calais, de l'Oise et du Nord, par M. Boulhors, » dans les *Mémoires des Antiquaires de la Picardie*, t. I, 1837. M. Boulhors prétend que ces souterrains ne remontent pas plus haut que le XVᵉ siècle. L'abbé Lebeuf, au contraire, *Mémoires de l'Académie des inscriptions*, t. XXVIII, p. 29, a pensé, comme dans sa lettre, que ces souterrains avaient été creusés au IXᵉ siècle pour faciliter aux habitants du pays les moyens d'échapper à l'invasion des Normands. — Voyez encore *Notice archéologique sur le département de l'Oise*, par M. Graves, Beauvais, 1839, in-8°, p. 135.

Lettre 288. — Publiée d'après l'autographe, collection de Fontaine.

que je suis pressé d'abandonner avec la même facilité que je les ai produites. » — Critiques sur son beau présent de son livre sur l'*État des sciences*. P. 41, Fenel établit que *l'Évangile éternel* a été traduit en françois et en fait l'historique ; p. 72, il justifie la secte des *nominaux* des imputations de leurs ennemis ; Lebeuf ne paraît les connaître que sous un faux jour ; p. 92, Nicomachus était un philosophe pythagoricien, dont une partie des ouvrages sur l'arithmétique a été imprimée ; p. 93, Jean de *Sacrobono* est appelé computiste, parce qu'il a fait réellement un traité *de compoto*, qui finit à l'an 1256, suivant Elie Vinet, etc. ; p. 93 et 95, Lebeuf écrit *algorisme*, mais Fenel dit avoir lu partout *algorithme* ; c'est un mot partie arabe, partie grec ; p. 191, à propos du traité de saint Thomas d'Aquin sur le *Mouvement du cœur*, Fenel expose la théorie du savant théologien sur cet objet.

289. — DE LEBEUF A M. JOLY DE FLEURY[1].

Paris, 23 mars 1741.

Je ne me flatte pas de m'être mis en état de vous donner de grands éclaircissements au sujet des lieux sur lesquels vous m'avez fait l'honneur de m'écrire.

Avec tout le temps que j'ai pu mettre à rechercher dans le cartulaire de Saint-Denis qui est dans la Bibliothèque du roi, et dans quelques autres monuments, je n'ai pu que me mettre en état de vous dire ce qui suit[2] :

Je pense que tout le quartier dont vous me faites l'honneur de

---

LETTRE 289. — Publiée d'après M. Hippolyte Cocheris, bibliothécaire à la Mazarine, dans *Lebeuf, sa Vie et ses Œuvres*, 1863, grand in-8°. — L'original est conservé à la Bibliothèque impériale, collection Joly de Fleury, t. CCVII, f° 153.

1. M. Joly de Fleury, procureur général au Parlement.
2. L'objet de cette lettre est exclusivement relatif à la topographie de la ville de Paris.

me parler étoit sans maisons, lorsque Philippe-Auguste fit la grande clôture de Paris de ce côté-là, et, qu'en plus, y avoit-il quelques maisons vers la rue du Paon, parce que c'étoit le chemin des villages de Vaugirard, etc., à l'égard de ceux qui partoient de la Cité. Philippe-Auguste prit un grand terrain de tous ces côtés-là, et il étoit si peu habité que vous voyez encore le cimetière de Saint-André dans le canton qui approchoit des remparts. Ces remparts, dont je crois que vous ne cherchez que la largeur, devoient avancer jusqu'à la rue de l'Éperon. Cette rue le démontre même par son nom. Sans doute que le roi y fit construire en ce lieu une fortification en angle saillant, laquelle donna le nom à cette rue. Nous avons encore, à Auxerre, un petit quartier de promenade qu'on appelle l'Éperon, qui est à l'extérieur de la ville, sur les fossés. L'Éperon de Paris étoit au-dedans de la ville. Cet amas de terre, du nom d'Éperon, pouvoit être aux environs de l'hôtel, où sur la porte étoit ci-devant un éléphant, et de celui de Château-Vieux, c'est-à-dire dans le derrière de ces hôtels, car je crois que le haut de la rue de l'Éperon s'appela la *Rue de l'Évêque de Rouen*. Il faudroit être rempli des archives de l'archevêché de Rouen pour en pouvoir dire davantage. Au moins je trouve dans un catalogue des rues de Paris du xve siècle, que la rue de l'Éperon n'y étoit pas connue. Il est vrai que la rue de Contrescarpe n'y est pas aussi nommée, et c'est en cela, Monseigneur, que je croirois que partout là ce n'étoit que des ruelles proche les remparts et des jardins, car, du côté où ont été depuis les Augustins, la première rue qui ait eu un nom a été celle de l'abbé de Saint-Denis, dont un hôtel donnoit, par ses jardins, vers la contrescarpe des fortifications.

Je n'ai rien trouvé dans le cartulaire de Saint-Denis qui ajoute à ce que nous lisons dans Delamare[3]. On y voit les moines de Saint-Germain se dire seigneurs du territoire de Laaso, qui étoit vers la rue des Augustins, et autres en deçà.

---

3. Delamarre. *Traité de la Police.*

Tout cela prouve seulement que ce territoire n'étoit qu'une campagne ; à plus forte raison en étoit-il de même du territoire adossé à l'orient de la rue de la Comédie. Je suis d'avis que cela n'a commencé à être peuplé que par quelques hôtels bâtis dans les places que nos rois accordèrent à leurs officiers ou autres seigneurs. L'hôtel, par exemple, de l'Éléphant, vient, à ce qu'on m'a appris, d'un don que l'un de nos rois fit à un de ses médecins, nommé Cottier [4] ; les uns m'ont dit Louis XI, d'autres François Ier. Il y avoit au bas d'un escalier de cette maison, maintenant détruite, un symbole du nom de ce médecin et de sa nouvelle habitation ; c'étoit un abricotier, avec cette inscription :

A L'ABRY COTTIER.

Je ne doute donc point, Monseigneur, que tout ce canton, jusqu'au cul-de-sac de Rouen, n'ait été un terrain de dépendances des remparts, et qu'il n'y eût là, depuis Philippe-Auguste, comme dans les autres villes, soit cavaliers, soit éperons, qui sont disparus depuis qu'on a rempli les fossés des mêmes terres qui en avoient été tirées. Ce qui a donné occasion aux possesseurs gratifiés par le roi de ces terrains de former des jardins, et depuis, des édifices même.

Je voudrois, Monseigneur, être en état de pouvoir m'étendre davantage sur cette espèce d'antiquité ; mais voilà tout ce que j'ai pu apprendre. Je me ferai toujours un vrai plaisir d'obéir à vos ordres, et d'être employé à quelques recherches, de quelque nature qu'elles soient, pour vous marquer ma véritable soumission, et combien je désire travailler dans le genre qui dépend de Votre Grandeur, de laquelle je fais gloire d'être, avec le plus profond respect, etc.

P.-S. — Dans l'incertitude si j'aurai l'honneur d'avoir accès auprès de Monseigneur le procureur-général, je transcris ici

---

4. Coctier ou Coictier (Jacques) né à Poligny, au commencement du xve siècle ; mort vers l'an 1505. Ce personnage fut premier médecin de Louis XI, président de la chambre des comptes, etc. Il fut un des familiers de ce prince qui eurent la plus grande influence sur ses déterminations.

l'extrait d'un ancien Catalogue des rues de Paris, écrit au xve siècle, que j'ai découvert dans un manuscrit de ce temps-là.

LE QUATRIÈME QUARTIER DE PARIS.

RUES	RUES
Du Pont Saint-Michel ;	Pavée ;
Saint-Adrien des Arts ;	D'Arondelle ;
Poinpée ;	Des Cordeliers ;
Des Porbeurs ;	Saint-Cosme ;
De l'Évêque de Rouen ;	Pierre-Sarrazin ;
Aux Deux-Portes ;	De la Serpente ;
Mignon ;	De Harpe ;
Saint-Germain des Prés ;	Perrin-Gasselin ;
De l'Abbé Saint-Denis ;	Saint-Séverin.

Il faut remarquer qu'on ne voit ici ni rue de l'Éperon, ni de Contrescarpe ; ce qui prouve qu'elles sont plus nouvelles, et que cette contrescarpe et cet éperon conservoient peut-être encore alors quelque vestige de leur nature, dans l'enclos de quelque communauté ou de quelque hôtel considérable.

---

290. — DE FENEL A LEBEUF.

19 avril 1741.

[Il lui envoie le Pouillé manuscrit du diocèse de Sens, et sa carte du diocèse de Paris, « à condition qu'il ne la communiquera à personne. » — [Il doute fort que ce soient les Portugais qui aient les premiers navigué au-delà du Cap Non. Il pense que ce sont les Dieppois.] « Cela mériteroit d'être approfondi pour l'honneur de la France. »

LETTRE 290. — Publiée, ainsi que les n°s 291 à 305, d'après les autographes, collection de Fontaine.

291. — DE LEBEUF A FENEL.

(Reçue le 29 avril 1741.)

Je commence cette lettre, Monsieur, dans un lieu où je n'ai pas devant les yeux celle dont vous m'avez honoré. Je suis confus d'avoir tant différé, mais vous sçaurez qu'à la fin de mars je me disposois au voyage de Soissons, pour la dernière fois, par rapport au prix, et que j'ai fait ce voyage durant le cours de deux semaines, au bout desquelles, de retour ici, il a fallu commencer par les affaires les plus pressantes.

Que penserez-vous de moi si je vous dis que M. l'abbé Sevin, ni moi, n'avons pas encore pu lire votre pièce[1]. J'avois cru qu'on liroit, dans une de nos assemblées communes, la pièce qui a remporté le prix, cependant je n'ai encore ouï rien lire. Je n'étois pas à la rentrée, comme vous jugez de ce que je vous ai dit plus haut, parce qu'elle fut faite le mardi de Quasimodo, et que le lundi j'étois à Soissons.

Loin de vous désapprouver dans les remarques que vous avez faites sur mon écrit touchant l'état des sciences, je vous en sçais bon gré et vous en remercie. C'est par oubli que j'ai omis l'*Évangile éternel*[2], etc.

Pour revenir à mon voyage de Soissons, je vous dirai, Monsieur, que j'ai passé les fêtes en partie dans le diocèse de Paris, et en partie dans celui de Meaux, dans l'abbaye de Chambrefontaine, O. de Prémontré[3], où le nouveau général, que j'ai autrefois vu demeurer à Saint-Marien d'Auxerre, faisoit sa visite.

1741

LETTRE 291. — 1. Le mémoire de Fenel sur le temple de Janus. Comp. lettres du 2 février et du 9 mars 1741.
2. Sur l'*Évangile éternel*, voyez ci-dessus p. 163, note 2.
3. Chambrefontaine, *Camerusfons*, abbaye de l'ordre de Prémontré, diocèse de Meaux. Le général des Prémontrés, nouvellement élu, en 1741, était Dom Augustin de Roquevert, qui mourut la même année.

Montion, village dont Raoul de Presles dit, dans sa traduction de *la Cité de Dieu*, qu'on y trouva de son temps le corps d'un géant vingt fois plus grand que nous ne sommes, n'en est qu'à trois quarts de lieue; j'y ai été, ai questionné le curé, etc... On ne sçait ce que c'est. La mémoire en est tombée dans l'oubli. J'ai aussi séjourné à l'abbaye de Longpont [4], dont j'ai vu les livres manuscrits en assez grand nombre. Je n'y ai rien vu sur Sens, que vos légendes de saint Savinien. Un célestin de Soissons m'a montré des buissons pétrifiés, c'est-à-dire des ronces avec des épines et leurs pointes, on en trouve des veines de terre pleines, à douze pieds en terre, dans le village de Bagneux, à trois lieues de Soissons, vers le nord. Un homme de guerre les voyant tira de sa poche de petits escargots pétrifiés et jaunes comme du cuivre, qu'on trouve en abondance en des veines de terre au nord de la ville de Metz, à trente pieds en terre [5]. On va, dit-il, remuer bien des terres en la même ville. Peut-être trouvera-t'on encore quelque chose.

J'ai vu à mon retour Mlle votre sœur en assez bonne santé; elle n'a pu me dire quand vous viendriez.

Le bibliothécaire de Saint-Benoît-sur-Loire ne m'écrit presque jamais sans me faire offre de service; je l'ai remercié pour vous.

En relisant votre dernière lettre, il me paroît que vous auriez quelque espérance au sujet de votre pièce, et que vous croyez qu'on pourroit l'imprimer au bout de l'autre. Il faut que vous sachiez que ce n'est point l'Académie qui fait imprimer les dissertations pour les prix, mais les particuliers. Ainsi ne comptez pas que M. l'Italien [6], s'il fait imprimer sa dissertation, pense à en demander aucune pour y joindre.

---

4. L'abbaye de Longpont, autrefois commune de Villiers-Cotterets (Aisne).

5. Ces escargots pétrifiés étaient sans doute des ammonites converties en fer sulfuré ou hydraté.

6. M. l'abbé Venuti, lauréat du concours de l'Académie, sur la question de Janus.

Si votre carte manuscrite de Paris vient, je la recevrai avec des actions de grâces et je la garderai, avec celle de Sens, jusqu'à votre arrivée, aussi bien que le Pouiller. Mais il sera assez temps que vous apportiez tout cela vous-même.

Je crois comme vous, maintenant, qu'il ne s'agit que d'un seul homme dans l'inscription de Lyon [7]. Mais le sens du mot *Probatus* m'embarrasse toujours.

Ce que vous m'avez marqué touchant les souterrains de nos Gaulois m'a fait ressouvenir de ceux du pays Langrois, où Sabinus fut caché du temps de Vespasien, selon Tacite [8].

Je viens de recevoir la lettre de votre part qui accompagnoit le Pouiller que vous avez la bonté de m'envoyer. Vous vous êtes figuré que mon délai à vous répondre venoit de ce que votre précédente est trop longue. Vous en avez appris cy-dessus la véritable cause. Je vous réitère que j'approuve vos remarques sur ma dissertation presqu'en tout. Mais il faudroit, pour avoir tout dit dans mon écrit, que j'eusse mis encore cent pages au moins de plus. J'ai vu des manuscrits qui ont le mot de *Algorismo*. Le Glossaire de Ducange le met assez au long [9].

Vous avez raison de rire de la physique de saint Thomas. Je connoissois Agnellus sur la bataille de Fontenoy [10]; il n'en parle que d'après quelques-unes de nos Chroniques de France. Il n'y a rien à apprendre dans le livre d'Hemère sur les Écoles. Du Boulay s'en est servi et l'a épuisé.

---

7. Voyez *Remarques sur quelques inscriptions nouvellement découvertes à Lyon*, Mercure de juillet 1740, p. 1516, et *Mémoires de l'Académie des inscriptions*, t. XVIII, p. 242. — Voyez la critique de l'opinion de Lebeuf, dans A. de Boissieu, *Inscriptions antiques de Lyon*, 1846, in-f°, p. 549.

8. Julius Sabinus, chef des Langrois, révolté contre les Romains sous le règne de Vespasien, vécut pendant neuf ans avec sa femme Eponine, caché dans un souterrain, situé à la Baume-Noire, près Besançon, selon les uns, et dans le pays des Langrois, selon les autres. Il fut trahi et livré aux Romains et fut condamné à mort.

9. Le Glossaire de Ducange porte ces mots : *Algorismus Arithmetica, numerandi ars*; *Hispanis, Alguarismo*.

10. Agnellus ou Andreas, archevêque de Ravenne, imprimé dans le t. II. des *Scriptores rerum italicarum* de Muratori, au commencement.

1741

Vous me marquez sur la navigation diverses choses que j'ignorois. Vous êtes un répertoire universel.

Je croyois que la carte des environs de Paris, dont vous m'avez parlé et que je viens de recevoir, étoit plus étendue qu'elle n'est. Elle me paroit, au reste, la plus exacte de toutes dans son petit espace.

Le Pouiller de Sens est un véritable ouvrage de conséquence. N'y en a-t-il pas un double à Sens? Si une telle collection venoit à se perdre, ce seroit grand dommage. J'ai trop peu de temps pour le copier en entier. Vous devriez un jour le faire imprimer comme on a fait de celui de Rouen *Novissime*, dans la *Description de la Haute-Normandie*. Me permettez-vous de le proposer à quelque libraire? Il pourroit vous en revenir de l'argent; si vous voulez, j'en parlerai à quelqu'un.

Je ne manquerois pas d'envie, Monsieur, de vous faire des lettres aussi longues que celles dont vous m'honorez, et dans lesquelles il y a toujours beaucoup à apprendre : mais, outre que le temps me manque, j'ai aussi trop peu de lumières pour remplir mes lettres d'observations qui puissent vous être utiles. Actuellement il me vient en pensée de vous dire que j'ai apporté de Soissons un bassin ou plat de cuivre rouge, ciselé et plein de figures de différents joueurs d'instruments, comme seroient nos fantaisies de faïenciers et de faiseurs de porcelaines. On l'a trouvé dans une vigne à demi-lieue de Soissons. Je ne sçavois qu'en penser. M. Burette, y voyant un joueur de violon avec un archet, a jugé que cela étoit du bas temps. Cela me paroit, au reste, du XIe ou XIIe siècle; il y a beaucoup d'émail de diverses couleurs; un homme y a l'oiseau sur le poing. J'ai consulté le Dictionnaire de Trévoux sur le violon, il n'y a rien sur son origine : je crois qu'il peut être du VIIIe ou IXe siècle. Une figure du très vieux portail de Notre-Dame en a un; je ne dis rien des figures de saint Genès qui sont récentes.

Dom de Montfaucon m'a dit avoir mis dans ses *Antiquités* un plat semblable. J'ai vu son original; le cuivre est de même; le mien est peu chargé de travail. Le sien représente des têtes couronnées autour du plat. Le mien a de plus qu'on y voit une espèce de colatoire avec une grille à trou rond, et une tête de grenouille par laquelle distilloit le liquide qu'on y mettoit.

---

292. — DE FENEL A LEBEUF.

Sens, 30 avril 1741.

[Il a été malade tout l'hiver, sans quoi il venait à Paris: Il le prie de lui dire s'il ne concourra plus pour les prix de l'Académie de Soissons, afin qu'il se mette sur les rangs « car je vous déclare que je ne me trouverai jamais en concurrence avec vous, par toutes sortes de bonnes et fortes raisons. »

Il n'a plus l'espoir de voir son Mémoire sur Janus imprimé. — Il persiste à croire que les chiffres prétendus arabes ou indiens sont grecs d'origine. — Le principe de tout raisonnement de saint Thomas sur le mouvement du cœur est tiré de la physique d'Aristote.]

« A l'égard du Pouillé (de Sens), il y en a un double à l'archevêché et peut-être encore un chez le neveu de l'auteur ; il y en a aussi une copie faite à la main, de mon oncle, mais avec quelques perfectionnements, c'est ce qu'il a donné au chapitre avec le reste de sa bibliothèque, j'ai sauvé cet exemplaire qui est chez vous, en ayant soin de lui demander avant qu'il fît sa donation, et lui ayant remontré, pour y parvenir, qu'il étoit inutile de mettre deux exemplaires du même livre dans son cabinet.

« Je consens très fort de le faire imprimer, si cela peut être bien reçu du public, et si cela peut me produire quelque pécune, car, franchement, ce petit secours extraordinaire me feroit avoir des livres dont j'ai grand besoin et qui me seroient bien nécessaires pour les prix auxquels je veux travailler. Vous voyez que mon motif est bon. »

---

293. — DE LEBEUF A FENEL.

(Reçue le 20 mai 1741.)

Je me trouve toujours en retard avec vous, mais vous connoissez mes occupations, et vous sentez que ce n'est pas par oubli que je ne suis pas si exact que vous à répondre. Je suis fâché des maladies qui interrompent si souvent le cours de vos occupations; sans doute qu'elles sont cause que vous ne vous êtes pas encore mis au fait des grands chemins de vos environs. Nous sommes dans une saison où le calme du ciel vous seroit très avantageux et où les chemins sont très beaux [1].

Vous demandez pourquoi je n'écrirai plus pour Soissons. J'ai vu que cela ne seroit point du goût du nouveau corps dont je suis, et que l'on s'attend que j'emploierai le temps que je mettois à y travailler, à des Mémoires pour notre Académie. Aussi j'en ai pris congé hautement et le *Mercure* a pu vous l'apprendre. Ces Messieurs de Soissons ne m'ont cependant pas donné le titre d'honoraire. Ils ont leurs raisons, cela seroit trop long à déduire. Vous pouvez donc travailler hardiment pour 1742, et vous avez jusqu'à la fin de janvier. Il faut que les pièces soient rendues, port payé, à M. de Beyne, secrétaire de l'Académie, avant le 1er février, pour pouvoir concourir. Voici le sujet à traiter [2] : 1° La conquête de la Bourgogne entreprise en 532, par Childebert et Clotaire, fut-elle achevée dans la même année et partagée seulement par ces deux rois, ou ne le fut-elle

---

LETTRE 293. — 1. Lebeuf sollicitait déjà Fenel dans une lettre du 6-8 janvier 1741 de visiter les voies romaines des environs de Sens et du Gâtinais, pour lui aider à soutenir son opinion sur *Genabum*.

2. Fenel a gagné le prix du concours. Voyez, ci-après, lettre du 13 avril 1743.

qu'en 534, par les mêmes rois, aidés des forces de Théodebert, leur neveu ? Partagea-t-il avec eux cette dépouille ?

2º Si cette guerre ne fut terminée qu'en 534, quelles en furent les actions et les circonstances principales depuis 532 ?

3º Quels étoient ceux que Grégoire de Tours appelle Leudes et qui défendirent le jeune Théodebert contre les intrigues et les efforts de Childebert et de Clotaire ?

4º Quelles provinces, cités ou places, furent ajoutées successivement au royaume de Soissons, et en quelles années ; 1º par la conquête de la Thuringe ; 2º par le partage du royaume d'Orléans ; 3º par la conquête de la Bourgogne ; 4º par la cession des Ostrogots ; 5º par la mort de Théodebalde, roi d'Austrasie ? Enfin quelle étoit l'étendue du royaume de Soissons ou de Clotaire, lorsqu'il eut réuni en sa personne tout l'empire françois ?

5º La cession faite aux rois françois par l'empereur Justinien doit-elle s'entendre de toutes les Gaules, ou simplement de la Provence, déjà à eux cédée par les Ostrogots ?

Voilà, Monsieur, tout le sujet. Vous sçaurez qu'il faut finir par une sentence et ne pas signer les lettres qu'on écrit, et indiquer une personne tierce pour que le Secrétaire lui envoie son récépissé.

Vous me ferez plaisir de m'indiquer les méprises de votre connoissance en fait de géant, celles seulement desquelles on a pris des os de poissons pour ceux d'un géant. On ne parle plus de la peinture de Reims. Je pourrai en rafraichir le souvenir à Dom de Montfaucon.

Je vois bien que nous ne pourrons lire votre dissertation sur Janus que lorsque vous serez ici. M. Sevin et M. de Boze ne s'ébranlent qu'à la vue des objets présents. Je ne crois pas cependant qu'on vous rende votre manuscrit. Pour prêter, cela pourra se faire. Je n'ai pu ravoir la mienne, il a fallu la récrire sur mes minutes pleines de ratures.

L'abbaye Saint-Benoît [3] ne seroit pas absolument bien loin de

---

3. Saint-Benoît-sur-Loire, célèbre abbaye de Bénédictins, aujourd'hui département du Loiret.

votre route, si vous allez à Nevers par Gien, car elle n'est qu'à six lieues de Gien sur la Loire, et plus bas, tirant vers Orléans. Donnez un coup d'œil sur la carte. Je vais prévenir le bibliothécaire là-dessus, en lui écrivant pour autre chose. Il m'a marqué, dans sa dernière, qu'il n'a que des extraits de cartulaires du diocèse d'Orléans, qu'il tirera s'il reste à Saint-Benoît, c'est-à-dire des dates. S'il n'a que cela, cela n'en vaut pas la peine : mais vous y verriez ce fragment du Martyrologe hiéronimique, qui a servi à votre église, et dont j'ai copié les notes nécrologiques.

Vous aurez tout le loisir pour perfectionner votre Pouiller. La chose n'est pas comme je l'avois crue. J'en ai parlé à deux libraires et leur ai même montré. J'étois fondé sur l'exemple de celui de Rouen, imprimé depuis deux ans, in-4°, et celui de Chartres, in-8°. Ils m'ont dit que par expérience ils ont appris que ces livres ne se vendent point. L'un des deux a pu parler sçavamment de celui de Chartres, d'autant, dit-il, que le sieur Doublet, libraire de Chartres, qui l'a imprimé, lui doit et le remet sur ce livre-là dont le débit, dit-il, ne va pas. Un autre m'a dit que même l'*Histoire de la Haute-Normandie*[4], dont le Pouiller de Rouen plus développé fait partie, ne se vend pas non plus. Je suis fâché de vous avoir donné une fausse joie. Je n'avois pas encore pénétré dans ce qui se passe dans la librairie. Je souhaite que mon *Histoire d'Auxerre* se vende bien, afin que cela puisse encourager les libraires à entreprendre la vôtre.

J'ai trouvé, à propos, quelque chose sur un saint que vous ne connoissez peut-être pas, et qui peut concerner votre hagiologie. Benoît Gonon[5] est un compilateur de quelques vies de saints en latin, à l'exemple de Surius. Il a donné à son petit in-f° le titre de *Vitæ Patrum Occidentis*; à la page 260, il rapporte la légende d'un saint Aper, ermite, tirée du bréviaire de Grenoble.

---

4. Par Dom Duplessis. Voyez, ci-dessus, lettre n° 280 p. 282.

5. Benoît Gonon, religieux Célestin, auteur de l'ouvrage intitulé : *Vitæ PP. Occidentis*.

au 1er décembre, c'est-à-dire un vieux bréviaire. Il y est dit que ce saint étoit *ex Senonicâ urbe*, et qu'ennuyé de son pays, il alla dans le diocèse de Morienne, où l'évêque Leporius le reçut. Il y a bâti une église de Saint-Nazaire. Plus bas, il est dit avoir été contemporain à saint Esèche, évêque de Grenoble. Ainsi voilà un saint Sénonois du VIe siècle, que vous pouvez immartyrologiser [6].

Vous devriez venir avant la fin du mois. On commence le 29 à vendre la bibliothèque de M. Lancelot, où il y aura bien des brimborions qu'on donnera, car il prenoit de tout, voire même des statuts d'arts et métiers, de confréries, etc., des histoires de pélerinages : tout ce qui regardoit l'histoire de la France.

P.-S. — Je suis tombé dernièrement sur un voyage manuscrit d'un nommé Jean Mocquet, chirurgien [7], dont l'original est dans la bibliothèque de Saint-Jean de Sens. Connoissez-vous cela? Il n'a jamais été imprimé. J'ai passé depuis Pâques dans le village de ce voyageur lointain, car il était d'auprès de Montion [8]. Il voyagea en 1601 et années suivantes, presque par toutes les terres éloignées.

---

294. — DE FENEL A LEBEUF.

24-25 mai 1741.

Je ne compte pas pouvoir visiter à présent les anciens chemins romains de ce pays. Il faudra remettre cela à cet automne.

[Il remercie Lebeuf de l'avoir bien renseigné sur le sujet du

---

6. Ce saint Aper ne figure pas dans les Martyrologes sénonais.
7. Nous avons cherché en vain l'ouvrage de Jean Mocquet, il n'existe pas à la bibliothèque de Sens, où ont été centralisés les manuscrits des anciennes communautés de cette ville.
8. Monthion est un village de l'arrondissement de Meaux (Seine-et-Marne)

1741 prix de Soissons. Il a l'intention d'y concourir, mais il veut aller aux sources et aux auteurs contemporains ou les plus voisins des événements; les copies sont infinies et il dédaigne les modernes, même les plus célèbres.] « Ceux qui veulent faire mieux, comme le R. P. Dom Plancher, dans son *Histoire de Bourgogne*, tombent dans des fautes d'écolier. Penseriez-vous que ce dernier écrivant *ex professo*, *l'Histoire des ducs de Bourgogne* a omis la guerre d'un d'entre eux contre un comte et un archevêque de Sens[1]! »

[Il a concouru pour le prix de l'Académie des sciences. — Son Mémoire n'a pas été couronné, mais il sera imprimé, ainsi que trois autres, sous le titre d'*accessit*. Cela l'a « furieusement » encouragé et animé à travailler de nouveau de toutes ses forces.] — « Nous allons donc voir une histoire d'Auxerre de votre façon; je ne doute pas qu'elle ne soit aussi bien rendue que tout le reste qui est sorti de votre sçavante plume. »

295. — DE LEBEUF A FENEL.

Dimanche, 20 août 1741.

1741 J'ai demandé de vos chères nouvelles à M. votre oncle[1], que j'ai trouvé dans les rues. Il m'a dit qu'il part demain lundi; je vais remettre cette lettre à une personne qui la lui rendra dans le coche. Il m'a dit que vous êtes fort occupé au sujet de votre dissertation pour l'Académie des sciences.

Je ne crois pas que cela vous empêche de lire ce que j'ai trouvé pour vous ces jours-ci.

LETTRE 294. — 1. Il s'agit de la guerre suscitée par Richard contre l'archevêque Wautier et le comte Garnier. Richard s'empara de la ville de Sens dont il resta maître, et y mourut en 920. D. Plancher, t. Ier, à l'article du duc Richard, ne parle pas de cet événement et de ses suites.

LETTRE 295. — 1. M. Fenel de Luysant.

J'ai trouvé dans un manuscrit du Roi, côté...... une vie de sainte Colombe, assez courte, qui finit : « Sepultaque est in via « Ostensi, pridie kal. Januarii, juxta locum ejusdem civitatis. » Son commencement est : « In diebus illis adveniens Aurelianus « imperator de partibus orientis. » Il arriva à Sens 8 *Cal. Januarias.*

J'ai trouvé d'hazard, dans les registres du Parlement, que Sens fut ôté au Dauphin et régent de France, et pris pour le roi d'Angleterre, le 11 juin 1420.

Dans la Vie de sainte Rusticule d'Arles, *Sæc. II. Bened.*, p. 144, cette sainte, passant à Sens, y fit un miracle.

Épitaphe aux Chartreux de Paris :

CY GIST
M. JEAN GUYOT, JADIS CHAPELAIN DU ROY
NOTRE SIRE,
CHANOINE DE SENS ET DE CHAMPEAUX, QUI TRÉPASSA
LE 26 JUIN 1404.

Les translations du corps de saint Maximin de Micy ont été faites aux IXe et XIIe siècles, par l'archevêque de Sens. (*Sæc. I. Bened.*)

Dans la continuation de Guillaume de Nangis, à l'an 1315, il est parlé de *Confœderati in provincia Senonensi.*

Je ne crois pas vous enrichir fort en vous envoyant ces minuties. Agréez la bonne volonté.

Je vous remercie d'avoir rendu à Mgr l'archevêque l'exemplaire de mon volume. J'ai eu sa carte par son ordre[2]. Je la trouve très bonne. Mais on a mis le village de Laroche, paroisse de Sainte-Sydroine, trop loin de la rivière, il est sur le bord ; c'est une longue rue sur le rivage.

Je crois que l'on ne refusera pas d'annoncer dans les journaux

---

2. La carte du diocèse de Sens. — Laroche est un hameau de la commune de Saint-Cydroine, sur le bord de l'Yonne, arrondissement de Joigny (Yonne).

une si belle carte. J'ai prêté la mienne à M. de La Roque, pour l'engager à l'annoncer, ainsi que je l'en ai prié.

Continuez, Monsieur, à vous bien porter. Est-il vrai que Mgr l'évêque d'Auxerre a été voir son métropolitain en revenant des environs de Melun [3]?

Si mon petit camarade [4] va en vendange à Auxerre, il vous portera une collection manuscrite sur vos archevêques qui vous fera plaisir.

---

296. — DE FENEL A LEBEUF.

Sens, 25 août 1741.

.... Mgr d'Auxerre est venu voir notre prélat il y a quelque temps ; on dit que cela s'est fait à l'occasion d'une visite qu'il rendit à M. de Guerchy [1], dans laquelle il témoigna qu'il honoroit M. d'Auxerre (sic) comme un des plus grands prélats du royaume. M. de Guerchy parut douter de cela, ce qui fit que le prélat insista et dit que cela étoit sincère. M. de Guerchy demanda permission de dire cela à M. d'Auxerre, et lui a, dit-on, écrit ; en conséquence de quoi M. d'Auxerre revenant d'Argeville [2], je crois, avec Mme de Bollingbrook, et ayant arrêté à l'abbaye Notre-Dame, ici, fut voir, le premier, notre prélat qui lui rendit

---

3. Voyez la réponse à cette question dans la lettre ci-après, de Fenel à Lebeuf, du 25 août 1741.

4. Louis Adam, jeune protégé de l'abbé Lebeuf, qui vivait avec lui et qui paraît lui avoir été très utile dans ses travaux. — Voyez la lettre du 18 septembre 1741.

LETTRE 296. — 1. M. le marquis de Guerchy (Louis Regnier de), seigneur de la terre de Guerchy, canton d'Aillant (Yonne). Il était lieutenant général des armées du Roi, et gouverneur d'Huningue. Il est mort le 1er février 1748, à l'âge de 85 ans.

2. Argeville, château de la commune de Boigneville, arrondissement d'Étampes (Seine-et-Oise).

aussitôt sa visite; et cela s'est fort bien passé de part et d'autre; du surplus je ne suis point garant de toute cette histoire, sinon de la conclusion, car le reste m'a été dit par la ville, sans certitude.

297. — DE LEBEUF A FENEL.

(Reçue le 14 septembre 1741.)

La présente n'est pas pour vous parler de littérature ; mon jeune *contubernalis*, qui partira samedi prochain [1], sera chargé de lettres et papiers qui ne consisteront qu'en remarques historiques. J'ai cru devoir vous marquer aujourd'hui une mort qui m'a autant surpris qu'elle vous causera d'étonnement. C'est celle de M. l'abbé Sevin [2], qu'on enterre, ce soir, à Saint-Eustache. On en sçaura les détails : je suis persuadé que ce n'est pas de réplétion ni de gras fondu. Je viens de recevoir son billet d'enterrement.

Mon petit voyageur sera fort curieux de voir les poésies de Jean Mocquet, qui sont à Saint-Jean de Sens et qui n'ont jamais été imprimées, comme ses voyages. Vous sçaurez un jour la raison de sa curiosité. Je vous préviens là-dessus, afin que vous puissiez disposer quelqu'un à les exhiber à ses yeux.

LETTRE 297. — 1. Lebeuf fait allusion au jeune Adam. — Voyez lettre du 20 août 1741, note 4.
2. Voyez, sur Sevin, ci-dessus, lettre du 10 février 1737, note 1, p. 202.

298. — DE FENEL A LEBEUF.

15 septembre 1741.

[Condoléances sur la mort de l'abbé Sevin,] « le bon et ancien ami de toute ma famille. » — Il lui annonce qu'il a fait aussitôt faire des démarches « pour tâcher d'avoir quelqu'une des places du défunt. »

« Cependant, si je sçavois que vous y pensassiez, je m'en désisterois sur le champ et entièrement, car vous sçavez bien que j'ai toujours évité de me trouver en concurrence avec vous, et que je serois au désespoir de vous faire obstacle en quoi que ce soit. »

[.......... Les moines de Saint-Jean lui ont répondu qu'il n'y avait point de manuscrits chez eux,] « soit qu'il n'y en ait pas effectivement, ou que ces ignorants aient pris le parti de répondre ainsi pour se débarrasser de la recherche. »

« Je vous dirai pour nouvelle que j'ai vu ici, en passant, un livre du sieur Bourguignon Danville (sic), géographe [1] en dépit de la géométrie et de l'antiquité. Ce faquin, qui a déjà voulu démentir et renverser tout ce que l'Académie des sciences a trouvé sur la figure de la terre, et qui s'est fait moquer de tous les mathématiciens, vous attaque, Monsieur, et notamment sur *Genabum*, qu'il soutient bravement être Orléans ; mais comme il trouve la Table et les Itinéraires contre lui, il veut s'en défaire en prétendant que les milles dont il parle sont, dans les Gaules, des lieues Gauloises, ou *ligues* ou *leugues*, et cela fondé sur le mot de la Table écrit à côté de *Lugdunum*, *huc usque legas*. Mais cela se

---

Lettre 298. — 1. D'Anville, savant géographe, né à Paris, en 1697, mort en 1782. Il venait de publier ses *Éclaircissements géographiques sur l'ancienne Gaule*, Paris, 1741, in-12, dans lesquels est une *Dissertation sur Genabum*, remplie de réfutations des opinions de l'abbé Lebeuf. Malgré les qualifications fort aigres de Fenel, d'Anville n'en est pas moins resté le plus éminent des géographes.

trouve démenti par mille endroits de la même Table, et par les Itinéraires, où l'on voit en quelques endroits, sur deux colonnes, les milles et les lieues séparément, et en d'autres il y a preuves que ces chemins tournoient et n'alloient pas droit comme le chemin à *Carocotino Augustobonam*, qui passe par Paris, Meaux, Montereau et Sens ; cela m'a donné occasion d'étudier de nouveau la question des anciens milles, j'ai trouvé d'excellents Mémoires dans l'Académie des sciences, où l'on montre que les mesures itinéraires des anciens s'accordent avec les observations astronomiques, et valent beaucoup mieux que les cartes de Sanson, Pallas et autres. Si le livre de cet homme paroit (car je crois que l'exemplaire que j'ai vu étoit au prieur de Sainte-Colombe d'ici, qui a été lever le plan de l'ancienne *Alexia*, qui est à la fin du livre), je me réserve à le pelotter dans quelque *Mercure*, et je vous prie de me donner le soin de vous venger. Selon lui, *Vellaunodunum* est en Gâtinois, et le reste des anciennes erreurs. Ce sont-là des gens qui auroient dû ne jamais apprendre à lire, qui font le dégât dans les bons livres. J'ai découvert que l'inscription de sainte Théodéchilde, *IV Kal. Jul.*, *transiit donna Thecheldis regina*[2], a été trouvée avec ses reliques dans la visite et la translation qu'en a faite notre archevêque de Bellegarde. Je vous recommande les nouvelles sur la Bibliothèque et sur les espérances des uns et des autres.

« Je travaille fortement aux Galates[3] ; le défunt m'avoit donné avis d'y joindre une carte de ce pays-là de ma façon, et une notice de tous les lieux, ce que je fais.

---

2. Théodechilde était fille de Clovis Ier. Elle dota l'abbaye de Saint-Pierre-le-Vif de Sens. — Voyez, *Cartulaire général de l'Yonne*, t. Ier, pièce 1.

3. Fenel concourait pour le sujet de prix proposé par l'Académie des inscriptions, en 1742. Il consistait à examiner « Quelles étaient les nations « Gauloises qui s'établirent dans l'Asie Mineure et que l'on y connut sous « le nom de Galates, etc. » Le prix fut remporté par M. Pelloutier, pasteur de l'église française de Berlin.

299. — DE LEBEUF A FENEL.

Ce 15 septembre 1741.

(Lettre reçue le lundi matin, 18 septembre 1741, avec un cahier de remarques sur l'*Histoire ecclésiastique de Sens*.) (Note de Fenel).

Je ne puis, Monsieur, me lasser de vous écrire, mais je voudrois avoir de bonnes choses à vous marquer. — Depuis la mort de M. Sevin, on a vu mourir ici le fameux M. Rollin[1], il a été inhumé ce matin au cimetière de Saint-Étienne, sa paroisse. Il y a quinze jours que nous avons aussi perdu un nommé M. de Zurbech, qui étoit associé honoraire de notre Académie. Ainsi, en voilà des trois classes de décampés : honoraire, vetéran et pensionnaire.

On ne dit pas encore qui sera à la bibliothèque en place de M. Sevin.

Si vous vous étiez mis sur les rangs il y a dix ou douze ans, vous auriez pu espérer quelque chose dans ses dépouilles.

Un de nos sçavants[2] voudroit sçavoir, entre vous et moi, s'il seroit donc impossible de voir ici le manuscrit du Chapitre où est le roman de Gérard de Roussillon, pour le collationner sur celui du roi. Les bénédictins de Saint-Benoît ont bien prêté ici aux mêmes messieurs un de leurs manuscrits qui a été renvoyé. Est-ce qu'en prenant des sûretés il n'y auroit rien à faire, ou bien seroit-il long à copier sur le lieu? Et que cela coûteroit-il? Voilà ce qu'on m'a chargé de vous demander. Combien a-t-il de feuillets?

Je suppose que le jeune Adam couchera la deuxième nuit dans le coche ou que, s'il va à Ponts coucher à l'auberge, il sera à Sens vers les onze heures du matin au plus tard, le lundi.

Lettre 299. — 1. Charles Rollin, né à Paris, le 30 janvier 1661, mort le 14 septembre 1741, recteur de l'Université, membre de l'Académie des inscriptions.

2. M. de Foncemagne, membre de l'Académie. — Voyez, ci-après, lettre du 17 octobre 1741.

Faites-lui le plaisir, après qu'il vous aura remis ce paquet, de le confier à quelqu'un qui le mène voir votre église, et même la ville du haut de la tour aux bourdons.

Puisque vous voulez bien le retenir à coucher chez vous, il n'ira à Joigny que le mardi. Exhibez-lui votre fameuse charte du ixe siècle, afin qu'il m'en apporte une ou deux lignes imitées.

---

300. — DE LEBEUF A FENEL.

18 septembre 1741.

La promptitude avec laquelle vous m'honorez de votre réponse m'engage à vous satisfaire au plustôt. Remarquez que dans ma précédente je ne vous ai pas flatté de beaucoup d'espérance, par la raison qu'il faut être connu de longue main à la cour et dans la république des lettres, pour obtenir quelque chose. Ainsi, à mon égard, quoique sans me flatter on me connoisse, quoique M. l'abbé Bignon[1] m'ait écrit l'hiver dernier en termes favorables; quoique son neveu, intendant de Soissons, m'eût promis quelque chose, il y a bien trois ans, pour le temps auquel il seroit bibliothécaire, néanmoins c'est un M. Melot[2], de Dijon, reçu académicien il y a deux ans, qui a la place qu'on a recréée de nouveau comme du temps de M. Boivin[3]. Ce M. Melot a du mérite; c'est un laïc de quarante ans ou environ, reçu avocat. Il étoit chargé depuis quelque temps de corriger les épreuves du

---

LETTRE 300. — 1. L'abbé Bignon (Jean-Paul), né à Paris, le 19 septembre 1662, mort le 14 mars 1741. Il était bibliothécaire du roi et membre de l'Académie des inscriptions. Son neveu, M. Bignon, avait obtenu, en 1722, la survivance de la charge de bibliothécaire du roi. Il mourut six jours avant son oncle.

2. Melot (Anicet), né à Dijon, le 10 août 1697, mort le 10 septembre 1759, membre de l'Académie des inscriptions. Il fut nommé à la Bibliothèque du roi à la place de M. Sevin.

3. Voyez, ci-dessus, lettre du 20 mai 1741, note 8.

Catalogue. Ainsi il étoit en continuelle relation avec MM. Sevin et Sallier. Voilà pourquoi il a agi avant moi, sans quoi peut-être j'aurois eu la place. Mais je crois qu'on aura, dans les cinquante concurrents qu'il y a eu dès le matin du 13 septembre, préféré celui pour qui M. Sallier aura penché. Et comme, apparemment, M. Sallier n'auroit pas cru avoir sur moi le même ascendant, je crois qu'il ne m'a pas donné la préférence. Ce n'est, au reste, qu'une conjecture.

On sçavoit la nomination dès le jour de l'enterrement Pour moi, qui n'ai sçu la mort que le lendemain qu'elle est arrivée, je n'ai pu agir, ni faire agir plutôt. M. Melot a eu les sept ou huit jours de la maladie pour tout disposer en sa faveur Le défunt m'a quelquefois dit que vous aviez tardé trop tard à venir à Paris vous produire, et qu'il vous y a invité il y a longtemps. Il s'applaudissoit une fois de n'avoir pas suivi la pensée de feu M. votre oncle qui vouloit l'attirer dans votre Chapitre, et je crois même, le faire doyen. Pour ce qui est de l'abbé Sallier, qui est de Saulieu en Bourgogne, il y a eu des anecdotes sur son compte que l'on ne peut dire que de vive voix. Je suis persuadé que, quoiqu'il soit laborieux, vous l'êtes encore plus que lui. Au lieu, donc, que dans le dernier bail, M. Sevin avoit les manuscrits et M. Sallier les imprimés, ils ont maintenant tous les deux, mais l'un est subordonné à l'autre. Je ne sçais s'il y a aussi subordination pour l'honoraire. Je le croirois jusqu'à plus ample information, car on est fort en train d'épargner. Vous sçavez que dès l'an passé on fit des retranchements de membres de la Bibliothèque. Je me console sur Moquet; mais j'ai vu écrit de la main d'un génovefain qui a demeuré à Sens, que ses poésies étoient à Saint-Jean de Sens.

Il a déjà transpiré ici quelque chose sur le livre du sieur Danville, fils d'un tailleur d'habits. On dit qu'il me traite poliment. Quand j'aurai lu ce qu'il dit, je verrai ce que je pourrai ajouter aux remarques que vous faites sagement contre lui, et que je vous prie de publier le plus tôt que vous pourrez.

Pour vous dédommager de l'inutilité de mes deux premières

pages, je vous envoie une charte que j'ai copiée au moment qu'elle m'a tombé sous les yeux. Elle me paroît importante, je ne la crois imprimée nulle part.

Je vous remercie du bon accueil que vous préparez à mon petit compagnon. Vous l'honorez plus qu'il ne mérite. Il aime Mocquet à cause de sa naïveté et qu'il a passé dans son pays. Vos moines doivent l'avoir, mais ils craignent de gâter leur rochet.

Il paroît une lettre de M. Gibert, neveu de l'exilé[4], adressée à M. Fréret, sur l'*Histoire ancienne*. Voulez-vous que je vous l'achète. Je ne l'ai pas encore lue. Je la crois de votre compétence plus que de la mienne. Vous voyez que les plus grandes lumières sont sujettes aux attaques. C'est une brochure comme le *Journal de Verdun*.

Danville, qui a commencé ses études chez un maître, à Chaillot, paroît aux autres géographes un peu fier et décisif. Il n'y aura pas de mal de le rabrouer. En lui rendant visite il y a peut-être dix ou douze ans, il me dit que pour tout voyage il n'avoit fait que celui de Toucy, proche Auxerre (lieu de l'origine de feu M. Sevin, ainsi que je crois le tenir de vous).

Je vous écris avec une plume très mauvaise, excusez la pauvre situation de celui qui est loin de son tailleur[5], et qui n'en est pas moins, avec tout le respect, etc.

J'écris ma charte séparément, afin que vous n'ayez qu'à la séparer de ma lettre et la mettre dans votre portefeuille, sans qu'il soit besoin de la récrire. Ce sera une des pièces justificatives de votre histoire.

1. M. Gibert (Joseph-Balthazar), avocat, né à Aix, le 17 février 1711, mort le 12 novembre 1771. Il fut élu membre de l'Académie des inscriptions, en 1746, et s'était fait connaître auparavant son admission dans ce corps, par des Mémoires contre les opinions de Fréret en matière historique. Il était neveu de Balthazar Gibert, recteur de l'Université de Paris, ardent janséniste, qui fut exilé à Auxerre, en 1739, pour avoir fulminé un réquisitoire contre la révocation de l'appel et l'acceptation de la Bulle *Unigenitus*.

5. Le jeune Adam, dont Lebeuf parle plusieurs fois dans les lettres précédentes.

M. Sevin a occasionné sa mort par la complaisance d'avoir mangé trop de fruits à Belair, proche Bièvre, ou à Fontenay-aux-Roses, chez M. Fasen: prunes, pêches, poires, vin à la glace ; quand il descendit de carrosse, au retour de la campagne, son pouls étoit presqu'éteint.

---

301. — DE LEBEUF A FENEL.

29 septembre 1741.

C'est à vous à faire que d'exercer l'hospitalité : au lieu d'un jour vous retenez vos hôtes quatre jours, et hôtes à charge et inutiles [1]. J'en suis confus, et je ne sçais comment vous en marquer ma reconnoissance. Il est vrai que si j'avois pu prévoir le mauvais temps qui est survenu, Louis Adam n'auroit eu l'honneur de vous voir qu'à son retour : car, en restant quatre jours à Sens, il a perdu l'occasion d'être utile à mon frère, curé proche Auxerre, pour sa Saint-Maurice qui est tombée le vendredi. Je lui ai écrit de ne pas prendre la liberté de vous importuner davantage. Je souhaite que ce jeune homme vous ait contenté. Il me rapportera les beautés qu'il a vues chez vous. L'acte que vous lui avez fait copier ne seroit-il pas le même qui est dans votre Nécrologe et Martyrologe. Je me souviens qu'il est aussi d'un cardinal légat. Il y est parlé de la fête des fous [1].

J'attendrai ce que vous voudrez bien me mander touchant le manuscrit de Gérard de Roussillon, avant que d'en parler à M. de Foncemagne.

J'ai appris comment la place a été donnée à M. Melot.

Lettre 301. — 1. Il s'agit de l'hospitalité donnée par Fenel au jeune Adam. — Voyez lettre du 20 août et 14 septembre 1741.

1. La pièce dont il est question ici est une ordonnance du cardinal Odo de Tusculum, datée de 1245, et proscrivant à Sens la célébration de la *Fête des Fous*. Voyez, *Archives de l'Yonne, Bibliothèque de la ville de Sens*.

M. Sallier, qui est un garçon de fortune, aime assez à n'avoir pas de rival. Quoiqu'il ne fût que pour les imprimés du temps de M. Sevin, celui-ci le laissoit le maître de tout. C'étoit à lui qu'on s'adressoit pour les manuscrits comme pour le reste.

Dès le jour de la mort, il alla à Versailles demander un successeur. Il en proposa trois tirés de l'Académie, sçavoir : MM. Bonamy, l'abbé Geinoz[3] et Melot. On lui demanda lequel lui paraissoit lui convenir le mieux, attendu qu'il faut vivre et demeurer ensemble. Il se fixa au dernier qui ne sçait pas mieux déchiffrer les manuscrits que les deux autres, mais il est de Dijon, bon garçon au reste, et non fier. Ce fut lui-même, qui, dans le temps qu'on parloit de partager entre nous deux, il y a neuf mois, la charge du Trésor des Chartes de M. Lancelot, convint que je lui montrerois à lire les vieilles écritures. Il sçait le grec et son histoire profane, mais je les attends au compte qu'ils rendront de tant de manuscrits des Pères et auteurs ecclésiastiques, liturgiques, etc. Remettez-moi un peu, je vous prie, Monsieur, les fautes que vous avez remarquées jusqu'ici dans le catalogue[4]. Je ne dis pas qu'on me fasse de passe-droit, parce que les trois ci-dessus sont plus anciens que moi, non d'âge mais de réception. Mais je doute qu'ils eussent apporté le même zèle et le même goût que j'employerois à cela, si j'y étois admis. Au reste, ils sont pour le public ; j'aime encore mieux travailler pour moi-même.

Je ne trouve pas dans votre Pouiller ce que je vous ai envoyé sur Montereau. Vous serez plus heureux que moi et vous le trouverez si cela y est.

Je n'ai pas autrement à cœur Mocquet. De mauvaises poésies ne sont guère ragoûtantes : mais puisqu'on a été assez hardi que d'avancer qu'on n'avoit aucun manuscrit à Saint-Jean, et que, vers l'an 1728, un chanoine régulier y a copié les voyages

---

3. Geinoz (l'abbé François), né à Bulle canton de Fribourg, en 1696, mort à Paris le 27 mai 1752, helléniste érudit, membre de l'Académie des Inscriptions.
4. Le catalogue des manuscrits de la Bibliothèque royale.

1741 manuscrits de Mocquet, sans sçavoir qu'ils sont imprimés, il est bon de voir s'il a eu tort de marquer que ses poésies y étoient aussi.

Je vous ai acheté la petite brochure de M. Gibert, de 42 pages, et je l'ai lue ; j'en suis assez content. L'auteur y forge des mots nouveaux, à ce qu'il m'a paru. Il prétend 1° que M. Fréret a eu tort de douter que Ninus et Nemrod fussent le même homme. Vous verrez le reste. J'ai aussi acheté le *Journal des Sçavans*, d'août. Celui de septembre ne paroîtra que dans le mois d'octobre.

. . . . . . Je vous envoie ci-joint quelques morceaux de ma collection du Cartulaire du Chapitre d'Auxerre [5], que j'avois mis séparément pour vous. Ce que vous avez reçu par le jeune Adam venoit du bénédictin de Saint-Benoît-sur-Loire. Je l'ai remercié pour vous.

M. Maillart a acheté la carte de Sens, sur le récit que je lui en ai fait. Il est arrivé à la sienne comme à la mienne, c'est qu'elles se sont déchirées par le milieu toutes les deux, fort avant. Il faut qu'on l'ait tirée sur de mauvais papier. M. Maillart n'en paroit pas trop content. Il ne m'a pourtant allégué pour défaut que l'oubli qu'on a fait d'un château proche Étampes, et celui du chemin romain qui va vers Orléans, aux environs de Beaune. Il auroit aussi voulu qu'on l'eût partagée par petits carrés avec des lettres pour trouver les villages, comme il a fait sa carte d'Artois, et comme on vient de donner le diocèse de Grenoble. En cette dernière, outre ces avantages, on voit, à la marge, le nom de tous les villages rangés alphabétiquement.

Comme midi va frapper, je finis promptement en vous réitérant, etc.

5. Ce Cartulaire, in-4°, est à peu près détruit. Il n'en existe plus que quelques feuillets aux archives de l'Yonne. On y voit des notes de la main de Lebeuf.

302. — DE LEBEUF A FENEL.

Paris, 17 octobre 1741.

Comme M. de Foncemagne est à Jouy en Josas, chez M. Rouiller, maître des requêtes, je lui ai écrit pour lui donner avis de l'arrivée de votre manuscrit [1]. Voilà déjà deux fois que je lui en écris sans réponse. Apparemment qu'il n'est plus là ou qu'il veut attendre son retour à la Saint-Martin. En tout cas, il n'aura pas le livre sans son récépissé au bout de la notice que vous m'avez envoyée; votre ardeur à rendre service a trop hâté celui-ci.

J'ai aussi bien des remerciments à vous faire d'avoir hébergé comme vous avez fait mon petit pèlerin [2]. Je ne sçais comment vous en reconnoître. Il ne prit pas le coche la nuit du jeudi au vendredi, ainsi que vous l'aviez cru, mais l'ayant attendu jusqu'à huit heures et ne le voyant pas arriver, il prit la résolution d'aller à pied à Joigny, ce qu'il a exécuté, bien crotté s'entend, et hodé. Il dit qu'on a fait d'excellent vin à Auxerre. J'apprends que les Bénédictins et les Prémontrés le vendent 350 ou 330 livres le muid. N'en aura pas qui voudra.

Je crois que jamais vous n'avez été à Auxerre. Comme l'automne continue d'être beau, vous devriez aller voir cette pauvre ville, après votre Scaint-Savinien [3]. Sçavez-vous que vous pourriez y trouver des pièces qui concerneroient votre histoire de Sens, dans mes pancartes que le jeune Adam n'a fait qu'effleurer. Car en m'apportant un paquet de *schedes* de parchemin, tiré au hasard, il s'y est trouvé quatre ou cinq pièces où il est parlé ou de

1741

LETTRE 304. — 1. Le manuscrit du roman de Girard de Roussillon, redemandé par M. de Foncemagne. Comp. ci-dessus lettre du 15 septembre 1741.
2. M. Adam.
3. Voyez, ci-après, la Correspondance et notamment lettre de Fenel, du 13 décembre 1741, au sujet de ce voyage.

vos prélats ou de votre église. J'ai cru que, et en tout cas je pourrois pour vous y engager, par avance vous envoyer une de ces pièces avec la clef du coffre où sont, dans une de mes chambres, à Auxerre, ces sortes d'antiquités. On peut aller à Auxerre dans les carrioles à toute occasion, en un jour, et revenir par le coche qui part d'Auxerre le lundi et le jeudi, et qui, je crois, vient encore à Sens en un jour, jusqu'à la Toussaint. Si vous succombez à la tentation à laquelle je tâche de vous induire, je vous enverrai une lettre pour le bourgeois[4] qui loge dans ma maison patrimoniale où je logeois, et qui a un lit à votre service, non compris mon ancien lit qui est encore tendu dans la même chambre où est le coffre en question. Il vous faudra un jour pour voir tout ce qu'il y a à voir chez nous, et une matinée au plus pour chercher dans ledit coffre.

Je vous dirai que j'ai fait ici la rencontre d'un abbé Lebeuf du pays d'Anjou, lequel a fait connoissance avec mon cousin le secrétaire du Roi. Ce dernier voudroit bien être d'une noblesse plus ancienne que celle de fils de secrétaire du Roi : mais ses souhaits me paroissent inutiles ; la noblesse de l'abbé Lebeuf d'Anjou est du règne de Charles VIII ; j'en ai vu le titre. De fil en aiguille, il m'a fait voir différents canevas de généalogies. Je trouve dans tout qu'une branche de ces Lebeuf, des environs de Saumur, vint s'établir dans le bailliage de Sens, vers la fin du règne de François Ier, et y fit souche : mais le lieu n'est pas nommé. Il pourroit se faire que ce fût à Joigny. Quoi posé, nous serions issus de la même tige ; mais ce peut être aussi ailleurs, car votre bailliage est étendu. Connoîtriez-vous des Lebeuf dans quelqu'autre endroit de votre bailliage qu'à Joigny? Songez-y, je vous prie.

Le bénédictin qui vous a envoyé le cahier dont Louis Adam a été porteur, s'appelle Guillaume Gérou[5] ; il ne demeure plus à Saint-Benoît-sur-Loire, mais à Saint-Sulpice de Bourges, où il

---

4. M. Deschamps.
5. Dom Gérou, bénédictin, né à Orléans, fit profession le 20 juillet

travaille à l'histoire du Berry. Il m'a écrit que Mgr l'archevêque lui communique tous ses titres. Si vous voulez, je le prierai de faire un *nota* de ce qu'il y pourra trouver sur Sens, par accident.

Voici une note qui pourra vous faire plaisir. Je tire cela des extraits que j'ai faits jadis [3] de nos registres.

« En 1597, le 22 décembre, fut reçu chanoine d'Auxerre,
« Jacques Taveau, clerc Sénonois, permutant avec Sébastien
« Leroyer son prieuré de Notre-Dame de Sistres, au diocèse de
« Sens, ordre de saint Benoît; et en 1599, ce jeune Taveau,
« ayant permuté avec Claude de Castre, curé de Villemanoche,
« ce curé fut reçu le 18 mars. »

Ceci n'est remarquable qu'autant que je crois que ce Taveau est le fils de votre historien, ou lui-même.

Au reste, l'envoi de ma clef ne vous engage à rien, Monsieur; je la reprendrai bien chez vous lorsque j'y passerai l'an prochain, allant à Auxerre.

---

303. — DE LEBEUF A FENEL.

25 octobre 1741.

Que dites-vous, que pensez-vous de moi, d'avoir enfermé dans une lettre que je vous ai adressée, par la femme d'un ouvrier imprimeur, une clef dont vous ne sçavez pas l'usage? C'est cette occasion qui m'a excité à m'en servir, sauf à vous expliquer plus au long l'usage que vous en feriez, s'il vous prenoit la bonne envie d'aller voir Saint-Christophe d'Auxerre[1] avant qu'on l'abatte. Je m'imagine bien que vous n'êtes pas si facile à déterminer : mais, en tout cas, si vous faisiez cette partie,

---

1718, à l'âge de dix-sept ans. Il travailla avec D. Verninac à l'histoire du Berry. Il est mort à Saint-Benoît-sur-Loire, en 1767.

LETTRE 303. — 1. Lebeuf fait allusion à la statue de saint Christophe, qui était placée à l'entrée de la nef de la cathédrale d'Auxerre. Elle fut détruite en 1768.

je vous prierois de vous munir de cette clef mal bâtie, et je vous en dirai ci-après l'usage. Au fond, ce qui me fait accélérer cette lettre, est que je commence à être en peine si on vous aura remis la lettre et ce qui étoit dedans, quoique, quand elle seroit perdue, je ne crois pas qu'on puisse en faire usage.

J'ai mis sur le revers de cette lettre trois ou quatre articles, que j'ai remarqués sur Sens dans le catalogue des manuscrits de Sorbonne que M. l'abbé de Saint-Aubin m'a prêté.

J'y ai aussi joint des *nota* que j'ai retrouvés de mes anciennes remarques puisées à Saint-Marien d'Auxerre, qui étoit jadis célèbre maison de Prémontré, dont vous ne verrez plus qu'une grande arcade d'église, reste des guerres civiles de Henri III ou IV [2]. Je continuerai à mettre à part ce qui se trouvera sous mes mains.

Toutes vos cartes, et même la dernière, à l'exemple de celle de Paris, mettent Mauny-Château et Chapelle proche Pidau, au-delà de Melun, comme étant de votre diocèse; cependant il est sûrement de Paris, et de la paroisse de Limoges, comme je m'en suis assuré par le rôle des décimes.

Je doute que M. Hédiard ait trouvé jour à ce qu'il vouloit sçavoir et pénétrer, pour rendre service à M. son frère. Quoi qu'il en soit, ils ne sont pas revenus m'en dire des nouvelles.

L'incertitude qu'il y avoit dans l'occasion, a fait que je n'y ai pas joint un autre parchemin plus considérable, qui sont des lettres du roi (1497), en faveur du bâtiment de votre église [3]. Si vous n'avez pas cela, je me ferai un plaisir de vous l'envoyer par quelqu'un de sûr et certain.

---

2. Cette arcade, ou plutôt un pilier de l'église, existe encore, et c'est le seul reste de l'ancienne abbaye de Saint-Marien, qui s'élevait à Auxerre, sur la rive droite de l'Yonne, dans le faubourg de ce nom.

3. Charles VIII étant passé à Sens, le 21 mars 1497, accorda à la fabrique de la cathédrale le droit, pendant 10 ans, de percevoir 5 deniers par minot de sel vendu dans les greniers à sel du diocèse ; ce qui rapporta cent livres par an. Et, vers l'an 1500, Louis XII fit don à l'œuvre de la cathédrale de quatre cents livres pendant six ans. Voyez *Notice sur la construction de la cathédrale de Sens*, par M. Quantin, p. 55, br. in-8°, 1840.

Revenons un peu à l'usage de la clef. Si le jeune Adam a bien su s'en servir, vous, à plus forte raison. Mais c'est ma faute s'il ne m'a pas apporté tout ce qui est dans le coffre qui peut servir à mon histoire et à la vôtre 4, je m'étois contenté de lui dire de prendre tous les parchemins volants qu'il trouveroit dans une grande boîte de carton, croyant qu'autrefois c'étoit là où j'avois mis ce que j'avois trié dans ces parchemins. Il l'a fait, je les ai reçus, et j'ai été surpris de n'y pas trouver certains que j'ai cités comme extant (*sic*), et vus par moi. Il faudroit donc une personne intelligente comme vous qui voulût bien, non pas chercher ce qui me faut entre ces parchemins, et ce qui peut regarder Sens, mais prendre dans le coffre tous les parchemins généralement volants, soit in-12, in-8º, in-4º ou in-fº, dont j'ai marqué le contenu au dos ou au haut de l'acte.

Il y aura sans doute des paquets qui ne sont que de vieux baux inutiles, qu'on m'avoit remis pour y chercher ce qui pourroit être de mon dessein : ceux-là ne sont pas nécessaires, mais une bulle, par exemple, de translation de Gui de Mello de l'évêché d'Auxerre à celui de Lyon, un codicille du même prélat, et plusieurs autres actes de ce genre, sont des choses à ne pas laisser là. Si vous faisiez tant que d'aller vous promener à Auxerre, il faudroit prendre tout cela avec vous dans un sac, et ne laisser dans le coffre que de vieux baux inutiles, certains livres écrits à la main, soit sur parchemin ou papier du xive, xve et xvie siècle, que je ferai un jour remettre à l'endroit d'où ils viennent, et tous les liasses et paquets de papiers de famille qui sont en assez bon nombre.

Voyez si vous ne succomberez pas à la tentation de vous munir de matériaux pour vous, et de me rendre un petit service. Au reste ne parlez pas de cela à qui que ce soit ; et lorsque vous feriez vos recherches *in coffro*, et votre paquet, vous vous tiendriez seul et sans témoin, pour éviter les soupçons. *Intelligenti*

---

4. Il s'agit de documents contenus dans un coffre déposé dans une chambre haute de la maison de Lebeuf, à Auxerre.

pauca ! L'emploi fait, tout sera remis à sa place. D'ailleurs c'est un ramas de pièces rebutées, et dont plusieurs viennent de chez un relieur.

---

304. — DE FENEL A LEBEUF.

Sens, 29 octobre 1741.

[Il l'assure que, malgré ses occupations multipliées, il ira à Auxerre pour lui être agréable. Mais il le prie de lui indiquer les jours les plus commodes et le moyen le moins ennuyeux.] « car le coche est ennuyeux à la mort..... Je vous avertis de ne point m'adresser à des gens dont la fréquentation ou la connoissance me pourroient rendre odieux ou suspect à Mgr l'archevêque : je ne puis entreprendre le voyage qu'à cette condition-là. Vous pensez-bien que, par conséquent, je ne verrai point du tout Mgr votre évêque. Je vous prie de faire attention à cela. »

---

305. — DE LEBEUF A FENEL.

3 novembre 1741.

Les occupations dont vous me marquez que vous êtes accablé, me détournent de vous exhorter davantage à faire un tour du côté d'Auxerre. Je serois surtout au désespoir de vous avoir ravi le temps qu'il vous faut encore pour vos Galates[1]. Mais si ce que vous préparez pour M. Réaumur et pour la Chambre des Comptes ne presse pas, comme il paroit que cela peut se remettre après

---

1. Fenel travaillait à un mémoire sur les *Galates*. Voir ci-dessus lettre du 15 septembre 1741, p. 323.

votre dissertation, et si vous trouvez la saison encore convenable, pourquoi ne vous aller pas encore promener dans votre diocèse? Je vous dirai que je m'étois imaginé qu'avant que d'attaquer le sieur Danville vous étiez allé faire un tour du côté du Gâtinois, de Beaune par exemple, de Boiscommun, sur la route d'Orléans, pour y voir comment sont faites les voies romaines. A propos de Boiscommun, comme j'avois écrit deux lettres à M. de Foncemagne, à telle fin que de raison, elles sont enfin parvenues jusqu'à lui, et il les a reçues à son bien d'auprès de Boiscommun, dit le Marais. Il m'écrit de ce lieu qu'il nomme Foncemagne, et me dit qu'il est au désespoir de ne pouvoir être à Paris qu'au commencement de décembre. Mais comme M. de Sainte-Pallaye reviendra ici pour la Saint-Martin, et que c'est avec lui qu'il vouloit faire la comparaison des manuscrits du roman de Gérard de Roussillon [2], il me prie de le garder encore et de vous le faire agréer, et de faire avec lui ce que j'aurois fait avec lui.

Je vous prie donc, Monsieur, de dire à MM. du Chapitre de n'en être pas en peine, et de les avertir que c'est le temps des vacances qui a retardé l'usage qu'on en vouloit faire. Ce M. de Sainte-Pallaye est M. de La Curne, qui est seigneur du village de ce nom, à quatre lieues et demie au-dessus d'Auxerre, sur la rivière d'Yonne. Il est encore plus de mes amis que M. de Foncemagne.

Pour en revenir au voyage, si vous vous déterminez, comme il paroît que vous y êtes disposé, prenez, s'il vous plait, avec vous, ma seconde lettre. Elle vous guidera pour ce qui est à tirer du vieux bahut ou coffre. A l'égard de la route, je suis un peu embarrassé là-dessus, voyant la foiblesse de votre santé, et craignant de vous causer quelque incommodité. J'allai au coche m'informer, dès le jour de la Toussaint, de la route qu'ils tiennent soit en allant soit en revenant : et je n'y trouvai personne, tous étant à la messe. J'aurois voulu vous répondre le mercredi : cela m'en empêcha. J'en reviens actuellement. Il est bien vrai qu'en

---

2. Comp. à ce sujet lettre du 15 septembre 1741 p. 324.

1741 descendant d'Auxerre à Paris, le coche a pris ses petits jours depuis dix ou douze jours, c'est-à-dire qu'on est quatre jours à descendre; mais, en remontant la rivière ils ne les ont pas encore pris, ils passent encore à Sens dans la nuit du dimanche au lundi, et sont à Villeneuve-le-Roi vers les sept heures du matin; et le même jour ils vont à Joigny, où ils couchent; ils n'en partent que le matin pour arriver à Auxerre le mardi, dans l'après-midi. Ainsi fait-on en été. Ainsi font-ils encore tant que le temps sera doux.

Mais vous voulez une voiture moins ennuyante. Celle de la carriole seroit plus prompte ; aussi rompt-elle le corps et est fort coûteuse. Il faudroit qu'il se trouvât, le dimanche soir ou le jeudi soir, au faubourg Saint-Pregts[3], trois personnes et vous qui feriez le quatrième : alors la dépense se partageroit.

Mais il est rare de ne se trouver que trois, ou même de se trouver ce nombre, car vos carrioleurs prennent autant de deux que de quatre ; si on est que deux et même d'un seul, tout autant. Pour moi, si le beau temps dure, je ferois ainsi : comme c'est perdre son temps que d'attendre le coche la nuit du dimanche au lundi, ou du jeudi au vendredi, je prendrois ma canne à deux heures après-midi, et j'irois, en me promenant, à Villeneuve-le-Roi. Vous avez peut-être été à Véron à pied ? C'est moitié chemin, si vous vous en êtes revenu à pied. C'est justement la mesure des trois lieues de Sens à Villeneuve-le-Roi. En cette ville je me logerois au Dauphin, où je me souviens qu'on est assez raisonnable, à moins que je n'eusse quelque connoissance. Mais je recommanderois à la servante de me réveiller de bonne heure, pour ne pas manquer le coche qui va à Joigny, à moins que le matin il ne passât devant la porte de l'auberge quelque carriole qui allât à Joigny, et où il y eût place. J'avoue que rester dans un coche du matin au soir pour faire un trajet qui n'est que de quatre petites lieues, c'est un peu ennuyant: aussi, moi Lebeuf, aimerois-je cent fois mieux aller

3. Saint-Pregts, faubourg de Sens, au sud, sur la route d'Auxerre.

à pied, si le temps et le chemin le permettoient. Mais comme on ne peut répondre des chemins, surtout entre Armeau et Villevallier[4], où la terre est grasse, et aux approches de Joigny, pour la même raison, en ce cas, il faut préférer l'ennuyeuse voiture. Cependant je crois qu'elle ne sera pas si ennuyante à vous qui n'aurez jamais vu les villages à droite et à gauche de ces cantons, ni les montagnes vitifères de Villecien, Saint-Aubin et Joigny[5]. Pour moi qui ai vu cela cent fois, l'ennui seroit encore plus grand, voire même extrême, et il n'y auroit que le mauvais temps qui me réduiroit au coche.

1741

Si c'est votre voiture, vous ne serez à Joigny que le soir. Comme je crois que mon beau-frère y est[6], vous serez le maître de l'aller voir. Au moins son épouse vous recevroit bien, et vous donneroit un bon lit. Ne leur dites pas que vous allez chercher dans mes papiers ; il voudroit venir avec vous. Il faudra s'assurer du départ du coche pour ne le pas manquer, à quatre ou cinq heures du matin, si tant est que vous n'en soyez pas déjà saôul. Il sera toute la journée à faire les six lieues qu'il y a de là à Auxerre. Mais peut-être trouvera-t-on quelque carriole de rencontre à une quatrième place à remplir ; ce qui cependant est fort casuel ; cela se trouve plus souvent à Villeneuve-le-Roi. Au reste, que je n'oublie pas de vous dire que, si vous prenez le coche d'eau à Villeneuve-le-Roi, il ne faudra payer que jusqu'à Joigny, parce que si vous payez pour jusqu'à Auxerre, et que vous changiez de dessein, soit par la rencontre fortuite d'une carriole ou d'un cheval de renvoi, ce seroit autant d'argent de perdu. De Joigny à Auxerre, vous apercevrez de loin l'antique château de Seignelay[7] ; Régennes[8] se montrera à vous, mais vous n'en-

---

4. Armeau et Villevallier, villages, l'un du canton de Villeneuve-le-Roi, et l'autre du canton de Joigny, sur le bord de la route de Sens à Auxerre.
5. Villecien et Saint-Aubin, villages du canton de Joigny (Yonne).
6. Son beau-frère Lebeuf, capitaine de la milice bourgeoise.
7. Seignelay, chef-lieu de canton, arrondissement d'Auxerre (Yonne). Le château est complètement détruit.
8. Le château de Régennes, commune d'Appoigny. — Voyez Correspondance, t. I, p. 143, note 3.

trerez pas dedans. Pour Auxerre, je vous envoie un mot de lettre adressée à mon locataire [9]. C'est un laïc marié, qui ne vous parlera pas d'affaires de l'Église, si vous ne lui en parlez. Vous serez le maître de taire votre qualité de chanoine. Je le prie de vous mener à nos principales églises. Comme le coche d'eau ne part d'Auxerre que les lundi et jeudi, à six heures du matin, pour venir à présent coucher à Villeneuve-le-Roi, et l'été à Sens, je crois qu'il faudra que vous ayez la bonté de prendre vos arrangements pour l'arrivée à Auxerre, de manière que vous ne vous y ennuyiez pas.

Je compte que deux jours de résidence dans cette ville vous suffiront : un jour à feuilleter les paperasses, et un jour à voir la ville et voir officier à la cathédrale. Ainsi, pour s'arranger là-dessus, il faudroit n'arriver à Auxerre qu'un lundi soir ou un vendredi soir. Or, c'est ce qui ne peut se faire que par la voie des carrioles, qui quelquefois partent de Sens le dimanche soir ou le jeudi soir, et vont toute la nuit, ou ne s'arrêtent qu'un peu à Villeneuve. Mais, encore un coup, cette voie est coûteuse, à moins qu'on ne soit quatre dans la voiture pour la rendre complète. Si, sans faire semblant de rien, et en vous promenant, vous passiez dans votre rue de Saint-Pregtz pour vous informer des différentes allures, vous en apprendriez plus que je ne puis vous en dire. Il y en a qui vont deux fois par semaine à Joigny, d'autres une ou deux fois à Auxerre.

Si M. Deschamps n'avoit pas d'affaires à Auxerre, ou plutôt s'il en avoit à Pontigny ou autour de Pontigny, il faudroit lui proposer de vous mettre dans le chemin. En louant un cheval on peut y aller en un jour et revenir; il n'y a que quatre petites lieues : mais ce ne seroit pas encore assez pour vous désennuyer, car il faudroit toujours revenir pour le coche d'eau du lundi ou du jeudi. Il ne faut qu'une heure de temps pour tout voir à Pontigny [10]. Je crois que l'abbé est à présent trop décrépit pour

---

9. M. Deschamps. — Voyez ci-dessus, lettres n°ˢ 260, 268 et autres.

10. Voyez sur Pontigny, Correspondance, t. I, p. 136. L'abbé était alors Dom Pierre Calvairac, ancien prieur de Quincy, qui mourut en 1742.

se souvenir de moi. Il y a un religieux nommé M. Marie qui m'écrivit il y a trois semaines. Il se feroit un plaisir de vous la montrer. Feu M. de Waterford y étoit fort connu.

1741

Si vous aimiez mieux aller aux grottes d'Arcy [11], c'est six lieues par delà Auxerre, à une lieue ou cinq quarts de lieue de Sainte-Pallaye. Il vous faudra deux journées de cheval : mais, je suppose que cette voiture vous agrée. Cela est-il vrai? Supposé-je juste? Je craindrois de vous envoyer aux grottes parce qu'on y déchire ses habits et qu'on s'y gâte tout.

J'aurois bien envie de rendre à M. Lasseré le livre *de Ritibus Laudunensibus*, que. . . . . . je l'avois fait mettre à part par le jeune Adam. Vous pourrez le faire mettre au coche, et au retour le rendre et retirer mon billet de M. Lasseré.

Pendant que vous serez en train, si tant est que vous fassiez le voyage, vous serez peut-être plus heureux que le jeune Adam, pour mettre les mains sur certaines piles de papiers qui sont dans la cloison de ma chambre, sur des planches. Les papiers des deux ou trois rayons d'en haut, et ceux de tout en bas sont presque inutiles. Mais ceux des rayons du milieu, à hauteur de la poitrine et un peu plus bas, sont des liasses sur les paroisses de la ville et faubourgs d'Auxerre, sur l'abbaye Saint-Père d'Auxerre, qu'il ne put trouver. Ces paroisses sont surtout: Notre-Dame-la-d'Hors, Saint-Eusèbe, Saint-Amatre. Si vous les trouvez à l'aide d'une lanterne, prenez-les et joignez cela à votre sac. Il y avoit aussi la pile d'hagiologie : elle est reconnoissable par de gros paquets de saint Just, saint Prix, sainte Béate de Sens ou d'Avrolles. Saisissez-vous aussi de cette pile, il y a de bons morceaux. Puis refermez la cloison avec ses clous.

J'oubliois de vous dire qu'en reprenant le coche à Auxerre pour Sens, il faudra vous munir d'un poulet, d'un pain et d'une bouteille de vin, et vous résoudre à coucher à Villeneuve-le-Roi.

11. Voyez, sur les Grottes d'Arcy, ci-dessus, p. 54, note 6.

Pardon d'un si long griffonnage, mais vous l'avez voulu long ; je doute que, malgré ma bonne volonté, je vous aye instruit suffisamment.

Je ne répète pas que je me recommande à votre prudence, à l'égard de tous les parchemins volants que vous tirerez du vieux coffre. Il faut baisser la clef pour le refermer.

P.-S. — Vous garderez le tout à Sens, et vous ne m'enverrez que ce que je vous demanderai, selon mes besoins.

Si dans la cloison vous trouviez aussi une ou deux petites piles sur le diocèse de Sens, vous les prendriez aussi pour vous.

M. Deschamps, dont je vous prie de cacheter la lettre quand vous l'aurez lue, est fils d'un cousin-germain du fameux Père Daubenton, jésuite, natif d'Auxerre, paroisse Saint-Regnobert, où vous serez logé.

---

306. — DE LEBEUF A FENEL.

6 décembre 1741.

Je commence à être en peine de vous et de votre santé, ce sera à vous à me faire sçavoir si mes craintes sont bien fondées. Auriez-vous fait le voyage avec quelque disgrâce, ou quelque malheur vous seroit-il arrivé qui vous auroit empêché de le faire ? Je souhaite que tout cela soit mal fondé de mon côté ; cependant, comme ce n'est qu'un service d'ami que vous auriez pu me rendre et qui auroit pu vous procurer des morceaux qui seroient tombés sous vos mains, j'aurois cru que vous auriez pu ménager, dans le mois d'où nous sortons, une pauvre semaine. Je n'y comptois pourtant pas absolument, vu l'incommodité de la saison. Je vous dirai cependant, Monsieur, qu'il est

---

LETTRE 306. — Publiée, ainsi que les n°ˢ 307 à 312, d'après les autographes, collection de Fontaine.

bon qu'un curieux voyage, et pour l'esprit et pour le corps. La fâcheuse circonstance de l'hiver n'est pas un attrait trop violent. Je suis fâché que mes besoins tombent en ce temps-là, et que je ne puisse sortir pour le présent, à cause des épreuves de mes ouvrages que je ne puis abandonner ni suspendre.

Je n'ai rien découvert de fort intéressant sur Sens. Je vais vous entretenir sur notre Académie.

Vous sçavez que nous avons perdu, depuis peu, Mgr le cardinal de Polignac et M. l'abbé Banier[1]. Ils sont morts le même jour. Voilà deux places d'associés à remplir : celle de M. Sevin et celle de M. Banier. On ne parle encore de rien. Mais on a déclaré hier, chez nous, qu'il y a eu dix dissertations reçues sur les *Galates*, et nous avons nommé trois commissaires pour les lire, outre les deux officiers de droit qui sont le secrétaire perpétuel et le directeur. M. Fréret est le premier des trois; c'est un grand éplucheur. Il sçait à merveille toute cette ancienne histoire. Un nommé M. Melot, mon voisin dans la salle d'Académie, est le troisième de ces députés. Il a pris la neuvième et la dixième à lire. M. Sallier en a autant ; M. Fréret en a quatre Je ne sçais sur qui vous serez tombé. Je n'ai pas reconnu votre écriture dans les deux que j'ai tenues. Ces Messieurs se rendront réciproquement les pièces, car il faut que chacun les lise toutes. Je souhaite de tout mon cœur que vous soyez le victorieux.

A la rentrée de la Saint-Martin on a déclaré que le prix qui sera distribué après Pâques 1743, sera à celui qui aura le mieux traité de l'*Etat des sciences en France depuis la mort de Philippe le Bel jusqu'à celle de Charles V*.

Pour remplir le blanc de la page suivante, voici quelques annotations. (Il n'y a qu'un morceau du feuillet.)

... A propos de carte, un peu plus loin vers Brion, au-delà de la forêt d'Othe, la carte met La Fourchette, il faut La Four-

---

1. Melchior de Polignac, cardinal, né en 1661, mort en 1741, membre honoraire de l'Académie des Inscriptions. — L'abbé Banier, né en 1673, mort le 19 novembre 1741.

1741

chotte ², je connois ce lieu ; mon père y avoit du bien. Faites corriger cela.

Mon beau-frère vous auroit-il vu par hasard en repassant? On m'écrit de Joigny que depuis son retour il devient fur'eux à l'égard de ma sœur. Je crois qu'il veut la faire pâtir pour la mauvaise réussite de son *Histoire de Joigny*, dont je me doute ³. Si vous le voyez, je vous prie de l'exhorter à reprendre sa profession plutôt que de vouloir être historien contre vent et marée. Je n'ai pas vu son ouvrage, mais je n'en augure rien de bon. Il a été ici bien quatre mois pour ne rien faire. Je crains que de la violence il ne passe à la folie. — Tout ceci entre nous. — Mais si cela continue, je serai obligé d'en parler publiquement.

---

307. — DE LEBEUF A FENEL.

(Lettre du 11 décembre, reçue par moi le vendredi 15, au retour de mon voyage d'Auxerre.) — Note de Fenel.

1741

J'ai pris la liberté, Monsieur, dans ma dernière, de vous écrire à tout hasard sur le voyage pour lequel je ne vous voyois pas d'éloignement. Si sincèrement vous y êtes déterminé, je vous prie de ne le plus différer, parce qu'autrement il seroit trop tard. J'ai été obligé, pour *procrastiner*, de donner à l'imprimeur notre ancien nécrologe à imprimer, ce qui ne gagnera que quelques jours de délai, et de faire précéder cela d'une excuse que la postérité prendra comme elle pourra ¹. Si je n'étois pas engagé

---

2. La Fourchotte, hameau de la commune de Brion, canton de Joigny (Yonne).

3. Cette *Histoire de Joigny* ne paraît pas avoir été publiée. Elle n'est pas mentionnée dans le P. Lelong, *Bibl. hist. de France*, à l'article Lebeuf, de Joigny. On n'en connaît que le prospectus intitulé : *Histoire sur la ville et le comté de Joigny*, et publié dans le *Mercure* de mai 1741.

LETTRE 397. — 1. Lebeuf s'excuse sur son éloignement d'Auxerre, de ne pas avoir placé les pièces qu'il va donner en supplément, dans leur ordre chronologique. Voyez *Mémoires sur l'Histoire d'Auxerre*, t. II, in-4°, p. 245.

par écrit à ne pas suspendre la révision des épreuves de certains livres de chant² (ce qui me donne de quoi vivre ici), j'aurois été moi-même au pays dans les beaux jours qu'il y a eus au mois de novembre. Je ne suis pas craintif de mes peines, mais je ne puis m'éloigner que l'ouvrage de ces chants ne soit terminé, et je n'oserois me reposer sur personne. Si j'avois prévu tout cela il y a trois ans, j'aurois mis à part les paperasses qui me sont nécessaires. Je croyois avoir tout pris, et j'ai vu dans l'impression que non. Vous vous apercevrez de cela quand vous parcourrez mon ouvrage, et surtout les pièces, pour en tirer ce qui vous conviendra, car je compte bien vous l'envoyer des premiers, ou personne ne l'aura.

Je ne réitère pas ce que je vous ai écrit le plus au long que j'ai pu. Il sera de votre prudence que le sieur Deschamps, ni qui que ce soit, ne prenne pas connoissance de ce qui est dans le gros coffre, ni de ce que vous en emporterez. Emportez plus que moins afin que je puis (*sic*) choisir. Vous sçaurez distinguer dans ce coffre diverses liasses ou boîtes pleines de papiers ou parchemins des anciens biens de mes parents de Joigny ou d'Auxerre, dont je n'ai pas besoin. Je ne veux que des parchemins volants des XIIe ou XIIIe, ou XIVe, ou XVe siècle, s'ils sont intéressants et si ce ne sont pas de simples baux, dont je n'ai que faire.

Quand vous aurez trouvé tout cela, vous me ferez la grâce de mettre à part pour m'envoyer cela directement dans quelque mauvais linge ou sac, de manière que cela ne se perde ni ne se mouille; et sur l'étiquette pour le coche vous mettriez : *vieilles paperasses*, afin que cela paye moins de port. Car si vous mettiez : *papiers de conséquence*, on feroit payer comme à la poste.

Je ne répèterai pas (que selon le temps que vous aurez et selon la saison qu'il fera), vous pourrez regarder dans la cloison de ma chambre qui est en planches. Mais je crois que tout y est

---

2. Lebeuf travaillait alors à la composition des livres de chant du diocèse de Paris; et il publia également, en 1741, son *Traité historique et pratique sur le chant ecclésiastique*, 1 vol. in-8°.

tellement bouleversé, que vous auriez de la peine à trouver ce que j'indiquois pour vous, sur le géographique du diocèse de Sens, sur les paroisses d'Auxerre, sur l'hagiologie. Il faudra qu'un jour j'aille ranger et purger cela.

J'oubliois de vous dire que pour se servir de la clef que je vous ai envoyée pour fermer et refermer le coffre, il faut la pencher. Il n'y a aujourd'hui qu'un crochet qui ferme à clef, des deux qui y étoient jadis.

Si en allant ou en revenant, vous mettez pied à terre à Joigny, et que vous puissiez aller rue Saint-Jacques, chez M. le président Blanchard[3], je vous prierois de demander son épouse afin qu'elle vous puisse dire si ma sœur, sa voisine, femme de M. Lebeuf que vous connoissez, est en meilleure situation avec lui. Je crois vous avoir déjà écrit qu'il est revenu furieux de Paris, et que ma sœur en est la victime. Cette dame est sa confidente. Il faudra ne rien faire connoître au mari si vous le rencontrez.

Il y a longtemps que je connois l'amphithéâtre de Doué, en Anjou. L'auteur du *Voyage liturgique*[4] en a parlé *de visu*. Je vous entretiendrai de cela, etc, une autre fois. Midi va sonner et je n'ai plus que le loisir de vous réitérer les vœux que je fais pour le voyage en question avant qu'il gèle. Je vous ai écrit sur Gérard de Roussillon.

De la façon dont je vous abrège la recherche dans le coffre, je vois que c'est l'affaire d'une matinée au plus. Il faudra vous faire faire du feu dans la chambre haute. Il y a deux cheminées antiques et je ne les crois pas sales.

En m'amusant avec vous, j'oublie de vous répéter que ce n'est pas dans les trois planches d'en haut ni de terre que vous trouverez ce que je demande, la pile des collégiales qui sont

---

3. M. Blanchard (Zacharie), avocat au parlement, était président au grenier à sel de Joigny. Il est mort le 3 novembre 1764. Sa femme était dame Catherine-Françoise Rousselin.

4. Voyez *Voyages liturgiques en France*, etc., par le sieur de Moléon, Paris 1718, in-8°, p. 106. L'auteur rapporte que cet amphitéâtre était encore entier.

Gien, Cosne, Saint-Fargeau, Toucy, Varzy, mais dans quelqu'une des planches qui sont à hauteur de votre genou ou de votre ventre, ou à hauteur de la poitrine, ou enfin à hauteur de la tête. Peut-être que cette pile peu épaisse est mêlée avec celles où sont les paquets de quelques abbayes du diocèse, telles que l'abbaye de Regny, *Rigniacum*; l'abbaye de Crisenon, *Crisenno*; l'abbaye de Saint-Laurent; le paquet de Regny, et celui de Saint-Laurent, abbaye de chanoines réguliers, doivent être épais d'un bon pouce ou de deux. Il est impossible que vous ne les trouviez pas là où je vous indique. Si vous les trouvez, apportez-les. Tâchez de trouver aussi les collégiales : Varzy doit être gros; Saint-Fargeau, il doit y avoir un parchemin; Cosne est aussi assez gros. Ce sont des paquets de l'épaisseur d'un pouce ou environ.

En faisant mes compliments à M. le chanoine Blonde[5], et à ma cousine, sa sœur, je vous prierois de lui dire que la dépense pour avoir une sonnerie à la cathédrale qui fit :

cette dépense, dis-je, ne seroit pas fort grande, parce que, de ces six cloches, il n'y auroit que les deux du milieu à fondre. Nous avons déjà *sol*, *fa*, qui sont ce qu'on appelle les balons qui sonnent tous les jours en volée. *Le za* ou *si bémol* est notre grosse, qui est très bonne et moelleuse. De notre moyenne ou deuxième il sera aisé d'en faire un véritable *ut*, en la limant à l'intérieur du boudin où le battant frappe, et se contentant de la gratter tout autour, en cet endroit, l'épaisseur d'un écu. Car l'expérience fait connoître qu'ôtant de l'épaisseur on abaisse le son. Les fondeurs qui ont passé à Auxerre, il y a environ neuf ou dix ans, en vien-

---

5. Blonde (Jacques), né à Auxerre, le 30 septembre 1690. Chanoine de la Cité en 1715, et nommé chanoine de la cathédrale de cette ville en 1727.

6. Les fondeurs, qui sont auprès de Leugny, m'ont dit qu'en allant chez eux ils alloient aller à Auxerre. (Note de Lebeuf).

nent de gratter et ratisser une à Sainte-Geneviève, pour lui baisser le son d'un demi ton. Ils vont en faire autant à une de Saint-Roch, où ils en ont fondu six depuis peu. Ayant donc déjà en bas : *sa, ut*, il ne faudroit plus en remontant que fondre un vrai *ré* de l'orgue et un vrai *mi bémol* (ou *ma*). Or, pour y réussir, il n'y aura qu'à prendre la dimension des deux grosses de Saint-Père, qui sûrement sont *ré ma* de l'orgue, et par là on saura au juste le poids qu'il faudra et la mesure du moule.

Si jamais ce projet réussit, quel plaisir n'aura-t-on pas d'entendre en volée un beau *mi, ré, ut, sa!* La moyenne est assez épaisse pour souffrir le limage. Cela se feroit en haut, à la tour, en la tournant sens dessus dessous.

---

308. — DE FENEL A LEBEUF.

A Auxerre, ce mercredi, 13 décembre 1741.

Vous voyez, par la date de cette lettre, que j'ai fait enfin le voyage que vous me paroissiez souhaiter avec tant d'ardeur, ce ne sera pas vous faire un vain compliment que de vous dire qu'il n'y a eu uniquement que le désir de vous rendre service qui m'a déterminé à le faire, et surtout dans une saison aussi fâcheuse. Enfin je l'ai fait, et suis arrivé ici à onze heures du matin, hier, et j'en dois repartir par le coche demain, 14 décembre. J'ai, hier, soupé et couché dans la maison de M. Deschamps, absent depuis six semaines, où j'ai été reçu par Mme son épouse avec toutes sortes de politesses, en considération de vous; mais, à cela près, j'ai tout-à-fait lieu d'être mécontent du succès de mon voyage, puisqu'en un mot la clef que vous m'avez envoyée n'ouvre aucun des deux coffres fermés qui sont dans le retranchement fait de planches où sont vos effets, ce qui a été bien vérifié en présence de Mme Deschamps. A l'égard des deux autres coffres, l'un étoit rompu par le poids des choses qu'on a

mis dessus, et contient quelques hardes et papiers à moitié
mangés des rats, le tout dans le plus mauvais état possible, plein
de poussière, etc. L'autre étoit fermé d'un papier cacheté qui
avoit été posé par le sieur Adam, sans néanmoins aucune impression de cachet; on a ôté le papier et on n'y a trouvé que des
hardes que les hartuisons mangent; il sera refermé avec du
papier comme il l'étoit, avant que je m'en aille, et tout remis au
même état où je l'ai trouvé, car il faut que vous sachiez, Monsieur, que j'ai trouvé les choses tout autrement que je ne les
avois imaginées.

1741

Je croyois que c'étoit un coffre en évidence qu'il falloit visiter,
et quant à ce que vous ajoutiez d'une cloison qu'il falloit lever,
je ne sçavois ce que cela vouloit dire, quoique je vous eus prié
de me donner tous les éclaircissements nécessaires. Je n'avois
garde de me figurer que tout cela étoit dans un retranchement
de planches à claire-voies, liées en bas avec quelques clous, et
qu'il falloit ouvrir cette clôture pour voir ce que vous me priez
de tirer; de plus, ces coffres étoient les uns sur les autres, je ne
sçavois auquel je me devois adresser, et il a fallu par conséquent
les ôter tous, excepté le dernier. Comme il y en avoit un que je
ne pouvois seulement soulever, il a fallu appeler du secours:
Mme Deschamps m'avoit déjà aidé pour le reste, mais, à ce coup,
il fallut implorer le secours du sieur Ramaigre, menuisier, qui
demeure en votre maison canoniale (par lequel, par parenthèse,
je ferai remettre le tout au même état au moyen de quelque
argent que je lui donnerai). Dans ce moment, il pensa arriver un
grand accident, car un buffet vide qui couronnoit la pile tomba,
et si je ne l'eus retenu, eût écrasé Ramaigre et Mme Deschamps:
en vérité, si j'eus prévu tout cela, je ne serois pas assurément
venu, et Mme Deschamps a bien su me le dire. Elle m'a appris
que vous aviez déjà envoyé trois autres personnes pour pareil
sujet, mais je doute qu'ils aient eu un aussi mauvais succès que
moi. Enfin je ne savois plus que faire, Mme Deschamps vouloit
que je fis ouvrir vos coffres par un serrurier, mais je n'ai jamais
osé m'y résoudre, n'ayant pas d'ordre de vous, Monsieur, de

le faire. Alors je me suis mis à examiner les papiers du coffre ouvert. Il y avoit bien plein mon chapeau de papiers mangés des rats ; le reste est papiers de rebut, point de parchemins, sinon un seul inutile. J'ai commencé à voir les papiers sur les planches aux endroits désignés par vous : encore rien de tout ce que vous me marquiez. Tout y est dans un état pitoyable, plein de poussière et d'ordure, et en partie mangé des rats, en un mot digne de pitié. Il y a des Mémoires, je crois, sur la plupart des diocèses de France, mais rien sur Auxerre. J'ai seulement trouvé deux liasses sur Sens que j'ai mises à part : j'ai aussi tiré les *Ritus ecclesiæ Laudunensis*, qui n'est pas à vous et que je rendrai à M. Lasseré, selon votre lettre, et je retirerai votre reçu qui est déjà... La poste presse, j'achèverai votre recherche des papiers des tablettes ce matin; si je trouve ce que vous demandez, je le mettrai à part, et vous les enverrai par la voie que vous indiquerez.

Mᵐᵉ Deschamps a l'honneur de vous saluer.

Et moi de vous assurer, Monsieur, du respect avec lequel, etc.

---

309. — DE FENEL A LEBEUF.

A Sens, ce dimanche, 17 décembre 1741.

J'ai eu l'honneur de vous écrire d'Auxerre, mercredi matin ; je reprends la suite chronologique de ce qui m'est arrivé depuis le moment que j'ai fermé ma lettre.

J'ai continué d'examiner les papiers qui étoient sur les tablettes, à la hauteur de la poitrine et au-dessous, et j'ai trouvé un très grand nombre de liasses et paperasses à moitié défigurées par la poussière, les vers et les rats, qui regardent divers lieux du diocèse d'Auxerre, notamment sur quelques points d'hagiologie et sur diverses collégiales de ce diocèse[1]. Comme

LETTRE 309. — 1. Ces nombreux papiers historiques sont entièrement

j'étois en peine de savoir si je mettrois ces derniers articles, *commodum*, j'ai trouvé un fragment de lettre de vous, Monsieur, à quelqu'un que vous priez de chercher dans ce même lieu les dits articles des collégiales, ce qui me fit voir que cela avoit été cherché inutilement par ce quelqu'un. J'ai donc mis, en un mot, à part tout ce que j'ai pu trouver qui regardoit Auxerre et Sens, mais la brièveté du temps qui me restoit m'a empêché d'en faire aucun triage ni examen; il m'eut fallu plus de quinze jours. J'ai mis ensuite tout cela dans deux sacs, l'un très-grand et l'autre plus petit, qui pèsent beaucoup; puis, j'ai fait venir le sieur Ramaigre pour remettre tout au même état où je l'avois trouvé. En remettant les coffres on s'apperçut qu'un petit que j'avois cru fermé ne l'étoit pas : je l'examinai aussitôt, il y avoit peu de chose et inutile, le principal étoit des réponses faites par les curés du diocèse d'Auxerre, à des demandes circulaires à eux faites sur le topographique de leurs paroisses. Tout cela fut remis au même endroit. J'essayai encore d'ouvrir le grand coffre, et je n'en pus venir à bout, la clef ne rencontra en enfonçant dans le trou qui paroit trop grand que du linge. L'on cloua ensuite les planches comme elles l'étoient auparavant, c'est-à-dire fort légèrement et la tapisserie par-dessus. Cela fait, je me disposai à partir, et comme il me restoit environ deux heures de jour, je les employai à voir très promptement quelques églises, et à faire en partie le tour de la ville avec le frère de Mme Deschamps. Le lendemain, je me suis mis au coche avec les deux sacs de papiers, et au soir, comme je rentrois audit coche en revenant de Villeneuve-le-Roi, je tombai du haut du petit escalier et pensai me tuer ; j'en suis très incommodé de la jambe et de la cuisse droite. Dieu veuille que cela n'ait point de fâcheuses suites ! Il me fallut pourtant passer le reste de la nuit en cet état, dans la cabane du coche, sans secours

1741

---

perdus aujourd'hui, et cette perte ne nous laisse que des regrets, car Lebeuf paraît avoir fait des travaux préparatoires pour le diocèse d'Auxerre, comme il l'avait fait pour celui de Paris, et toutes ces notes ont disparu.

aucun ; et pour comble de bonne fortune le coche ne partit que longtemps après le temps ordinaire. Enfin je suis arrivé à Sens, vendredi à onze heures, fatigué, éclopé, harassé au-delà de tout ce que je puis vous dire. Le commis m'épia comme je sortis, fit soulever mes paquets de papiers et m'en fit payer les droits impitoyablement : je donnai douze sols, il fallut lui lâcher trente-six sous ; il dit qu'ils pesoient soixante-quatre livres. En arrivant, je trouvai votre dernière, Monsieur, que vous auriez dû m'écrire plutôt, avec votre permission, car vous m'y apprenez qu'il y a une manière d'ouvrir votre coffre, et vous me le désignez par des caractères spécifiques, mais il est malheureusement trop tard de me dire tout cela. Prenez-vous-en à vous-même si cela n'a pas mieux réussi.

[La fin de la lettre traite de vin vendu à Briasson, libraire de Paris, pour prix de livres, et dont ce dernier n'a pas accusé réception.]

Et ensuite : sçavez-vous ce que M. de Fontenelle a mis dans l'*Éloge de M. Couplet*, histoire de 1722[2], sur les services que cet habile homme a rendus à Auxerre, Courson et Coulange, sur les eaux. Cela doit entrer dans votre histoire. J'ai vu une relation tronquée sur Coulange où on ne dit pas un mot de M. Couplet.

---

310. — DE LEBEUF A FENEL.

Lundi, 18 décembre 1741.

De quelles expressions me servirai-je, Monsieur, pour vous témoigner la peine que j'ai que vous ayez fait un voyage exprès

---

2. Voyez, dans Fontenelle, *Éloges des Académiciens*, la notice sur Couplet, ingénieur, membre de l'Académie des sciences, né à Paris en 1642, mort en 1722.

Les travaux de Couplet pour amener de l'eau à Coulanges-les-Vineuses, ont servi à cette commune jusqu'à ce jour. Quant à ceux qu'il a faits à

par complaisance et que vous l'ayez fait infructueusement[1] ! Je n'aurois certes jamais imaginé les choses en l'état que vous me les décrivez, ni la rébellion de ma clef jusqu'au point de ne pas vouloir ouvrir le coffre auquel elle appartient. 1° Je me ressouviens très bien d'avoir laissé le plus gros coffre qui est fermé et qui doit être fort pesant, de l'avoir, dis-je, laissé dans la chambre proche la cloison et non dans la cloison ou retranchement. C'est parce que je le laissois ainsi en évidence que je l'avois fermé soigneusement du côté qu'il peut l'être, avec la clef que je vous ai envoyée. Comme je n'achevai point de fermer moi-même la cloison quand je partis la dernière fois, et que je laissai ce soin à M. Deschamps, il se sera servi de cette occasion pour faire entrer dans ledit retranchement ledit gros bahut antique qui nuisoit dans la chambre. C'est ce que j'ai conclu depuis la réception de votre lettre du 13, et que j'ignorois. Car, ni celui qui m'apporta des papiers en 1740, ni le jeune Adam à son retour, ne m'ont pas parlé de ce coffre comme étant renfermé *in tenebrosis*. Je le croyais toujours dans la chambre, en un coin proche les planches comme je l'y avois laissé ; ce n'est que depuis votre lettre qu'ayant demandé au jeune Adam s'il avoit ouvert facilement ce gros coffre, il m'a dit que oui, mais qu'il avoit eu de la peine à le refermer, et, sur ce que je lui ai demandé la place où il est, il m'a dit qu'il est dans la cloison. Il m'a même ajouté que le vieux buffet est mis en pièces. Il faut que M. Deschamps l'ait fait démonter pour avoir de quoi placer ledit gros coffre en question, en dedans cette séparation. Mais, que ferai-je à M. Deschamps? Que dirai-je? C'est un malentendu dont il est la cause et dont il n'a pas prévu les suites.

2° Quant à la clef, j'aurai un gros procès à lui faire de ce qu'elle a refusé à se rendre au service que j'en attendois ; elle

---

Auxerre et à Courson, les résultats en ont été effacés par des travaux plus considérables accomplis de nos jours.

Lettre 310. — 1. Voyez ci-dessus lettres de Fenel des 13 et 17 décembre 1741, au sujet des mésaventures qu'il a éprouvées dans son voyage à Auxerre.

n'est pas torse pour rien, mais elle l'est il y a plus de cinquante ans, malgré quoi elle ouvre et ferme encore ledit gros coffre qui est plein comme un œuf de papiers, parchemins, tant de famille qu'autres. Je suis fâché que vous ne l'ayez pas fait ouvrir, ou que vous n'ayez pas pris une pelle ou des pincettes, malgré quoi vous eussiez fait ouverture en forçant le dessous, d'autant qu'il ne tient que d'un côté. Je croyois, Monsieur, que vous sentiriez assez, par la pleine confiance que j'ai en vous, que vous pouviez en user ainsi. Enfin, puisque vous n'avez pas osé, il faudra peut-être que je me résolve à faire le voyage ces fêtes, *incognito*, puisque l'ouvrier n'a presque plus rien, et que si mon ouvrage cesse, on le renverra ou on lui donnera un livre qui le conduira très loin. Or, je sçais par expérience, qu'il est rare de trouver des ouvriers qui lisent toute sorte d'écritures, comme celui-là, et qui sachent assez de latin. Ainsi je dois ne rien négliger pour le fournir, *hic et nunc*. Vous direz pourquoi je m'y suis pris si tard ; je réponds que je ne pouvois pas prévoir ce que tiendroient de feuilles mes pièces justificatives[2]. Je le sçais à présent, et c'est parce qu'elles ne tiennent pas tant que je croyois que je recours à la source pour le supplément. Je prévois, au reste, pour ma consolation, que vous avez dû trouver sur les planches, vis à vis vos jambes ou vos genoux, les différentes piles qui regardent Auxerre, chapelles, collégiales, usages Auxerrois, villages du diocèse, en quatre ou cinq piles rangées alphabétiquement. Abbaye Saint-Père, Saint-Marien, hagiologie et familles Auxerroises, tout cela peut faire la charge de deux planches ou environ. Si vous n'êtes tombé sur aucuns titres en tout cela, je tâcherai d'y suppléer. Heureusement que les fêtes se suivent à Paris, je ferai gronder pour deux jours ouvriers, mais la nécessité n'a pas de loi. Vous aviez eu la bonté de vous prêter à ma situation, le malheur nous en a voulu à tous les deux. Au reste, quelque sujet de mécontentement que vous ayez

---

2. Les pièces justificatives de ses *Mémoires sur l'histoire d'Auxerre*, t. II, in-4°.

de votre voyage, je présume qu'il servira au moins à vous fixer sur les lieux principaux dont vous verrez que parleront mes Mémoires historiques sur nos évêques, que je vais vous envoyer, vous priant de les lire et parcourir avant que je fasse l'*errata* du premier tome. Je juge de vous comme de moi, car je n'aurois pas eu grande inclination à lire tous ces cartulaires, nécrologes, etc., qui parlent des villages du diocèse de Paris, si je n'avois pas vu préalablement tous ces villages. La différence est que vous n'avez rien à écrire sur Auxerre ; mais pour chercher dans mon livre, il faut lire huit cents pages qui parlent principalement de la ville d'Auxerre et de ses églises. Je ne sçais, cependant, si vous aurez eu le temps d'y rien voir, à la brièveté du séjour que vous y avez fait.

Pour nouvelle sur votre manuscrit de Gérard, je vous dirai, Monsieur, que M. de Sainte-Pallaye me le rendra environ dans un mois, lorsque la comparaison sera faite avec les deux de M. Bouhier, de Dijon. Il se propose, par reconnoissance, de vous faire copier les feuillets qui manquent au vôtre, et de vous le rendre complet. Vous voyez qu'il n'y a qu'à gagner à servir d'honnêtes gens. C'est un Auxerrois, né de Notre-Dame la d'Hors[3], très poli, très doux et très humain.

Le livre de Danville n'est pas affiché, mais il se débite. L'abbé Desfontaines en a rendu compte. Il dit sur *Genabum* que lui, abbé, n'ose décider qui a tort ou raison. Et il finit ainsi : « M. Lebeuf est bon pour se défendre en cas qu'il n'ait pas tort. » Plus haut M. l'abbé relève Danville sur ce qu'il fait commencer le milliaire romain dans Rome même. Je ne sçais qui a raison. Si vous avez quelques moments à perdre outre les jours que je vous ai enlevés, je vous prie de coucher quelque chose par écrit : « Ut humilietur superbia Moab, etc.[4] » Vous sçavez cependant que je suis tout prêt à prendre la voie de conciliation. Je vous l'ai écrit dès il y a trois mois.

---

3. C'était une paroisse de la ville d'Auxerre.
4. Pour Lebeuf, *Moab* est d'Anville.

J'avois composé mon écrit sur *Genabum* avant M. Lancelot, puisque M. Lancelot le cite.

J'ai l'honneur d'être, avec les sentiments les plus pénétrés de confusion et de peine d'avoir mis en campagne, en un si rude temps, votre chère personne. Pardonnez à celui qui est avec tous les respects que vous méritez, Monsieur, etc.

---

314. — DE LEBEUF A FENEL.

A Paris, ce mercredi, 20 décembre 1741.

Quoi qu'il me paroisse, Monsieur, que mes dernières lettres qui ont croisé les vôtres expliquent assez l'usage que je veux faire des papiers parmi lesquels je vous avois prié de chercher, si vous aviez du temps de reste, après l'épuisement du gros coffre ou cassette, j'ai cru que cette lettre ne seroit pas encore superflue puisque vous me pressiez de vous l'écrire.

A l'égard des piles de papiers, il faut que vous en ayez pris abondamment pour qu'il y en ait le poids de 64 livres. C'est apparemment compris tout le ballot et le livre des rites de Laon, que je me souviens être très gros, et peut-être aussi que vous auriez pris les paquets de lettres en réponse à la lettre circulaire de l'archevêque de Bourges aux curés de son diocèse[1], car vous me marquez que, les ayant trouvés dans une cassette ouverte, vous avez cru que cela regardoit Auxerre. Mais laissons cela là, ce que je vous prie de faire à votre commodité est de tirer des différents paquets ou dossiers les titres, soit en copie, soit en original, qui pourront s'y trouver, afin qu'après votre opération je choisisse ici ceux que je croirai devoir faire imprimer, s'ils ne le sont déjà. Je vous épargnerois volontiers cette peine si j'étois sûr de pouvoir passer à Sens ces fêtes. Je compte que ce seroit pour moi l'affaire d'une heure. Je n'ai besoin que de ces titres ou chartes, ou traités. Le reste des paquets demeurera chez vous jusqu'à ce que je trouve une occasioe favorable; car ma topographie ne presse pas. Je ne vous ai pas parlé affirmativement de ma tournée, parce que ce sera selon l'occurrence du temps ; je ne crains point le froid ni le chaud, mais la pluie et les boues, surtout la pluie. — Vous avez dû remarquer que presque toutes les piles de papiers sont du même écrivain, Noël Damy, qui varioit son caractère comme il vouloit. C'étoit un chanoine, notaire apostolique, qui se mêloit de tout, et qui pour avoir trop embrassé ne publia rien [1]. Plus vous mettrez à part de copies de titres, moins je resterai à Sens. Si je n'y vas pas (ce que le mauvais temps pourra bien produire s'il revient comme il étoit hier), en ce cas je compte que ce que vous aurez trié de pièces ou titres, ne fera pas un gros objet. Cela sera peut-être gros comme la forme d'un chapeau ou comme un in-4º, ou deux tout au plus. Quel que soit le paquet qui résultera de ce triage de chartes auxerroises seulement ou du diocèse, ayez la bonté de l'envelopper de papier brouillard ou d'une demie thèse, et de me l'adresser à Paris, par le coche d'eau d'Auxerre, par le coche qui passera à Sens la nuit du jeudi des Innocents, au 29 de ce mois. Mais vous en serez dispensé si je passe par Sens auparavant. Car, si je fais tant que d'y passer, ce sera avant la Saint-Étienne. Le temps décidera de tout. Je vas donner à mon compositeur de pièces un fragment de la chronique de Saint-Marien à composer, pour tirer à mon retour, en attendant que sur ce qui me viendra de Sens ou d'Auxerre, je puisse ranger le supplément de mes pièces chronologiquement en commençant par celles qui seront du XIIe siècle.

M. Briasson, que j'ai vu, m'a dit que vous ne devez pas vous inquiéter ; que le vin soit de votre crû ou non, cela lui est indifférent, pourvu qu'il soit bon. C'est un homme assez paisible, cher, mais donnant du temps et des débouchés. Il va réimprimer tous les *Journaux des Sçavants*

On m'a dit ce matin que le roi évoquoit à son Conseil l'affaire

---

LETTRE 311. — 1. Voyez, sur Noël Damy et sur ses travaux, Correspondance, tome I, page 240, note 2.

de Saint-Germain l'Auxerrois, dont M. de Sfortia et d'Argenson seront rapporteurs ; mais on n'a pas voulu garantir la nouvelle.

Si mon libraire me tient parole, vous pourrez avoir dès lundi mon premier tome broché, j'entends d'*Histoire d'Auxerre*. J'espère vous initier par là, et par le voyage que vous venez de faire, dans la connoissance de la première suffragante de Sens.

Je sçavois ce que vous me mandez sur Colanges-Vineuses. Je ne vous en suis pas moins obligé ; cela regarde la topographie du pays. Si vous aviez eu une soirée à vous, on auroit pu vous mener à un quart de lieue d'Auxerre, vers le côté du midi, d'où vous eussiez vu la ville en profil et en amphithéâtre. Au même lieu vous eussiez vu les restes d'une voie romaine élevée en dos d'âne, qui mène à moitié chemin dudit Colanges [2].

---

312. — DE LEBEUF A FENEL.

Ce lundi 15 janvier 1742.

J'avoue que c'est bien tard que je vous donne de mes nouvelles, et que je m'acquitte des remerciments que je vous dois, en même temps des vœux qu'entre amis on se fait sincèrement au commencement de l'année ; mais les visites indispensables sont cause de ce délai. J'arrivai à Montereau le vendredi soir, j'en partis le lendemain à pied pour La Chapelle-Gautier [1]. Je passai à Boulain, puis dans un hameau de La Chapelle-Rablais : de là je côtoyai de longs étangs de l'abbaye de Barbeau [2] après

---

2. La voie d'Agrippa ou d'Autun à Boulogne, dont on reconnaît encore les vestiges dans le chemin d'Auxerre à la Cour-Barrée, au sud de la ville.

LETTRE 312. — 1. La Chapelle-Gautier, canton de Mormans, Seine-et-Marne. Il existait autrefois dans cette partie du diocèse de Sens une enclave de celui de Paris et qui comprenait, entre autres lieux, la Chapelle-Gautier et la collégiale de Champeaux.

2. L'abbaye de Barbeaux, sur la rive droite de la Seine, au-dessus et

avoir traversé la forêt du même nom, et je tombai à Villefermey, grange du même monastère qui paroit avoit été un fort. Il y a un gouffre au moulin qui en dépend. L'eau de l'étang se perd sous terre dans une voûte naturelle. De là je gagnai La Chapelle-Gautier, diocèse de Paris, où le curé me fit entendre vêpres et me retint pour coucher.

Le dimanche, après la messe ouïe, je passai sur le diocèse de Sens, à Bréau, puis à Bombon; de là je rentrai dans le diocèse de Paris à Saint-Merry, et enfin j'attrapai Fouju et retombai à Champeaux [3], à l'heure du dîner. Je travaillai tout le soir après vêpres sur les archives du lieu. Il y a Chapitre à musique. Le premier jour de l'an, après avoir pris congé du Victorin chez qui j'étois descendu et de l'antiquaire du lieu, je vins à tâtons à Andreselle. Les brouillards m'empêchèrent de le voir que je ne fûs dedans. De là, à l'étang de Vernouillet, dernière paroisse du diocèse de Paris de l'enclave de Champeaux. Les chanoines de Champeaux m'apprirent que leur septième cure, qui est Quiers, est isolée et détachée du reste comme une deuxième petite île. Ainsi, la carte de Paris et la nouvelle de Sens pèchent en supposant une langue de terre qui va chercher cette paroisse [4]. Le territoire de Mormant ou d'Ouzoir-le-Repos coupent le passage de communication. Je n'ai pu voir qui est cette septième église du doyenné de Champeaux, parce qu'elle est à deux grandes lieues de la capitale. Je suppose que ce détail ne vous ennuie pas. De l'étang j'ai passé à Guignes-la-P..., où il n'y a pas d'église; Yebles est la paroisse, qui ne paroît pas avoir grande mine de loin. Je vins le même jour coucher à Boissy-Saint-

---

près de Melun, fondée par Louis le Jeune, en 1147, pour des religieux de l'ordre de Cîteaux.

3. Champeaux, église collégiale de Saint-Martin, dont Lebeuf a déjà parlé ci-dessus. — *Nota* : Tous les lieux dont il est parlé dans ce paragraphe sont du canton de Mormans (Seine-et-Marne) à l'exception de Vernouillet et de Boissy-Saint-Léger qui sont du département de Seine-et-Oise.

4. Voyez à ce sujet la *Carte topographique du diocèse de Sens*, par Outhier, prêtre, etc., Paris, 1741.

1742 Léger, un peu trempé de brouillard. Le 2 janvier je trouvai le chemin couvert de trois pouces de neige, ce qui recula ma marche; cependant j'arrivai à Paris pour dîner....

C'étoit bien mon dessein d'aller saluer Mgr votre prélat. Impatient de me voir, il s'est servi de l'occasion de la visite de mon cousin Lebeuf, supérieur des bénédictines de Chassemidy, pour me faire avertir qu'il avoit quelque chose à me dire. Je m'imaginois qu'il me parleroit de mon beau-frère, dont l'humeur caustique et atrabilaire ne fait qu'augmenter, ainsi que me l'écrit ma sœur : mais point du tout, il n'en a pas été fait mention, c'étoit pour me dire qu'il avoit vu un livre de ma façon sur l'histoire et la pratique du chant, et qu'ainsi je lui paroissois être *Grec sur cette matière*. Ce sont ses termes : Que comme on alloit imprimer le chant de Sens, à commencer par le Graduel [4], il étoit bien aise que je le revis (sic) auparavant et que je le conforme à ses intentions. Il ne veut pas un chant trop élevé, etc... Il le veut plus mélodieux aux grandes fêtes, etc... La conversation n'a roulé que là-dessus. Voilà une nouvelle que je vous apprends et que je vous prie de tenir *in petto*, car le prélat m'a paru assez aise s'il pouvoit mortifier en quelque chose un personnage qui le tracasse. *Nemini diceritis*. D'un mal il en revient quelquefois un bien.

Nous faisons demain le service pour le P. de Montfaucon, et le soir nous élisons deux associés. Cela se fait sans *Veni Creator*, ni sans *Te Deum*.

L'ambassadeur [5] fit son entrée jeudi à Versailles : on assure qu'un contraste trop littéral du cérémonial l'a fait chier dans ses chausses dans la route, réellement et fort puamment. Jugez

---

4. Voyez ci-après, lettre du 12 février 1742, note 6.
5. Zaïd-Effendi, ambassadeur extraordinaire de la Porte, était arrivé à Toulon, le 17 septembre 1741. Son voyage s'était exécuté avec lenteur, et les auteurs d'éphémérides du temps sont remplis du récit des réceptions qui lui furent faites sur toute sa route. — Voyez *Almanach de l'Yonne* de 1862, *Passage de l'ambassadeur Turc à Auxerre et à Joigny*, par A. Lechat.

combien l'Alcoran aura sujet de purification pour un si énorme délit ! Quelques poètes ont déjà fait rimer à cette occasion *ordure* avec *froidure*.

---

313. — DE LEBEUF AU PRÉSIDENT BOUHIER.

Paris, 20 janvier 1742.

J'ai bien des excuses à vous demander de ce que j'ai resté si longtemps dans le silence, après la lettre que vous eûtes la bonté de m'envoyer pour M. le procureur général [1]. Pendant que cette lettre étoit en route, on m'apprit que ce magistrat avoit en vue quelqu'un de sa famille pour le poste de garde du Trésor des chartes. Cela ne m'empêcha pas d'avoir l'honneur de lui présenter votre lettre. Il ne me fit qu'une réponse vague et générale, mais toujours remplie de bonté. Les connoisseurs disent ici qu'il ne fera disposer de cette charge que lorsqu'il verra qu'on m'aura donné quelque autre chose.

Après ce compte succinct sur cette ancienne affaire, permettez, Monsieur, que j'aie l'honneur de vous assurer de mes respects et de vous marquer les vœux que je fais pour le maintien de votre santé qui est si utile aux gens de lettres.

J'ai prié l'un de mes amis, chanoine de la Sainte-Chapelle de Dijon, de vous présenter cette lettre. M. de Sainte-Pallaye [2] a promis de me faire voir le dépouillement qu'il a fait de votre catalogue de manuscrits. J'aurois bien souhaité que ce catalogue eût été imprimé tel que vous l'avez rédigé, afin qu'il pût servir de modèle pour celui de la Bibliothèque du roi, que certains

---

LETTRE 313. — Publiée d'après l'original, fonds Bouhier, $\frac{165}{4}$, f° 335, Bibl. imp.
1. M. le procureur général Joly de Fleury.
2. Membre de l'Académie des Inscriptions.

curieux appréhendent toujours être insuffisant tant qu'on y intéressera que deux ou trois personnes [3].

314. — DE LEBEUF A FENEL.

12 février 1742.

Je ne manquai pas, quelques jours après la réception de votre dernière, d'aller chez M. votre oncle, quoique rien ne pressât pour l'argent, et je reçus de lui la somme de la souscription en lui remettant ladite souscription. J'appris de lui qu'il avoit déjà passé au collége pour me rendre l'argent et qu'il ne m'avoit pas trouvé. Je lui laissai un petit mot pour vous, mais je m'aperçus qu'il n'étoit pas prêt de vous l'envoyer.

Je vous y marquois simplement de vouloir bien vous ressouvenir de votre promesse d'écrire contre le sieur Danville, en ce en quoi vous le trouverez répréhensible. J'ai à la fin vu son ouvrage [1]. Je lui ai répondu sur *Cora*, où je n'aurois pas cru qu'il m'eût argué; j'ai donné ma réponse au *Mercure* sans y mettre mon nom [2]. J'y ai promis de faire quelques notes au commencement de mon *Histoire civile* [3], sur ce qu'il dit de *Genabum*, et au sujet de la répugnance qu'il a d'admettre proche chez

---

3. Le Catalogue des manuscrits de la Bibliothèque royale a été publié de 1739 à 1744, en 4 vol. in-f°. Il ne comprend que les manuscrits orientaux grecs et latins.

LETTRE 314. — Publiée, ainsi que les n°s 315 à 220, d'après les autographes de la collection de Fontaine.

1. L'ouvrage de d'Anville intitulé : *Éclaircissements géographiques sur l'ancienne Gaule*, Paris, 1741. L'auteur y place *Chora* à Querre, proche Arcy-sur-Cure, et critique Lebeuf qui plaçait ce lieu à Cravan, en quoi ils avaient tort tous les deux, attendu qu'il est établi que le *Chora* des Itinéraires était à Saint-Moré, sur la voie romaine, à une lieue au-dessus d'Arcy. — Voyez ci-après, lettres de 1742, sur le même sujet.

2. Voir *Mercure* d'avril 1742, p. 711; lettre de M***** à M. Maillart, au sujet de Cora, etc.

3. Voyez *Mémoires sur l'histoire civile et ecclésiastique d'Auxerre*, t. III, p. 2, note 2, deuxième édition, in-8°.

nous un *Vellaunodunum*; comme aussi sur le ridicule qu'il m'a paru qu'il auroit voulu jeter sur l'idée du P. Chamillard, jésuite, touchant le quartier des Chrétiens en un coin des grandes villes païennes, et selon moi, dans un endroit séparé lorsque ces villes n'étoient pas murées. Il ne veut pas ajouter foi à nos actes de saint Pèlerin[4], qui disent qu'*Autricum* n'étoit pas muré lorsque ce saint y vint. Je crois qu'il en étoit de même de plusieurs villes subalternes, et je pense qu'on ne peut l'assurer que des grandes villes comme Autun, Fréjus, que le P. Chamillard a représentées en forme ronde avec un autre rond ou ovale, formé dans un des coins. Je croirois qu'il en auroit été de même chez vous. Votre cité est ovale et grande, c'est parce qu'apparemment, lorsqu'on en fit les murs pour clore le quartier des Chrétiens devenus maîtres, on employa à la clôture une portion déjà existante de l'ancienne clôture.

Ordinairement les cités romaines chrétiennes qui sont dans les Gaules ont leur enceinte de figure quarrée. Cela vient, selon moi, de ce que le terrain où elles ont été bâties étoit libre, et que les villes romaines-païennes de ces cantons-là n'avoient pas été closes. Ces cités chrétiennes furent fermées en forme de châteaux, et comme Grégoire de Tours dit que Dijon l'étoit. Bordeaux l'étoit du temps d'Ausone, forme quarrée; la cité de Beauvais l'est aussi. Celle d'Evreux qui n'étoit qu'un château : *Ebroas castro* (*sic*).

Je croirois qu'il seroit bon de prier MM. d'Orléans de nous donner une figure de leur cité. Glissez cela dans votre écrit. Je joins ici deux plans figurés de l'ancien et nouvel Auxerre, et autant de Soissons que j'ai bien examiné[5].

Ce que je vous marquois en second lieu, dans mon petit billet,

---

4. Publiés dans les *Bollandistes*, au 16 mai; dans Labbe, *Bibliotheca nova*, t. I, p. 256, et *Bibliothèque historique de l'Yonne*, t. I, p. 127, in-4°.

5. Lebeuf a joint à sa lettre un croquis de la cité de Sens et du *Castrum d'Autricidorum* et de la ville de Soissons, pour établir son système sur la forme carrée des cités romaines chrétiennes.

regardoit, je crois, mon beau-frère [6]. Sa femme a été obligée de le quitter tant il la maltraitoit. Mgr l'archevêque croyoit qu'il étoit mon propre frère. Je l'en ai détrompé. Je me doute que Sa Grandeur lui aura écrit à la bonne encre. Si jamais il passoit à Sens et qu'il vous vît, vous pourriez lui battre froid afin qu'il reconnoisse son tort, et qu'il reprenne ses anciens emplois au lieu de se mêler de ce qu'il n'entend pas. Une fois il me disoit *anacochisme* pour *anachronisme*, et croyoit bien dire !

Mgr l'archevêque ne fait pas refondre son chant, mais réviser seulement. Ainsi vous croyez, sans fondement, que cela doit me valoir beaucoup. Pour moi, je ne lui demanderai que son amitié. Cependant, comme je vois qu'il faudra que mon frère, curé proche Auxerre, et moi, nous nous chargions de ma sœur et de son enfant, le père étant suffisant pour avaler le reste du bien, je ne m'éloignerai pas de lui demander un jour, au cas qu'il vaquât quelque bonne cure de campagne à sa nomination, de la donner à mondit frère. J'en préférerois une qui fût dans les cantons qui avoisinent Paris. Lorsque vous reverrez ce prélat, à Pâques, ne pourriez-vous pas lui en toucher quelque chose ? Car, puisqu'il a bien voulu être parrain du petit Lebeuf de Joigny, il y a deux ans, j'espère qu'il aura du moins compassion de lui et de sa mère.

Vous me marquerez, s'il vous plaît, où l'on est resté pour la brochure de mon histoire, afin que je vous envoie la suite. Marquez-le clairement par les adverbes *inclusive* et *exclusive*.

Je vous prie de ne pas faire transpirer ce dont Mgr l'archevêque me charge sur le chant, de crainte que cela ne vienne aux oreilles de M. Poisson, qui peut me trouver dans les rues ou me venir voir [7].

---

6. Le capitaine Lebeuf, de Joigny. — Voyez, ci-dessus et ci-après, lettres des 27 mai et 14 juillet 1742 ; la dernière annonçant qu'il est devenu fou et qu'il a été conduit à Charenton.

7. Le projet de révision du Graduel, dû à Poisson, éprouva de longues vicissitudes dont on peut voir les traces dans la correspondance de Lebeuf et notamment dans ses lettres des 29 avril, 6, 18 et 23 mai 1744. Fenel

On m'écrit de Dijon qu'il va paroître une *Bibliothèque des auteurs de Bourgogne*, par feu M. Papillon[8].

Il me semble que M. de La Curne de Sainte-Pallaye, m'a dit qu'il vous restitueroit lui-même votre manuscrit de Gérard de Roussillon. Il doit aller en Bourgogne après Pâques.

Il ne m'est venu voir personne de votre part, et je ne vous ai aussi envoyé personne. Ces rôdeurs sont quelquefois des gens que le besoin fait chercher des connoissances. Vous faites très bien d'être toujours sur la défiance.

On afficha avant-hier un nouveau livre de M. de Maupertuis, sur les parallaxes de la lune[9]. Je n'ai pu encore aller voir M. de Réaumur. Je ne manquerai pas de lui parler de vous lorsque le cas se trouvera.

---

315. — DE FENEL A LEBEUF.

Sens, 14 février 1742.

[Il ne peut, pour le moment, réaliser sa promesse de faire la critique de l'ouvrage de d'Anville. Il a beaucoup de travaux sur les bras, et « je ne travaille pas vite, c'est-à-dire que, quoique je compose très vite, et que j'aie une assez grande facilité, je ne veux rien laisser passer qui ne soit revu très exactement, ce

---

finit par apprendre à Lebeuf que la correction de cet ouvrage avait été confiée au chanoine Lasseré, et l'œuvre de Poisson fut ainsi respectée dans le *Graduel* de 1745. — Voyez, *Notice historique sur les musiciens Sénonais*, par M. Chérest, *Bulletin de la Société des sciences de l'Yonne*, t. VI, 1852.

8. La *Bibliothèque des Auteurs de Bourgogne* a été publiée par Joly, chanoine de la Chapelle-aux-Riches, Dijon, 1742, 2 vol. in-f°. Elle avait été annoncée plusieurs fois auparavant, et a été éditée de nouveau en 1745.

9. Maupertuis (Pierre-Louis Moreau de), philosophe et géomètre, né à Saint-Malo, le 17 juillet 1698, mort le 27 juillet 1759.

Réaumur (Ferchault de), physicien et naturaliste, né à La Rochelle, en 1683, mort en 1757.

qui me donne une peine extrême, et me coûte beaucoup plus que la composition.

« Les figures que vous m'envoyez des cités de Soissons et d'Auxerre, sont curieuses et dignes d'être gardées. Je suis absolument de votre même avis sur le Sens païen et sur celui des chrétiens. On peut démontrer que les murs d'aujourd'hui sont faits de fragments de temples et d'édifices païens, et les fossés n'ont été faits que du temps du roi Jean. »

[Condoléances sur le malheur de sa sœur.] « J'ai commencé à faire le dépouillement des *Bollandistes*, pour perfectionner mes connoissances sur l'Histoire de Sens. J'y ai trouvé, t. Ier, de janvier, p. 288, édition de Venise, cette note sur saint Honulphe :

« Ms Florarium, 19 décembr., S. Honulphi natalem refert,
« ad 31 augusti translationem, his verbis : in territorio Adastensi,
« translatio S. Honulphi, Senon. episcopi. »

« Cela m'a paru mériter grande attention : 1° Parce que cela montre (si cela est bien exact), qu'il y a eu une translation du saint hors du diocèse de Sens et en Artois, d'où il semble s'ensuivre que c'est à tort qu'on croit ici qu'il a été inhumé à Saint-Didier et transféré à la métropole. »

---

316. — DE LEBEUF A FENEL.

(Lettre reçue le 8 mars 1742.)

Vous me blâmeriez avec raison si je différois à vous donner de nos nouvelles académiques, auxquelles je sçais que vous vous intéressez. Nos commissaires ont fait leur rapport au sujet du concours sur la pièce qui roule sur les *Galates*. Il s'est trouvé que le prix sortira encore du royaume. Il ira du côté où l'argent va chercher nos troupes, à Berlin. C'est M. Simon Pelloutier, auteur

---

LETTRE 316. — 1. Pelloutier (Simon), pasteur protestant, né le 27 octobre

de l'*Histoire des Celtes*, qui l'a remporté. On a déclaré un *accessit* qui n'est pas moins célèbre sur cette matière dans la littérature. Mais comme on ne sçait s'il sera bien aise qu'on sache qu'il a écrit et succombé, on n'en dit pas davantage. C'est un François [2].

Je vais faire imprimer ma dissertation Soissonnoise de l'an passé [3], puisque l'Académie de Soissons n'a pas encore retrouvé d'imprimeur, depuis celui qui l'a quittée.

Je ne serois pas bien aise de faire paroître contre Danville plus que je n'ai donné au *Mercure*, où je marque que d'autres pourront relever d'autres articles de son livre. Mais je vous prie de vouloir bien tenir votre promesse. Vos canevas ne me suffiront pas. Il faut que vous ayez aussi la bonté d'y mettre la forme.

Un autre auteur m'attaqua dès l'an passé sur la capitale des Diablintes, mais il n'a fait afficher son écrit que depuis trois semaines. Il est de Mayenne, et à cause que c'est un lieu considérable, sur une rivière, il veut que ç'ait été la capitale et non pas Jublent, où l'on retrouve des antiquités. Deux lieues de distance font notre querelle. Je lui répondrai aussi par le *Mercure* [4]. M. Maillart a ma lettre. Cet auteur a lâché cela comme un préliminaire à son *Histoire de Mayenne*. Malheureusement pour lui il a aussi à dos le sieur Danville qui s'est déclaré pour mon

---

1694, à Leipzig, mort à Berlin en 1757. Il remporta le prix mis au concours par l'Académie des inscriptions en 1742, pour son Mémoire sur les *Galates*, *nation Gauloise établie dans l'Asie Mineure*.

2. Fenel a mis en marge : « C'est D. Martin, bénédictin auteur, etc. » — Il s'agit de D. Jacques Martin, né à Panjau, haut Languedoc, en 1684, mort en 1751, religieux de la congrégation de Saint-Maur; auteur de travaux sur la religion et l'histoire des Gaulois.

3. Sa *Dissertation sur plusieurs points de l'histoire des enfants de Clovis I*[er]*, et sur quelques usages des Francs*, publiée dans ses *Dissertations sur l'histoire ecclésiastique et civile de Paris*, etc., 1743, t. III, in-12, p. 1 et suiv.

4. Lebeuf répondit dans le *Mercure* d'octobre 1742, à l'abbé de La Fosse, qui avait soutenu que la capitale des *Diablintes* était à Mayenne et non à Jublens, comme l'avait établi Lebeuf dans le t. I, de ses *Dissertations sur l'histoire*, etc., Paris, 1739. Voyez encore ci-dessus, p. 240, lettre du 21 octobre 1738.

sentiment, p. 237 de son livre. Comme vous n'avez pas cet ouvrage de Danville, ne peut-on pas vous le prêter une deuxième fois? Je n'en ai joui ici que par emprunt.

Avez-vous jamais fait attention que personne, avant Glaber, n'a fait mention que le nom d'Orléans vient de l'empereur Aurélien, et que c'est Glaber[5] qui nous apprend que quelques-uns de son temps le croyoient, mais qu'ils étoient mal fondés. Il est vrai que ce même Glaber donne ensuite une étymologie extravagante qu'il tire d'*Ore Ligeris*, *Ore ligeriana*, *Orliana*. Mais ne pourroit-il pas se faire qu'il auroit raison en partie et qu'*Aureliani* ne ressemblât qu'extérieurement au nom d'Aurélien, comme *Argentina* à *Argentum*, *Avaricum* à *Avarus*. Glaber sçavoit quelque chose : mais il ignoroit le celtique, et s'il l'eût sû, il eut peut-être mieux étymologisé Orléans.

S'il falloit dire *Aureliani*, cela pourroit changer quelque chose. Notez qu'il y a plusieurs villages dans les Gaules qui ont le même nom : *Aurelianis*, sur la rivière de Cher ; il y en a en Gascogne; en Artois, Orlencourt ; Aurillan, proche Bordeaux ; Avril-sur-Loire, diocèse de Nevers; *Orliennas*, élection de Lyon. *Au* ou *Aw*, signifioit : pré ou prairie en celtique ; peut-être qu'*Aurel* seroit le nom primitif de la rivière de Loiret, qui forme une grande péninsule avec la Loire devant Orléans. S'il y a, en effet, des rivières dites *Avara*, *Evra*, *Aura*, pourquoi n'y en auroit-il pas dites *Eurilia*, *Aurilia* ou *Aurelia*? La rivière d'Aure et celle d'Eure, se joignent vers Ivry au diocèse d'Evreux. Celle de Rille passe à l'Aigle, au diocèse d'Evreux. Voilà en deux noms celtiques l'étymologie qu'on pourroit peut-être donner aux Orléanois : peuples de la rivière d'*Aurillia*, dont on auroit fait *Aurelliani*, et par adoucissement *Aureliani*. Je sens que si cela étoit bien prouvé, cela pourroit mortifier ceux qui s'imaginent qu'Aurélien en est le fondateur. Je l'ai cru

---

5. Glaber (Raoul), religieux bénédictin de l'abbaye Saint-Germain d'Auxerre, vivait au milieu du XIe siècle. — Voyez sa chronique dans Duchesne, *Recueil des Historiens de France*, t. IV.

comme les autres, mais puisqu'on n'y trouve aucun monument, je commence à en douter. Je croirois que l'habitation celtique qu'il y a eu à Orléans étoit d'abord entre la Loire et *Aurellia*, ce qui rendoit ce lieu bien muni à la manière des Gaulois, en formant une péninsule; et que les Romains ont depuis transporté cette ville à l'autre bout du pont, au rivage droit de la Loire, où leurs maisons étoient éparses, jusqu'à ce que bien tard il s'est formé une cité chrétienne. Il faudroit examiner de près comment les chemins romains aboutissent à ce lieu. Un anonyme a prouvé, dans un *Journal de Trévoux* de 1738 ou 1739, que *Genabum* devoit être, selon l'Itinéraire, en tirant vers Meun. Ce qui confirme mon soupçon sur l'étymologie et la transplantation d'*Aurellius*, de l'entre deux des rivières à la rive droite de la Loire, est que le faubourg occidental d'Orléans en a retenu le nom assez sensiblement. Il s'appelle les Orgerils : Saint-Laurent-des-Orgerils, voilà notre Auriærils ou Auriærilles, Aurjerilles, assez bien marqué, d'où, en formant le quartier chrétien sur la colline voisine, on aura fait *Aureliani*.

Je vous prie de rûminer un peu sur tout cela et de me faire les objections que feroient les Orléanois.

Lorsque le premier tome sera fini avec les preuves, vous aurez le reste de l'imprimé de mon livre [6].

C'est assurément l'Artois que M. Chastelain a marqué pour Saint-Honulfe. *Adastense* est l'Artois. M. Chastelain ne nomme pas le village où sont les reliques. Il faudra s'en informer. Mais je doute que vous trouviez une légende.

J'achève les extraits de votre Pouillé. Il y a bien du travail. Je continue mes remarques sur le chant chrétien.

Lorsque vous aurez occasion, ou si vous venez vous-même ici après Pâques, je vous prie de me faire tenir le manuscrit Chaalonnois [7] que vous avez apporté d'Auxerre. Il est couvert de parchemin; ce sont des pièces du XIVe siècle.

---

6. Ses *Mémoires sur l'Histoire d'Auxerre*.
7. On ignore de quel manuscrit Lebeuf veut parler. — Fenel a mis en

317. — DE LEBEUF A FENEL.

Paris, 27 mai 1742.

Malgré mon exactitude à conserver toutes vos lettres, il m'est arrivé d'égarer ou de perdre la dernière, dans laquelle vous me marquiez à quel endroit j'en suis resté pour la délivrance des cahiers de la brochure des *Mémoires historiques d'Auxerre*. Je n'ai pu me ressouvenir des points critiques que pouvoit contenir cette lettre.

M. Jannot, que le hasard m'a fait trouver par les rues, a bien voulu se charger de la suite tant du fond de l'histoire que des preuves, et je m'en suis rapporté au garçon de boutique dont la mémoire sur ces sortes de choses est plus fidèle que la mienne. Si vous avez quelque feuille double, vous aurez la bonté de me la renvoyer par quelque occasion.

Vous avez dû voir, dans le *Mercure*, une machine à poulies qui est de votre compétence[1].

Que pensez-vous de ma réponse au sieur d'Auville sur Cora[2]?

Vous devriez bien me faire le plaisir de me tracer, au moins en gros, les autres remarques que vous avez faites sur lui.

Pour ce qui est de *Genabum* il y aura toujours de la difficulté. M. Auvergnac écrit dans le *Journal de Trévoux* de 1739 que *Genabum* devoit être par-delà Orléans, et plus bas sur la Loire. Je n'ai pas eu de réponse de vous touchant mes conjectures sur la formation du mot d'*Auréliens*, et sa ressemblance avec les *Orgerils* ou *Aurgerils*, faubourg occidental d'Orléans. J'ai découvert, depuis peu, une vie manuscrite de saint Agnan qui a été inconnue aux plus actifs rechercheurs Orléanois, tels que le sieur Polluche. J'espère en profiter, sinon pour *Genabum*, au

---

marge de la lettre : « J'ai envoyé, par M. Garsement, le manuscrit de « Chaalons à M. Lebeuf. »

LETTRE 317. — 1. Dans le *Mercure* d'avril 1742.

2. Voyez lettre à M. Maillart, au sujet d'un lieu nommé anciennement *Chora*; *Mercure* d'avril 1742, p. 711.

moins pour autre chose. Elle paroit écrite peu après la mort du saint.

On m'a appris aussi d'Amiens que cette ville a changé de situation d'environ un quart de lieue, et qu'elle étoit proche un petit ruisseau qu'on appelle Aureigne ou Auleigne; en mémoire de quoi on marque encore de nos jours dans la table attachée au cierge pascal de la cathédrale : « A fundatione urbis Samaro-
« brie, qua prius Abladana vocabatur, et sita erat versus S.
« Acheolum..... tant d'annés. »

Amiens est une des églises qui a conservé beaucoup d'anciens usages.

Je viens de retrouver la lettre du chanoine d'Amiens. En parlant de l'an 1742, il y a : « Anno a creatione mundi 5725.
« A condita primum urbe Abladana quæ postea Samonobria
« Ambianorum dictavit, in his locis ubi nunc SS. Achii et
« Acheoli monasterium cernitur, 3369. »

Cela me paroit bien fort et suspect pour l'antiquité.

La *Bibliothèque Bourguignonne* est enfin arrivée à Paris, mais je ne l'ai pas vue. Le *Mercure* vous l'annonce. On m'en montra le manuscrit il y a un an. J'y trouvai, à l'ouverture, une plaisante bévue sur le fameux Edme Pirot, Auxerrois : on marquoit qu'il a été inhumé à Saint-Eustache, paroisse de Paris[3]. Moi, qui avoit passé mille fois sur sa tombe qui est à Notre-Dame, près celle de M. Chastelain, j'en fus indigné, et, réflexion faite, je vis que c'étoit l'Obituaire de Paris qui avoit induit en erreur le sieur Papillon, auteur. On y lit au jour de son Anniv. :

LIBERA AD S. EUSTACHIUM;

et justement M. Pirot est inhumé devant la chapelle de Saint-Eustache, à l'aile gauche, près la porte Rouge.

Dom Guillaume Gérou m'a encore envoyé un morceau qui vous concerne :

---

3. Cette bévue a persisté dans l'ouvrage imprimé où Pirot est dit mort à Paris le 4 août 1713, et enterré à Saint-Eustache. — Voyez, *Bibl. des Auteurs de Bourgogne*, article Pirot.

« Ex Cartular. Campaniæ, n° XLV :

« Ego Theobaldus, Campaniæ et Briæ comes palatinus, not.
« facio quod ego concessi hominibus meis de Viconovo et de
« Corlon et de Baissiaco, et omnibus meis manentibus inter
« Braium et urbem Senonensem [4]. »

C'est une franchise, à ce qu'il ajoute : « Datum anno 1228,
« mense Julio. »

Mgr l'archevêque de Sens, à qui j'ai remis, il y a un mois, toutes mes remarques sur le chant du Graduel, m'a promis de penser à mon frère. Il a même déjà fait la démarche d'écrire à son sujet à Mgr notre évêque, lequel lui a répondu, à ce qu'on me marque d'Auxerre, qu'il n'avoit pas de cure actuellement meilleure. Ainsi, Mgr l'archevêque en fera apparemment son affaire. On m'a écrit qu'il y en a de bonnes autour de Provins, dont les titulaires sont fort vieux : et qui me l'écrit, c'est le nouveau prieur de Saint-Jacques, autrefois prieur de Saint-Léger de Soissons, P. Gerbault de Montargis, issu de la branche des Lebeuf de mon beau-frère, du côté de sa mère. Je suis extrêmement surpris que mon frère curé ait attendu que je prévienne ses besoins. Il est dans une paroisse [5] où il se tue de peine et où il n'a que six cents livres. Si je ne puis pas rendre beaucoup de service à ma sœur, dont le mari a consumé le bien, au moins il pourra faire plus qu'il ne fait, et de mon côté je ferai ce que je pourrai.

Le dérangement d'esprit se manifeste de plus en plus en la personne du *quidam* de Joigny. Mais il est inutile de vous entretenir de cela. Ayez la bonté de pousser à la roue sur l'affaire ci-dessus, lorsque vous verrez Sa Grandeur.

P.-S. — J'ai reçu en son temps le livre des titres Châlonnois et ce qui en dépendoit, mais sans lettre

N'écrivez-vous donc pas pour le prix de l'*État des sciences* ? Je

---

4. Vinneuf, Courlon et Bachy sont des lieux de l'arrondissement de Sens, canton de Sergines (Yonne).
5. A Venoy, canton d'Auxerre (Yonne).

sçais une personne qui vous feroit là-dessus une proposition si elle étoit à portée de vous parler.

Il n'y a pas eu de prix distribué à Soissons.

Je crois avoir oublié, dans ma dernière, de vous proposer l'achat du *Notitia Galliarum* de M. de Valois[6], à beaucoup meilleur marché que je ne l'ai eu en 1732, qu'il me coûta 24 livres.

Réponse s'il vous plait là-dessus, à moins que ce livre ne soit déjà dans la bibliothèque du Chapitre. Il me paroit nécessaire pour votre genre de travail.

Les auteurs du *Mercure* donneront un volume séparé sur l'ambassadeur turc. Il y aura plusieurs traits anciens rappelés[7]. M. de La Roque m'a consulté sur la médaille d'un Jean-Baptiste Duval, Auxerrois, qu'il y fera graver. C'étoit un interprète des langues orientales.

---

318. — DE FENEL A LEBEUF.

Sens, 6 juin 1742.

[Il lui accuse réception de la fin de son premier volume de l'*Histoire d'Auxerre* et des *Preuves*.

[Sa conjecture sur l'origine d'Orléans et son ancienne position est vraisemblable. Mais il faudrait, avant de se prononcer, qu'il

---

6. *Hadriani Valesii notitia Galliarum*, Paris, 1675, in-f°. Cet ouvrage précieux est aujourd'hui d'un prix fort élevé.
7. Voir *Mercure* de juin 1742, où la relation dont parle Lebeuf forme un volume entier. La médaille de Duval (p. 993) représente d'un côté son buste avec cette inscription :
JO. BAPTISTA DUVAL,
LING. ORIENT. INTERPRES REG.
MDCXXX.
et au revers : MERCURE assis devant une table qui porte un buste d'homme et une médaille. A côté, un pacha turc, avec ces mots : *Francigena interpres*.

ait examiné cette ville, ses antiquités, etc., et les chemins anciens qui y aboutissent. — Il félicite Lebeuf sur la découverte de la Vie de saint Aignan. « Vous y découvrirez des choses utiles, vous qui avez le secret de trouver dans les livres connus de tout le monde des faits anecdotes que personne n'avoit remarqués. Ce talent n'est pas donné à tout le monde. « Non omnibus « datum est habere nasum. »

[Il a reçu le manuscrit de Gérard de Roussillon, de M. de Sainte-Pallaye. Il travaille depuis longtemps pour le prix de l'*État des sciences* [1]. « On a commencé à fouiller la terre dans notre sanctuaire, pour y poser les fondements du nouvel autel que Mgr l'archevêque va y faire placer. On a trouvé (ainsi que je l'avois prédit), le corps d'Ateldils, archevêque [2], mort en 933, le 25 septembre, avec un anneau d'or sur lequel étoit son monogramme. On y a aussi trouvé une crosse de bois de sapin, avec un haut et un bas de cuivre. Ce bas étoit fort pointu, et ce vers (qui fait allusion à cette pointe), étoit en haut :

« Prima trahit placidos; pars pungit acuta protervos. »

« Il y avoit encore un reste de vers au-dessus, en cette sorte :

« Qu..... trahit illabeat. »

que j'ai suppléé en devinant, eu égard à la rime et à ce qui précède, en la façon suivante :

« Quos pungit damnat, quos trahit illabeat. »

« Il y avoit aussi un reste de calice et de patène d'étain, et les reliquats d'un habillement pontifical, semé de figures, où il entre de l'or, partie filée, partie non filée; partie tissée dans l'étoffe de soie, partie brodée. J'ai aussi le milieu du *pallium*. »

LETTRE 318. — 1. Ce Mémoire sur l'*État des Sciences en France depuis la mort de Philippe-le-Bel jusqu'à celle de Charles V* a été couronné par l'Académie en 1744.

2. Ataldus, archevêque de Sens, qui siégea depuis l'an 927 jusqu'en 933.

319. — DE LEBEUF AU PRÉSIDENT BOUHIER.

Paris, 29 juin 1742.

[Il lui envoie un exemplaire de sa Dissertation soissonnaise qu'on vient d'imprimer. Son édition est faite sous ses yeux, et la meilleure; il y a rectifié quelque chose qui était trop cru contre la légende de saint Maur.]

320. — DE FENEL A LEBEUF.

12 juillet 1742.

[Il a été malade depuis sa dernière lettre et il ne jouit pas encore d'une bonne santé. Il veut cependant lui écrire, au sujet de sa demande à l'archevêque pour placer son frère le curé. Il lui a aussi parlé de son beau-frère l'aliéné qui est à Charenton,] « et sur sa pauvre femme et son pauvre enfant qui étoient dans une situation déplorable, si lui prélat n'y survenoit. » — A propos de votre frère le curé, je n'ai pas fini sans exposer au prélat l'attachement que vous aviez pour lui, le besoin que vous aviez de secours, et combien vous le méritiez. Là-dessus il m'a parlé de la situation de votre fortune dont je ne lui ai pas exagéré l'opulence, mais j'ai dit les choses comme elles étoient. Il m'a dit là-dessus que Mgr d'Auxerre (qu'il vient de voir par parenthèse), se plaint fort de ce que vous ne résidez pas à votre bénéfice. Je lui ai répondu, en un mot, que ce que vous faisiez à Paris, personne ne le pouvoit faire, et que ce que vous feriez à Auxerre, si vous y étiez, cinquante personnes le feroient bien

---

LETTRE 319. — Citée d'après le Catalogue Parison, n° 385. — Cette lettre, selon M. de Bastard, doit appartenir à la Bibliothèque impériale.

à votre place. Je lui ai, là-dessus, fait sentir la considération où vous étiez dans Paris parmi les savants, etc. Voilà le précis de ma conversation que je n'ai pas pu entamer plus tôt pour divers motifs qu'il est inutile de spécifier. Mais voilà la glace fondue, et je pourrai dorénavant en reparler librement. Je me hâte de vous faire part de tout cela le plus exactement que je puis. Je compte aller à Paris à la fin du mois, s'il plaît à Dieu; portez-vous bien et continuez à m'aimer.

—

321. — DE LEBEUF A FENEL.

Ce 14 juillet 1742.

Les nouvelles que vous m'avez apprises, Monsieur, dans votre dernière, étoient assez intéressantes pour que je me misse en devoir de vous faire prompte réponse.

Je vous félicite d'abord de la trouvaille du bon évêque Adaldus[1]. Vous vous êtes donné la peine de m'en parler assez au long; cependant je crois que vous n'en resterez pas là. Vous devriez m'en adresser une lettre plus étendue et en bonne forme, et elle passeroit de chez moi au *Mercure*. Ce n'est pas que je n'avoue que cela sera mieux dans votre *Histoire des Archevêques*; mais, outre que l'édition est encore éloignée, ces petites découvertes sont bonnes à produire afin d'en attirer de semblables de diverses provinces, où votre histoire ne pénétrera de longtemps. Et, d'ailleurs, cela servira à vous faire connoître de plus en plus. Mais assurez-vous auparavant si le premier vers débute ainsi: « Prima trahit; » pour moi, je crois qu'il faut « Curva trahit, » comme le dit Hugues de Saint-Victor; voyez le *Glossaire de Ducange*[2].

Une nouvelle que je vous dirai en ami, et que vous pourrez

Lettre 321. — 1. Adaldus ou Ataldus, archevêque de Sens. voyez ci-dessus p. 374.

2. Fenel a mis à côté : « Non, il y a bien *Prima*. »

apprendre à Mgr l'archevêque en particulier, c'est que mon beau-frère a tant fait par ses dépêches et missives, qu'il se fît enfermer, il y a eu hier huit jours (3 juillet), à Charenton, par ordre du Roi. Il se donnoit les airs d'écrire lettres sur lettres à Sa Majesté et à Son Éminence sur le gouvernement de l'État; demandoit une audience particulière du Roi, l'a été trouver à Versailles, à Saint-Léger, et le tout en vain ; croyant mieux réussir à Choisy, il a été se présenter lui-même à la police où ses lettres étoient renvoyées pour le faire examiner, et là, par ses discours il s'est brûlé à la chandelle. Quand on a vu qu'on ne pouvoit le détourner de cette audience de Choisy, on est convenu de l'y mener. Il est monté en fiacre, et a pris la route de Choisy : deux exempts l'accompagnoient qui l'ont fait entrer dans le parc des Pères de la Charité de Charenton, où, sous prétexte d'une station, on l'a fait rester. C'est ce que M. de Marville a fait sçavoir à mes cousins où j'ai été l'apprendre, et aussitôt nous avons été ensemble l'en remercier. Il nous a répété les mêmes faits que ci-dessus.

Il nous revient déjà d'Auxerre que sa sœur, qui y est mariée à un marchand de bois, fera ses efforts pour prouver qu'il n'est pas fou. Pour nous, nous sçavons le contraire. Ce pendant qu'il est enfermé, nous allons tâcher de le faire déclarer interdit par le prévôt de Joigny, et sa femme, ma sœur, curatrice du peu de bien et tutrice de l'enfant. Si vous vous apercevez que Mgr veuille bien nous appuyer pour réussir, et dans la durée de la détention et dans la déclaration de l'interdiction, je vous prie de me le faire sçavoir, ne voulant pas lui rompre la tête là dessus sans son agrément. Je crois que Sa Grandeur voit à présent les remarques que j'ai faites sur le Graduel de M. Poisson [3].

Je vous prie de vouloir bien aussi réunir vos remarques sur le sieur d'Anville. La moindre lettre de votre part sera agréée par les auteurs du *Mercure*. Ils m'ont averti qu'il m'a répondu.

---

3. Poisson, curé de Marsangis, savant compositeur, auteur des chants du Missel de Sens de 1726. Voyez ci-dessus, p. 364, note 4, et la Correspondance ci-après.

Mais ce ne sont que des redites tirées de son livre. J'y répondrai pourtant. Après quoi, vos remarques (anonymes si vous voulez), viendroient à merveille.

Sçavez-vous ce fait singulier de votre archevêque Pierre de Corbeil? Je le tire de la vie manuscrite d'un Jean, premier abbé de Catimpré, près Cambray, composée au xiii° siècle par Thomas, chanoine de ce lieu, mort dominicain. Elle est conservée ici, à Sainte-Geneviève. On y lit, à la fin du deuxième livre, le fait qui suit: « Unde memorabilis magister Petrus scilicet de Cor-
« buel, tunc Cameracensis pastor, vero Senonensium archiepis-
« copus, veniente sibi venerabili viro cum successore suo domino
« Matthæo dixisse fertur: Bene, inquit, veniant domini mei duæ
« substantiæ in persona acsi diceret: Duo estis substantialiter
« homines sed vocamini et honoramini sub una pastoris abbatis-
« que persona. Hic est ille qui scientiâ plenus et fide mirabilis
« cum exemplus rebus spiritum exhalasset et in ecclesia posito
« corpore pro eo in ipso depositionis die missarum solennia
« celebrarentur, immolatamque celerator hostiam, sacræ liba-
« tionis secundum morem ecclesiasticum levaret subito defunctus
« commotus et curvatus in feretro sacramentum dominici cor-
« poris adoravit. » Voilà un fait peu croyable; mais Thomas n'étoit pas difficile à admettre les choses.

Il me semble qu'on parloit de la boussole dès le xiii° siècle. Je crois en avoir dit un mot en ma dissertation de l'*État des Sciences*[1], d'après Brunetti.

Ce 17 juillet 1742.

J'en étois ici lorsque j'ai reçu celle par laquelle vous me faites connoître ce que vous avez dit, à mon sujet et à celui de mon frère, à Mgr l'archevêque. Je vous en remercie très affectueusement. Le prélat m'avoit paru consentir à tout, étant ici, mais peut-être lui a-t-on dit, à Auxerre, qu'on ne laisseroit pas

---

1. Voyez *Dissertation sur l'État des Sciences en France depuis le roi Robert jusqu'à Philippe-le-Bel*, dans le Recueil des dissertations de Lebeuf. t. II, p. 233.

mon frère sortir du diocèse, et je me doute que les archiappelants vont lui faire naître des scrupules, à lui qui n'a jamais appelé. J'augure que Monseigneur n'a pas voulu vous dire qu'il pressentoit cela, et pour raison il a dit qu'il avoit des vicaires à placer. Toujours, dans l'occasion, ayez la bonté d'insister combien il lui convient, ou d'insinuer à Mgr l'évêque d'Auxerre de donner à mon frère un meilleur poste, ou de consentir qu'il le quitte. Ce n'est pas pour faire bombance ou pour jouer, mais pour assister une veuve et un pupille. Car, puisque vous sçavez la détention du sieur Lebeuf, capitaine, vous pouvez juger que ma sœur est veuve. Elle vient de m'écrire qu'elle vient de retourner de la cure de mon frère à Joigny, où elle va voir faire des saisies de tous côtés par les créanciers. Nous allons travailler à la faire séparer de biens. Mais nous aurons besoin d'amis pour faire renfermer le *quidam* en un lieu où il coûte peu, ou pour l'envoyer aux îles s'il le faut. C'est un vrai fou du côté de la cervelle. Je l'ai vu hier en son *ergastulum* : il soutient que l'État et le Roi sont injustes de ne le pas mieux récompenser des services qu'il a rendus à l'État et dont on s'est bien trouvé. Il se dit auteur des changements que M. le cardinal fit dans les postes, il y a trois ou quatre ans. Il a écrit deux lettres au Roi et à M. le cardinal. Sa folie git à soutenir qu'il est homme important, nécessaire à l'État; il disoit, hier, qu'il espéroit bien avoir une intendance de cette affaire-là, et qu'on s'est mépris en l'arrêtant.

Si Mgr l'archevêque remettoit sur le tapis les mécontentements de notre prélat de ce que je ne réside pas[5], dites-lui, je vous prie, que pendant les quatre ou cinq premières années il n'y a pas trouvé à redire, mais que ce n'est que parce qu'il s'est lassé d'entendre murmurer quelques chanoines de ses commensaux, qu'il a commencé à dire comme eux. Or, ces cha-

---

5. Voir, ci-dessus, p. 172, et t. Ier, p. 321 et 341, au sujet des difficultés que le Chapitre d'Auxerre avait faites à Lebeuf à cause de son défaut de résidence à Auxerre.

noines sont mal informés ou se contredisent en leurs démarches. Car de quel front peut-on dire que je dois venir faire mes charges, quand je suis absent, puisque lorsque je suis présent, le Chapitre y veut commettre, se disant revêtu de toute l'autorité, malgré les conclusions, traités et concordats contraires ? Convient-il de me dire de venir exercer, puisque quand j'ai voulu exercer on m'en a empêché? Voyez dans mes *Preuves* le Traité de 1544 [6]. Le Chapitre a tant de membres de divers sentiments que les contredits de conduite y sont inévitables.

Le sieur d'Anville va être tout bouranflé des éloges que les journalistes de Trévoux lui donnent dans le journal de juillet [7]. Vous retardez tant à me faire part de vos remarques, que peut-être elles ne pourront plus être employées. Le même journal a une lettre plaisante sur la Comète.

La *Bibliothèque des Auteurs de Bourgogne* est ici; plus le VIe tome de l'*Histoire littéraire de France*. Le deuxième *Mercure* de juin ne regardera que l'ambassadeur de Perse [8]. Un Auxerrois y sera célébré.

J'écrirai à Mgr l'archevêque pour le remercier de m'avoir préconisé près de M. de Marville.

---

6. Preuves des *Mémoires sur l'Histoire d'Auxerre*, 2e édition, tome IV, n° 428. C'est un accord entre le Chapitre et le sous-chantre de la cathédrale d'Auxerre.

7. Voyez, *Journal de Trévoux* de juillet 1742, p. 1,209, un éloge très flatteur du livre de d'Anville *des Éclaircissements géographiques sur l'ancienne Gaule*, et surtout l'examen de son opinion sur *Genabum* et de celle de Lebeuf sur le même sujet.

8. C'est par distraction sans doute que Lebeuf annonçait que le *Mercure* de juin contiendrait la relation de l'ambassade de Perse. Il s'agit seulement de l'ambassade de la *Porte ottomane*. Voyez, au reste, ci-dessus ce qu'en dit Lebeuf, lettre du 27 mai 1742, p. 373.

322. — DE LEBEUF A M.....

1742, après le mois d'août [1].

Je ne puis que louer beaucoup la résolution que prend M. d'Anville à la fin de sa lettre, de ne plus écrire sur *Chora* [2]. Cette matière, en effet, n'est ni assez intéressante, ni assez abondante, pour continuer à la traiter, et ce seroit fatiguer le public par des redites. Je n'en doute aucunement puisque ce qui a paru là-dessus n'ajoute rien à ce qui est dans son livre, et que ce n'est qu'une répétition de ses mêmes preuves.

Si les écrivains qu'il combat sont sujets à faire des suppositions, comment prétend-il être exempt de ce défaut, si commun dans l'art de la critique, lui dont les raisonnements supposent que les divisions des peuples qui avoient lieu chez les Gaulois, furent les mêmes chez les Romains, quand ils furent devenus les maîtres des Gaules ? Car, s'il ne suppose pas cela comme incontestable, à quoi lui sert d'alléguer si souvent les *fines* usités chez les Romains habitants des Gaules, pour prouver que *Genabum*, des Commentaires de César, n'étoit pas aux environs du lieu où est situé la ville de Gien ? Pour que les raisonnements de M. d'Anville ne supposassent pas cela, il faudroit que les écrivains ou les autres monuments du temps lui fournissent la preuve que les différentes divisions de territoire avoient été primitivement réglées chez les anciens Gaulois, suivant un plan

---

LETTRE 322. — Publiée d'après l'original, appartenant à M. Michel Chasles, de l'Institut, et communiquée par M. Benoît, conseiller à la Cour impériale de Paris.

1. La date de cette lettre est indiquée par la mention qu'y fait Lebeuf d'une lettre de d'Anville sur *Chora*, publiée dans le *Mercure* d'août 1742, p. 1703.

2. Voir *Lettre de M. d'Anville, géographe du roi, au sujet d'un lieu nommé anciennement Chora*, *Mercure* d'août 1742, p. 1703. Danville y persiste dans son opinion émise dans ses *Éclaircissements géographiques sur l'ancienne Gaule*. — Voyez ci-dessus lettre du 12 février 1742, note 1.

et un partage que les Romains n'ont fait que suivre et adopter à la lettre.

Si je me souviens bien encore de quelques règles de logique, sa majeure doit être ainsi conçue : « Le territoire des différents peuples Gaulois ne devoit pas être plus étendu que l'a été depuis celui des cités romaines établies dans les Gaules. » Et sa mineure : « Or, selon les monuments romains et le partage des anciens diocèses, telle cité Romaine avoit ses limites en tel lieu, et telle autre en tel autre lieu. » Desquelles deux propositions il conclut affirmativement, sur l'étendue du territoire de chacun des anciens peuples Gaulois, par l'effet d'un raisonnement qu'il croit bon, mais qui ne vaut rien, parce que la majeure est fausse. Ainsi, j'ai eu raison de dire qu'il lui restoit à prouver que l'étendue du peuple Gaulois étoit bornée à l'endroit où il en fixe les limites.

Au reste, pour que le zèle de M. d'Anville fût bien placé, et qu'il fût bien fondé selon les règles à faire comprendre, comme il le prétend, que j'ai eu tort de m'éloigner du sentiment de M. Lancelot, sur la position de *Genabum*[3], il faudroit qu'il fût constant par quelques endroits que ce n'est que depuis M. Lancelot que j'ai composé mon écrit. Or, la vérité est que j'avois composé ce petit ouvrage avant que M. Lancelot eût pensé à composer le sien[4], c'est même de quoi j'ai averti le public par une note qui est à la première page. Que M. d'Anville cesse donc

---

3. Lebeuf a toujours défendu l'opinion que *Genabum* était à Gien, et non à Orléans, et d'Anville, dans ses *Éclaircissements sur l'ancienne Gaule*, « tout en souhaitant ne manquer à aucun des égards qui sont dûs à ce sçavant abbé, » n'en démolit pas moins tous ses arguments en faveur de Gien, et établit les droits d'Orléans à être *Genabum*.

4. M. Lancelot a publié, en 1729, sa dissertation sur *Genabum*, ancienne ville du pays des Carnutes, dans le t. VIII, p. 450, des *Mémoires de l'Académie des Inscriptions*. Il fixe la position de cette ville à Orléans. — Lebeuf affirme ici qu'il avait composé son Mémoire avant M. Lancelot ; et dans son t. II du *Recueil des divers écrits*, p. 179, publié en 1738, il annonce, en effet, que ce travail était fait depuis dix ans, et il répète encore cette déclaration dans une grande note du t. II, p. 2, de ses *Mémoires sur l'Histoire du diocèse d'Auxerre*,

de supposer le contraire et de dire que je combats M. Lancelot, puisque je ne pouvois pas combattre une dissertation qui n'existoit pas, et que la mienne est antérieure à celle de M. Lancelot ; ce qui est si véritable, que dans la sienne il est fait mention de sentiments qu'il avoit trouvés dans celle de ma composition que je lui avois prêtée.

Ainsi, Monsieur, je puis fort bien finir ma lettre, qui est fort incomplète (mais je me propose de revenir sur ce sujet), je puis, dis-je, fort bien finir du même ton dont M. d'Anville a débuté, et dire que c'est sur des suppositions qu'il dérange avec assurance une partie considérable de la topographie du voisinage d'Auxerre, qu'il transporte à sa volonté la voie romaine d'un côté de la rivière à l'autre [5], et qu'il confond par là la marche des anciens Romains aux approches de la même ville.

---

323. — DE LEBEUF A M. DESCHAMPS.

Paris, 16 octobre 1742.

M'étant aperçu que M. Sallé [1] ne veut plus donner ses soins à la recette de mon petit revenu canonial, j'ai cru, de l'avis de M. de Pontagny, que vous voudriez bien accepter de prendre cette peine à sa place.

Vous sçavez que mon revenu va toujours en diminuant ; ainsi

---

5. Cette critique de Lebeuf est fort juste. D'Anville tombe dans une grosse erreur en faisant passer la voie romaine de *Chora* à Bazarne, par Irancy, pour arriver à Auxerre, au lieu de suivre en droite ligne de Bazarne à Vincelles, puis la Cour-Barrée, la montagne de Touchebœuf et Auxerre. — Voyez encore *Mercure* de septembre 1742, p. 1915, *Réflexions sur les remarques de M. d'Anville*, insérées dans le *Mercure* d'août. (Lettre de Lebeuf.)

Lettre 323. — Publiée d'après l'original, collection Lescuyer, à Auxerre.

1. M. Pierre Sallé, chanoine de la collégiale de Notre-Dame de la cité d'Auxerre, depuis 1708.

cela ne vous donnera pas beaucoup de peine. Néanmoins il sera juste que je vous marque ma reconnoissance comme je faisois à M. Sallé.

Je salue la cousine votre épouse.

---

324. — DE LEBEUF A FENEL.

12 novembre 1742.

J'ai encore voulu voir, Monsieur, si je trouverois quelque chose dans mon Froissart[1] ; j'en ai parcouru une partie, espérant y trouver, mais ça été inutilement ; il n'y a que de l'historique et des usages.

Au lieu de cela je me suis rejeté sur les *Chroniques de Saint-Denis*[2] et surtout j'ai fait attention aux incidences. Or, il y en a une dont il faudra que vous fassiez mention au bout de toutes les sciences, et après avoir parlé de l'apothéose d'Auguste, représenté sur un camaïeu donné à la Sainte-Chapelle par Charles V, au-dessous duquel sont des reliques ; après, dis-je, que vous aurez fait observer cela pour donner à penser qu'on ne songeoit pas alors à dresser des cabinets d'antiques, vous n'oublierez pas la trouvaille faite à Sens, dont parlent ainsi les Chroniques susdites :

« Le samedi, 30ᵉ dudit mois de mars 1358, devant *Lætare
« Jerusalem*, fut trouvée une grande quantité de monnoie
« noire de divers coins, sur un pilier de la petite Maison-Dieu
« de Sens, laquelle on abattoit parce qu'elle étoit trop près des

---

LETTRE 324. — Publiée, ainsi que les nᵒˢ 325 à 331, d'après les autographes, collection de Fontaine.

1. Froissart (Jean), chroniqueur, né à Valenciennes, en 1337, mort vers 1410. Sa chronique a été souvent publiée, et notamment en 1555, et en 1836 dans le *Panthéon littéraire*.

2. Les *Chroniques de Saint-Denis*, connues sous le nom des *Grandes chroniques de France*, ont été composées par ordre de Charles VII, par Jean Chartier, et publiées d'abord en 1476, 3 vol. in-f°.

« murs de ladite ville de Sens ; et dedans deux ou trois jours
« après, messire Jehan de Challon, sire d'Arlay, lieutenant pour
« lors dudit régent (Charles) ès parties de Champagne et du
« Bailliage de la ville de Sens, alla à Sens pour avoir ladite
« monnoie et la prist de fait et la fist porter à Troyes. »

Je sçais bien qu'il y a eu des monnoies de France appelées *Nigri*, mais seroit-ce de cette monnoie-là dont il s'agit en cet endroit? Ne pouvoit-ce pas être aussi des antiques? J'ai vu des Auréliens et autres devenus tout noirs en terre, et j'en ai encore. Vous qui sçavez où étoit ce petit Hôtel-Dieu [3], vous pourriez décider si ce n'étoit pas des monnoies du bas-empire. Tant y a que vous voyez le cas qu'on en fit, et qu'on porta le tout à la monnoie, à Troyes.

J'ajouterai encore à ceci une des propositions singulières condamnées par l'évêque de Paris, en 1341. Un anonyme de l'Université soutenoit : « Quod corpora glorificata non sunt in cœlo
« empyre cum angelis sed in cœlo crystallino, vel aliquo, quod
« est supra firmamentum. »

Cela est tiré de la *Bibliothèque des Pères*. Cette proposition peut se rapporter aux idées qu'on avoit alors des cieux : physique particulière.

Je crois vous avoir dit qu'il y avoit plusieurs statues au grand portail des Carmes de la place Maubert. Il n'y en a qu'une qui est de la Vierge : c'est au portail collatéral, du côté de la place Maubert, que sont trois figures : celle de la sainte Vierge, celle d'un roi et d'une reine embéguinée.

Ne faites pas difficulté d'envoyer votre ouvrage écrit de votre main, si vous ne pouvez pas le faire transcrire. Songez que le temps approche fort. Quand même votre écriture seroit connue, cela ne peut vous nuire. Soyez-en sûr. Il vaut mieux faire encore ainsi que de manquer votre coup.

---

3. Le petit Hôtel-Dieu de Sens exista d'abord près des Fossés de Saint-Rémi, et fut démoli, en 1358, pour la sûreté de la ville, et transféré ensuite dans la rue du Cheval-Rouge.

1742

Quand le mois de décembre sera venu, vous serez prié de voir si ce qu'on dit de saint Fort, à Saint-Maurice[4], a du rapport avec saint Guinefort, abbé du Berry, dont la fête est le 25 février. C'est pour ce religieux de Bourges qui vous a envoyé des extraits de Cartulaire.

---

325. — DE LEBEUF A FENEL.

28 novembre 1742.

1742

Quand vous devriez me quereller, je prends encore la liberté de vous écrire pour le même sujet que je vous ai écrit il y a quinze jours, non pour vous rien fournir, mais pour vous prier de me faire sçavoir si l'enfant est parti[1], et par quelle voiture, et s'il sera rendu à M. de Boze. Car, enfin, il a fallu finir et le temps est venu. Si vous l'aviez remis à quelqu'un qui fût resté en route par le coche, à cause du débordement, il seroit absolument encore temps de le rendre audit sieur qui gérera jusqu'au 1er janvier. On a un exemple de retard qui n'a pas nui à une personne dont le correspondant avoit eu quelque retard à essuyer. Ainsi, mandez-moi si vous avez quelque assurance d'avoir fait arriver assez tôt la chose en question. Je ne me souviens plus de la sentence.

Autre sujet de vous écrire, Monsieur, si vous avez à Sens les

---

4. Les reliques de saint Fort, saint Guinefort et sainte Aveline, leur sœur, sont conservées dans l'église Saint-Maurice de Sens.

Saint Guinefort est qualifié, dans le Bréviaire de Bourges de 1734, d'abbé du pays de Bourges, qui vivait u VIIe ou VIIIe siècle.

LETTRE 325. — 1. Lebeuf fait allusion au Mémoire de Fenel sur *l'État des sciences en France, depuis la mort de Philippe-le-Bel jusqu'à celle de Charles V*, mémoire destiné au concours de l'Académie des Inscriptions pour 1743, et qui remporta le prix.

M. de Boze était secrétaire trésorier de l'Académie.

cinq volumes de Duchêne ancien [2]. Pour les nouveaux, je ne crois pas qu'on y pense chez-vous, vu la cherté. Je viens de trouver les cinq volumes pour douze francs. Ce n'est pas la peine de s'en passer. J'ai collationné déjà les quatre derniers volumes et je n'y ai rien trouvé de manque. Je compte que le premier sera de même. Voyez si Mgr l'archevêque veut faire cette emplète pour vous, sinon je chercherai ailleurs. Le veau dont ils sont couverts est un peu gâté, mais la reliure est encore passable. Je les achetai, en 1735, trente et quelques livres. Ils vallaient, il y a dix à quinze ans, cent livres et plus.

Vous avez dû voir dans le *Mercure* comment le P. Texte est badiné [3]. On dit qu'il a bien pris cela et qu'il veut répliquer. Votre écrit contre lui est revenu de chez l'approbateur duement paraphé. Ce bon Père a fait tirer séparément des exemplaires de l'écrit que vous attaquez sur la médaille de De Bie, et il en fait distribution. Il m'en a même envoyé, à cause que dans ce tirage séparé il y a encore fait venir Poissy pour la naissance de saint Louis, car c'est le refrain perpétuel de sa chanson. Je crains qu'il n'en devienne fol. L'écrit sur Hennuyer [4] est de M. Prévost, chanoine de Saint-Germain l'Auxerrois, auquel j'ai fourni quelques preuves.

Le P. bénédictin de Bourges vous salue ; il se flatte que vous démêlerez si saint Fort de votre Saint-Maurice a du rapport avec leur saint Guinefort [5], (abbé du Berry, fêté le 25 février). J'ai

---

2. Le Duchêne ancien dont il est question ici est intitulé : *Historiæ Francorum scriptores*, etc., 5 vol. in-f° ; et la publication nouvelle dont parle Lebeuf devait avoir 24 vol. in-f° ; mais l'auteur mourut avant de l'avoir commencée, et il n'en parut que le prospectus.

3. Le P. Texte, dominicain, avait publié, dans le *Mercure* de juin 1742, une dissertation sur ces mots des prières des agonisants: « Délivrez, « Seigneur, l'âme de votre serviteur, comme vous avez délivré Abraham « de l'Ur des Chaldéens. »

4. Le Hennuyer (Jean), né en 1497, à Saint-Quentin, mort en 1578, évêque de Lisieux, aumônier du roi Henri II, etc.

5. Voyez, ci-dessus, lettre du 12 novembre 1742, note 4, sur saint Guinefort.

vu dans Morin, sur Montargis, qu'il y a eu une chapelle ou église de Saint-Guinefort, au château dudit Montargis.

L'impression de mon *Histoire civile* avance fort. Vous y verrez bien des choses sur vos baillis et les nôtres.

Piganiol de la Force continue à dire, en sa dernière description de Paris, que Robert, fondateur de la Sorbonne [6], tiroit son nom de votre Sorbonne ou Serbone-sur-Yonne. Il y en a qui croient qu'il doit y avoir quelque Sorbon, hameau dans l'Artois, à cause que les connoissances de ce Robert étoient toutes de ce côté-là.

Seriez-vous bien aise de communiquer à quelque paroisse un *O filii* de nouvelles paroles plus spirituelles ? Je vous en enverrai, si vous voulez, une copie. Ce morceau est comme dans le style de feu M. Besnault [7]. Il y a aussi un *Stabat Mater* refondu et embelli, je parle pour les paroles.

M. le président Bouhier vient de faire paroître sa réponse à M. de la Bastie, notre feu correspondant [8], qu'il a composée avant sa mort. Elle est un peu piquante, mais le baron l'avoit piqué le premier. C'est sur le jour pontifical des empereurs, et à cette occasion il examine le sentiment du baron sur certaines inscriptions.

Un Florentin (Pogginus), ou approchant, vient de dédier à notre Académie un in-4°, imprimé à Florence en 1741. C'est un *Virgile* en lettres comme untiales, et figuré tel qu'il est d'un

---

6. Robert Sorbon, fondateur de la Sorbonne, né le 12 octobre 1201, à Sorbon, près Rethel, mort à Paris, le 15 août 1274. Piganiol de la Force, le fait naître à tort, à Serbonne, canton de Sergines (Yonne).

7. Voyez, sur M. Besnaut. Corresp., t. Ier, p. 102, note 3.

8. Le baron de La Bastie, correspondant de l'Académie des Inscriptions, avait été attaqué d'abord par le président Bouhier dans une lettre du 9 septembre 1729, *Sur une inscription de l'empereur Albin, trouvée à Albigny, près Lyon*. La Bastie y répliqua assez vivement. Il publia ensuite, dans les Mémoires de l'Académie, un travail sur le *Souverain pontifical des empereurs Romains*, auquel le président Bouhier répondit de même, dans une lettre adressée au P. Oudin, jésuite, en date d'octobre 1742. Mais M. de La Bastie était mort depuis le 5 août précédent et la discussion en resta là.

bout à l'autre : TITYRE TU PATULÆ. Les A sont ainsi faits A, et les U ainsi Y, tout en capitales.

On nous l'exhiba hier.

---

326. — DE LEBEUF A FENEL.

5 décembre [1742.]

Quoique je n'aie pas eu l'honneur de vous répondre, vous ne pouvez pas douter que je n'aie fait soigneusement votre commission[1]. J'allai, ce matin, pour saint André chez M. Crispo, et je le trouvai qui se disposoit à aller chez M. de Boze, et, comme au retour il devoit vous écrire, je m'en suis abstenu.

Je recevrai avec plaisir la liste de vos archevêques tirée de saint Vandrille.

Je vous dirai, au sujet de Sens, que, dans un in-12 de moi, qui paroîtra avec la *Vie de Charles V*[2], il y aura une dissertation en forme de lettre, adressée à vous sans vous nommer, touchant l'église de Sainte-Colombe de Paris, dont Saint-Ouen parle en sa *Vie de saint Éloi*. Voyez Baillet, *in Dec*. Je crois l'avoir trouvée en celle de Saint-Bon, proche Saint-Merry, laquelle on prend pour être de Saint-Bond, évêque de Clermont, et que j'ai découverte être réellement sous celui de votre *sanctus Baldus*[3]. Vous sentez que ce tome devant paroître en janvier ou février, il n'est pas convenable que le public soit informé de ma grande relation avec vous, pour éviter les soupçons au sujet de ce que

---

LETTRE 326. — 1. C'est-à-dire de porter son Mémoire à l'Académie des Inscriptions.

2. Voyez, *Recueil de divers écrits pour servir d'éclaircissements à l'histoire de France*, t. III, 1743, in-12.

3. Voyez sur saint Bond, Corresp., t. Ier, p. 271.

vous sçavez [4]. Elle sera donc simplement adressée à « un chanoine qui prépare l'histoire de Sens. »

J'ai appris qu'à Saint-Germain-les-Étampes il y avoit eu un saint ecclésiastique dans l'avant-dernier siècle ou vers 1600, appelé Nicolas Glaçon [5], dont on a trouvé trois fois le corps sans corruption. Saviez-vous cela? Un manant en emporta une fois le pouce, qu'il a depuis rendu, et on l'appelle le *saint pouce*.

Il ne faut pas vous fatiguer sur les extraits de Fabricius pour moi, parce que je crois l'avoir suffisamment parcouru chez M. Secousse.

Je ne connois personne qui travaille au prix de Soissons, ni n'a d'envie d'y travailler. Cela est clair. Je voudrois bien avoir le temps de chercher des matériaux. Vous sentez pour qui ce seroit. Ils pourront bien à Soissons n'être pas plus riches que l'an passé. L'ignorance augmente furieusement. Il n'y a pas beaucoup de concurrents pour l'Académie des belles-lettres.

Jugez de la fureur qu'on a à Sens pour apprendre, puisque personne n'y fait plus venir le *Mercure*. Encore, chez nous, y reste-t-il une personne, outre Mgr l'évêque, qui le fait venir. Ce n'est pas que tout soit bon dans ce journal : mais il y a toujours à profiter. Si on composoit un *Mercure* qui ne parlât que de la variété du coup de jeu, peut-être auroit-il plus de cours dans les villes de province, car on joue partout.

Pourquoi songez-vous à envoyer un supplément? Jamais cela ne se fait. Votre pièce est déjà fort longue [6]. Ce ne seroit pas d'ailleurs une chose à remarquer, puisque les archets sont sur le bassin que j'ai e qui a au moins six cents ans, s'il n'en a pas mille [7].

Voici ce qui est proposé à traiter pour le 30 novembre 1743 :

4. Lebeuf, qui est toujours très réservé, nous laisse dans le doute sur le sujet auquel il fait allusion : soit qu'il veuille parler de projets pour lui-même, soit qu'il s'agisse de Fenel.
5. Nous n'avons pas pu obtenir de renseignements sur ce personnage.
6. Le Mémoire de Fenel sur l'*État des sciences*, dont il est parlé précédemment.
7. Comp., sur ce vase, lettre de Lebeuf à Fenel, n° 291 p. 312.

« Quels étoient, dans la Grèce, les sacerdoces attachés à cer-
« taines familles ? » ce qui comprend surtout l'origine de ces
sacerdoces, l'ordre dans lequel ils étoient transmis, leurs fonctions et leurs prérogatives [8].

On exécute, ce soir, le bout-entrain des Assommeurs, j'ai la
sentence ; il se nomme Pierre-Louis Raffia [9], crieur de listes de
loterie, et Pierre Roussel, gagne-deniers, son collègue. Ils seront roués vifs. La même sentence d'hier 4 fait connoître les
noms de dix-sept autres complices, dont il y a six ou sept femmes. Je lis parmi ces complices Louis de Lenfernat, dit la
Victoire, soldat au régiment des Gardes françoises, compagnie de
la Saône. Je souhaite que ce ne soit pas un parent des Lenfernat
de Gurgy, proche Régennes ou de Branches, en votre diocèse [10].
Ils sont bons gentilshommes, mais il y en a de pauvres.

J'ai fait porter chez M. votre oncle de Luisant les cinq tomes
de Duchêne, mais il s'est trouvé qu'il ne loge plus au Barillet.
Ses meubles sont plus près de Saint-Gervais ; j'y ai eu recours
et on a déposé les livres à l'endroit où sont lesdits meubles, rue
des Barres, tout proche la rivière. Je porterai au même endroit
la suite de mon histoire. Mais comme M. votre oncle n'est pas
encore revenu, cela pourra ne pas partir de sitôt. Je voudrois
pourtant que vous eussiez, dès à présent, votre Duchêne. J'attendrai le retour de M. de Luisant pour les douze livres.

Il vint hier ici un homme, de vingt-cinq lieues, m'apporter des
cailloux qu'il a trouvés, croyant qu'il avoit découvert une mine
et peut-être d'or. Je le menai à M. Elault, grand chimiste [11],

---

8. Le prix du concours à l'Académie des Inscriptions fut remporté par
M. Martin, avocat au Parlement.

9. Raffiat était le chef d'une bande d'assassins qui exploitait la ville de
Paris. Il fut condamné, par arrêt du Parlement, à être roué vif, ainsi que
plusieurs autres coquins. — Voyez, *Journal de Barbier*, décembre 1742.

10. Leufernat, famille noble très répandue autrefois dans le Sénonais et
l'Auxerrois. Gurgy et Branches sont des pays voisins d'Auxerre, du côté
du Sénonais.

11. Hellot et non Elaut, savant chimiste, membre de l'Académie des
sciences, né à Paris, le 20 novembre 1685, mort en 1766.

qui le détrompa. Il aperçut cependant dans ses cailloux du plomb, ou soufre. Le plaisant c'est que cet homme dit qu'il a le secret de voir bien avant dans la terre, surtout tous les sept ans. C'est un bon Champenois de vers Reims. Il faut tout écouter. M. Elault, académicien, me dit que, du même côté, en cherchant du charbon de terre, on a trouvé, à trente pieds, des bancs de coquillages comme dans la mer.

Raffia a resté vingt-huit heures à l'Hôtel-de-Ville, et il fut enfin exécuté hier soir, à neuf heures.

327. — DE FENEL A LEBEUF.

Sens, 1ᵉʳ janvier 1743.

[Fenel félicite Lebeuf de ce qu'il a obtenu la survivance d'une pension de 1,200 livres, après la mort d'un homme très âgé, appelé l'abbé Philbert. — Il lui parle de son plan pour composer son *Mémoire sur la conquête de la Bourgogne*, en 534, destiné à l'Académie de Soissons¹.] — « La fête des saints Fort et Guinefort, et sainte Aveline, leur sœur, se fait ici comme à Bourges, le 25 février. On doit, à ma prière, ouvrir la châsse et transcrire un gros cahier de procès-verbaux qu'on est certain y être renfermés. »

328. — DE LEBEUF A FENEL.

1ᵉʳ janvier 1743.

Vous êtes trop exact, Monsieur, à faire rendre le déboursé qu'on avance pour vous. A peine M. votre oncle étoit-il arrivé que, sans se donner le temps de respirer, il est venu en personne

---

LETTRE 327. — 1. Ce Mémoire a été couronné par l'Académie de Soissons, en 1743, et publié à Paris, en 1744, in-12.

me rendre le prix des cinq volumes de Duchêne : mais je doute que vous les ayez reçus, parce qu'il vouloit vous écrire encore auparavant. Son séjour en route a été cause qu'il est arrivé plus tard, et comme la rivière a été couverte de glaçons, elle n'a pas été pratiquable. Au reste, puisque vous avez le nouveau Duchêne, vous pouvez travailler avec encore plus d'assurance sur le prix de Soissons. Je souhaite que vous puissiez parvenir à ce qu'on dit dans une certaine collecte de sainte Luce : « Binam laureolam. » J'ai aussi laissé chez M. votre oncle la suite de mes *Mémoires civils d'Auxerre*, jusqu'à la feuille AAA inclusivement. Il n'y en aura plus guères à vous envoyer. Cela n'est pas encore fini ; je ferai un catalogue des anciens officiers laïques, vicomtes, baillis, lieutenants, etc., de même que j'en ai fait un des dignités et personnats de l'église.

Je ne répète pas ce que je vous ai mandé déjà, que je ne songe, ni par moi ni par autrui, à écrire pour Soissons. Travaillez hardiment et, quand vous aurez fini l'ouvrage écrit de votre main, vous pourrez l'envoyer directement à Soissons. Vous sçavez comment on y procède. Vous écrirez à M. de Beyne, secrétaire perpétuel de l'Académie de Soissons, une lettre que vous ne signerez pas, dans laquelle vous marquerez qu'on peut adresser le récépissé à Sens, à tel ou tel, ou à M. le maître de la poste de Sens. Ce tel ou tel recevra ce récépissé vers le 8 ou 10 février, dans une belle lettre de M. de Beyne, qui le priera de le remettre à la personne qui l'a choisie pour adresse, et vous irez en sçavoir chez lui des nouvelles. Ensuite, vers la semaine sainte, si c'est à votre pièce qu'on adjuge le prix, le même M. de Beyne écrira à la même personne à laquelle il a envoyé le récépissé, pour lui faire sçavoir que c'est la personne dont elle est médiateur ou médiatrice qui a remporté le prix, ou bien il lui écrira simplement de rendre une lettre qui sera incluse à la personne qui a envoyé de Sens une dissertation dont la devise est. . . . . . Cela étant ainsi, vous pourrez après cela écrire à M. de Beyne que vous irez à Soissons, ou enverrez procuration, et vous signerez votre nom et vos qualités.

1743

J'ai oublié de vous dire que vous mettrez une sentence à la fin de votre dissertation. Mais vous n'y mettrez aucunement votre nom, pas même dans un billet cacheté.

Comme je ne connois personne aux Grands-Carmes, ce que vous demandez pour M. Boudot est difficile, et quand j'y connoitrois, je doute fort qu'ils fussent d'humeur à prêter un manuscrit. Vous sçavez où en sont logés les Mendiants. Ils citent des bulles qui leur défendent de prêter.

J'ai reçu votre catalogue des archevêques qui paroit revenir pour le nombre à celui de nos évêques. Je souhaite que vous en fassiez tout l'usage qu'il conviendra. Il vous apprendra à être toujours sur la défiance.

Est-il bien sûr que *Gumbertus* eût même été corévêque à Sens? Ne seroit-ce point la ressemblance du nom qui l'a fait soupçonner? Que ferez-vous de *sanctus Francoveus*[1]?

Quoique je sçusse déjà la plupart des choses sur nos écrivains que vous m'indiquez d'après Fabricius, je vous dois cependant bien de la reconnoissance de la peine que vous avez prise de minuter deux grandes pages.

J'ignorois que Colin, secrétaire de François Ier, fût d'Auxerre[2]. Je ne sçais d'où le P. Nicéron a tiré cela. J'appréhende qu'il ne se soit trompé.

J'ai parcouru tous les vers de Gilon, de Paris[3], sur la *Croisade* pour y trouver ce vers :

Incola Tuciaci non inficiandus alumnus,

et je ne l'ai pas trouvé. Il seroit bon de voir ce qui suit et

---

LETTRE 328. — 1. Sur *Gumbertus*, voyez ci-dessus, p. 142, note 2, et sur *saint Francoveus*, Corresp., t. Ier, p. 72, note 1.

2. Lebeuf, dans ses *Mémoires sur l'histoire d'Auxerre*, 1re édition, t. II, ne parait pas assuré que Jacques Colin fût né à Auxerre. Il cite seulement à ce sujet l'opinion affirmative du P. Nicéron. Les éditeurs de la nouvelle édition des *Mémoires sur l'Histoire d'Auxerre* ont ajouté, d'après les biographies générales, des détails à la biographie de J. Colin, qui concordent avec l'opinion du P. Nicéron.

3. Gilon (de Paris), né au XIIe siècle, à Toucy (Yonne), poète, auteur d'une histoire des Croisades en vers latins.

ce qui précède. Vous m'avez aussi appris que je trouverois, dans Lambecius[4], quelque chose de Turpin.

Quant au *Cupidiniacum*, comme j'ai un Camusat à moi, j'avois déjà observé ce nom et examiné s'il pouvoit s'accorder avec la position de *Cupedenses* qui, selon des titres du ixe siècle, doit être le canton de la Brie voisin de Coulommiers, Rosoy, Vaudoy : j'ai écrit dans ce pays-là, point de réponse[5].

P.-S. — Ayant fini cette lettre le 1er janvier 1743, je la terminerai par un souhait sur lequel je ne crois pas être trompé ni faux prophète : « Unâ saltem laureâ coroneris. » Après une bonne santé, je pense que c'est là le but de vos désirs.

Dans l'inventaire des chartes de la Bibliothèque Coislin, lettres du Roi qui permettent à Jean Chanteprime, maître en la Chambre des comptes, de faire faire une rue de trois toises sur une place qu'il a achetée en la ville de Sens, laquelle va droit aux Cordeliers (en 1405).

Ces Chanteprime venoient d'Auxerre, paroisse Saint-Mamert ; ils se sont ensuite établis à Paris.

---

329. — DE LEBEUF A FENEL.

Ce 7 janvier 1743.

Comme je n'ai pas eu le loisir d'étudier les matières proposées par MM. de Soissons, je ne puis vous dire quel sentiment j'aurois pris si j'avois été dans le cas d'écrire.

J'approuve, au reste, votre système. La conquête de la Bourgogne ne peut-elle pas avoir été longue à faire ? Il faut que vous

---

4. Lambecius (Pierre) né à Hambourg en 1628, mort en 1680, bibliothécaire de la Bibliothèque de l'empereur d'Allemagne, et auteur entre autres ouvrages du *Catalogue des manuscrits* de cette riche collection.

5. On lit dans Camusat, *Promptuarium*, p. 360, v[o], à la vie de saint Victor, prêtre, que ce saint se retira dans le pays d'Arcy, au village de *Saturninus*, et qu'il alla visiter un sien fillul à *Cupidiniac*. — Voir *Hist. de l'Académie des Inscriptions*, t. xviii, p. 282, un mémoire de Lebeuf sur le pays des *Cupedenses*, qu'il place dans le canton de Sézanne (Marne).

1743 examiniez les signatures des conciles de France tenus en tous les temps, pour prendre vos arrangements, comme j'ai fait en ma dissertation de 1740, que vous devez avoir. Voyez les *Conciles* de Sirmond ou Labbe [1]; cela vous fera venir des idées. Sur l'étendue de la Thuringe qui a dû appartenir enfin à Clotaire, il y a l'*Anonyme de Ravenne*, donné par le P. Porcheron [2], et je crois que Valois en parle; je vous aurois aussi souhaité Adrien Valois, *Rerum Franciæ*.

Leudes : le mot *alleu* n'en viendroit-il pas? Le peuple n'a-t-il pas aussi été dit *leude*? Je suis persuadé que *barons* a fait *bers* et *bers* a fait *pairs*.

Votre observation sur la monnoie détériorée sera très curieuse. Il n'y auroit pas de mal de voir ce que j'en ai dit en quelqu'une de mes dissertations, je pense celle de 1741. Vous avez sans doute Le Blanc [3].

Examinez, au reste, si, à l'occasion des conciles, un roi ne permettoit pas quelquefois que les évêques de ses états allassent à un concile des états voisins.

Je vous suis très obligé, Monsieur, du compliment que vous voulez bien me faire : la chose n'est qu'en expectative [4], comme vous le dites, et encore quand elle sera réelle, il en faudra rabattre un quart pour les décimes, c'est l'usage. Je ne me suis point vanté de rien à personne. C'est l'évêque de Valence, abbé de Saint-Benoît qui, ayant été félicité par Mgr notre évêque sur son abbaye, en lui faisant réponse, lui a mandé cette anecdote.

LETTRE 329. — 1. Sirmond (Jacques), de l'ordre des Jésuites, né à Riom, le 22 octobre 1559, mort en 1651 : auteur de la *Collection des Conciles de France*, Paris, 1629, in-f°. Labbe (Philippe), autre Père jésuite, né en 1607 et mort en 1667. Il est auteur d'une *Collection de conciles*, en 18 vol. in-f°, 1671-1672.

2. Porcheron (Dom Placide), religieux bénédictin, né en 1652 à Châteauroux, mort en 1694. Il publia la première édition de l'*Anonyme de Ravenne*, in-8°, 1688.

3. Leblanc, *Traité des Monnaies de France*, 1690, in-4°.

4. Lebeuf fait allusion à la pension de 1,200 livres qui lui était promise à la mort de l'abbé Philbert. — Voyez ci-dessus lettre de 1er janvier 1743.

Je vous prie de ne l'écrire à personne ; je n'aime pas les compliments. Jusqu'ici personne de Paris ne m'en a parlé. Ce n'est au reste que de l'herbe. Je puis mourir avant l'abbé octogénaire qui est un Provençal robuste et de la pâte de M. de La Roque.

Ce dernier, à propos, m'a dit que l'écrit contre le P. Texte sera au *Mercure* de janvier [5].

Je pense avoir répondu par avance au reste de votre lettre.

Il est très vrai que nous avons rebuté une dissertation venue de Versailles dans le mois de décembre. Ainsi votre espérance est encore mieux fondée. Versailles n'est pas un lieu à bibliothèque.

J'oubliois de vous avertir de consulter les *Variorum* de Cassiodore [6], principalement vers la fin, où je pense qu'il parle de Bourguignons de Ligurie-Emilie ; je ne sçais si je me trompe.

Si vous avez occasion de glisser quelque petit passage grec dans les notes, cela peut faire impression sur quelques académiciens Soissonnois ; ils en jugeront qu'ils ont affaire à un homme qui sçait plus que deux langues.

Vous pouvez consulter aussi les textes d'Aimoin sur Grégoire de Tours, qu'il entreprend quelquefois d'expliquer, et la chronique de Saint-Denis en françois. Cela sert au moins à marquer qu'on a fait des recherches. Voyez les vies des SS. évêques de Soissons. Il y en a vers le commencement d'août. Toute mauvaise qu'elle est elle peut servir. Voyez s'il n'y a pas de conciles inconnus aux PP. Sirmond et Labbe, dans la collection de Martène, dans l'*Histoire de Languedoc*. Les signatures vous donneront matière à parler.

P.-S. — Il fait ici très froid.

---

5. Il s'agissait d'une discussion soulevée entre le P. Texte, dominicain, et l'abbé A. Prévost, chanoine de l'église de Paris, au sujet de la profession religieuse de Jean Hennuyer, évêque de Lisieux, au milieu du xvie siècle. Le P. Texte établit, dans un mémoire inséré dans les *Mémoires de Trévoux*, de février 1744, que ce personnage était de l'ordre de Saint-Dominique, ce que contestait l'abbé Prévost. — Voir ci-après, lettre de Fenel, du 24 février 1743.

6. Voir *Magni Aur. Cassiodori senatoris opera*, Paris, 1588, in-4°.

330. — DE FENEL A LEBEUF.

Sens, 1er-24 février 1743.

[Sa dissertation soissonnoise est enfin partie le 27 janvier. — Il a reçu les *Mercure* et vu le Mémoire de Lebeuf sur Jublens, et l'article de M. Prévost contre le P. Texte. — Analyse détaillée et très développée de sa dissertation soissonnoise. — Il a été gravement malade pendant près de trois semaines depuis que sa lettre est écrite, ce qui l'a empêché de répondre à ses lettres des 1er et 7 janvier. Il lui souhaite de jouir bientôt de sa pension.]

« Avez-vous vu notre archevêque ? On assure positivement que son pissement de sang continue toujours ; qu'il ne peut souffrir aucune voiture, sinon la chaise à porteurs ; on ajoute que cela commence à l'inquiéter et qu'il fait des remèdes..... Il y a ici une espèce de maladie épidémique ; ce sont des fluxions de poitrine ; il est mort bien du monde, mais encore plus, dit-on, à Auxerre, et plus encore à Dijon. Dieu veuille en préserver Paris ! »

[Il a reçu le récépissé de M. de Beyne[1], au sujet du concours à l'Académie de Soissons, avec une lettre si gracieuse, qu'il semble qu'elle lui promette tout ce qu'il peut désirer.]

---

331. — DE LEBEUF A FENEL.

6 mars 1743.

Je commençois à être en peine de vous lorsque votre lettre est venue me rassurer. Je craignois que vous ne fussiez tombé malade et ma crainte s'est trouvée bien fondée, mais heureusement vous vous êtes tiré d'affaire mieux que bien d'autres ; car

---

LETTRE 330. — 1. Secrétaire de l'académie de Soissons.

je sçais qu'ailleurs le mal a couru comme à Sens, et en particulier à Auxerre ; cependant aucun chanoine n'en est mort, ils se tranquillisoient dans leur lit et laissoient faire l'office à trois ou quatre. On ne parle pas non plus, ici, du mal que les rhumes aient causé ; on y meurt, mais de toutes sortes de maux et de maladies. Pour moi j'ai été préservé jusqu'ici.

1743

Je vous suis très redevable du détail dans lequel vous êtes entré au sujet de votre dissertation soissonnoise. C'est un bon défaut que votre ami y trouvoit, que d'y remarquer trop de recherches et de critique. Celui-là auroit donc été fâché que vous eussiez eu le prix, car vous courez grand risque de l'avoir. Tel est mon sentiment. M. de Beyne vous aura sans doute écrit comme il me faisoit, et c'est un bon augure. Je ne crois pas qu'il fasse le même compliment à tout le monde. Une académie françoise doit avoir de quoi varier dans la plume de son secrétaire.

Je ne me fâcherai jamais que vous vous écartiez de mes sentiments? Vous avez sans doute raison de le faire, et, puisque je me réforme bien moi-même, pourquoi ne me réformeriez-vous pas? Si le grand Dubos a pu se tromper, pourquoi un petit bœuf ne s'égarera-t-il pas quelquefois? Je n'ai pas le privilége que je ne reconnois point dans les autres.

Je ne vous enverrai le reste de mes *Mémoires Auxerrois* que lorsque tout sera achevé d'imprimer. On en est au catalogue des écrivains du diocèse, mais le compositeur d'imprimerie est tombé malheureusement malade depuis trois semaines, et les autres font du chant pour Soissons qui presse plus que mon ouvrage. J'avois compté que cet ouvrage paroîtroit à Pâques, mais cela ira à la Pentecôte [1].

J'eus l'honneur de rendre mes respects à Mgr votre prélat au commencement de l'année : nous ne pûmes parler de vous ; le tout aboutit à remettre sur le tapis le quidam que vous sçavez [2],

---

LETTRE 331. — 1. Les *Mémoires sur l'histoire du diocèse d'Auxerre*. 1re édition, in-4°, en 2 volumes qui ont paru en 1743.
2. Son beau-frère de Joigny, qui était aliéné et détenu à Charenton.

qui m'a à la fin écrit du lieu de sa retraite, et me marque encore plus de folies que dans celles qu'il a écrites à toute la terre, et qu'il signe de son nom et qualités. C'est une confirmation de tout ce qu'il a fait précédemment.

Vous ai-je parlé d'un sçavant antiquaire médailliste qui est devenu pareillement fou à l'occasion de son livre sur *Carausius* ? C'est M. Génébrier[3]; il y a deux ans qu'il est en cet état, retiré chez une mère aux fous, faubourg Saint-Marceau, où il ne veut voir personne. La médaille de ce *Carausius, expectate veni*, lui a valu ce tournement de tête. Quelque seigneur anglois, à qui il présenta à Londres son livre, fit accroire aux autres que ledit Génébrier, de la Société royale de Londres, avoit eu le Prétendant en vue[4], et on parla de l'arrêter.

Pour ce qui est du *Maillotin*[5] sans cervelle, cela peut lui être venu de ce qu'il se sera épuisé les esprits animaux pour composer son *Histoire de Joigny*, après laquelle composition il s'est imaginé égal aux Pétau, aux Sirmond, aux Mabillon, Tillemont, Bossuet, etc.

Si vous venez à Paris après Pâques (comme il y a apparence qu'il le faudra), je vous dirai quelque chose de curieux touchant la pièce qui arriva trop tard. En attendant restez toujours dans une forte espérance d'avoir ce qu'on lit chez vous dans l'oraison de M**me** Sainte-Luce[6].

---

3. Voyez, sur Genébrier, Corresp., t. I**er**, p. 354-355. Les Biographies générales ne parlent pas de cette particularité, que Génébrier était devenu fou à la suite de ses recherches sur *Carausius*. Il publia, en 1740, un livre sur cet empereur de la Grande-Bretagne, en 1 vol. in-4°, qui est estimé et cité dans Brunet, *Manuel du libraire*.

4. Le Prétendant était le prince Charles-Edouard qui tenta, une dernière fois, de relever la fortune des Stuart par une descente en Ecosse en 1745, et qui perdit tout espoir après la bataille de Culloden, l'année suivante. Il mourut dans l'obscurité, à Florence, le 31 janvier 1788.

5. Voyez ci-dessus, note 2. — *Maillotin* est un sobriquet donné aux habitants de Joigny. Nous avons déjà dit que cette histoire de Joigny, due au capitaine Lebeuf, n'avait pas vu le jour et s'était arrêtée au prospectus.

6. Voyez ci-dessus, p. 393, lettre du 1**er** janvier 1743, la citation de Lebeuf de : *binam laureolam*, à propos des deux prix qu'il souhaitait à son ami.

Pour nouvelles académiques, nous fîmes dernièrement trois élections. En place de M. de La Batie, étranger correspondant, nous avons élu un abbé Venutti, chanoine de Saint-Pierre ou de Saint-Jean de Rome, résidant à l'abbaye de Clairac, en Agénois, au nom de son Chapitre à qui cette abbaye est réunie par don de Henri IV. C'est lui qui a eu un prix il y a cinq ou six ans ; pour honoraire étranger en place de dom Anselme Banduri, on a choisi le cardinal Quirini, qui a souvent consulté l'Académie, et pour honoraire régnicole, M. Turgot[6], ci-devant prévôt des marchands, lequel on espère voir plus souvent que feu Mgr le cardinal de Fleury.

Nous avons un honoraire dangereusement malade, c'est M. Bignon, bibliothécaire du Roi ; il est dans des sueurs si violentes qu'il faut ouvrir les fenêtres pour le soulager.

M. l'abbé Gédouin a aussi été très mal. Il reçut, samedi, les sacrements. Il est un peu mieux. Son grand âge est un mal irrémédiable.

Je ne vous parle pas du discours de Mgr votre archevêque aux deux récipiendaires. Il s'est fort bien tiré du pas délicat qui s'est présenté à l'occasion du sieur de Marivaux[7]. Quelques-uns disent qu'il a voulu faire un prône. Mais il a sçu profiter de l'avis de saint Paul, *argue obsecra*, etc.

Cela n'est pas de la trempe d'un capucin dont on débite depuis peu des conférences françoises tenues dans ses missions. J'y ai lu, à l'article des comédiens, cette demande d'une *barbe*[8] à une autre : « Vous estimez donc, M. R. P., que tous les comédiens sont damnés ? » — R. Non, répond sérieusement et gravement le T. R. V. P., non vraiment, ils ne sont pas tous damnés, car

---

6. Turgot (Michel-Edme), né le 9 juin 1699, à Paris, mort le 1ᵉʳ février 1751.

7. Marivaux (Chamblain de), né à Paris le 4 février 1688, mort le 12 février 1763, homme de lettres et auteur dramatique renommé. Il fut élu membre de l'Académie française le 12 février 1743, et reçu par Mgr Languet, archevêque de Sens, directeur de l'Académie.

8. Allusion à la barbe des Capucins.

ils ne sont pas encore tous morts Ceci est pardonnable à des V. P. et à des T. V. P. [9].

J'ai ouï prêcher, le jour des Cendres, à Notre-Dame, un jésuite venu du Berry, appelé le P. Griffet [10], sur le jeûne. Ce bon Père parut prêcher comme les plus forts rigoristes ; il fut même obligé de dire que peut-être l'accuseroit-on d'une sévérité excessive. Je n'ai pas pu l'aller entendre depuis. C'est un Père que l'archevêque de Bourges estime ; il est poète et orateur, car il est auteur des hymnes nouvelles du bréviaire de Bourges, qu'on trouve plus claires que celles de M. Coffin [11].

Il y a, au Palais-Royal, un abbé Belley [12], normand, qui veut donner des dissertations sur l'Itinéraire d'Antonin, et qui commence par la Normandie, et suivra dans la Champagne, etc. Je l'attends à votre *Clanum, Condate, Methedune, Riobe*, etc.

M. Fréret n'a pas goûté la pensée de l'anglois Brutius, sur l'idée des règles de la perspective qu'il avoit conjecturé avoir été suivies dans les *Tables de Peutinger* On songera à faire venir de Vienne en Autriche une copie figurée au naturel de ces Tables. Pour moi, lorsque j'aurai voyagé dans le Gâtinois, je me fixerai sur les lieux qui doivent y être, et, quand je devrois me dédire, je le ferai sans façon.

Le livre du sieur Rousseau, jeune homme de Genève, touchant une nouvelle manière de noter la musique, commence à faire du bruit. Tous les journaux en parlent. L'auteur se défend bien. Vous n'avez peut-être pas vu ce livre. Le *Mercure* va l'annoncer.

Voilà un petit mot. Je vous prie de le remettre à M. Mahiet.

On exécute ici le contenu de la première période de l'évan-

---

9. Ces initiales représentent les qualifications de révérend, de vénérable et de très-vénérable père.

10. Le P. Griffet (Henri), né à Moulins en 1698, mort en 1771. Il a publié de nombreux ouvrages de piété, de controverse et d'histoire, et des sermons.

11. Coffin, né à Buzancy, en 1676, fut professeur au collège Rollin, et composa des hymnes pour le Bréviaire de Paris, qui furent très goûtées à leur apparition, en 1736.

12. L'abbé Bellet était chanoine de Cadillac (département de la Gironde). Il est auteur de plusieurs dissertations sur des monnaies des rois de la 3ᵉ race.

gile de la messe de minuit : on va déclarer son monde chez le commissaire. Les colléges sont exempts. On croit que cela sera tiré comme une loterie, à la faveur d'une roue.

332. — DE LEBEUF A FENEL.

17 mars 1743.

Enfin, Monsieur, votre sort est décidé. « Funes ceciderunt tibi in præclaris. » Le prix vous a été adjugé [1], vendredi dernier, par les cinq députés, unanimement. Je l'ai sçu des premiers. Je n'ai pas voulu le dire à M. votre oncle avant que de vous l'avoir mandé. Les commissaires-députés feront leur rapport, mardi prochain, à l'Académie, laquelle ne peut pas les récuser, car ils ont dressé leur procès-verbal sur le dos de votre pièce et l'ont dûment signé. Vos concurrents seront un peu fâchés : mais n'importe. Je vous écris pour vous témoigner ma joie de cette heureuse rencontre. J'ai ouï l'un des commissaires séculiers qui disoit que c'étoit dommage que ce ne fût pas une personne résidente à Paris, qui eût aussi bien rempli le dessein, parce qu'elle ne tarderoit pas d'être agrégée à la Société, et qu'il faut que l'écrivain d'une telle pièce soit un homme universel. M. Fréret en a été charmé. M. de Boze disoit : j'aime fort le choix qu'il a fait de la division des sciences sur le plan de l'auteur du *Songe du Vergier* [2]. Cela se trouve en sa place. Disposez-vous donc, Monsieur, à partir pour Paris, le jeudi soir d'après Pâques, afin qu'on puisse avoir l'honneur de vous connoitre, et que vous ayez tous les applaudissements que vous méritez.

LETTRE 332. — Publiée ainsi que les n°* 333 à 337 d'après les originaux, collection de Fontaine.

1. Le prix de l'Académie des inscriptions, pour le concours sur la question de *l'État des sciences en France depuis la mort de Philippe le Bel jusqu'à celle de Charles V*.

2. Le *Songe du Vergier* est un ouvrage attribué par les uns à Raoul de Presle, et par les autres à Jean de Vertus ou à Charles de Louviers. Le sujet de ce livre, composé du temps de Charles V, traite de la puissance ecclésiastique et temporelle.

1743

Si le prix de Soissons vous est adjugé, comme je l'espère aussi, il suffira que vous envoyiez une procuration à quelqu'un de ce pays-là, ne pouvant pas y être le lundi de Quasimodo, et le lendemain à Paris. Si le cas y échet, vous en aurez des nouvelles vers le dimanche des Rameaux ou vers le Jeudi-Saint. Au cas que Mgr l'archevêque, qui sera probablement à Sens alors, ne puisse vous indiquer quelqu'un de connoissance pour recevoir la médaille pour vous, je vous conseille d'envoyer votre procuration, en bonne et due forme et notariée, à M. de Baudesson de Villesavoye, trésorier de France en la généralité de Soissons, demeurant audit Soissons, rue de l'Intendance. C'est un très honnête homme et très serviable, qui vous gardera fidèlement la médaille jusqu'à ce que vous lui écriviez par quelle voie il vous l'enverra. Il est natif d'Auxerre, et a bien voulu quelquefois me donner l'hospitalité. Vous n'aurez qu'à affranchir votre paquet et lui mander que c'est moi qui vous ai conseillé de le prier de vous rendre ce service, moi étant de vos amis, et vous successeur dans mes travaux, parce qu'il vous est survenu un empêchement d'aller à Soissons, lequel vous lui indiquerez, puisqu'il ne peut que vous faire honneur et à eux. Je ne crois pas qu'il convînt, par exemple, de choisir pour procureur en ce genre un académicien : or, M. Baudesson ne l'est pas.

Il ne se dit rien de nouveau depuis que je vous ai écrit. L'autre jour on scia en deux, en la plaine des Sablons, un suisse de la bande du Raffiat.

La loterie royale se tire. Le gros lot de 100,000 fr. est échu à un nommé Bechu, épicier, rue Saint-Martin.

L'évêque de Blois [3] est ici fort mal, s'il n'est déjà mort. L'archevêque de Vienne est aussi assez bas.

Le P. Touron, dominicain [4], vient de donner son Ier tome

---

3. M. Fr. de Crussol, né en 1702, évêque de Blois, depuis 1735, et abbé de Saint-Germain d'Auxerre. L'archevêque de Vienne, Mgr Henri-Oswald de la Tour-d'Auvergne, était fort âgé en 1743, et il se démit de son titre en 1745.

4. Le P. Touron (Antoine), né en 1686, mort à Paris, en 1775. Il est

des illustres de son ordre. C'est un in-4º françois ; il va jusqu'à 1320 ou 1330. Les II⁰ et III⁰ tomes seront utiles aux écrivains sur l'*État des sciences*, quoiqu'il n'ajoute pas beaucoup au P. Echard, mais au lieu qu'il ne met que les plus illustres écrivains, en place des médiocres et des moindres, il parle de ceux qui ont occupé des rangs distingués dans l'Ordre, et de ceux qui s'y sont sanctifiés.

Vous avez dû voir, dans le *Mercure* de janvier, la pièce contre le P. Texte. Il en a sur l'oreille. M. de La Roque tâche de le consoler en lui adressant, dans son *Mercure*, des lettres de sa composition sur les Chartreux et Dames Chartreuses. C'est un enfant à qui on donne des images pour l'empêcher de pleurer, mais non pas des pièces d'or de 400 livres.

Je vous amuse de tout ceci pour remplir ma page, ne me restant plus qu'à vous souhaiter une bonne santé. Ne vous affoiblissez point si fort par le Carême que vous ne soyez en état de supporter le bateau la semaine de Pâques.

C'est le conseil de celui qui a l'honneur d'être, etc.

P.-S. On m'écrit d'Auxerre que l'argent commence à y être fort rare. Je crois qu'il en sera de même des autres villes par la suite. Les loteries et tontines sont un admirable évacuatoire. On ne voit presque plus ici d'affiches de livres, mais bien des ventes de meubles, de tableaux, vente d'équipages, de joyaux, vente de livres et cabinets, vente de maisons, vente de fonds de terre, etc. *Quid hæc significant ?*

On n'a pas encore repris mes *Mémoires d'Auxerre*, parce qu'on est pressé de finir, à l'imprimerie, un livre de chant pour Soissons qui doit commencer à servir à Pâques.

Il paroît sous main un nouveau plan en françois pour dresser un bréviaire. C'est une critique courte de tous les nouveaux bréviaires. L'auteur a peut-être en vue de le faire connoître à

---

auteur de nombreux travaux historiques, et notamment de *l'Histoire des hommes illustres de l'ordre de Saint-Dominique*, Paris, 1743-1749, 6 vol. in-4º.

1743 Rome. C'est un in-4° de deux ou trois feuilles, sans nom d'auteur ni d'imprimeur.

M. Racine[5], auteur du poëme sur la *Grâce* et sur la *Religion*, vient de recevoir des lettres de compliment de la part du Pape par la plume du cardinal Valenti. Son ouvrage est qualifié *egregium*, assommant les athées, etc.

Mon *concellite*, M. Adam, vous présente ses respects, et vous marque la part qu'il prend et la joie qu'il ressent. Nous vous dirons de vive voix là-dessus quelque chose de divertissant.

---

333. — DE FENEL A LEBEUF.

19 mars 1743.

1743 [Il le remercie de la nouvelle qu'il lui a donnée qu'il avait gagné le prix à l'Académie des inscriptions. Il compte partir pour Paris le 18 avril,] « et avoir la joie et la consolation de vous embrasser, mon cher et honoré Monsieur, et de vous témoigner combien je suis sensible aux bontés dont vous m'honorez. »

[Il n'est pas encore trop sûr du prix de Soissons, et il a aussi quelque prétention au prix de l'Académie des sciences, sur la *Boussole d'inclinaison*.]

---

334. — DE LEBEUF A FENEL.

20 mars 1743.

1743 Je reviens à la charge, Monsieur, pour vous faire part de ce qui s'est passé hier. A l'ouverture de la séance[1], M. Fréret a

---

5. Racine (Louis) fils du grand Racine, né à Paris le 6 novembre 1692, mort le 29 janvier 1763. Il composa en quatre chants son poème *de la Grâce* chez les Pères de l'Oratoire, et le publia pour la première fois en 1720. Cet ouvrage fut souvent réimprimé; il contient l'exposé des doctrines du jansénisme. Lebeuf veut seulement parler du poème de la *Religion* publié en 1742, et que le Pape qualifia d'*egregium*.

LETTRE 334. — 1. La séance de l'Académie des inscriptions.

déclaré que les commissaires avoient jugé unanimement que pièce cotée *telle* et dont la sentence est *telle*, a remporté le prix, et l'a laissée sur le bureau où chacun a pu aller voir votre écriture. M. Duclos s'est aussitôt écrié qu'il vous connoissoit, et qu'il en étoit bien aise ; M. le comte de Caylus, chez qui il est fort souvent, a dit la même chose ; M. Sallier a dit qu'il sçavoit que vous aviez été très uni à M. Sevin, et que vous travailliez à l'*Histoire de Sens*. En un mot, tous ont paru fort contents, les autres pièces n'approchant pas de la vôtre. M. Falconet, qui l'avoit vue sans être commissaire, a jugé qu'elle partoit de main de maître. Je pense que Mgr votre archevêque le sçaura bientôt. Quelques-uns ont regretté que vous demeurassiez si loin. Vous jugerez par la lettre d'avis que doit vous écrire M. Fréret, que tout le monde est plein de bonne volonté pour vous, sans vous connoître que par votre ouvrage. Au reste, vous êtes assez prudent pour ne pas faire connoître, par la réponse que vous lui ferez, que quelqu'un vous a écrit avant lui. C'est un personnage souvent scabreux.

La séance étoit nombreuse hier : M. le duc de Saint-Agnan, président, amena M. Turgot, ancien prévôt des marchands, qui fut reçu honoraire. M. l'abbé Bignon est enfin décédé.

Les commissaires susdits étoient l'ancien secrétaire, le nouveau alors sous-directeur, l'ancien directeur dit l'abbé Gédouin, qui a manqué à mourir, M. Secousse et un autre que vous connoissez. Vous sentez à merveille, que quelque affaire que vous ayez pour votre compagnie, il faut tout quitter pour venir dans le temps marqué. Je vous dirai alors plusieurs choses qui ne peuvent s'écrire.

Le fou des Petites-Maisons fait toujours des siennes. Le secrétaire de M. Fréret est ami du concierge, et il me rend les lettres folles qu'il s'amuse à écrire.

Je ne sçais si mes *Mémoires Auxerrois* seront finis quand vous viendrez ; j'en doute. On vous donnera ce qu'il y aura de fait.

J'ai l'honneur d'être, en attendant l'honneur de vous embrasser, avec un dévoûment parfait, etc.

1743

P.-S. Vous ferez bien de ne pas faire voir ceci à personne, je vous écris en ami sincère[2].

---

335. — DE FENEL A LEBEUF.

A Sens, ce samedi 30 mars 1743.

..... Mgr l'archevêque compte que je ferai du séjour à Paris, et que j'y ferai des recherches pour l'*Histoire de Sens*. Il faut ici vous apprendre, Monsieur, qu'il a contribué de son crédit pour me faire élire, depuis huit jours, à une assez bonne chapelle qui étoit à la nomination élective de ce chapitre-ci, et qu'ainsi je lui dois un retour de reconnoissance et de gratitude ; et quand il me demande de travailler à cette histoire, il ne me demande rien que de raisonnable : mais aussi il semble qu'il accompagne cela de certains sentiments qui ne s'accordent nullement avec la perfection de cette histoire ; je m'explique. Il veut bien que je fasse des recherches pour la perfection de cette histoire, mais il craint que je « n'emploie tellement de temps à chercher, qu'il n'en reste plus pour faire le corps de l'ouvrage. » Il veut donc que je « vienne à travailler au fonds de mon histoire, sur mes recherches déjà si curieuses. » (Ce qui est souligné est le texte de ses propres paroles.) Il dit encore qu'il a « peur que le succès que je viens d'avoir ne m'affriole à ces gloires très passagères et très peu solides, » qu'il traite « de vrais amusements en comparaison de la noble entreprise de l'*Histoire de Sens*. » Je ne puis être absolument de ce dernier avis. Quant au reste, si je ne fais pas encore beaucoup de nouvelles recherches, je ne puis faire qu'un ouvrage sec et décharné qui sera misérable. La vérité est que la petite pension que le clergé de Sens me donne pour être à Paris, leur pèse sur les bras,

---

2. La signature Lebeuf est déguisée par des lettres qui la surchargent. Il semble que Lebeuf ait voulu cacher qu'il était l'auteur de l'épître.

mais je n'y ai encore été en tout que cinq mois en deux ans, et ce que j'ai déjà fait à Sens ne leur a pas coûté un seul double. Pour moi, je suis résolu à ne laisser rien sortir de mon cabinet qui soit estropié et imparfait : cela me déshonoreroit à jamais. Je sais d'ailleurs qu'il y a plus de vingt-cinq ans que vous amassez des matériaux pour l'*Histoire d'Auxerre*, Monsieur, et cependant vous aviez à l'égard des commencements de cette histoire des secours que nous n'avons point ici. Je vous demande donc une grâce, Monsieur, c'est de vouloir bien voir le prélat avant son départ (qui sera, je crois, vendredi ou samedi), il est inévitable que la conversation tombera sur moi et sur l'*Histoire de Sens* : là vous pourrez lui faire voir au doigt et à l'œil, et par votre exemple et par la nature du travail, que ces sortes d'entreprises demandent des recherches prodigieuses et plusieurs années de travail ; que de la manière dont me voilà annoncé dans le public, il ne me convient point de donner un ouvrage croqué et imparfait, et qu'il faut me donner tout le temps et tous les secours dont j'ai besoin, sinon qu'il vaut mieux renoncer à l'entreprise, parce que, comme dit le proverbe :

Il vaut mieux se tirer de la rive que du fond ;

qu'il est donc plus à propos de laisser tout là que de faire l'ouvrage imparfaitement ; et que, pour moi, je ne demeurerai pas pour cela ni oisif ni inutile, puisqu'il est déclaré que je suis capable de travailler utilement pour moi-même et honorablement pour ma réputation, et que mon pis-aller est de travailler aux prix. Voilà ce que je vous prie, Monsieur, de lui bien inculquer, en tout respect et honneur.

Je presse toujours l'ouverture de la châsse de saint Guinefort, pour lire les procès-verbaux qui y sont. Mais le curé qui a craint une lettre de cachet, s'est esquivé et a emporté la clef. Je tâcherai qu'on l'ouvre par l'ordre supérieur ecclésiastique. Ce saint Glaçon, d'Étampes, étoit un compagnon de saint Vincent de Paul. On a trouvé son corps entier quand on a voulu inhumer une dame Boissablon, qui demeuroit à Valdouleurs, près

Étampes. Il n'est pas si ancien que vous croyez Je ne sçais si je vous ai parlé de votre pièce sur Jublens, dans un *Mercure*. Elle est à l'ordinaire excellente.

Je vous prie de me vouloir bien donner un petit détail de votre conversation avec le prélat, afin que je sache son sentiment, et aussi de ce que vous pourrez apprendre.

---

336. — DE LEBEUF A FENEL.

10 avril 1743.

Je dois vous faire part de deux visites faites à votre sujet. Je me suis pressé d'aller saluer Mgr votre archevêque, pour ne le pas manquer. J'y allai dans l'autre semaine; mais comme en même temps qu'on m'annonçoit il se présenta une comtesse, il sortit, la fit entrer en son appartement, où j'aurois été reçu sans elle, et, étant venu dans son antichambre, il me parla avec bienveillance de mon troisième tome qu'il étoit après à lire, et me fit l'honneur de me baiser au front; au moins cela me parut-il ainsi. Je ne pus entamer longue conversation. Elle seroit tombée naturellement sur vous à l'occasion de la lettre sur saint Bon. Mais je me souviens qu'une autre fois (je crois à la nouvelle année), il me parla de vous sur le ton que vous présumez, et j'ai idée qu'il me dit qu'il appréhendoit que vous ne soyez toujours occupé à ramasser, sans finir l'ouvrage. Pour moi je suis persuadé que sa crainte est vaine; et si le discours eût pu être entamé à la dernière entrevue, j'étois disposé à lui dire ce qui étoit convenable. Tant y a qu'il ne faut pas vous rebuter.

A l'égard de vos premiers évêques jusqu'au xie ou xiie siècle, comme il y a une fin aux monuments où il peut en être parlé, et qu'ils ne sont pas si copieux que ceux des siècles suivants, vous pourriez les finir durant cette année. Pour ce qui est de votre *Histoire civile*, je ne la crois pas fort copieuse, ni féconde en faits ; je pense que vous pourriez mêler l'une avec l'autre.

1743

Venons à l'autre visite. Je n'ai pas été voir M. Buache [1], ne le connoissant pas assez particulièrement, et ne voulant pas que rien parût, parce que je n'avois pas de prétexte à alléguer. J'ai jeté ma vue sur M. l'abbé Nollet [2], astronome physicien, que je connois depuis longtemps. J'avois une brochure à lui montrer et autres choses à lui dire, et pendant qu'il me reconduisoit, je lui ai demandé si on sçavoit à qui leur prix étoit adjugé. Il m'a dit que personne n'en sçavoit encore rien, parce que ce n'est que dans la quinzaine que les commissaires s'assemblent et qu'il n'en est pas cette fois-ci ; que cela ne se déclare publiquement qu'à la rentrée ; que MM. Bernouilli [3] se sont presque fait une rente, en sorte même qu'ils sont jaloux quand l'un l'emporte sur l'autre. Je suis fâché de ne pouvoir vous dire d'autres nouvelles. Mais je souhaiterois de toute mon âme que MM. Bernouilli pussent avoir occasion de ne vous pas aimer, et d'être encore plus brouillés avec vous qu'ils ne le sont parfois l'un contre l'autre. Vous sentez bien que le carré de papier qu'on imprime à l'occasion du prix des sciences ne s'imprime pas à moins que la décision ne soit faite. Il suffit donc que les commissaires fassent leur rapport le lundi de Quasimodo, et dès le lendemain on imprime le billet. M. Nollet sçait fort bien sur quoi est le sujet du prix. Il n'a pas été besoin que je le lui rappelle.

Saint Guinefort ne presse pas : mais c'est toujours une chose à faire pour votre histoire Sénonoise, car il faudra en parler. Je ne sçais ce qui peut être arrivé à l'historien du Berry [4]. Il y a

---

Lettre 336. — 1. Buache (Philippe), géographe, né le 7 février 1700, mort le 24 janvier 1773, membre de l'Académie des sciences.

2. Nollet (Jean-Antoine), physicien, né le 19 novembre 1700, mort le 25 avril 1770, membre de l'Académie des sciences.

3. Bernouilli (Jean), né à Bâle, le 27 juillet 1667, mort le 1er janvier 1748, et Bernouilli (Daniel), son fils, né le 9 février 1700, mort le 17 mars 1782, tous deux savants mathématiciens qui obtinrent, à l'envi l'un de l'autre, de nombreux prix dans les concours de l'Académie des sciences.

4. Dom Guérou, voyez ci-dessus Correspondance.

longtemps qu'il ne m'a écrit. Peut-être lui a-t-on imposé pour pénitence de mettre en aumônes ce qu'il appliquoit en ports de lettres. C'est néanmoins un moine.

Je vous remercie de la note que vous me marquez sur le B. Glaçon. Je suis persuadé que la congrégation Saint-Lazare auroit donné 100,000 écus pour trouver le corps de son instituteur dans la même situation ou consistance que celle de son contemporain. Je dirai à celui qui m'en a parlé que ce saint Étampois n'est pas si ancien qu'il l'avoit cru. Avez-vous donc sa vie ? [5]

S'il y a plus de ventes, à Paris, qu'en tout autre temps, cela peut venir de la mortalité plutôt que de la nécessité. On ne dit plus rien de la milice, cependant quelques-uns assurent qu'elle se tirera comme une loterie, aux Invalides.

Je n'apprends rien sur Soissons. Le prélat y est allé, il y a dix ou douze jours, pour présider à la décision. En écrivant à une personne de cette ville, j'ai demandé qu'on me fît sçavoir à qui le prix auroit été adjugé : mais je n'ai pas fait attention que j'agissois en étourdi, parce que si c'est vous je puis le sçavoir de vous avant eux, de même que ceux de Sens le sçauront avant ceux de Soissons, supposé que ce soit vous qui le remportiez, ainsi que je le souhaite. Il est vrai que si c'est vous, ils écriront à votre correspondant que c'est l'auteur qui l'a choisi pour médiateur qui est victorieux, mais ils n'en sçauront pas le nom que lorsqu'il se sera manifesté par une lettre à l'Académie de Soissons ou au secrétaire.

Vos Cordeliers, je crois, ne sont pas plus fâchés de la mort du P. Poisson que le sont ceux de Paris. Il est décédé à Tanlay [6] le 3 mars dernier. Vous sçavez que l'ordre l'y avoit fait exiler.

Ici fut enterré, jeudi, le curé de Sainte-Marguerite, bas-nor-

---

5. Voyez ci-dessus lettre de Fenel du 30 mars 1743, p. 409.
6. Le P. Poisson, cordelier, avait été condamné à la détention dans un couvent de son ordre, existant à Tanlay, canton de Cruzy (Yonne). On montre encore en ce lieu les cellules où les prisonniers étaient détenus.

mand, nommé Foubert, frère du célèbre capucin d'Auxerre, nommé P. Louis, très connu à l'officialité d'Auxerre. Je ne sçais ce qu'on a fait de lui.

Trouvez bon que je vous prie, Monsieur, de chercher dans les papiers que vous avez emportés de Paris, l'an passé, les copies de quelques titres qui regardent la ville de Saint-Florentin ; ils sont de la même écriture que tous les grimoires d'Auxerre que vous avez chez vous. Je vous les remis pour votre histoire. Il y a ici un jeune avocat de cette petite ville qui voudroit en avoir copie. Ils sont en petit in-f°, autant que je m'en puis souvenir. Il vous sera agréable de les mettre dans votre portefeuille lorsque vous viendrez.

N'y ayant pas de nouvelles à vous mander, je finis en vous renouvelant l'inviolable et respectueux attachement avec lequel je suis, etc.

Je crois vous avoir déjà marqué qu'à la place de M. Bignon, honoraire d'entre nous, nous avions élu l'abbé de Pompone et M. le président de Lamoignon.

---

337. — DE FENEL A LEBEUF.

Sens, 13 avril 1743.

[Il l'informe qu'il a remporté le prix de Soissons, qui est de 300 francs[1]. — Il approuve son conseil relativement à l'histoire des douze premiers siècles de la ville de Sens, et il donnera à ce travail le titre d'*Histoire critique des antiquités de Sens*, « forme dans laquelle je pourrai discuter et approfondir tout à mon aise ; car c'est mon goût particulier. »]

LETTRE 337. — 1. Le sujet du concours de l'Académie de Soissons, en 1743, était une dissertation sur la *Conquête de la Bourgogne par les fils de Clovis I*er. Le Mémoire de Fenel a été publié à Paris, en 1744, in-12.

« A l'égard du prix des sciences, je vois que j'ai de terribles concurrents, je me reconnois sincèrement leur inférieur (surtout en géométrie transcendante). J'ai eu un accessit après un de ces Messieurs-là, dans le prix de 1741, pour *le Cabestan*[2], je serai peut-être bien heureux si j'en ai autant à ce coup-ci. Un accessit après de tels savants, et accoutumés à tant de victoires, est toujours très honorable, et surtout à l'égard d'un homme qui a tant d'objets à remplir, et qui est obligé de traiter pour ainsi dire successivement toutes les sciences, comme moi. Le temps nous rendra bien savants sur ce succès-là et sur le reste.

« Je n'ai pas la vie du bienheureux Glaçon, qui n'a peut-être jamais été écrite ; mais une nièce d'un chanoine d'ici (laquelle étoit femme de chambre de cette dame de Boissablon, à l'enterrement de laquelle on a trouvé le corps de cet homme), a rapporté tout cela ici ; son oncle, (qui est un fort bon homme), en a rempli ses discours et en a fait le sujet des conversations qu'il a quotidiennement, avec deux de nos confrères, avec lesquels il va se promener régulièrement tous les jours, à moins qu'il ne fasse un temps aussi détestable qu'il fait aujourd'hui (car, par parenthèse, il neige, il grêle et il gèle). Cet honnête chanoine, par le moyen des intermèdes que lui fournit le bienheureux Glaçon, remplit les vides de la conversation, quand MM. ses co-promeneurs ont achevé de régler les affaires de l'Europe, selon la bonne coutume des nouvellistes et des ambulants politiques de notre bonne ville. »

---

338. — DE LEBEUF AU PRÉSIDENT BOUHIER.

Paris, 16 avril 1743.

Je n'ai pas manqué d'exécuter, dans son temps, la commission dont vous m'avez fait le plaisir de me charger. J'ai porté

---

2. Le sujet du concours avait pour titre : *Essais sur la meilleure construction du cabestan, par rapport aux usages auxquels il s'applique*

chez M. de La Roque l'annonce de vos observations sur notre coutume; c'étoit sur la fin de mars et apparemment que l'édition du *Mercure* de mars étoit trop avancée puisque je ne l'y trouve pas encore annoncée. Il est vrai que je ne trouvai pas M. de La Roque, mais je laissai votre feuille à sa gouvernante, et sûrement il l'a eue.

Il m'a été impossible d'avoir des nouvelles de votre envoi à M. M*****[1]. Dans le temps de la réception de votre lettre, son affaire étoit sur le bureau, et quoiqu'il se fût montré quelques jours auparavant, il n'a point paru depuis sur l'horizon. Tous ses amis, dont j'étois du nombre, sont consternés d'une pareille métamorphose. Je n'ose vous écrire tout ce que j'entends dire, à moins que vous ne me le permettiez. Ce qui est public est qu'il y a eu un arrêt du Parlement donné contre lui, il y a environ trois semaines, et que cette affaire n'a pas été plaidée publiquement, pour la conservation de l'honneur du corps des avocats. Le scellé est apposé sur les portes de sa maison, et par conséquent sur sa bibliothèque. Quelques-uns assurent qu'il est décédé depuis un mois, mais d'autres en doutent. Si vous me conseilliez, Monsieur, de passer chez le sieur Paulin du Mesnil, je pourrois avoir des nouvelles touchant l'exemplaire en question.

Il avoit eu une affaire à l'occasion des exemplaires de sa coutume d'Artois contre l'abbé Lenglet[2], et il l'avoit perdue. Ce dernier a eu un autre sort. On le dit aujourd'hui à la Bastille pour avoir, sans permission, ajouté un sixième volume aux cinq des *Mémoires de Condé*, que M. Secousse vient de publier, in-4°.

Vous n'ignorez pas, Monsieur, que M. Racine, qui postuloit

---

dans les vaisseaux. Le Mémoire de Fenel fut imprimé dans le *Recueil des prix de l'Académie*, t. V.

LETTRE 338. — Publié d'après l'original fonds Bouhier, Bibliothèque impériale.

1. M. Maillart, célèbre avocat dont il est souvent question dans la Correspondance de Lebeuf.

2. Lenglet-Dufresnoy (Nicolas l'abbé), né à Beauvais le 5 octobre 1674, mort le 16 janvier 1755. — Voyez, sur les *Mémoires de Condé*, ci-dessus, p. 269, note 5.

pour être de votre illustre Corps, a reçu une lettre de compliments de la part du Pape, sur son poëme de *la Religion*. Elle sera apparemment publique dans quelques jours.

Un chanoine de Sens, nommé Fenel, vient de succéder dans les prix que j'avois coutume de gagner. Il a remporté le prix chez nous sur l'*État des sciences depuis Philippe-le-Bel jusqu'à la mort de Charles V*, et on vient de lui donner avis de Soissons qu'on lui adjuge celui de cette année, qui roule sur des points historiques de la première race de nos rois [3].

Je pense, comme vous, Monsieur, sur l'édition du Catalogue des livres imprimés du Roi [4]. Si on s'étoit borné à celle des manuscrits, ce seroit une chose déjà consommée et qui seroit, maintenant, d'une utilité infinie.

Je souhaite de tout mon cœur que le trésor que vous possédez en ce genre ne soit jamais distrait, et que le public puisse au moins profiter du Catalogue exact que vous en avez composé vous-même [5].

—

339. — DE FENEL A LEBEUF.

A Sens, ce vendredi, 19 avril 1743.

Ce que j'avois craint, dans la dernière lettre que j'ai eu l'honneur de vous écrire, est arrivé : les eaux se sont débordées, les

---

3. Voyez ci-après, lettres de Lebeuf à Fenel, du 17 mars 1743, et de Fenel à Lebeuf, du 13 avril suivant.

4. Le catalogue des imprimés de la Bibliothèque du roi, entrepris par les abbés Sallier et Boudot, de 1739 à 1750, n'a pas été terminé. Il est recommencé depuis l'année 1855, et forme déjà 10 vol. in-4°. Il est loin d'être terminé. Les regrets de Lebeuf, au sujet du défaut de publication du catalogue des manuscrits, sont encore aussi opportuns aujourd'hui que du temps du docte abbé.

5. Le catalogue des manuscrits du président Bouhier n'a pas été imprimé. Il a été emporté de la bibliothèque de la ville de Troyes, qui possède le fonds de la bibliothèque Bouhier, et déposé à celle de l'École

coches ne vont pas, et je viens inutilement de me présenter à la diligence où il y avoit neuf personnes. Cela m'oblige à suspendre, malgré moi, mon départ de quelques jours, et ainsi je ne puis me trouver à l'assemblée publique. Je suis donc forcé d'envoyer ma procuration, et je le fais à mon oncle de Luisant, car je crois qu'il ne conviendroit pas que j'en chargeasse un autre et surtout un académicien. Je joins à cette procuration la lettre de M. Fréret, à moi adressant, et je lui marque que je crois qu'il est nécessaire qu'il voie par avance mondit sieur Fréret. Je vous supplie de l'aider de vos conseils et de vos bons avis. Il demeure rue de la Mortellerie, au Barillet d'or, chez M. Gervais. Je partirai par la première voiture que je trouverai. J'ai cru vous devoir donner avis de cela.

340. — DE LEBEUF A FENEL.

31 août 1743.

La rencontre que j'ai faite de M. Jannot, votre libraire, me détermine à vous écrire par son moyen. Je vous dirai d'abord que l'archidiacre de Soissons s'étant trouvé avec moi à bouquiner, auprès de chez Chaubert, nous nous sommes transportés chez ledit sieur Chaubert pour sçavoir quand paroîtroient vos *Dissertations Soissonnoises*[1]. Il nous a répondu qu'on n'avoit pas encore commencé l'impression, parce que vous retardez tout à cause des additions que vous avez projeté d'envoyer et qui ne viennent pas. En mon particulier, je suis très fâché de tous ces délais, et je voudrois déjà tenir votre ouvrage. Vous m'en direz peut-être tout autant du mien, mais il paroîtra sûrement avant

---

de médecine de Montpellier, où il existe sous le n° 19, 2 vol. in-f°, manuscrit autographe du savant président.

LETTRE 340. — Publiée ainsi que les n°ˢ 341 et 342 d'après les originaux collection de Fontaine.

1. Les dissertations Soissonnaises, couronnées en 1743, ont été publiées à Paris en 1744, in-12.

le vôtre. On tire les frontispices. Ainsi, c'est bien près de la fin. Je mettrai à part ce qui vous manque pour compléter votre exemplaire.

Depuis votre départ, les grands bruits de Paris ont été sur l'abbaye de Saint-Victor, où il y a eu du fracas.

On assure la réunion de Saint-Germain à Notre-Dame faite, mais, dit-on, ce ne sont pas les prébendes de Saint-Germain qui seront éteintes, mais un nombre de celles de Notre-Dame.

J'ai trouvé que le roi Louis étoit à Sens, en mars 1315. (Lettres à la fin de la coutume de Troyes de Pithou.)

En 1413, Montagu, archevêque de Sens, fut rétabli dans la charge de premier président de la Chambre des comptes.

Confection d'un terrier au bailliage de Sens. Registré en Parlement, 28 mars 1598.

A l'ouverture du jubilé d'Orléans, de 1600, M. de La Saussaye eut soin de chercher des reliques en place de celles qui avoient été brûlées par les Calvinistes. Le cardinal Du Perron donna partie du test et du suaire de saint Altin, premier évêque d'Orléans et martyr, l'un des disciples de Notre-Seigneur, envoyé par les apôtres avec saint Savinien et saint Potentien. (Tiré de la vie du sieur de La Saussaye, chanoine de Paris, curé de Saint-Jacques de la Boucherie. Paris, in-12, 1622, par le sieur de La Saussaye.

Il y a un village de Sancey, proche Troyes. Seroit-ce de ce lieu qu'auroit été le saint Lutier honoré à Cormery, en Touraine, plutôt que du *Sanceia* de Sens?

Je souhaite que saint Laurent vous ait valu une bonne aubaine, et que vous vous portiez aussi bien qu'il le faut pour travailler comme vous faites.

P.-S. — Vous aurez vu ce que j'ai écrit contre le sieur Rousseau [2]; il étoit juste de venger le moine Guy.

---

2. L'article auquel Lebeuf fait allusion ne figure dans aucun des catalogues de ses œuvres, et il est probablement anonyme, et perdu dans une des nombreuses publications littéraires dans lesquelles il écrivit.

341. — DE FENEL A LEBEUF.

Sens, 8 septembre 1743.

[Il lui envoie le titre d'un livre de Jean Foucher, d'Auxerre, avocat au Parlement de Paris, que possède M. Jannot, intitulé : *Exercendarum causarum civilium quotidianarum formula*, etc. Lyon, chez les héritiers de Simon Vincent, 1540, in-16.]

[Il lui demande s'il connait un bas-relief en marbre de Paros, représentant l'histoire de Méléagre, trouvé à Sainte-Geneviève du Mont, en 1620, et dont il est parlé dans le *Lexicon historicum*, de Charles Étienne, Paris, 1644, in-4°, col. 1395.

[Il travaille pour le traité des *Sacerdoces héréditaires des anciens grecs*. Il lui demande d'acheter pour lui un certain nombre d'ouvrages grecs à un prix raisonnable.]

---

342. — DE LEBEUF A FENEL.

Paris, 16 septembre 1743.

Comme je ne me connois pas beaucoup dans les auteurs que vous me demandez, je me suis adressé au sieur Barois[1], libraire de mes amis, grand faiseur de Catalogues et voisin du sieur de Bure. Il a eu la bonté de me taxer au plus bas vos livres, ainsi que votre lettre me les indique[2]. Ils seroient plus chers si vous indiquiez les éditions, car il y a Æschyle qu'on dit très cher, édition d'Angleterre, cependant vous ne le voyez ici qu'à 5 livres. C'est l'autographe du sieur Barois que je vous envoie. Voyez si

---

LETTRE 342. — 1. Barois était un libraire renommé, issu d'une famille dont les membres ont été libraires, à Paris, pendant les deux derniers siècles.

2. Les livres grecs dont Fenel avait besoin pour travailler à son mémoire sur les *Sacerdoces,* destiné à l'Académie.

le prix vous convient ; il me semble que le total ne fait que 23 liv. Je ne sçais si cela entre dans vos idées. Il faudra qu'il les cherche si vous acceptez. Pour ce qui est de Photius, je vais voir si on peut vous le prêter. Si vous aviez écrit plus tôt on l'auroit obtenu de M. de Sainte-Pallaye ; mais il est actuellement à sa terre.

Je vous dirai que j'ai pris des mesures pour aller incessamment vers Sceaux, Corbeilles, Beaune en Gâtinois [3], sans cela je me ferois un plaisir de vous servir, mais il ne vous en coûtera pas davantage d'écrire au sieur Barois fils, quai des Augustins, *à la ville de Nevers* ; il fera comme pour moi le ballot, et le fera mettre au coche. Je dis toujours si le prix vous convient, car vous n'avez pas fixé jusqu'où vous vouliez pousser.

Les feuilles de M. Desfontaines sont arrêtées par arrêt du Conseil du samedi 7 du courant, ce qui a mortifié le sieur Chaubert [4]. Il m'a dit qu'il alloit commencer à vous imprimer.

L'Université, à ce qu'on croit, donnera un décret pour défendre l'usage du *Virgile* de l'abbé ci-dessus [5].

Depuis la lettre de l'abbé Letors, il y en a une d'un abbé Hardy [6] qui épluche une autre églogue, avec des notes salées. Je n'ai encore pu prendre pour vous que le *Journal des Sçavants* de juillet. Les autres ne paroissent pas. Je prierai M. Barois, à mon départ, de le joindre au ballot, s'il en fait un pour vous.

La *Gazette* nous a appris que l'évêque de Périgueux [7], parent de Mgr votre archevêque, est fait archevêque de Bordeaux. J'en suis bien aise, car je suis en grande relation avec lui. C'est un prélat de sainte vie et d'une grande douceur. Il m'a fait, en 1740, l'honneur de me venir voir sept ou huit fois, étant de l'Assem-

---

3. Ces lieux sont dans le département du Loiret, arrondissements de Montargis et de Pithiviers.

4. Chaubert (Hugues-Daniel), libraire à Paris depuis 1724, mort en 1766.

5. L'abbé Desfontaines avait publié une traduction de l'*Énéide* assez estimée.

6. L'abbé Hardy était maître de quartier au collège des Grassins.

7. Louis-Jacques d'Audibert de Lussan.

blée. Il étoit en train de rétablir les saints locaux. Je lui ai marqué que tel étoit aussi le dessein de Mgr de Sens.

Si je vais à Orléans je verrai M. Polluche, [8] et si Dom Gérou s'y trouve, on fera mention de vous.

A moins que je ne l'oublie, je donnerai aussi à M. Barois le supplément de mes deux tomes qui vous manque. Je suis fâché de n'avoir pas assez d'exemplaires pour en donner à Mgr votre prélat. Le libraire les veut vendre 24 livres reliés [9]. Il a envoyé des souscriptions à Auxerre, où il modère le prix à 20 francs pour les souscripteurs. L'ouvrage ne sera en vente que vers la Toussaint. J'ai commencé cependant à l'envoyer en couverture, mais c'est par exception.

Informez-vous s'il y auroit un fief ou hameau dit Cepierre ou Cipierre, à Serbonne, proche Pont [10]. M. Lavocat, bibliothécaire de Sorbonne, a trouvé que Robert Sorbon se nommoit quelquefois *Robertus de Seperia*. Si vous n'en trouvez pas on cherchera en Champagne.

Vous aurez lu, dans le *Mercure* d'août, trois pièces de votre serviteur [11].

---

8. Polluche (Daniel), né le 4 octobre 1689, à Orléans, mort le 5 mars 1768. Il est auteur de Mémoires nombreux sur l'histoire de l'Orléanais.
9. Ce prix, qui paraît élevé à l'abbé Lebeuf, s'est soutenu. On recherche encore ses *Mémoires sur l'histoire d'Auxerre*, et ils se vendent au moins 39 francs.
10. Ce fief de saint Pierre a fait l'objet de correspondances répétées entre Lebeuf à Fenel, dans les lettres postérieures, sans aboutir. Lebeuf finit par avertir Fenel qu'il a mal entendu l'indication de M. Lavocat.
11. Ces pièces anonymes, et qui ne sont mentionnées dans aucun des catalogues des œuvres de Lebeuf, sont les suivantes : 1° *Lettre de M.... au sujet de Gui de la Tour, évêque de Clermont, sous le règne de saint Louis.* Lebeuf y cite l'inscription tumulaire de ce prélat qui existait dans le sanctuaire de l'église d'Ouzouer, diocèse d'Auxerre; 2° *Observations de M.... sur l'abrégé de la vie des évêques de Coutances;* 3° *Lettre de M..... au sujet de la chronologie et de la topographie des légendes.* Ces trois pièces offrent bien le faire et le style du savant abbé.

343. — DE LEBEUF AU PRÉSIDENT BOUHIER.

Paris, 19 septembre 1743.

Je ne vous apprendrai point, par la lettre que j'ai l'honneur de vous écrire, tous les bruits qui courent ici sur le chapitre de l'abbé Desfontaines, ni la dispute qu'il a depuis quelques mois avec un abbé de Journé[1]. Je ne prends la liberté de vous parler ici de lui que par rapport à la confiance avec laquelle vous lui aviez proposé votre sentiment touchant le vrai nom de Christine, dame italienne, qui a écrit la *Vie de Charles V*[2]. Je me flatte que vous n'avez pas improuvé que je me sois servi, pour soutenir le langage de M. Boivin, de la même voie que vous avez employée ; mais ce qui a paru opposé à la bonne foi avec laquelle nous avions confié nos pensées à l'abbé Desfontaines, est qu'il nous a donné tort à tous les deux. J'avoue que, pour moi, j'ai suivi le chemin frayé par M. Boivin, qui avoit Christine même pour interprète de son surnom, et, si j'avois sçu qu'il y eût eu des variantes sur ce surnom, je n'aurois pas manqué d'en avertir, laissant aux lecteurs à choisir. Mais ce qui est arrivé m'apprendra à ne plus écrire à cet abbé, quand même ses feuilles recommenceront à revivre.

On dit qu'il ne se montre plus dans les rues. Quelques-uns ajoutent qu'il avait un jeune élève, dit l'abbé Fréron[3], aussi ex-

---

LETTRE 343. — Publiée d'après l'original, fonds Bouhier, Bibliothèque impériale.

1. Lebeuf fait allusion à la mauvaise réputation de l'abbé Desfontaines. La dispute de ce dernier avec l'abbé de Gournè, géographe, né à Dieppe en 1702, mort en 1770, roulait sur la critique que de Gournè avait faite de la traduction de l'Énéïde de Virgile, de l'abbé Desfontaines.

2. Christine de Pisan, née à Venise vers 1363, morte vers 1431. La *Vie de Charles V* a été publiée par Lebeuf, dans le t. III de ses *Dissertations sur l'histoire de Paris*. et dans les collections Michaud et Petitot.

3. Fréron (Élie-Catherine), né à Quimper, en 1719, mort à Paris en 1776, critique éminent, célèbre par ses luttes avec Voltaire, et auteur de l'*Année littéraire*.

jésuite, et qui passe pour une bonne plume. On ne voit plus ni l'un ni l'autre. En cette ville, les uns sont fâchés de l'arrêt de ses feuilles, les autres en sont bien aises.

Il a paru ici, depuis deux mois, la description d'un temple de Cestas, à trois lieues de Bordeaux [4]. Il y a des gens qui doutent de la réalité de ce temple, fondés peut-être sur la vivacité des idées des habitants de la Garonne, qui leur fait apercevoir ce que d'autres ne verroient pas.

M. l'abbé d'Olivet [5] a eu la bonté de me faire compliment sur mon édition de la *Vie de Charles V*, à cause, dit-il, que ce style nous apprend les tours du françois de ce temps-là. Je suis surpris qu'il croie que nous n'ayons guère de françois plus ancien, si ce n'est peut-être le sire de Joinville.

Je ne sçais, Monsieur, si vous aurez vu la longue lettre latine que M. le cardinal Quirini [6] a envoyée toute imprimée à notre Académie, pour la remercier de sa cooptation. Le fonds qu'il a imaginé est singulier. C'est son *Diarium Gallicum* qu'il nous envoie, mais qui, au lieu de contenir des remarques sur les bibliothèques, ne produit que les lettres telles qu'il les recevoit de France : l'abbé Renaudot, M. de Tourcil, M. Boivin, etc. Il n'a pas oublié l'envoi que vous lui avez fait de l'explication que vous donnez de son dyptique, et il vous en marque sa parfaite reconnoissance.

J'aurois dû commencer cette lettre par où je vais la finir, c'est-à-dire par des excuses que je dois à l'abbé Bouhier (qui dès le commencement de l'été m'apporta une de vos lettres, qu'en mon absence il laissa au portier), de ce que je n'ai pas été lui

---

4. Cestas, canton de Pressac (Gironde).

5. L'abbé d'Olivet, de l'ordre des Jésuites, né à Salins, le 1ᵉʳ avril 1682, mort à Paris, le 8 octobre 1768. Il fut membre de l'Académie française, et est auteur de nombreux travaux littéraires et d'érudition.

6. Le cardinal Jérôme Quirini, bénédictin, né à Venise le 30 mars 1680, mort le 6 janvier 1755. Il avait été élu, en 1743, académicien honoraire étranger. Lebeuf le connaissait depuis 1713, époque de son passage à Auxerre pendant un de ses voyages. — V. son éloge : *Mémoires de l'Acad. des Inscrip.*, t. XXVII, p. 1761.

1743 rendre visite. L'ignorance du lieu de sa demeure en a été la cause, et je ne sçavois de qui l'apprendre.

Comme les nouvelles font mention de M. l'abbé Bouhier nommé à l'évêché de Dijon, je souhaite que ce soit ce même abbé qui soit pourvu de cette dignité, et qu'il siége sur le trône épiscopal aussi longtemps que les Nesmond sur celui de Bayeux, les Brienne sur celui de Coutances.

Le R. P. Oudin [7] m'a envoyé son *Commentaire sur saint Paul*, dont je l'ai remercié par une lettre qu'il recevra. J'ai trouvé l'abbé Bonardi [8] qui alloit le prendre par son ordre chez le libraire Bordelet. Il est bon qu'il paroisse de nos jours quelque étincelle de théologie.

Mes *Mémoires sur Auxerre* ne seront en vente qu'à la Toussaint.

Il paroitra, après l'hiver, une histoire de Verdun en Lorraine, de la composition d'un chanoine de cette ville-là, qui me l'a envoyée et dont je lui ai obtenu le privilége [9]. Si vous aviez quelque anecdote sur cette ville qui n'eût pas été connue par Dom Calmet et qui ne fût pas dans ce que le P. Lelong cite de la Bibliothèque du roi, et Dom Montfaucon de celle de Saint-Germain, l'auteur vous auroit de grandes obligations de les lui avoir communiquées.

Les historiens de Champagne, bénédictins [10], vont venir demeurer à Paris. On compte que leur ouvrage sera plus curieux

---

7. Oudin (François), de l'ordre des Jésuites, né le 1er novembre 1673, à Vignory, mort le 28 avril 1752. Il est auteur de nombreux travaux d'érudition en latin et en français.

8. L'abbé Bonardi (Jean-Baptiste), né à Aix vers la fin du XVIIe siècle, mort à Paris en 1756. Il était docteur en Sorbonne et fut bibliothécaire du cardinal de Noailles.

9. *Histoire ecclésiastique et civile de Verdun*, par un chanoine de la même ville (l'abbé Roussel). Lebeuf concourut à cette publication et mit en œuvre les manuscrits de Roussel, qu'il refondit entièrement. Ce livre est tout-à-fait composé sur le plan de ses *Mémoires sur Auxerre*.

10. Ces historiens étaient D. Taillandier, D. Le Vacher et D. Boissonnet. Ils n'ont publié que le prospectus de leur ouvrage, intitulé, *Projet d'une histoire de Champagne et de Brie*.

que celui de Dom Plancher, mais je doute qu'ils exécutent une
Bibliothèque champenoise aussi exactement que feu M. Papillon
a fait celle de Bourgogne.

344. — DE LEBEUF A FENEL.

Lettre reçue le 24 septembre 1743.

En laissant chez M. Barois le *Journal des Sçavants* de juillet
et les têtes et les queues de mes Mémoires, j'ai cru devoir vous
avertir que je n'ai pu emprunter le *Photius* à Sainte-Geneviève.
Le P. Prévost, bibliothécaire, est à Auxerre. Je l'avois demandé
comme pour moi et je l'emportois déjà, lorsque le garçon de la
bibliothèque m'a dit une chose que je ne me souvenois pas de
lui avoir dite, dix jours auparavant, sçavoir que je devois aller
en campagne. Aussi, en me conduisant, il m'a dit de renvoyer ce
livre avant mon départ parce que le P. Prévost, dont il attend le
retour, regarde souvent à la planche des bibliothécaires d'où
ce volume est pris, ou, si je ne le renvoyois pas, de donner ordre
à M. Adam de le laisser reprendre par lui, garçon. Lorsque j'ai
vu cela, je n'ai pas cru devoir emporter ce volume. Je vous en
avertis de bonne heure, afin que vous vous jettiez ailleurs.
C'étoit l'édition de Rouen. Il y en a deux autres plus anciennes
aussi, à Sainte-Geneviève. J'ai remarqué que ces notes, qu'on
vante tant, ne forment que vingt-cinq feuillets. J'avois cru qu'il
y en avoit bien davantage. J'aurois bien pu renfermer ce billet
avec mes cahiers que je vous envoie, mais peut-être que Barois
ne vous trouvera pas votre affaire en si peu de temps. Vous
aurez bien fait si vous lui avez mandé que vous êtes pressé. Je
pars pour une quinzaine de jours ou environ, suivant le bon ou
mauvais temps. Je mesurerai de mes pieds la voie militaire qui
traverse le Gâtinois.

LETTRE 344. — Publiée ainsi que les n°ˢ 345 à 352, d'après les originaux,
collection de Fontaine.

P.-S. — En démolissant depuis peu, à Saint-Denis-de-la-Châtre, on a trouvé, sous les décombres du cloître, au dehors de l'église, une tombe ou couvercle de sépulcre en bosse, où est sculpté un prêtre revêtu, ayant une tonsure comme les Cordeliers, et les cheveux comme les anciens Cordeliers, et une barbe longue d'un pouce à deux. Au bas de son étole très étroite est, d'un côté : S. A. Ce prêtre est sans calice, les mains jointes. Au milieu de son manipule, aussi fort étroit et très long, il y a :

$\begin{matrix} O \\ B \\ I \\ Z \end{matrix}$ Que signifient ces quatre lettres?

Sur la tête du prêtre sort une main du ciel qui le bénit, et deux anges qui l'encensent. Ce mausolée est plus étroit aux pieds qu'à la tête. Cela me paroît du xiie siècle au plus tard. La chasuble est fort retroussée.

Les Bollandistes font répandre le prospectus de leur dernier tome d'août. Ils y marquent qu'ils parlent des évêques Ebbon et Géric, de Sens.[1]

Si votre voisinage a quelque paroisse du titre de Saint-Lambert, informez-vous, à votre loisir, si l'usage y est, le 17 septembre, que le nouveau confrère soit tenu présenter à l'offrande un coq blanc, pour être préservé des descentes. Il y a une paroisse du diocèse de Paris, dite Saint-Lambert, où cela s'observe.

---

345. — DE FENEL A LEBEUF.

A Sens, ce mercredi, 25 septembre 1743.

Quoique je ne sois pas sûr que vous receviez cette lettre, cependant je me donne l'honneur de vous l'écrire, et je prie

---

1. Ces deux évêques ont vécu au viiie siècle.

M. Adam de vous la faire tenir où vous serez, parce que je crois que vous y pouvez trouver des choses utiles par rapport à la recherche que vous allez faire de nos chemins romains. Mais je commence par avoir l'honneur de vous dire que je crois qu'il seroit utile que vous examinassiez ces chemins jusqu'à Sens, et en cas que vous vouliez prendre cette peine, Monsieur, je vous prie de vous venir reposer et rafraîchir à Sens, et de n'y point prendre d'autre logis que celui de votre serviteur, qui se fera un grand honneur et un grand plaisir de vous y recevoir de son mieux, pendant tout le temps que vous pourrez y séjourner. J'espère que vous accepterez l'offre que j'ai l'honneur de vous faire du meilleur de mon cœur.

1743

Le sieur d'Anville dit qu'il y a six chemins romains qui partent d'Orléans [1], sçavoir : à Tours, à Chartres, à Paris, à Autun, par Briare, et deux à Sens, l'un en tournant, l'autre en droiture, le premier étoit par *Aquis-Segeste* et *Fines*, selon la Table théodosienne. Il place *Fines* vers Suri-aux-Bois, et *Aquis-Segeste* à Sevinière, entre Mont-Cresson et Mont-Bouy.

Si vous examinez ce chemin, il ne faudra pas manquer d'examiner, en détail, le théâtre de Mont-Bouy [2], qu'on dit être en partie très bien conservé ; cela montre que c'étoit un lieu d'assemblée ; on a trouvé des antiquités à Sevinière, en creusant le canal de Briare, sous Henri IV ou Louis XIII ; j'ai pensé qu'à Sevinière est *Fines*, la distance prise de Gien-le-Vieux y revient parfaitement, selon la carte de Outhier, et je crois que les peuples *Finitimes* faisoient des foires sur leurs confins, aux lieux appelés *Fines*.

L'autre chemin d'Orléans à Sens, selon d'Anville, étoit en droiture et passoit par les lieux suivants, on le nomme Chemin

---

LETTRE 345. — 1. V. dans les *Éclaircissements géographiques sur l'ancienne Gaule*, Paris, 1741, in-12, p. 167 et suiv., sa dissertation sur *Genabum* et sur les voies romaines qui traversaient l'Orléanais.

2. Montbouy, canton de Châtillon (Loiret), lieu renommé par les antiquités romaines qu'on y a recueillies.

1743 Haut ou de César [3] : par la forêt d'Orléans, Chemaux, Beaune, Mont-Cheni, La Grange-Maigrette, la Chapelle Bézard, le pont de Dordives, sur le Loing, Verdeau, le Moulin Grouleau, Branle, Jouy, Montacher, Saint-Valérien, Sens. Il dit qu'il y en a des vestiges dans la forêt d'Orléans, d'espace en espace, et près de Beaune, durant environ quatre lieues. Mais M. Morice, préchantre, qui a été archidiacre du Gâtinois, et qui connoît bien tout ce pays-là, m'a dit que cet auteur se trompe sur plusieurs points dans cette route, et m'a désigné ce chemin par les endroits que je vas vous dire, Monsieur. Il ne l'a pas examiné dans la forêt d'Orléans, il le prend seulement à Nancré, qui est dans un fonds, à la sortie de ladite forêt, puis à Batilly, à Egry [4]; de là il faut descendre au marais de Sceaux, que ce chemin traversoit à peu près d'occident en orient (on y peut passer à présent qu'il est à peu près desséché); de là vers Préfontaine, puis à la rivière de Loing, où le chemin traversoit dans un lieu inconnu, mais ce devoit être aux environs de l'abbaye de Cercanceaux; de là on remontait par la gorge du Mez-Maréchal, puis à Branle, où la chaussée romaine est encore très belle, puis à Jouy, où le chemin est très marqué, Montacher, Villegardin, sur les fossés de Saint-Valérien au midi, à côté de Villeroy, à côté des Grosses-Pierres où le chemin est très visible, à Ru-Couvert où le chemin est coupé par un autre chemin traversant et où l'on voit sa structure intérieure, ce qui est notable ; mais au-deçà on ne sait si ce chemin alloit gagner Saint-Martin-du-Tertre ou Tartre, pour descendre le long de la montagne, à Sens, ou bien s'il coupoit directement la montagne, par le lieu que l'on appelle l'une des deux rues Chièvre, que l'on croit avoir été percées par un archevêque, savoir Salazar.

3. Voyez, sur ces chemins, outre les *Éclaircissements géographiques* de d'Anville, Jollois, *Antiquités du Loiret*, 1836, 1 vol. in-4°, et un *Mémoire sur les voies romaines qui traversent le département de l'Yonne*, par MM. Quantin et Boucheron, *Bull. de la Société des sciences de l'Yonne*. 1864.

4. Voyez ci-après, lettre de Lebeuf du 1ᵉʳ novembre 1743, une observation rectificative à ce sujet.

Vous voyez, par ce parallèle, que le sieur d'Anville est mal instruit par rapport au chemin qui passe dans le marais de Sceaux, etc.

Au surplus, il faut vous dire que de Sens à Orléans, par mesure trigonométrique, prise des longitudes et latitudes des dites villes, il y a 55,554 toises, qui valent 58 minutes 35 secondes d'un grand cercle. La route de la Table théodosienne, calculée en milles romains, donne seulement 44,486 toises : ce qui est beaucoup trop court, mais en mettant un tiers en sus pour les lieues gauloises de d'Anville, on a 66,729 toises, ce qui fait plus de 11,000 toises de trop ; or, les voies romaines étoient trop droites pour pouvoir comporter un écart de cette force, sur une distance si petite.

---

346. — DE LEBEUF A FENEL.

A Paris, ce 1er novembre 1743.

Comment avoir de vos nouvelles si je ne vous donne des miennes ?

Vous avez sçu en général que j'allois en campagne sans sçavoir le côté, et, de bonne foi, je ne le sçavois pas trop moi-même, néanmoins le beau temps m'a engagé à faire une plus longue course que je ne l'aurois cru.

J'ai passé par Fontainebleau pour me rendre à Dordives, afin de commencer là l'examen de la route césarienne[1]. Je vis l'église du village de Souppes[2], qui est une jolie chapelle. On me dit qu'on alloit bientôt y faire la translation des reliques de saint Clair, évêque de Cologne, et de saint Léger, évêque d'E-

---

LETTRE 346. — 1. La voie romaine de Sens à Orléans, qu'on appelle encore le *Chemin de César*, et qui passait par Saint-Valérien, Jouy, Branles, Dordives, Sceaux, Beaune, Chemeaux, et arrivait à Orléans.
2. Souppes, village du canton de Château-Landon (Seine-et-Marne).

vreux, dont je vis les vieilles châsses. Je me proposai de vous en avertir, afin que vous demandiez qu'on tire copie des anciens procès-verbaux ou actes de translation. Voilà mon propos exécuté. Il faudra voir s'il y a *Leodegarii Ebroïcensis*.

Avant de commencer à aller de Dordives à l'occident, j'ai voulu voir si j'apercevrois des restes de chaussées vers l'orient, et je n'y en ai pas vu, quoique j'aie été jusqu'à environ une demi lieue qu'est situé le village voisin, sur la route de Dordives à Sens; je crois qu'il est nommé Branles, dans un fond où je vis les restes d'un vieux château. Je vous ai laissé le soin de suivre cette voie de Sens jusqu'à Branles. Car, si vous n'y trouvez pas plus de vestiges que j'en ai aperçu de Dordives audit Branles, adieu l'idée du sieur d'Anville. Mais, pour ce qui est de Dordives jusqu'à l'extrémité de votre diocèse, elle est bien marquée. Je l'ai suivie avec attention : elle ne passe pas dans Beaune, mais à un bon quart de lieue; M. d'Anville la fait passer en des villages où elle ne passe pas, et ne la fait pas passer en ceux où elle passe. Hors de votre diocèse on n'en trouve plus rien. Il semble que c'étoit une tâche que les Sénonois auroient entrepris de finir, et qui n'auroit pas été imposée aux Auréliannois.

Je me suis appliqué, à Orléans, avec M. Polluche, à chercher les vestiges des murs de la cité romaine; nous en avons trouvé, mais non assez pour en déterminer l'étendue et la forme, sinon qu'il nous a paru qu'elle étoit un carré oblong. Il a été plus facile de voir le tour de la cité Césaroduuienne, je veux dire Tours, située entre la Loire et le Cher, ou Dour, et celle de la ville Cénomannoise[3]. Ces murs sont très à découvert à Tours, qui est une cité toute plate, et également au Mans, quoique cité escarpée presque partout. Tours étoit carré presque parfait, et Le Mans carré très oblong. Encore aujourd'hui Le Mans n'a pas d'autres portes à l'orient, au midi et au nord, que celles de cette cité, toute petite qu'elle est. Le reste qui fait la grandeur de la ville n'est pas ceint de murs que vers le couchant.

3. Le Mans.

Voilà, Monsieur, de quoi faire travailler votre imagination. Je ne puis entrer dans le détail de tout ce que j'ai vu à Amboise, à Marmoutier, à Saint-Martin, au Plessis-lès-Tours [4], lieu de résidence de Louis XI, au Château-du-Loir, et en revenant du Mans, route de Paris, à Bellême, Dreux [5], Houdan, Neaufle, Montfort-l'Amaury ; vous vous contenterez de sçavoir que depuis que j'ai vu Dreux, je me suis confirmé dans la pensée qu'il n'y a eu de druidisme en ce lieu qu'un léger rapport de nom. *Durocassis*, son vrai nom, est comme notre *Durogia* ou *Druya* du diocèse d'Auxerre, pays d'eau, pays de sources. Plusieurs habitants se mettroient cependant en quatre pour soutenir que c'étoit où les druides tenoient leur chapitre, et que Chartres n'étoit que leur prison. On berce en ce pays-là les enfants avec ces chansons.

Voici une chose importante que M. Polluche, d'Orléans, m'a communiquée. Il a vu, dans les archives de l'abbaye de Bourg-Moyen, à Blois, mention d'un accord du roi et du comte de Blois, fait entre Moret et Montereau, l'an 1144 ou 1145. Le lieu n'est point autrement spécifié. Auroit-ce été en pleine campagne, *sub dio* ? Je lui ai dit que j'ai vu entre ces deux villes, lorsqu'on vient de Moret à Fossard [6], sur la gauche du grand chemin, tout sur le bord, la place d'un petit châtel carré, dont il reste les fossés et la motte carrée, et que cela m'a paru à peu près à égale distance des deux villes. Ne pourriez-vous pas sçavoir comment cela s'appelle ? Il n'y a là ni maison ni chaumière, mais cela a dû être habité. J'y entrai une fois pour voir si j'y découvrirois des tuiles antiques. Je n'y vis rien. J'en ai vu une semblable à une lieue au-dessus de Nemours [7] sur le Loing, mais il y reste des murs de tour carrée.

Dom Gérou, de Bourges, me fait ressouvenir de votre châsse

---

4. Ces divers lieux sont situés dans le département d'Indre-et-Loire. — Château-du-Loir est dans le département de la Sarthe.

5. Dreux, ville du département d'Eure-et-Loir. — Houdan, Neaufle et Montfort, lieux du département de Seine-et-Oise.

6. Cet édifice n'existe plus aujourd'hui.

7. Il s'agit du château de Grez, ancienne forteresse en ruines.

des saints Fort, Guinefort; il mérite certainement que vous le satisfassiez, lorsque vos dissertations vous auront donné le temps de respirer. Il vient de m'envoyer un morceau de testament de G. de Melun, que vous avez peut-être déjà. Agréez toutefois sa bonne volonté. Il a fureté deux mois et plus, dans le Berry, *novissime*.

Vous sçavez peut être que M. Racine, notre confrère, est mort à Soissons (on dit depuis que c'est faux). Voici une place, vraisemblablement, pour celui qui a eu les deux dernières voix à la dernière élection. On dit que cela n'est pas vrai, quoique les *Nouvelles à la main* l'ayent marqué.

Chaubert n'a encore fait tirer que trois feuilles, à ce qu'il m'a dit, de votre dissertation, et rien encore de celle de M. de Longuemare; cela ira comme les marchandises du canal, à la fonte des neiges. Il croit que les feuilles de l'abbé Desfontaines revivront encore. J'ai pris chez lui le *Journal des Sçavants* d'août, mais je ne sçais par qui vous l'envoyer. M. votre oncle n'est pas ici. Celui de septembre paroitra dans peu.

En vous promenant ces jours-ci qui paroissent assez doux, ne pourriez-vous pas examiner de près si votre cité n'étoit pas un carré oblong dans son origine, au lieu de la figure ovale qu'elle a aujourd'hui? J'ai aperçu, au Mans, que, par un des bouts de la longueur, on a ovalisé pour y construire un château dans les moyens temps.

J'en étois ici lorsque le P. Prévost m'a rendu visite. Il m'a appris qu'il avoit eu l'honneur de vous voir, et que vous avez cru que j'étois simplement allé dans le Gâtinois. Vous avez dû ajouter et *ultrà*, comme il a dû vous apparoir par ce que ci-dessus. Il m'a dit qu'à cause du nom on a donné au sieur Lebeuf, curé de Chassy, une meilleure cure. J'en suis bien obligé à Mgr l'archevêque; ce Lebeuf n'est pas de mes parents.

Je viens de prendre le *Journal des Sçavants* du mois de septembre. Ainsi je me suis acquitté des trois emplettes dont vous m'aviez chargé.

346. — DE FENEL A LEBEUF.

7 novembre 1743.

...... A l'égard des places de l'Académie, si ce n'est pas celle-là qui vaque, ce sera quelqu'autre, car dans un Corps aussi nombreux il part toujours quelqu'un. J'aurai l'honneur de vous dire en confidence que M. Duclos a passé par ici, qui veut absolument que je devienne votre confrère et le sien; nous avons parlé à fond de cette affaire; j'ai assurance de pouvoir aller demeurer à Paris quand je voudrai, en qualité d'agent du Chapitre; on me ménage même une autre place qui me donnera encore une qualité plus honorable et plus stable dans la grande ville, laquelle ne pourra jamais m'être ôtée; j'ai une parole positive, mais il y a encore quelque chose qui fait différer l'exécution. M. Duclos compte que la première place est pour l'abbé Belet, mais, pour m'assurer la seconde, il dit fort sensément qu'il faudroit me faire donner les secondes voix de la prochaine élection. Je vous prie d'en conférer avec lui en particulier, à fond; je crois pouvoir compter sur vos bontés, sur une sincère et parfaite amitié de la part de M. Falconet, à qui on peut s'ouvrir sans difficulté. Je crois M. Fréret bien intentionné, aussi bien que M. de La Curne, qui m'a fait donner, depuis peu, des assurances de son amitié et de son estime. Je ne pense pas que M. de Foncemagne me soit opposé, (bien loin de là), non plus que M. Sallier. M. Secousse m'a invité le premier à venir demeurer à Paris. Voilà, que je crois, bien des personnes qui ont du crédit dans votre illustre Corps. Je n'ai plus qu'à laisser le tout à votre prudence, à votre zèle et à votre amitié, Monsieur.

347. — DE LEBEUF A FENEL.

Paris, 13 novembre 1743.

[Il parle à Fenel des livres grecs qu'il lui a demandés et des retards qu'il éprouve à les lui adresser par le coche. M. Falconet a lu, le 12, à l'Académie, l'éloge de M. de Chambas et celui de M. l'abbé Bignon.]

348. — DE FENEL A LEBEUF.

22 novembre 1743.

[Il le remercie des livres qu'il lui a envoyés. Il lui conseille de faire envoyer chez le libraire Jannot quelques exemplaires de ses *Mémoires sur l'histoire d'Auxerre*.] « Cependant, que votre libraire ne le fasse pas sans être sûr du débit, car on a ici un dégoût ou une haine pour les lettres qui ne se peut comprendre. Croiriez-vous bien, Monsieur, qu'il y a ici nombre de docteurs et de prétendus lettrés qui ne m'ont seulement pas fait compliment sur mes prix ! Il faut sortir d'un pays où les lettres sont si méprisées [1]. »

Lettre 348. — 1. Fenel, dans le *post-scriptum* d'une lettre à Lebeuf, du 1er janvier 1744, renchérissant sur ses plaintes habituelles, lui écrit : « La fureur qu'on a ici pour les Belles-Lettres a été jusqu'au point de faire vendre deux exemplaires de l'*Histoire d'Auxerre* ! » Correspondance Lebeuf et Fenel, coll. de Fontaine.

349. — DE LEBEUF A FENEL.

24 novembre 1743.

En attendant que je passe chez M. Crispo (ce que je ferai demain matin), agréez que je vous conseille de ne pas prendre le coche d'eau d'Auxerre, de crainte que votre paquet n'arrive trop tard. Ce coche a pris ses petits jours : en partant le lundi d'Auxerre, il n'arrive à Paris que le jeudi ; et celui qui part d'Auxerre le jeudi n'arrive que le dimanche ; mais vous avez la diligence qui part, à ce qu'on dit, de deux jours l'un et qui est immanquable, car un coche arrête encore lorsque les eaux grossissent ou qu'il arrive quelqu'autre accident ; mais la diligence va toujours son train, de deux jours en deux jours. Je dirai à M. Crispo qu'il conviendroit même, pour plus grande célérité, qu'il allât retirer le paquet ou qu'il y envoyât. Monnaie fait tout. Que ne me chargiez-vous de la commission ? J'aurois retiré le paquet et l'aurois fait porter par une personne sûre et inconnue que j'aurois accompagnée jusqu'à la porte de la maison de M. Fréret, rue des Déchargeurs, sans me montrer, ni faire connoître la part que j'y prends.

Je suis bien aise que les livres que je vous ai envoyés vous fassent plaisir. Le P. Prévost prête aussi avec plaisir, et il n'a de peine que pour le retour, parce qu'il n'aime pas la cérémonie d'aller à la voiture du coche, de là à la Douane, puis à la Chambre syndicale des libraires, ce qui est indispensable pour les ballots de livres qui entrent à Paris. J'y ai passé une fois pour des livres qu'on m'envoyoit d'Auxerre, et j'en fus bien saoul. Une autre fois, pour deux ou trois cahiers du nouveau bréviaire de Soissons, qu'on m'envoya par le carrosse, sur l'enveloppe desquels il y avoit : papiers imprimés. Il n'en fallut pas davantage pour, du carrosse, être porté à l'hôtel de la Douane, et de là à l'hôtel de la Chambre syndicale qui a ses jours d'assemblée déterminés. Encore si on en étoit quitte pour la peine d'aller réclamer en ces endroits, mais il en coûte encore, et j'ai souvenance que mon petit paquet de douze ou quinze sous coûta, en cérémonies appenditiaires, vingt-cinq ou trente sous. C'est une grugerie criante : mais il faut passer par la porte ou par la fenêtre. Lorsqu'on renvoie un ou deux livres, un ami peut les mettre en sa poche ou les cacher dans ses hardes ; mais tout ballot de livres doit, pour gagner le jubilé à son arrivée à Paris, faire les trois stations susdites, avec la bonne œuvre de l'aumône volontaire ou contrainte. Je vous dirai que je n'ai pas moins de dégoût pour cette procession qu'en a le P. Prévost; que je vous conseille, pour nous éviter ces promenades, lorsque vous renverrez ces quatre volumes, dont trois sont de Saint-Germain, d'adresser le ballot à M. Briasson, ou à tel autre libraire avec qui vous soyez en relations exceptant M. Barrois, duquel je ne suis pas content pour vous avoir tant *lentibourné*; ces libraires ont des garçons de boutique ou apprentis, qui sont stylés à ces trois stations et qui sçavent mieux se défendre des buissons dont les épines crochues demandent chacune leur payement. Je me chargerai volontiers de ce que cela pourra avoir coûté, soit de port par le coche d'eau, soit pour la peine du garçon de boutique qui aura fait les trois stations aux hôtels privilégiés. Le P. Prévost n'a pas, je crois, précisé absolument ; il sçait la destination de son livre : mais à l'égard de ceux de Saint-Germain, surtout Euripide et Sophocle, on pourroit me les redemander, car je me suis bien donné de garde de dire que c'étoit pour envoyer en province.

Un Maillotin, qui s'intéresse pour ceux de Joigny, m'a fait compliment ou congratulation, me disant que M. Lebeuf, mon parent, avoit eu une cure de 2,000 livres ; je lui ai fait répéter « 2,000 livres. » Le nom de cette cure est Béon[1]. J'ai répondu que je n'étois parent de M. le curé de Béon que par le nom, qui se prononçoit de même, qu'au reste j'étois ravi qu'il fût plus à portée que moi de faire (s'il veut) du bien à son oncle le

---

LETTRE 349. — 1. Béon, commune du canton de Joigny (Yonne).

captif [2], voir même lui faire revenir le bon sens s'il étoit possible. Car ce M. Lebeuf, transféré de Chassy à Béon, proche Joigny, est véritablement neveu de notre pauvre fou, en ce que le père dudit insensé a eu deux femmes : de la première naquit un Lebeuf, officier à Joigny, dont M. Lebeuf, curé en question, est fils. De son second mariage avec une dame Chollet, ce bon M. Lebeuf, âgé de près de 60 ans, eut deux enfants, sçavoir : une fille mariée à un marchand de bois à Auxerre, et un fils, qui est Edme Lebeuf, logé, comme vous sçavez, faubourg Saint-Germain. Ainsi, cet Edme Lebeuf est oncle du susdit curé, étant frère de père du père dudit curé. Je voudrois seulement que ce curé sçût que peut-être les mouvements que je me donnai pour avoir une bonne cure sénonoise pour mon frère, lors de la dissipation de mon beau-frère et avant la manifestation de sa folie, sont en partie cause du bon lot qui lui est échu. Quoiqu'il en soit, en voilà trop là-dessus.

1743

Je vous approuve fort de vouloir dire adieu à une ville où l'on est si insensible à l'honneur que vous lui faites. Ils voudroient peut-être que vous en fussiez natif [3]. Encore douté-je qu'ils fussent plus libéraux en compliments. Ces docteurs dont vous me parlez sont peut-être étrangers à la ville : car enfin il faut encore un peu excuser.

Je vous ferai tenir ce qui vous manque pour compléter mon histoire. Lorsque vous serez délivré de votre dissertation, vous vous assurerez si ce défaut est certain : peut-être y a-t-il quelque transposition ?

Je parlerai au sieur Durand de l'envoi de trois ou quatre exemplaires à Sens, ou au moins lui dirai d'écrire au sieur Jannot. Je doute que vos curieux soient des curieux entiers, et qui ne se rebutent pas du prix. Ici le sieur Durand veut vendre les deux tomes 24 livres, reliés ; à ceux d'Auxerre qui ont sous-

---

2. Le beau-frère de Lebeuf, qui était détenu comme aliéné à Charenton.
3. Le chanoine Fenel est né à Paris, et il fut élevé chez l'abbé Chastelain. Voyez ci-dessus, p. 175.

crit, 20 livres. Je le sonderai et verrai s'il veut les donner à Sens sur le même pied. Cela se trouvera peut-être encore trop haut pour les demi-curieux. Durand dit que ces volumes, de la grosseur dont ils sont, et avec les cartes en taille-douce que je vous enverrai, lui reviennent à de grosses sommes. Il a eu pour imprimeur le sieur Coignard[4], *imprimeur à carrosse*, qui ne se donne pas pour des prunes.

Je n'ai pas vu M. Falconet depuis le mardi 12 du courant, qu'il vint à la rentrée. M. Racine n'est pas mort comme on l'avoit débité.

—

Ce 25 novembre 1743.

J'ai été ce matin, à huit heures, chez M. Crispo. Il m'a dit qu'il n'avoit pas encore reçu de vos nouvelles, quoique vous me marquiez que vous lui écrivez par le même ordinaire. Cela n'a pas empêché que je ne lui aie remis l'écu de six livres, suivant votre désir, et que je ne l'aie exhorté à retirer promptement votre paquet à la voiture que vous lui aurez indiquée.

J'ai parlé aussi au sieur Durand. Il n'enverra pas à M. Jannot trois ou quatre exemplaires, que ledit Jannot ne les demande. En ce cas il les lui fournit au prix marchand, qui est un peu plus bas, mais il croit que M. Jannot les vendra toujours 24 livres. Voyez ce qu'il y a à faire, lorsque vous serez bien délassé.

Le P. Gérou, de Bourges, a voulu avoir mon livre et je le lui ai envoyé à prix modéré. Il l'a déjà lu ou presque lu. Comme c'est un religieux fort vif, et qu'il remarque tout, il m'écrit à

---

1. Cette qualification « d'imprimeur à carrosse, » que Lebeuf donne au libraire Coignard, nous donne une haute opinion de sa position dans sa corporation. Il s'appelait Jean-Baptiste et descendait d'une famille d'imprimeurs connus à Paris dès le milieu du XVIIe siècle. Il devint consul, puis syndic de la corporation des imprimeurs-libraires, et prenait le titre d'imprimeur du roi. Il fut le bienfaiteur des ouvriers libraires de Paris, et mourut en 1768.

l'occasion de ce que j'ai dit, tome II, page 48, de la sépulture du roi Raoul, à Sainte-Colombe : « La sépulture du roi Raoul n'est plus au milieu du chœur de Sainte-Colombe, mais en entrant dans le chœur, proche le pilier à gauche, et c'est là qu'elle fut trouvée lorsque dans ces derniers temps on pava le chœur. Je tiens ceci d'un religieux nommé Dom Collombat, qui a été longtemps procureur dans cette maison, et qui étoit présent lorsque l'on travailla [5]. » N'avez-vous point eu de débats avec lui ? C'est moi qui parle.

A propos de Sainte-Colombe, j'ai actuellement un manuscrit récent qui contient un abrégé des principaux titres de cette maison ; cela peut faire un cahier de vingt pages. Souhaitez-vous que je vous le fasse copier ? Cela vient de bon endroit. Il faut que cela ait été écrit il y a environ cent vingt ou cent dix ans. Vous chercherai-je un autre scribe que M. Adam ? Je n'ai pas voulu le lui proposer que je ne vous eusse écrit, et que je n'eusse sçu vos intentions. Car il y a un verset du psaume CXVIII, qui anime les plus paresseux : *Propter retributionem*. Il y a des titres du IXe ou Xe siècle, par extrait, mais pleins d'abréviations.

---

350. — DE FENEL A LEBEUF.

Sens, 30 novembre 1743.

[Il l'informe de l'envoi de son Mémoire sur *les Sacerdoces* [1], à M. Fréret, directement. Il est tombé malade de fatigue et d'excès

---

5. L'église de Sainte-Colombe, près Sens, ayant été démolie pendant la Révolution ; il n'existe plus de vestiges de ce tombeau du roi Raoul.

LETTRE 350. — 1. Ce travail de Fenel n'obtint pas le prix ; ce fut M. Martin qui fut couronné dans le concours de 1744. Voir une lettre de Fenel, du 24 mars 1744, où il se plaint vivement des coteries qui l'ont évincé.

de travail; fut saigné amplement, et fut deux ou trois jours sans pouvoir rien faire, ce qui l'a retardé. Il s'est mis à son Mémoire au mois de juillet et y a travaillé presque sans discontinuer, tant à Paris qu'à Sens. Il n'a jamais fait un travail si rude.]

« J'ai donné moi-même aujourd'hui, à Mgr notre archevêque, un Mémoire pour avoir la copie des procès-verbaux des châsses de Saint-Maurice et de Souppes. Le nœud de tout cela est que les gens de Saint-Maurice sont assez mal disposés envers le prélat, lequel ne veut pas, de son côté, rien faire dont ils puissent prendre ombrage. »

[Il prie Lebeuf de faire copier le manuscrit de Sainte-Colombe dont il lui a parlé. Il satisfera M. Adam de la peine qu'il prendra pour cela.]

—

351. — LE CORPS MUNICIPAL DE LA VILLE D'AUXERRE A LEBEUF.

8 décembre 1743.

Nous sommes trop sensibles, Monsieur, à vos politesses, et au souvenir et à l'amour que vous conservez pour notre patrie commune, pour ne vous en pas témoigner nos vives reconnoissances, et des deux tomes de vos *Mémoires historiques* que vous venez de faire imprimer, qui nous ont été remis de votre part, le 2 de ce mois, avec la lettre que vous avez pris la peine de nous écrire, datée du 18 novembre dernier, dont nous avons dressé acte sur nos livres de conclusions[1]. Cet ouvrage est d'au-

---

LETTRE 351. — Publiée d'après l'original, manuscrits français, supplément n° 2,440, Bibliothèque impériale.

1. Lebeuf venait de faire hommage au Corps municipal d'Auxerre de ses *Mémoires sur l'histoire d'Auxerre*, etc., en 2 vol. in-4°. Par délibéra-

tant plus précieux, qu'il ne nous laisse rien à désirer sur tout ce qui s'est passé de plus remarquable en notre ville. Il ne peut qu'augmenter la réputation que vous vous êtes acquise, dans la capitale et autres villes du royaume, par la supériorité de votre esprit et votre grande capacité à développer ce qu'il y a de plus caché dans l'antiquité, et les différents ouvrages que vous avez ci-devant donnés au public. Soyez persuadé que nous nous ferons toujours gloire de vous conserver au nombre de nos compatriotes, et de vous assurer que nous sommes très parfaitement, Monsieur, etc.

352. — DE LEBEUF A FENEL.

Paris, 8 décembre 1743.

[Détails sur les inquiétudes que M. Crispo et lui ont eues à propos de la non arrivée du paquet contenant son *Mémoire sur les Galates.*]

...... Voilà, Monsieur, bien des frais que tout ceci vous occasionne. Tâchez de vous servir du fourgon de Mgr l'archevêque, s'il est sûr, quoique M. Briasson m'ait dit qu'il se chargeoit de la cérémonie du syndicat. Je crois qu'en effet il est actuellement syndic [1].

La poste est une excellente invention, mais qui a aussi ses

---

tion du 1er décembre, le Corps municipal décida qu'on adresserait à l'auteur des remerciements, ce qui fait l'objet de la présente lettre, qui a été publiée dans le tome Ier des *Mémoires sur l'histoire d'Auxerre*, 2e édition, p. 32. La lettre de Lebeuf ne s'est pas retrouvée.

LETTRE 352. — 1. Briasson, libraire, avait été, en effet, en 1743, syndic de la corporation des imprimeurs-libraires de Paris, mais il ne l'était plus depuis le mois d'octobre.

inconvénients. Je n'ai reçu que le 3 de ce mois votre lettre du 24 septembre, recommandée à M. Adam, et deux autres du même temps. Comme, par précaution, je ne veux pas trop qu'on sache la durée de mes voyages, je ne la déclare point au portier. Il crut donc que j'étois à Auxerre; on y envoie mes lettres sans les faire voir à M. Adam. Le maître de la poste d'Auxerre, nommé Gabriel, étranger, sur ces entrefaites devient fou et court la campagne, va à Dijon, d'où les archers le ramènent; puis on établit un autre directeur. Le temps se passe. Les lettres en retard restent en arrière. Enfin celui qui a succédé à Gabriel, ayant vu des lettres qu'on m'écrivoit d'Auxerre, m'envoie de cette ville mes trois lettres dont la vôtre étoit une. Je l'ai ouverte avec grande joie. Vos remarques sur la route romaine [2] sont presque toutes bonnes, mais il y a à réformer vers Batilly, car le chemin ne passe pas à Egry, au moins pas plus près que de trois quarts de lieue. Je me servirai de vos calculs pour répondre un jour au sieur Danville.

Il ne faut pas, Monsieur, vous presser de faire écrire la fin de la table de mon livre. Elle se retrouvera quelque part : vérifiez les feuilles. Si vous ne la retrouvez pas, je la demanderai. Il vous faut aussi les cartes. Ne donnez encore rien au relieur.

S'il y a un canton de Sipierre, à Serbonne, c'est une bonne avance pour restituer Robert à son lieu natal. Il lui fait plus d'honneur que Jacques Clément [3].

Vos conjectures grecques sur le *Mictere* prétendu ne me paroissent pas bien fondées. Je les crois aussi peu appuyées que tout le grec ou *Latium* qu'on cherchoit dans *Csca* du Chapitre de Lisieux. Cela m'a fait ressouvenir de nos vieux statuts d'Auxerre, où le serment a à peu près la même chose. Le nouveau reçu chanoine lisoit la formule où il y avoit : « Contra jus capi-
« tuli per se nec per alium..... contra statuta et ordinationes

---

2. Voir lettre de Fenel à Lebeuf, du 25 septembre 1743.
3. Jacques Clément, l'assassin de Henri III, est né à Serbonnes, village près Sens.

« veniet nec faciet venire, sed ad illa, illas et illud tuenda et
« manutuenda,...... consilium præstabit et auxilium sine
« tamen suo mittendo. Item quod non recipiet, nec tenebit
« fructus præbendæ suæ.... nisi fecerit stagium. » Selon
moi, cela signifie que le chanoine promet par serment de veiller
sur les intérêts de la Compagnie, sans cependant s'engager à négliger ses propres affaires temporelles par préférence à celles du
Chapitre, comme il est raisonnable. Je trouve que *sine me
omittere*, dit la même chose, *sans m'oublier*.

Il faut prendre garde que le canton de Sainperre (sic), à Cour-
lon ou à Serbonne, ne soit aussi prononcé et écrit pour Saint-
Père, qui est le nom de Saint-Pierre, tel qu'on le prononce à
Auxerre, à Chartres, à Melun. Peut-être est-ce un terrain de
Saint-Pierre-le-Vif [4] ou de Saint-Père de Melun.

Il n'y a pas eu jusqu'ici de réplique à votre remarque contre
le petit logicien, sur le raisonnement. J'ai lu tous les *Mercure*.

MM. Guérin vont afficher le *Traité de physique expérimentale*, de M. l'abbé Nollet. Ils commencent à débiter un traité
curieux sur les abeilles [5].

Le *Gloria in excelsis* des annuels solennels est phrygien; le
Credo l'est aussi et le *Te Deum*; le *Pater* est dorien ou éolien,
car il n'a pas assez d'étendue pour atteindre à ce qui distancie
l'un de l'autre; la *Préface* est dans le même cas. L'*Exultet* est
phrygien dans son commencement, puis il se restreint au chant
dorien ou éolien. Ces chants là n'ont jamais eu de quart de ton,
mais quelques-uns ont souvent un demi-ton de plus que le
diatonique, sçavoir : la *Préface* et le corps de l'*Exultet*, *omisso
prologo*. Ces deux chants de *Préface*, *Pater* et fin de l'*Exultet*,

---

[4]. L'abbaye Saint-Pierre-le-Vif, de Sens, possédait en effet des biens à Courlon et à Serbonnes, dès le XIIIe siècle. Il y avait même au hameau de Bachy, commune de Serbonnes, un monastère de Saint-Pierre.

[5]. Ce traité, sous forme de dialogue et sans nom d'auteur, était intitulé : *Histoire naturelle des Abeilles*, avec planches, 1744, 2 vol. in-12.

Le grand ouvrage de Réaumur sur les insectes avait fourni les éléments de ce livre.

admettent le dièze sur l'*ut* ce qui en fait la beauté, si bien qu'en quatre tons il se trouve deux semi-tons : FA MI RÉ UT (dièze).

Voilà tout l'enharmonique que l'Église a pu prendre des anciens. On le trouve aussi de même dans *Ut queant laxis*; mais pour y faire le quart de ton en faisant le dièze, il faut une extrême subtilité de gosier. Si on le fait, on n'y reste pas, mais la voix passe promptement du *ré* à l'*ut* dièze, en ne faisant que friser le quart de ton. Tous les chants susdits sont mineurs. Les chants majeurs sont ioniens et lydiens. Ils sont comme ceux de la trompette. Ils sont propres aux paroles laudatoires. Je pense donc que, lorsque vous trouvez que tel chant ressent la prière, celui-là l'instruction, tel autre les louanges, ce sont les paroles qui vous conduisent à juger ainsi du chant. Je ne sçaurois croire non plus que les quarts de ton fussent si fréquents chez les anciens. Ils l'étoient au plus comme dans les récitatifs de certaines pièces de musique où il y a, dans chaque octave, plus de deux demi-tons ; il y en a peut-être quatre, et encore, pour les faire, fait-on encore friser le siége du quart de ton. Au reste, si l'on a bien pris du paganisme *Kyrie eleison* et *Ite missa est*, pourquoi n'auroit-on pas pris de leur chant ? Je crois avoir marqué quelque part dans le *Mercure*, vers 1738, que l'Église a pu sanctifier plusieurs chants du paganisme. J'y mettois le *Kyrie* de la fin de Ténèbres, et l'hymne trochaïque du Jeudi Saint aux saintes huiles : *O Redemptor, sume carmen, temet concinentium* ; tous chants phrygiens ou barbares, selon Horace. *Pange lingua* est aussi phrygien ; *O Redemptor*, selon ma pensée, auroit été substitué à l'infâme *Pervigilium Veneris*, trochaïque.

Le R. P. Gérou vous salue. Vous avez dans lui un religieux non fait comme plusieurs autres. Le billet ci-joint vous en instruira [6].

6. Voici le texte du billet de D. Gérou :

« J'écrivis dernièrement à un ami homme d'esprit qui demeure à Fer-

Je suis ravi que vous soyez guéri. Ne vous épuisez pas. La saignée doit vous être bonne; usez-en. Vous sçavez que chez les moines sédentaires il y avoit *Dies minutionis* 7.

353. — DE LEBEUF AU PRÉSIDENT BOUHIER.

Paris, 9 décembre 1743, 4 p. in-4° 1.

[Nouvelles littéraires et diverses. Ses Mémoires ne sont pas encore affichés. Le libraire Durand veut les vendre si chèrement qu'il en est honteux. L'on a tiré peu d'exemplaires. Sur ce qu'il lui propose de chercher un libraire pour publier l'*Histoire de Besançon*, de M. Dunod... On ne court plus guère que sur les livres de mathématiques, ou sur les romans et semblables livres. Il a eu assez de peine pour trouver un libraire pour l'*Histoire de Verdun*, qu'on imprime en ce moment. Détail sur un manuscrit de Sorbonne, écrit l'an 1009, par ordre d'Aimon, évêque de Verdun, qu'il est occupé actuellement à débrouiller.]

(N° 384, du *Catalogue Parison*.)

rières, pour l'engager à faire un dépouillement de leurs titres qui sont en grand nombre, en ce qui regarde les priviléges accordés par les archevêques à cette abbaye, afin d'en faire la galanterie à M. Fenel, supposé que cet ami veuille lui-même me la faire, car M. Fenel n'est pas bien famé dans nos deux maisons de Sens, ayant voulu enlever un bien à celle de Sainte-Colombe, sous prétexte que c'étoit un prieuré. Si la chose réussit, tant mieux. »

7. Voyez les statuts de l'ordre de saint Benoît.
LETTRE 353. — 1. Cette lettre doit appartenir maintenant à la Bibliothèque impériale.

354. — DE FENEL A LEBEUF.

Sens, 13 décembre 1743.

[Envoi par le coche des livres grecs que Lebeuf lui avait fait prêter pour composer son *Mémoire sur les Sacerdoces*.]

Cette dame antique qui est avec M. Crispo est sa tante paternelle [1], veuve de feu M. Soraci, médecin italien, qui a été autrefois un de mes intimes amis; il a demeuré quelque temps à Auxerre, mais je crois que vous étiez bien jeune et ne l'avez pas connu.

C'étoit un homme d'un esprit subtil et fécond, que j'ai beaucoup regretté. Comme je suis attaché, non-seulement à mes amis, mais à tout ce qui leur a appartenu, j'ai continué à la veuve et au neveu les mêmes amitiés et attentions que j'avois eues pour le défunt que j'avois fort chéri. Ce sont, au reste, de très honnêtes gens et très obligeants.

Je vous remercie de vos remarques sur les anciens chants d'église.

Je vais travailler pour Soissons.

Je crois que nous devons avoir bientôt mon ouvrage imprimé [2]; mon avis est de n'en distribuer que fort peu en cette ville, où personne presque n'est en état d'en juger et de le goûter, et de distribuer la plus grande partie à Messieurs de votre Académie, *ad captandam benevolentiam*. Qu'en pensez-vous? Je dois avoir quarante-deux exemplaires.

La résolution prise sur la châsse de Saint-Fort par le prélat est telle. La dite châsse est sur un lieu très élevé, on n'y peut toucher à présent sans exciter les clameurs du populaire de

---

LETTRE 354. — Pièce publiée, ainsi que les n°ˢ 355 à 362, d'après les originaux, collection de Fontaine.

1. Lebeuf, dans sa lettre du 8 décembre précédent, parlant « d'une « bonne dame antique qui étoit chez M. Crispo, et qui, voyant qu'il étoit « d'Auxerre, lui dit qu'elle y avoit demeuré, ajoute : si c'est l'épouse de « M. Crispo, elle n'est pas trop ragoûtante. »

2. Son ouvrage intitulé *Mémoire sur la conquête de la Bourgogne en 534*.

Saint-Maurice. On la doit descendre le 25 février, elle restera descendue jusqu'à Pâques, alors on m'a promis positivement de l'ouvrir et d'en tirer les procès-verbaux. Je vous prie de mander cela à Dom Gérou, avec mes très humbles remerciments de sa politesse, attention et bonne volonté. Sa franchise me plait au sujet du mauvais renom qu'il dit que j'ai acquis dans les maisons de son ordre à l'occasion du prieuré [3] ; il dit vrai, mais cela n'est pas, au fond, capable de me déshonorer.

Notre prélat part ce matin pour Paris jusques à Pâques.

Le grand autel de la métropole, qui a coûté quarante à cinquante mille livres, a été béni solennellement par l'évêque de Troyes, lundi dernier [4].

---

355. — DE LEBEUF A FENEL.

Ce 17 janvier 1744.

Ne soyez pas en peine des livres que je vous avois fait prêter, ils sont tous restitués. Comme je n'ai pas retenu de date de la dernière lettre que j'ai eu l'honneur de vous écrire, je ne me souviens pas bonnement si je me suis acquitté de ce que je vous devois pour la nouvelle année, mille vœux de santé et prospérité, avec des prix autant qu'en l'an 1743.

Je ne me suis pas pressé de demander de l'argent à M. votre oncle, que j'ai été voir ces jours derniers et que j'ai trouvé parfaitement guéri, parce que l'ouvrage de M. Adam n'est pas fini [1]. Ce n'est ni sa faute ni la mienne : on me redemanda, dès devant

---

3. Fenel venait d'obtenir de l'abbé de Saint-Pierre-le-Vif de Sens, le bénéfice du prieuré simple d'Andrézy, au diocèse de Sens, aujourd'hui canton de Courtenay (Loiret). Voyez, ci-dessus, lettre de Lebeuf, n° 352, note 6.

4. Le grand autel de la cathédrale de Sens fut construit en 1742 sur les dessins de Servandoni. La consécration en fut faite le 9 décembre 1743 par Mgr de la Rivière, évêque de Troyes.

LETTRE 355. — 1. La copie du manuscrit de Sainte-Colombe.

Noël, le manuscrit parce qu'on en avoit besoin pour quelques autres faits. Il fallut le reporter. Je le redemanderai et M. Adam continuera. Lorsque cela sera achevé, nous vous l'enverrons par occasion. Elles sont assez rares maintenant ; la rivière est prise, mais on croit que cela ne durera pas.

J'ai vu le sieur Chaubert qui dit que vous ne pourrez avoir vos exemplaires qu'au commencement de février [2]. On en est à la troisième feuille de M. de Longuemare ; on achève de le composer cette semaine, puis on le tirera. Il faudra quelques jours pour le sécher, après quoi il mettra le tout en vente. Je ne sçaurois croire que votre dissertation ait été montrée audit sieur de Longuemare. Ce seroit un vilain tour.

Quant à la distribution, vous ferez très-bien, selon moi, d'en donner plutôt à vos confrères qu'aux autres Messieurs dont vous me parlez, quoique 4 ou 5 pour les cordons-bleus, tels que M. Fréret, Sallier, de Boze, ne gâtât rien (*sic*).

De la façon dont vous me parlez du bénéfice auquel vous avez été élu, il semble qu'il soit différent de celui dont vous me parlâtes cet été. Cependant M. votre oncle m'a assuré que ce n'est pas autre chose.

Je suis fâché de n'avoir pas nos anciens Mémoires [3] pour y relire M. Burette sur le genre enharmonique et chromatique.

J'ai profité de la note du P. Sirmond sur *Nemetodorum*. S'il y avoit *Nemetodunum* cela feroit merveille pour le Mont-Valérien, qui est de la paroisse et territoire de Nanterre, mais *dor*, en tant que signifiant *porte* ou *fer* (car *Isernodorum* est marqué dans un ancien comme signifiant *porte de fer*), *dor* en tant que signifiant l'un ou l'autre, ne me paroît pas convenir évidemment à Nanterre, *Templum ferre uno* ou *Porta templi*, ne donnent aucune convenance avec ce lieu. Il est aussi un peu trop éloigné de la Seine pour faire allusion à *dour, aqua* : ce n'est pas un pays marécageux. Il y a, à la vérité, un puits dans l'église, tout

---

2. Les exemplaires de la dissertation à l'Académie de Soissons sur la conquête de la Bourgogne.
3. Les *Mémoires* de l'Académie des Inscriptions.

au beau milieu : *dour* et *nemetum* viendroient-ils de là ? Ce puits seroit-il assez ancien dans l'église pour y avoir donné le nom ? *Fiat lux !*

1744

On a des exemples pour l'explication de *depositio* dans le sens de M. l'abbé Dubos. A Auxerre, par exemple, la fête de la sépulture de saint Germain, qui fut faite le 1er octobre, deux mois après sa mort, s'est toujours appelée *Depositio S. Germani.* Voyez le *Glossaire* : il y a pour et contre. Le jour de la mort de saint Germain a toujours été appelé chez nous : *Transitus S. Germani.*

Votre remarque sur *Hamingus Chlotacharius* m'a fait un grand plaisir [4]. Je croirois que ce seroit l'explication de la lettre H, qui se trouve devant *Ludovicus* et autres, mais je ne vois aucun mot allemand qui y ressemble. Ce ne peut pas être pour signifier *rex*, puisque Clotaire met ensuite ce mot *rex* : cela ne signifieroit-il point illustre, haut et puissant seigneur ?

Je suis bien aise qu'il y ait eu deux exemplaires de mon histoire débités à Sens. La fureur est modeste, mais le prix n'est pas aussi fort attirant.

On enterra, mercredi 15 de ce mois, le bon père Étienne Souciet [5], bibliothécaire du collège. Je portai cette nouvelle à

---

[4]. Fenel, dans une lettre du 1er janvier 1744, donnait à Lebeuf une explication du mot *Hamingus*, placé avant la signature du roi Clotaire, en ces termes :

« Je trouve dans les conciles de Labbe, tome V, collection 1655, un édit du roi Clotaire II, qui est après le concile de Paris de 615 ; la souscription de ce roi est en cette sorte : « *Hamingus Chlotacharius*, etc. » Que veut dire cet *Hamingus* ? Je ne me souviens plus où j'ai lu que l'on trouve dans les anciens monuments le nom de nos premiers rois toujours précédé d'un *H* ; quelqu'un, je crois M. Maillard, a dit que cet *H*, qui se prononçoit comme un *K*, vouloit dire *Konig*, roi, en langue thudesque ; mais peut-être se trompe-t-il et peut-être que cet *H* veut dire *Hamingus*, qui se trouve par hasard tout au long dans cette signature et dans une autre lettre du 31 janvier suivant. Ce mot est le nom d'un capitaine Franc, qui fut tué en Italie, et que les auteurs grecs appellent *Aunnigot*. — Voyez les *Indices* du deuxième tome de Dom Bouquet. (V. Corresp. Lebeuf et Fenel, coll. de Fontaine.)

[5]. Voyez sur le P. Etienne Souciet, l'un des principaux rédacteurs du *Journal de Trévoux*, ci-dessus correspondance, p. 64, et t. I, p. 242.

M. Fréret, auprès duquel je me trouve au service académique de feu M. Couplet, trésorier de l'Académie des sciences : il me dit qu'il n'y avoit plus de vrais sçavants chez les Jésuites, que c'étoit là le dernier, quoique un peu confus. Je le connoissois un peu : c'étoit un homme fort triste et mélancolique qu'on n'a jamais vu rire. C'étoit l'entrepôt des Bollandistes. On a reçu le prospectus du dernier tome d'août, mais le tome n'est pas encore arrivé. Votre saint Ebbon y est annoncé [6].

J'ai écrit à Dom Gérou qu'enfin nous aurions le cœur clair sur saint Fort ou Guinefort. A-t-on oublié saint Clair et saint Léger de Souppes? J'ai trouvé un *Fortis*, archevêque de Milan.

La bise qui a fort venté nous a fatigués ici, durant trois jours, des cloches de Saint-Nicolas-du-Chardonnet, où l'ancien évêque de Vence, Flodoard de Bouchenu, a été enterré. Ce prélat tomboit du haut mal. Il est décédé octogénaire.

Le *Mercure* de décembre rapporte la cérémonie de la chevalerie donnée au sieur Servandoni [7], en votre église. On aura, dans le second volume, une relation de l'ambassade dernière du Turc, dressée par l'ambassadeur même. On dit qu'il y marque tout ce qu'il a vu en France. Ce sera apparemment une espèce de journal.

Il n'a rien transpiré sur ce que vous sçavez [8]; nos Messieurs sont fort discrets, et je ne sçaurois comment m'y prendre pour

---

6. Saint Ebbon, archevêque de Sens au ixe siècle.

7. Servandoni (Jean-Jérôme), architecte et peintre, né à Florence le 22 mai 1695, mort à Paris le 29 janvier 1766. Il fut nommé architecte du Roi en 1732, et construisit le portail de l'église de Saint-Sulpice, à Paris. Il a également construit l'église de Coulanges-les-Vineuses et le grand-autel de la cathédrale de Sens (Yonne).

Le *Mercure* raconte ainsi la cérémonie dont parle Lebeuf :

« Le dimanche 3 novembre 1743, l'archevêque de Sens conféra, en vertu d'un bref du Pape, dans l'église métropolitaine, l'ordre du Christ à M. Servandoni, peintre et architecte du Roi. Ses deux parrains étaient : MM. de Bullion, officier des Gardes-du-corps, et Boisson, capitaine au régiment de Bigorre, tous deux chevaliers de l'ordre militaire de Saint-Louis. »

8. Sur la distribution du prix à l'Académie, à propos du concours sur *les Galates*, pour lequel Fenel avait adressé un Mémoire.

les faire causer. Lorsqu'il aura transpiré quelque chose, je vous le manderai.

M. Adam vous assure de ses profonds respects.

J'ai les petites cartes et plans de mon Histoire pour vous. Il ne s'agit que de trouver une occasion. Vous avez sans doute retrouvé la queue qui vous manquoit.

Il se vend depuis peu la *Physique expérimentale* de M. l'abbé Nollet, en deux volumes in-12, avec figures. On dit qu'il enseigne cette science à Mgr le Dauphin. Jugez s'il sera mal récompensé !

M. de Boze nous a apporté, cejourd'hui 17 janvier, une dissertation latine *sur le Sacerdoce*, par un sçavant de Nuremberg. On l'a répudiée par deux raisons : 1° parce qu'il est trop tard ; 2° parce qu'il y joint une lettre avec son nom. A cette occasion, j'ai entendu un des commissaires dire : « Peut-être que cette dissertation latine mise au rebut vaudra mieux que..... » il n'a pas achevé. Cela me paroit signifier qu'il n'est satisfait d'aucune. Peu de personnes entendirent ces mots échappés. Le voisinage du quidam me les fit entendre.

J'ai rempli la page précédente de minuties, ne prévoyant pas qu'il me viendroit une lettre de votre part sur *Caraciaco*, etc. Aussitôt après l'avoir reçue j'ai tout quitté, et après avoir lu Frédégaire et mon écrit imprimé sur *Latofao*[9], vu les cartes du diocèse de Toul, la Champagne de Delisle, je trouve que vous avez bien deviné en le plaçant à Charcey[10], où est le château de Beaupré, dénomination d'une des branches des Choiseul, ainsi que me l'apprend le *Dictionnaire universel des villages de France*. Ce lieu a une parfaite analogie. Il n'est qu'à deux ou trois lieues de la route romaine qui menoit de Langres à Toul. La guerre où il en est fait mention, dans Frédégaire, n'a aucun rapport avec les précédentes. C'étoit une entreprise toute nou-

---

9. Voyez *Recueil de divers écrits*, etc., 1738, in-8°, t. I, p. 38 et suiv., une dissertation où Lebeuf démontre que *Latofao* est Liffol, canton de Neuchâteau (Vosges).

10. Charcey et Beaupré, canton de Gondrecourt (Meuse).

velle. Ainsi Thierry fit marcher ses armées de Bourgogne le long de la grande route, et s'arrêta vers la limite des deux couronnes, mais je ne crois pas que ce Charcey soit de l'élection de Chaumont, quoique le dictionnaire ci-dessus le marque ; je le croirois plutôt de celle de Joinville. Au reste, sans le désigner par les élections, dites qu'il est situé entre Joinville et Gondrecourt, assez près d'une route militaire qui va du midi au nord-est. Mais, comme cela ne sera qu'incident en votre dissertation, il n'est pas nécessaire que vous vous y étendiez, mais que vous fassiez sentir, en passant, l'erreur de Dom Bouquet.

Après avoir relu le programme Soissonnois, je suis d'avis que le *Latofao* de Frédégaire, n° 17, à l'an 596, n'est pas le même que le *Lacofao* ou l'autre *Latofao* dont j'ai fait Lafau, proche Soissons. On a eu raison de douter que ce fût un seul et même lieu, dans le programme. Aussi, dans la page 368 de mon second tome de dissertations [11], ne le fais-je le même qu'en hésitant, et avec un *peut-être*. Il me semble, en effet, que Frédégaire ne devoit pas faire arriver de ce côté-là, mais vers la Champagne. Les deux rois Théodebert et Thierry venant au-devant, devoient venir de Bourgogne et de Lorraine ; ainsi, mettez ce *Latofao* ou *Latofago* à Faux [12], au diocèse de Troyes, entre Fère-Champenoise, diocèse de Châlons, et Plancy, qui est sur la rivière d'Aube, diocèse de Troyes. Tous ces Faux ou Fouz viennent de *Fagus*. Ce qui me détermine à celui-là est qu'à trois lieues de là, au nord-ouest, est un lieu appelé Allemans [13], de même qu'il y en a un à une lieue de La Fau du Soissonnois ; ces deux endroits dits Allemans ont pu tirer leur dénomination de quelque tuerie et sépulture d'Austrasiens, que le peuple appeloit Allemans.

Sur *Rossontensis*, n'oubliez pas la distance entre Ressons,

---

11. V. *Recherches sur la position de quelques lieux de la France, nommés dans Frédégaire*, etc., dans le *Recueil de dissertations sur l'histoire ecclésiastique et civile de Paris*, t. II, p. 338 et suiv.

12. Faux-Frenay, canton de La Fère-Champenoise (Marne).

13. Allemans, canton d'Épernay (Marne).

Ressontum, et Roussont de vos quartiers 14. Car je soupçonne que M. Longuemare aura placé le *Rossontensis* à Resson-le-Long, village à une lieue et demie de Soissons, route de Compiègne, ce que je ne puis goûter.

Il ne me reste qu'à vous dire que je n'ai pas été malade et que je souhaite que vous ne le soyez pas.

Le frère cadet du P. Souciet, qui étoit *septilinguis*, ne lui a survécu que de deux jours 15.

---

356. — DE LEBEUF A FENEL.

6 février 1744.

Je vais profiter de l'occasion du retour de la dame en question 1 pour vous envoyer cette réponse. Me ressouvenant de la parole de Chaubert, j'ai été, le dernier janvier, lui demander si vos exemplaires étoient prêts. Il m'a répondu qu'il n'y avoit plus qu'à les plier. Je lui ai dit qu'il y auroit une occasion dès le lendemain pour Sens, afin de le faire accélérer, et qu'au moins il m'en donnât donc un ; il l'a fait brocher, moi présent, et me l'a donné pour vous. L'occasion ayant manqué, je l'ai gardé pour moi. Je l'ai porté à l'Assemblée 2 pour y lire, *privatim*, quelque chose, afin d'avoir occasion de faire parler mon voisin dont vous vous doutez. Il n'a pas manqué de me dire : Que lisez-vous donc-là ? J'ai répondu ce que c'étoit et de qui étoit l'ouvrage. M. F***** 3, qui étoit derrière nous, a dit : Je l'ai

---

14. Rousson, canton de Villeneuve-le-Roi (Yonne).
15. Le P. Souciet (Étienne-Augustin), né à Bourges le 1er septembre 1685, mort le 16 janvier 1744 à Paris, deux jours après son frère. La qualification de *Septilinguis*, que lui donne Lebeuf, montre sa valeur littéraire. Il a publié deux poèmes latins intitulés : *Cometæ* et *Agricultura*, dont ses biographes disent qu'ils sont écrits avec une rare élégance.

LETTRE 356. — 1. Une dame de Sens à qui Fenel avait adressé Lebeuf.
2. A l'Académie des Inscriptions.
3. Fréret.

vu en manuscrit, j'ai vu aussi en manuscrit celle du sieur Longuemare, qui étoit bonne, mais pas si recherchée, et je lui ai dit que quand il auroit l'âge et la maturité de M. Fenel, il pourroit faire aussi bien que lui. Voilà à quoi cela aboutit entre nous trois, *voce dimissâ*; il n'a pas été possible de faire jaser ni de rien faire transpirer.

J'ai remis à M. votre oncle les cartes pour l'histoire d'Auxerre. Je ne vous conseille pas de vous presser pour faire écrire la suite de la table. Je la demanderai. Si on me la refusoit, pour lors..... Je n'ai pas voulu demander à M. votre oncle la somme que vous sçavez, étant si petite, quoiqu'il m'ait prié de la lui déclarer. Je pense que dans le courant de ce mois-ci je pourrai remprunter le manuscrit [1]. Il n'y a pas tant d'ouvrage que vous le croyez, et la copie ne vous sera pas fort chère. J'appréhende que, comme il y a différentes choses dans le volume, on en ait besoin lorsque vous serez à Paris.

J'ai aperçu que l'on n'a rien changé dans votre dissertation Soissonnoise, sur l'*Amiénois et le passage de la rivière de Somme*, que rien n'oblige de placer où vous le placez.

Le testament de saint Bertran du Mans est un bon morceau, que j'ai autrefois bien lu par rapport à *Jublent*, *Diablentes*, vous avez eu grand raison d'en profiter. J'ai vu, au Mans, l'exemplaire qui a servi d'original ; il n'est que du XIIe siècle.

De même que Messieurs de Soissons ont mal jugé à votre égard, de même en jugent-ils au sujet de M. de Longuemare. Je prie le Seigneur de leur inspirer que je n'écris plus, ni n'ai envie d'écrire pour eux. S'ils vous avoient vu, ils auroient réformé leurs soupçons. Votre conversation leur auroit appris ce que vous valez. Si vous y gagnez le prix et que vous ne l'ayez pas à Paris, je vous conseillerai d'aller voir cette ville qui est fort gentille.

Si vous jugez à propos, je vous achèterai le nouveau livre de M. l'abbé Gibert, intitulé : *Mémoires pour servir à l'histoire des*

---

1. Le manuscrit de la chronique de Sainte-Colombe.

Gaules et de la France, dédiés à *l'Académie des Belles-Lettres*. C'est in-12. Il va paroître une traduction françoise d'un livre anglais sur les *Hiéroglyphes égyptiens* 5, 2 t. in-12.

Votre imprimeur vous fera compassion lorsque vous verrez, à la page 6 et 7, qu'il a pris Marius d'Avanches pour un poëte : il vous a mis en trois lignes, partagées comme des vers, ses deux passages.

---

357. — DE FENEL A LEBEUF.

Sens, 18 février 1744.

On songe très sérieusement aux actes de saint Fort. Pour cela on négocie pour tirer la clef des mains du curé qui est exilé [1]. On aura aussi ceux de Souppes. Je ne serai pas fâché d'avoir l'ouvrage de l'abbé Gibert, quoique j'aie été fort peu content de ce qu'il avoit fait contre M. Fréret. Cet abbé sera un de mes compétiteurs, et c'est pour cela qu'il a dédié son livre à l'Académie. J'ai grande envie de le lire, pour voir s'il n'a pas donné prise à la critique. Si vous voulez bien avancer cette dépense, cela vous sera remis avec le reste, et me sera apporté par un ami qui part jeudi pour Paris; il n'y a qu'à le donner à mon oncle.

---

5. L'ouvrage intitulé : *Essai sur les Hiéroglyphes des Egyptiens*, par Warburthon, traduit de l'Anglais, Paris, 1744, deux in-12. Voyez au compte-rendu, *Journal des Savants*, mai 1744, p. 303.

LETTRE 357. — 1. Ce curé était M. Roblot, exilé du diocèse de Sens en 1741, par lettre de cachet, ainsi que l'abbé Poisson. Il ne rentra dans sa paroisse qu'en 1755, et mourut en 1757.

358. — DE LEBEUF A FENEL.

26 février 1744.

J'ai appris de M. votre oncle qu'il n'a pu encore faire la distribution de vos exemplaires, parce qu'il ne les a pas encore, et cela à cause que les présents ne sont pas encore faits. Il doit en être de ceux de M. de Longuemare de la même manière. Aussi rien ne transpire de sa part. Je ne vois pas pouvoir donner mon exemplaire à M. Fréret, parce que je l'ai gâté en le portant dans mon manchon. Ainsi il faut attendre. Il ne conviendra pas non plus que je le lui donne en public, parce que cela feroit la *bais*[1] à ceux qui le verroient et qui n'en auroient point. Je ferai ce que je pourrai pour ce que vous sçavez. Au reste le temps approche de la déclaration.

M. votre oncle m'a aussi appris la mort de M. Duhamel, ce qui l'obligera de déménager. J'en suis fâché, ce quartier me convenoit.

Ce que je crois le plus convenable par rapport à votre dissertation Soissonnoise, sera de vous expliquer par la voie du *Mercure*. Je vous dirai, une autre fois, plus au long mes raisons. Rien ne presse.

Je vous ai acheté un exemplaire broché de M. Gibert. Les reliés, de cinquante sous, me déplaisoient ; ils n'étoient pas propres. La brochure est de quarante sous. Je ne vois pas que vous me redeviez plus de quatre livres trois sous. M. votre oncle me les rendra.

Je mets dans cette lettre un arrêt curieux du Grand-Conseil.

Votre pensée sur les Visigots Germains me paroit solide ; la preuve que vous tirez du langage gothique est très ingénieuse.

LETTRE 358. — 1. Vieux mot qui signifie : désirer ; *faire la bais*, faire désirer.

Vous êtes admirable d'avoir tiré du *Gesta pontificum Cenomanensium* ce que vous en avez tiré. Si l'auteur de la découverte des SS. Victoric étoit aussi authentique, j'y ajouterois foi.

Il paroît deux plaisantes brochures : 1° *Le Secret des Framaçons* (sic) *dévoilé* ; 2° De nouveaux *Statuts de l'Académie françoise*, où l'on marque ce qui devroit y être observé pour qu'elle se rendît au point où on la souhaite. On les dit fort mordants. Je ne les ai pas lus.

J'ai vu aussi, depuis huit jours, la *Vie de Marie Lumague institutrice des Filles de la Providence*[2], grand'mère de feu l'abbé Chastelain ; c'est un petit in-12, où y est fort célébré saint Vincent de Paul, son conseil. Ce livre est de la composition d'un haut vicaire de Notre-Dame de Paris.

Ménagez-vous, s'il vous plait, l'ouverture de la châsse de saint Fort ; nous sommes dans le temps de la faire.

Cessez de vous fatiguer pour trouver à Sorbonne un fief de Sipierre. Ce n'est pas Robert Sorbon qui a pris quelquefois ce surnom, mais Pierre de Limoges, son ami, grand donateur de livres aux pauvres de Sorbonne. C'est moi qui ai mal entendu ce que le bibliothécaire de Sorbonne m'a dit.

Je n'ai pas encore plié mon tome où est la dissertation de M. Melot sur les Sénonois[3]. Je verrai ce qu'il en dit.

On m'a appris, depuis peu, que la carte orbiculaire des environs immédiats de Paris est de la façon du sieur Danville. Il ne faut pas en douter.

Je crois que s'il faut lire *Arboruches*, comme le prétend M. Gi-

---

2. L'ouvrage a pour titre : *La vie de la vénérable servante de Dieu, Marie Lumague, veuve de M. Polalion, etc., morte en odeur de sainteté, en 1657*, par M. Collin, vicaire perpétuel de Saint-Martin des Champs, en l'église de Paris, 1744, in-12.
3. Lebeuf veut parler du t. XV des *Mémoires de l'Académie des inscriptions*, dans lequel est un Mémoire de M. Melot, sur la *Prise de Rome par les Gaulois*.

bert en son nouveau livre[4], il faut plutôt rendre ce mot par *Ad pontes*, que par *Ad paludes*, *Bruk* ou *Bruch* signifiant encore un pont, du côté de la Meuse ou Moselle. C'est pour cela que *Sarbruch* a été quelquefois appelé *Sarapont*, pont sur la Sarre. J'ai fait cette réflexion à l'occasion d'un Jean de Sarbruch, évêque de Verdun. En tous cas, les Arboruches ou Arbruches seroient toujours les peuples de la basse Flandre et Hollande, où les ponts doivent être plus communs, à cause de la jonction des fleuves.

Pour annoncer avantageusement votre dissertation dans le *Journal des Sçavants*[5], il suffira d'en faire passer un exemplaire dans les mains de M. l'abbé de la Duinde, aumônier de M. le Chancelier, qui dresse les Nouvelles littéraires, où il l'annoncera : puis il fait distribuer l'ouvrage à quelqu'un de l'assemblée du journal, dont il est du nombre. Si le sieur Chaubert n'envoie pas un exemplaire, quoiqu'il y soit intéressé, je m'en chargerai volontiers.

P.-S. Ma lettre étoit remise dans le lieu convenu, lorsque je me suis trouvé à Saint-Germain-des-Prés. Là, un jeune homme, que vous devez connoître, m'est venu bonnement proposer un cas, et m'a dit ceci à peu près : « Un de mes amis (a-t-il dit) a écrit pour le prix et s'est tenu dans les bornes prescrites, qui sont d'une heure ou environ, de lecture. J'ai voulu, pour lui faire plaisir, sçavoir si on étoit content de son travail et s'il avoit lieu d'espérer. Un de ces Messieurs m'a répondu que cet ami a donné une bonne pièce, mais qu'il y en a une plus longue, et qui a pour quatre heures de lecture. Cela seroit-il juste,

---

4. Le livre des *Mémoires pour servir à l'Histoire des Gaules*, etc., Paris, 1744, in-12.

5. La dissertation de Fenel a été analysée dans le *Journal des Savants* de mai 1744. C'est celle sur la *Conquête de la Bourgogne par les fils de Clovis Ier, et les accroissements du royaume de Soissons, sous Clotaire Ier*, et qui avait gagné le prix de l'Académie de Soissons en 1743. Paris, Chaubert, 1744, in-12, 107 pages. Il y a dans le même volume la dissertation de M. de Longuemare, son concurrent.

a-t-il ajouté, de lui donner la préférence ? Elle est vicieuse en cela même qu'elle est trop longue. Si mon ami avoit cru qu'on pût être aussi long qu'on le veut, il se seroit étendu bien davantage. » J'ai répondu que je n'étois pas commissaire, mais que je croyois qu'une pièce bien étendue peut remporter le prix par la raison qu'elle est plus pleine de recherches, et que toute recherche mérite récompense. Que si, cependant, un particulier avoit pu attraper le secret de renfermer dans une dissertation d'une bonne heure tout ce qu'on peut dire sur un sujet, et ne laisser en arrière aucune des recherches faites par l'écrivain prolixe, je lui adjugerois : mais que je doutois fort que cela pût se faire. Il s'est retiré avec ferme propos de conseiller apparemment à son ami d'être plus long une autre fois. Voilà une histoire du 28 du courant.

359. — DE LEBEUF A FENEL.

Ce mercredi, 11 mars 1744.

Celle-ci n'est que pour vous donner avis d'une chose qui peut vous faire plaisir. M. de Sainte-Pallaye, qui s'intéresse aussi bien que moi à ce qui vous regarde, me dit hier, après notre assemblée, que M. Mahudel[1] vouloit se retirer et demander sa vétérance, et qu'il y en auroit un autre qui le suivroit de près. Ainsi, comme voilà deux places qui seront bientôt vacantes, il m'a dit que vous feriez bien d'arranger tellement vos affaires pour votre résidence à Paris, de laquelle vous lui avez touché quelque chose, que vous puissiez être élu pour la deuxième ;

LETTRE 359. — 1. Mahudel (Nicolas), médecin et antiquaire, né à Langres, le 21 novembre 1673, mort le 7 mars 1747. Membre associé, depuis 1716, de l'Académie des inscriptions, à laquelle il lut de nombreux Mémoires. Il se démit de ce titre en 1744, à cause de l'éclat auquel avait donné lieu son double mariage.

j'infère de là qu'on a quelqu'un en vue pour la première. Seroit-ce M. Gibert²? *Deus scit!* ou seroit-ce un abbé Bellet, ami de M. Melot, lequel se mêle d'ancienne géographie? Il a déjà été sur les rangs et a sollicité. Tant y a qu'au pis aller la troisième place ne vous fuiroit pas. Il peut en vaquer par mort aussi bien qu'autrement. J'ai donné, il y a cinq à six jours, à M. Fréret, votre exemplaire. Il vous en est fort obligé; il a aussi celui du sieur de Longuemare.

Si vous avez encore les deux prix la présente année, cela ébranlera fort nos Messieurs en votre faveur. Tâchez-donc d'avoir la commission, emploi ou dignité dont vous m'avez parlé³.

Comme on dit hier, tout haut, que les commissaires s'assembleroient vendredi pour décider sur le prix, M. M*****, mon voisin, que quelqu'un pressa de dire s'il y avoit concours, sçavoir si le tout se réduisoit à une bonne pièce, ou s'il y en auroit deux en concurrence, donna des marques qu'il n'étoit pleinement satisfait d'aucune. Je ne crois pourtant pas que cela doive faire conclure que le prix reste en surséance, car s'il y a quelque chose qui puisse n'avoir pas été de son goût, ce seroit peut-être qu'il n'y auroit pas, dans votre ouvrage, tout l'ordre qu'il souhaiteroit. Je dis peut-être, car il n'a rien déclaré, et je n'en raisonne que sur ce que je crains que votre maladie n'ait influé à ce défaut d'ordre ou de précision, ainsi que vous l'avez appréhendé vous-même.

Je présume qu'y ayant quelques marques qui auront fait connoitre à M. Fréret que la grande dissertation est de vous, il ne sera pas porté à vous priver du fruit d'un si long travail; peut-être vous donnera-t-on avis de ce qu'il y faudra réformer avant que de la rendre publique. *Et hæc sunt.*

2. M. Gibert, dont il est souvent parlé dans la Correspondance, ne fut élu membre de l'Académie qu'en 1746.
3. C'était la place de conseiller de la Chambre des décimes pour le diocèse de Sens, qui venait de vaquer par suite de la banqueroute du titulaire, l'abbé Huerne. Mais Fenel n'obtint pas cette charge.

J'attends que vous ayez eu la bonté de m'écrire touchant les reliques de saint Fort, pour en écrire à Dom Gérou.

Quand je relis votre dernière lettre où vous me qualifiez de très honoré maître, je souris de l'application que vous voulez bien me faire de titres qui ne me conviennent pas. Il faudroit avoir votre étendue de génie et de connoissances pour avoir fait un écolier de votre mérite.

M. Collin, auteur de la *Vie de la bonne dame Pollalion*, en a fait présenter un exemplaire à notre Académie, laquelle ne s'y attendoit guère. Je vous ai annoncé cet ouvrage 4.

Je cachète celle-ci en pain à chanter, *ne revalentur absconsa*.

360. — DE FENEL A LEBEUF.

11 mars 1744.

..... Il y a constamment bien de l'érudition et de l'esprit dans le livre de M. Gibert 1, mais il y a encore plus d'imagination et de système, qui nuit beaucoup à la solidité. Quelques endroits sont à la vérité très bons, mais encore davantage sont douteux ou absolument faux. Ce qu'il dit sur les *Arboruches* me paroit sans fondement, car cela porte sur un principe totalement faux : on suppose que Procope sçavoit ce qu'il vouloit dire en cet endroit, et moi je prétends qu'il n'en sçavoit rien. Il avoit peu ou point de connoissance de la géographie, surtout de ces pays-là ; il étoit crédule et souvent sans jugement : c'est ce que je me fais fort de prouver, et notamment dans le passage en question, où il a confondu misérablement les temps, les lieux, les personnes et les circonstances qui n'avoient nul rapport entre eux. Cela fournira la matière de quelque dissertation un jour. Qui

---

4. Voyez, ci-dessus, lettre du 26 février 1744.
LETTRE 360. — 1. L'ouvrage intitulé : *Mémoires pour servir à l'histoire des Gaules et de la France*, 4 vol. in-12.

est-ce qui a jamais pu dire que les Francs fussent chrétiens avant Clovis? Ils l'étoient si peu qu'il y en a encore en grand nombre qui étoient païens à Arras, sous son fils Clotaire, comme le prouve une *Vie de saint Médard*. Et, que veut dire Procope, quand il dit que les Suèves et les Allemands étoient au-dessus (ὑπέρ) des Thoringiens du pays de Liége? Que veut-il dire quand il dit que les Bourguignons étoient assez près des Thoringiens? Y a-t-il, en bonne foi, la plus petite apparence de vérité en cela? Quoi! le pays de Liége est-il donc assez près de la *Sapaudia* et les provinces voisines données aux Bourguignons?

[Fenel ajoute qu'il a commis, dans sa dissertation sur *La conquête de la Bourgogne en* 534, une faute effroyable, qui est d'avoir dit, page 50, que c'est Théodoric qui a reçu, avec Childebert, les cinquante mille pièces d'or des Ostrogoths, au lieu de dire que c'était son fils Théodebert, comme il l'a bien mis à la page 75. Il va faire imprimer un *errata*.]

361. — DE LEBEUF A FENEL.

18 mars 1744.

Je me doute qu'il est arrivé à votre égard ce qui arriva il y a quelques années à l'égard de M. l'abbé Lebeuf (*sic*), qui n'eut pas le prix la deuxième fois qu'il écrivit, parce qu'apparemment on fut bien aise qu'un autre dont on connoissoit l'écriture eût part au gâteau. Il se répand dans le public que c'est un nommé M. Martin[1], laïque peu connu, à qui il a été adjugé; on dit, cependant, que sa pièce est assez peu étendue; s'il la fait imprimer, ce que je ne crois pas, vous aurez le temps de la

LETTRE 361. — 1. M. Martin, né à Saint-Pierre-le-Moutier, était avocat au Parlement. Lebeuf fait ici allusion à la décision de l'Académie, qui accorda à cet écrivain le prix du concours de 1744, qui consistait à examiner *Quels étaient, dans la Grèce, les sacerdoces attachés à certaines familles*, etc. On a vu, dans les lettres précédentes, toute la part que Lebeuf

comparer avec la vôtre. Souvenez-vous qu'il fut dit dans le public qu'on avoit eu une complaisance pour M. Lancelot, qui étoit bien aise que l'abbé Lebeuf fît place à l'abbé Goujet, car on connoissoit les écritures de l'un et de l'autre. Mais, lorsque les deux dissertations furent imprimées, on dit que la justice n'avoit pas été rendue à l'abbé Lebeuf ; que son ouvrage étoit plus rempli de recherches, et l'abbé Desfontaines fit observer les fautes dans la dissertation du sieur Goujet.

On dit que ce M. Martin, que je ne connois pas, a été employé chez M. Desforts, où étoit aussi M. Bonamy, l'un de vos juges : d'où il peut y avoir des augures à tirer. On ajoute qu'il avoit déjà écrit sur les mêmes matières grecques et latines sans réussir, parce qu'il y a trois ou quatre ans on admit un concurrent, quoique tard venu. On n'a pas voulu le décourager.

Celui, Monsieur, dont je tiens ces faits est très instruit. Il est des dissertations académiques comme des loteries, je souhaite que le lot vous soit plus heureux une autre fois, et qu'ayant deux flèches dans votre arc, vous atteigniez efficacement de la seconde; vous êtes prié d'en donner de nouvelles aussitôt que cela sera; et si cela arrive, comme je le désire, vous ne ferez pas mal d'aller vous montrer dans le pays, ou, au moins, rendez-vous à Paris de manière qu'il soit sçu de bonne heure que, si l'une des loteries vous a été fatale, l'autre vous dédommage. Peut-être que dans les visites que vous ferez ici on vous fera le même compliment qu'on faisoit à M. Lebeuf, sçavoir, qu'on lui avoit soufflé le prix pour le faire tomber à un autre qui avoit moins travaillé. Au reste, point de chagrin, imitez la tranquillité dont fut M. Lebeuf les deux fois que le malheur lui arriva.

Écrit le jour de l'*Aveugle né*, à midi sonnant [2].

---

avait prise au succès de son ami Fenel dans ce concours, et avec quel soin il le tenait au courant des nouvelles sur le résultat du concours.

2. Lebeuf, soupçonnant quelque indiscrétion de la part de la poste, écrivit cette lettre de manière à faire croire qu'elle n'était point de lui. Il alla plus loin : il ne la signa point et en fit écrire l'adresse par une autre personne.

362. — FENEL A LEBEUF.

A Sens, ce mardi, 24 mars 1744.

1744

Vous me venez de donner tant de marques de la part que vous daignez prendre à ce qui m'intéresse, Monsieur (outre celles que vous m'en aviez données ci-devant), que le moins que je puisse faire est de vous en témoigner ma très expresse et très vive et très sincère reconnoissance de toute l'étendue de mon âme. Je voudrois bien me revancher plus efficacement. Je ne vous dissimulerai pas, Monsieur, qu'il est bien triste pour moi de voir perdues et totalement anéanties toutes mes peines et mes recherches de plus de cinq mois [1] et cela pour une petite intrigue dont il me semble que je ne devois pas être la victime. Après tout, c'est à moi à me taire, car la présomption est ouvertement contre moi, et l'on ne présumera jamais que cinq commissaires, gens de mérite, d'âge et d'expérience, aient jugé contre leurs lumières, par complaisance pour l'un d'entre eux, et l'on dira peut-être, avec vérité, que c'étoit à moi à faire la pièce si bonne, à lui donner tant d'ordre et de méthode, à en écarter toutes les opinions que je devrois présumer être désapprouvées de ces Messieurs, à la réduire à des bornes plus étroites, en un mot à la faire telle qu'elle eût enlevé leurs suffrages, leur approbation, presque malgré eux ; mais n'ayant pas eu le temps de donner toutes ces perfections, c'étoit à moi de me retirer et de ne pas entrer en lice. Vous concevez bien, mon très cher Monsieur, que ces sentiments (qui sont d'après le vrai), sont ceux d'un homme qui voudroit bien

---

LETTRE 362. — 1. Fenel veut parler du résultat du concours de l'Académie des inscriptions où il échoua dans la composition du *Mémoire sur les sacerdoces de certaines familles de la Grèce*. Voyez, ci-dessus, Correspondance.

ne se plus engager dans un pareil travail, mais qui n'est pas sûr d'être assez sage et assez maître de soi-même pour oser s'assurer qu'il suivra ce que lui inspire un juste dépit; encore si ces Messieurs avaient donné un prétexte honorable au rebut de ma pièce, en disant qu'elle est rejetée du concours à cause de son extrême longueur, cela me consoleroit, mais me préférer M. Martin, que des gens qui le connoissent intimement m'ont assuré savoir moins de grec que moi (c'est-à-dire très peu), cela est en vérité digne de pitié. Je crois Longuemare plus savant que lui, en bonne conscience, et ce dernier doit enrager de cette préférence. La qualification de loterie que vous donnez, Monsieur, à ces décisions, y met une idée de hasard qui bannit totalement et anéantit l'industrie, et l'exemple de ce qui vous est arrivé par la partialité injuste de M. Lancelot, est capable de dégoûter du travail tout honnête homme. Cependant, je le répète, c'est à moi à me taire et à ne faire éclater en nulle façon mes plaintes, car ce seroit un sûr moyen de me faire des ennemis violents de tous les commissaires, dans le dessein où je suis de correspondre à la bonne volonté où sont plusieurs de vos Messieurs à mon égard; mais puisque ma pauvre dissertation est si honteusement rebutée, il me semble que je devrois travailler à la retirer des mains de M. le Secrétaire; ce n'est plus à l'égard de l'Académie, qu'une pièce rebut, une liasse de torche-cus, que j'ai néanmoins, moi, un intérêt sensible de ne pas laisser tomber en mains profanes, car il y a des remarques que je crois neuves, et qui sont telles que j'espère m'en faire honneur dans d'autres occasions; il faut empêcher que quelqu'un n'en profite, ce que l'on pourroit faire sans bruit, et après cela j'aurois beau crier au plagiat, on ne m'écouteroit pas seulement. Je demande, pour dernière grâce, qu'on m'accorde de me rendre mon ouvrage tel que je l'ai envoyé, et je vous prie d'en porter la prière très instante à M. Fréret. Au reste; j'ai déjà commencé à faire des compilations et des recherches pour le sujet du prix de l'année qui vient, mais, en vérité, je vous avoue que je suis terriblement dégoûté.

1744   A l'égard de la place que l'on m'avoit fait espérer, c'étoit (car je n'ai rien de caché pour vous, qui êtes le plus cher, le plus zélé et le meilleur de mes amis), c'étoit celle de conseiller de la Chambre des décimes pour le diocèse de Sens, laquelle je croyois devoir vaquer par l'effroyable banqueroute que vient de faire l'abbé Huerne, chanoine d'ici, homme perdu de débauche et sans conduite. Mais, quoique M. notre prélat m'eût en quelque sorte promis cette place, il a changé d'avis, retenu (dit-on), par les parents dudit abbé qui sont gens considérables, et parce qu'il a dit, c'est-à-dire l'abbé, que ses affaires devoient s'accommoder dans trois ou quatre mois, et qu'alors il reparaitroit comme ci-devant ; je n'en crois rien, car c'est un fou qui se flatte comme font tous les gens de débauche ; mais, quoiqu'il en soit, on laisse cet honnête homme en titre et en place, plutôt que de m'y placer. C'est encore à moi à me taire ; voilà bien des fois que je suis réduit à cette nécessité, quelque sujet que j'eusse de parler. Au défaut de cela, on m'offre la place d'agent du Chapitre à Paris. Mais on m'a dit assez clairement, chez M. Fréret, que cela n'étant pas absolument fixe, cela ne pouvoit pas régulièrement donner d'entrée ; on m'en fait encore espérer une autre, mais dont la réussite dépend du secret, et, outre cela, on dit que pour cette place il faut être licencié en droit, ce qui coûte quatre ou cinq cents livres, ce qui ne laisse pas d'être dur, pour chose qui manquera peut-être encore : je suis fort embarrassé, que me conseillez-vous ? La qualité d'agent du Chapitre suffira-t-elle ? On peut être sûr que je la garderai tant que je voudrai. Je ne puis avoir des nouvelles de Soissons qu'à Pâques ; j'ai mis l'adresse à Paris, il faut que cela revienne ici, que d'ici j'écrive à Soissons ; cela est long. L'année passée je n'eus la lettre que le Samedi-Saint. Au reste, je vous en donnerai avis sur le champ, supposé qu'il n'y ait pas encore là quelque cabale, et que ce que le Secrétaire semble promettre soit bien sûr. J'ai fait imprimer huit cents exemplaires de l'*errata* pour réparer la faute que vous savez ; j'en ai gardé quarante et mis le reste au coche, mais on dit que le débordement l'a empêché de partir ;

ainsi Chaubert ne les aura que quand l'eau sera libre. Ce sera 1744
l'abbé Bellet qui aura les premières voix [1], M. Fréret me l'a dit,
mais ne voudra-t-on pas mettre Gibert sur les rangs, à cause de
son ouvrage dédié, et peut-être le brave M. Martin, qui n'a qu'une
commission d'ambulant autour de Paris qui lui vaut quatre
mille livres de rente. On m'a voulu faire manger avec lui. Il
avoit composé sur l'*Histoire des Galates* et a été supplanté par
Pelloutier. J'attends incessamment les procès-verbaux de saint
Fort ; cela est plus difficile que s'il s'agissoit de quelque manuscrit bien rare.

Sur ce que vous me faites l'honneur de me dire de la qualité
de mon maître que je vous ai donnée, Monsieur, oui Monsieur
je ne m'en dédis pas et je continue à le dire : vous m'avez servi
de guide et de modèle, et je ne puis mieux vous qualifier, je me
reconnois pour votre disciple très obligé ; si j'avois eu un pareil
modèle à suivre sur le prix *des Sacerdoces*, je l'aurois eu malgré
la cabale. Il m'étoit venu dans l'esprit une pensée bien extraordinaire, c'étoit d'écrire à l'Académie fort poliment qu'on la
prioit d'ordonner que chaque pièce qui remporte le prix fût
imprimée sur le champ, telle qu'elle a été présentée par l'auteur, sauf à celui-ci à y faire des suppléments et corrections
séparés, et à la fin de l'ouvrage ; j'aurois encore demandé qu'en
publiant le prix, l'Académie joignît, sur chaque pièce rebutée, la
décision raisonnée, sans nommer les auteurs, afin que ces
auteurs fussent avertis de leurs fautes et sussent les écueils
qu'ils doivent éviter. Au fond, l'utilité publique, pour qui tout
ceci devroit être dirigé, le demanderoit, et cela pourroit diminuer les complaisances contraires à un sain jugement. Cela
seroit-il donc si ridicule ?

---

1. Cette façon de parler et les secondes voix dont il est fait mention plusieurs fois dans le cours de la correspondance, à l'occasion de l'élection de Fenel à l'Académie, nous indique comment on y procédait en cette matière. Les *premières voix* étaient données au candidat qu'on vouloit élire, et les *secondes voix* faisaient pressentir quel était le candidat éventuel pour la prochaine élection.

1744

Dites-moi, je vous prie, quel est l'auteur d'une dissertation *Sur le règne de Clovis à Paris*, sans nom de libraire, brochure in-8°, 83 pages, 1742, qui est extraite au *Journal des Sçavants*, de mars 1742, page 538, in-12, où on dit que l'auteur est déjà connu par quelques dissertations qu'il a données sur différents points de notre histoire. N'est-ce pas Ribaut, de Rochefort[2]?

On vient de me dire de très bonne part que M. de Caylus et M. Duclos étoient très vivement portés pour me faire élire ; je vous demande en grâce de remercier très humblement de ma part M. de Sainte-Pallaye, et que je voudrois bien mériter ses bontés dont je lui demande la continuation ; vous le pourriez consulter si la place d'agent est suffisante.

---

363. — DE LEBEUF A FENEL [1].

3 avril 1744.

1744

Vous me regarderez peut-être désormais *tanquam mali nuntii bajulum* ; quoiqu'il en soit, puisque les nouvelles de ce genre ne peuvent vous être mandées que par ceux qui vous aiment sincèrement et qui en sont aussi fâchés que vous, permettez que je vous dise qu'hier matin je trouvai par les rues M. de Longuemare, en bel habit de velours rouge ciselé, lequel m'apprit qu'il avoit reçu la veille la nouvelle qu'il avoit remporté le prix de Soissons. Il m'offrit de me montrer la lettre d'avis. Elle porte qu'il a eu un concurrent formidable, et que c'est ce qui doit augmenter sa gloire. Il se dispose donc d'aller à Soissons après ces fêtes pour montrer son jeune minois. Je vois bien que les voix auront été partagées et qu'il a peut-être eu neuf voix contre vous huit, car je ne puis m'imaginer que M. de Beyne vous eût écrit si favorablement s'il n'avoit eu dessein, lui et son frère et plusieurs autres, de vous donner sa voix. Je me souviens qu'il

---

2. Lebeuf répondit affirmativement à cette question dans sa lettre ci-dessous, du 3 avril 1744.

LETTRE 363. — 1. Publiée, ainsi que les n°⁵ 364 à 368, d'après les originaux, collection de Fontaine.

avoit écrit à ma personne tierce une lettre aussi pleine d'ap
plaudissements, l'année que je ratai et qu'il en survint un
autre du pays qui me supplanta. Au reste, le sieur de Longuemare m'a avoué bonnement qu'il ne s'y attendoit guère, et qu'il
avoit compté davantage sur la dissertation de l'Académie des
belles-lettres.

Il faut, Monsieur, tout prendre en patience : le *tacet* est
encore le meilleur parti. Je vous conseille de n'écrire à personne. Ce qui vous est venu à l'esprit par rapport à la publication des pièces est un *motus primo primus* qu'il faut étouffer.
Quelqu'un m'a dit qu'on nommeroit peut-être les accessits cette
année. Ainsi ne croyez pas qu'on jette au feu les pièces non
victorieuses ; on les garde sans les rendre ; si vous venez cet été,
et que vous en ayez besoin, je pense que vous pourrez interposer, pour l'emprunter, la même personne que l'an passé.

M. Duclos m'a dit qu'il fera ce qu'il pourra pour vous faire
avoir la deuxième place qui vaquera. J'ai appris que c'est
M. Caperonnier[2], jeune abbé boiteux, de la Bibliothèque du
roi, qui sera sur les rangs pour la première. On dit que son
oncle, professeur grec au Collége royal, quitte et lui cède sa
chaire.

M. Longuemare se doute que le concurrent qu'il a eu n'est
autre que vous. Je n'ai rien dit là-dessus.

Je parlerai ces jours-ci à quelques-uns de nos Messieurs, et
verrai si la qualité d'agent suffiroit pour vous fixer à Paris.
L'archidiacre de Soissons est ici sur ce pied-là pour tant de
temps qu'il voudra. Il y fit venir ses meubles, il y a quatre ou
cinq ans, et y reste : c'est l'abbé Du Rosay, natif de Dijon.

On m'a dit que le sieur Martin a un emploi à l'Hôtel-de-Ville,
de 4,000 liv., qui ne demande de travail qu'un jour par semaine;

2. Caperonnier (Jean), né à Montdidier, le 9 mars 1716, mort à Paris,
le 30 mai 1775. Il était employé à la Bibliothèque du roi depuis 1733, et
son oncle, Claude Caperonnier, savant philologue, lui céda, en effet, sa
chaire de grec au collége de France, en 1744. Il ne fut élu membre de
l'Académie qu'en 1749.

qu'il a eu cela par M. Turgot, étant fils d'un de ses anciens secrétaires ou homme d'affaires.

Vous ne me dites pas quel est l'emploi qu'on vous offre et pour lequel il faudroit être licencié en droit. Seroit-ce quelque principalité ou quelque dignité dans une collégiale ?

C'est sûrement M. Ribaud, de Rochefort, qui est auteur de la dissertation dont vous me parlez. Je ne sçais s'il écrit toujours pour Soissons.

Il y paroit des brochures sous main composées de trois feuilles, lesquelles rendent compte de nouveaux ouvrages : je n'ai encore pu parvenir à en voir. On les croit de l'auteur des *Observations*[3].

Pourroit-on sçavoir quelles sont les deux personnes de Sens qui ont acheté mes *Mémoires d'Auxerre*[4]. Je n'ai pu jusqu'ici en présenter à Mgr l'archevêque. Je ferai cependant en sorte d'avoir cet honneur. Ils ne sont pas encore annoncés dans le *Journal des Sçavants* : il n'y a que le *Mercure* et le *Journal de Verdun* qui en ont parlé.

---

364. — DE FENEL A LEBEUF.

4 avril 1744.

[Il le remercie du soin qu'il prend de lui annoncer tout ce qui l'intéresse, même les mauvaises nouvelles. Il déclare que c'est une grande injustice qu'on lui fait (en lui refusant le prix au concours de l'Académie des inscriptions). — Critique des travaux de M. de Longuemare. — La place qu'on veut lui donner à Paris est celle de conseiller à la Chambre des décimes pour un diocèse différent de celui de Sens.]

3. L'abbé Desfontaines, auteur des *Observations sur les Ecrits nouveaux*, 1735 et suiv., 34 vol. in-12.
4. Fenel, dans une lettre du 4 avril 1744, dit que ce sont le doyen et le préchantre de Sens.

Billet renfermé dans cette lettre :

La grande bonté et amitié dont vous m'honorez, Monsieur, me rend hardi. Je ne veux pas être importun à demi..... Je dépense beaucoup à Paris : un louis par mois pour la chambre, vingt sous par repas, sans le pain, le vin, les fruits que je mange abondamment ; cela joint à la chandelle, blanchissage, ce qu'il faut donner aux domestiques, etc., tout cela va loin. N'y a-t-il point quelque auberge moins chère, quelque moyen de moins dépenser en vivant néanmoins honnêtement. Je suis, en quelque façon, nécessité d'être au quartier Saint-Honoré à cause de la Bibliothèque du roi et de M. Falconet, dont les livres me sont utiles ; je suis mauvais marcheur. Autre question : combien valent, année commune, les jetons en assistant à tout sans manquer ? Je vous demande là, Monsieur, un grand secret, je le sais, mais il m'est nécessaire de le savoir, pour prendre mes petits arrangements. Vous pouvez répondre à ce dernier article par quelques chiffres sans plus...

---

365. — DE LEBEUF A FENEL.

10 avril 1744.

Je suis ravi de voir que vous prenez comme il faut tout ce qui est arrivé. J'ai été hier matin chez M. Fréret. Il venoit de partir pour Versailles où il restera jusqu'à dimanche ou lundi. Je n'ai pu m'informer de rien, ni lui exposer votre répugnance au sujet de... Je vous conseille de lui écrire par la poste de dimanche ; il recevra votre lettre lundi soir. Nous ne rentrons que mardi. Vous pourriez lui exposer avec douceur et une espèce de confiance la peine que vous avez ressentie de voir vos travaux frustrés ; lui marquer le temps que vous y avez mis, le nombre de recherches que vous aviez faites. Insistez sur ce que vous n'êtes passionné que pour l'étude, n'ayant de goût ni pour le jeu, ni pour le spectacle, ni pour la bonne chère, ni pour la promenade ; que ce fut votre occupation assidue qui vous rendit malade de manière que vous ne pûtes perfectionner votre pièce et la rendre du goût de tous les commissaires. Je ne dis tout cela que par soupçon, car je ne sçais pas ce qu'ils ont dit, mais toujours parlez-lui avec douceur et soumission, car quoiqu'il soit fort h..... [haut], il n'aime pas ceux qui parleroient avec hauteur.

J'ai appris que le sieur M**** [Martin], est de Saint-Pierre-le-Moutier, en Nivernois[1]. On l'a vu à Saint-Fargeau, au diocèse d'Auxerre, avec M. Bonamy. Tirez votre conclusion. Il doit tous les samedi aller lever les entrées de Paris pour la ville, et pour cela il a 4,000 livres.

A l'égard de l'autre chose, je me suis adressé à un homme âgé et d'expérience qui est logé chez M. l'abbé Fumée, chanoine de Notre-Dame. Il a cru d'abord que la formalité du doctorat, ni en droit, ni autrement, n'étoit pas nécessaire. Il s'est confirmé lorsqu'il l'a eu demandé à ce M. Fumée, lequel a été conseiller de l'espèce en question, sans être docteur en droit ni autrement, ni gradué, ni licencié. Ainsi vous êtes en pied.

Je me presse de finir cette lettre afin que vous puissiez la recevoir demain.

Je vous remercie par avance pour Dom Gérou.

Le Parlement de Metz vient de casser une ordonnance du Conseil de Luxembourg, qui établissoit des prières à Saint-Hubert et autres terres neutres, pour la terre de Hongrie et le duc de Toscane, comme souverain desdits lieux. On crie cela actuellement.

LETTRE 365. — 1. Voyez, sur Martin, lettre du 18 mars 1744, note 1.

366. — DE FENEL A LEBEUF.

12 avril 1744.

... J'ai écrit à M. Fréret dans l'esprit que vous me marquez. Je vous consulterai incessamment sur les difficultés de la liste chronologique des archevêques de Sens, que notre prélat veut faire graver derrière le grand-autel, sur un marbre. Il veut absolument faire saint Potentien, évêque. Je conviens bien que *Potentius* a été évêque après saint Savinien, selon la liste de Saint-Vandrille, mais je prétends que cet homme est très différent du martyr Potentien, tué avec saint Savinien, et jamais évêque. Cette liste de Saint-Vandrille a omis *Richerius*, mentionné par Flodoard dans le concile de 625, à moins que ce ne soit le même que *Mederius*, et que les racines *Med* et *Rich* n'aient été confondues à cause de leurs significations approchantes. J'ai des difficultés sur la fin de saint Aldric ; selon Dom Mabillon, il a dû finir en 836. Cependant Vénilon, son successeur, n'a pas pu être en place avant la mort de Louis le Débonnaire. Voyez la proclamation de Charles le Chauve contre Vénilon. Qui a siégé durant cet intervalle à Sens ? Est-ce *Heneaulus* qui, en ce cas, sera différent de Vénilon ?

---

367. — DE LEBEUF A FENEL [1].

Paris, ce dimanche, 19 avril 1744.

Je ne vous ai pas écrit mercredi, ni même vendredi, Monsieur et très cher ami, de crainte de multiplier trop les ports de

---

LETTRE 367. — 1. Lebeuf écrit en tête de sa lettre : « Ne perdez pas cette « lettre ; ôtez-en mon seing si vous voulez. » Et en effet la signature a été enlevée.

lettres, n'ayant pas d'ailleurs alors assez de matière pour vous faire une longue lettre. J'ai aujourd'hui un peu plus d'étoffe. Commençons par la tête du drap.

A l'assemblée de mardi dernier, présida à l'ordinaire pour cette année M. l'abbé de Pompone [2]. M. Fréret y déclara d'abord que la pièce qui avoit remporté le prix étoit celle qui étoit côtée n° 5, et qui avoit pour devise : *Nec fas est scire* (ou *nosse*) *omnia*, laquelle s'étoit trouvée être de M. Martin. Comme on l'avoit vu, M. Fréret l'appella, et on ne lui donna aucune qualité dans la proclamation. L'ayant vu approcher pour son prix, je me remis de l'avoir trouvé ci-devant étudiant à la bibliothèque de Saint-Germain-des-Prés, fort tranquillement, et avec un seul volume in-f°, ne paroissant pas se démener, ni trémousser beaucoup. Il se plaça derrière nos MM. les officiers et honoraires, de manière que son minois étoit opposé aux vitres, aussi bien que celui d'un honoraire laïque auquel je trouvai qu'il ressembloit beaucoup. Jugez quelles pensées me vinrent alors ! Je vous les développerai lorsque vous viendrez : *Nec fas est scribere omnia*. A l'instant, sans aucune mention d'*accessit*, M. Gédouin [3] lut une pièce sur l'éducation de la jeunesse, laquelle dura une heure. Puis, M. de Sainte-Pallaye, que vous considérez fort, en fit lire une par M. Falconet, sur le profit qu'on peut retirer des anciens romans de chevalerie, et M. de Foncemagne, une autre sur les poésies provençales de Guillaume IX, duc d'Aquitaine, comte de Poitou, mort en 1126.

Vendredi, les MM. de l'Académie des sciences n'étant pas venus, à cause de la pluie, nous faire part des pièces de leur semestre, on se trouva au dépouvu, et comme on n'avoit rien apporté pour lire, M. de Sainte-Pallaye demanda qu'on lût la pièce qui avoit remporté le prix, à quoi M. F****, secrétaire, ré-

2. L'abbé de Pomponne (Henri-Charles-Arnaud), né en 1669, à La Haye, mort à Paris, le 26 juin 1756, conseiller d'État, élu membre de l'Académie des inscriptions en 1743.
3. M. Gédoyin (Nicolas), abbé, né à Orléans, le 15 juillet 1667, mort le 10 août 1744, critique français, membre de l'Académie des Inscriptions depuis 1741.

pondit qu'elle étoit chez lui avec les autres. Au lieu de cela, il en tira une de son armoire qui, dit-il, n'étoit arrivée à Paris qu'au mois de janvier, et n'avoit pas concouru. Elle étoit latine et paroissoit venir d'un allemand. On en lut tant que dura la séance, mais on n'en étoit pas content. L'auteur y bat la campagne. Durant cette lecture, M. Fréret alloit et venoit où bon lui sembloit, et approchoit quelquefois du poêle qui est derrière M. Melot et moi ; comme il s'appuyoit sur le dos de la chaise de M. Melot et qu'on n'entendoit que des choses mal rangées dans l'écrit de cet allemand, ou qui ne venoient pas *ad rem*, il lui échappa de dire à demi-dents, je ne sçais à l'occasion de quoi : que ce n'étoit que la multitude de la matière qui avoit embarrassé nos travailleurs. Voilà ce que j'entendis et que M. Melot, entendant aussi, ne contredit point. Tirez votre conséquence. Je n'ai rien appris autre chose, mais je n'ai pas laissé tomber cela.

1744

Vous m'avez fort surpris, mon très cher ami, en m'apprenant la dépense que vous avez faite à Paris. Quoi ! vingt-quatre livres par mois pour votre chambre ? Quoi ! vingt sous par repas, non compris pain, vin et fruits. Oh ! c'est trop de moitié. Vous pouvez trouver, chez un perruquier, chambre garnie à douze francs par mois : elle sera encore assez raisonnable. Vous aurez soupe et une petite entrée avec le bouilli, pour vos huit sous. Du vin, une bouteille à huit sous la pinte ou cinq demi-setiers vous formeront dix sous. Pour le pain c'est une bagatelle. Jamais votre canonicat ni vos chapelles ne suffiroient à vous alimenter si vous étiez ici habituellement sur le pied précédent.

Comme je ne veux rien vous céler, je vous dirai qu'avant-hier je trouvai dans les rues notre conseiller, député d'Auxerre pour la Chambre de Paris, dont j'ignorois la demeure. Je le mis sur sa vacation. Il me dit qu'il étoit, qu'il faut être au moins bachelier en droit et qu'il l'est ; que pour être tenu présent à son canonicat, il faut être chanoine d'un des vingt et un diocèses qui sont de la Chambre de Paris ; que ces charges sont fort recherchées, que Mgr l'évêque de Joppé et M. l'abbé Du Rosay, archidiacre de Soissons, en sollicitent depuis longtemps pour être tenus présents où ils sont chanoines, sans en trouver, et bien d'autres de même. Ainsi, vous êtes heureux d'avoir si bien rencontré, et quand même il faudroit être bachelier en droit, je vous conseillerois d'en faire l'effort. J'ai ouï dire, il y a sept ou huit jours, à M. de Tudert, que son oncle, qui l'a été à Paris, n'a aucun degré, et que c'est parce que ces Messieurs sont censés peu versés aux affaires, que le Parlement envoie à leurs assemblées deux conseillers ecclésiastiques du Parlement.

Vous vous êtes encore constitué en dépense pour votre *errata*. Il auroit suffi d'écrire aux quatre bureaux de journalistes de faire observer l'erreur typographique, en donnant votre extrait ; personne, au reste, n'auroit peut-être pris garde à votre faute. Vous devriez composer une réfutation du premier écrit de M. de Longuemare, puisque vous en connoissez si bien le foible, et le faire tenir par M. votre oncle à M. de La Roque. Je suis persuadé qu'il l'inséreroit dans son journal. A propos de votre pièce de 1743, je ne l'ai pas même vue encore annoncée par le *Mercure*. Il auroit été bon que vous eussiez fait vous-même votre extrait, je me serois chargé de le faire passer à M. de La Roque : mais en le faisant évitez soigneusement de vous donner de l'encens, comme cela peut arriver par inadvertance. M. Chaubert devroit donner un exemplaire au *Journal des Sçavants*, à celui de *Trévoux*, de *Verdun*, et au *Mercure*. Vous devriez lui en écrire.

J'ai trouvé un évêque de Troyes, nommé Hamingus, au VIe ou VIIe siècle. Je sçavois H. Rabanus.

Je crois que *Richerius* et *Mederius* sont le même nom. Le Richer ressemble assez à Meder [3].

On ne dit pas encore qui sont les deux messieurs qui veulent demander leur vétérance [4].

---

3. Voyez ci-dessus p. 473, lettre de Fenel à Lebeuf.
4. La vétérance était un des titres des membres de l'Académie des Inscriptions.

P.-S. — Depuis ma lettre écrite, le conseiller pour le diocèse de Boulogne m'a dit qu'il croit que dans l'édit du roi Henri III, pour la création de ces Chambres souveraines, il y a qu'il faut être gradué ; que cela est très recherché, qu'un abbé vint encore lui demander dernièrement s'il ne connoissoit pas quelque place vacante, et qu'il faut que la personne pour qui je m'intéresse se presse.

Vous vous souviendrez que je vous engageai d'écrire à Barrois pour les livres que vous cherchiez. Je crois qu'il se douta que c'étoit pour le prix. Or, il est très lié avec M. Bonamy, très bon ami de M. Martin. Tirez maintenant la conclusion que je ne pouvois pas prévoir alors, ignorant qu'un Martin fût ami dudit Bonamy, et que ce Martin prétendît au prix. Je sçais bien que je fus assez étonné de voir M. Bonamy élu commissaire par la pluralité. Je ne lui avois pas donné ma voix. M. Fourmont, qui connoît mieux l'Orient et la Grèce, la méritoit, ce semble, davantage et n'en eut qu'une ou deux.

Je m'informerai, quand il fera beau, s'il y a quelque perruquier qui ait appartement à louer dans le quartier qui vous convient.

---

368. — DE LEBEUF A M. HARDOUIN, A ARRAS [1].

1744 (avril ?)

Dans l'incertitude, si je pourrois décider valablement la question que vous me faites l'honneur de me proposer, j'ai consulté deux de mes confrères fort versés dans nos antiquités de France,

---

LETTRE 368. — Publiée d'après la minute autographe, Bibl. impériale, manuscrits français, supplément 2440, n° 52.

1. M. Hardouin, avocat et échevin de la ville d'Arras, avait, par lettre du 6 avril 1744, demandé à l'abbé Lebeuf des renseignements sur la donation du duché de Bourgogne, faite par le roi Jean à son fils Philippe le Hardi. (Bibl. impériale, ibid.)

et tous les deux ont été d'avis de se conformer plutôt au sens de Pontus Heuterus qu'à celui du P. Daniel et autres : ils veulent qu'on regarde seulement le don que le roi Jean fit à Philippe le Hardi, du duché de Bourgogne, comme un apanage qui est reversible à la couronne faute d'héritiers mâles.

Ils m'ont fait observer que Jean de Bourgogne, comte de Nevers, descendant d'un des fils de Philippe le Hardi, et qui a survécu à Charles le Téméraire, ne fit aucune réclamation et qu'il ne fut fait pas plus de mention de lui que s'il n'eût pas existé.....

369. — DE LEBEUF A FENEL.

29 avril 1744.

Hier fut faite l'élection de M. l'abbé Bellet ou Bellay[1], à la place vacante par la démission de M. Mahudel. Le président déclara au retour du scrutin qu'il avoit eu la pluralité des premières voix, et que M. l'abbé Fenel avoit eu ensuite la pluralité. Ainsi, voilà votre affaire en bon train. On se doute que vous avez eu pour rival M. Gibert, car il avoit sollicité et fait des visites, mais il y a grande apparence que M. le Secrétaire n'étoit pas pour lui ni, par conséquent, M. Bonamy, son fidèle. Vous sçavez que Gibert a écrit contre lui il y a deux ans. M. Duclos[2]

LETTRE 369. — Publiée, ainsi que les n°⁵ 371 à 377, d'après les originaux, collection de Fontaine.

1. Ce n'est ni Bellet ni Bellay, mais Belley, qu'etait le nom de cet abbé dont Lebeuf annonce l'élection à l'Académie des inscriptions. Il était né le 19 décembre 1697, à Sainte-Foi-de-Mongommery (Orne), et mourut le 26 novembre 1771. Il publia plus de soixante Mémoires dans les volumes de l'Académie concernant en général la géographie ancienne. Lebeuf, dans une lettre du 6 mai 1744, le qualifie d'ecclésiastique de Lisieux, c'était probablement parce qu'il était de ce diocèse et qu'il avait été élevé d'abord au collège de cette ville.

2. Duclos (Charles-Pineau), né à Dinan, le 1ᵉʳ février 1704, mort à Paris, le 26 mars 1772, homme de lettres célèbre, nommé membre de l'Académie des Inscriptions en 1739, et de l'Académie française en 1747.

s'étoit aussi remué pour vous. Comme nous étions trente et un, il faut que vous ayez eu au moins seize voix, car on ne doute pas que M. Gibert n'en ait eu aussi un grand nombre, parce que plusieurs voudroient déjà le voir ici pour tenir en respect M. Fréret qui, quelquefois.. (Phrase interrompue.)

On ajoute à cela qu'il a été secrétaire sous M. le Chancelier, ou sous son proche parent, et que M. de Maurepas, en présence de plusieurs personnes, du nombre desquelles étoit M. Fréret, à l'occasion des sujets dont on parloit, dit une fois : « Mais vous avez un M. Gibert dont on m'a parlé. » Sur tout cela prenez vos mesures.

J'entendois quelques murmures de ce que vous n'aviez pas paru solliciter. J'ai répondu que votre absence en étoit cause, mais que vous alliez quitter Sens. Après la déclaration de la pluralité, un quelqu'un a encore dit tout haut : « Mais ce M. Fenel ne demeure pas à Paris ! » M. Duclos a répondu aussi haut, que vous alliez y venir demeurer exprès pour cela. On n'a rien dit davantage. J'ai ouï, entre les feuilles des arbres, quelqu'un dire : « Mais ce M. Fenel est encore un historien, on nous va farcir d'historiens. » A quoi M. Bonamy a répondu du même ton fort bas (que j'ai ouï cependant) : « M. Fenel sçait autre chose que l'histoire de France, » et tout ce qu'il a voulu dire et qu'il a pu dire ayant été commissaire pour les dissertations et parlant à un autre qui ne l'a pas été, et qui n'est foncé que dans le grec et la mythologie. Voilà, mon très cher ami, le point où en sont les choses. Je ne fais aucun doute que, si vous ne vous montrez pas avant quelques mois, M. Gibert ne soit reçu avant vous [3]. Mais si vous venez, si vous avez votre établissement sûr, vous êtes en voie d'être préféré [4].

---

[3]. Lebeuf vouloit stimuler Fenel à se présenter à ses futurs collègues de l'Académie, car M. Gibert ne fut élu membre de cette compagnie qu'en 1746.

[4]. M. le président Lallier, dans un Mémoire lu à la séance publique des Sociétés historiques d'Auxerre et de Sens, en 1851, a raconté d'une manière très intéressante la campagne qu'avaient faite Lebeuf et Fenel pour

1744

J'ai été prendre au Saint-Esprit la feuille sur les SS. Fort, etc. Il est fort singulier qu'on n'y dise pas en quel lieu de l'église Saint-Maurice étoient le tombeau et les ossements. Mgr l'archevêque d'alors auroit aussi dû prendre des chirurgiens avec lui pour nommer les ossements, car peut-être y en a-t-il de trois saints au lieu de deux. Peut-être y en a-t-il d'une femme ou fille : on connoît les clavicules du sexe féminin situées proche le haut du bras et le dessous du col à leur platitude, et celles du sexe viril à leur curvature. Les larges ischion-ilion sont aussi pour les femmes. Le Créateur leur a donné de l'évasion au haut et au bas du coffre, à cause de leur destination à porter un fœtus.

M. Fréret vient de déménager. Il s'est placé dans un quartier perdu, rue Saint-Honoré, vis-à-vis le cul-de-sac de l'Orangerie des Tuileries. On peut cependant toujours lui adresser ses lettres à son ancienne demeure. Dans sa nouvelle il se trouve voisin du comte de Caylus, qui habite cette orangerie, et à portée de voir souvent M. Duclos.

J'enverrai à Dom Gérou le procès-verbal ci-dessus lorsque je sçaurai où il est, car il doit être en voyage. Je crois qu'il passera pas Sens et Auxerre. Sans doute qu'il vous verra.

Il paroit des cahiers d'un homme qui tâche d'attraper le style de l'abbé Desfontaines, et qui est plus modéré. Cependant il vient de dire sur M. l'abbé Dubos : « Je ne sçais s'il y a un écrivain plus ennuyeux que l'abbé Dubos. » Les choses sensées de ses ouvrages sont noyées dans un déluge de phrases. C'est la même forme, le même caractère que celle dudit abbé. Au lieu d'*Observations*, elles sont intitulées : *Jugements*[4], et au lieu de

---

arriver à faire réussir le projet de l'élection de ce dernier à l'Académie des inscriptions. M. Lallier a publié dans le *Bulletin de la Société archéologique de Sens* de 1851, p. 112 et suiv., des fragments nombreux de la correspondance des deux amis à ce sujet.

5. L'ouvrage dont Lebeuf veut parler a pour titre : *Jugements sur quelques ouvrages nouveaux*, il était rédigé par l'abbé Desfontaine, Fréron et autres, et parut de 1745 à 1746 en 11 vol. in-12.

les vendre une à une ou en fait une brochure de trois feuilles ensemble. L'abbé Lenglet dit, selon lui, qu'on peut réduire l'abbé Dubos au quart.

On croit qu'à Soissons l'on donnera, pour la prochaine indication, un sujet d'éloquence, afin que ceux de Soissons puissent y participer; mais, comme dit Chaubert, si les discours de l'Académie française ne se vendent pas, comment veut-on que ceux d'une Académie inférieure se débitent. Cela m'a paru le fâcher un peu.

Je ne puis croire ni imaginer les raisons qui vous ont exclu du prix de cette ville de Soissons. Il y auroit un peu à rire si c'est à cause de *Rossontensis* que vous leur enlevez [6]. Si le sieur de Longuemare m'étoit venu voir depuis son retour, je lui aurois demandé où il le place.

Ce que vous dites sur les feuilles de chant me confirme dans le proverbe : *Ne sutor...* A l'égard des questions spirituelles : *De his alias*.

On a affiché hier l'ordonnance du roi portant déclaration de guerre contre la reine d'Hongrie [7].

L'évêque de Mâcon a gagné son procès contre l'archi-monastère de Cluny.

Je vous embrasse en vous souhaitant toute bonne fortune, une prompte arrivée en ces quartiers-ci où vous n'ayez plus qu'à fournir votre contingent à l'Académie, et à travailler à l'histoire de Sens.

P. S. On ne dit pas qui doit encore abdiquer, mais on croit que ce sera cet été. Si M. de Maurepas ne réitère pas son agrément en faveur de celui ci-dessus, les choses iront leur chemin.

---

6. Ce lieu est appelé plus loin, par Fenel, Resson ; c'est un petit village du canton de Méru (Oise). Hadrien de Valois, dans sa *Notitia Galliarum* l'appelle Resson-sur-l'Aronde. Lebeuf l'avait placé à Rousson (Yonne), comme on le voit ci-dessus p. 250.

7. Lebeuf veut parler de la guerre contre Marie-Thérèse, qui fut la suite de la ligue de Francfort entre la France, le roi de Prusse, la Suède, etc., pour le maintien de l'empereur Charles VII.

1744

M. l'archevêque de Bourges [8] part la semaine prochaine pour Rome. Je le charge de mon livre historique de chant pour le cardinal Quirini. Ce cardinal a écrit à M. Fréret; je crois que l'extrait de sa lettre est dans un *Mercure*. Il a aussi écrit, depuis, à M. de Boze. Le *Journal des Sçavants* donnant l'extrait de mon premier tome d'Auxerre [9], rappelle la mention qu'il fit de moi dans sa lettre à l'Académie. Je l'en remercie dans la lettre que je lui écris et lui propose deux questions sur l'histoire ecclésiastique de Brescia, dont il est évêque.

---

370. — DE FENEL A LEBEUF.

19 avril 1744.

1744

... Je serois infiniment curieux de savoir les raisons secrètes qui peuvent m'avoir fait rater le prix de Soissons. Je soupçonne que ce sont trois choses: 1° Un trait très vif contre l'abbé Dubos, que j'avois glissé en marge; or, à cause que cet homme étoit secrétaire de l'Académie française, ils le ménagent beaucoup, et on m'avoit fait ôter, l'an passé, un autre trait qui n'étoit pas, à beaucoup près, si vif; 2° Parce que, à la question que l'on avoit formée sur la duché ancienne de Soissons, j'en avois ajouté une autre: pourquoi ce duché n'a duré qu'environ cinq ans et qu'il a toujours été depuis comté, c'est-à-dire d'un rang inférieur; 3° Enfin, parce que j'ai montré que le comté de Soissons a changé trois fois d'étendue: que d'abord il étoit égal au diocèse, et que l'évêque en étoit le vrai comte, qu'ensuite il fut égal au premier archidiaconé, excepté Pierrefonds et Compiègne, et

---

8. Mgr de Roye de La Rochefoucauld, archevêque depuis 1729, et cardinal en 1747.

9. Voyez *Journal des Savants* de janvier 1744, p. 49 et suivantes, un compte-rendu fort étendu du premier volume des *Mémoires sur l'histoire d'Auxerre*.

qu'enfin il fut subdivisé en quatre vicomtés et en la comté qui reste aujourd'hui, dont le comte est le premier *casatus* [1] de l'évêque de Soissons. Je crains que ce discours n'ait choqué les officiers du comte de Soissons, dont, sans doute, ce pays-là est tout rempli. Peut-être encore qu'ils ont voulu avoir la vanité de dire que le *Rossontensis* étoit dans le Soissonnois, mais cela seroit bien misérable. S'ils ne font pas imprimer ma pièce avec celle de Longuemare, comme on ne pourra pas dire que ce soit à cause de sa foiblesse, il faudra bien dire que c'est quelqu'une de ces raisons secrètes, ou une autre que je ne puis deviner. Mais, comme je ne dois pas avoir, pour ces Messieurs-là, la même déférence que pour MM. des belles-lettres, je suis résolu à faire imprimer ma pièce, ou du moins à en faire insérer un extrait dans quelque ouvrage périodique [2], avec une très forte critique de Longuemare; car, quand ce ne seroit qu'à l'égard de Resson, il en mérite une. J'ai trouvé des preuves qu'au XIIIe et XIVe siècle ce lieu s'appeloit *Resontius* et *Ressontium*. Tout cela à moins que vous ne me conseilliez le contraire, Monsieur.

Au surplus, comme vous me mandez des nouvelles, il est bon que je vous rende la pareille. Il y a ici un peu de tintamarre. Le premier sujet est sur le chant du nouveau Graduel, auquel vous avez donné quelques corrections. Mgr l'archevêque l'a encore fait voir à un maître de musique de Paris, qui y a aussi fait les siennes; ensuite, lui s'en est aussi mêlé et y a fait des changements de son chef, sans avoir égard, à ce qu'on dit, aux vôtres, Monsieur. Ensuite on a montré cela aux commissaires du Chapitre qui ont fort désapprouvé ces derniers changements, parmi lesquels un des plus notables est le retranchement de toutes les doubles notes, sous prétexte qu'on ne les chante jamais. Ceux qui avoient corrigé les livres liturgiques depuis vingt ans ont refusé de se mêler de cet ouvrage, et le prélat a été forcé d'en

---

LETTRE 370. — 1. *Casatus*, selon Ducange, était un vassal, un homme de fief.

2. Publié dans le *Mercure* de juin 1745.

donner la correction au prieur de Saint-Paul, nommé Chomel[3], homme dont j'aime mieux que vous appreniez les mœurs par un autre que par moi, et du reste homme bon à rien. Cet homme a corrigé la première feuille, et a mis au bas : *bon à tirer*, Chomel. Les commissaires du Chapitre ont su cela ; ils ont examiné cette feuille où ils ont trouvé dix-huit fautes énormes et quarante ou cinquante médiocres. Il n'y a qu'une ligne qui en soit exempte. Enfin, après bien des disputes, on a dû tenir une assemblée, dont je ne sais pas encore le résultat, que je vous dirai une autre fois.

L'autre sujet est que deux curés de cette ville (dont l'un a été jésuite, qui s'est déjà signalé en refusant la sépulture à un médecin, l'an passé), ont refusé la communion pascale à grand nombre de leurs paroissiens soupçonnés de jansénisme, sous prétexte qu'ils ne rapportoient pas des billets de leurs confesseurs. On appuie ce refus d'un article des statuts de Gondrin[4] (fort changé et fort adouci par M. de La Hoguette). L'une des dames refusées a porté plainte devant le lieutenant-criminel de Sens, et demain on entendra une trentaine de témoins là-dessus. Cette dame est la sœur d'un grand audiencier de la grande chancellerie, nommé Moron, et la tante d'un conseiller au Parlement, du même nom.

[Envoi à l'abbé Bouzas, grand vicaire de Sens, de la copie de la charte de Louis de Melun sur saint Fort et saint Guinefort.]

---

3. « Cette affaire du chant s'est terminée par cette décision : la correction en a été confiée à M. Lasseré, de l'accord de tous. On ne fera aucune correction au chant de sieur Poisson, lequel on conserve en entier. » (Lettre de Fenel, du 30 avril 1744. Corresp. de Fontaine).

4. M. de Gondrin, archevêque de Sens, de 1645 à 1674. — M. de La Hoguette, autre archevêque de Sens, de 1692 à 1715.

371. — DE LEBEUF A FENEL.

Mercredi, 6 mai 1744.

Vous n'avez pas besoin d'avis touchant la lettre de politesse que vous pouvez écrire à M. le comte de Caylus et à M. Fréret [1]. Il n'y aura pas de mal de leur marquer que vous vous disposez à venir incessamment à Paris ; que vous sentez la nécessité d'aller en personne demander le suffrage de tous ces Messieurs, afin que tous se réunissent pour vous donner leurs voix. Outre votre mérite connu, vous sentez ce qui vous attire encore davantage le suffrage de M. Fréret : il a quelque dent contre votre rival [2], quoique bien recommandé. J'ai ouï dire que ce rival a eu douze voix. Il faut donc profiter de l'occasion. Faites votre lettre très courte. J'ai déjà dit que vous veniez ici sur la fin du mois. On ne dit pas encore qui c'est qui veut abdiquer. Les uns disent M. Hardion, d'autres M. de Valois [3]. Le premier ne se montre que deux ou trois fois l'an. Il est cependant pensionnaire.

J'ai passé chez M. l'archidiacre de Soissons, pour sçavoir si on imprimeroit deux pièces en 1744. Il n'est pas de retour de Soissons. Il demeure maintenant chez M. Hermant, médecin, derrière l'église Saint-Jean-en-Grève.

Je ne vois plus M. de Longuemare ; je ne sçais ce que cela signifie. Lorsque vous serez ici, vous me pourrez donner, si vous voulez, vos matériaux, et si vous avez de la répugnance on pourra faire un écrit anonyme pour redresser ses fautes.

Ce qui a porté M. Fréret à aller se camper si loin, c'est qu'il

---

LETTRE 371. — 1. En réponse à une lettre de M. de Caylus qui lui avait offert ses bons offices à l'Académie, et à une autre lettre de Fréret qui l'assurait de sa bonne volonté.

2. M. Gibert. Voyez, sur ce savant, ci-dessus Correspondance, p. 477 et 479.

3. Charles de Valois, né le 26 décembre 1671, mort en 1747, savant numismatiste et membre de l'Académie des Inscriptions.

1744

a besoin de promenades. Il aura les Tuileries et le cours La Reine à sa dévotion.

On commence, ce matin, les Quarante-Heures à Notre-Dame, pour la prospérité du voyage du Roi [4].

Les nouvelles que vous me marquez sont curieuses. Quand je trouverai le sieur P*** curé [5], je lui en ferai compliment. J'ai prévu que cela aboutiroit là : le seigneur A*** ne vouloit pas me croire sur les doubles notes ni sur l'élévation du chant. Oh ! qu'il est bon que chacun se mêle de son métier.

Je vais, ces jours-ci, chercher du côté de Saint-Honoré pour un logement. Je vous écrirai s'il faut donner des arrhes.

Hier fut installé M. Bellet ou Bellay, ecclésiastique du diocèse de Lisieux. Son fort sera, dit-on, sur la géographie ancienne. Il confère les manuscrits de Strabon et d'Antonin, etc., avec M. Melot.

Tâchez d'insinuer que vous cultiverez la littérature grecque et même les médailles, car nos médaillistes s'en vont. M. Mahudel s'étant retiré, il ne reste que M. de Valois qui approche de quatre-vingt ans, et M. de Boze qui en a plus de soixante. Je suis fâché que vous n'ayez pas de médailler.

Je lisois hier un auteur Lorrain moderne qui s'imagine que *Locofico* est le même que *Longowico*, *Longwy* ou *Longvic*. Je crois qu'il rêve. C'est le nommé Mussey [6], curé dudit Longwy, imprimé furtivement en 1742.

Comme je ne crois pas que vous soyez désormais dans le cas d'écrire pour les prix, si vous avez ramassé quelque chose sur la médecine et chirurgie, outre ce que vous en avez dit dans votre dernière dissertation (laquelle vous n'oublierez pas de rapporter ici), je vous prie de le mettre à part dans votre porte-feuille pour me faire la grâce de me le communiquer.

---

4. Les voyages du roi dans la guerre contre l'Autriche.

5. Lebeuf veut parler de Poisson, curé de Marsangis et compositeur de la musique du Graduel de Sens. Le seigneur A***, est l'archevêque de Sens, Mgr Languet. Conf. ci-dessus lettres n° 321 et du 19 avril 1744.

6. Mussey, curé de Longwy, en Lorraine, a publié, en 1712, un ouvrage intitulé : *La Lorraine ancienne et moderne*, 1 vol. in-8°.

Il faudra tâcher de faire votre cour aux bénédictins de Saint-Germain. Dom Lemeraud,[7] bibliothécaire, m'écrivit pour me prier de donner ma seconde voix à M. Gibert, mais il ne sçavoit pas que j'étois assuré.

Il faudra songer à imprimer votre dissertation de 1743 et celles de 1744, lorsque vous aurez été admis.

Le Roi est, dit-on, à Cambrai, de là à Valenciennes; M. Mutte aura été témoin de la réception que l'archevêque lui aura faite.

Les *Petites Nouvelles*, que je lus hier, marquoient que le tonnerre tomba, le 27 avril, sur le clocher de l'abbaye Saint-Vennes, à Verdun, et fondit les cloches. Je n'ai parlé à personne pour me confirmer le fait. Le tonnerre aime les cloches de moines.

—

372. — DE FENEL A LEBEUF.

15 mai 1744.

[Demande comment on doit imprimer certaines syllabes dans le chant du Graduel.]

..... Je poursuis ma Table nécrologique des archevêques, où je trouve des difficultés infinies. Tous nos auteurs modernes ont mis la mort d'Ataldus en 933. J'avois cru bonnement qu'il falloit les suivre, mais ce sont des nigauds, et je vois ce qui les a trompés. Ils avoient lu, dans Clarius, que la mort de Raoul tomboit dans la quatrième année de l'ordination de Guillaume; ils plaçoient cette mort en 937, d'après de mauvaises chroniques : de là ils concluoient tacitement que Guillaume avoit commencé en 933, à la fin de l'année, et que, par conséquent,

---

7. Lémerault (Dom Louis), bénédictin, né à Alençon, fit profession dans la congrégation de Saint-Maur, en 1711. Il a concouru, en 1737, à la publication des *Œuvres de saint Ambroise*, 3 vol. in-f°. — Voyez ci-après, à la date du 7 août 1744, une lettre de Lebeuf adressée à ce savant.

Ataldus étoit mort le 25 septembre de cette année. Mais la vérité est que Raoul est mort en 932, au mois de janvier ; donc, Guillaume a commencé en 935, et il faut avancer la mort d'Ataldus d'un an. Au reste, en faisant cette discussion, je m'arrête à tous les lieux que je vois être nommés *in pago senonico* ou *in comitatu senonico*, pour déterminer l'étendue de l'ancien comté de Sens, qui étoit bien plus grand que ce qu'on nomme le *pays Sénonois* à présent. Je trouve un *Serriacum* qui appartenoit à Saint-Pierre-le-Vif, mais je ne sais ce que c'est[1], ce ne peut être Chevry-en-Seraine, doyenné de Marolles, à six lieues de Sens ; ce ne peut pas être cela, car ce lieu n'est pas de la collation de l'abbaye de Saint-Pierre.

J'ai trouvé une mention d'un lieu qui est *Sermasia* ou *Sarmasia*[2], et qui doit dépendre de Saint-Germain d'Auxerre. J'ai cherché si vous en aviez parlé ; mais le défaut de la fin de la Table du premier tome où la lettre S manque, m'a arrêté. J'avois cru d'abord que cela regardoit Sermaise, au doyenné d'Etampes, mais ce lieu n'est pas sur une rivière. Il faut donc que ce soit Sommecaise, dans la vallée d'Aillant ou au-dessus, à deux lieues de la Ferté-Louptière, qui, effectivement, est du patronage de Saint-Germain, et il y a aussi un ruisseau quoiqu'il ait changé de nom.

Je fais réflexion que Clarius met des H devant les noms qui commencent par un L ou par un R, même devant le nom du comte Ludovicus, allemand, qui vint mourir à Saint-Pierre-le-Vif, et devant le nom de Mme Rotlaüs : mais pourquoi n'en est-il pas pareillement devant Carolus ? Cela est embarrassant pour le système d'Hamingus.

LETTRE 372. — 1. Ce doit être *Serriniacum*, terre qui a appartenu à l'abbaye Saint-Pierre-le-Vif, et qui s'applique à Serrigny, hameau de la commune de Poilly, canton d'Aillant (Yonne).

2. Voir, ci-après, lettre de Lebeuf, du 22 mai 1744, p. 494.

373. — DE LEBEUF A FENEL.

18 mai 1744.

Vous avez très bien fait d'écrire à ces Messieurs, au sujet de la bonne volonté qu'ils ont pour vous. Je suis fâché, cependant, de l'absence de M. de Caylus, qui est parti pour Toulon avec M. de Maurepas, mais je ne crois pas que cela dérange rien. Si M. Gibert étoit plus âgé que vous, cela pourroit influer à le faire passer le premier, mais il ne paroit avoir que trente ans. Il y en a qui l'estiment précisément parce qu'il a écrit contre un personnage qui ne leur plait pas beaucoup pour son humeur[1]. On ne parle plus de M. Caperonnier : quelqu'un m'a assuré qu'il n'y pensoit pas. Quelques-uns pensent toujours que c'est M. Hardion[2], qui veut se faire vétéraniser. Le temps nous dévoilera l'énigme.

Je ne puis m'imaginer que ce soit la connoissance de votre écriture qui vous ait nui à Paris. On connoissoit celle du sieur M***[3], mais *on* étoit bien aise qu'il eût à son tour quelque chose. *On*, c'est-à-dire *deux*, car je ne crois pas que M F***[4] ait quitté votre parti pleinement, et il y a toujours eu des commissaires restés incertains. A l'égard de Soissons, cela a pu être la cause de votre échec.

Lorsque je vous ai demandé des matériaux sur l'histoire

LETTRE 373. — 1. Ce personnage doit être Fréret. M. Gibert avait publié dans les Mémoires de l'Académie des inscriptions, t. XXVIII, des *Observations sur les mesures anciennes,* qui semblaient être la réfutation des opinions de Fréret sur le même sujet.

2. Hardion (Jacques), né à Tours, le 17 octobre 1680, mort à Versailles, le 1er octobre 1766. Il fut élu membre de l'Académie des Inscriptions en 1711, et a publié, dans les collections de cette compagnie, de nombreux Mémoires sur des sujets de l'histoire de l'antiquité.

3. Du sieur Martin, le concurrent de Fenel.

4. M. Fréret.

chirurgique, je n'ignorois pas l'ouvrage de Freind sur la médecine. Il en est fait un dépouillement dans le nouveau *Traité anonyme sur l'origine de la chirurgie*; mais c'est pour vous prier, lorsque par hasard vous trouverez quelque chose qui puisse prouver que les anciens médecins opéroient des mains, vous le mettiez à part.

Dom Gérou m'a écrit d'Orléans que son dessein étoit rompu : 1° Parce qu'il est tombé malade ; 2° Parce que plusieurs de ses confrères qu'il auroit vus sont allés faire des tournées. Il vous assure de ses respects et de sa reconnoissance, et il m'a fait tenir un assez long Mémoire sur Ferrières, qu'il a eu l'adresse de tirer pour vous d'un de ses confrères y demeurant. Je lui enverrai incessamment votre acte sur saint Fort, Guinefort. L'extrait de Bureteau sera pour une autre fois : vous me l'avez promis.

J'avois toujours apperçu les H mis indifféremment avant plusieurs sortes de lettres à la tête des noms propres teutoniques.

Pour ce qui regarde la manière de partager les syllabes du chant qu'on veut imprimer, je croirois qu'il vaut mieux l'écrire comme on épelle que de l'autre manière, quoique le bonhomme Morisson, dans un vieux Graduel, eût toujours mis *i. . .llos, pe.....ccatum*. Si on craint d'induire en erreur les paysans et de leur faire dire *il-il-il-los*, ou bien *ig-ig-ig*, c'est une crainte mal fondée ; il faudroit qu'ils eussent une volonté expresse de prononcer ainsi, ce qui d'ailleurs ne se peut faire que par gens qui sçavent déjà, *memoriter* le chant dont on voudroit faire sentir le ridicule. Outre cela, qu'on fasse attention combien on risque de tromper les simples qui ne sçavent pas l'Ecriture-Sainte ni le latin, en estropiant les syllabes. Qu'au bas d'une page, ligne dernière, folio recto, il y ait, par exemple, *reco* : mon bon paysan ou jeune clerc non lettré croira que c'est le commencement du mot *recolimus*, et se préparera à dire *recolimus*, parce qu'il entend souvent ce mot : *recolimus passionem*. Point du tout, on viendra à tourner feuillet, il faudra qu'il rengaine son *limus*, qu'il avoit déjà sur le bout de la langue et qu'il prononce *rdatus*, parce que ce sera le mot *recordatus* ainsi coupé : *reco-rda-tus*. — *Idem sit judicium de ceteris*. Je pense donc que puisque votre Livre des Morts, et peut-être aussi votre Processionnel, suit la division ordinaire des syllabes, on fera mieux de s'y conformer.

Votre remarque sur Ataldus me paroit fort bonne.

Le *Pagus Senonicus* devoit être plus étendu que n'est aujourd'hui le comté [5], de même que le *Pagus Autissiodorensis*. Ne croyez pas que *Sarmasia* puisse être Soncaise, il n'y a pas de rapport. Soncaise a toujours été dit *Summa Casa*. Il y a un Sermaise tout proche Dourdan, sur la rivière qui vient dudit Dourdan. Ce pourroit être le Sermaise dont vous me parlez. L'ancienne et primitive paroisse de Dourdan est du titre de Saint-Germain, mais le tout est du diocèse de Chartres, par conséquent cette remarque est fausse s'il faut *Senonensis*. Mais n'est-ce point Samois qu'on auroit dit Sarmois anciennement? Il est sur une belle et large rivière. Vous verrez dans les *Ann. Bened.*, Mabillon, t. V, p. 82, que les gens du roi Philippe Ier exigeoient des droits sur cette terre dépendante de Sainte-Colombe.

Je verrai dès demain votre futur appartement, et j'entendrai raisonner la dame Parmentier, pour vous en rendre compte.

---

374. — DE FENEL A LEBEUF.

19 mai 1744.

[Il recherche où peuvent avoir été les lieux de *Sarmasia* et *Rivisiacum supra fluvium Sedono*, cités dans le tome II, de Mabillon, page 1500; — sur la mort d'Hildeman, évêque de

---

5. Voyez, sur ce sujet, un *Mémoire sur la géographie de la cité d'Auxerre et du pagus de Sens*, par M. Quantin, Auxerre, 1860, in-4°; et ci-après lettre du 22 mai 1744.

1744 Sens; — la bibliothèque du Chapitre n'a pas le manuscrit de Bureteau, etc.]

375. — DE LEBEUF A FENEL.

22 mai 1744.

1744 Je vous répète encore une fois ici, Monsieur et très cher ami, en faveur de MM. Lasseré et Mahiet [1], que le plus grand inconvénient des syllabes mal partagées est, lorsque cela se trouve à la fin d'une ligne, et encore plus à la fin d'une page et qu'il faut tourner le feuillet. *Exemplum ut talpa*. Nous avons des *e* qui se prononcent *é* et d'autres *ai*. Le premier son se fait entendre dans *peccatum*, mais il me semble que c'est le second, sçavoir : *ai* qui se fait entendre dans *pectoribus*. *Egressus* ne se prononce pas comme *egredietur*.

(Suivent des exemples de plain-chant....)

Si j'avois le temps de réfléchir, je pourrois vous apporter beaucoup d'autres semblables exemples. Mais laissons-là le chant.

Je ne prétendois pas que vous me dussiez réponse ; c'étoit moi qui vous la faisois par ma dernière. Mais je m'aperçois par celle dont vous m'honorez, en date de mardi 19, que vous avez des gens qui chicanent votre chronologie, et il faut bien que ce soient des gens demeurant près de vous, puisque vous me marquez que cela presse. Je ne m'imagine point qui sont vos contradicteurs. En tout cas, tout ce qu'ils citent du P. Mabillon s'y trouve. Dans les *Siècles Bénéd.*, t. V, p. 245, est le diplôme de Lothaire, daté à Laon, *Anno V*, *regni sui* X, je crois, *Januarii*. Dom Mabillon dit que l'original est entre les mains de

---

LETTRE 375. — 1. Comparez lettre du 19 avril 1744 ci-dessus, page 484, note 3.

M. Hubert, chanoine de Saint-Agnan d'Orléans[2], et qu'on y voit un sceau où est représenté un roi assis en son trône. Il ne dit pas s'il a vu ce titre : peut-être n'en parle-t-il que sur une lettre dudit Hubert, auteur de l'*Histoire de la collégiale de Saint-Agnan*. Peut-être aussi que le copiste a omis *Kal*, ce qui feroit *X kal. januarii*, et seroit plus selon les règles. Au reste, il semble que ce ne soit qu'un extrait de ce titre qu'ait donné Dom Mabillon, car il est imparfait. Si l'original est tel qu'il est imprimé, vous avez raison de vous en défier. On pourroit peut-être sçavoir un jour de Dom Gérou ou de M. Polluche, d'Orléans, ce qu'est devenu ce titre. En le lisant j'ai appris qu'il y avoit un *Mons Morencius*, au voisinage de Bray.

Ce qu'on vous oppose sur la dédicace de Saint-Père de Chartres est comme on vous le dit. Cela est tiré du Cartulaire Aganon de cette abbaye ; c'est le nom du compilateur, lequel est très ancien[3]. Je l'ai vu et tenu à Chartres ; mais ces sortes de gens omettoient souvent les dates. Dom Mabillon ne fixe cette dédicace à 954 que par conjecture, et parce qu'il suppose qu'Hildeman mourut en 958. Le P. Mabillon observe, par cet acte, que quelquefois l'on faisoit signer des actes à des gens qui n'avoient pas assisté à la cérémonie. Tel est Joseph, évêque de Tours. Tout cela est page 283 du même tome V. des *Siècles Bénéd.*, et répété dans les *Annales*, aux années 954 et 958, c'est-à-dire l'assistance à la dédicace et la mort.

Votre remarque sur Elpon, chef des Saxons[4], m'a engagé de

---

2. Hubert (Robert), chantre et chanoine de l'église royale de Saint-Aignan d'Orléans, auteur des *Antiquités historiques de l'église de Saint-Aignan*, etc., in-4°, 1661.

3. Le cartulaire d'Aganon ou plutôt d'Haganon a tiré son nom de l'évêque de Chartres sous l'épiscopat duquel il fut dressé, au milieu du xie siècle. Son rédacteur s'appelait Paul et était moine de l'abbaye Saint-Père de Chartres. Le manuscrit, datant du xiie siècle, est conservé à la bibliothèque de cette ville. V. *Recueils de documents inédits sur l'Histoire de France*.

4. Elpon, chef d'une troupe de Saxons, venue au secours d'Ansegise, évêque de Troyes, expulsé de son siège par le comte Robert, fut tué dans un combat livré en 939, à Villiers-Louis, le *Villare* dont parle Lebeuf.

recourir à Duchêne que je possède. J'avois déjà observé ces faits en général, mais je ne puis vous en fixer le temps au juste. Ajustez-vous là-dessus. Votre *Villare* seroit-il Villiers-Louis ? N'est-il point trop voisin de Sens ? Au reste, il est sur la route de Sens à Troyes, d'où venoit Elpon.

J'ai enfin trouvé votre *Rivisiacum* et, par conséquent, le *Sarmasia* donné en même temps. Ce n'est pas à l'aide de ma Table : ces lieux ne sont pas nommés dans mes deux tomes. J'avois persisté à croire que ce pourroit être un Sermoise qui est marqué sur la Seine, tout proche Samois, vers le nord, dans votre nouvelle carte, et je vous l'allois assurer, si je n'avois trouvé dans mes grimoires un NOTA sur ce *Rivisiacum* qui m'a été fourni autrefois par le procureur religieux de Pontigny. Ces Messieurs connoissent à merveille leurs tenants et aboutissants. Je lui proposai, il y a bien 15 ans, de me dire si ce n'étoit pas autour de chez eux que seroient *Sarmasia* et *Rivisiacum* donnés à Saint-Germain par Adelbert. Il me répondit qu'à l'égard de *Sarmasia* il ne voyoit pas de nom de ce genre dans leurs titres, mais bien *Revisy*, et que ce Revisy est situé presqu'au bout du pont de Pontigny, dans votre diocèse, sur le bord de la rivière de Senain, au-dessous du lieu dit Sainte-Radegonde, aux environs de Sainte-Porcaire, qu'on prononce Procaire. Je juge que ce lieu doit être de la paroisse d'Hauterive ou du Mont-Saint-Sulpice, où Saint-Germain d'Auxerre a du bien. La présentation de la cure n'y fait rien, ce n'est qu'un indice. Ces deux cures sont à la présentation de l'abbé de Saint-Germain aussi bien qu'Ormoy. Je pense que Bouilly en étoit aussi. En tout cas, il falloit que Sarmasia fût où est cette Sainte-Radegonde ou Sainte-Procaire, tout au bout de votre diocèse, vers les bords de ceux d'Auxerre et de Sens 5.

Au reste, si vous voulez voir bien des lieux de votre Sénonois nommés, recourez au *Nécrologe* d'Auxerre ; dans mon deuxième

---

5. Sarmaise et Révisy étaient bien situés sur le finage de Pontigny, canton de Ligny (Yonne). Correspondance. lettre du 18 mai 1744.

tome[6], p. 246 des preuves. *Rivisiacum* y est nommé au 17 avril.

J'attends des nouvelles de Dom Gérou avant de lui envoyer tout ce que vous m'avez communiqué sur saint Fort. Je crains qu'il ne se soit épuisé par ses travaux.

Sainte Porcaire étoit une disciple de saint Germain. Nous en avons toujours fait mémoire le 8 octobre, excepté depuis 1670 jusqu'en 1726, que nous l'avons rétablie.

N'ayant pas trouvé la dame Parmentier, son fils me montra la chambre en question. Elle est située dans une rue fort voisine des lieux où vous aurez affaire, mais elle est un peu petite et peu claire. On ne me parla point de prix ni de rien.

---

376. — DE FENEL A LEBEUF.

A Sens, ce samedi, 23 mai 1744.

L'abbé Philbert est mort [1]. Comme il se pouvoit faire que vous n'en fussiez pas informé et qu'il vous est important de l'être, je me hâte de vous en donner avis. C'est un commissaire des décimes du canton de Ferrières qui l'a mandé exprès à sa femme, afin que je le susse et afin que je vous le pusse mander, car il sait l'intérêt que j'y prends, par rapport à vous. Je vous en fais mon compliment qui n'est, en vérité, pas de condoléance. Ceci fait quelque changement *in melius* à votre fortune. On dit que cela vous obligera à quitter le canonicat et la sous-chantrerie. Si vous en croyez le conseil d'un homme qui se flatte d'être véritablement de vos amis, vous ne les quitterez qu'en les résignant à pension. Vous les avez desservis pendant le temps

---

6. Voir *Mémoires sur l'histoire du diocèse d'Auxerre*, par Lebeuf, 2 vol. édition in-4°.

Lettre 376. — 1. Voyez, ci-dessus, lettres de Fenel n°s 327 et 329, et ci-après, lettre sur l'abbé Philbert, dont Lebeuf avait la survivance.

porté par les règlements, cela est canonique, et une centaine de livres, ou plus, ne fera pas de tort par chaque année à votre philosophie. Tout est cher à Paris, et cela peut payer, au moins, une partie de votre loyer. Au surplus, si vous pensez autrement, acceptez ma bonne volonté et prenez que je n'aie rien dit, mon très cher et très honoré maître. Tout ce que je puis vous ajouter, c'est que, si je me trouvois dans le cas, je ne manquerois pas de faire ce que je vous propose.

J'attends l'effet de vos bontés sur l'époque de la souscription de Hildeman au privilége de Saint-Père de Chartres, qui doit être dans le Ve siècle *Bénéd.*, p. 245. Comme je vous ai expliqué tout cela amplement dans ma dernière, aussi bien que l'importance dont cela m'est, Monsieur, je ne le répèterai pas, non plus que la discussion que j'y ai jointe sur *Rivisiacum* et *Sarmasia*, situés sur le fleuve *Seduno*, et qui ont été donnés à Saint-Germain d'Auxerre, par Adelbert.

Je vous dirai, pour vous létifier, que j'ai découvert que l'église de Sens qui subsiste aujourd'hui, c'est-à-dire le chœur et la nef (et non pas les deux ailes ou croisées qui ont été projetées seulement en 1498), je dis donc que la nef et le chœur ne sont point du tout le bâtiment qu'Anastase avoit commencé, que Sevin avoit continué et qu'il dédia le 5 octobre 983. Ce ne peut pas être cet édifice, et j'en appelle à vous qui vous connoissez si bien dans l'âge des fabriques [2], Monsieur. Mais j'en ai des preuves démonstratives. De la manière dont Clarius parle de ce que fit Anastase, il est clair que les basiliques de Notre-Dame et de Saint-Jean étoient distinctes de celle de Saint-Etienne, laquelle il ne refit qu'à moitié, au lieu qu'il restaura tout-à-fait les deux autres. Mais il y a plus : le chanoine de Sens qui a

---

2. On sait, en effet, que la cathédrale actuelle de Sens a été construite à partir de l'épiscopat de l'archevêque Henri Sanglier et sous Hugues de Toucy, de 1122 à 1168. On lit, dans le cartulaire de Saint-Pierre-le-Vif, f° 61. Bibliothèque d'Auxerre. « Anno 1144, dominus Hugo archiepiscopus « efficitur. Pro ecclesia majori S. Stephani, quam bonus Henricus ince- « perat, multum laboravit et fieri perfecit. »

transcrit la chronique de Gaufridus, et dont nous avons le manuscrit que vous avez cité sur Pierre d'Anisy, dit formellement que Henri Sanglier commença à renouveler la grande église, que Hugues de Toucy l'acheva presque, et que le pape Alexandre III consacra l'autel Saint-Pierre dans notre nouvelle grande église, *in nostra majori ecclesia*. On n'auroit pas pu dire cela d'un bâtiment consacré cent quatre-vingts ans auparavant. Outre cela, considérez la forme de nos fonts baptismaux [3] : il est visible qu'ils ont été construits depuis l'usage de baptiser par infusion ou par aspersion, car, avant le XIIe siècle, on ne baptisoit que par immersion (excepté les cas de nécessité), et il est certain que les baptistères étoient de vastes édifices, où il y avoit une cuve très profonde dans laquelle on descendoit par degrés ; cela étoit couvert de plusieurs rideaux. Les parrains ou les marraines (selon le sexe de la personne) conduisoient par derrière le catéchumène à la cuve, le déshabilloient et ensuite le faisoient descendre dans l'eau jusqu'au cou ; ce que le prêtre entendoit plutôt qu'il ne le voyoit, dit un auteur qui a décrit cela, témoin oculaire. Alors le prêtre approchoit, entr'ouvroit un peu le rideau, et, avançant la main, il plongeoit trois fois la tête du catéchumène dans l'eau, en prononçant les paroles de la forme du sacrement. Vous voyez donc bien qu'il falloit que la basilique de Saint-Jean, qui étoit autrefois nécessairement destinée au baptême, fût d'une construction bien différente de celle qu'on voit aujourd'hui. Joignez à cela que la dédicace de l'église de Sevin étoit en octobre, celle d'à-présent est en juillet.

1744

3. Ces fonts baptismaux sont placés dans le transept nord de la cathédrale. Ils affectent la forme circulaire et il règne tout autour une arcature à plein cintre du XIIe siècle. Quant à leur état primitif il n'en reste plus de traces, pas même de celui qui existait du temps de Fenel. Les changements apportés à l'intérieur de la cathédrale, au XVIIIe siècle, ont profondément modifié le dallage des chapelles et du reste du vaisseau.

377. — DE LEBEUF A FENEL.

Ce mercredi, 27 mai 1744.

J'admire les soins et les peines que vous prenez pour me donner des nouvelles létifiantes, mais je crois que vous avez été mal servi dans celle de l'abbé Philbert. Pour m'assurer de la vérité, je passai hier au Palais-Royal, où il a un appartement. Je m'informai au portier ou suisse, qui me dit qu'il ne le croyoit ni mort, ni même malade, autrement que de vieillesse. Je passai au bas de l'escalier au haut duquel il est logé. Un homme, qui m'avoit l'air d'un commissionnaire des différents locataires, à qui je dis qu'on répandoit que ce bon Monsieur étoit décédé, me dit que cela ne se pouvoit, vu qu'il l'avoit encore vu hier, qui étoit lundi, passant pour aller à la messe. Sur cela, suspension à tout. Il faut se résoudre à attendre tant qu'il sera nécessaire. Je ne laisse pas que de vous remercier par rapport à la part que vous prenez à mes intérêts. Votre commissaire des décimes a été joué par quelqu'un à qui il aura déclaré la raison pour laquelle il s'informoit de cette santé.

Etant dans le même quartier, je voulus m'informer sur des chambres à louer, mais je ne trouvai personne ; le beau temps qu'il faisoit, joint à la cessation de travail, avoit mis tous les perruquiers et leurs femmes en campagne.

J'avois passé samedi, veille de la Pentecôte, dans la nouvelle auberge de M. votre oncle, rue du Temple, image saint Claude, pour sçavoir à quel point en étoit votre loyer ; on me dit qu'il étoit à Melun depuis quinze jours. Si l'on ne trouve pas d'autre chambre que celle de la dame Parmentier, il faudra vous y tenir jusqu'à ce que, sous main, vous en ayez trouvé une de votre goût. Au reste, comme la gaité de la chambre ne vous fait rien, vous y serez tranquille ; elle ne me paroit pas fort passagère.

Comme voilà les fêtes passées, il aura sans doute été résolu quelque chose sur l'emploi ou dignité en question. Je le souhaite de tout mon cœur, afin qu'on vous revoie ici au plus tôt.

Je crains d'avoir oublié que *Sedena* et *Sedenus* est sûrement la rivière de Senain[1], que la vie ou les miracles de saint Bernard appellent *Senneen* ; je l'écris Senain comme venant de *Sedena amnis*, de même que Cous-ain de *Cussa-amnis*. Le peuple dit cependant Serain ou Serin.

Dans l'affaire dont je vous ai parlé, après les bêtises que j'ai vu faire à des médecins, il y a vingt ou vingt-cinq ans, en fait d'ostéologie, et après la bévue ou balourdise d'un d'entre-eux au sujet d'une religieuse d'Auxerre qu'il croyoit rendre des pierres par devant et par derrière (ce qui a été mis dans le *Journal de Verdun*, mars 1741), je me suis déterminé à prendre parti pour les chirurgiens et à avoir autant de confiance en eux qu'en un médecin, et même un peu plus. Je lis ce qu'ils ont écrit pour prouver que ce sont les barbiers qui les ont avilis ; cela me paroit bon. J'y ai trouvé l'*index funereus* de Devaux, célèbre chirurgien[2]. Il y a quelques Sénonois dans ce catalogue des chirurgiens, pas un seul Auxerrois. Au reste on n'a besoin que d'historique particulier dans cette affaire et non de louanges générales de la chirurgie.

Votre découverte sur l'antiquité de votre église me paroit juste. Je ne crois vos édifices que du XIIe siècle. Je ne me souviens pas si, en aucun endroit, les pilastres ou boudins sont partagés ainsi :

Lettre 377. — 1. Senain ou Serain, rivière du département de l'Yonne qui arrose les arrondissements d'Avallon et de Tonnerre, et se jette dans l'Yonne, rive droite, à Chemilly. — Le Cousin est une petite rivière qui arrose Avallon et une partie de son arrondissement, et se jette dans la Cure à Blannay.

2. Devaux (Jean), chirurgien célèbre, né à Paris le 27 janvier 1649, mort le 2 mai 1729. Il est auteur de nombreux ouvrages, et notamment de l'*Index funereus chirurgicorum Parisiensium, ab anno 1315 ad annum 1714*, Trévoux, 1714, in-12.

1744 De deux impositions de pierres, l'une étoit d'une pierre d'une pièce, l'autre d'une pierre de deux pièces, et ainsi alternativement.

On bâtissoit ainsi sûrement sous le roi Robert, vers 1000, 1010, 1020.

Voyez si dans vos églises il y a de ce genre de structure, comme à Saint-Germain des Prés. Il y en a à Saint-Marcel, à Saint-Germain d'Auxerre et dans les souterrains de notre cathédrale d'Auxerre, qui sont de vers l'an 1020 [3].

Votre baptistère n'est qu'un mémorial de l'ancien baptistère, mais dans les moyens siècles cela n'étoit pas si vaste que vous le dites. Nous avons, à Auxerre, un reste de rotonde du xe ou xie siècle [4], qui fait juger de la continence de cet édifice. A Chartres, on s'opiniâtre encore à croire que l'édifice de la cathédrale est du temps de Fulbert, et néanmoins la dédicace s'y fait en un autre jour que celle qu'on y faisoit d'abord sous ce

prélat et d'ailleurs les (*sic*)  ne s'y voyent pas.

---

3. Les constructions dont parle Lebeuf se voient dans les cryptes de la cathédrale d'Auxerre, et dans un reste des piliers de l'ancienne nef romane primitive de l'église Saint-Germain de la même ville. On remarque le même système de construction dans la crypte de la cathédrale de Nevers.

4. Cette rotonde, qui devait être auprès de la cathédrale, du côté du nord, n'existe plus.

378. — DE LEBEUF A D. LEMERAUT, BIBLIOTHÉCAIRE DE SAINT-GERMAIN.

7 août 1744.

Je suis bien fâché que le délai de M. Joly, avocat, à venir vérifier les proverbes sur les Mires [1], dont il m'avoit donné le NOTA de sa main, m'ait attiré le travers que vous sçavez. Comme je parcourus le volume sans y trouver les quatre vers ci-joints sur une carte, je crus pouvoir me dédommager en faisant, pendant que je l'attendois, l'extrait de quelques morceaux qui ne peuvent faire tort aux études courantes de vos sçavans confrères. J'y pris entre autres le proverbe *Li musarz de Verdun*, parce qu'il a rapport à l'histoire dont je suis chargé de l'édition [2].

Au reste, mon Révérend Père, comme tous les hommes n'ont pas les mêmes maximes, je vous avouerai que j'en ai une bien différente de celle dont vous me fites part dernièrement. Je suis tout-à-fait pour l'accélération de l'édition de tout ce qu'il y a de curieux dans les manuscrits des bibliothèques. Vous sçavez que ce fut moi qui, en 1725, publiai un écrit sur la nécessité et l'utilité du Catalogue général des manuscrits du royaume [3]. D. Bernard [4] la concevant mieux que moi en a donné ce qu'il a pu, et il a été servi par MM. Fleuri, de la Bibliothèque du roi. Peut-être y a-t-il encore des personnes qui pensent comme cet illustre sçavant. En conséquence de mon

---

LETTRE 378. — 1. *Mires* en vieux français signifie médecins.

2. Voyez *Histoire ecclésiastique et civile de Verdun*, etc., Paris, 1745, in-4°. Cette publication, révisée par Lebeuf, était de l'abbé Roussel.

3. Lebeuf fait allusion à une lettre qu'il publia à ce sujet dans le *Mercure* de juin 1725, intitulée : *Lettre sur l'annonce faite, dans le Mercure du mois de décembre 1724, d'un projet de catalogue général des manuscrits de France.*

4. D. Bernard de Montfaucon.

1744 principe, j'exhorte tous ceux qui sont dépositaires de manuscrits à donner, par eux-mêmes, ou par leurs amis et confrères, tout ce qu'ils pourront, sans laisser cela aux siècles à venir; et je ne puis que louer le zèle et la patience de ceux qui transcrivent les exemplaires pour les doubler, dans la crainte qu'on ne voie arriver ce qui est arrivé à la Chambre des Comptes et dans une de vos maisons, où les matériaux d'un Glossaire français ont été réduits en cendres, ainsi que vous le sçavez. Loin donc de mes maximes toutes celles qui vont au délai! J'ai toujours aidé et aiderai toujours les travailleurs, et surtout les travailleurs prompts.

Sur ce fondement je vous ferai sçavoir que je suis en état de procurer à celui de vos Pères qui est chargé de l'évêché de Châlons-sur-Marne pour le *Gallia christiana*, une pièce de Cartulaire, in-folio, où il pourra trouver quelques pièces qui lui feront plaisir, si tant est qu'il me fasse l'honneur de me le demander à emprunter. J'ai appris que c'est D. Duplessis, avec lequel je ne suis pas assez familier pour le lui aller jeter à la tête[5]. Vous êtes le maître de l'en avertir. J'ai mis plus d'une fois en chant ce beau passage: *Sapientiam*, etc., qui finit par ces mots: *Et sine invidia communico*, et je tâche de le réduire en pratique.

Au surplus, mon Révérend Père, si je n'en donne pas assez de preuves, voilà encore une lettre que je viens de recevoir de Tours, qui vous prouvera que je me suis prêté du mieux que j'ai pu à celui que vous m'aviez recommandé.

---

5. Lebeuf n'avait pas oublié les longues et vives discussions qu'il avait eues avec Dom Duplessis, à propos de l'étymologie du mot celtique *Dunum* et de l'histoire du Soissonnais. — Voyez, ci-dessus, lettres des 23 décembre 1735, n° 219, et 6 février 1736, n° 221, et *Mercure* de janvier et de juin 1736.

379. — DE LEBEUF A FENEL.

14 octobre 1744.

Au retour de ma tournée je me suis transporté en votre hôtel, et la dame m'a dit qu'il y avoit huit jours que vous étiez parti pour Sens. Je m'imagine bien que vous êtes allé faire votre paquet et prendre congé de vos amis, pour revenir à la Saint-Martin [1]. Si j'avois eu le bonheur de vous trouver encore à Paris, je vous aurois fait un précis de ma course dans les diocèses de Chartres, d'Orléans et de Sens : car, en moins de quinze jours, j'ai arpenté dans ces trois diocèses. J'avois encore envie d'aller dans le vôtre, du côté de la Brie, vers Chaumes, mais les pluies m'ont fait rentrer dans ma coquille.

J'étois gros de voir ce qu'on appelle le Camp de César, proche Maintenon [2], à trois lieues de Chartres en deçà. Je l'ai vu et j'ai observé ce qu'on n'y remarquoit pas : ce sont plusieurs tombes au bas, vers l'orient, sur le bord de la rivière d'Eure, du genre de celles du Stonhenge d'Angleterre.

LETTRE 379. — 1. Fenel, qui venait d'être nommé membre de l'Académie des Inscriptions après la mort de l'abbé Gédoyn, avait annoncé à Lebeuf, dans une lettre du 10 juin, datée de Sens, sa prochaine arrivée à Paris qui n'avait été retardée que par une indisposition de rhume qu'il avait gagnée à la procession de la Fête-Dieu. — Voyez, ci-après, lettre du 10 novembre 1744, dans laquelle Fenel annonce son prochain départ pour Paris.

2. Le camp de César proche Maintenon (Eure-et-Loir) est à 2 kilomètres de cette ville, sur la crête de la berge gauche de l'Eure qui domine le hameau de Changé. Il est appelé le camp de L. Plancus, lieutenant de César dans sa cinquième campagne. Il forme un parallélogramme arrondi, long de 300 mètres dans le sens de la vallée et large de 150.

M. Lucien Merlet, le savant archiviste de Chartres qui nous donne ces détails, ajoute qu'il n'a pas connaissance qu'on y ait trouvé des tombes, mais tous les champs voisins offrent abondamment des débris d'ustensiles romains.

J'ai aussi voulu suivre le chemin romain qui va de Chartres du côté d'Orléans, ce que j'ai fait depuis son commencement jusqu'au-delà d'Artenay, où il se jette et se perd dans le nouveau chemin de Paris, de manière qu'on ne peut juger s'il aboutissoit où est aujourd'hui Orléans, car c'est à quatre lieues de la ville.

De là j'ai regagné l'autre route romaine qui paroit sortir d'Orléans et qui va vers Paris[3]. J'en ai trouvé des restes vers Neuville-au-Bois, où on l'appelle *la Chaussée*; mais comme je voulois m'assurer s'il n'y avoit pas de jonction de la route que j'ai laissée, l'an passé, à Nancré, il m'a fallu aller plus loin, vers vos côtés. Pour ne pas revenir sur mes pas, j'ai rabattu par Piviers[4], où j'ai vu les eaux de Segrais et suis venu gagner Autruy; la route qui paroit venir d'Orléans y passe en ligne directe. Je l'ai suivie une demi-lieue en rétrogradant au midi et l'ai trouvée conforme en tout à celle de Chartres; même genre de pierres, même largeur et même rectitude. Revenu à Autruy, je l'ai suivie vers le nord, en ligne directe, et après deux lieues sans rien trouver, pas la plus petite ferme, je suis tombé dans la gorge de Saclas, où elle finit. Puis, après avoir remonté une montagne où le chemin est taillé obliquement, je l'ai retrouvée et suivie jusque presque les Vieilles-Etampes, c'est-à-dire Saint-Martin, à l'approche duquel lieu les pluies ont formé des ouvertures ou ravines dans lesquelles on a pratiqué des chemins, tandis qu'il m'a paru que la levée persévère à gauche dans les vignes, où elle est détruite, applanie; en un mot, on ne sçait ce qu'elle devient. Or, depuis Etampes jusqu'à Paris, les routes ont été tellement et si souvent remaniées que l'on ne voit plus rien qui soit de ces vieux temps. La route dont je

---

3. Lebeuf décrit ici le tracé de la voie romaine d'Orléans à Paris, par Neuville-aux-Bois, Autruy, Saclas, Etampes, etc., et qui est mentionnée dans l'Itinéraire d'Antonin. — Voyez Carte générale des voies romaines aboutissant à Orléans, dans Jollois, *Mémoires sur les antiquités du Loiret*, in-quarto.

4. Piviers, aujourd'hui Pithiviers, chef-lieu d'arrondissement du département du Loiret.

viens de vous parler est, de l'aveu de tout le monde, la plus courte pour venir d'Orléans à Etampes ; c'est celle que tiennent les marchands de bœufs, etc. Elle ne fait pas les coudes de l'autre. Elle part d'Orléans, dit-on, au faubourg Saint-Vincent, qui est vis-à-vis l'ancienne cité, et non comme la nouvelle que je sçais partir de la porte Bannière. J'ai fait toutes ces démarches pour m'éclairer moi-même, n'ayant nulle dévotion aux lumières du cabinet de M. Danville. Je crois que la route qui venoit de chez vous se mêloit et joignoit avec l'autre à trois ou quatre lieues d'Orléans. Il y avoit trop peu de distance pour qu'on eût conduit deux routes si voisines jusqu'à la porte de cette ville.

1744

Parlons maintenant d'Etampes : c'est une ville fort longue, assez peuplée. La première église que j'ai vue est Saint-Martin, paroisse qu'on voit par la disposition avoir été une collégiale. L'église est fort semblable à votre cathédrale pour la structure intérieure, surtout du chœur et des contours. Informez-vous, je vous prie, de l'archidiacre, s'il sçait de quels SS. sont les reliques d'une châsse qui est élevée derrière le grand autel. Un habitant que j'y trouvai me dit qu'elles étoient de saint Prix et de ses compagnons, et qu'on le prêchoit ainsi ; qu'ensuite on recommandoit la dévotion à saint Tanta et saint Marga ; ces mots me paroissent suspects : je croirois que ce seroient des Huguenots qui les auroient inventés. M. Chastelain a écrit que cette église existoit dès le temps de Clovis. Je n'y ai rien trouvé que du XII° siècle au plus haut[5].

Il y a une crypte sous l'autel de la collégiale de Notre-Dame, mais on l'appelle de saint Barthélemy. J'ai vu chanter en cette église (la plus mal tournée et configurée du monde, quoique solide en manière de fort et ancienne de six cents ans), la messe de saint Scrain, abbé, le 2 octobre. Le sacristain me dit que c'est l'ancien patron, et qu'on fait ainsi de lui tous les ans double-

---

5. En effet, l'église Saint-Martin d'Etampes est un monument du XII° siècle.

majeur. Chastelain m'apprend que c'est un confesseur du diocèse de Troyes[6]. Cette crypte m'a fait penser à quelque tombeau. On dit cependant qu'il n'y en a pas. Vos anciens calendriers manuscrits mettent, au 2 octobre, *Serenii epi conf.* Voyez votre Martyrologe manuscrit.

L'église paroissiale de Saint-Bazile n'a rien d'ancien que son clocher et son portail, qui est une rapsodie des pièces les plus mal taillées. M. Chastelain y a vu une main bénissante, ce qui lui a fait donner le titre de portail Constantinien; mais cela n'est que du xie au xiie siècle, c'est le *Jugement dernier*. Est-il bien sûr que cette église ait saint Bazile, le docteur, originairement pour patron? Ne seroit-ce pas saint Bauzile, de Nîmes, célèbre martyr? Comme saint Giles, autre paroisse d'Etampes, j'aurois plus d'inclinaison à la croire de saint Loup. J'ai voulu voir l'abbaye de Morigny, si célèbre dans l'histoire[7]. J'y trouvai le curé de Saint-Germain qui la dessert. Elle est fort délabrée; il y a des restes d'édifices du xie siècle et depuis. Vous sçavez comme le revenu en est à présent distribué. Je n'ai pas oublié la tour de Brunehauld que l'historien d'Etampes nomme ainsi; mais on l'a abattue.

En revenant, j'ai trouvé proche Etrechy trois jeunes messieurs arpentant, mesurant géométriquement les chemins et tous les environs, avec la boussole et les machines. Ils m'ont dit que c'étoit par ordre de M. de Truténe[8]. Je leur ai indiqué la route romaine au-delà d'Etampes, pour servir ce que de raison. Je ne sçais comment on peut compter trente lieues d'Orléans à Paris. Par la route de Saclas, d'Autruy, Aqueboudée, Les Bordes, Saint-Lié, il doit y en avoir bien moins.

6. Voyez *Martyrologe universel*, etc., à l'article S. Serein, honoré à Moutier-la-Celle, près Troyes.
7. L'abbaye de Morigny-les-Etampes, de l'ordre de saint Benoît, avait été fondée vers la fin du xie siècle. Elle fut réunie au Grand-Séminaire de Sens, en 1743.
8. M. Trudaine, directeur général des ponts et chaussées, né à Paris en 1703.

Je n'ai rien appris de nouveau à mon retour, sinon la mort de M. le chevalier de La Roque [9], qui avoit le brevet pour le *Mercure*; il fut mis en terre il y a eu dimanche huit jours. Une indigestion lui a avancé les jours. Son frère l'ainé, âgé de quatre vingt-deux ans, sollicite le privilége. Quelques-uns disent que M. Duclos le fait demander par le comte de Caylus; d'autres mettent sur les rangs l'ex-bénédictin Prévost. Il n'y a encore rien de décidé. Le mois de septembre va encore paroitre de la façon de M. de La Roque.

Je vous souhaite toute santé et prospérité avec un prompt retour. Vous n'amènerez pas encore sans doute tous vos effets, mais les plus nécessaires. Je songe à mes papiers auxerrois; je n'en suis pas pressé. Je vous prie de les mettre en lieu où l'on ne s'avise pas de les livrer à l'épicier ou à la beurrière, car j'espère en faire usage après ma notice du diocèse de Paris [10].

Il y en a qui disent que le roi reviendra par la Bourgogne.

Vous n'avez pas été en Picardie, si vous êtes à Sens. En tout cas, je vous crois audit Sens. Dom Brice me l'a confirmé [11].

---

9. Voyez, sur le chevalier de La Roque, Correspondance, t. I, p. 419.
10. Malheureusement ce projet n'a pas été exécuté, et tous ces papiers précieux sont perdus aujourd'hui.
11. Dom Brice, religieux de la Congrégation de Saint-Maur, à Saint-Germain des Prés, né à Paris, au mois de juin 1697, mort en 1755. Il contribua à la composition du *Gallia christiana*, et spécialement du volume du diocèse de Sens.

380. — DE LEBEUF A M. POLLUCHE[1], A ORLÉANS.

23 octobre 1744.

Ennuyé de votre long silence, j'ai pris la liberté d'écrire à M. l'abbé Pâris[2] pour le prier de tâcher d'en sçavoir la cause. Il est vrai que j'ai eu tort d'avoir été si longtemps à vous donner de mes nouvelles, après mon retour de Tours et du Mans où j'allai l'année dernière. Les affaires qui me survinrent m'en empêchèrent, et par conséquent d'avoir l'honneur de vous remercier des peines que vous aviez prises de me mener partout où je souhaitois aller pour m'instruire, et me faire voir vos curieux manuscrits. Mais enfin j'ai reconnu ma faute, et faute avouée est à demi pardonnée.

J'ai encore, Monsieur, une excuse à vous faire au sujet de mon Histoire d'Auxerre. Les journaux vous ont appris qu'elle paroit dès le commencement du dernier hiver[3]. J'aurois bien souhaité pouvoir être aussi concis que vous et ne donner qu'un léger in-12 ; en ce cas mon libraire auroit été susceptible d'autres conventions que celles que j'ai pu faire avec lui pour deux gros in-4° de presque mille pages chacun. Vous sentez que ces sortes de messieurs ne sont guères libéraux de si gros ouvrages envers un auteur, parce qu'ils craignent qu'en le répandant trop en présents, ils n'en vendent point, et que les livres d'histoires

---

LETTRE 380. — 1. Polluche (Daniel), membre de la Société littéraire d'Orléans, né dans cette ville, le 4 octobre 1689, y est mort le 5 mai 1768. Il a publié, dans le *Mercure* et dans plusieurs autres recueils, des dissertations historiques, principalement sur l'Orléanais. — Voir, dans le *Mercure* de 1731 (mois de mai et d'octobre), sa polémique avec Lebeuf au sujet de l'explication d'une inscription trouvée à Auxerre.

2. Pâris (l'abbé Antoine), chanoine d'Orléans.

3. Les *Mémoires concernant l'histoire civile et ecclésiastique d'Auxerre* parurent au mois d'octobre 1743, ainsi que le témoigne le prospectus répandu alors par les éditeurs Fournier, d'Auxerre, et Durand, de Paris.

particulières ne sont pas recherchés à cause d'historiettes romanesques. Ce sont des faits qu'il n'est pas nécessaire de prouver. C'est pourquoi la part que mon libraire m'a faite a été très modique, sans quoi il n'auroit jamais fait l'entreprise à ses frais; de manière que, les présents faits à la cour, à mon évêque et à un autre prélat, je n'ai pas eu de quoi le donner à mon frère unique, curé proche Auxerre. La seule voie de répandre cet ouvrage sans que le libraire se plaigne, et afin que le cri de l'acheteur soit moins violent, a été qu'au lieu de 24 livres qu'il vend ces deux tomes reliés, aux étrangers, il les cède au prix marchand de 20 livres à ceux pour lesquels je m'intéresse. C'est ainsi que j'ai fait avoir cet ouvrage pour Marmoutier, pour le P. Visiteur de Normandie, ci-devant prieur de Saint-Laumer de Blois, etc. De sorte que je pourrois m'interposer de même pour la bibliothèque d'Orléans, s'il étoit encore temps.

Je n'ose plus, Monsieur, vous parler du Pouillé d'Orléans, quoique je n'abandonne nullement la partie, ni le dessein que j'ai communiqué à MM. du clergé. On verra, lorsque ma notice diocésaine de Paris paroitra, si c'est un ouvrage si indifférent et si à négliger que celui de la notice historique d'un diocèse. M. Pocquet de Livonnière [4] est aussi dans ce goût pour Angers; il m'a envoyé ce qu'il a fait. Je compte, Monsieur, que M. l'abbé Pâris voudra bien vous faire part de la manière dont un des curés de votre diocèse m'a reçu à sa porte. En vérité, il faut que cet homme soit un franc original. Moi qui ai vu tous ceux du diocèse de Paris et en ai été si bien reçu, sans cependant montrer aucune lettre de recommandation! Dans la surprise où j'ai été d'une telle réception, je lui ai dit que je ne manquerois pas d'en donner avis à mes amis d'Orléans et à des personnes de marque. L'événement est tout nouveau puisqu'il n'y a pas encore un mois. M. le curé d'Andeglou [5] m'a appris une sin-

1744

---

4. L'abbé Pocquet de Livonnière, docteur de Sorbonne et chanoine d'Angers, était fils de Claude Pocquet de Livonnière, professeur de droit français à la Faculté d'Angers. (P. Niceron, t. XVII.)

5. Andeglou, Huêtre, Sougy, etc., canton de Chevilly (Loiret).

gularité sur le culte de saint Germain d'Auxerre : je sçavois que c'est son patron et celui d'Huêtre, aussi bien que de Santot; mais j'ignorois qu'il le fût aussi de Sougy. Il me dit qu'on y devoit célébrer sa fête le 1ᵉʳ octobre, qui est celui de sa translation, mais qu'à Huêtre, quoique ce soit la même Saint-Germain d'Auxerre, on fait la fête le 28 mai[6]. C'est justement le moyen de lui faire substituer un jour Saint-Germain de Paris. A Luyères, c'est Saint-Germain de Paris.

---

381. — DE FENEL A LEBEUF.

Sens, ce mardi, 10 novembre 1744.

Je comptois partir aujourd'hui par le coche d'Auxerre, mais cela n'a pas été possible : on m'a dit qu'il seroit trop plein et que je serois peut-être obligé de rester sur le tillac, ou du moins que je serois très mal placé dans le grand commun, ce qui n'accommoderoit pas ma santé déjà très délicate. D'ailleurs je n'aurois pas pu faire partir mes hardes et ballots par ce coche, et il eût toujours fallu attendre à les mettre dans le coche de Sens de jeudi, en sorte que je n'aurois eu mes habits que samedi, ce qui m'eût empêché de paroître en habit décent à l'assemblée publique de la rentrée[1]. Toutes ces considérations m'ont déterminé à ne partir que jeudi par le coche de Sens ; en sorte que je ne serai à Paris, s'il plaît à Dieu, que samedi. Cela étant, comme on ne me verra pas à la rentrée publique[1], si quelqu'un s'en étonne, je vous demande en grâce de dire mes raisons, et que je serai le lendemain sur le pavé de la grande ville, sans faute. J'écris en conformité à M. Fréret et à M. Falconet. Je n'ai pas le temps, mon très cher et très honoré, de vous en

---

6. Le 28 mai est le jour de la fête de saint Germain, évêque de Paris, mort en 576.
LETTRE 381. — 1. A la rentrée publique de l'Académie.

dire davantage. Je serai logé dans la même rue, chez M. Leguere, à l'image Notre-Dame ; c'est une auberge.

382. — DE LEBEUF A M. ANCEL, CHANOINE DE L'ÉGLISE DE SAINT-QUENTIN, A SAINT-QUENTIN.

Paris, collége de Cambrai, ce 31 octobre 1745.

Ce n'est pas précisément à cause du jour de saint Quentin que j'ai l'honneur de vous écrire : il n'est pas besoin que la fête de ce saint revienne pour que je me souvienne de vous. L'hospitalité que vous avez eu la bonté de me donner, m'engage à vous en marquer ma profonde reconnoissance ; ce qui me fâche est que, malgré toutes mes sollicitations, je ne puis encore me trouver en état de rendre ici la pareille à ceux qui m'ont donné le couvert et leur lit. L'air de la cour n'a pas encore venté assez favorablement pour moi, quoique ceux qui en manient les soufflets ne me promettent que des vents favorables[1].

Je vous dirai, mon cher cousin, que j'ai fait un heureux voyage, au sortir de votre ville. Je suivis la route romaine militaire que je trouvai telle à peu près que je me l'étois figurée entre Saint-Quentin et Condran[2]. C'est véritablement celle dont il est parlé dans l'Itinéraire d'Antonin ; elle passe à travers le village d'Essigny[3], et elle est cause que la rue de ce village est très large et comme tirée au cordeau. Elle cesse aux approches du village de Lyé, à cause d'une petite rivière qui se trouve là,

---

LETTRE 382. — 1. Lebeuf sollicitait depuis longtemps une place à la Bibliothèque royale, et attendait la survivance du bénéfice de l'abbé Philbert qui lui était promise et qui n'arrivait pas.
2. La voie d'Agrippa, de Boulogne à Autun. — Condren, canton de Chauny, département de l'Aisne.
3. Essigny et Liez, canton de La Fère (Aisne).

mais on la retrouve lorsqu'on a passé cette petite rivière où est le canal, et qu'on a remonté jusques dans un bois, car de là elle va droit à Condran, où il y a une lieue et demie. Je vis, sur la paroisse de Voile, une tombe ou tombel semblable à celui de Pontru, proche Vermand [4]. C'est une de ces éminences qui couvre la sépulture d'un chef Gaulois ou de Francs. De là je passai par Chauny [5]. En approchant de Noyon, je vis trois ou quatre ecclésiastiques qui se promenoient sur le pavé. Je fus bien surpris lorsque je vis ces Messieurs se ranger, à cause de mon bidet, et d'apercevoir à la brune que c'étoit un évêque et un abbé crossé. Je me doutai que c'étoit Mgr l'évêque [6], et je pris la liberté de lui dire qu'avant mon voyage de Saint-Quentin j'avois été pour avoir l'honneur de le saluer en son palais. Le Père de Charlevoix [7] étoit avec lui, lequel me reconnut. Mgr l'évêque ajouta que le jour que j'étois parti pour Saint-Quentin il avoit envoyé (mais trop tard) chez mon hôte, et qu'il vouloit que je vinsse dîner chez lui. J'acceptai la partie, et toute la journée se passa à voir les curiosités de Noyon avec lui. Nous fîmes tant que je découvris à Noyon ce que je n'avois pu trouver à Saint-Quentin, je veux dire des murs romains qui sont au moins du IVe siècle. Ils passent dans l'évêché et dans plusieurs maisons canoniales, et sont de la même épaisseur et face que ceux que l'on voit à Auxerre chez plusieurs chanoines, du côté qui regarde Saint-Germain, etc. Il vouloit me retenir à sa table tant que je serois à Noyon, mais du relendemain je me rapprochai pour le plus sûr.

4. Vermand, l'ancienne capitale du Vermandois, chef-lieu de canton du département de l'Aisne, à deux lieues de Soissons.
5. Chauny, chef-lieu de canton du département de l'Aisne. — Noyon, l'ancien *Noviomagus*, chef-lieu de canton du département de l'Oise.
6. L'évêque de Noyon était alors Jean-François de La Cropte de Bourzac.
7. Le P. Charlevoix (Pierre-François-Xavier de), de l'ordre des Jésuites, né à Saint-Quentin, en 1682. Il est connu par ses missions au Canada et ses travaux sur le Japon et sur l'Amérique du Nord. Il est mort en 1761.

Je n'ai pas eu d'autres nouvelles d'Auxerre, sinon qu'on y a fait peu de vin, et encore est-il vert. Pour Colange, qui est le pays chaud, il aura eu le privilége sur tous les autres.

Revenons à nos antiquités. Il est important, pour battre en ruine les gens de Vermand, que l'on ait un plan bien figuré de ce lieu et de ses environs, où même la sinuosité ou tortuosité des routes qui y aboutissent soit marquée, car j'ai reconnu qu'aucune voie militaire romaine n'y aboutit. Il faut principalement que le dessinateur détruise l'idée que quelque ancien Prémontré se forma que ç'avoit été une place quarrée, murée et fortifiée de tours ; je vous envoie exprès une de ces figures qui m'ont trompé. Elle a bien cent ans. On peut juger de l'erreur du dessinateur d'alors par le peu de distance qu'il met de ces deux mottes ou tombels à la prétendue ville de Vermand. M. Bendier [8], page 6, fait une description plus juste. Il ne faut pas que le dessinateur que votre ville emploiera, oublie de marquer exactement la forme de la montagne sur laquelle est l'église paroissiale, et au bas de laquelle est l'abbaye ; la figure de la terrasse d'en haut, le côté où elle est relevée en forme de petit rempart, comme le dit M. Bendier ; il n'oubliera non plus de représenter les bocages qui y sont. Une partie de cette montagne, au moins le bout qui tend vers l'abbaye, n'est que de terres rapportées. Ceux qui y travaillent pour en tirer les terres afin d'applanir le chemin dans le village auront pu s'en apercevoir.

Si vous avez les *Annales de Noyon*, vous y verrez, à la page 91 du Ier tome, et page 806 du second, comment le bonhomme Levasseur [9] ne se connoissoit nullement en murs romains, et qu'il avoit la simplicité de croire que c'étoient des murs sarrazins.

---

8. Bendier (Claude), chanoine de l'église de Saint-Quentin, mort en 1698. Il est auteur de plusieurs mémoires historiques sur la ville et l'église de Saint-Quentin, et notamment de celui dont parle Lebeuf, qui a pour titre : *La défense des prérogatives de la ville et église royale de Saint-Quentin en Vermandois, pour prouver que cette ville est l'ancienne Auguste des Vermandes*, 1671, in-4°.

9. Voyez *Annales de l'église cathédrale de Noyon*, etc., par J. Levasseur, docteur en théologie, Paris, 1633, 2 vol. in-4°.

Que penseriez-vous qui auroit pu arriver à la vie de saint Médard écrite par Fortunat [10], auteur de son siècle? On s'attendroit d'y trouver l'histoire des actions de sa prélature; point du tout, il s'amuse à rapporter les actions de son enfance et de sa prêtrise. Quand il le fait évêque, il dit en trois lignes qu'il fut un bon prélat, souhaitant fort le martyre, puis qu'il mourut. Enfin il s'étend sur les miracles d'après sa mort. Je ne puis m'empêcher d'augurer que son épiscopat a été supprimé de cette vie dans les premières copies qui en furent faites. L'auteur auroit été un homme sans bon sens d'écrire la vie d'un célèbre évêque en trois lignes. Vous me direz ce que vous en pensez : elle est dans le *Spicilége* de Dom Luc d'Achery que vous devez avoir.

P.-S. — Je vous prie de présenter mes respects à MM. vos confrères de Lescot, et l'autre dont j'ai oublié le nom, et aussi à M. Le Majeur et autres qu'il vous plaira.

383. — DE LEBEUF A FENEL.

19 novembre 1745.

A mon retour de Picardie, je passai en votre hôtel, où l'on me dit que vous étiez parti pour Sens, la veille. J'aurois repris chez vous mon tome de *Divers écrits*, mais peut-être l'avez-vous emporté avec vous.

Je me flattois de vous trouver à notre rentrée, mais M. Falconet m'a dit que vous ne reviendriez qu'après les Rois, dont je suis moult marri. Vous êtes sans doute absorbé dans la *Sénonie* [1], et

---

10. Fortunat, évêque de Poitiers et poëte latin, né aux environs de Trévise, en 530, mort au commencement du viie siècle. Il a composé la *Vie de sainte Radegonde*, celle de *Saint Médard de Noyon*, etc. — Voyez d'Achery, *Spicilége*, t. II, p. 70, édition in-f°.

LETTRE 383. — 1. L'histoire de Sens que Fenel préparait.

je vous exhorte à avancer cet ouvrage. Dom Gérou est revenu de ses courses aquitaniques, mais malade. Il vous fait ses compliments. Pour moi, je me suis toujours bien porté. J'ai été d'abord voir le cabinet de curiosités d'un curé du diocèse de Meaux, sur la route de Compiègne. C'est un homme qui ramasse de tout ; il n'a pas cependant encore bien des choses que vous possédez. Son cabinet est une longue galerie ouverte des deux côtés et garnie de vases, soit de faïence, porcelaine, soit de cristal, où sont des plantes, graines, animaux étrangers ; cela est suivi d'un cabinet de médailles qui commence, coquillages, pétrifications, etc. Sa cure est Mauregard[2]. Mgr l'évêque de Meaux le considère. Il reçoit fort bien son monde. Il faut qu'il soit à son aise. Outre cela, il ne néglige pas ses fonctions. Il fait faire l'office avec décence. Il est jovial et n'a que trente-cinq ans ou environ.

1745

Au sortir de là, j'ai traversé les forêts du Senlisois, et, après avoir passé à Verberie et Compiègne[3], je suis tombé à Noyon, chez un curé de mes amis, où ayant pris un bidet j'ai été jusqu'à Saint-Quentin chez un chanoine de mes parents[4]. L'église est belle, haute et riche. Il y a une bibliothèque publique dont mon parent est le garde ; c'est la première chose que j'y vis, puis les reliques : la main surtout de saint Quentin couverte encore de sa peau ; le livre des actes du saint qui n'est écrit que vers 1080 ou 1100. Je tâchai de les détromper sur la totalité de leur portique qu'ils croient être du IXe siècle et qui ne paroît que de vers le temps du livre ci-dessus, car le reste de l'église est du XIIIe siècle. Ce bâtiment a double croisée. Il est au faîte de la montagne. Nous fîmes avec tous les curieux des recherches dans les maisons, même dans les caves du quartier d'Aouste,

2. Le curé de Mauregard, paroisse du canton de Dammartin (Seine-et-Marne), se nommait Jacques-André de Richerolles, prieur commendataire de Château-Neuf en Angoumois, Il mourut à l'âge de 39 ans, le 23 mars 1746.
3. Verberie, Compiègne et Noyon, lieux du département de l'Oise.
4. M. Ansel, chanoine de Saint-Quentin. — Voyez, ci-dessus, lettre du 31 octobre 1745.

1745 pour trouver des restes de murs romains, mais inutilement. Je m'étois assuré de la position de ce canton par l'exhibition du titre de 1293, qui désigne ce canton, conjointement avec un autre du xvi° siècle qui en marque les rues. Ces Messieurs trouvent aussi autour de leur ville plus de chaussées romaines qu'il n'y en a. Il est certain qu'il y en a une qui vient de Condran où j'ai été et d'où je l'ai suivie ; de Saint-Quentin elle se dirige au Catelet, puis à Cambrai. On en voit des morceaux, car en la raccommodant on a ôté les vestiges de la vétusté. Mais, au sortir du Catelet pour aller à Cambrai, elle est très sensible. Elle ne vient point sûrement de Vermand, par quoi Saint-Quentin est l'*Augusta* de l'Itinéraire, d'autant plus qu'à Vermand il n'aboutit ni ne passe aucune de ces chaussées vraiment romaines ; j'ai voulu m'en assurer par moi-même. Les tombels que j'y croyois contigus en sont à une lieue ou environ. J'ai apporté des preuves de l'amoncellement des terres qui formoient le camp qu'on a pris depuis mille ans pour des monceaux de débris de ville. Je pourrai bien lire quelque chose là-dessus[5], car la translation du siège épiscopal, soit de Vermand, soit d'Augusta, me paroît fort aventurée. A l'égard de Noyon, on y voit non seulement la chaussée romaine qui d'Amiens se rend à Soissons par Vic-sur-Aisne, mais encore les restes de murs romains dans l'évêché et dans plusieurs maisons canoniales et ailleurs. Lisez un peu la *Vie de saint Médard*, par Fortunat. Je soupçonne de la manœuvre, et que le cahier qui contenoit la vie épiscopale du saint a été supprimé dès le ix° siècle, peut-être par ceux de Saint-Quentin. Fortunat, imprimé au *Spicilége*, auroit-il omis tout l'épiscopat du saint pour ne parler que de sa mort ? Rasbade est le prieur qui a assuré la translation du siége.

De Cambrai, où j'ai vu M. Mute, chanoine official, chantre, *omnis homo*, et l'abbé Marion qui m'ont fort montré manuscrits, antiquités païennes, françoises, ecclésiastiques ; j'ai poussé

---

5. Lebeuf ne paraît pas avoir mis ce projet à exécution.

jusqu'à Douai pour voir un curé de Saint-Albin, que je n'avois pas vu depuis 1707. C'est un de mes camarades d'étude qui a la confiance totale de son prélat, l'évêque d'Arras. J'ai eu l'honneur de voir et tenir la chasuble de saint Amé [6], qui est de couleur brune et comme de soie avec bande d'or, mais trop échancrée pour être du VIIe siècle; sa châsse est sur le grand-autel avec celle de plusieurs autres saints des Pays-Bas. Sur les deux crédences, à côté, sont des bustes de saint Maurice et ses compagnons, avec quatre ou cinq ossements considérables, ce qui peut confirmer que le saint Amé est évêque de Sion, et que c'est lui qui, comme diocésain, les a apportés en ce lieu. On y croit dur comme fer qu'il est archevêque de Sens. Je dis à un chanoine que quelques sçavants de Paris le croyoient évêque de Sion, et qu'on ne trouvoit pas de place pour lui dans le catalogue des prélats Sénonois. Le bonhomme n'en parut guère touché. Je souhaite qu'il l'ait rapporté à ses confrères et que cela leur donne la puce à l'oreille. Ils ont le bréviaire romain et presque tous les rites, cependant ils mêlent cela d'usages propres, même dans le chant, comme dans le *Te Deum* et certains tons. Ils se conforment apparemment à l'église d'Arras en quelques points. Leur église, dont la nef paroît du XIIe ou XIIIe siècle, a été ruinée. Ce n'est plus qu'un édifice raccommodé. Le jubé est de marbre; le chœur est tout neuf avec maintes sculptures de toute la famille de sainte Rictrude.

J'ai appris, depuis mon retour, que dans l'enclos de l'abbaye du Mont-Saint-Martin [7] il y a un tombel semblable à ceux de Vermand, de Condran, et d'un proche Noyon. On a tâché d'inspirer d'y faire fouiller.

6. Saint Amé, qualifié par certains auteurs archevêque de Sens au VIIe siècle, ne fut jamais regardé comme tel, ni par Lebeuf, ni par d'autres savants hagiographes. Il était vénéré à Douai, au 29 avril. C'était plutôt un évêque de Sion que de Sens.

7. L'abbaye du Mont-Saint-Martin, département de l'Aisne, canton du Catelet, réunie à l'archevêché de Sens, en 1668, pour tenir lieu à l'archevêque de la perte des sièges suffragants de Paris, Orléans, etc.

1745

Voilà, mon cher confrère, un abrégé de mes observations.

A la rentrée, on a lu l'écrit sur Jacques Cœur [8], celui sur la succession de l'Empire romain, de M. de la Bléterie, et celui sur Augusta. A la séance, hier, comme il n'y avoit rien, j'y ai lu ma dernière partie de mes *Chroniques Martiniennes* [9]. M. Fréret m'a dit à l'oreille que voyant le relâchement de certains, il aura toujours quelque chose de prêt. M. Bouchardon [10] a été installé.

P.-S. — Un ecclésiastique de bien voudroit se retirer en province et être en pension à cent écus seulement. Cela pourroit-il se trouver à Sens? Ce qui l'engage à préférer votre ville est que la voiture est moins coûteuse. Ce n'est pas un grand buveur de vin, ni homme de bonne chère. Il ne veut pas faire aucunes fonctions du ministère, quoi qu'il n'ait rien sur le corps, ni suspense, ni interdit. Il donne dans le droit canon et s'amuse actuellement à apprendre l'hébreu tout seul, dont il a sçu la grammaire. Je vous prie de me répondre là-dessus. Je crois que M. Hédiard demanderoit plus de cent écus ; ce Monsieur-là n'a que cela à y mettre. Ne pourroit-il pas être chez quelque bonne femme veuve ?

---

8. *Mémoire sur les dernières années de la vie de Jacques-Cœur*, par M. Bonamy, t. XX de l'Académie des Inscriptions. — *Deuxième dissertation sur la puissance impériale chez les Romains*, par M. de la Bléterie, ibid. t. XIX, et une autre *Mémoire sur la nature du gouvernement romain, depuis Auguste jusqu'à Dioclétien*, par le même, ibid., t. XXI.

9. *Mémoire sur les chroniques Martiniennes*, Académie des Inscriptions, t. XX.

10. Bouchardon (Edme), sculpteur, né à Chaumont (Haute-Marne) le 29 mai 1698, mort à Paris le 27 juillet 1762, membre de l'Académie depuis 1745.

384. — DE LETORS [1] A LEBEUF.

Août 1745.

... « Ce n'est pas le roman de Gérard de Roussillon [2] dont je vous ai parlé, je le connois par une copie que j'en ai vue; je scais qu'il est dans la bibliothèque de M. le président Bouhier, et que M. Bocquillot l'a cité dans ses écrits sur Quarré. Je voulois vous parler d'une histoire latine en prose, copiée très exactement, à ce qu'il m'a paru, en 1614, par Antoine Pirot [3], avocat au bailliage de notre ville, dans le couvent de Poutières, sur le manuscrit même qui lui fut communiqué. Il y a bien des riens et de la menuaille dans cet écrit; je voudrois que l'on eût éclairci tout ce qui concerne ce grand personnage dont la mémoire est bien obscurcie par des faits fabuleux. C'est une portion d'histoire intéressante et très équivoque; n'y en a-t-il pas eu plusieurs du même nom. On m'a assuré qu'il y a bien des pièces à la bibliothèque Sainte-Geneviève qui concernent ce Girard... »

[*Memento* sur sa relique de saint Lazare].

« J'ai envie de donner quelque chose sur l'origine de notre collégiale... »

LETTRE 384. — Les trois lettres qui suivent ont été publiées d'après les originaux, Bibl. imp. manuscrits français, supplément 2440.

1. Voyez ci-dessus, pages 206, 210 et 213, des lettres de Letors à Lebeuf et de Lebeuf à Letors. Outre les pièces que nous publions ici, il existe encore dans le manuscrit français, supplément 2440, un grand nombre d'autres lettres de Letors, qui sont intéressantes pour la biographie de ce savant.

2. Voir sur Gérard de Roussillon, ci-dessus, p. 130, 133.

3. Antoine Pirot, avocat à Avallon, ne figure pas dans les *Auteurs de Bourgogne*, par Papillon. La copie du manuscrit de Gérard de Roussillon dont parle Letors, appartient aujourd'hui à M. Desnoyers, de Vézelay. Pirot l'avait copié, en effet, dans le couvent de Pothières, près Châtillon (Côte-d'Or). Consultez à ce sujet la description de ce manuscrit par M. Chérest, dans le *Bulletin du congrès scientifique de France*, tenu à Auxerre, en 1858. — 1859, t. II, p. 327.

12 septembre 1745.

Je n'ai pu vous envoyer le manuscrit d'Antoine Pirot, qui n'est pas à moi et que j'ai trouvé par hasard dans un gros recueil relié. J'ai pris la peine de le copier très exactement, quoique très mal écrit, et j'ai porté l'exactitude à n'y mettre ni points, ni virgules, pour suivre le copiste afin de ne pas arbitrer de sens. Les notes marginales sont d'Antoine Pirot, je les ai copiées et ce qu'il a inscrit en bas; j'ai même inséré des mots tels qu'ils sont, mais qui ne m'ont pas plu et que je n'entends pas trop, mais je suis assuré de la fidélité de ma copie. Je souhaite que cela nous prouve quelque jour des éclaircissements sur ce Gérard, qui est un fameux personnage par sa prétendue sainteté, sa noblesse, ses richesses, ses faits guerriers, ses fondations, qui ont donné lieu à tant de fables, d'erreurs historiques, que je crois que, ou il y en a eu plusieurs, ou on a attribué le nom de Roussillon mal à propos à des Gérard à qui il ne convenoit pas.

[Demande d'une copie de l'obituaire ou du martyrologe d'Avallon.]

M. Mirolin a enfin une chapelle à Noyers...

L'église d'Avallon est plus ancienne que Gérard de Roussillon.

---

13 mars 1746.

[Accusé de réception de ses ouvrages.]

... « J'ai oublié de vous dire, dans le temps, que Antoine Pirot, avocat à Avallon, qui a copié ce roman latin de Gérard de Roussillon, étoit très certainement né, demeuroit en cette ville, et qu'il y est mort; cette famille, qui vient de s'éteindre, étoit d'Avallon, et la branche qui a passé à Auxerre en étoit originaire; le docteur Pirot, de Notre-Dame, étoit de cette famille.

« Y a-t-il une vie de saint Eptocle ?

« Il y a ici un prêtre de la Doctrine chrétienne qui a trouvé
une méthode d'apprendre à parler aux sourds-muets... Nous
avons eu au dernier siècle MM. Filsjehan, seigneurs de Presle[4],
qui, quoique sourds et muets, écrivoient, lisoient, gouvernoient
parfaitement leurs affaires. Tout Avallon les a vus. »

385. — DE LEBEUF A FRÉARD, CHANOINE A LISIEUX.

7 mai 1746.

[Sur le Pouillé général de France.]

386. — DE FENEL A LEBEUF.

A Sens en Bourgogne, 20 novembre 1746.

..... Je travaille fortement à mettre en ordre mes recueils
pour l'histoire de Sens, et je ne compte pas partir pour Paris
sans avoir considérablement avancé ce travail. J'avois autrefois
fort méprisé Odoran et Clarius[1], et j'avois espéré qu'à force de
recherches et de compilations, je pourrois suppléer à ces auteurs obscurs ou même me passer d'eux entièrement ; mais,
après avoir fait des recherches immenses de tous côtés, j'ai
trouvé que je ne pouvois absolument pas me passer de ces

---

4. Les Filzjean, sieurs de Presle, commune de Cussy-les-Forges (Yonne),
étaient d'une famille honorable de l'Avallonnais. Voyez *Annuaire de l'Yonne*,
année 1864, p. 65, une notice de M. Raudot, intitulée : *Cinq familles
Avallonnaises*.

LETTRE 385. Mentionnée dans la table du manuscrit français, supplément
2440, Bibl. imp.

LETTRE 386. — Publiée, ainsi que les n°s 387 à 391, d'après les autographes, collection de Fontaine.

1. Odoranne et Clarius sont deux moines de l'abbaye Saint-Pierre-le-Vif
de Sens, l'un du commencement et l'autre de la fin du XIe siècle. Ils sont
connus par des chroniques générales qui ont été publiées dans le *Spicilége*
de d'Achery et dans Duchesne.

auteurs, et que j'étois encore trop heureux de les avoir. Il est vrai qu'ils ont fait des fautes, mais, malgré cela, ils peuvent donner de grandes lumières, et ils sont d'une utilité infinie pour l'histoire de Sens. Pour en recueillir tout le fruit qu'on en peut attendre, je me suis mis à les étudier attentivement et à peser tous leurs termes : ces écrivains que l'on méprise d'ordinaire me paroissent, au travers de leur simplicité et de leur grossièreté apparente, avoir écrit avec beaucoup d'art, mais cet art n'est pas facile à démêler. Par exemple, il me semble évident que Clarius (sans vouloir s'expliquer ouvertement), a voulu détruire la légende de saint Savinien qui avoit été déjà forgée avant lui, et la détruire sans paroître l'avoir connue. C'est ce que je compte bien développer dans mon histoire. Il me semble encore que cet homme a eu dessein de montrer avec beaucoup de subtilité (mais obscurément), que l'on n'avoit pas le corps de saint Savinien et de ses compagnons dans les châsses de Saint-Pierre-le-Vif, mais qu'ils étoient encore dans les cryptes ou dans le cimetière de Saint-Savinien, paroisse à l'orient de Saint-Pierre-le-Vif. Il est, de plus, certain que Odoran et Clarius disent expressément que c'est le corps de saint Eodald qui est dans la châsse de saint Savinien, avec le corps d'un petit enfant, au lieu que les actes de saint Savinien disent que c'est le corps de saint Victorin (aussi bien que le catalogue des reliques de Saint-Pierre-le-Vif, dressé à la fin du xiiie siècle); mais c'est assez vous entretenir, Monsieur, de tout cela ; il faut remettre une plus ample discussion aux conversations que nous aurons ensemble à Paris, s'il plait à Dieu. Maintenant, je vous prie de vouloir bien prendre pour moi un petit éclaircissement à la bibliothèque de Saint-Germain-des-Prés, où je sais que vous allez souvent, Monsieur. Je trouve dans mes notes que l'on a à Saint-Germain-des-Prés un écrit d'Odorannus, sur la construction de l'abbaye de Saint-Pierre-le-Vif. Je voudrois bien savoir ce que c'est, si cela est long, s'il y a quelque lieu de compter et de faire fond sur la narration de cet auteur, et s'il mérite d'être copié. J'ai lu quelque part (mais je ne puis plus me souvenir où), que l'on avoit une première partie de la chronique de cet auteur cachée dans la poussière de quelque bibliothèque. C'est apparemment cet écrit que l'on a voulu dire. Ne quittons pas cet article sans remarquer deux mots singuliers qu'on trouve dans cet auteur, et sur lesquels souffrez que je vous consulte, Monsieur. C'est à l'an 956, *Pepicus*, page 638; l'autre est *Vomere anserino*, page 640 du tome II du recueil de Duchêne, ligne 15, à compter par en bas.

387. — DE LEBEUF A FENEL.

Paris, ce mardi, 22 novembre 1746, à 10 heures du soir.

Il est vrai que j'espérois vous trouver ici à la rentrée de l'Académie, mais, après avoir été étonné de ne vous y point voir, j'ai été rassuré sur votre santé par la lettre que vous m'avez fait l'honneur de m'écrire. Je m'étois informé de cet article à M. Falconet, et il m'avoit dit que vous aviez été affligé d'un rhume et qu'il n'en sçavoit pas l'issue. Comme vous ne m'en dites rien, c'est une marque qu'il est cessé. Je m'en réjouis si cela est, et je prie Dieu que nous vous revoyions aux Rois, ainsi que vous me le promettez.

A mon égard, cela va toujours à l'ordinaire. J'ai fait mon voyage de Normandie sans aucun danger, tant par eau que par terre, tant à pied qu'à cheval : en sorte qu'après avoir été à Rouen, Fécamp, l'Ile-Bonne, Quillebeuf, Bourgachard, Pontaudemer, Lisieux, Caen, Bayeux, Torigny, Saint-Lô, Coutances, Avranches et Saint-Michel, me voilà revenu avec quelques observations sur tous ces lieux. Il y en a quelques-unes dont je ferai part à l'Académie [1].

LETTRE 387. — 1. Voyez *Mémoires de l'Académie des Inscriptions*, t. XXI, *Mémoires sur quelques antiquités du diocèse de Bayeux*. Ce

1746

J'ai vu, à Saint-Vandrille, le manuscrit où est le catalogue de vos archevêques. Je ne le crois écrit que vers la fin du x⁰ siècle, mais sur un autre plus ancien ; le caractère n'est pas du ix⁰ : une des raisons est qu'il est trop gros pour en être. L'autorité de ce catalogue ne laisse pas que d'être très forte. Ce lieu de Saint-Vandrille a été originairement bien affreux ², il est étranglé entre deux montagnes ; on y voit plusieurs églises, une entre autres qui paroit être du x⁰ siècle.

A la rentrée, M. Fréret a lu l'éloge de l'abbé Souchay ³ et celui de l'abbé Mongault ⁴, puis M. de Bougainville a lu son Mémoire sur Pithéas, et M. Falconet a lu pour M. Sainte-Pallaye l'écrit sur l'ancienne chevalerie ⁵. On trouva extraordinaire la manière dont M. de Bougainville lut ; il chantoit un peu en lisant. Il fut fâché de ce qu'on ne l'avoit pas averti de ce défaut. On ne dit encore rien sur le successeur de M. Souchay. Personne ne brigue. Il n'y a pas de jour indiqué. Vous sçavez que M. de La Bléterie a sa chaire du collége royal. Tous nos confrères se portent bien, à la réserve de M. Burette. MM. Du Resnel et Duclos ne sont pas de retour. Nous n'avions d'honoraires à la rentrée que le seul comte de Caylus. M. de Boze a perdu sa belle-mère, ce qui fait qu'il ne paroit pas. M. de Bougainville a été élu par M. Fréret pour faire les extraits des dissertations et

---

Mémoire, en quatre articles, traite : 1. du village de Vieux, ancienne capitale des Viducasses ; 2. du marbre épigraphique de Thorigny ; 3. du canton d'*Ollingha Saxonis*, au pays Bessin ; 4. de l'ancienneté du commerce de Caën.

2. Saint-Vandrille, lieu du département de la Seine-Inférieure.

3. Souchay (Jean-Baptiste), né à Saint-Amand, près Vendôme, en 1688, mort à Paris le 15 août 1746. Il fut élu membre de l'Académie des Inscriptions en 1726. Il est connu par des travaux littéraires variés.

4. L'abbé Mongault (Nicolas-Hubert de), né à Paris le 6 octobre 1674, est mort le 15 août 1746. Il faisait également partie de l'Académie.

5. Les *Mémoires sur l'ancienne chevalerie*, de M. de La Curne de Sainte-Pallaye, sont un ouvrage très savant ; ils ont été publiés en 1753, in-4⁰ ; en 1759, en 2 vol. in-12, et La Curne y ajouta, en 1781, un troisième volume. Charles Nodier a réédité ce travail avec une introduction et des notes, en 1826, 2 vol. in-8⁰.

mémoires, et, dès demain, il ira à l'Académie des sciences, accompagné de M. de Sainte-Pallaye et de M. Gibert. Votre absence vous exempte de cette corvée.

Je ne puis que vous exhorter à avancer le plus que vous pourrez dans votre histoire. La suite ne sera pas si épineuse. Il paroit bien, par le cas que vous commencez à faire de vos auteurs moines, qu'il y a du bon dans eux. Faute d'autres on est obligé de s'en servir. Eh! qu'aurions-nous d'historiens sans les écrivains des cloîtres? La singularité de leurs tours et de leurs expressions me divertit. On y aperçoit de l'ingénuité. Votre Odoran est assez estimé. Quant aux expressions que vous m'indiquez, et sur lesquelles vous me faites l'honneur de me consulter, la première, *Pipicus*, est assez plaisante. Il m'est venu en pensée, de la façon dont elle est placée, qu'elle vouloit dire *cocu* ou *cornard*. J'ai transcrit le passage et l'ai montré à M. de Sainte-Pallaye à qui la même pensée est venue: de là, séparément, à M. Melot, *idem*. Enfin, comme on ne sçavoit plus que dire à la fin de la séance, je l'ai lu à toute l'assemblée, en ajoutant que Ducange le rapporte, mais sans en donner d'explication. On est convenu que la signification s'en sentoit assez et que c'étoit un mot de polissonnerie. Tout le monde pense donc comme j'ai pensé, mais il s'agit de sçavoir pourquoi ce mot signifie l'équivalent de *cocu*. On m'a dit aussi de consulter l'histoire de Franche-Comté, pour voir si dame Leutgarde n'y seroit point accusée de débauche.

Pour ce qui est de *Vomere anserino*, je n'ai voulu proposer cela à personne, et si je ne vous connoissois aussi sincère avec moi que vous l'êtes, j'aurois cru que vous auriez voulu me mettre à l'épreuve. L'expression d'Odoran est un peu énigmatique, mais elle ne veut dire autre chose que la plume d'oie, qui, par sa taille pour écrire, ressemble à un soc de charrue et fait des sillons sur le parchemin.

Je ne puis pas demander, maintenant, le manuscrit d'Odoran que vous m'indiquez. Dom Rivet, en son VIIe tome, le dit être à Saint-Germain, mais le bibliothécaire est occupé à placer, in-

1746

sérer les livres du cardinal de Gêvres 6, avec les anciens de Saint-Germain. Point d'audience jusqu'à ce que cela soit fini. Au reste, Dom Rivet dit que ce manuscrit sur la fondation de Saint-Pierre-le-Vif doit être peu de chose, puisque Dom Mabillon, qui l'a connu, n'en a pas fait usage.

Il y a, dans l'un des tomes des *Siècles Bénédictins*, une histoire de la translation de saint Savinien, tirée d'un manuscrit de Saint-Marien d'Auxerre. Dom Mabillon la croit aussi d'Odoran.

A propos de la chronique de Clarius, Dom Géron s'est trompé ou a été trompé à Sens. Ce qu'il a pris pour un ouvrage de Clarius plus ample, est la chronique de Geoffroy de Colon 7. Dom Brice a fait venir de Sens ce manuscrit, et cela s'est trouvé ainsi par la confrontation qu'il en a faite avec les différents morceaux de Geoffroy publiés dans Hugues Mathoud 8.

J'ai vu à Bayeux, dans les archives, un anneau d'or trouvé, il y a douze ans, sur le bord de la mer 9 (on avoit écrit à M. de La Roque que c'étoit dans le ventre d'un poisson, comme celui de saint Loup).

Il y a dessus : S. P. C. EPIS BA.

Les chanoines m'ont assuré qu'un académicien très habile, à qui ils l'envoyèrent, leur a répondu que cela signifioit : SIGILLUM PRIVATUM CONTEXTI EPISCOPI BAJOCENSIS. J'en ai pris l'empreinte et j'ai donné une autre explication, l'autre ne me

---

6. Le cardinal Potier de Gesvres (Léon), né le 15 août 1656, mort à Paris le 12 novembre 1744. Il avait été archevêque de Bourges, cardinal en 1719, et enfin abbé de Saint-Rémi de Reims, en 1729, après s'être démis de son archevêché. Il avait fait don, en mourant, de ses livres à l'abbaye de Saint-Germain des Prés.

7. Geoffroy de Courlon, moine de Saint-Pierre-le-Vif, au XIVe siècle, et qui compila les Chroniques de son prédécesseur Clarius.

8. D. Hugues Mathoud, né à Mâcon en 1622, mort en 1705; savant prieur des abbayes de Saint-Pierre-le-Vif et de Sainte-Colombe de Sens, etc. Il a publié notamment les ouvrages ayant pour titres : *De vera Senonum origine christiana*, Paris 1687, in-4°, et *Catalogus archiepiscoporum Senonensium* 1688, in-4°.

9. Voyez un Mémoire de Lebeuf sur cet objet, intitulé : *Conjectures sur un anneau d'or conservé à Bayeux*, Histoire de l'Académie des Inscriptions, t. XXI.

paroissant pas bonne. Y avoit-il des SIGILLA PRIVATA au VIe siècle, et une mitre dans le cachet des anneaux, surtout une mitre perléc ?

J'ai fait connoissance, à Rouen, avec M. Saas [10]. J'ai aussi appris à Bayeux, aux chanoines, où étoient des restes de murs romains de leur cité carrée et les leur ai montrés.

388. — DE FENEL A LEBEUF.

Sens, 24 novembre 1746.

[Il l'informe qu'il a trouvé dans le Catalogue des manuscrits latins de la Bibliothèque du roi, t. IV, p. 29, qu'on y possède un manuscrit complet de la Chronique de Clarius, poussé par lui jusqu'à l'an 1045, et continué par un inconnu jusqu'en 1173. — Il approuve sa conjecture sur le mot *Pipicus*, etc., il le prie de le confronter avec le texte de Duchêne et d'y faire copier ce qui n'y est pas imprimé.] — « Qu'est-ce que les *Lidoria* dont parle Clarius, en l'année 1068 : *Septis atque complementis Lidoriis ?* »

389. — DE LEBEUF A FENEL.

2 décembre 1746.

Vous trouverez que j'aurai exécuté votre commission un peu vite. J'y étois disposé avant la seconde lettre dont vous m'avez honoré. M. Secousse m'ayant montré votre lettre, je lui conscillai de faire lire à M. Sallier ce dont il s'agissoit. Il le fit et

---

10. Saas (Jean), né à Saint-Pierre de Franqueville le 4 février 1703, mort à Rouen le 10 avril 1774. Il entra dans les ordres et devint, en 1751, chanoine du chapitre de Rouen dont il fut aussi bibliothécaire. Il est auteur de nombreux travaux de critique littéraire.

1746 me déclara que je n'avois qu'à aller prendre le volume. J'y allai mardi matin et présentai vos respects à M. Labbé. Il me fit venir le livre, je l'ai emporté et je le tiens. Le soir, à l'Académie, il me prit à part (lui Sallier), et me dit que vous auriez bien dû vous adresser par lettres directement à lui ou à M. Melot, et que cela eût été plus dans l'ordre. Vous voyez jusqu'à quel point il fait monter le cérémonial françois. Je lui répondis que ce n'étoit pas uniquement pour cela que vous aviez écrit à M. Secousse, et que la demande du livre n'y étoit qu'incidemment, mais que je vous ferois part de la réflexion, et ainsi nous nous quittâmes. Je vous dirai que ce manuscrit est un in-4° assez mince et écrit en grosses lettres du XII° siècle. Il y a à la tête, en lettres rouges : ODORANNI MONACHI, puis ces mots : *Famosa questio et disputanda omnium eccl'siarum ventilata*, que Mathusalem a vécu encore quatorze ans après le déluge, restoit : *Ut sit error in numero*. Sa chronologie sur l'Ancien Testament consiste en quatre pages, gros caractères. Le catalogue de nos rois qui suit finit à Louis le Jeune ; celui de vos évêques à Daimbertus, Henricus, Hugo ; S. Amatus y est ; S. Savinianus et Potentianus, l'un après l'autre, mais point de Polycarpus. Dans la chronologie des empereurs et papes qui sont mêlés, rien de l'envoi de S. Savinien.

L'auteur, se lassant d'écrire quelque chose à chaque année depuis Jésus-Christ, commence à CCCLXXXI ses Tables chronologiques en blanc, se contentant de laisser entre chaque année la place de trois lignes. Il faut qu'il ait copié sur un autre manuscrit, car, quand les articles d'histoire sont longs à certaines années, il écarte davantage. On trouve souvent quatre ou cinq feuillets en blanc, n'y ayant que les années marquées. En un mot, deux ou trois articles sur l'origine fabuleuse des Francs, voilà tout, et c'est presque mot à mot votre Clarius. Je vous dirai ici, qu'après avoir tout parcouru, il m'a paru que c'étoit un premier projet de Clarius que ce moine a augmenté et retouché : car les chartes ne sont pas ici au long comme dans l'imprimé ; mais aussi, au lieu que l'imprimé a fort peu d'articles du X°

siècle, ce manuscrit en a plusieurs assez conformes à Odoran. L'article du *Pipicus* y est bien écrit, à l'exception qu'il n'y a pas *a Radulfo Divionensi*, ni *a Richardo*. L'auteur avoit dressé ses Tables en blanc jusqu'à l'an 1173, mais il n'y a rien mis de fixe que jusqu'à la mort de Louis le Gros, qu'il place en 1137. Dans le reste des pages, c'est une main postérieure qui a ajouté, à travers tous les numéros, une vie de Louis VII abrégée, où n'y a rien sur Sens. La main primordiale finit à 1137. *Obiit rex Ludovicus, cui successit in regno filius ejus.* Voilà tout. Je ne vois pas que ce manuscrit, dont tout le fond est dans Clarius imprimé, excepté quelques articles du xe siècle, puisse vous servir à autre chose que pour des variantes, surtout des noms de lieux. En fait de noms personnels, Otradus, corévêque, il est dit : « Otardus, » de même que saint Eloi, au viie siècle, y est dit « Egilius ; » Rampillon y est écrit « Ranpeluhin ; » Gerlan, votre archevêque, y est dit « Gellanus ; » Geiduinus, au contraire, y est appelé « Gerduinus ; » Aguriacus y est dit « Auguriacus ; » Bruotea y est écrit deux fois « Bruorea. » Vous avez remarqué, sans doute, que, dans l'imprimé, l'article de 976 est le premier de ce siècle. Le manuscrit en contient quelques autres sur nos règnes et sur les papes, mais peu importants, et aussi des événements de . . . . et que je crois être dans d'autres chroniques. A l'an 996 : *Obiit Rainardus, comes Senon.* ; rien que cela, encore *Senon* est-il écrit de la main de M. Taveau, qui a possédé ce manuscrit, et que je crois y avoir mis le titre : *Odoranni monachi*, car il me paroit ajouté. La lettre *J* finale le prouve aussi bien que les points sur les *I*. On lit de sa main, à la tête du livre :

JACOBI TAVELLI SENON.
TU NE CEDE MALIS.

Ce manuscrit vient de M. Faure. A l'article d'Anastase, votre évêque, le second *A* de son nom est effacé et gratté. Le même Taveau a mis en marge quelques sommaires. Je suis étonné que ce même écrivain n'ait pas fait de ce manuscrit tout l'usage

1746

qu'il en auroit pu faire. Quand il n'auroit mis dans ses archevêques de Sens que cet article-ci, qui est *ad annum MCXXII* : *Obiit Daimbertus, archiepiscopus. Successit Henricus*; *hic incepit renovare ecclesiam S. Stephani. Eidem successit Hugo.* Après quoi il n'y a plus que des chiffres sans faits jusqu'à 1137, que je vous ai rapportés ci-dessus.

J'ai bien des fois cherché, dans votre église cathédrale, si je trouverois même des marques d'édifice du temps du roi Robert, vers 1020 ou 1030, et toujours en vain. Mais nous voilà éclaircis. Je me doutois qu'elle n'étoit que de la fin du xie siècle au plus tôt. Voilà la chronique qui dit que Henri Aper commença à la rebâtir. C'est que celle d'Anastase, dédiée par Sevin, avoit été trouvée trop petite et tomboit peut-être déjà. Il m'arrive à votre occasion la même chose qu'à l'occasion de ce qu'on croyoit à Coutances, que cette cathédrale si belle, si délicate, si ornée, étoit bâtie vers 1060. Je l'ai vue, ainsi que je crois vous l'avoir mandé, et je n'ai pas pu en fixer la bâtisse que sous Louis le Jeune finissant, ou sous Philippe-Auguste. On m'a opposé un manuscrit composé au xie siècle, où il est dit qu'un évêque bâtit et finit la cathédrale. Par la lecture j'ai découvert la solution. Il s'agit d'une cathédrale plus ancienne qui avoit trois fonds et une crypte, et celle d'aujourd'hui n'a rien de tout cela. MM. de Coutances sont restés courts.

A l'an 1093, l'article de l'incendie de Saint-Pierre-le-Vif finit au mot « Saviniani, » et il n'y a rien d'effacé. Au reste, si vous faites prendre les variantes, je vous avertis qu'il y en a qui, sûrement, ne valent rien ; il faudra se fixer aux noms propres. Il met *Otario* pour *Oratorio*, et ainsi du reste.

En lisant ci-dessus l'article sur Rampillon [2], je me souviens que l'église de ce village, où j'ai passé, est fort belle pour un village, mais qu'elle ne pourroit être du commencement du xiie siècle ; on ne l'appelle point non plus du nom de Saint-Savinien, c'est Saint-Eliphe. Je croirois que celle de Saint-Eliphe ayant

---

2. Rampillon, canton de Nangis (Seine-et-Marne).

été détruite, on aura choisi celle de Saint-Savinien pour paroisse, laquelle église de Saint-Savinien auroit été *gothicisée* au XIIIe et XIVe siècle.

Je crois vous avoir déjà averti autrefois que, dans le troisième tome de Duchêne, il y a, page 349, une chronique où les faits regardant Sens sont fort étendus.

Je ne veux pas oublier, cette fois-ci, de vous demander si, dans les parchemins volants de rebut de vos archives, vous n'auriez pas vu des sceaux d'officiaux qui ne consistent qu'en une tête mitrée, ou même une mître seule [3]. Il ne faut rien perdre de tous ces actes à cause de ces sceaux.

Ce qui confirme encore que c'est M. Taveau, ou quelqu'un depuis lui, qui a mis le titre : ODORANNI MONACHI, c'est que, quoique la reliure soit nouvelle, le papier que le relieur a mis entre deux a pris l'impression des lettres. Ainsi, c'est un vermillon récent dont ces deux mots sont écrits : par quoi nous voilà revenus à Clarius. Je vous conseillerois d'attendre à votre retour, à prendre vous-même les variantes des noms propres, les autres n'en valent pas la peine, et je ne sçais si M. Adam, ou tout autre, sera capable de cette discussion.

INTERIM. Je finis en vous assurant de nouveau du parfait respect avec lequel je suis plutôt votre disciple que votre maître.

L'un des animaux de la crèche,

LEBEUF.

J'ai écrit cette lettre à différentes reprises et presque toujours ayant froid.

P.-S. — Je ne sçais si je vous ai marqué que M. Fréret a choisi M. Bougainville pour faire les extraits ; je crois pourtant vous l'avoir dit. Mais je suis sûr de ne vous avoir pas fait part de ce qu'on disoit dans une assemblée où je dînois ; on m'y

---

3. Il existe, en effet, aux archives de l'Yonne, des sceaux d'officiaux de Sens, du XIIIe siècle, portant soit une tête mitrée, soit une mitre seulement.

1746 demanda si j'étois des satellites du grand Saturne [4]. Comme on venoit de parler d'Académie, je sentis ce que cela signifioit et je n'en fis pas semblant. La personne ajouta que les satellites de cette plus haute des planètes étoient, par exemple, M. Bonamy, M. Bougainville, de La Bléterie, M. Lévêque. Vous pouvez bien croire ce que je répondis. On rit fort de ces gens qui suivent le mouvement du tourbillon de la planète. Au reste, il paroit que cela influe sur les extraits, car, par préférence, M. Bougainville n'a donné que ceux de Saturne et de quelques-uns de ses satellites.

Mon écrit sur les *Tables de cire* n'a pu être de son goût : il l'a seulement indiqué.

---

390. — DE FENEL A LEBEUF.

(Sans date ; reçue vers le 13 ou 14 décembre 1746.)

1746 Monsieur et très respectable confrère, et très cher ami,

Je vous suis extrêmement obligé de la peine que vous avez bien voulu prendre pour emprunter et extraire le manuscrit que j'avois eu l'honneur de vous indiquer. Voilà mes espérances frustrées de ce côté-là et je me range à votre avis, qui est de remettre à mon voyage de Paris à prendre les variantes de ce manuscrit.

..... Je vois bien que les disputes académiques des dernières séances ont percé désavantageusement dans le public. Pour les satellites de Saturne qui s'imaginent que leur puissance durera toujours, le bon Dieu les bénisse et les rende plus retenus et plus modérés à l'avenir : voilà tout le mal que je leur souhaite

---

4. Cette épithète s'applique à Fréret, célèbre par ses travaux sur les origines et la chronologie des anciens peuples.

et toute la vengeance que je veux prendre d'eux. Les affectations du faiseur d'extraits n'aboutissent à rien et ne peuvent faire tort qu'à lui. Du surplus, mon très honoré maître, vous ne me dites rien sur le sens de *Lidoriis*, non plus que sur le silence de M. Falconet, auquel il m'est impossible de rien comprendre.

A propos de nos *Tables de cire*, j'ai trouvé un passage dans la nouvelle *Gallia christiana*, dans les évêques de Chartres, qui regarde ce sujet. Il y est dit que Théoderic, évêque de ce lieu, « aurea et argentea vasa et alia ornamenta in cereis tabulis « conscribi jussit Theodericus episcopus Carnotensis. »

..... Il y a des Bénédictins qui ont entrepris une histoire de Champagne. Ils se tuent d'écrire de tous côtés pour avoir des Mémoires. Je n'en ai pas grande opinion. Il faut se méfier des Lobineaux et des Planchets, et des Lirons et des Martianay. Ce ne sont pas là des Vaissettes [1].

---

391. — DE LEBEUF A FENEL.

Paris, 23 décembre 1746.

J'appréhende fort de vous avoir causé de l'inquiétude en ne continuant pas de vous écrire aussi promptement que je l'ai fait deux fois de suite : mais j'ai vu que votre dernière lettre n'exigeoit pas de réponse absolument, sinon sur le mot *Lidoriis*, qui, par hasard, m'avoit échappé. Mais comment n'auriez-vous pas consulté Ducange, où ce mot se trouve dans le sens qu'il paroit devoir avoir, qui est : « Couvercle de tombeau fait de tuile ou de brique; » le passage même de Clarius, copié par Robert d'Auxerre, s'y trouve. En second lieu, multiplication d'affaires dans

---

LETTRE 390. — 1. Ces personnages sont tous des membres de la congrégation de Saint-Maur, historiens ou érudits renommés, mais dont la réputation ne s'élève pas à la hauteur de celle de dom Vaissette, historien d Languedoc.

1746 cette ville si grande a été cause en partie de mon délai, car les jours sont courts et les rues sont aussi longues qu'en été. J'ai remis dans le temps le manuscrit à M. Sallier, avec ma note qu'il m'a dit d'y ajouter, et je lui ai fait vos remerciements. Dom Brice a eu ici, durant quelques jours, l'original de Clarius. Il a remarqué que les chartes ne sont pas dans la chronique même, mais à la fin. Il est tombé d'accord que ces deux chartes sont douteuses ou même fausses, et qu'ainsi le Manassès d'Orléans, archevêque de Chartres, est un prélat surnuméraire et hasardé, comme M. Polluche, d'Orléans, l'avoit conjecturé. Il faut croire que la copie sur laquelle on a imprimé le *Spicilége*, étoit un ramas de tout ce qu'on avoit trouvé dans le manuscrit et qu'on avoit mis en une espèce d'ordre, pour la facilité des lecteurs ; cette consarcination [1] n'avoit pas été de la connoissance du P. D'Achery, lequel n'en dit rien.

Je vous suis très obligé du passage du *Gallia christiana* sur les *Tables de cire*, que vous m'avez indiqué. Je l'ai inséré dans mon écrit [2].

A vue de pays, M. Secousse et moi avons jugé que votre ami veut se munir d'un mauvais ouvrage qui est le journal supposé de Henri III, qu'un Augustin du Pont-Neuf fabriqua, il y a quelques années, pour duper le public. M. Secousse m'a dit d'attendre votre retour de crainte d'être trompé.

Il est vrai que voilà bien des Bénédictins qui quêtent des chartes, mais peu effectuent [3]. Quoique cela soit ainsi, les collections qu'ils font peuvent avoir leur utilité : elles empêcheront plusieurs actes d'être perdus.

Il paroit, depuis huit jours, un livre intitulé : *Dissertation démonstrative de la quadrature absolue du cercle*, par Jean Tondu,

---

LETTRE 391. — 1. Mot créé par Lebeuf de *sarcina* charge, dont le sens paraît être un entassement de pièces réunies dans le manuscrit dont il parle.
2. Voyez *Mémoire touchant l'usage d'écrire sur des tablettes de cire*, Recueil de l'Académie des Inscriptions, t. XX.
3. Lebeuf répond à l'avis que Fenel lui a donné dans sa lettre ci-dessus, n° 390, du projet des Bénédictins d'écrire une histoire de Champagne. Voyez aussi lettre n° 345, p. 424.

de Nangis, notaire au baillage de Beaumont-sur-Oise, résidant au village de Précy-sur-Oise. L'approbateur de cette brochure est M. Montcarville, qui tourne ainsi à peu près son approbation : J'ai lu par ordre de M. le Chancelier un livre qui a pour titre : *Démonstration.* . . . . , dans lequel je n'ai rien trouvé de contraire aux bonnes mœurs, mais bien aux principes de la géométrie. L'auteur même en convient puisqu'il dit. . . . J'ai cru qu'il convenoit d'exposer son livre au jugement du public, pour le faire revenir de ses sentiments, fait à Paris, ce. . . . . Signé : de Montcarville. » La préface de ce bonhomme m'a paru un peu croustilleuse.

M. de La Blétcrie a débité aujourd'hui son oraison inaugurale au collége royal, comme successeur de M. Souchay. C'étoit du parfaitement beau latin. Le sujet : *L'état des lettres en France avant François Ier; le changement qui est arrivé depuis.*

M. Gibert lut, vendredi, quelque chose sur la chronologie des anciens temps avant Jésus-Christ. Le mardi d'après, M. Fréret a apporté la réfutation. De sorte qu'on dit ici communément que désormais, quand ledit sieur Gibert lira, on sera sûr d'avoir toujours deux dissertations.

On ne parle pas encore d'élire un successeur à l'abbé Souchay. Attend-on un nouveau président ? On en aura un à votre retour.

Comme vous nous flattez de vous rendre ici après les Rois, je prie le Seigneur de ne point permettre que les rivières débordent en ce temps-là, afin de pouvoir vous souhaiter une parfaite santé pour l'an 1747, comme je le fais, dès à présent, par écrit, vous embrasser et vous assurer, de vive voix, combien sincèrement et intimement je me sens honoré d'être de vos amis, etc.

392. — DE LEBEUF A DOM RIVET.

Paris, 16 mai 1747.

[Relative à divers ouvrages et à son *Histoire du diocèse de Paris*, dont il ne peut encore commencer la publication.]

---

393. — DE LEBEUF A MIGNOT[1], CHANTRE ET CHANOINE DE L'ÉGLISE D'AUXERRE.

30 août 1748.

Je vous prie de ne pas me taxer de négligence si vous trouvez que j'aie trop tardé à rendre réponse à vos articles qui paroissent requérir célérité. 1° M. Chapotin[2] n'est venu me voir que la veille de la Vierge, et ne m'ayant pas trouvé il ne laissa pas le paquet dont vous l'aviez chargé ; à la deuxième fois, cinq jours après, il l'a laissé : je l'ai ouvert et lu ce que vous me demandez.

J'ai fait mes diligences vers le P. Prévôt, sans pouvoir le joindre ; il est fort souvent hors de la maison. Celui qui pouvoit seul me faire voir notre ancien Martyrologe étoit malade lorsque j'ai été chez lui. Je lui ai laissé ma demande par écrit, et il y a

---

LETTRE 392. — Mentionnée d'après le *Catalogue des autographes de feu M. le comte X***, Charavay, Paris, 1857.

LETTRE 393. — Publiée d'après l'autographe appartenant à M. Prunier, curé de Soucy (Yonne).

1. Voyez, sur le chanoine Mignot, la Correspondance, t. Ier, note 1, p. 83. Mignot, avec le chanoine Potel, est auteur du *Martyrologe d'Auxerre*, édité en 1751, 1 vol. in-4°. Lebeuf révisa cet ouvrage et y sema les trésors de son érudition. La lettre que nous publions ici montre la part active qu'il a prise à cette publication.

2. Chapotin (Nicolas), chanoine de la cathédrale d'Auxerre, né en cette ville le 20 octobre 1689, mort le 12 août 1773.

fait la réponse qu'il m'a remise hier. Vous la trouverez ci-jointe³. Le Martyrologe et le Nécrologe ne paroissent avoir été écrits qu'au commencement du xiᵉ siècle. Nos anciens de ce temps-là étant très amis de l'ordre de Cluny, à telle enseigne que ceux de La Charité étoient nos confrères, il ne faut pas être surpris que saint Mayeul n'ait été placé le plustôt qu'il a été possible dans le Martyrologe.

Vous êtes mal à propos embarrassé sur saint Thibaud, de Beaumont⁴. Consultez mon IIᵉ tome, à la page 310 des *Preuves*. J'y ai rapporté l'extrait des conclusions qui le regardent. Faites vérifier les dates, car je crois m'être trompé en mettant le 23 avril dans le corps de l'ouvrage.

Le registre marque *Die XXIIII sabbati*. Voyez la lettre dominicale. Il y a une faute d'impression dans la même colonne. On a mis 1480 pour 1400; elle est facile à apercevoir.

Quant à l'autre article concernant le recouvrement des châsses de Saint-Germain, c'est le P. Fournier, auteur du livre des *Grottes*⁵, qui a eu de faux Mémoires. L'acte dressé alors touchant cette réception, et dont j'ai vu l'original, est du 16 août 1366. Je pourrai une autre fois vous en écrire plus au long.

Sainte Solange est patrone de Bourges. J'ai vu une église de campagne de son nom. Vous pourrez citer *Ex Breviariis et Missalibus Bitur.*; elle est dans les anciens et dans le nouveau.

Saint Ausone, d'Angoulême, a une église abbatiale de son nom. C'est un bon titre. Il est vrai qu'on ne le trouve pas dans les anciens Martyrologes; mais vous ferez bien de citer : « Ex

---

3. C'est au sujet de l'écriture du passage du manuscrit n° 5253, du Martyrologe, au 11 mai, pour savoir si elle était de la main primitive du manuscrit ajoutée. On la dit primitive.

4. Saint-Thibaud-des-Bois, solitaire, dont le corps reposait dans la chapelle de son nom, appelée aussi Beaumont, commune de Pourrain (Yonne), et qui fut transféré dans l'église de Saint-Germain, en 1400, par l'évêque de Creney. Mignot a rectifié cet article du Martyrologe auxerrois, et l'a bien placé au 24 avril.

5. Voyez sur D. Fournier, religieux bénédictin de l'abbaye de Saint-Germain d'Auxerre, Correspondance, t. Iᵉʳ, p. 32, note 1.

1748

« Breviariis et Missalibus Ecolismen. veteris mss. abbatiæ ejus-
« dem nominis apud Ecolim. et Bolland., ad 22 maii. »

Saint Jean-Népomucène est au Bréviaire nouveau de Blois, 1737 ; voyez dans Chastelain le jour de son martyre, 29 avril. C'est un martyr du secret de la confession. Je n'ai pu sçavoir par qui il est canonisé. Le 16 mai ne paroît pas son vrai jour, quoiqu'à Blois on l'ait choisi.

Enfin j'ai vu M. Chapotin qui paroît un garçon bien pieux. Il avoit déjà fait connoissance, sans moi, avec le nouveau maître de Notre-Dame, parce que M. Miracle, qu'il a trouvé dans le coche, l'avoit produit auprès de lui. Je ferai ce que je pourrai pour lui durant son séjour en cette ville.

L'un des Pères diplomaticiens est tombé malade et l'est encore, c'est ce qui a dérangé leurs projets. M. Coffin a mis, dans son hymne des premières vêpres de saint Germain, une prose fort belle que nous n'avons pas à Auxerre. Le reste de l'office ressemble assez à celui d'Auxerre, excepté qu'il a fallu substituer d'autres paroles aux endroits de cet office que Paris avoit mis à saint Martin. Il y a aussi, à Paris, un cantique propre à laudes, *Judic.* 5. *Qui sponte obtulistis.*

Voici quelques remarques sur ce que vous m'avez envoyé du Martyrologe, et sur les notes :

1° Toutes les fois que vous citez M. Chastelain, vous mettrez CHASTELAIN. Les noms propres doivent être écrits comme les personnes l'ont écrit. Il faut : CHASTELAIN ;

2° Au 3 janvier, rien ne prouve que saint Bliemond ait demeuré à Auxerre ; cela est vrai pour saint Valery : encore il ne faudroit pas mettre CŒNOBIO S. GERMANI, de crainte de faire donner dans l'erreur ; il faut se contenter de dire : IN CŒNOBIO JUXTA AUTISSIODORUM, y ayant plus d'apparence que c'étoit au-delà de l'Yonne, et qu'alors saint Maurice étoit une église de clercs.

[Suivent d'autres notes biffées sur le reste du mois de janvier du Martyrologe et à la fin.]

J'ôterois *Cognomento pii* à saint Sulpice, ce surnom lui a été donné dans les temps que l'on croyoit que Sulpice Ier du nom avoit eu le surnom de Sevère, et qu'on le confondoit avec l'auteur de la *Vie de saint Martin.*

Il faut faire disparoître ce qui n'étoit fondé que sur l'ignorance.

---

394. — DE FENEL A LEBEUF.

Sens, reçue le 22 novembre 1748.

[Il le remercie de ses compliments sur la nomination que le Roi a faite de lui au bénéfice du prieuré d'Andrézy. Il l'entretient de ses travaux sur l'*Histoire de Sens* ; d'un archevêque nommé Villicarius, et mentionné dans plusieurs lettres du *Codex Carolinus*, où il est qualifié deux fois d'archevêque des Gaules, à l'occasion du sacre qu'il fit d'Egila, évêque d'Espagne, par ordre du pape Adrien Ier. Grand embarras pour fixer la date de ces lettres qu'il place vers 783. « Mais si cette conjecture est juste, il en résulte une effroyable difficulté par rapport à l'histoire des archevêques de Sens. »

---

395. — DE LEBEUF A M***.

22 avril 1749.

Je prends la liberté, Monsieur, de vous communiquer la difficulté qui s'est présentée à moi en parcourant les *Preuves* du troisième tome de l'*Histoire de Bourgogne*, que Dom Plancher a publiée, l'année 1748, à Dijon, et qui est imprimée avec tous les soins imaginables, à la réserve de quelques noms propres qui

LETTRE 395. — Publiée d'après le *Cabinet historique*, t. Ier, p. 204.

1749

sont défigurés. L'on nous a souvent entretenus, dans le *Mercure*, des *Anes de Bourges*[1]. Aujourd'hui je vous propose une difficulté sur les *Cochons de Norges*, village d'auprès de Dijon. L'auteur de l'histoire a donné dans ses *Preuves*, à l'an 1404, une charte de Jean, duc de Bourgogne, comte de Nevers et baron de Donzy, datée du 9 décembre de cette année-là, tirée de la Chambre des Comptes de Dijon, par laquelle ce prince veut que désormais, chaque année, l'on offre à l'église de Saint-Antoine-du-Pont-de-Norges un porc gras et suffisant, en son nom, en celui de Mme la duchesse et ceux de ses enfants, et que cette offrande se fasse le jour de la fête du saint patron : après quoi, il déclare qu'il sera tenu compte de ces porcs à ceux qui en auront fait l'offrande, en rapportant la quittance. Je ne sçais si l'écrivain qui a mis le sommaire à la tête de cette charte n'a pas été ébloui par l'expression d'*iceux* porcs, qui se trouve au pluriel sur la fin de l'acte. Il prétend, et il l'a dit clairement dans l'intitulé, que l'offrande étoit composée d'autant de porcs qu'il y avoit de personnes qui formoient la maison du duc, sçavoir, outre le porc offert pour M. le duc, celui qui étoit au nom de Mme la duchesse, et ceux de la part de chacun de leurs enfants. Je comprends bien que ç'auroit été le profit du curé ou de la fabrique du lieu, mais je m'en rapporte aux lecteurs non intéressés qui verront cette charte, et je leur demande s'ils ne sont pas d'avis comme moi que le pronom *iceux* n'est employé sur la fin de cette charte au nombre pluriel, que relativement à l'offrande successive de ce porc gras, durant le cours de plusieurs années. Cependant, comme je suis bien loin de m'opiniâtrer dans une matière de cette importance, s'il se trouve qu'encore aujourd'hui la coutume est d'offrir à Saint-Antoine-du-Pont-de-

---

1. Voyez aussi, dans le *Journal de Verdun*, de février 1756, p. 120, un Mémoire de Lebeuf, intitulé : *Examen de la charte du duc Jean de Bourgogne, de 1044, sur les cochons de Saint-Antoine de Norges*, et Courtépée, *Description de la Bourgogne*, t. II, p. 453, à l'article Norges.

Norges, au nom de ceux qui ont succédé à l'ancienne maison de Bourgogne, plusieurs porcs, j'avoue que j'ai tort dans l'explication que j'ai donnée à la fondation du duc Jean, et je serai le premier à me condamner.

J'ai été averti, depuis ma lettre écrite, qu'en ce lieu, dit le Pont-de-Norges, l'église en question est desservie par les religieux Antonistes qui y ont une communauté.

396. — DE LEBEUF AU CARDINAL PASSIONEI [1].

Paris, 9 mars 1750.

Quoique je n'aie pas pu encore me remplir de ce que contiennent les quatre volumes du cardinal Thomasius [2], desquels Votre Éminence me fait présent, je me hâte de m'acquitter du devoir de la reconnoissance, en lui témoignant, aussitôt la réception faite, mes très humbles actions de grâces, car ce n'est que des premiers du présent mois que M. de Sainte-Pallaye me les a fait remettre.

De mon côté, Monseigneur, je tâche à tenir prêts, pour le mois d'avril, quatre bréviaires nouveaux de diverses églises de France, pour vous être envoyés. De ce nombre sera celui d'Auxerre, qui sera le seul gratuit, parce que Mgr l'évêque de cette ville se fait un plaisir de vous l'offrir en présent. J'ai réuni

---

LETTRE 396. — Communiquée, ainsi que le n° 397, par M. Benoit, conseiller à la cour impériale de Paris.

1. Passionei (Dominique), né à Fossembrone le 2 décembre 1682, mort le 5 juillet 1761. Savant dans les lettres de l'antiquité classique, il était en correspondance avec les principaux savants de l'Europe et fut directeur de la Bibliothèque du Vatican. Lebeuf fut invité par lui, de la part du pape Benoît XIV, à venir à Rome, et il entreprit ce voyage en 1752, mais il ne put aller plus loin qu'Avignon à cause de l'état de sa santé.

2. Voyez, sur le cardinal Thomasius, Correspondance, t. Ier, p. 425, note 1.

quelques brochures sur celui de Paris, mais on ne trouve point celles qui l'ont attaqué. Il faut cependant encore espérer. Le volume dont j'avois écrit à Votre Éminence est celui qui servit d'apologie au Bréviaire de 1680 qu'Elle a.

P. S. Je me flatte que Votre Éminence voudra bien jeter la vue sur un semestre du Martyrologe, qui a été composé il y a deux ans à l'usage de l'église d'Auxerre, et où j'ai eu bonne part. Ces six mois sont entre les mains de M. le cardinal Quirini, auquel j'écris pour le prier de vous l'envoyer. C'est un simple manuscrit qui contient depuis les Calendes de janvier jusqu'à la fin de juin. Les auteurs, qui sont une petite congrégation, s'y sont attachés à y mettre tout ce qui peut avoir rapport à notre église et à notre diocèse, après avoir mis les saints les plus fameux des célèbres églises et surtout de Rome, la mère de toutes.

---

397. — DE LEBEUF A MGR *** [1].

29 mars 1750.

Monseigneur, j'ai reconnu pleinement que l'impatience où j'étois de voir votre nouveau Bréviaire de votre diocèse étoit bien fondée. M. d'Amiens m'ayant remis hier l'exemplaire magnifique dont il a plu à Votre Grandeur de me gratifier, je me suis mis aussitôt à le parcourir avec avidité. Dans ce que je viens d'en lire en différents endroits, il m'a paru excellent, rédigé avec grand soin, et de plus très bien imprimé, et beaucoup mieux que quelques-uns qui l'ont été à Paris ou ailleurs. Tout y est bien proportionné et correspond à la beauté du man-

---

3. Voyez, ci-dessus, lettre à Mignot, n°393.

LETTRE 397. — Pièce publiée d'après le *Bulletin de la Société des Sciences de l'Yonne*, année 1861, p. 115.

1. L'adresse de la lettre a été déchirée et on ne peut en connaître le destinataire, qui devait être un évêque.

dement qui est à la tête. J'ai été charmé, Monseigneur, d'y voir les noms de plusieurs saints de votre diocèse, qui étoient ou tombés en oubli ou seulement honorés dans le lieu de leur mort ou de leur sépulture. J'ai bien remarqué qu'on n'y a pas inséré certaines fêtes de fondation établies dans le Chapitre de Paris, à certains jours de Carême, et qu'un auteur de nouveaux bréviaires introduit partout où il peut, suivant sa dévotion particulière. J'ai aussi observé qu'on a continué de placer la fête de la Décollation de saint Jean au temps de Pâques, selon l'ancien usage de votre église qui mériteroit bien d'être imité ailleurs. De plus, que l'on a rétabli au jour de l'Assomption l'évangile des Béatitudes de la Sainte-Vierge, tel qu'il avoit été dans l'église Gallicane. Je serois trop long à faire le détail des autres beautés que j'y ai remarquées. Je suis infiniment redevable à Votre Grandeur du présent qu'elle a eu la bonté de me faire de cet ouvrage si exact.

398. — DE LEBEUF A D. POISSON, RELIGIEUX A SAINT-PIERRE-LE-VIF DE SENS.

22 mai 1750.

[Il le critique sur son opinion que le corps de saint Germain d'Auxerre ait été brûlé.]

Lettre 398. — Mentionnée dans la table des manuscrits français, supplément 2440, Bibl. imp.

399. — DE M. D'AMYENS [1] L'AINÉ A L'ABBÉ LEBEUF.

Amiens, 12 juillet 1750.

..... Vous savez, sans doute, Monsieur, que le Roi a érigé depuis quinze jours la Société littéraire d'Amiens en Académie de sciences, arts et belles-lettres, et Sa Majesté, suivant les vœux de ceux qui la composent, vous nomme honoraire de cette Académie [2]. Vous m'avez flatté du plaisir de vous voir dans ce pays au mois de septembre, vous devriez bien faire ce petit voyage : la séance publique où l'on doit promulguer les lettres-patentes se tiendra dans ce temps, sa célébrité en seroit augmentée par votre présence.

---

400. — DE LEBEUF A DOM GERMAIN.

Paris, 21 mai 1751.

Me permettez-vous encore, Monsieur, après un si long silence, de vous écrire, en profitant de l'occasion d'un patriote qui s'en retourne dans votre diocèse? Je suis très curieux d'apprendre de vos nouvelles, et si vous nous donnerez bientôt une histoire d'Autun [1]. Vous êtes au milieu des antiquités et l'on n'a qu'à fouiller chez vous pour trouver.

Lettre 399. — Publiée par extrait d'après l'original Bibliothèque impériale, manuscrits français, suppl. 2440.

1. M. d'Amiens de Gomicourt (Augustin-Pierre), commissaire des Guerres, né à Amiens, le 3 mars 1723.
2. M. l'abbé Vallart (Joseph), d'Amiens, qui était, en 1761, professeur à l'Ecole royale militaire, avait déjà offert à Lebeuf, au nom de l'Académie d'Amiens, une place de membre honoraire. — Voir lettre du 2 mars 1750. Bibliothèque impériale, manuscrits français, n° 24440.

Lettre 400. — Publiée par M. de Charmasse, dans le *Bulletin de la Société Éduenne*, 1864.

1. D. Germain avait publié au *Mercure* de 1746, février, p. 1, un Dis-

Pour en venir à une sorte d'antiquité ecclésiastique, je viens de donner, ces jours derniers, à MM. les Académiciens, un Mémoire sur la reine Pédauque ², dont il y a une statue au portail Saint-Bénigne de Dijon que j'ai vue autrefois, et qui est de même au portail septentrional de l'église du prieuré de Saint-Pourzain ³, vers l'Auvergne, où pareillement je l'ai vue, ainsi qu'à Nevers. Je ne serois pas fâché de sçavoir si vous ne connoitriez point d'église de votre diocèse au portail de laquelle, ou ailleurs, on la vît avec son pied d'oie : par exemple, à Beaune, où je me figure qu'il y a une église ancienne ⁴, car je n'y ai jamais été. J'ai vu Moulins ces vacances dernières, mais il n'y a rien que de nouveau. L'Autunois, Charolles, ont tant de vieux prieurés ; n'y en auroit-il point eu de partagé comme celui de Saint-Pourzain ? Penseriez-vous aussi, Monsieur, comme le commun, que tous ces rois et reines que l'on aperçoit aux anciens portiques, ainsi qu'en a figuré Dom Plancher, en son tome I, sont des rois et des reines de France ? Je suis revenu de cette idée ⁵. Mais toujours, je voudrois connoitre les églises où on les trouve en grand nombre. Si les archidiacres de France se piquoient un peu de curiosité en faisant leurs visites, ils pourroient faire toutes ces observations. *Sed quando hæc erunt !*

1751

---

cours sur les *historiens d'Autun*, et il travaillait depuis longtemps à une histoire de cette ville. C'est pourquoi Lebeuf lui adresse sa question. Les manuscrits composés par D. Germain, sur l'histoire d'Autun, sont mentionnés dans le P. Lelong, sous le n° 35,947.

2. *Dissertation sur la reine Pédauque*, Mémoires de l'Académie des Inscriptions, t. XXIII, p. 227.

3. Saint Pourçain, arrondissement de Gannat (Allier). C'était autrefois un prieuré de l'ordre de Saint-Benoît, qui dépendait de l'abbaye de Tournus.

4. En effet, l'église collégiale de Beaune (Côte-d'Or) est ancienne et date du XII° siècle.

5. Lebeuf pensait avec raison que ces statues représentaient des rois de l'Ancien-Testament. Voyez à ce sujet et sur la reine Pédauque un Mémoire de Lebeuf, ayant pour titre : *Conjectures sur la reine Pédauque, etc., et sur des figures anciennes prises jusqu'à présent pour des statues de princes et de princesses de France* (*Histoire de l'Académie des Inscriptions*, t. XXIII, p. 227).

On imprime actuellement, à Auxerre, un nouveau Martyrologe latin à l'usage du diocèse, dont le fond est un ancien Martyrologe Auxerrois conservé à la Bibliothèque du roi. Vous ne serez pas fâché d'en faire l'acquisition. Il sera bel et bon : *Bel* pour la perfection des caractères, et *Bon* parce qu'il a été rédigé avec grand soin et qu'on y a mis tout le temps nécessaire [6]. Vos Saints Autunois n'y seront pas oubliés. Nous sçavons rendre le bien pour le mal, *sicut decet inter sanctos*. Je crois qu'il pourra paroitre l'été prochain.

P.-S. — Il étoit arrivé à un graveur de ma connoissance de faire regraver en grand le portail de la cathédrale d'Auxerre, qui n'est pas indifférent, ainsi que vous sçavez, et qui est à la tête du Bréviaire en petit. Il avoit traduit en françois *Autissiodorense* par *Autun*, si bien qu'on lisoit au-dessous : Frontispice de l'église cathédrale d'Autun. Quelqu'un vint m'en avertir et j'allai reprocher au graveur sa bévue. Il en convint et me promit de corriger sa planche. Je ne sçais s'il l'a fait.

401. — DE FENEL A LEBEUF.

Sens, ce dimanche au soir 31 octobre 1751.

J'ai reçu avec grande joie l'honneur de votre épitre, hier matin. Il n'y a qu'un coche d'eau qui parte chaque semaine de cette ville-ci pour Paris, sçavoir : le jeudi matin, mais on peut aller de Sens à Paris encore par les coches d'Auxerre, qui passent à Sens la nuit du lundi au mardi (et quelquefois le mardi matin), et la nuit du jeudi au vendredi (quelquefois le vendredi matin). Il y a encore les voitures par terre de la dili-

---

6. Voyez ci-dessus, p. 536, lettre de Lebeuf à Mignot, du 30 août 1748, la note 1, au sujet de cet ouvrage.

Lettre 401. — Publiée ainsi que les n°s 401 à 405 d'après les autographes, collection de Fontaine.

gence du carrosse de Dijon et de la carriole de Tonnerre, mais c'est un hasard quand on y trouve des places vides à leur passage par Sens J'espère, Monsieur et très cher ami, que vous me ferez l'honneur et la grâce de vous arrêter quelques jours chez moi en passant par ici pour aller à Paris [1]. Vous n'avez qu'à venir par un coche d'Auxerre, moyennant quoi j'aurai la satisfaction de vous posséder quelque temps, mon cher confrère et mon cher ami. « Quam bonum est habitare fratres in unum ! Benedictus « Deus qui inhabitare facit unius moris in domo ! »

Pour moi, je ne suis arrivé en cette ville que depuis très peu de jours, c'est-à-dire mardi à onze heures du soir, et comme j'ai essuyé un très grand froid, j'en ai été incommodé. J'ai été retenu à Paris pour diverses affaires et je compte y retourner, Dieu aidant, vers la fin de l'année, pour y être à la rentrée après les Rois.

Je compte apprendre des choses bien curieuses de votre dernier voyage. Vous trouverez notre cher ami M. Falconet en très bonne santé, grâce à Dieu ; je compte vous donner quelque chose pour lui.

402. — DE LEBEUF A FENEL.

A Auxerre, mardi, 9 novembre 1751.

[Il ne peut s'arrêter à Sens, le coche de cette ville pour Paris ne partant qu'une fois par semaine, le jeudi. Il n'a pu prendre le lundi le coche d'Auxerre] « parce que je n'ai pu être ouï que ce même jour par le commissaire sur des reliques que l'on peut examiner [1]. Affaire importante ! »

---

1. Lebeuf était alors à Auxerre et logeait rue Notre-Dame, chez M. Deschamps, son parent.
LETTRE 402. — 1. Il s'agissait de l'enquête commencée par ordre de l'évêque d'Auxerre au sujet de la reconnaissance des reliques de saint Germain. Lebeuf poursuivait cette affaire depuis longtemps et l'avait fort à cœur. Voyez, à ce sujet, le Mémoire publié par M. Challe, dans le t. XVII

1751 [Il lui promet que si le coche d'Auxerre, qui partira le jeudi, 11, arrive de jour à Sens, il ira le saluer. Il le prie de faire remettre au bureau du coche les liasses de papiers qu'il lui a laissées l'année précédente.]

—

403. — DE LEBEUF A FENEL.

Paris, 24 novembre 1751.

1751 Je sçais que vous prenez trop de part aux découvertes d'antiquités qui peuvent se faire dans le pays Sénonois, pour ne vous pas donner avis de la communication qui nous a été donnée ce soir, 23, à l'assemblée[1], d'une trouvaille de corps morts, aux environs de Bray-sur-Seine : on n'a pas spécifié à combien de distance, ni de quel côté, mais c'est en travaillant aux chemins. Un ouvrier en a écrit un petit Mémoire, dont voici la copie :

« Il a été trouvé environ deux cent cinquante corps, c'est-à-dire les ossements entiers, dans une terre où l'on avoit fait une tranchée, formant un rond de douze toises de diamètre, d'un bord de la tranchée à l'autre; et, en outre, la tranchée de douze pieds de largeur dans le haut et six pieds de large dans le fond, et cinq à six pieds de profondeur. Tous ceux qui étoient en la partie du rond avoient des pierres sur eux, et quelqu'uns dans la tranchée en avoient aussi. Il y en avoit qui avoient des bracelets aux bras et aux jambes, et aux cuisses et aussi au col. Dans la tranchée, où il y avoit des corps avec des pierres sur eux, il s'est trouvé un pot de terre de deux pieds de hauteur et dix-huit pouces de diamètre et un demi-pouce d'épaisseur. Dans ce pot se sont trouvés des ossements semblables à des

---

du *Bulletin de la Société des sciences de l'Yonne*, année 1863. L'enquête faite au xviiie siècle et le nouvel examen fait en 1863 n'ont pas encore apporté de solution définitive dans cette intéressante question.

LETTRE 403. — 1. A l'assemblée de l'Académie des Inscriptions.

côtelettes de porc. Voilà tout ce que nous avons trouvé jusqu'à cejourd'hui 12 novembre 1751. »

Ainsi finit ce Mémoire. On a envoyé à l'Académie un de ces bracelets : il a bien environ quatre à cinq pouces de diamètre; il est de cuivre rouge devenu tout vert. A son plus gros, vers le lieu où les deux extrémités se joignent, il est gros comme le bout du petit doigt et ouvragé à cette extrémité. Dans le reste il est plus délié et toujours en rond, et fait presque comme ces boucles rondes où les femmes attachent plusieurs clefs et s'ouvrent de même. On ne conçoit pas comment la chair de la cuisse a pu entrer dans de tels bracelets.

Il me semble que quelqu'un a dit que vers le lieu de cette trouvaille avoit été autrefois un grand chemin. Il faudroit s'informer si ces corps avoient les pieds étendus vers l'orient, et comment étoient situées les mains. — Voir si l'on n'aura pas trouvé d'inscription.

J'avois compté, mon cher confrère, m'être expliqué assez clairement, dans ma dernière lettre, au sujet du sac des papiers, et que vous eussiez fait dire que c'étoit pour le coche descendant dans lequel je me trouvois. Lorsque ce coche a arrivé à Sens, au-delà de minuit, la nuit du 11 au 12, Galard, chez qui est l'entrepôt, proche le pont, a répondu, moi présent, qu'on venoit, il y avoit deux heures, de le mettre dans le coche remontant, qui étoit déjà à moitié chemin de Villeneuve-le-Roi : tellement que j'ai été frustré de mes espérances.

Le feu a été deux jours consécutifs en deux lieux de la paroisse Saint-Séverin, et, en dernier lieu, hier 23, chez la veuve Étienne, dont tout le magasin est réduit en cendres.

Je ne sçaurois mieux vous faire comprendre la tournure des bracelets ci-dessus, qu'en se figurant comme deux de ces machines de fer en demi-cercle, qui sont aux côtés des cheminées pour arrêter les pelles et pincettes, mais pas si grosses.

404. — DE LEBEUF A FENEL.

A Paris, ce 4 mars 1752.

Je m'informe de temps à autre de votre santé à M. Falconet, lequel me répond presque toujours que vous avez quelque chose qui cloche et le plus souvent du rhume. J'y prends, je vous assure, beaucoup de part, et je voudrois bien vous revoir à Paris, aussi bien que nos confrères, qui sont impatients de votre retour.

Permettez, néanmoins, qu'à la faveur du beau temps je prenne la liberté de vous demander une réponse sur la question que je vais vous proposer. J'ai besoin de sçavoir si, vers l'an 400 de Jésus-Christ, la soie étoit assez commune pour qu'il y en eût à la cour impériale de Ravenne de grands tapis ou rideaux. C'est pour en revenir au prétendu suaire de notre saint Germain, que les sacristains[1] de son abbaye débitent être celui-là même que l'impératrice Placidie donna pour envelopper son corps. Constance, auteur de sa vie, et aucun autre ancien n'a parlé de

---

LETTRE 404. — Pièce publiée dans la *Revue des Sociétés savantes*, 2ᵉ série, t. I.

1. Si les sacristains de l'abbaye de Saint-Germain « débitoient » que le suaire dit de saint Germain avait été donné par l'impératrice Placidie, au vᵉ siècle, ils avançaient une erreur archéologique. Le tissu de soie, orné de grands aigles impériaux, sur fond violet, qui compose ce suaire, est au moins du ixᵉ siècle et a été donné par l'empereur Charles le Chauve, à l'époque de l'une des deux translations des reliques du saint évêque, opérées par ce souverain. Cet objet précieux est aujourd'hui conservé dans l'église Saint-Eusèbe d'Auxerre. La juste défiance de Lebeuf contre tout ce qui sentait la fraude ou la crédulité est ici fortement éveillée. Mais elle est en outre stimulée par les rapports peu sympathiques qu'il avait depuis quelque temps avec les religieux de Saint-Germain, et qui avaient été provoqués par ses prétentions à découvrir les véritables reliques du saint patron de l'abbaye, dans une caisse d'ossements conservés depuis le xviiᵉ siècle, dans l'abbaye Saint-Marien d'Auxerre. Fenel répondit amplement aux questions de Lebeuf, au sujet de l'origine de la soie, comme on peut le voir par la lettre ci-après, du 10 mars. Voyez aussi sur ce sujet les *Mémoires sur l'histoire d'Auxerre*, 2ᵉ édit., t. I, p. 73, note A, et *Revue des Sociétés savantes*, 2ᵉ série, t. I, note de M. de Mas-Latrie, à la suite de la publication des lettres de Lebeuf et de Fenel sur l'origine du suaire de saint Germain, dans laquelle note M. de Mas-Latrie discute longuement la question qui nous occupe.

voile ni de suaire, mais il dit seulement que l'empereur fit les frais de la voiture. Je crois bien qu'il y eût quelques étoffes consacrées pour cette cérémonie, mais le suaire qu'on montre aujourd'hui ne peut pas en venir. L'abbé Conti, italien[2], qui le vit en 1722 ou 1723, soutint que non. On le dit parent du Pape. Je lui entendis dire que la soie étoit alors trop rare. Je sçais ce qu'on en lit dans Calepin, au mot *Holosenium*, et dans le *Dictionnaire de Trévoux*, au mot *soie*. Ce prétendu suaire est long de près de sept pieds, et large d'environ six pieds ; il est parsemé de huit grands aigles jaunes sur un fond violet, et de roses[3]. Ces huit aigles ont leurs ailes à demi-éployées, un collier au col et un diamant ou perle dans son chaton au bec. C'est la description qu'en fait Dom Mabillon, dans ses *Annales*, à l'an 859, et ce sçavant se contente de dire qu'on le croit le même que donna l'impératrice : *illud ipsum creditum*. Il n'en a donc pas été bien persuadé. Nos Pères de Saint-Germain prouvent, par un écrivain du XIIIe siècle, qu'il y avoit alors à Auxerre, en leur église, une étoffe de soie appelée le suaire de saint Germain, mais l'écrivain n'en dit aucune circonstance, ni la grandeur, ni la couleur. Comme l'on est certain qu'en 859 Charles le Chauve fit couvrir d'étoffes, *palliis operosis*, le corps de ce saint[4], je suis persuadé que lorsque, depuis, ce saint corps perdit sa solidité et son intégrité, et qu'on l'enferma dans une châsse d'environ trois pieds de long, on ôta de dessus les os toutes ces étoffes, et que ce fut ce que l'on qualifia de suaire que l'on montroit en divers morceaux au XIIIe siècle, et que l'on porta en procession encore l'an 1554 ; mais les Huguenots dissipèrent cela en 1567.

2. Conti (Antonio-Sébastien), littérateur et philosophe et de l'ordre des Oratoriens, né à Padoue le 23 janvier 1677, et mort dans la même ville le 24 novembre 1748. Il vint à Paris en 1713 et se lia avec les savants, puis fit un voyage en Angleterre pour voir Newton et revint en France en 1718. Il resta huit ans à Paris où il était reçu dans les meilleures sociétés, et notamment chez Mme de Caylus. Sa santé étant devenue mauvaise, il retourna en Italie.

3. Voyez une chromo-lithographie représentant ce tissu, dans les *Mémoires pour l'histoire ecclésiastique et civile d'Auxerre*, 2e éd., t. I, p. 73.

4. Héric, *in Mirac. S. Germani*.

1752 J'ai lu, dans les comptes de notre Hôtel-de-Ville, de l'an 1480, que pour orner et couvrir la châsse de saint Germain, dans une procession générale de l'an 1479, faite au sujet de la peste, les religieux avoient acheté un ornement de soie le prix de douze livres: et comme la ville avoit ressenti les bienfaits de ce saint, la communauté conclut de rembourser ces douze livres aux moines, ce qui fut fait et alloué en compte au receveur. Je me doute que c'est cet ornement que par laps de temps les religieux ont fait accroire être le suaire donné par l'impératrice Placidie. Si l'article du compte avoit mis garni d'aigles, ils étoient tondus, leur fourberie eut été totalement découverte, mais il y a seulement un ornement de soie. Les douze livres de l'an 1480, à quoi pouvoient-elles revenir? A quatre vingt ou quatre vingt dix livres : je crois que c'est ce que vaudroit aujourd'hui une pièce d'étoffe de la dimension de ce prétendu suaire et achetée d'hasard. Ils le tenoient enfermé dans leur sacristie depuis qu'on le leur restitua en 1568, et ils ne se sont avisés de l'enchâsser qu'en 1684, avec une fausse relique d'un bout du coude de saint Germain. Mais en voilà assez sur cette matière. Quelqu'un a pensé ici que cette pièce d'étoffe, à fond violet, a pu être travaillée en Italie ou en Sicile dans les commencements de l'élévation de la Maison d'Autriche, vers l'an 1440. Personne ne peut me rien dire sur ces colliers au col et ces perles dans le bec de ces huit aigles. Cela vous est réservé, mon cher confrère.

Il me semble qu'il y a longtemps que vous n'avez été auditeur bénévole de mes Mémoires [5]. Je lus l'an passé, en hiver, un Mémoire sur la position de l'évêché *Momociacum* de Grégoire de Tours, et je l'ai placé auprès de Charleville [6], aux deux *Moucy* que l'on y voit. En été, j'ai lu sur la reine Pédauque. Vous en avez vu un petit extrait dans le *Mercure*, qui n'a pas été

5. Le Mémoire de Lebeuf sur l'évêché de *Momociacum* n'a pas été publié dans les Mémoires de l'Académie des Inscriptions ; celui sur la reine Pédauque figure au t. XXIII, p. 227, de cette collection, et celui sur le prétendu temple de Mont-Morillon, au t. XXV, p. 129.

6. Charleville, ville du département des Ardennes qui touche à Mézières.

fourni par moi. Au mois de janvier dernier, j'ai lu sur le prétendu temple gaulois de Montmorillon, en Poitou, que j'allai voir en 1747, et que j'ai prouvé n'avoir jamais été qu'une chapelle cémétériale du Saint-Sépulcre par sa ressemblance avec le dôme ouvert de celle que l'on voit encore à Jérusalem. Dom B. de Montfaucon, ni Dom J. Martin, n'en avoient parlé que sur des ouï-dire et sur des lettres. Il y a plus d'un an que je ne donne plus rien au *Mercure*[7]. L'abbé Raynal s'est laissé empaumer par les dames qui ne veulent que des contes et des fables. Il n'a pas même admis un bon morceau de M. Polluche, d'Orléans. Je me répands maintenant dans le *Journal de Verdun*, de M. Bonamy, où j'ai mis, l'an passé, sept ou huit petits morceaux[8]. Son journal de mars en contient un sur Alpaïs de Cudot, que je vous invite de lire[9]. M. Bonamy y a joint une note où il met en comparaison l'autorité d'un traité de physique du XIII° siècle que j'ai cité, avec la vision ou le rêve de la bonne Alpaïs. Le traité peut faire foi pour prouver l'existence d'une opinion sur le globe de l'univers, et non pas le rêve d'une fille. Voyez un peu cela, je vous en prie. Ce morceau peut faire partie de l'histoire du pays Sénonois.

Apprenez-moi, à votre tour, des nouvelles sur les squelettes des environs de Bray ; au moins le nom de la paroisse où s'est faite cette découverte. Ceci me rappelle une découverte d'autres squelettes faite à Asnières[10], à une portée de fusil de la Seine, vis à vis Clichy-la-Garenne. M. de Royer, fils du comte d'Argenson, y a fait bâtir une belle maison, et pour avoir une belle promenade sur le bord de la rivière, il en a fait applanir les bords, au mois de janvier. Les pionniers ont trouvé dans le gravier différents squelettes sans aucun cercueil, et couchés de toute sorte

---

7. C'est par erreur que nous avions fixé à l'année 1743 la cessation des rapports de Lebeuf avec le *Mercure* ; voyez ci-dessus, p. 296.

8. Lebeuf continua jusqu'en 1756 à fournir au *Journal de Verdun* de nombreux Mémoires, dont la liste dépasserait ici les limites d'une simple note. On en compte, depuis 1751, plus de trente.

9. Voyez, sur la B. Alpaïs de Cudot, Correspondance, t. I, p. 372.

10. Voyez *Journal de Verdun* d'avril 1752, p. 274.

de sens : sur le côté droit, gauche, sur le ventre, les pieds tournés en tout sens. Plusieurs avoient des bouteilles de grès comme nos cruches à petit collet à une seule anse; d'autres des coupes de terre rouge sigillée ; un d'eux avoit un sabre tout rouillé, à un autre étoit une ancienne fibule de cuivre jaune sur laquelle on lisoit, d'un côté, en lettres capitales romaines : DOMINE MARTI VIVAS, et de l'autre : VTERE FELEX. Un des vases étoit de verre fort fin et figure des lampes d'église. Le curé de Clichy me le fit sçavoir par M. de Malesherbes, gendre de son seigneur, lequel m'y mena avec M. Gibert, son secrétaire, et M. Barthélemi. On ne trouva qu'un squelette en notre présence, couché sur le côté gauche. Nous croyons que ces gens-là sont du IVe siècle ou environ. Je ne crois pas que le cimetière ait été là ; je pense que ce sont des gens qui, dans un bateau, auront été noyés et seront restés là sous le gravier.

---

405. — DE FENEL A LEBEUF.

A Sens, ce vendredi, 10 mars 1752.

...Je commence par avoir l'honneur de vous dire que M. l'abbé Conti a eu grande raison de dire que le morceau d'étoffe de soie en question (que l'on prétend avoir été donné par l'impératrice Placidie, pour mettre sur le corps de saint Germain, vers l'an 400), n'a très certainement pas cette antiquité, et que c'est une pieuse fraude ou une crédulité blâmable qui a fait accroire qu'une étoffe beaucoup plus nouvelle avoit cette haute antiquité. En passant, je vous dirai que cet abbé étoit vénitien et nullement parent du Pape, de la famille Conti. Mais c'étoit au reste une personne de beaucoup d'esprit, qui parloit peu et qui pensoit beaucoup. Il est peut-être encore vivant[1]. Il a fait beaucoup de vers italiens d'un très bon goût, et il a célébré les vertus et le

---

1. La supposition de Fenel n'était pas exacte, puisque Conti était mort depuis 1748. Voyez ci dessus, p. 551, note 2.

rare mérite de la mère de M. le comte de Caylus par d'admirables vers.

Ce n'est pas seulement la raison de l'extrême cherté de la soie en ce temps-là qui me détermine à ce sentiment (on la vendoit au poids de l'or et on l'appeloit, à cause de cela, ἰσόχρυσον); car on pourroit dire qu'une impératrice étoit assez riche pour satisfaire en cela sa piété. Ce n'est pas tout cela qui me fait décider. C'est qu'il y a preuve qu'il n'y a pas eu de fabriques d'étoffes de soie, en Europe, avant le temps de Justinien. Et, pour abréger, tout ce que je pourrois vous dire, Monsieur, pour le prouver, il suffit de vous renvoyer à l'écrit de M. Mahudel sur la soie, qui est au cinquième tome des Mémoires de notre Académie. Et, si vous ne l'avez pas sous votre main, voyez-en l'extrait qui en a été donné dans le *Journal des Sçavants*, de décembre 1729. Vous y verrez en deux mots, que, jusqu'au temps de cet empereur, la soie ne venoit dans l'Occident que des Indes, ou plutôt de la Chine, par la voie des Persans; que cela tiroit, tous les ans, une prodigieuse somme d'or des États des Romains, ce qui étoit d'autant plus triste que la plus grande partie de cet or restoit chez les Perses, les plus cruels ennemis des Romains; que Justinien (prince habile et qui avoit de grandes vues), voulut priver les Perses de ce commerce très lucratif; qu'à cet effet il songea à se servir des Æthiopiens, qui avoient sans doute alors un commerce réglé avec les Indiens (ce sont ceux que nous nommons Abyssins); mais que, sur ces entrefaites, des moines venus des Indes lui apprirent que l'on pouvoit transplanter en Europe la fabrique de la soie très facilement; qu'ils apportèrent des œufs de vers à soie en Grèce; qu'ils donnèrent en même temps toutes les instructions nécessaires pour nourrir et élever ces précieux insectes et pour en recueillir la soie, comme aussi pour la mettre en œuvre. Je trouve dans le livre intitulé: *Essai de l'histoire du commerce de Venise*, extrait du *Journal des Sçavants*, d'octobre 1729, que Justinien établit des ouvriers en soie dans diverses villes de la Grèce. Cela réussit au-delà de toute

1752

espérance ; et cela prouve qu'avant ce temps-là il n'y avoit point de fabriques d'étoffes de soie en Europe. J'insiste sur ce point pour prévenir une objection qu'on pourroit me faire. On diroit que les Romains, avant cette époque, tiroient la soie brute et non façonnée des Indes par la Perse, et qu'ils la faisoient travailler chez eux ; mais l'on ne voit rien qui appuie cette conjecture. L'établissement fait par Justinien semble supposer tout le contraire. Les Indiens, de leur côté, ou plutôt les Chinois, de qui il falloit avant cela tirer la soie, ne devoient pas être assez stupides pour la livrer sans avoir gagné le profit attaché à la fabrication qui devoit faire subsister une infinité d'ouvriers sur les lieux. Ainsi il faut conclure qu'on n'a pas fabriqué d'étoffes de soie en Europe avant le temps de Justinien. Donc le prétendu don fait par Placidie avant ce temps-là est absolument faux.

Mais on fera peut-être encore une autre objection. On dira que les Romains, pour avoir des étoffes fabriquées dans leur goût et à leur manière, envoyoient peut-être des dessins et des modèles des ouvrages qu'ils demandoient, et que les Indiens, ou plutôt les Chinois, les exécutoient moyennant le bon payement qu'on leur en faisoit (à peu près comme aujourd'hui on commande des vases d'une certaine forme aux ouvriers chinois qui font la porcelaine). On feroit cette objection sans doute dans la vue de prévenir une nouvelle preuve que je pourrois tirer de ce que la fabrique de cette étoffe et les figures qu'on y voit ont tout à fait l'air européen et n'ont nullement le goût indien ou chinois, qui doit être et avoir été encore plus étrange jadis à l'égard de l'Europe. Ces aigles, ces roses, ce collier des aigles, cette perle dans leur bec, tout cela sur un fond violet, sent si fort le travail des siècles postérieurs, que la fraude est évidente. Et c'est par là que je réponds à cette objection qu'on pourroit me faire. Car ces figures ne ressentent point du tout le goût de l'empire grec, comme je l'expliquerai plus bas. Cette couleur jaune des aigles vient de quelque cause particulière que je développerai dans la suite ; car les aigles sont de couleur noirâtre, d'où l'on a fait le nom d'*aquilus color*.

Il faut encore prévenir une autre objection tirée des *Vestes Coæ et Assyriæ*, qui ont été très certainement connues des anciens Romains. Aristote a parlé de l'origine des premières, mais si obscurément qu'on ne sait ce qu'il a voulu dire. (*Hist. animal.*, v. 19.) Pline a voulu parler des unes et des autres; mais il s'est tellement brouillé qu'on ne peut l'entendre. Je ne dois pas entrer dans cette discussion. On peut m'objecter que plusieurs auteurs ont confondu ces étoffes avec celles de soie, et que peut-être l'étoffe de Saint-Germain est un reste de ces anciennes manufactures de Cos et de l'Assyrie. Mais on se trouveroit bien loin de la vérité : car, quoique les auteurs naturalistes que je viens de citer se soient expliqués trop brièvement, il est sûr que l'insecte dont ils ont voulu parler n'est pas le ver à soie. Ainsi les étoffes en question n'étoient point de la soie, au lieu que le suaire de saint Germain en est bien réellement. De plus, les chenilles d'Aristote et de Pline ne fournissoient que des étoffes transparentes et claires, à peu près comme nos gazes, ce qui a donné lieu aux anciens les moins rigoristes de faire de violentes déclamations contre la mode de ces habillements qu'ils prétendoient ne pouvoir pas cacher la nudité. Je pourrois bien montrer que ce sont des exagérations hyperboliques, et que les dames romaines mettoient sous ces espèces de gazes des étoffes épaisses et nullement transparentes; mais cela m'écarteroit de mon sujet. Il me suffit de remarquer que la mode de ces gazes étoit passée du temps de Placidie, et que l'étoffe en question n'y a aucun rapport. Au reste, la chenille, ou les deux sortes de chenilles qui fournissoient ces habillements sont totalement inconnues aujourd'hui. C'est un art perdu ; il en faut faire note pour un *Auctarium* au *Pancirole de rebus perditis* (ouvrage auquel je pourrois donner un supplément assez ample). Il seroit pourtant curieux de savoir ce que c'étoit : cela nous expliqueroit ce que Pline a voulu dire par ces paroles VI. 17 : « Unde « geminus fœminis nostris labor redordiendi fila rursumque « texendi. Tam multiplici opere... ut in publico matrona trans- « luceat ! » Ces dernières paroles font voir que Pline veut

1752 parler des *Vestes Coæ*, quoiqu'il semble vouloir dire qu'il veut traiter de la vraie soie. Aristote semble aussi parler de ce double travail des femmes ; c'est une manipulation aujourd'hui inconnue.

Ayant ainsi prouvé que cette étoffe n'est pas de l'antiquité dont on la vante, il faut tâcher de désigner à peu près le temps après lequel elle a été faite. Je dis expressément après lequel, car de savoir la date de sa fabrication c'est ce qui est extrêmement difficile, pour ne pas dire impossible. Je dis donc que cette étoffe a été faite après les découvertes chimiques qui nous ont appris le secret de donner aux tissus de soie et de laine un bon teint, un teint durable, qui résiste au temps, au soleil, à l'air, *tincturam optimam*, ce que nous appelons, en françois, le grand teint. Je dis ensuite que l'étoffe en question a tous les caractères qui peuvent faire croire qu'elle a été fabriquée après les règles du blason, et particulièrement après le xive siècle.

Les anciens originairement ne teignoient pas leurs étoffes, puisqu'ils étoient en usage de les laver pour en ôter la crasse. « Omni tempore sint vestimenta tua candida, » dit l'Ecclésiaste. On a un trait qui regarde Épaminondas, qui étoit obligé de rester chez lui pendant qu'on dégraissoit le seul habit qu'il possédoit. Il y en a mille autres preuves. Quand ils eurent l'usage de quelques teintures, elles étoient faibles et de mauvais teint. La preuve en résulte de ce qu'ils n'avoient pas d'autre moyen pour unir la teinture à l'étoffe que d'employer leur nitre (différent de notre salpêtre). Or, il a fallu quelque chose le plus puissant que cela pour former les teintures du grand teint. Il suffit de lire les règlements pour l'art des teinturiers et ce qu'ont fait en ce genre MM. du Fay et Hellot de l'Académie des sciences, par ordre du Roi, pour perfectionner cet art. On n'auroit pas été obligé d'ajouter une infinité de nouveaux moyens pour cet effet si les pratiques des anciens n'eussent pas été très mauvaises. Or, tous les moyens qu'on a employés pour le grand teint (ou du moins les principaux), sont tirés de la chimie, et même d'une chimie très raffinée. M. Senac, dans son Discours historique sur la chimie, à la tête de son nouveau cours, en 1723, p. 47, dit formellement : « L'art de teindre n'a été perfectionné que par les découvertes chimiques. » Or, la chimie n'a été cultivée en Occident qu'au xiiᵉ siècle. Ses principales découvertes sont du xiiiᵉ et xivᵉ siècle. Il est vrai qu'elle est plus ancienne en Orient, et qu'elle peut remonter au viiiᵉ ou ixᵉ siècle, sous les caliphes et sous les empereurs de Constantinople ; mais, de quelque côté qu'on le prenne, la pièce en question sera toujours de beaucoup postérieure au temps de Justinien. Donc elle n'est pas du temps de l'impératrice Placidie. Au reste, quand je parle de l'imperfection de la teinture des anciens, je n'entends pas y comprendre la teinture de pourpre (à peu près perdue aujourd'hui). Les anciens y employoient, outre le nitre, du miel et de l'urine, et l'on a preuve que cela la conservoit très longtemps. Cela lui donnoit encore une odeur très désagréable, sur laquelle Martial a beaucoup raillé. Mais vous trouverez bon que je glisse légèrement sur ce point. La raison pour laquelle cette teinture étoit meilleure que les autres, c'est que la liqueur qui fait la pourpre est très tenace par elle-même, et que, sans aucun secours, elle soutient d'assez fortes épreuves, comme on l'a reconnu par diverses expériences qu'on a faites dans ce siècle, et qui sont répandues dans les Mémoires de l'Académie des sciences et dans divers journaux. Mais il ne s'agit point ici de couleur de pourpre ; le fond de celle-ci est violet, et, quelque chose que l'on dise, il faut nécessairement que les matériaux employés pour sa teinture soient du grand teint pour avoir résisté tant de temps ; car, quand même on ne mettroit la fabrique de l'étoffe qu'en 1479, ce seroit une durée de deux cent soixante-treize ans ; et, si elle a été faite au xivᵉ siècle, comme je le vais dire, ce sera cent années de plus, ce qui fait une durée considérable. Ainsi, il est impossible que la couleur de cette étoffe se soit soutenue, avec la foiblesse de la teinture ancienne, pendant mil trois cent cinquante ans, depuis le temps de Placidie.

Mais allons plus loin et examinons les couleurs employées dans ce morceau de soie. On y voit d'abord des aigles jaunes. Il n'y a réellement point d'aigles de cette couleur. Le jaune est mis ici pour tenir lieu d'une couleur d'or ; et ainsi, ce sont des aigles d'or qu'on a voulu représenter. Il est clair que cela vient de quelque armoirie ; car l'on sait que ceux qui veulent prendre des *pièces* déjà employées dans le blason de quelque maison illustre ne manquent pas d'en changer l'*émail* pour y mettre de la différence. Et c'est ainsi qu'on voit des fleurs de lys d'argent, de gueule, de sinople, pour les diversifier des fleurs de lys d'or de la couronne de France. Suivant ces principes, on voit dans le blason des lions de toutes couleurs, etc. Quelqu'un qui n'a pas pu prendre l'aigle de l'Empire (qui est de sable), aura pris l'aigle d'or. Et cela se confirme, parce que l'on a observé, sur le fonds, la règle fondamentale du blason, qui est que quand le fonds est de couleur, les pièces doivent être de métal, et *vice versâ* ; quand le fond est de métal, il faut que les pièces soient de couleur. On a donc mis ici, selon la règle, le fonds violet à l'aigle d'or. Je n'ai pas besoin de vous faire sentir, Monsieur, que cette perle au bec de chaque aigle et ces colliers sentent les différentes additions que l'on a coutume de mettre aux animaux dans le blason, lesquels sont dits annelés, béqués, membrés, onglés, selon diverses fantaisies de ceux qui ont pris ces attributs pour distinguer leurs armoiries.

Remarquons à présent qu'au XIVe siècle ça été un usage général, en Occident et surtout en France, que les gents de la plus haute qualité s'habilloient de leur blason, c'est à-dire qu'ils employoient des étoffes dans lesquelles on avoit représenté en plein le blason de leurs armoiries. Ainsi, un roi de France étoit vêtu d'une étoffe fonds bleu semée de fleurs de lys d'or sans nombre ; un Dauphin avoit une étoffe où l'écu de France étoit écartelé avec celui de Dauphiné. Et afin de vous faire comprendre en un instant ce que je veux dire, voyez deux tableaux qui représentent la cour du roi Charles V et de son épouse, qui ont été gravés par les soins du P. Ménétrier, jésuite, et que les auteurs des *Acta eruditorum* de Leipsick ont fait copier dans leur Journal de 1683. Tous les principaux personnages y sont vêtus de leur blason. C'est ce que je n'ai pas manqué de remarquer dans mon *État des sciences au XIVe siècle*, et j'ai observé expressément que cette mode avoit dû contribuer à perfectionner la fabrique des étoffes. Cela posé, je dis que la pièce de soie en question est quelque étoffe faite pour l'habillement de quelque seigneur qui portoit de *violet à l'aigle d'or semé de roses sans nombre*; ou du moins cette étoffe avoit été faite à l'imitation de quelque autre semblable qui s'étoit bien débitée parce qu'il y avoit beaucoup de gentilshommes qui avoient des aigles dans leurs armes. Et ainsi voilà toute la prétendue antiquité de cette étoffe à bas. Elle a été faite depuis les découvertes chimiques qui ont perfectionné les teintures, et elle est depuis le temps que l'on avoit pour mode de s'habiller de son blason. Savoir maintenant si c'est celle qui a été achetée en 1479, c'est sur quoi je ne puis décider. Cela se peut : mais aussi cela est peut-être un peu plus ancien.....

---

406. — DE LEBEUF A M. POLLUCHE.

15 mars 1752.

Il y a près d'un an que je n'ai eu directement aucune de vos nouvelles. Vous me marquiez, dans votre dernière du 6 avril, que je pouvois compter que je recevrois le Pouillé d'Orléans avant qu'il fût peu. Il ne faut pas que les abbayes vous retiennent, il n'en faut faire aucune mention. Je me borne aux cures et annexes ou succursales, chapitres et prieurés, chapelles anciennes et mémorables. Vous eûtes la bonté de renouveler votre promesse à Dom Gérou[1], que j'ai vu ici à mon retour de Franche-Comté. J'en attends l'efficacité.

LETTRE 406. — Publiée par M. de Bastard, dans le *Bulletin de la société des Sciences de l'Yonne*, t. XIII.

1. Dom Gérou, dont il est parlé ci-dessus, p. 332, note 5, a travaillé à

1752

Vous sçavez qu'il paroît deux tomes du *Gallia christiana*, qui contiennent la province de Reims ; mais ils ne sont pas si gros que ceux de la province de Paris.

Les journaux vous instruisent sur les nouveaux livres. J'ai sçu que vous étiez informé des *Variétés historiques* [2], compilation anonyme, avec un titre imposant, quoique ce soit la production d'un plagiaire.

Je ne sçais si vous reçûtes, au printemps dernier, l'histoire de Verdun en blanc que M. votre fils se chargea de vous faire tenir en blanc [3]. J'y ai eu bonne part, mais nullement aux corrections que le censeur ecclésiastique y a faites pour ménager la mémoire de certains évêques.

Je me doute que vous avez expérimenté par vous-même le ridicule de l'auteur du *Mercure* [4] qui ne met presque plus de pièces de littérature [5], quoiqu'il y en a une dans son journal du

---

la collection des chartes que la Congrégation de Saint-Maur avait entreprise par ordre de M. Bertin, ministre d'État. L'*Histoire littéraire de la Congrégation de Saint-Maur*, p. 797, dit de lui « qu'il étoit estimable par son grand amour du travail, et qu'il étoit en commerce des lettres avec plusieurs sçavants séculiers. »

2. *Variétés historiques, physiques et littéraires, ou recherches d'un savant, contenant plusieurs pièces curieuses et intéressantes*, Paris, Nyon, 1752, 6 vol. en 3 tomes in-12. Ce recueil, publié sans nom d'auteur, est attribué à Antoine-Gaspard Boucher d'Argis, d'abord avocat au Parlement de Paris, puis conseiller au Conseil souverain de Dombes et enfin au Châtelet de Paris ; « il n'offre, selon la *Bibliothèque historique de la France*, que des extraits du *Mercure* et autres ouvrages périodiques. »

3. Un livre en blanc est un livre en feuilles, sans reliure. Voyez dans les *Jugements sur quelques ouvrages nouveaux*, t. VI, p. 287. Avignon, 1745 in-12, l'annonce très détaillée de la publication de cette histoire.

4. Le *Mercure de France* était alors dirigé par Le Clerc de La Bruère et Louis Fuzelier ; à la mort d'Antoine de La Roque (1744), ils en avaient obtenu conjointement le privilège. Fuzelier était un faiseur d'opéras comme La Bruère, qui, de plus, remplissait à Rome les fonctions de secrétaire d'ambassade ; ces deux écrivains n'étaient pas faits pour maintenir au *Mercure* le caractère sérieux que les frères La Roque avaient su lui donner.

5. L'abbé Lebeuf emploie ici le mot littérature dans le sens d'érudition. Cette acception, qui sans doute ne serait pas admise aujourd'hui, se trouve dans le *Dictionnaire de Trévoux*.

présent mois de mars, sur la ville de Blaye en Gascogne. Je crois vous avoir conseillé dans le temps de faire comme moi et de donner ce que vous avez à communiquer au public.

M. Secousse s'est fait faire, vendredi [6], l'opération de la cataracte à un œil : cela va bien jusqu'à présent. Il ne veut paroître à l'Académie qu'au mois de juin.

Que pensez-vous de ma reine Pédauque? Je voudrois bien que ma pièce fût imprimée en entier; la vérité de ma découverte vous seroit plus manifestée.

M. votre fils m'a écrit une fois depuis qu'il est à Rouen ; je lui ai fait faire connoissance avec un sçavant de mes amis appelé l'abbé Saas.

Je ne me suis pas beaucoup éloigné de votre sentiment sur la forêt *Arelaunum*, lorsque j'ai prétendu que c'étoit l'extrémité de la forêt de Bière ou de Fontainebleau, laquelle s'étendoit du côté de la rivière d'Orvanne, où est Dormeil [7]. Que ne donnez-vous au *Journal de Verdun* votre ouvrage sur cette forêt ? Ce journal deviendra plus curieux pour les gens de lettres que le *Mercure*, qui ne met presque plus que des contes.

J'ai une grâce à vous demander, qui est de vouloir bien m'informer, à votre loisir, si votre paroisse de Notre-Dame de Recouvrance n'a pas pour curé un nommé M. Roussel, Bourguignon, et s'il se porte bien. Je l'ai perdu de vue.

---

6. Le 10 mars 1752, et non en 1751, comme le dit Pierre de Bougainville dans son éloge de Secousse, prononcé le 12 novembre 1754, devant l'Académie des Inscriptions et Belles-Lettres : « Sa vue (de M. Secousse), qui s'étoit d'abord affoiblie par degrés insensibles, s'éteignit enfin sans ressources. Il essaya tout ce qu'on lui proposoit de remèdes : il se détermina, en 1751, à l'opération de la cataracte, mais elle n'eut pas le succès qu'on s'en promettoit, et peut-être les accidents dont elle fut suivie contribuèrent-ils à l'altération de sa santé. Nous eûmes le chagrin de la voir dépérir depuis ce moment, jusqu'à celui de la maladie violente qui nous l'enleva le 15 de mars dernier. » *Histoire de l'Académie des Inscriptions et Belles-lettres*, t. XXV, in-4°, p. 302.

7. Dormelles-sur-l'Orvanne, à 20 kilomètres au S.-E. de Fontainebleau (Seine-et-Marne).

1752

Le Père Cosme [8] fait imprimer à force, à ce que m'a dit ou écrit Dom Gérou, de Tours.

Ma dernière course autumnale m'a conduit ès villes de Dijon, abbaye de Cîteaux, Saint-Jean-de-Lône, Dôle, Besançon, Quingé, Salins, Nozeray, Saint-Claude, pays de Gex, Genève, Nyon, ancienne *Colonia equestrium*, Poligny, Arbois, Auxonne. Voilà ma confession générale.

—

407. — DE LEBEUF A FENEL.

28 mars 1752.

1752

En quatre jours de temps, j'ai reçu les deux lettres dont vous m'avez honoré. La première qui m'apprenoit que vous m'envoyiez réponse sur les squelettes de Bray, m'a fort réjoui quant au reste, parce que j'y ai lu que votre santé alloit mieux. M. de Bougainville a été attaqué de la même infirmité[1], mais il en est quitte pour une pâleur qui ne l'empêche pas d'agir. Vous faites trop de grâce à ma dernière en la qualifiant de sçavante et aimable ; c'est bien plutôt la vôtre qui mérite à juste titre ces deux qualités.

Quoique vous n'entriez pas tout-à-fait dans le sentiment de M. Melot, qui place la facture de notre pièce d'étoffe vers 1450[2], vous ne vous en éloignez pas beaucoup en ne la remontant que

---

8. Le Père Cosme, de Saint-Étienne-de-Villiers, religieux carme, avait beaucoup d'érudition et était très versé dans l'histoire de son ordre. Lebeuf fait probablement ici allusion à la *Bibliotheca Carmelitana* annoncée dans le *Journal de Verdun* du mois de mai 1750, p. 347, et que le P. Cosme faisait alors imprimer. Cet ouvrage parut à Orléans, en 1752, sans nom d'auteur.

Lettre 407. — Publiée, ainsi que le n° 408, d'après les autographes, collection de Fontaine.

1. Fenel avait été atteint d'une fluxion qui ne lui permit, pendant trois semaines, ni de lire ni d'écrire. (Lettre du 10 mars 1752.)

2. Voyez ci-dessus, lettre du 4 mars 1752, au sujet du suaire de saint Germain, pièce d'étoffe dont Lebeuf parle ici.

cent ans plus haut. C'est toujours la rabaisser de neuf siècles au-dessous de l'âge que les Bénédictins d'Auxerre lui ont donné. Je vous suis infiniment redevable de tout ce que vous m'avez marqué sur l'origine de la soie. J'avois lu, deux jours auparavant, ce que M. Mahudel en a écrit, mais vous enchérissez beaucoup dessus. M. Falconet m'avoit aussi promis, de son côté, quelque chose ; je doute qu'il trouve le temps pour cela. Quoiqu'il en soit, M. Belley et M. de Sainte-Pallaye disent que cette chose ne peut avoir au plus que quatre à cinq cents ans. Si donc tous les plus grands connoisseurs de Paris n'en font pas remonter la fabrique plus haut, comment nos religieux peuvent-ils assurer confidemment que c'est une étoffe que l'impératrice Placidie donna pour ensevelir saint Germain, vers 448 ? Il ne se peut rien de plus sçavant que ce que vous me marquez sur la teinture et sur l'origine des armoiries figurées sur les habits. Cela m'a fait ressouvenir d'en avoir vu à des représentations de chevaliers figurées sur leurs tombes.

Vous avez grande raison de dire que ce qu'on a mis dans le *Mercure* sur ma reine Pédauque n'est qu'un extrait tronqué. Mon ouvrage avoit cinq quarts d'heure de lecture. J'en fis un abrégé que M. de Foncemagne abrégea, et cet extrait est encore une abbréviation de l'extrait de cet abrégé. Il y a bien des choses curieuses qu'on a omises.

Pour nouvelles d'Académie, je vous dirai qu'il n'y aura pas de distribution de prix pour la matière de l'*État des sciences sous Charles VIII et Louis XII*. La partie est remise. On doit lire, à la rentrée de Pâques, un Mémoire de M. Monard, sur le fameux arc de triomphe d'Orange[3].

A propos d'arc, on vient d'en détruire un à Reims, où l'on

---

3. Voyez *Recueil de l'Académie des Inscriptions*, t. XXVI, p. 335. L'abbé Minard y exprimait l'opinion que l'arc de triomphe d'Orange datait du temps de Jules-César, tandis que Lebeuf, dans une note du t. XXV, p. 149 de la même collection, avançait qu'il avait été érigé en mémoire de la grandeur romaine et des victoires remportées en général, soit du temps de la République, soit du temps de l'Empire. M. Caristie, dans les *Monu-*

vérifie de plus en plus le proverbe de quatre-vingt-dix-neuf moutons. Vous devriez voir le *Journal de Verdun*, où je crois qu'il y aura quelque chose là-dessus [4]. L'abbé Raynal a effarouché ses clients [5]. On ne lui envoie plus rien, quoique cependant je viens de lire dans son journal de mars un Mémoire sur Blavet et Blaye de la *Notice de l'Empire*. Peut-être que M. de la Bruère rentre dans son bien, car, au moins, M. le duc de Nivernois est de retour ici pour six mois.

En examinant ici des manuscrits envoyés de Dijon pour être vendus, je suis tombé sur un martyrologe d'Usuard, refait sur la fin du XIIe siècle; au moins l'écriture est de ce temps-là. J'ai été frappé de l'annonce de vos saints Sénonois, au 31 décembre, après saint Sylvestre. Il y a « Apud Senones beatorum Saviniani « episcopi, et Potentiani diaconi et Sancioni subdiaconi, qui a « pontifice romano, etc. » Voilà votre saint Potentien bien dégradé. Ce martyrologe et deux autres assez curieux sont maintenant à la Bibliothèque du roi, où je les ai fait porter, *nomine meo tacito*, afin que le vendeur en fût payé plus grassement. Saint Francovée est qualifié évêque de Sens dans celui d'Autun, qui est l'un des trois, et son corps y est dit avoir été porté de Sainte-Colombe de Sens à Saint-Symphorien d'Autun. Je vous avois déjà marqué cela sur ce que je l'avois lu ainsi dans le chœur de la cathédrale d'Autun, où traînoit ce vieux martyrologe du XIIIe siècle, ou un semblable, en 1724.

En pensant à ce que vous avez lu sur la coutume par laquelle les lépreux devoient avoir une patte d'oie sur leurs habits, je

---

ments antiques à Orange, arc de triomphe, etc., Paris, 1856, in-folio, exprime l'opinion que l'arc de triomphe d'Orange date du temps de Trajan et des Antonins, c'est-à-dire de la seconde moitié du premier siècle de l'ère chrétienne.

4. Avril 1752, p. 283. Cette lettre du *Journal de Verdun* est probablement de Lebeuf.

5. L'abbé Raynal, célèbre encyclopédiste, né en 1713, mort en 1796, était entré dans la rédaction du *Mercure de France*, et c'est de ce journal que Lebeuf parle. Leclerc de La Bruère était l'un des directeurs du même journal. Le duc de Nivernois était membre de l'Académie des Inscriptions.

crois que c'est par allusion à notre reine Pédauque, prétendue fille de Marcel, roi de Toulouse, laquelle saint Martial et saint Saturnin guérirent de la lèpre en la baptisant par immersion.

A-t-on autrefois dressé un procès-verbal des tombeaux qui ont été remués dans le chœur de la métropole de Sens? Je viens de lire dans le tome du *Gallia christiana* nouveau, où est Noyon, un procès-verbal de ceux des évêques de Noyon qui furent trouvés il y a, je crois, dix ans, lorsqu'on voulut paver le sanctuaire à neuf. Cela est curieux à lire une fois. Il y a, parmi les mêmes instruments *Ecclesiæ Noviomensis*, un acte que Odon Rigaud, archevêque de Rouen [6], y trouva dans la châsse de saint Éloi, en la cathédrale. Il faut être sorcier pour deviner ce que signifient diverses lettres romaines capitales fourrées dans cet acte. Si la bibliothèque du Chapitre a les deux derniers tomes, qui sont IX et X, donnez-vous la peine d'y regarder. Dom Brice m'a assuré que c'est Dom Duplessis [7] qui a fait imprimer cela.

Je n'ai pu encore lire à l'Académie le petit narré de M. le curé de Donnemarie, parce qu'il ne s'est pas trouvé de vide. Je saisirai la première occasion [8]. Je ne sçaurois croire que ces squelettes trouvés soient de chrétiens; je pense plutôt que ce sont des Normands, et que ce massacre seroit arrivé en 925, année qu'il y eut une déconfiture sur les bords de la Seine, sans spécification de lieu. Je vous ai autrefois écrit là-dessus, et ma lettre est dans le *Mercure* de février 1735. J'ignorois alors que la tradition portoit que Jaulne avoit été le lieu d'une bataille; je dis tradition, car je n'ai aucune idée que ce nom de lieu soit dans aucun écrivain. Je sçais seulement qu'avant qu'il y eût une ville construite proche la petite forteresse de Bray, c'étoit à

---

6. Eudes Rigaud, archevêque de Rouen, siégea de l'an 1248 à l'an 1275.

7. D. Duplessis contribua beaucoup aux tomes IX et X de la *Gallia christiana*, où se trouvent les diocèses de Laon, de Noyon, etc. Après avoir travaillé sur le diocèse de Rouen il abandonna l'ouvrage.

8. La relation sur la découverte des squelettes à Bray-sur-Seine. Voyez, ci-dessus lettre du 10 mars 1752.

Jaulne qu'étoit le pont, et la route militaire y aboutissoit. Nous aurions fort besoin maintenant que le Dictionnaire de M. l'abbé Bullet, de Besançon, parût [9] pour nous apprendre d'où pouvoit venir ce mot *Jaulne*, qui est si rare en fait de géographie, qu'en France ce village est le seul de ce nom. Vient-il de *Ganna* ou de *Gannes*, car il reste encore bien de vieilles tours qu'on appelle tours de Ganne [10]. Naturellement, à un grand passage de pont une tour ou donjon n'étoit pas de trop. Quoique j'avoue qu'il y eût une bataille dans les marais, proche Jaulne et Bray, j'ai de la peine à croire que les Champenois y aient été si fort taillés en pièce, que de là vienne l'origine de l'annoblissement du ventre [11].

On imprime, chez Laguette, le Dictionnaire bas-breton du Père Pelletier [12], que vous avez vu autrefois et que vous jugeâtes être plein de fautes, dans ce qu'il y mêle de la langue grecque. C'est Dom Taillandier, chargé de l'*Histoire de Bretagne*, qui en est l'éditeur.

Les gravures retardent toujours l'édition de la suite de la *Diplomatique* [13].

P.-S. — Je vous prie de n'envoyer au P. Poisson ce qui est ici pour lui qu'à votre plus grande commodité. Il n'est aucunement parent de M. le curé de Marsangy. C'est un religieux observateur de la règle, *rara avis in silva*. Il a demeuré à Au-

---

9. Le *Dictionnaire celtique*, publié à Besançon, en 1754, 3 vol. in-folio.
10. Selon Bullet, *Gana* signifie hauteur, sommet. Il existe encore dans la commune de Thisy, arrondissement d'Avallon (Yonne), l'emplacement d'un château ruiné qui porte le nom de Château de Ganne.
11. *L'anoblissement du ventre*, c'est-à-dire par les femmes. Cette coutume qui donnait aux femmes nobles le droit d'anoblir leurs enfants lorsqu'elles avaient épousé des roturiers, tire, dit-on, son origine de la grande perte de gentilshommes qui arriva à la bataille de Fontenoy en 841, notamment pour la Champagne. Pour y remédier les rois accordèrent aux femmes le privilège dont il s'agit, et qui se maintint en Champagne plus longtemps qu'ailleurs, et au moins jusqu'au milieu du dernier siècle.
12. Dom Pelletier, né au Mans le 10 janvier 1665, mort en 1733, de l'ordre de Saint-Benoît de la Congrégation de Saint-Maur. Il est auteur d'un *Dictionnaire de la langue bretonne*, Paris, 1752, in-folio.
13. Le *Nouveau traité de Diplomatique*, par deux religieux bénédictins, Paris, 6 vol. in-4°, 1750-1765.

xerre. Vous pourrez lire ce que je lui adresse, puis cachetez
d'un pain à chanter; on ne s'aperçoit pas à la poste de l'envoi
lorsqu'il n'y a pas de cachet.

408. — DE FENEL A LEBEUF [1].

A Sens, ce mercredi, 26 avril 1752.

Je n'ai pas répondu plustôt à l'honneur de la vôtre du 28 mars, parce que je comptois partir de jour en jour pour Paris, mais le mauvais temps et le mauvais état de ma santé (qui n'étoit pas encore raffermie des ébranlements qu'elle a reçus cet hiver), m'ont retardé de semaine en semaine, jusques à présent. A cela s'est jointe une réparation urgente survenue à la maison que j'habite à Sens et laquelle seule auroit suffi pour m'arrêter, parce que cela la rendoit toute ouverte et exposée au premier occupant. Cette réparation n'est pas actuellement finie. Tout cela doit suffisamment m'excuser auprès de nos chers et honorés confrères, pour mon absence forcée et involontaire, car je brûle du désir de me rendre auprès d'eux, et je porte des matériaux pour plusieurs dissertations que je compte avoir l'honneur de leur communiquer cette séance-ci.

J'espérois, Monsieur, partir demain, mais je suis encore forcé de retarder huit jours; mais aussi je compte que c'est le dernier délai et que ce sera tout de bon que je m'en irai. Je vous remercie de tout mon cœur des choses curieuses que vous me communiquez dans votre lettre, et je suis charmé que vous ne désapprouviez pas mes recherches sur la teinture et la fabrique des étoffes de soie, à l'occasion de votre étoffe que l'on montre à Saint-Germain.

La découverte du diaconat de saint Potentien m'a fait un très grand plaisir; j'avois toujours bien cru que ce saint n'avoit

---

LETTRE 408. — 1. Cette lettre est la dernière du recueil Fontaine. Fenel est mort le 19 décembre 1753.

jamais été évêque, et la façon dont est tournée la collecte de nos apôtres Sénonois, dans un manuscrit du XI° siècle, suffisoit pour le prouver : mais voilà une preuve positive de l'ordre auquel ce saint a été élevé, et il n'y a plus de doute à former. De là il s'ensuit que le Potentius qui a succédé à saint Savinien, dans la liste de saint Vandrille, n'est nullement le même que Potentianus, collègue de saint Savinien dans la prédication de l'évangile à Sens. On a confondu ensuite ces deux noms mal à propos.

Notre prélat a fait enfin graver, placer et dorer dans le chœur de la métropolitaine, la liste de nos évêques[2], et cela sur mes Mémoires ; mais on s'est malheureusement éloigné de mon orthographe, en plusieurs endroits, par une inadvertance blâmable, et la chose auroit été bien plus loin encore si, par hasard, je n'eus averti par lettre M. l'abbé Mahiet d'y avoir l'œil et de réformer les fautes sur mon original. Sans cette petite précaution on auroit gravé le *Porlier* de Marigny, au lieu de le *Portier* ; mais mes précautions n'ont pas pu réformer les fautes déjà faites, car on a gravé *Audaldus* au lieu de *Audactus*, *Arthemius* avec un *H*, ce qui est intolérable, car ce mot vient du grec, et il n'y a pas de *thêta*. Au reste, on est fort surpris, en cette ville, de ne point trouver en cette liste de nos évêques saint Amatus, ni saint Honobert, ni saint Honulphe[3].

---

2. Cette liste est inscrite sur des médaillons de marbre noir scellés contre les parois latérales du jubé.

3. Fenel, non plus que Lebeuf, ne partageait pas l'opinion des écrivains modernes de Sens sur l'existence d'évêques de cette ville connus sous les noms d'Amatus, Honobertus et Honulfus. La *Gallia christiana*, t. XII, a également écarté ces noms de la liste des archevêques de Sens. Le catalogue de ces prélats connu sous le nom de Saint-Vandrille, et dont l'authenticité et l'antiquité sont également respectables, ne les mentionne pas. On a récemment, dans une *Notice sur les archevêques de Sens*, placée en tête du Recueil des statuts synodaux de ce diocèse, fait figurer les trois saints personnages dont parle Fenel dans sa lettre. Nous n'entrerons pas ici dans la discussion de ce point d'histoire de l'église de Sens, mais on peut voir encore, sur le sujet de saint Amé, la savante lettre de Lebeuf à l'un des Pères jésuites d'Anvers, publiée ci-après, n° 409.

A l'égard de *Jaune*, ce mot est mal écrit de la sorte. Vulgairement il devroit être écrit *Jonne* ; il est orthographié ainsi dans les Mémoires sur la vie de saint Paterne que j'ai vus quelque part, et apparemment dans Dom Mabillon. Ce saint avoit été du monastère de Saint-Pierre-le-Vif de Sens à celui de Saint-Pierre de *Jonna* (ou bien de celui-ci à l'autre, car je ne m'en souviens pas bien distinctement), et en retournant il fut attaqué par des gens qu'il vouloit convertir, et il fut tué par eux *in Serginia silvâ* ; c'est le lieu où est bâti le bourg de Sergines, à présent. On ne peut, par conséquent, point douter que le lieu où étoit cet autre monastère ne soit notre Jaune, qui est indiqué par la direction du chemin et par le pont sur la Seine, qui étoit en ce lieu autrefois. Il est remarquable que la paroisse de Jaune est sous le vocable de Saint-Pierre. Je remarque encore qu'une vieille légende (ou plutôt une prose que l'on chante jusqu'à présent le jour de la fête de saint Paterne), dit qu'il fut tué *a Goeribus et Farinandis* ; il y a encore aujourd'hui plusieurs familles de ces noms-là, dans ce pays-ci : les Goères ou Gouères, à Compigny, et les Farinades, à Sens[4]. Les premiers sont restés des laboureurs et des paysans, les autres sont parvenus à de petites magistratures. Il y en a eu un dernièrement ici qui étoit de cette famille, lequel a été avocat du roi ; il ne manquoit pas d'esprit, de vigueur et d'étude. Je me souviens qu'il me dit, en 1719, très sérieusement, que s'il pouvoit tenir le fameux Laws, à Sens, il le feroit pendre en vingt-quatre heures par jugement présidial et dernier, comme perturbateur du repos public et tendant à ruiner l'État, quand il devroit lui en coûter la vie, à lui Farinade, par la suite ; et il l'auroit fait tout comme il le disoit, s'il l'eût pu. Tout ce détail est pour vous récréer un moment : mais vous voyez par l'exemple de ces familles que les noms propres se peuvent conserver dans un pays plus de mille ans.....

1752

---

4. Cette famille Gouère existe encore aujourd'hui à Compigny. Quant aux Farinade, ils ont disparu de la ville de Sens.

409. — DE LEBEUF AU P. B. J.

1753.

1753   Vous avez eu la bonté, M. R. P., de me donner communication du *Synopsis tomi quarti de actis sanctorum mensis septembris*, qui comprend les saints du 12, 13 et 14 du même mois. Il est étonnant de voir comment, à mesure que l'année avance, deux ou trois jours suffisent pour former un in-folio [1], et l'on a lieu d'admirer comment trois de vos sçavants confrères peuvent fournir à ce travail immense. Comme vous ne désapprouvez pas les conseils que j'ai pris la liberté de leur donner, en marquant, dans quelques Mémoires, qu'il seroit à propos qu'ils désignassent l'âge des manuscrits où sont les vies des Saints qu'ils emploient, je présume que vous ne trouverez pas non plus mauvais que je vous fasse part d'une observation assez importante, que leur *Synopsis* m'a rappelée à la mémoire, en y lisant l'article des saints *ex statu ecclesiastico*.

Après avoir parlé de deux évêques d'Autun peu connus, « Amatus Senonensis notior est, » disent-ils, « non gestis in « episcopatu suo, sed exilio fortiter ac sancte tolerato, quo « primùm Peronam est relegatus; deinde in Flandriam missus « ubi præfecturam gessit abbatiæ Broylensis, ac beato fine « quievit. »

Cette période doit vous paroître dire que ce saint Amat ou Amé a été évêque de Sens; elle le suppose, et on l'a cru, en effet, depuis les siècles d'ignorance jusqu'à présent [2]. Mais d'ha-

---

Lettre 409. — Publiée d'après les *Mémoires de Trévoux*, de juin 1753, p. 1338.

1. L'abondance des matériaux de la publication des Bollandistes n'a fait que s'accroître, car le mois d'octobre se compose déjà de treize volumes, et il y a encore un jour (le 31) à publier.

2. Les critiques de Lebeuf contre l'opinion qui place saint Amé au rang des Archevêques de Sens n'ont pas empêché les Bollandistes, au t. IV de septembre et au 13 de ce mois, de le qualifier du titre d'évêque de Sens. Ils ont néanmoins, avec leur impartialité accoutumée, rapporté les objections contraires et qui le font reporter à l'évêché de Sion.

biles critiques ont découvert, de nos jours, que ce saint prélat exilé à Péronne et de là en Flandre, n'étoit pas évêque de Sens : que c'étoit l'église de Sion en Valais qu'il gouvernoit, et que l'erreur vient de ce que quelques copistes des anciens manuscrits ont lu *Senonensis* où il y avoit *Sedunensis*. Dom Brice, bénédictin de Saint-Germain-des-Prés, sçavant continuateur du *Gallia christiana*, m'a confirmé dans ce sentiment, auquel je sçavois que l'église de Sens étoit revenue.

Je puis vous certifier *de visu* que ce saint *Amatus* n'est aucunement dans le Catalogue des évêques de Sens, que Mgr l'archevêque de Sens a fait graver sur le marbre depuis quelques années, et placer dans le côté gauche du sanctuaire de cette ancienne métropole. Il l'a fait omettre, déterminé sans doute par les mêmes raisons que Dom Denis de Sainte-Marthe avoit trouvées pour rendre ce saint évêque à l'église de Sion, auxquelles Dom Brice doit se conformer dans le *Gallia christiana*, selon qu'il me l'a témoigné. L'un des motifs de cette suppression de saint Amé, dans le Catalogue des évêques de Sens, est qu'il manque dans les plus anciens catalogues, dont on dit qu'il y en a un à l'abbaye de Saint-Vandrille proche Rouen. A l'égard de l'antiquité du mot *Sedunensis*, elle se prouve par les anciens exemplaires de quelques vies de saints ou saintes des Pays-Bas.

Cette métamorphose du siége épiscopal de saint Amé pourra surprendre Messieurs du Chapitre de Douai, qui possèdent son corps depuis le IXe siècle. Dès l'an 1745, auquel j'allai en cette ville, je voulus en toucher quelque chose au chanoine qui me fit voir à découvert la chasuble de ce même saint ; mais il ne parut pas sentir les raisons que je lui alléguai au sujet de la méprise arrivée par la ressemblance du nom des deux villes. Il m'en vint une autre à l'esprit : ce fut quand il me parla de la quantité des reliques que la même église de Saint-Amé possède des compagnons de saint Maurice. Sur cela, je lui insinuai que saint Amé avoit pu les apporter de son évêché de Sion, où ils avoient été martyrisés, et qu'il les auroit eues avec le corps du saint évêque. Ce sera à vos Révérends Pères d'Anvers d'examiner ce dernier fait, quand ils en seront au 22 septembre. Voilà, au reste, ma promesse acquittée à l'égard de saint Amé.

---

410. — DE LEBEUF AU PRIEUR DE SAINT-MARTIN D'AUTUN.

Paris, collége de Cambrai, 27 mars 1754.

Faisant autrefois mes tournées de curiosité dans le diocèse d'Auxerre, j'y trouvai un martyrologe manuscrit du XIIIe siècle, auquel étoit joint un obituaire presque du même temps, suivi de la règle de saint Augustin, le tout également écrit à la main. Je connus d'abord que le nécrologe avoit été rédigé pour le prieuré de Narcy, ordre des Chanoines réguliers[1]. Quant au Martyrologe, je n'y connus pas grand'chose, parce que le commencement y manque et que le premier jour qui s'y trouve est le 19 août. Depuis, l'ayant examiné plus sérieusement, j'ai découvert que c'est une copie qui a été faite sur celui de Saint-Martin d'Autun, et qui avoit été adoptée par ce petit couvent de Narcy, diocèse d'Auxerre, faute d'autre, comme cela se faisoit souvent.

1° Il est d'une communauté de Saint-Benoît. On y lit, au 4 décembre : « Eodem die, tumulatio almi patris Benedicti ; »

2° Cette communauté devoit être dans le diocèse d'Autun, parce que les Saints d'Autun y abondent : saint Lazare surtout y a trois ou quatre fêtes ;

3° Cette communauté devoit avoir saint Martin pour patron. On y lit, au 18 novembre : « Eodem die octava sancti Martini, « episcopi et confess. ; »

LETTRE 410. — Publiée d'après l'*Essai sur l'histoire de l'abbaye de Saint-Martin d'Autun*, par M. Bulliot, 1849, t. II, p. 352.

1. Narcy, canton de La Charité (Nièvre). Le titre de la paroisse était autrefois un prieuré-cure de l'ordre de saint Augustin, dépendant du Val-des-Écoliers de Paris.

4° La seule dédicace qu'on y trouve est de Saint-Martin d'Autun. On y lit à la tête du 7 décembre : « Apud Eduam, « dedicatio ecclesie B. Martini, epi. et conf. ; » et à la fin du même jour : « Et in territorio Augustodunensi, S. Hugonis, « confessoris ; »

5° Voici une annonce très remarquable au 21 août : « In « Hostia civitate passio sanctorum martyrum Ypoliti, Taurini, « Erculiani, Felicis, senatoris, qui, sub Claudio principe pal- « mam adepti, regna celestia perceperunt. Quorum corpora a « christianis cum reverentia sepeliuntur : unde postmodum « translata in Augustidunensi civitate, in ecclesia almi pre- « sulis Christi Martini, cum honore tumulata sunt ; sed longo « post tempore ab episcopo Cabilonensi et a bone memorie « domno Hugone, ejusdem cenobii S. Martini abbate, et ab « ipsius loci monachis, viris religiosis et honestis necnon, « et ab universo clero circumquaque adveniente, sunt rele- « vata, et in vasis argenteis, verum etiam et aureis, honori- « fice recondita. »

Toutes ces différentes annonces sont de la main primordiale.

Si on ignore ces faits dans votre abbaye, je me fais, mon Révérend Père, un vrai plaisir de vous les apprendre. Et si ils sont connus, je demande si on y conserve encore les reliques de ces cinq saints dont jamais je n'avois ouï parler.

J'ai aussi lu dans le susdit Martyrologe, au 12 novembre : « Ipso die commemoratio sanctorum quorum reliquie in pre- « senti servantur ecclesia, » de la même main. Si l'on trouve dans les anciens calendriers de Saint-Martin d'Autun une pareille fête de reliques, cela achèvera de convaincre que ce manuscrit a été copié sur celui de votre église. Au reste, je ne scais auquel de vos abbés du nom de Hugues il faut attribuer la rélévation des cinq corps saints, à moins que ce ne soit Hugues II du nom. Feriez-vous encore, comme autrefois, suivant l'énoncé du même Martyrologe, la fête d'un saint Hugues, confesseur ? Quel croyez-vous que peut être ce saint Hugues ? Seroit-ce celui de Cluny ou celui d'Anzy ? Le jour n'y convient pas.

1754 Je crois qu'il n'est pas nécessaire, mon Révérend Père, que je me désigne autrement que par celui que vous eûtes la bonté de retenir à souper le jour de la Nativité N.-D., 1752, avec un de Messieurs du Chapitre d'Autun demeurant à l'évêché, lorsqu'il me mena admirer la belle église construite par vos soins.

SUPPLÉMENT.

411. — DE LEBEUF A DOM MARTÈNE.

Auxerre, 29 juin 1721.

1721 Je vous envoie la copie d'une pièce dont j'ai vu et tenu l'original dans nos archives : je dis original, quoiqu'il m'ait paru que ce n'étoit qu'une copie écrite dans le XIe siècle[1]. C'est pour vous prier de juger par le style et par les autres marques au fait desquelles vous êtes à merveille, si cet acte est sincère. Certainement il n'y avoit point d'Hugues, évêque à Langres, en 1079. Le copiste a peut-être voulu mettre 1039, et aura mis un L pour un X : MLXXVIIII pour MXXXVIIII. Cela peut se faire par inadvertance, comme cela est arrivé dans un endroit du Ier tome des *Analectes* de Dom Mabillon, sur saint Menge ou Memmie, premier évêque de Châlons ; mais l'indiction se trouvera aussi fausse si c'est 1039. Voilà des époques à concilier.

Il est vrai que nous avons les biens qui sont mentionnés dans cette charte, mais n'est-elle pas faite après coup ? C'est de quoi je suis en peine.

LETTRE 411. — Publiée d'après l'original, Bibliothèque impériale, manuscrits français, 17680, correspondance des Bénédictins, f° 83.
1. Il s'agit ici d'une charte relative à l'introduction du culte de saint Mammès dans l'église d'Auxerre, par Hugues, dit Rainard, évêque de Langres. Lebeuf a publié cette pièce sans réflexions dans les Preuves de ses *Mémoires sur l'histoire d'Auxerre*, 2e édition, tome IV, n° 16.

J'espère de votre sincérité ordinaire que vous aurez la bonté de me dire si vous ne la croyez point partie de la boutique de quelque faussaire, comme vous sçavez qu'il y en a eu qui ont fait profession de faire des titres. Vous pouvez donner votre lettre à Dom Philippe Beis, qui chargera de ses dépêches une de ses nièces porteuse de la présente.

412. — DE LEBEUF AU P. PRÉVOST.

Ce vendredi, 9 février 1725.

Le paquet que vous avez envoyé à M Lottin [1] a été exactement rendu. Je viens de le parcourir, ou plutôt de le dévorer, quoiqu'il n'y eût rien pour moi dedans. Il m'a paru que vous aviez dépouillé à merveille le manuscrit qui vous est tombé entre mains, et il faut que cela vous ait coûté du temps. Je suis réjoui de trouver tant de besogne faite ; vous êtes entré dans une discussion que je comptois faire un jour pour prouver l'authenticité de ce petit cahier. Au reste, ne l'égarez pas, je vous prie. Il m'a seulement paru, d'abord, que dans votre page dixième (par rapport au manuscrit, page onze), vous avez mal lu. Il ne faut pas *Saxiacum perduci obtinuit* : il doit y avoir *Saxiacum prædium obtinuit*, et par abrégé *pdium* et non pas *perduci*. Je ne sçais pourquoi vous appelez Optat le deuxième abbé après saint Romulus [2], vu qu'il s'appelle *Odon* dans le manuscrit.

En troisième lieu vous écrivez *Saisy* par une seule *S*, il en faut

---

LETTRE 412. — Publiée d'après le *Bulletin de la société des Sciences de l'Yonne*, t. XVI, 1862, p. 47, auquel M. Benoît, conseiller à la cour de Paris, en avait adressé une copie.

1. M. Lottin (Philippe-Nicolas), imprimeur à Paris, originaire de Gamaches, en Picardie, célèbre imprimeur, mort en 1751.
2. Saint Romulus, abbé de Saissy-les-Bois, martyr au ve ou au vi^e siècle.

deux : autrement on diroit *Saizy* ; mais comme on prononce Sessi, il faut deux *SS* et écrire *Saissi*, comme a fait le Père Mabillon, ou bien *Saici*, comme on écrit *Aucerre*, *Ausserre* ou *Auxerre*. Mais, jusqu'ici, je n'ai encore vu personne employer la lettre *X* pour mettre *Saixi*. Ce mot *prædium* change votre conjecture. C'étoit que Saissi dépendoit de plusieurs rois : examinez à présent de quels rois. Ce *privilegia libertatis* ressent assez le vi[e] ou viie siècle, et non pas le ve.

J'envoie par la poste à M. Lottin cette lettre écrite à la hâte : il aura la bonté de vous la faire tenir aussitôt, afin que vous donniez à la personne qui vous la rendra ce que vous avez pour moi, parce que le courrier doit encore passer chez lui mardi ou mercredi au plus tard. Et si vous aviez tout envoyé d'abord chez M. Lottin, il n'en auroit pas plus coûté. Désormais ce courrier ira de ma part au moins deux fois par mois chez M. Lottin qui a l'impression du *Journal des Sçavants*, et où il m'a fait mettre le premier en tête, en février, ainsi que je le viens de voir [3].

Je suis fort content de l'honneur que ces Messieurs m'ont fait. Je vois le P. Divolé bien vengé. Nos destructeurs d'antiques ont aussi sur les doigts. Tout l'orage est tombé sur l'image saint Christophe. J'en suis fâché : pourquoi est-elle si grosse [4] ?

Ayez la bonté de me conserver une part dans votre cher souvenir.

P.-S. — M. Mignot vous salue. Il n'a pas encore lu le *Jour-*

---

3. Le *Journal des Savants* de février 1725 contient un compte-rendu de l'*Histoire de la prise d'Auxerre par les Huguenots*, de Lebeuf. Il y est parlé du P. Divolé et de l'édition de ses sermons sur la messe que Lebeuf n'avait connue que fort tard.

4. La statue de saint Christophe élevée à l'entrée de la cathédrale d'Auxerre était énorme. Le compte-rendu du *Journal des Savants*, dont nous venons de parler et qui la critiquait, dit à ce sujet : « Molanus nous apprend, dans son *Traité des Images*, la raison pour laquelle on représentoit ce saint d'une grosseur si prodigieuse. On s'imaginoit que, dès lors qu'on pouvoit avoir vu l'image de ce saint, on étoit sûr de ne pas mourir ce jour-là de mort subite : *Christophorum videas, postea tutus eras.* »

*nal des Sçavants*⁵, de février. J'y entrevois que le P. Hardouin maltraite fort mal votre cher confrère le P. Courrayer, qui est digne d'une estime infinie. Je vous prie de lui faire mes compliments.

5. C'était au sujet d'un livre du P. Le Courayer sur *la succession des évêques anglois* et sur *la validité de leurs ordinations*. Le P. Hardoin le qualifiait rudement dans sa *Réfutation*, en 1 vol. in-12, 1724. Voyez *Journal des Savants*, de février 1725, p. 116.

FIN DU TOME SECOND.

TABLE

DES LETTRES ET DES PIÈCES

CONTENUES DANS LE TOME SECOND.

Pages.

145. — De Lebeuf au doyen Fenel. — 17 janvier 1726.	1
146. — De Lebeuf au doyen Fenel. — 9 mars 1726.	3
147. — De Lebeuf à Jannot, libraire à Sens. — Auxerre, 10 mars 1726	8
148. — De Lebeuf au doyen Fenel. — 10 mars 1726	10
149. — De Lebeuf au doyen Fenel. — 9 avril 1726.	11
150. — De Lebeuf au doyen Fenel. — 14 avril 1726.	15
151. — De Lebeuf au doyen Fenel. — 26 mai 1726.	17
152. — De Lebeuf au P. Prévost. — 26 mai 1726	19
153. — De Lebeuf au P. Prévost. — 10 novembre 1726.	21
154. — De Lebeuf à D. Martène. — Auxerre, 23 janvier 1727.	23
155. — De Lebeuf à Fenel, chanoine de la cathédrale de Sens. — Auxerre, 18 février 1727.	25
156. — De Lebeuf au P. Prévost. — 26 février 1727	26
157. — De Lebeuf à Fenel, chanoine de Sens. — 8 mars 1727.	27
158. — De Lebeuf à Fenel, chanoine de Sens. — Auxerre, 23 mai 1727.	28
159. — De Lebeuf à Fenel. — 15 juin 1727	30
160. — De Lebeuf au P. Prévost. — 14 novembre 1727	32
161. — De Lebeuf à D. Germain, chanoine théologal d'Autun. — Auxerre, 4 décembre 1727.	33
162. — De Lebeuf à D. Germain. — 25 janvier 1728.	35
163. — De Lebeuf à D. Germain. — 17 mars 1728.	44
164. — De Lebeuf à D. Germain. — 3 juin 1728.	46

165. — De Lebeuf au P. Prévost. — 26 septembre 1728. 52
166. — De Lebeuf au P. Prévost. — 5 novembre 1728. 53
167. — De Lebeuf au P. Prévost. — 5 novembre 1728. 58
168. — De Lebeuf au P. Prévost. — Auxerre, 12 novembre 1728. . 60
169. — De Lebeuf au P. Prévost. — Auxerre, 12 janvier 1729. . 62
170. — De Lebeuf au P. Souciet, bibliothécaire du collége Louis-le-Grand. — 23 février 1729 64
171. — De Lebeuf au P. Prévost. — 2 mars 1729 66
172. — De Lebeuf à M. Maillart. — Auxerre, 10 août 1729. . . 68
173. — De Lebeuf à Fenel. — 3 septembre 1729. 71
174. — De Lebeuf à Fenel. — 15 octobre 1729 73
175. — De Lebeuf à D. Germain. — 30 décembre 1729 . . . 75
176. — De Lebeuf à D. Germain. — 7 février 1730. 79
177. — De Lebeuf à D. Germain. — 39 janvier 1730 88
178. — De Lebeuf à D. Germain. — 1730. 91
179. — De Lebeuf au P. Souciet. — Auxerre, 14 juillet 1730 . . 97
180. — De Lebeuf à D. Germain. — 15 juillet 1730. 98
181. — De Lebeuf à Fenel. — 28 mai 1731. 101
182. — De Lebeuf à D. Germain. — 14 juillet 1731. 103
183. — De Lebeuf au président Bouhier. — Auxerre, 17 juillet 1731. 108
184. — De Lebeuf au président Bouhier. — Auxerre, 7 août 1731. . 110
185. — De Lebeuf au président Bouhier. — Auxerre, 20 octobre 1731 112
186. — De Lebeuf au P. Souciet. — Auxerre, 26 octobre 1731. . . 115
187. — De Lebeuf au président Bouhier. — Auxerre, 29 décembre 1731. 115
188. — De Lebeuf à M***. — .....mars 1732 119
189. — De Lebeuf à Fenel. — 27 juillet 1732. 121
190. — De Lebeuf à Fenel. — 7 septembre 1732. 124
191. — De Lebeuf à Fenel. — 9 juin 1733. 125
192. — De Lebeuf à Fenel. — 11 juin 1733 128
193. — De Lebeuf à Fenel. — 16 juillet 1733. 129
194. — De Lebeuf à Fenel. — 1733 134
195. — De Lebeuf à Fenel. — 10 décembre 1733. 136
196. — De Lebeuf à Fenel. — Après le 10 décembre 1733. . . . 141
Note de Lebeuf à Fenel. — 1733 141
197. — De Lebeuf à Fenel. — Auxerre, 29 décembre 1733. . . 143
198. — De Lebeuf au P. Du Sollier, à Anvers. — 3 janvier 1734. . 147
199. — De Lebeuf au président Bouhier. — Auxerre, 28 mars 1734 150
200. — De Lebeuf au président Bouhier. — Auxerre, 3 juin 1734.. 151
201. — De Lebeuf à Fenel. — Auxerre, 31 juillet 1734 . . . 153
202. — De Lebeuf à Fenel. — 17 août 1734 156
203. — De Lebeuf à Fenel. — 29 septembre 1734 160

204. — De Lebeuf à Fenel. — 3 novembre 1734. 162
205. — Du président Bouhier à Lebeuf. — Dijon, 3 décembre 1734 165
206. — De Lebeuf à Fenel. — Auxerre, 7 janvier 1735 165
207. — De Fenel à Lebeuf. — 2 mars 1735. 169
208. — De Lebeuf au président Bouhier. — Auxerre, 26 mars 1735 169
209. — De Lebeuf à Lévêque de La Ravalière. — Auxerre, 9 avril 1735 171
210. — De Lebeuf à Fenel. — 10 avril 1735. 172
211. — De Fenel à Lebeuf. — 2 juin 1735. 174
212. — De Lebeuf à Fenel. — Paris, 13 juin 1735. 174
213. — De Lebeuf à Fenel. — Paris, 7 octobre 1735. . . . 178
214. — De Lebeuf au président Bouhier. — Paris, 11 octobre 1735 180
215. — De Fenel à Lebeuf. — 21 octobre 1735. 180
216. — De Lebeuf à Fenel. — Paris, 31 octobre 1735. . . . 182
217. — De Lebeuf à Danod. — Paris, 26 novembre 1735. . . 183
218. — De Lebeuf à Fenel. — 14 décembre 1735 184
219. — De Lebeuf à Fenel. — Paris, 23 décembre 1735. . . 184
220. — De Fenel à Lebeuf. — 14 janvier 1736. 186
221. — De Lebeuf à Fenel. — Paris, 6 février 1736. . . . 187
222. — De Fenel à Lebeuf. — 17 mars 1736. 190
223. — De Lebeuf à Fenel. — 19 mars 1736. 191
224. — De Lebeuf au président Bouhier. — Vers le mois d'avril 1736. 196
225. — De Lebeuf au président Bouhier. — Paris, 7 septembre 1736. 200
226. — De Lebeuf au président Bouhier. — Paris, 3 novembre 1736. 201
227. — De Lebeuf à Fenel. — Paris, 10 février 1737. . . . 201
228. — De Pierre Boucher à Lebeuf. — Vendôme, 3 mars 1737 . 203
229. — De Fenel à Lebeuf. — 15 mai 1737 204
230. — De Lebeuf à Fenel. — Paris, 26 mai 1737. 205
231. — De Letors à Lebeuf. — 5 juin 1737. 206
232. — De Lebeuf à Fenel. — Paris, 24 juin 1737. 207
233. — De Fenel à Lebeuf. — Sens, 28 juin 1737. 208
234. — De Lebeuf à Fenel. — Fin juin 1737. 209
235. — De Fenel à Lebeuf. — Sens, 5 juillet 1737. 209
236. — De Lebeuf à Letors. — Paris, 26 juillet 1737. . . . 210
237. — De Lebeuf à Fenel. — 26 août 1737. 212
238. — De Fenel à Lebeuf. — 4 septembre 1737. 213
239. — De Letors à Lebeuf. — Avallon, 27 août 1737. . . . 213
240. — De Lebeuf au président Bouhier. — Auxerre, 29 août 1737. 214
241. — De Billatte à Lebeuf. — Provins, 6 novembre 1737. . . 214

242. — De Lebeuf à Fenel. — Paris, 24 décembre 1737 215
243. — De Fenel à Lebeuf. — Sens, 31 décembre 1737. 218
244. — De Fenel à Lebeuf. — Sens, 8 janvier 1738 220
245. — De Lebeuf à Fenel. — 20 janvier 1738 220
         Note jointe à la lettre de Lebeuf. — 20 janvier 1738. 222
246. — De Fenel à Lebeuf. — 5 février 1738. 223
247. — De Lebeuf à Fenel. — 24 février 1738 224
248. — Du P. Vigier à Lebeuf. — 5 mars 1738. 228
249. — De Fenel à Lebeuf. — 25 mars 1738 228
250. — De Lebeuf à Fenel. — 30 mars 1738. 230
251. — De Lebeuf au président Bouhier. — Paris, 22 mai 1738. . . 233
252. — De Letors à Lebeuf. — Avallon, 25 mai 1738. 233
253. — De Letors à Lebeuf. — Avallon, 31 mai 1738. 233
254. — De Lebeuf à Fenel. — 1er juin 1738 234
255. — De Lebeuf à Fenel. — Paris, 29 juin 1738. 236
256. — De Fenel à Lebeuf. — Sens, 8 juillet 1738. 238
257. — De Lebeuf à l'évêque de La Ravallière. — Paris, 29 septembre 1738. 239
258. — De Lebeuf à Fenel. — 21 octobre 1738. 240
259. — De Lebeuf au président Bouhier. — Paris, 30 décembre 1738. 241
260. — De Lebeuf à M. Deschamps, à Auxerre. — Vers 1739.. . . 244
261. — De Lebeuf au P*****. — Paris, 4 janvier 1739 245
262. — De Lebeuf à M. Deschamps, à Auxerre. — Paris, 13 mars 1739. 248
263. — De Lebeuf à Fenel. — 22 mars 1739 249
264. — De Lebeuf à Fenel. — 17 avril 1739 251
265. — De Lebeuf au P. Guillaume Cuypers. — Paris, 15 juillet 1739. 253
266. — De M. Moussard, à Lebeuf. — Bayeux, 16 août 1739. . . 258
267. — De D. Germain à Lebeuf. — Autun, 16 août 1739 259
268. — De Lebeuf à M. Deschamps-Cochois, employé dans les affaires du Roi, à Auxerre. — Vers le mois d'octobre 1739. 260
269. — De Lebeuf à M. Deschamps, à Auxerre. — Paris, 27 novembre 1739. 261
270. — De Lebeuf à M. Deschamps. — Paris, 28 novembre 1739. . 262
271. — De Fenel à Lebeuf. — Sens, 2 janvier 1740 263
272. — De Lebeuf à Fenel. — 14 janvier 1740 264
273. — De Lebeuf au président Bouhier. — Paris, 24 janvier 1740. 266
274. — De Fenel à Lebeuf. — 3 février 1740. 267
275. — De Letors à Lebeuf. — Avallon, 8 juin 1740. 268
276. — De Lebeuf à Fenel. — 6 septembre 1740 270

277. — De Fenel à Lebeuf. — 8 septembre 1740.		274
278. — De Lebeuf à D. Germain. — Paris, 16 septembre 1740.		276
279. — De Lebeuf à Fenel. — 23 septembre 1740.		278
280. — De Lebeuf à Fenel. — 28 octobre 1740.		281
281. — De Fenel à Lebeuf. — Sens, 6 décembre 1740.		283
282. — De Lebeuf à Fenel. — 14 décembre 1740		289
283. — De Fenel à Lebeuf. — 18 décembre 1740.		290
284. — De Lebeuf à Fenel. — 6-8 janvier 1741.		291
285. — De Lebeuf au président Bouhier. — Paris, 7 janvier 1741.		299
286. — De Fenel à Lebeuf. — Sens, 2 février 1741.		300
287. — De Lebeuf à Fenel. — Reçue le 9 mars 1741		301
288. — De Fenel à Lebeuf. — Sens, 18-22 mars 1741.		304
289. — De Lebeuf à M. Joly de Fleury. — Paris, 23 mars 1741		305
290. — De Fenel à Lebeuf. — 19 avril 1741.		308
291. — De Lebeuf à Fenel. — Reçue le 29 avril 1741.		309
292. — De Fenel à Lebeuf. — Sens, 30 avril 1741		313
293. — De Lebeuf à Fenel. — Reçue le 20 mai 1741.		314
294. — De Fenel à Lebeuf. — 24-25 mai 1741		317
295. — De Lebeuf à Fenel. — 20 août 1741.		318
296. — De Fenel à Lebeuf. — 25 août 1741.		320
297. — De Lebeuf à Fenel. — Reçue le 14 septembre 1741.		321
298. — De Fenel à Lebeuf. — 15 septembre 1741.		322
299. — De Lebeuf à Fenel. — 15 septembre 1741.		324
300. — De Lebeuf à Fenel. — 18 septembre 1741.		325
301. — De Lebeuf à Fenel. — 29 septembre 1741.		328
302. — De Lebeuf à Fenel. — Paris, 17 octobre 1741.		331
303. — De Lebeuf à Fenel. — 25 octobre 1741		333
304. — De Fenel à Lebeuf. — Sens, 29 octobre 1741		336
305. — De Lebeuf à Fenel. — 3 novembre 1741.		336
306. — De Lebeuf à Fenel. — 6 décembre 1741.		342
307. — De Lebeuf à Fenel. — 11 décembre 1741.		344
308. — De Fenel à Lebeuf. — Auxerre, 13 décembre 1741.		348
309. — De Fenel à Lebeuf. — Sens, 17 décembre 1741		350
310. — De Lebeuf à Fenel. — 18 décembre 1741.		352
311. — De Lebeuf à Fenel. — Paris, 20 décembre 1741.		356
312. — De Lebeuf à Fenel. — 15 janvier 1742		358
313. — De Lebeuf au président Bouhier. — Paris, 20 janvier 1742.		361
314. — De Lebeuf à Fenel. — 12 février 1742.		362
315. — De Fenel à Lebeuf. — Sens, 14 février 1742.		365
316. — De Lebeuf à Fenel. — Reçue le 8 mars 1742.		366
317. — De Lebeuf à Fenel. — Paris, 27 mai 1742.		370
318. — De Fenel à Lebeuf. — Sens, 6 juin 1742.		373

319. — De Lebeuf au président Bouhier. — Paris, 29 juin 1742 . . 375
320. — De Fenel à Lebeuf. — 12 juillet 1742. 375
321. — De Lebeuf à Fenel. — 14 juillet 1742. 376
322. — De Lebeuf à M***. — Après août 1742. 381
323. — De Lebeuf à M. Deschamps. — Paris, 16 octobre 1742. . . 383
324. — De Lebeuf à Fenel. — 12 novembre 1742 384
325. — De Lebeuf à Fenel. — 28 novembre 1742. 386
326. — De Lebeuf à Fenel. — 5 décembre 1742. 389
327. — De Fenel à Lebeuf. — Sens, 1er janvier 1743 392
328. — De Lebeuf à Fenel. — 1er janvier 1743 392
329. — De Lebeuf à Fenel. — 7 janvier 1743. 395
330. — De Fenel à Lebeuf. — 1er-24 février 1743. 398
331. — De Lebeuf à Fenel. — 6 mars 1743 398
332. — De Lebeuf à Fenel. — 17 mars 1743 403
333. — De Fenel à Lebeuf. — 19 mars 1743 406
334. — De Lebeuf à Fenel. — 20 mars 1743 407
335. — De Fenel à Lebeuf. — Sens, 30 mars 1743 408
336. — De Lebeuf à Fenel. — 10 avril 1743 410
337. — De Fenel à Lebeuf. — Sens, 13 avril 1743. 413
338. — De Lebeuf au président Bouhier. — Paris, 16 avril 1743. . . 414
339. — De Fenel à Lebeuf. — Sens, 19 avril 1743 416
340. — De Lebeuf à Fenel. — 31 août 1743 417
341. — De Fenel à Lebeuf. — Sens, 8 septembre 1743. 419
342. — De Lebeuf à Fenel. — Paris, 16 septembre 1742. 419
343. — De Lebeuf au président Bouhier. — Paris, 29 septembre 1743 422
344. — De Lebeuf à Fenel. — Reçue le 24 septembre 1743 . . . 425
345. — De Fenel à Lebeuf. — Sens, 25 septembre 1743 426
346. — De Lebeuf à Fenel. — Paris, 1er novembre 1743 429
346. — De Fenel à Lebeuf. — 7 novembre 1743. 433
347. — De Lebeuf à Fenel. — Paris, 13 novembre 1743 434
348. — De Fenel à Lebeuf. — 22 novembre 1743 434
349. — De Lebeuf à Fenel. — 24 novembre 1743 435
350. — De Fenel à Lebeuf. — Sens, 30 novembre 1743. 439
351. — Le Corps municipal de la ville d'Auxerre à Lebeuf. — 8 décembre 1743. 440
352. — De Lebeuf à Fenel. — Paris, 8 décembre 1743. 441
353. — De Lebeuf au président Bouhier. — Paris, 9 décembre 1743 445
354. — De Fenel à Lebeuf. — Sens, 13 décembre 1743. 446
355. — De Lebeuf à Fenel. — 17 janvier 1744. 447
356. — De Lebeuf à Fenel. — 6 février 1744. 453
357. — De Fenel à Lebeuf. — Sens, 18 février 1744 455
358. — De Lebeuf à Fenel. — 26 février 1744. 456

359. — De Lebeuf à Fenel. — 11 mars 1744	. . . .	459
360. — De Fenel à Lebeuf. — 11 mars 1744	. . . .	461
361. — De Lebeuf à Fenel. — 18 mars 1744	. . . .	462
362. — De Fenel à Lebeuf. — Sens, 24 mars 1744	. . . . .	464
363. — De Lebeuf à Fenel. — 3 avril 1744	. . . .	468
364. — De Fenel à Lebeuf. — 4 avril 1744	. . . .	470
365. — De Lebeuf à Fenel. — 10 avril 1744	. . . .	471
366. — De Fenel à Lebeuf. — 12 avril 1744	. . . .	473
367. — De Lebeuf à Fenel. — Paris, 19 avril 1744.	. . . .	475
368. — De Lebeuf à M. Hardouin. — Avril 1744	. . . .	477
369. — De Lebeuf à Fenel. — 29 avril 1744.	. . . . . .	478
370. — De Fenel à Lebeuf. — 19 avril 1744.	. . . . . .	482
371. — De Lebeuf à Fenel. — 6 mai 1744.	. . . .	485
372. — De Fenel à Lebeuf. — 15 mai 1744	. . . . . .	487
373. — De Lebeuf à Fenel. — 18 mai 1744	. . . . . .	489
374. — De Fenel à Lebeuf. — 19 mai 1744.	. . . . . .	491
375. — De Lebeuf à Fenel. — 22 mai 1744.	. . . . . .	492
376. — De Fenel à Lebeuf. — 23 mai 1744.	. . . . . .	495
377. — De Lebeuf à Fenel. — 27 mai 1744.	. . . . . .	498
378. — De Lebeuf à D. Lemerant. — 7 août 1744	. . . .	501
379. — De Lebeuf à Fenel. — 14 octobre 1744	. . . . .	503
380. — De Lebeuf à M. Polluche. — 23 octobre 1744.	. . .	508
381. — De Fenel à Lebeuf. — Sens, 10 novembre 1744.	. .	510
382. — De Lebeuf à M. Ancel. — Paris, 31 octobre 1745.	. .	511
383. — De Lebeuf à Fenel. — 19 novembre 1745.	. . . .	514
384. — De Letors à Lebeuf. — Août 1745.	. . . .	519
385. — De Lebeuf à Fréard. — 7 mai 1446.	. . . . . .	521
386. — De Fenel à Lebeuf. — Sens, 20 novembre 1746.	. .	521
387. — De Lebeuf à Fenel. — Paris, 22 novembre 1746.	. .	523
388. — De Fenel à Lebeuf. — 24 novembre 1746.	. . . .	527
389. — De Lebeuf à Fenel. — 2 décembre 1746	. . . . .	527
390. — De Fenel à Lebeuf. — Reçue vers le 13 ou 14 décembre 1746.		532
391. — De Lebeuf à Fenel — 23 décembre 1746.	. . . .	533
392. — De Lebeuf à Dom Rivet. — Paris, 16 mai 1747.	. .	536
393. — De Lebeuf à Mignot. — 30 août 1748.	. . . . .	536
394. — De Fenel à Lebeuf. — Sens, 22 novembre 1748.	. .	539
395. — De Lebeuf à M***. — 22 avril 1749.	. . . . . .	539
396. — De Lebeuf au cardinal Passionei. — Paris, 9 mars 1750.		541
397. — De Lebeuf à Mgr *****. — 29 mars 1750.	. . . .	542
398. — De Lebeuf à D. Poisson. — 22 mai 1750.	. . . .	543
399. — De M. d'Amyens l'aîné à Lebeuf. — Amiens, 12 juillet 1750		544
400. — De Lebeuf à Dom Germain. — Paris, 21 mai 1751.	. .	544

401. — De Fenel à Lebeuf. — Sens, 31 octobre 1751	. . . . .	546
402. — De Lebeuf à Fenel. — Auxerre, 9 novembre 1751.	. . .	547
403. — De Lebeuf à Fenel. — Paris, 24 novembre 1751	. . .	548
404. — De Lebeuf à Fenel. — Paris, 4 mars 1752	. . . . .	550
405. — De Fenel à Lebeuf. — Sens, 10 mars 1752	. . . . .	554
406. — De Lebeuf à M. Polluche. — 15 mars 1752	. . . . .	561
407. — De Lebeuf à Fenel. — 28 mars 1752.	. . . .	564
408. — De Fenel à Lebeuf. — Sens, 26 avril 1752.	. . . .	569
409. — De Lebeuf au P. B. J. — Juin 1753.	. . . .	572
410. — De Lebeuf au prieur de St.-Martin d'Autun. — 27 mars 1751		574
411. — De Lebeuf à D. Martène. — Auxerre, 29 juin 1721.	. . .	576
412. — De Lebeuf au P. Prévost. — 9 février 1725.	. . . . .	577

FIN DE LA TABLE DU TOME SECOND.

AUXERRE, IMPRIMERIE DE G. PERRIQUET.

PUBLICATIONS DE LA SOCIÉTÉ

DES SCIENCES HISTORIQUES ET NATURELLES
DE L'YONNE.

BULLETIN DE LA SOCIÉTÉ, une livraison par trimestre. — Auxerre, Perriquet. — La collection depuis 1847, vingt volumes in-8°.

BIBLIOTHÈQUE HISTORIQUE DE L'YONNE, ou collection pour servir à l'histoire des différentes contrées qui forment aujourd'hui le département, recueillie et mise en ordre par M. l'abbé Duru, aumônier de l'Asile public d'Aliénés d'Auxerre. Deux volumes in-4°, avec planches. — Auxerre, Perriquet et Rouillé.

CARTULAIRE GÉNÉRAL DE L'YONNE, recueil de Documents authentiques pour servir à l'histoire des pays qui forment ce département, publié sous la direction de M. Quantin, chevalier de la Légion d'honneur, correspondant du Ministère de l'Instruction publique pour les travaux historiques, vice-Président de la Société des Sciences de l'Yonne. — Auxerre, Perriquet et Rouillé. Deux volumes in-4°, avec planches.

INSECTES NUISIBLES aux Arbres fruitiers, aux Plantes potagères, aux Céréales et aux Plantes fourragères, à l'Homme, aux Animaux et à l'Économie domestiques, par M. Ch. Goureau, colonel du génie en retraite, officier de la Légion d'honneur. — Auxerre, Perriquet et Rouillé; Paris, Victor Masson. Un volume in-8° et trois suppléments.

HISTOIRE NATURELLE DES DIPTÈRES DES ENVIRONS DE PARIS, œuvre posthume du docteur Robineau-Desvoidy, publiée par les soins de sa famille, sous la direction de M. H. Monceaux, membre de la Société entomologique de France, secrétaire de la Société des Sciences de l'Yonne. Deux forts volumes in-8°. — Auxerre, Perriquet; Paris, Victor Masson.

ÉTUDE HISTORIQUE SUR VÉZELAY, par M. Aimé Chérest, vice-président de la Société des Sciences de l'Yonne, in-8°. — Auxerre, Perriquet. — Le premier volume seul est paru; le second est sous presse.

HISTOIRE DES GUERRES DU CALVINISME ET DE LA LIGUE dans l'Auxerrois, le Sénonais et les autres contrées qui forment aujourd'hui le département de l'Yonne, par M. Cuallé, officier de la Légion d'honneur, président de la Société des Sciences de l'Yonne. — Auxerre, Perriquet, 2 vol. in-8°.

CATALOGUE RAISONNÉ DES ANIMAUX VERTÉBRÉS qui vivent à l'état sauvage dans le département de l'Yonne, avec la clef des espèces et leur diagnose, par le docteur Paul Bert, professeur de physiologie comparée au Museum d'histoire naturelle de Paris. — Auxerre, Perriquet; Paris, Victor Masson. 1 vol. in-8°, avec planches.

FLORE DE L'YONNE, catalogue des Plantes croissant naturellement ou soumises à la grande culture dans le département de l'Yonne, par M. E. Ravin, directeur du Jardin Botanique de la ville d'Auxerre, 2e édition, 1 vol. in-8°. — Auxerre, Perriquet, 1866.

www.ingramcontent.com/pod-product-compliance
Lightning Source LLC
Chambersburg PA
CBHW051324230426
43668CB00010B/1142